Stöber/Morvilius
GBO-Verfahren
und Grundstückssachenrecht

GBO-Verfahren und Grundstückssachenrecht

Einführung und Lehrbuch

von

Kurt Stöber

Regierungsdirektor a.D.
Rothenburg ob der Tauber

fortgeführt von

Theodor Morvilius

Regierungsdirektor a.D.
Grünwald

3. neu bearbeitete und erweiterte Auflage

Verlag C.H. Beck München 2012

www.beck.de

ISBN 978 3 406 61479 8

Wilhelmstraße 9, 80801 München

Druck: Nomos Verlagsgesellschaft,
In den Lissen 12, 76547 Sinzheim

Satz: Textservice Zink, 74869 Schwarzach

Gedruckt auf säurefreiem, alterungsbeständigem Papier
(hergestellt aus chlorfrei gebleichtem Zellstoff)

„Die GrundbO. … ist bestimmt, eines der wichtigsten, aber auch eines der schwierigsten Kapitel aus unserem neuen bürgerlichen Recht zur Durchführung bringen zu helfen, nämlich das Immobiliarsachenrecht. … Das Liegenschaftsrecht unseres B.G.B. beruht auf dem Grundsatz, daß das Eigenthum und die Belastungen eingetragen werden sollen in öffentliche Bücher. Wir müssen also Bestimmungen haben über die Art, wie sie geführt werden müssen … der Inhalt ist wesentlich technischer Art. … Aber ein gutes formales Grundbuchrecht – das dürfen wir nicht verkennen – ist von weittragender wirthschaftlicher Bedeutung; es erhöht die Rechtssicherheit des Verkehrs, es vermehrt den Kredit des Grundbesitzes, es kommt also dem Handel und Wandel und andererseits auch dem landwirthschaftlichen Betrieb zu Gute. Wir haben uns bemüht … das Beste zu leisten."

*Staatssekretär des Reichsjustizamts Wirkl. Geheimer Rath
Dr. Nieberding am 3. Febr. 1897 im Plenum des Reichstags
bei der ersten Beratung des GBO-Entwurfs*

Vorwort

Das Verfahren in Grundbuchsachen soll die nötige Rechtssicherheit gewährleisten, zugleich aber mit einfachen Regelungen die Freiheit des Verkehrs und eine zügige Erledigung der Geschäfte nicht einengen. Dennoch ist es kompliziert geworden. Vielfach ist es nur mit unverhältnismäßig großer Mühe fassbar. Das rechtfertigt den Versuch, den Gesetzesaufbau mit Sinn und Zweck der oft formalen Regelungen überschaubar zu machen und so den Verfahrensgang anschaulich darzustellen.

Zur Einführung will das Handbuch einen Überblick über die Grundzüge der Verfahrensordnung geben, die Kenntnis wichtiger Einzelfragen vermitteln und die Erledigung der Eintragungsvorgänge aufzeigen. Der systematisch geordnete Grundriss soll aber auch Studierenden und ihren Ausbildern gleichermaßen sichere wie zuverlässige Informationen gewährleisten. Als Anleitung zur Bearbeitung des praktischen Falls wird die gestraffte Darstellung ebenso Hilfe bieten.

Grundbuchverfahrensrecht versteht sich nur in seiner Verzahnung mit dem Immobiliarsachenrecht. Aufgezeigt sind in gedrängter Form daher auch dessen Grundzüge.

Der aus dem Vorwort der 2. Auflage entnommenen und vorweg genannten Intention für das Erscheinen des Buches ist nichts weiter hinzuzufügen. Es war auch der Beweggrund für mich, die Grundkonzeption dieses Werkes, das nahezu in der Versenkung verschwunden war, im Rahmen einer Neuauflage wieder zu beleben und fortzuführen.

Das Buch, das letztmals 1998 erschienen und von Kurt Stöber bearbeitet worden ist, wurde von mir grundlegend überarbeitet, wobei ich, soweit möglich, die Gliederung der sachlichen Darstellung beibehalten habe. Die lange Zeitspanne bis zur Neuauflage bedingt die Berücksichtigung und umfangreiche Einarbeitung zahlreicher Gesetzesänderungen sowie der weiterführenden Rechtsprechung. Vielfach war auch eine völlige Neubearbeitung sowie eine wesentliche Erweiterung einzelner Kapitel unumgänglich, so insbesondere in Wohnungseigentumssachen und auch beim Erbbaurecht.

Die Ausgabe stellt den Stand der Gesetzgebung von Anfang Juli 2012 dar; bis dahin ist auch die wesentliche Rechtsprechung erfasst.

Grünwald, im Juli 2012 *Theodor Morvilius*

Inhaltsverzeichnis

§ 9. Nachweis der Einigung bei Auflassung usw. (§ 20 GBO)

§ 10. Eintragung bei Entziehung und Beschränkung der Verfügungsbefugnis

§ 11. Behandlung subjektiv-dinglicher Rechte

§ 12. Grundbuchberichtigung bei Unrichtigkeitsnachweis

§ 13. Löschung zeitlich beschränkter Rechte

§ 14. Abtretung und Belastung von Briefrechten (§ 26 GBO)

§ 15. Nachweis der Eintragungsunterlagen (§§ 29, 30, 32, 33 GBO)

§ 16. Nachweis der Erbfolge und anderer Rechtsnachfolgefälle

§ 17. Eintragung auf Ersuchen einer Behörde (§ 38 GBO)

§ 18. Voreintragung des Betroffenen

§ 35. Eintragung eines Leibgedings (Altenteils) (§ 49 GBO)

§ 36. Eintragung einer Hypothek (§§ 1113–1190 BGB)

§ 37. Eintragung einer Grundschuld und Rentenschuld

§ 38. Eintragung und Vorbehalt von Änderungen

§ 39. Vor- und Nacherbschaft, Testamentsvollstreckung

§ 40. Amtswiderspruch, Amtslöschung

§ 41. Erbbaurecht

§ 42. Wohnungs- und Teileigentum

Abkürzungsverzeichnis

aA	anderer Ansicht
aaO	am angegebenen Ort
AbmG	Abmarkungsgesetz
Abs.	Absatz
Abschn.	Abschnitt
Abt	Abteilung
abw	abweichend
aE	am Ende
ÄndG	Änderungsgesetz
aF	alter Fassung
AG	Amtsgericht, auch Aktiengesellschaft
AGBG	Gesetz zur Regelung des Rechts der allgemeinen Geschäftsbedingungen
AGBGB	Ausführungsgesetz zum BGB
AktG	Aktiengesetz
AktO	Aktenordnung
AM.	anderer Meinung
Anm	Anmerkung
AO	Abgabenordnung (1977)
Art	Artikel
Aufl.	Auflage
AV	Allgemeine Verfügung
AVO	Ausführungsverordnung
BauGB	Baugesetzbuch
bay.	bayerisch
BayGBGA	Bayerische Geschäftsanweisung für die Behandlung der Grundbuchsachen
BayJMBl	Bayerisches Justizministerialblatt
BayObLG	Bayerisches Oberstes Landesgericht
BayObLGZ	Entscheidungssammlung des BayObLG in Zivilsachen
BayRS	Bayerische Rechtssammlung (Stand 1.1.1983)
BayVBl	Bayerische Verwaltungsblätter
BayVGH	Bayerischer Verwaltungsgerichtshof
BB	Der Betriebs-Berater
Bek.	Bekanntmachung
Betr.	Der Betrieb
BeurkG	Beurkundungsgesetz
BFH	Bundesfinanzhof
BGB	Bürgerliches Gesetzbuch
BGBl	Bundesgesetzblatt
BGH	Bundesgerichtshof
BGHZ	Entscheidungssammlung des BGH in Zivilsachen
BNotO	Bundesnotarordnung
BS	Bereinigte Sammlung
BT-Drucks	Bundestags-Drucksache
BVerfG	Bundesverfassungsgericht
BVerfGE	Entscheidungen des Bundesverfassungsgerichts
BWNotZ	Zeitschrift für das Notariat in Baden-Württemberg

Denkschr.	Denkschrift zur Grundbuchordnung (abgedr. in Hahn/Mugdan, Materialen, 1897, Band V Seite 147 ff)
DFG	Deutsche Freiwillige Gerichtsbarkeit
DJ	Deutsche Justiz
DNotI-Report	Informationsdienst des Deutschen Notarinstituts
DNotZ	Deutsche Notar-Zeitschrift
EG	Einführungsgesetz
EGBGB	Einführungsgesetz zum BGB
Einl.	Einleitung
ErbbauRG	Verordnung über das Erbbaurecht
EWIV	Europäische wirtschaftliche Interessenvereinigung
FamFG	Gesetz über das Verfahren in Familiensachen und in den Angelegenheiten der freiwilligen Gerichtsbarkeit
FamRZ	Zeitschrift für das gesamte Familienrecht
FdgPfdg	Forderungspfändung
ff	und folgende
FGPrax	Praxis der Freiwilligen Gerichtsbarkeit
FlurbG	Flurbereinigungsgesetz
FlSt.	Flurstück
Fußn	Fußnote
GBGA	(Bayer) Geschäftsanweisung für die Behandlung der Grundbuchsachen
GBl	Gesetzblatt
GBMaßnG	Gesetz über Maßnahmen auf dem Gebiet des Grundbuchwesens
GBO	Grundbuchordnung
GbR	Gesellschaft des bürgerlichen Rechts
GBV	Grundbuchverfügung
GenG	Genossenschaftsgesetz
GeschO	Geschäftsordnung für Grundbuchämter
GesO	Gesamtvollstreckungsordnung
GG	Grundgesetz
GGV	Gebäudegrundbuchverfügung
GmbH	Gesellschaft mit beschränkter Haftung
GmbHG	Gesetz betr die Gesellschaften mit beschränkter Haftung
GrdstVG	Grundstücksverkehrsgesetz
GrEStG	Grunderwerbsteuergesetz
GS	Gesetzessammlung
GVBl	Gesetz- und Verordnungsblatt
GVG	Gerichtsverfassungsgesetz
GVO	Grundstücksverkehrsordnung
HGB	Handelsgesetzbuch
hM.	herrschende Meinung
HRR	Höchstrichterliche Rechtsprechung
idF	in der Fassung
InsO	Insolvenzordnung
i.V.m.	in Verbindung mit

JBeitrO	Justizbeitreibungsordnung
JBl	Justizblatt
JFG	Jahrbuch für Entscheidungen in Angelegenheiten der freiwilligen Gerichtsbarkeit und des Grundbuchrechts
JMBl.	Justizministerialblatt
JMBl NW	Justizministerialblatt für das Land Nordrhein-Westfalen
Justiz	Die Justiz (Amtsblatt des JM Baden-Württemberg)
JW	Juristische Wochenschrift
Kap	Kapitel
KatO	Katasterordnung
KG	Kammergericht auch: Kommanditgesellschaft
KGJ	Jahrbuch für Entscheidungen des Kammergerichts
KO	Konkursordnung
KTS	Zeitschrift für Konkurs, Treuhand und Sanierung
LFGG	(bad-württ) Landesgesetz über die freiwillige Gerichtsbarkeit
LG	Landgericht
LM	Lindenmaier/Möhring, Nachschlagewerk des Bundesgerichtshofs in Zivilsachen
MDR	Monatsschrift für Deutsches Recht
MittBayNot	Mitteilungen des Bay. Notarvereins, der Notarkasse und der Landesnotarkammer Bayern
MittRhNotK	Mitteilungen der Rheinischen Notarkammer
Motive	Motive zu dem Entwurf eines Bürgerlichen Gesetzbuchs (Amtliche Ausgabe) 1888
NdsRpfl	Niedersächsische Rechtspflege
nF	neue Fassung
NJOZ	Neue Juristische Online-Zeitschrift
NJW	Neue Juristische Wochenschrift
NJW-RR	NJW-Rechtsprechungs-Report
NotBZ	Zeitschrift für die notarielle Beratungs- und Beurkundungspraxis
Nr.	Nummer
OHG	Offene Handelsgesellschaft
OLG	Oberlandesgericht auch: Die Rechtsprechung der Oberlandesgerichte auf dem Gebiete des Zivilrechts
OLGZ	Entscheidungen der Oberlandesgerichte in Zivilsachen
Rn.	Randnote
RGZ	Entscheidungssammlung des Reichsgerichts in Zivilsachen
RGBl	Reichsgesetzblatt
RNotZ	Rheinische Notarzeitschrift
Rpfleger	Der Deutsche Rechtspfleger
RPflG	Rechtspflegergesetz
S.	Seite
s.	siehe

SchlHA	Schleswig-Holsteinische Anzeigen
sog.	sogenannt
Sp.	Spalte
ua.	unter anderem
UmwG	Umwandlungsgesetz
uU	unter Umständen
VAG	Gesetz über die Beaufsichtigung der Versicherungsunternehmen
vgl.	vergleiche
VermKatG	Vermessungs- und Katastergesetz
VO	Verordnung
VOBl.	Verordnungsblatt
Vorbem	Vorbemerkung
VVaG	Versicherungsverein auf Gegenseitigkeit
VwGO	Verwaltungsgerichtsordnung
WE	Wohnungseigentum
WEG	Gesetz über das Wohnungseigentum und das Dauerwohnrecht
WGV	Verordnung über die Anlegung und Führung der Wohnungs- und Teileigentumsgrundbücher (Wohnungsgrundbuchverfügung)
württ	württembergisch
z.B.	zum Beispiel
ZGB	Zivilgesetzbuch (der „DDR“)
ZfIR	Zeitschrift für Immobilienrecht
ZIP	Zeitschrift für Wirtschaftsrecht
ZPO	Zivilprozessordnung
ZS	Zivilsenat
zutr	zutreffend
ZVG	Zwangsversteigerungsgesetz

Schrifttumsverzeichnis

1. Grundbuchrecht

Bärmann/Pick	Wohnungseigentumsgesetz 18. Aufl. (2007)
Bärmann/Pick/Merle	Wohnungseigentumsgesetz 9. Aufl. 2003
Brand/Schnitzler	Die Grundbuchsachen in der gerichtlichen Praxis. 9. Aufl. 1957
Demharter	Grundbuchordnung (Kommentar) 28. Aufl. 2011
Eickmann	Grundbuchverfahrensrecht (Lehrbuch) 3. Aufl. 1994
Güthe/Triebel	Grundbuchordnung (Kommentar) 6. Aufl. 1936/37
K/E/H/E	Kuntze/Ertl/Herrmann/Eickmann. Grundbuchrecht (Kommentar zu Grundbuchordnung und Grundbuchverfügung einschl. WEG-Grundbuchverfügung) 6. Aufl. 2005
Meikel	Grundbuchrecht (Kommentar) 10. Aufl. 2009.
Ripfel	Grundbuchrecht (Darstellung für die Praxis) 1961
Schöner/Stöber	Grundbuchrecht (Handbuch der Rechtspraxis, Band 4) 15. Aufl. 2012
Thieme	Grundbuchordnung (Kommentar) 4. Aufl. 1955

2. Bürgerliches Gesetzbuch

BGB-RGRK	Reichsgerichtsräte-Kommentar. 12. Aufl (ab 1974)
MünchKomm	Münchener Kommentar zum BGB. 5. Aufl. 2006 ff
Palandt	BGB (Kommentar) 71. Aufl. 2012
Soergel	BGB (Kommentar) 13. Aufl. 2000 ff
Staudinger	BGB (Kommentar) 13. Aufl. 1995 ff

3. Sonstiges

Baur/Stürner	Sachenrecht. 18. Aufl. 2009
Bengel/Simmerding	Grundbuch, Grundstück, Grenze. 5. Aufl. 2000
Dierck/Morvilius/Vollkommer	Handbuch des Zwangsvollstreckungsrechts 2009
Ingenstau/Hustedt	Erbbaurecht. 8. Aufl. (2001)
Keidel, FamFG	(Kommentar) 17. Aufl. (2011)
Krafka/Willer/Kühn	Registerrecht (Handbuch der Rechtspraxis, Band 7) 7. Aufl. 2010
vOefele/Winkler	Erbbaurecht (Handbuch) 3. Aufl. 2003
Stöber	Forderungspfändung. Zwangsvollstreckung in Forderungen und andere Vermögensrechte (Erläuterungsbuch) 15. Aufl. 2010
Stöber/Otto	Vereinsrecht. 10. Aufl. 2012
Stöber	ZVG-Handbuch. Zwangsvollstreckung in das unbewegliche Vermögen (Handbuch der Rechtspraxis, Band 2) 9. Aufl. 2010
Stöber	Zwangsversteigerungsgesetz (Kommentar) 20. Aufl. 2012
Uhlenbruck	Insolvenzordnung (Kommentar) 13. Aufl. 2010
Winkler	Beurkundungsgesetz 16. Aufl. (2008)
Winkler	Der Testamentsvollstrecker. 18. Aufl. 2006
Zöller	Zivilprozessordnung (Kommentar) 29. Aufl. 2012

§ 1. Das Grundstücks-Sachenrecht des BGB

A. Eigentum und dingliche Rechte

I. Das Sachenrecht

Das Sachenrecht hat die rechtlichen Beziehungen der Personen zu den Sachen, mithin vornehmlich die dinglichen Rechte, zu ordnen.[1] Die Bestimmungen im 3. Buch des BGB „Sachenrecht" folgen der Einteilung der Sachen in bewegliche und unbewegliche. Unbewegliche Sachen sind Grundstücke (Begriff Rn. 184). Selbständige (buchungspflichtige) Berechtigungen werden den Grundstücken mit Anwendung des Grundstücksrechts gleichgestellt (insbesondere das Erbbaurecht, § 11 Abs. 1 ErbbauRG). 1

II. Rechte an Sachen

1. Rechte können an Sachen nur begründet werden, wenn sie „das Gesetz zulässt. Die Zahl der dinglichen Rechte ist daher notwendig eine geschlossene" (**Typenzwang** = numerus clausus der Sachenrechte).[2] 2

Das BGB regelt als dingliche Rechte an Grundstücken

- das **Eigentum**. Als umfassendes Herrschaftsrecht gewährt es die Befugnis (§ 903 BGB) mit dem Grundstück nach Belieben zu verfahren (positive Eigentümerbefugnis) und andere von jeder Einwirkung auszuschließen (negative Eigentümerbefugnis), soweit nicht das Gesetz oder Rechte Dritter entgegenstehen (bürgerlich-rechtlicher Eigentumsbegriff). Als Nutzungsrecht beinhaltet das Eigentum zum Einen die Befugnis die tatsächliche „Verfügung" über das Grundstück, d.h. dessen Besitz und seine Benutzung. Und zum anderen erlaubt es als Verwertungsrecht die „rechtliche" Verfügung darüber, nämlich seine Veräußerung und Belastung.
- die **beschränkten dinglichen Rechte**. Dabei handelt es sich um begrenzte Herrschaftsrechte, die als Belastung des Grundstücks durch Abspaltung von Befugnissen die ansonsten dem Eigentümer zustehen dessen Eigentum beschränken. Sie können unterteilt werden in

a) **Nutzungsrechte**, zu denen die Grunddienstbarkeit (§§ 1018–1029 BGB), der Nießbrauch (§§ 1030–1089 BGB) und die beschränkte persönliche Dienstbarkeit (§§ 1090–1093 BGB) gehören. Ein weiteres Nutzungsrecht ist ferner das nicht im BGB, sondern im WEG geregelte Dauerwohn- oder Dauernutzungsrecht (s. §§ 31–42 WEG).

b) **Erwerbsrechte**, zu denen das Vorkaufsrecht (§§ 1094–1104 BGB) und im weitesten Sinne die Eigentumsvormerkung (§ 883 BGB) zu zählen sind, auch wenn letztere kein dingliches Recht ist, sondern nur ein dinglich gesicherter schuldrechtlicher Anspruch.

---

[1] Motive III S. 1.
[2] Motive IIIS. 3.

c) **Verwertungsrechte**, denen zuzuordnen sind die Hypothek (§§ 1113–1190 BGB), die Grundschuld (§§ 1191–1198 BGB), die Rentenschuld (§§ 1199–1203 BGB) und die Reallast (§§ 1105–1112 BGB).

3 2. Die beschränkten dinglichen Rechte sind nur mit dem **gesetzlich festgelegten Inhalt** begründbar. Durch Vereinbarung der Beteiligten ist eine inhaltliche Ausgestaltung im Einzelfall lediglich in den gesetzlich vorgesehenen Grenzen zulässig (**Typenfixierung**).

Beispiele: Bestimmung der Nutzungsbefugnis bei einer Dienstbarkeit, der Leistungen bei einer Reallast, der Geldsumme, Zinsen, Zins- und Zahlungsbestimmungen bei der Hypothek.

B. Erwerb eines Grundstücksrechts (§ 873 Abs. 1, § 925 BGB)

I. Erwerbsmöglichkeiten

4 Rechtsänderungen an Grundstücken und Grundstücksrechten können erfolgen

- durch **rechtsgeschäftliche Verfügung**. Sie ist Rechtsgeschäft, d.h. eine gewollte, durch private Willenserklärung bewirkte Rechtsfolge durch die der Verfügende auf ein Recht unmittelbar einwirkt, es also entweder auf einen Dritten überträgt oder mit einem Recht belastet oder das Recht aufhebt oder es sonst wie in seinem Inhalt verändert[1],
- **kraft Gesetzes**, insbesondere mit Erbfolge (§ 1922 BGB),
- im Wege der **Zwangsvollstreckung** wie mit Zuschlag bei Zwangsversteigerung (§§ 90, 91 Abs. 1 ZVG), Eintragung einer Zwangshypothek (§ 867 Abs. 1 ZPO), Pfändung einer Hypothekenforderung (§ 830 Abs. 1 ZPO), Grund- oder Rentenschuld (§ 857 Abs. 6 ZPO),
- durch (sonstigen) **Hoheitsakt**, wie bei Enteignung und Flurbereinigung oder auf Behördenersuchen.

II. Rechtsgeschäftliche Erwerbsvoraussetzungen

5 1. Grundsatz des bürgerlichen Gesetzbuchs ist, dass

- die Verfügung über ein Recht (oder auf Grund eines solchen) dem Berechtigten zusteht,
- derjenige, zu dessen Gunsten verfügt wird, hieraus nicht ohne seinen Willen berechtigt werden kann,
- die Rechtsänderung in das Grundbuch eingetragen werden muss.

Erforderlich ist daher zur Übertragung des Eigentums an einem Grundstück, zur Belastung eines Grundstücks mit einem beschränkten dinglichen Recht (z.B. einer Dienstbarkeit, einer Hypothek) sowie zur Übertragung oder Belastung eines solchen Rechts (z.B. Abtretung einer Grundschuld, Verpfändung einer Hypothek)

- die **Einigung** des Berechtigten und des anderen Teils über den Eintritt der Rechtsänderung und

---

[1] BGHZ 75, 221, 226 = NJW 1980, 175; BGHZ 101, 24, 26 = DNotZ 1988, 359 = NJW 1987, 3177 = NJW-RR 1988, 11.

- die **Eintragung** der Rechtsänderung in das Grundbuch (§ 873 Abs. 1 BGB).

Das mit Einigung und Eintragung aus mehreren Rechtsakten zusammengesetzte Rechtsgeschäft, dessen Gegenstand ein Grundstück oder ein Recht an einem solchen sein kann, ist damit nach dem (materiellen) **Konsensprinzip** und nach dem **Eintragungsgrundsatz** geregelt.[1]

2. Für eine wirksame Rechtsänderung durch Rechtsgeschäft muss demzu- 6
folge

- in der Einigung der auf den gewollten Rechtsvorgang gerichtete Wille beider Teile erklärt (= dinglicher Vertrag) und
- die Eintragung in das Grundbuch erfolgt sein.

Die rechtsgeschäftliche Verfügung über ein Grundstück oder ein Grundstücksrecht ist damit abstrakter Natur. Sie ist unabhängig von den obligatorischen (schuldrechtlichen) Beziehungen der Beteiligten zueinander (**Abstraktionsprinzip**). Dinglicher Vertrag (Einigung) und Grundbucheintragung bezwecken, ein Recht an dem Grundstück zu begründen oder ein bestehendes Recht zu ändern, zu belasten oder zu übertragen.[2] Eine obligatorische Verpflichtung, somit für einen Berechtigten Anspruch auf Leistung gegen eine verpflichtete Person zu erzeugen, bezweckt der dingliche Vertrag nicht. Das Grundgeschäft (ein vertraglicher oder gesetzlicher schuldrechtlicher Anspruch) ist kein Tatbestandsmerkmal der dinglichen Rechtsänderung und nicht Bedingung für deren Rechtswirksamkeit. Eine Rechtsänderung durch rechtsgrundlose Verfügung begründet lediglich einen Kondiktionsanspruch (§ 812 BGB).

III. Verfügungsmacht, Verfügungsbefugnis

1. **Berechtigter** für Einigung mit dem anderen Teil (zu diesem Rn. 10) ist 7

- als **Rechtsinhaber** der Eigentümer, Gläubiger oder Berechtigte eines Rechts, wenn er über sein Sachenrecht wirksam verfügen kann. Seine Rechtsstellung begründet mit der Herrschafts**macht** über ein Grundstück oder Grundstücksrecht die rechtliche Verfügungsmacht.
- der Inhaber der **Verfügungsbefugnis** über ein fremdes Recht, wenn sie dem Rechtsinhaber entzogen und einem Verwalter übertragen ist.

Einzelfälle: Insolvenzverwalter (§ 80 Abs. 1 InsO), Testamentsvollstrecker (§§ 2205, 2211 Abs. 1 BGB), Nachlaßverwalter (§ 1984 Abs. 1, § 1985 Abs. 1 BGB), Vorerben-Verwalter (§ 2129 Abs. 1, § 1052 BGB).

Der Verwalter ist insoweit kraft Gesetzes an die Stelle des Rechtsinhabers getreten.[3]

2. Eine **Beschränkung** des Rechtsinhabers in seiner Verfügungsbefugnis 8
kann gesetzlich

Beispiel: § 1365 BGB für Verfügung über das Gesamtvermögen bei Zugewinngemeinschaft,

---

[1] Motive III S. 158.
[2] Motive III S. 18.
[3] RGZ 71, 38, 40.

durch gerichtlichen oder behördlichen Hoheitsakt

Beispiel: Pfändung, §§ 829, 830 ZPO,

oder vertraglich begründet sein

Beispiele: § 12 WEG für Veräußerung eines Wohnungseigentums, § 5 ErbbauRG für Veräußerung oder Belastung eines Erbbaurechts.

Der Rechtsinhaber bleibt in diesen Fällen verfügungsbefugt; die für die Einigung zur Rechtsänderung erforderliche Erklärung kann nur er abgeben.[1] Davon unberührt bleibt dann aber das durch die Beschränkung geschützte Recht eines Dritten. Deshalb bedarf eine wirksame Rechtsänderung, gleichgültig ob es sich um eine gegenüber jedermann wirkende Beschränkung (z.B. § 6 Abs. 1 ErbbauRG)[2], oder nur eine dem Geschützten gegenüber wirkende Beschränkung (§ 135 Abs. 1 Satz 1 BGB) handelt, der **Zustimmung des Dritten.**

9 3. Vorliegen muss die Berechtigung bei Abgabe der Einigungserklärung und grundsätzlich fortdauern bis zur Vollendung des Rechtserwerbs, als Zeitpunkt, in welchem die Verfügung wirksam werden soll.[3] Jedoch erlangt eine Entziehung oder Beschränkung der Verfügungsbefugnis, die zwischen Einigung und Eintragung eintritt, unter den besonderen Voraussetzungen des § 878 BGB keine Bedeutung mehr (dazu Rn. 19). Ohne Einfluss auf die Wirksamkeit der Einigungserklärung sind Tod oder Verlust der Geschäftsfähigkeit (§ 130 Abs. 2 BGB). Der Erwerb durch Verfügung eines Nichtberechtigten wird unter den besonderen Voraussetzungen der §§ 892, 893, 899a S. 2 BGB geschützt.

IV. Einigung mit dem Erwerber (Begünstigten)

10 **„Anderer Teil"** für die Einigung mit dem Berechtigten (Begriff Rn. 7) ist der Erwerber des Rechts oder der sonst durch die erstrebte Rechtsänderung Begünstigte. Für mehrere Personen als Erwerber (Begünstigte) erfordert das eine Einigung des Berechtigten mit allen Erwerbern (Begünstigten), die sich notwendigerweise auch auf das zwischen den Erwerbern bestehende Gemeinschaftsverhältnis (Miteigentum nach bestimmten Bruchteilen, Güter-, Erben- oder sonstige Gesamthandsgemeinschaft) zu erstrecken hat.[4] Eine Auslegung und Umdeutung der Erklärungen sind möglich (§§ 133, 140 BGB).[5] Der Abschluss eines dinglichen Vertrags **zugunsten eines Dritten** ist ausgeschlossen, weil § 328 Abs. 1 BGB auf dingliche Rechte keine Anwendung findet[6]. Für

---

[1] RGZ aaO.

[2] BGHZ 33, 76, 85 = NJW 1960, 2093.

[3] RGZ 28, 182, 184; 27, 360, 366.

[4] BayObLGZ 1983, 118 = DNotZ 1983, 754 = Rpfleger 1983, 346; h.M.

[5] KG NJW 1967, 2358 = OLGZ 1967, 324; BayObLG DNotZ 1998, 752 = NJW-RR 1999, 620.

[6] BGHZ 41, 95; = NJW 1964, 1124 BGH DNotZ 1965, 612 = Rpfleger 1965, 223; BGHZ 123, 178 = DNotZ 1995, 494 = NJW 1993, 2617 = Rpfleger 1993, 503 mit weit Nachw.; OLG Düsseldorf MittRhNotK 1990, 52; BayObLG MittBayNot 2003, 126 = NJW 2003, 1402 = Rpfleger 2003, 177.

einen an der zum Rechtserwerb oder zur Rechtsänderung erforderlichen Einigung nicht beteiligten Dritten kann daher ein Recht an einem Grundstück oder Grundstücksrecht nicht begründet werden.

V. Stellvertretung bei Einigung, Urteil

1. Eine **Stellvertretung** bei der Einigung (auch bei der Auflassung, § 925 BGB) ist **zulässig.** Für die Einigung kann sowohl die zur Rechtsänderung erforderliche Willenserklärung des verfügenden Berechtigten als auch die Willenserklärung des erwerbenden oder begünstigten anderen Teils durch einen Stellvertreter im Namen des Vertretenen abgegeben werden (§ 164 BGB). Die Voraussetzungen und Wirkungen des Vertreterhandelns bestimmen sich nach §§ 164–181 BGB. 11

2. Liegt ein rechtskräftiges **Urteil auf Abgabe einer Willenserklärung** für die Einigung vor, so ersetzt es die Erklärung des Schuldners (§ 894 Satz 1 ZPO). Bei Abhängigkeit von einer Gegenleistung tritt die Wirkung erst mit Erteilung der vollstreckbaren Ausfertigung ein (§ 894 Satz 2 ZPO). Zur Wirksamkeit der Einigung bedarf es ferner einer damit übereinstimmende Willenserklärung des anderen Beteiligten des Rechtsgeschäfts. 12

VI. Auflassung, Einigung für andere Rechtsänderungen

1. Die zur Übertragung des Eigentums erforderliche Einigung (§ 873 Abs. 1 BGB) des Veräußerers und des Erwerbers (= **Auflassung**) muss bei gleichzeitiger Anwesenheit beider Teile vor einem (deutschen) Notar (oder einer sonst zuständigen Stelle, Rn. 313–315) erklärt werden (§ 925 Abs. 1 Satz 1 und 2 BGB). Der Grund für diese Regelung liegt in der „hohen Wichtigkeit, welche der Eigentumsübertragung für die Rechtsverhältnisse an Grund und Boden beizumessen ist" (siehe auch Rn. 299).[1] Die gleichzeitige Anwesenheit erfordert nicht eine persönliche Anwesenheit. Verfügender Berechtigter und Erwerber können auch durch einen Bevollmächtigten vertreten sein (§§ 164 ff BGB, Rn. 319). Vor einem ausländischen Notar kann die Auflassung eines inländischen Grundstücks nicht erklärt werden (Rn. 313). Die Auflassungserklärung darf unter keiner Bedingung oder einer Zeitbestimmung abgegeben werden, da sie ansonsten unwirksam ist (§ 925 Abs. 2 BGB). 13

2. Die für andere Rechtsänderungen erforderliche **Einigung** ist **formfrei** und kann auch bedingt oder befristet erklärt werden. Dass sie der Grundbucheintragung vorausgeht, fordert das Gesetz nicht.[2] Die Einigung als Willensübereinstimmung kann daher auch erst nach Grundbucheintragung zustande kommen. 14

3. Auch die Begründung, Inhaltsänderung und Übertragung eines **Erbbaurechts** erfolgt nach materiellem Recht wie für Rechte an Grundstücken formfrei, weil § 925 BGB keine Anwendung findet (s. § 11 Abs. 1 Satz 1 ErbbauRG). Eine Übertragung des Erbbaurechts, die unter einer Bedingung oder 15

---

[1] Motive III S. 313.
[2] RGZ 108, 146, 148.

Zeitbestimmung erfolgt, ist jedoch unwirksam (§ 11 Abs. 1 Satz 2 ErbbauRG). Für die Eintragung der Erbbaurechtsbestellung, Änderung des Inhalts oder Übertragung im Grundbuch muss aber die Einigung dem Grundbuchamt nachgewiesen werden (§ 20 GBO als Verfahrensvorschrift).

C. Aufhebung eines Rechts (§§ 875, 876, 1183 BGB)

16 Ein dingliches Recht an einem Grundstück kann grundsätzlich durch **einseitige Willensäußerung des Berechtigten** aufgegeben werden, die gegenüber dem Grundbuchamt oder gegenüber demjenigen abzugeben ist, zu dessen Gunsten sie erfolgt. Zu seiner wirksamen Aufhebung ist nach dem (materiellen) Konsensprinzip und nach dem Eintragungsgrundsatz außerdem die Eintragung der Löschung des Rechts in das Grundbuch erforderlich (§ 875 Abs. 1 BGB). Ist das aufzuhebende Recht mit dem Recht eines Dritten belastet (Pfandrecht, Nießbrauch), so bedarf es ferner der **Zustimmung des Dritten** (§876 BGB). Soll eine Hypothek, Grundschuld oder Rentenschuld aufgehoben werden, so ist weiter die **Zustimmung des Eigentümers** erforderlich (§ 1183 mit § 1192 Abs. 1 und § 1200 Abs. 1 BGB), weil diesem ansonsten mit Aufhebung ohne seine Mitwirkung die Möglichkeit entzogen würde das Grundpfandrecht als Eigentümerrecht (vgl. § 1177 BGB) zu erwerben.[1]

17 Auch das **Eigentum** an einem Grundstück kann dadurch **aufgegeben** werden, dass der Eigentümer den Verzicht dem Grundbuchamt gegenüber erklärt und der Verzicht in das Grundbuch eingetragen wird (§ 928 Abs. 1 BGB). Die Regelung ist auch anwendbar auf reale Grundstücksteile, nicht jedoch auf Erbbaurechte (§§ 11 Abs. 1 Satz 1, 26 ErbbauRG) und Gebäudeeigentum (Art. 233 § 4 Abs. 1 Satz 1, Abs. 7 EGBGB). Miteigentum zu einem ideellen Bruchteil kann nicht entsprechend § 928 Abs. 1 BGB durch Verzicht aufgegeben werden.[2] Ferner ist ebenfalls unzulässig der Verzicht auf ein Wohnungs- oder Teileigentum.[3]

D. Änderung des Rechtsinhalts (§ 877 BGB)

18 Änderungen des Inhalts eines Rechts an einem Grundstück, z.B. der Zahlungsbedingungen einer Hypothek oder Grundschuld, erfordern nach dem (materiellen) Konsensprinzip und nach dem Eintragungsgrundsatz gleichfalls eine **Einigung** des Berechtigten und des anderen Teils (somit des Begünstigten und des Eigentümers) und die Eintragung der Rechtsänderung in das Grundbuch (§ 877 mit § 873 Abs. 1 BGB). Zur Änderung des Inhalts eines Grundstücksrechts, das mit dem Recht eines Dritten belastetet ist, z.B. mit einem Nießbrauch oder Pfandrecht an einer Hypothek bedarf es auch der **Zustim-**

[1] Motive III S. 719.

[2] BGH DNotZ 2007, 840 m. Anm. Kesseler = NJW 2007, 2254 = Rpfleger 2007, 457 m. Anm. Dümig.

[3] BGH DNotZ 2007, 845 = NJW 2007, 2547 m. Anm. Demharter = Rpfleger 2007, 537.

mung des Dritten (§ 877 mit § 876 BGB). Erklärt werden kann diese Zustimmung dem Grundbuchamt oder demjenigen gegenüber, zu dessen Gunsten sie erfolgt (§ 876 Satz 3 BGB).

E. Rechtserwerb trotz nachträglicher Verfügungsbeschränkung (§ 878 BGB)

I. Schutz vor Verfügungsbeschränkungen

Eine Verfügung durch Einigung oder einseitige Erklärung und Eintragung 19
erfordert, dass die Verfügungsbefugnis des Rechtsinhabers bis zur Vollendung des Rechtserwerbs fortbesteht, denn die Rechtsänderung tritt erst mit Erfüllung aller Erfordernisse des mehraktigen Verfügungstatbestands ein. Jedoch bleibt gemäß § 878 BGB eine **Beschränkung** (damit auch Entziehung) der **rechtlichen Verfügungsbefugnis** des Berechtigten nach der für die Rechtsänderung erforderlichen Erklärung zur Einigung (§ 873 BGB), Aufhebung (§ 875 BGB) oder Inhaltsänderung (§ 877 BGB) ohne Auswirkung, wenn sie erst eintritt, nachdem

- die **Erklärung** für den Rechtsinhaber **bindend** geworden ist,
- der **Antrag** auf Eintragung beim Grundbuchamt **gestellt** ist (§ 13 Abs. 1 GBO), und
- alle anderen Erwerbserfordernisse des **materiellen Rechts erfüllt** sind (Rn. 24).

Die Regelung des § 878 BGB bezweckt den Schutz der Beteiligten vor Nachteilen, die aus dem Eintragungszwang entstehen können.[1] Den Zeitpunkt des Rechtserwerbs oder der Rechtsänderung mit Grundbucheintragung können die Beteiligten, wenn sie den Eintragungsantrag gestellt haben, nicht bestimmen. Verzögerungen des Eintragungsverfahrens beim Grundbuchamt sollen jedoch den Rechtserwerb oder die Rechtsänderung durch eine nachträgliche Verfügungsbeschränkung (und damit auch -entziehung) nicht mehr beeinträchtigen. Dieser Schutz der Beteiligten gegen derartige Verzögerungen des Eintragungsverfahrens ist daher auch gegenüber der Eröffnung des Insolvenzverfahrens (§ 80 Abs. 1 InsO) und das ihr vorausgehende allgemeine Veräußerungsverbot, die eine Entziehung der Verfügungsbefugnis beinhalten, gewahrt (§ 91 Abs. 2 InsO). Den Schutz bei Tod oder Geschäftsunfähigkeit regelt § 130 Abs. 2 BGB.

II. Bindung an die Einigung und die Aufhebungserklärung

Eine Bindung der Beteiligten an die Einigung tritt nach § 873 Abs. 2 BGB 20
ein mit

- notarieller **Beurkundung** (nicht nur Unterschriftsbeglaubigung) der Erklärungen des Berechtigten und des anderen Teils

Beispiel: Auflassung, Bestellung einer Kaufpreisresthypothek im notariellen Kaufvertrag,

---

[1] Motive III S. 190.

- Abgabe der Erklärung der beiden Beteiligten vor dem Grundbuchamt (seit 1.1.1970 mit Inkrafttreten des BeurkG ohne praktische Bedeutung),
- **Einreichung** der Erklärungen (auch privatschriftlich) des Berechtigten und des anderen Teils beim Grundbuchamt. Dass nur der Verfügende seine Eintragungsbewilligung beim Grundbuchamt einreicht, bewirkt keine Bindung, weil die Erklärung des Begünstigten fehlt.
- **Aushändigung** (= Urkundenübergabe) einer den Vorschriften der GBO (§§ 19, 28, 29) entsprechenden Eintragungsbewilligung durch den verfügenden Berechtigten an den anderen Teil.

Zu den Bindungserfordernissen der Einigung siehe näher in den BGB-Kommentaren sowie bei Schöner/Stöber Rn. 108, 109.

21 An die Aufhebungserklärung ist der Berechtigte vor der Löschung des Rechts nach § 875 Abs. 2 BGB nur gebunden, wenn er

- sie dem **Grundbuchamt** gegenüber abgegeben (auch mündlich oder privatschriftlich) oder
- demjenigen, zu dessen Gunsten sie erfolgt, eine des Vorschriften der GBO (§§ 28, 29) entsprechende **Löschungsbewilligung** (§ 19 GBO) **ausgehändigt** hat.

III. Eintragungsantrag

22 Der Eintragungsantrag (§ 13 Abs. 1 GBO) muss vor Eintritt (Wirksamwerden) der Verfügungsbeschränkung dem Grundbuchamt zugegangen, d.h. bei ihm eingegangen sein, (siehe § 13 Abs. 2, 3 GBO) und zur Eintragung führen. Wenn der Antrag rechtsfehlerfrei[1] zurückgewiesen oder zurückgenommen wird, entfällt der Schutz des § 878 BGB. Er bleibt jedoch erhalten, wenn ein fehlerhafter Zurückweisungsbeschluss vorlag, der auf Beschwerde hin aufgehoben wird, nicht aber wenn die Aufhebung auf dem Vorbringen neuer Tatsachen beruht.[2] Die Bindung an die Einigung oder die einseitige Aufhebungserklärung hindert eine Zurücknahme des Antrags nicht, wobei die Rücknahme an der Fortdauer der Bindung nichts ändert. Jedoch kann der Verfügende selbst oder beispielsweise der nach Eröffnung des Insolvenzverfahrens an seiner Stelle verwaltungs- und verfügungsbefugte Insolvenzverwalter (§ 80 Abs. InsO) den vom nunmehrigen Insolvenzschuldner gestellten Antrag zurücknehmen und damit einen Rechtserwerb nach § 878 BGB verhindern. Geschützt ist der Begünstigte daher nur, wenn auch er oder für ihn der Notar nach § 15 GBO den Eintragungsantrag gestellt hat und dieser zur Eintragung führt. Ob der vom Betroffenen gestellte Antrag mit Eintritt der Verfügungsbeschränkung von selbst seine Wirkung verliert, ist streitig und wird teilweise angenommen,[3] kann jedoch mit der h.M. nicht als zutreffend angesehen werden (s. Rn. 215).[4]

---

[1] BGHZ 136, 87 = DNotZ 1998, 283 = NJW 1997, 2751 = Rpfleger 1998, 16.

[2] BGHZ 136, 87.

[3] Kesseler ZfIR 2006, 117; Staudinger/Pfeifer § 925 BGB Rn. 136; Demharter § 13 GBO Rn. 9, 54.

[4] Palandt/Bassenge Rn. 16 zu § 878 BGB; KEHE/Munzig Rn. 89 zu § 19 GBO; Meikel/Böttcher Anh. §§ 19, 20 GBO Rn. 80; Schöner/Stöber Rn. 121.

IV. Materielle Erwerbserfordernisse

Wenn eine sonstige materielle Voraussetzung für die Wirksamkeit der ein- 23
zutragenden Verfügung bei Eintritt der Verfügungsbeschränkung noch nicht erfüllt ist, gewährt § 878 BGB keinen Vertrauensschutz vor den Gefahren, die eine Verzögerung der Grundbucheintragung mit sich bringt. Es müssen daher die Zustimmungen Dritter (z.B. nach §§ 876, 880 Abs. 2 und 3, § 1183 BGB) vorliegen. Für den Erwerb einer Hypothek muss die gesicherte Forderung (§ 1113 Abs. 1 BGB) bestehen und, falls es ein Briefrecht ist, die Briefübergabe durch Aushändigungsabrede (§ 1117 Abs. 2 BGB) bereits ersetzt sein. Eine nur einseitige Anweisung nach § 60 Abs. 2 GBO genügt nicht. Zur Wirksamkeit der Verfügung erforderliche behördliche (z.B. nach BauGB oder GrdstVG) oder gerichtliche Genehmigungen (z.B. die des Familiengerichts bei Rechtsgeschäften Minderjähriger) müssen vor Eintritt der Verfügungsbeschränkung erteilt sein[1]. Darüber hinaus ist auch beispielsweise erforderlich, dass der Vormund die ihm erteilte Genehmigung nach § 1829 Abs. 1 Satz 2 BGB bereits dem anderen Teil mitgeteilt hat. Wird ein Rechtserwerb durch Vormerkung abgesichert, so findet insoweit auf deren Bewilligung § 878 BGB entsprechende Anwendung[2], wenn es der Genehmigung erst für den endgültigen Rechtserwerb bedarf, aber nicht für die Wirksamkeit der Vormerkung.

V. Sonstige Einzelheiten

1. Der Rechtserwerb auf Grund einer vom **Berechtigten** abgegebenen Er- 24
klärung schützt den Begünstigten nach § 878 BGB vor Nachteilen aus dem erst nach Eintritt der Verfügungsbeschränkung des Berechtigten erfolgten Grundbuchvollzug. Dass für diesen Erwerbsschutz der (materielle) Berechtigte bereits bei Abgabe der Erklärung im Grundbuch voreingetragen sein muss (§ 39 GBO), ist nicht erforderlich.

2. Geschützt wird durch die Bestimmung des § 878 BGB nur der **rechtsge-** 25
schäftliche Rechtserwerb, nicht jedoch Erwerbsvorgänge, die im Wege der Zwangsvollstreckung erfolgen. Keinen Schutz genießen daher z.B. die Eintragung einer Zwangshypothek sowie die Eintragung eines Widerspruchs oder einer Vormerkung aufgrund einstweiliger Verfügung.[3]

3. Die Regelung des § 878 BGB findet auch Anwendung auf Rangände- 26
rungen (§ 880 Abs. 2 BGB), das Verbundensein einer subjektiv-dinglichen Reallast nur mit einem Teil bei Teilung des herrschenden Grundstücks (§ 1109 Abs. 2 Satz 2 BGB), die Einigungserklärung über die Ausschließung des Hypothekenbriefes (§ 1116 Abs. 2 Satz 2 BGB), die Verteilung einer

---

[1] OLG Hamm JMBlNW 1948, 242 und 1951, 93; Staudinger/Gursky Rn. 39, Palandt/Bassenge Rn. 15 je zu § 878 BGB; Schöner/Stöber Rn. 122; streitig, aA OLG Köln NJW 1955, 80 [Ausnahme für Familiengerichtsgenehmigung]; MünchKomm/Kohler Rn. 20 zu § 878 BGB.

[2] Siehe BGH NJW 1958, 2013.

[3] BGHZ 9, 250 = NJW 1953, 898; KG DNotZ 1962, 400 = Rpfleger 1962, 177; Schöner/Stöber Rn. 113 mit Hinweis auf Gegenansicht, die für analoge Anwendung ist.

Gesamthypothek(§§ 1132 Abs. 2 Satz 2 BGB), die Abtretung einer Hypothekenforderung bei Briefausschluss (§ 1154 Abs. 3 BGB), den Verzicht auf eine Hypothek (§ 1168 Abs. 2 Satz 2 BGB), die Forderungsauswechslung bei Hypothek (§ 1180 Abs. 1 Satz 2 BGB) sowie für alle gleichgelagerten Fälle bei der Grundschuld (§ 1192 Abs. 1 BGB) und Bestellung einer Eigentümergrundschuld (§ 1196 Abs. 2 BGB).

27 4. Der Inhaber der Verfügungsbefugnis über ein **fremdes Recht** (Rn. 7) verfügt „als Berechtigter". Endet seine Verfügungsbefugnis

Beispiele: Der Insolvenzverwalter wird entlassen; das Insolvenzverfahren wird aufgehoben; das Amt des Testamentsvollstreckers endet,

so muss § 878 BGB im Interesse des Vertrauensschutzes gleichermaßen Anwendung finden.[1]

28 5. Unwiderrufliche **Zustimmungen Dritter** (§§ 876, 880 Abs. 2 und 3, §§ 1071, 1178 Abs. 2, § 1183 BGB) sind mit Zugang wirksam. Eine spätere Verfügungsbeschränkung des zustimmenden Dritten berührt sie daher nicht mehr; für sie erlangt § 878 BGB somit keine Bedeutung.

29 6. Die (bereits beantragte) Grundbucheintragung berührt die für eine Vollendung des Rechtserwerbs unschädliche nachträgliche Verfügungsbeschränkung nicht. Das Grundbuchamt hat eine (unerhebliche) nachträgliche Verfügungsbeschränkung somit nicht zu beachten. Gleichgültig ist, ob der Erwerber von der Verfügungsbeschränkung Kenntnis erlangt hat, weil § 878 BGB keinen Gutglaubensschutz regelt, sondern den Schutz während des Eintragungsverfahrens bezweckt. Zum Grundbuchverfahren siehe Rn. 326 ff.

F. Zwangsvollstreckung

30 Hoheitliches Handeln des (zuständigen) Vollstreckungsorgans tritt bei der Zwangsvollstreckung an die Stelle der sonst für den Rechtserwerb oder die Rechtsänderung erforderliche Einigung der Beteiligten. Bei der Vollstreckung in ein Grundstück führen daher die Eintragung einer Zwangshypothek (§ 867 Abs. 1 ZPO) oder die einer Pfändung einer Buchhypothek (§ 830 Abs. 1 ZPO) zu einer Rechtsänderung. Bereits ohne Grundbucheintragung durch Hoheitsakt des Vollstreckungsorgans bewirkt der Zuschlag im Zwangsversteigerungsverfahren (§§ 90, 91 Abs. 1 ZVG) oder die Pfändung einer Briefhypothek, -grundschuld, -rentenschuld (§ 830 Abs. 1, § 857 Abs. 6 ZPO) eine Rechtsänderung.

G. Rang der Grundstücksrechte (§§ 879–881 BGB)

I. Das Rangverhältnis

31 1. Der **Rang** bestimmt die Reihenfolge der Befriedigung **mehrerer Rechte** an einem Grundstück (oder an einem Grundstücksrecht) bei Zwangsverstei-

[1] MünchKomm/Kohler Rn. 12, Palandt/Bassenge Rn. 11, Staudinger/Gursky Rn. 52 je zu § 878 BGB; Schöner/Stöber Rn. 125, je gegen herrschende aA und a.M. in Schrifttum.

gerung und Zwangsverwaltung (§§ 10, 11 ZVG) und damit deren Sicherheit und wirtschaftlichen Wert. Die Belastung eines Grundstücks mit einem Recht bewirkt zwangsläufig eine Beschränkung der Eigentümerrechte. Über das bereits mit einem Recht belastete Grundstück kann sein Eigentümer nur noch Verfügungen treffen, die dieses Recht unberührt lassen. Gemäß dem **Prioritätsgrundsatz**[1] geht daher ein früher eingetragenes Recht an dem Grundstück einem später eingetragenen Recht vor. Gesetzlich geregelt ist die Rangordnung

- für Rechte, die in **derselben Abteilung** des Grundbuchs (= Abteilung II oder III, §§ 4, 10, 11 GBV) eingetragen sind, nach der **Reihenfolge der Eintragungen** (§ 879 Abs. 1 Satz 1 BGB) = Lokusprinzip;
- für Rechte, die in **verschiedenen Abteilungen** des Grundbuchs eingetragen sind, nach der **Zeitfolge der Eintragungen**;
- **Gleichrang** besteht für Rechte in verschiedenen Abteilungen bei Eintragung unter Angabe desselben Tages (§ 879 Abs. 1 Satz 2 BGB).

2. Die Reihenfolge oder das Datum der Eintragungen sind für den Rang 32
auch dann maßgebend, wenn die zum Erwerb des Rechts nach § 873 Abs. 1 BGB erforderliche Einigung erst nach der Eintragung zustande gekommen ist (§ 879 Abs. 2 BGB), sowie wenn die Einigung erst nach Belastung des Grundstücks mit einem weiteren Recht erfolgt.

3. Eine von der Reihen- und Zeitfolge des § 879 Abs. 1 BGB **abweichende** 33
Bestimmung des Rangverhältnisses bedarf der ausdrücklichen Eintragung im Grundbuch (§ 879 Abs. 3 BGB).

Beispiele:

a) Zwei Rechte in derselben Abteilung des Grundbuchs sollen bei Eintragung gleichen Rang erhalten. Bei (erforderlicher) Eintragung des Gleichrangvermerks (formell bei beiden Rechten, § 18 GBV) hat die Reihenfolge der Eintragungen in derselben Abteilung für den Rang keine Bedeutung.

b) Zwei Rechte in verschiedenen Abteilungen des Grundbuchs sollen bei Eintragung am gleichen Tag Rang nacheinander haben. Bei (erforderlicher) Eintragung des Vor- bzw. Nachrangs (formell bei beiden Rechten, § 18 GBV) bewirkt die Eintragung unter Angabe desselben Tages keinen Gleichrang (§ 879 Abs. 1 Satz 2 BGB gilt nicht).

4. Zu den verfahrensrechtlichen Regelungen zum Zwecke der Wahrung 34
und Darstellung der Rangverhältnisse nach Maßgabe des § 45 GBO siehe Rn. 616 ff.

II. Rangfähige Rechte

1. Ein **Rangverhältnis** als dingliche Berechtigung gegenüber anderen 35
Rechten kann bestehen zwischen

- **mehreren Rechten**, eingetragen in Abt II und III des Grundbuchs, mit denen ein Grundstück belastet ist. Dazu gehören aber auch die ohne Grundbucheintragung erworbenen Grundstücksrechte, wie z.B. die Sicherungshypotheken nach § 1287 Satz 2 BGB, § 848 Abs. 2 Satz 2 ZPO, für die jedoch § 879 BGB nicht gilt;

---

[1] Motive III, S. 225.

- einem Recht, mit dem nur der **Bruchteil** eines Grundstücksmiteigentümers belastet ist (z.B. § 1114 BGB, §§ 867 mit 864 Abs. 2 ZPO) und Rechten, die gleichfalls diesen Bruchteil belasten oder mitbelasten und damit insbesondere im Verhältnis zu den Belastungen des gesamten Grundstücks;
- einer **Vormerkung** auf Einräumung eines Rechts und Rechten an dem Grundstück oder zwischen mehreren solcher Vormerkungen (Gleichstellung durch § 883 Abs. 3 BGB)[1];
- einem **Widerspruch** auf Wiedereintragung eines Grundstücksrechts (§ 899 BGB), weil er den Rang des gesicherten Rechts und den weiteren am Grundstück lastenden Rechten wahrt, nicht dagegen bei einem Widerspruch gegen das eingetragene Eigentum.[2];
- **mehreren Rechten** untereinander, die **an einem Grundstücksrecht** bestehen wie z.B. ein Nießbrauch (§ 1068 BGB) und ein Pfandrecht (§ 1273 BGB), auch Pfändungspfandrecht (§ 804 Abs. 3, §§ 830, 857 Abs. 6 ZPO).

36 2. **Kein Rangverhältnis** besteht zwischen

- dem Eigentum und den Rechten am Grundstück, die als Grundstücksbelastungen nur die Eigentümerbefugnisse einschränken;
- Rechten an Bruchteilen eines Grundstücks, die an den Anteilen verschiedener Miteigentümer lasten;
- Rechten an jeweils verschiedenen Grundstücksrechten.

Auch besteht kein Rangverhältnis gegenüber Verfügungsbeschränkungen. Sie bewirken eine Beschränkung der Verfügungsbefugnis des Eigentümers oder des Inhabers eines am Grundstück bestehenden Rechts.[3] Sofern sie im Grundbuch einzutragen sind, ist ihr Zweck nur die Verhinderung von Rechtsnachteilen durch gutgläubigen Erwerb über §§ 892, 893 BGB.

III. Rangbestimmung

37 Der **Rang** eines Rechts kann im Rahmen seiner Bestellung von den Beteiligten **mit dinglicher Wirkung bestimmt** werden (Ausnahme z.B. § 10 ErbbauRG). Eine derartige Rangbestimmung zur Grundstücksbelastung ist **Teil der Einigung** für den Erwerb des Rechts (§ 873 Abs. 1 BGB), durch die mit Eintragung des vereinbarten Rangs, auch wenn sie nach Abs. 1 des § 879 BGB erfolgt, das Entstehen des Rechts im bestimmten Rang bewirkt wird. Für das Grundbuchverfahren erlangt diese Einigung keine Bedeutung, weil die Eintragung stets nach § 45 GBO erfolgt. Decken sich die Einigung über den Rang und das eingetragene Rangverhältnis nicht, dann wäre damit auch die Grundstücksbelastung nicht entstanden, da ein Mangel im Erwerbstatbestand des § 873 Abs. 1 BGB vorliegt. Ob indes das Rechtsgeschäft insgesamt nichtig ist, bestimmt sich nach § 139 BGB[4]. Entspricht es dem Willen der Beteiligten den „Rest des Geschäfts“ d.h. die Grundstücksbelastung im eingetragenen Rang wirksam sein zu lassen, was der Regelfall sein dürfte, dann ist das Recht in dem durch Eintragung nach § 879 Abs. 1 BGB gesetzlich be-

---

[1] RGZ 124, 200, 202.
[2] RGZ 129, 124, 127.
[3] RGZ 135, 378, 384.
[4] BGH NJW-RR 1990, 206.

stimmten Rang entstanden. Es liegt dann auch keine Unrichtigkeit des Grundbuchs hinsichtlich des Rangs vor. Andernfalls wäre das Recht überhaupt nicht entstanden und das Grundbuch bezüglich der gesamten Eintragung unrichtig.

IV. Rangänderung

Das zwischen mehreren Rechten an einem Grundstück bestehende Rang- 38
verhältnis kann **nachträglich geändert** werden (§ 880 Abs. 1 BGB). Die Rangänderung ist eine Verfügung über die Rechte und erfordert eine Einigung zwischen den Berechtigten des zurücktretenden und des vortretenden Rechts sowie die Eintragung in das Grundbuch (§ 880 Abs. 2 Satz 1 BGB). Gleiches gilt wenn ein neu in das Grundbuch einzutragendes Recht Vorrang vor einem bereits eingetragenen Recht erhalten soll.[1] Tritt eine Hypothek, Grundschuld oder Rentenschuld zurückt, ist außerdem noch die Zustimmung des Eigentümers erforderlich (§ 880 Abs. 1 Satz 2 BGB). Sofern das zurücktretende Recht mit dem Recht eines Dritten belastet ist (Nießbrauch, Pfandrecht), bedarf es auch dessen Zustimmung (§ 876 mit § 880 Abs. 3 BGB). Tritt ein Recht im Rang zurück, das dem jeweiligen Eigentümer eines anderen Grundstücks zusteht, müssen, wenn dieses Grundstück mit Rechten Dritter belastet ist, auch diese dinglich Berechtigten der Rangänderung zustimmen, es sei denn sie werden davon nicht berührt (§ 880 Abs. 3 mit § 876 Satz 2 BGB). Zur Grundbucheintragung von Rangänderungen s. Rn. 881 ff.

V. Rangvorbehalt

Der Eigentümer kann sich bei der Belastung des Grundstücks mit einem 39
Recht die Befugnis vorbehalten, einem weiteren Recht, mit dem das Grundstück erst noch belastet werden soll, den Vorrang[2] einzuräumen (§ 881 Abs. 1 BGB). Der Rangvorbehalt ist ein vorbehaltenes Stück Eigentumsrecht und kann daher nicht gesondert übertragen, gepfändet (§ 851 Abs. 1 ZPO) oder verpfändet (§ 1274 Abs. 2 BGB) werden.[3] Das Entstehen des Rangvorbehalts als Eigentümerbegünstigung erfordert eine Einigung zwischen dem Eigentümer und dem Berechtigten des durch den Vorbehalt zu schmälernden Rechts und die Grundbucheintragung (§ 873 BGB, bei nachträglicher Einräumung § 877 BGB). Die Eintragung muss bei dem Recht erfolgen, das zurücktreten soll (§ 881 Abs. 2 Halbs. 2 BGB). Wird das Grundstück veräußert, geht die vorbehaltene Befugnis auf den Erwerber über (§ 881 Abs. 3 BGB). Der Rangvorbehalt kann auch bedingt oder inhaltlich beschränkt sein (z.B. für eine bestimmte Zweckschuld = Baugeld) oder nur zur einmaligen Ausübung eingeräumt werden.

Zur Grundbucheintragung und Ausübung des Vorbehalts s. Rn. 885– 40
894. Erhebliche Schwierigkeiten können sich daraus ergeben, dass zwischenzeitlich vor Ausübung des Vorbehalts ein anderes Recht ohne Einweisung in den Vorbehalt zur Eintragung gelangt. Für dieses Zwischenrecht gilt, dass es

---

[1] BGH DNotZ 2010, 710 = Rpfleger 2010, 129 = ZfIR 2010, 71.
[2] Auch Gleichrang, BayObLGZ 1956, 456, 462.
[3] S. BGHZ 12, 238 = DNotZ 1954, 378 = NJW 1954, 954.

durch eine nachfolgende Ausübung des Rangvorbehalts und die damit verbundene Rangänderung unberührt bleiben muss (§ 880 Abs. 5 BGB; kein Vorteil – kein Nachteil). Andererseits darf das mit dem Vorbehalt belastete Recht nicht über den Vorbehalt hinaus beeinträchtig werden. Der Rangvorbehalt verliert daher insoweit seine Wirkung, als das mit ihm belastete Recht infolge des Zwischenrechts über den Vorbehalt hinaus beeinträchtigt würde (§ 881 Abs. 4 BGB). Für die Verteilung des Grundstückserlöses im Rahmen einer Zwangsverseigerung ergeben sich daraus merkwürdige, mitunter absurde Berechnungsergebnisse, mit der Folge, dass in der Praxis vom Rangvorbehalt nur in einem sehr eingeschränktem Maße Gebrauch gemacht wird.[1]

H. Wertersatz bei Zwangsversteigerung (§ 882 BGB)

I. Anspruch auf Wertersatz

41 Durch Erteilung des **Zuschlags** bei Zwangsversteigerung eines Grundstücks erlöschen die dort eingetragenen Rechte, soweit sie nicht nach den Versteigerungsbedingungen bestehen bleiben sollen (§ 91 Abs. 1 ZVG), vorausgesetzt, dass der Zuschlagsbeschluss nicht im Beschwerdeweg rechtskräftig aufgehoben wird. Nicht bestehen bleiben nach den gesetzlichen Versteigerungsbedingungen Rechte am Versteigerungsobjekt, die dem Anspruch des vollstreckenden (betreibenden) Gläubigers im Rang gleichstehen und nachgehen (§§ 44, 52 ZVG). Eine Erbbauzinsreallast nach § 9 Abs. 3 ErbbauRG sowie Grunddienstbarkeiten und beschränkte persönliche Dienstbarkeiten, wenn in ein Wohnungseigentum wegen bevorrechtigter Wohngeldansprüche vollstreckt wird und die Rechte auf dem Grundstück als Ganzem lasten, können darüber hinaus auch nach Maßgabe des § 52 Abs. 2 Satz 2 a) und b) ZVG bestehen bleiben. Möglich ist ferner, dass infolge abweichender Versteigerungsbedingungen nach § 59 Abs. 3 ZVG das Fortbestehen eines Rechts bestimmt oder nachträglich nach § 91 Abs. 2 ZVG das Bestehenbleiben eines an und für sich erloschenen Rechts vereinbart wird. Soweit die Rechte erlöschen gehen sie jedoch nicht ersatzlos unter. An ihre Stelle tritt der Anspruch auf Ersatz des Wertes aus dem Versteigerungserlös (**Surrogationsgrundsatz**). Es wandelt sich also nur der Haftungsgegenstand. Die Befriedigung des fortbestehenden Anspruchs erfolgt im gerichtlichen Verteilungsverfahren (§§ 105 ff ZVG) aus der festgestellten Teilungsmasse soweit diese ausreicht.

II. Geldbetrag des Wertersatzes

42 1. Erloschene auf Kapitalzahlung gerichtete Rechte, also **Grundpfandrechte** (Hypothek, Grundschuld und Rentenschuld) begründen einen Anspruch auf Zahlung des Kapitalbetrags (Ablösungssumme) nebst Zinsen und anderen Nebenleistungen bei der Erlösverteilung. Der Anspruch dieser Berechtigten steht in Höhe des eingetragenen Kapitals samt Zinsen und anderen Nebenleistungen betragsmäßig fest (s. auch § 114 ZVG).

[1] Siehe dazu im Einzelnen Morvilius MittBayNot 2006, 477 ff.

2. Die übrigen **nicht auf Kapitalzahlung gerichteten erlöschende Rechte** 43
begründen nach § 92 ZVG einen Anspruch auf Ersatz des Wertes aus dem Versteigerungserlös, wobei der Anspruch besteht für

- einen Nießbrauch (§ 1030 BGB), eine beschränkte persönliche Dienstbarkeit (§ 1090 BGB, auch als Wohnungsrecht) und eine Reallast (§ 1105 BGB) von unbestimmter Dauer auf Ersatz durch **Zahlung einer Geldrente,** die dem Jahreswert des Rechts gleichkommt, jeweils in Dreimonatsraten im voraus ab Erlöschen durch Zuschlag (§ 92 Abs. 2 ZVG). Das Deckungskapital bestimmt sich regelmäßig nach der voraussichtlichen Zeit, die das erloschene Recht ohne Versteigerung noch bestanden hätte und damit nach der Laufzeit der an die Stelle des Rechts getretenen Jahresleistungen, jedoch begrenzt nach oben hin auf den 25fachen Jahresbetrag der Leistungen (§ 121 Abs. 1 ZVG).
- alle anderen Grundstücksrechte, somit für eine Grunddienstbarkeit (§ 1018 BGB), ein Vorkaufsrecht (für mehr als einen Verkaufsfall § 1094 BGB), eine Reallast von bestimmte Dauer (damit auch für die Erbbauzinsreallast), ein Dauerwohn- oder Dauernutzungsrecht (§ 31 WEG) und eine Eigentumsvormerkung (§ 883 BGB) auf **einmalige Kapitalabfindung** (§ 92 Abs. 1 ZVG).

Für einen Wertersatz bezüglich der nicht auf Kapitalzahlung gerichteten Rechte ist stets zu beachten, dass der **Geldbetrag** des Wertersatzes **unbestimmt** ist, wenn nicht (wie bei der Reallast auf bestimmte Geldzahlung, auch beim Erbbauzins) ein Geldbetrag der Höhe nach bereits feststeht. Solche Ansprüche von unbestimmten Betrag deren Leistung sich nicht aus dem Grundbuch ergibt, müssen im Zwangsversteigerungsverfahren durch den Berechtigten **immer angemeldet** werden. Ohne Anmeldung erfolgt bei der Erlösverteilung überhaupt keine Berücksichtigung des Rechts. Die Anmeldung kann noch im Verteilungstermin erfolgen. Solange aber der angemeldete und der Höhe nach nicht bestimmte Wertersatz dem Schuldner gegenüber nicht festgestellt ist, gilt der Anspruch jedoch als **aufschiebend bedingt (§ 14 ZVG).** Die Feststellung kann erfolgen durch Anerkenntnis des Schuldners oder ansonsten im Prozesswege. Diese Ungewissheit über die Höhe des Wertersatzes beeinträchtigt den Wert nachrangiger Grundstücksrechte und erweist sich damit insbesondere für eine Kreditsicherung mit nachrangigen Grundpfandrechten oftmals als hinderlich.

III. Höchstbetrag

Nach § 882 BGB besteht die Möglichkeit für eine Recht einen **Höchstbetrag des Wertersatzes** für den Fall seines Erlöschens durch Zuschlag in der 44
Zwangsversteigerung bereits von vorneherein zu bestimmen. Der vereinbarte Höchstbetrag auf Wertersatz kann in das Grundbuch eingetragen werden und ist Ausgestaltung des Inhalts des Rechts. Das erfordert neben der Eintragung auch eine Einigung zwischen dem Eigentümer und dem Berechtigten des Rechts (§ 873 Abs. 1 BGB). Einer Zustimmung gleich- oder nachstehender Berechtigter bedarf es nicht, weil der Ersatzanspruch nicht zu ihrem Nachteil bestimmt, sondern nur betragsmäßig begrenzt wird. Die Eintragung hat unmittelbar im Grundbuch zu erfolgen, eine Bezugnahme auf die Eintra-

gungsbewilligung genügt nicht. Der Wertersatzbetrag wird in Buchstaben geschrieben (§ 17 Abs. 1 Satz 2 GBV).

45 **Eintragungsbeispiel:**
Wertersatz gemäß § 882 BGB … €.

46 Zulässig ist auch eine **nachträgliche Vereinbarung** eines Höchstbetrags auf Wertersatz. Für diese Inhaltsänderung bedarf es ebenfalls keiner Zustimmung von Berechtigten gleich- oder nachrangiger Rechte. Ist jedoch bereits ein Höchstbetrag im Grundbuch eingetragen und wird dieser nachträglich erhöht, so kann darin eine Beeinträchtigung liegen, die im Hinblick auf §§ 876, 877 BGB eine Zustimmung erforderlich macht. Eine ohne Zustimmung vorgenommene Erhöhung hat Nachrang und setzt die Eintragung eines entsprechenden **Rangvermerks** hinsichtlich des Mehrbetrags voraus.[1]

I. Vormerkung (§ 883 BGB)

I. Die Vormerkung als Sicherungsmittel des Sachenrechts

47 1. Durch Eintragung einer Vormerkung (§ 883 Abs. 1 BGB) kann die Erfüllung eines **schuldrechtlichen Anspruchs** auf Einräumung oder Aufhebung eines Rechts an einem Grundstück oder an einem das Grundstück belastenden Recht oder auf Änderung des Inhalts oder des Rangs eines solchen Rechts **gesichert** werden. Schuldrechtliche Beziehungen der Beteiligten untereinander (§ 241 BGB) begründen und sichern keine Rechte an Grundstücken. Sie schmälern daher auch nicht die Befugnis des obligatorisch verpflichteten Rechtsinhabers, über sein Grundstück oder ein Recht an einem Grundstück weiter zu verfügen, und sie schließen auch nicht die Zwangsvollstreckung ihm gegenüber aus. Erlangt daher ein Dritter das Eigentum, ein Recht am Grundstück oder an einem Grundstücksrecht, dann ist die Verwirklichung der bereits dem Gläubiger geschuldeten Leistung ausgeschlossen oder eingeschränkt. Die Vormerkung nach § 883 BGB ist kein dingliches Recht im Sinne des § 873 BGB, sondern ein **besonders geartetes Sicherungsmittel**, das geeignet ist dem geschützten schuldrechtlichen Anspruch in gewissem Rahmen dingliche Wirkungen zu verleihen.[2] Darüber hinaus ist die Vormerkung streng akzessorisch, d.h. vom Bestand des gesicherten Anspruchs abhängig.[3]Besteht er nicht, so ist auch die Vormerkung wirkungslos.[4] und kann ohne Anspruch nicht erworben werden. Deshalb müssen der Berechtigte des Anspruchs und der Vormerkung stets identisch sein.

48 2. Die Vormerkung unterscheidet sich als Eintragung zur Sicherung eines persönlichen Anspruchs auf Änderung der bestehenden Rechtslage vom Widerspruch (§ 899 BGB). Dieser ist ein Sicherungsmittel zum Schutz eines bestehenden (dinglichen) Rechts und zur Wahrung des Grundbuchberichtigungsanspruchs (§ 894 BGB).

---

[1] Siehe dazu DNotI-Report 2006, 55, 56.
[2] RGZ 151, 389, 392; BGHZ 25, 16, 23 = NJW 1957, 1229; BGHZ 28, 182, 185 = NJW 1958, 2013; BGHZ 60. 46, 49 = NJW 1973, 323.
[3] BGHZ 150, 138 = DNotZ 2002, 635 = NJW 2002, 2313 = Rpfleger 2002, 427.
[4] BGHZ 1954, 56, 63 = NJW 1970, 1541.

II. Vormerkbare Ansprüche

1. Vormerkbare Ansprüche können sein der Anspruch auf 49

- **Übertragung des Eigentums** an einem Grundstück, z.B. des Käufers (§ 433 Abs. 1 BGB) oder des Vermächtnisnehmers (§ 2174 BGB). Dabei handelt es sich um eine sog. Eigentumsübertragungsvormerkung, vielfach auch Auflassungsvormerkung genannt.
- **Einräumung eines Rechts** an einem Grundstück, z.B. einer
  - Hypothek oder Grundschuld. Anspruchsgrundlage kann sein z.B. der Sicherungsvertrag (§ 305 BGB), aber auch das Gesetz, so etwa. § 648 Abs. 1 BGB für eine Sicherungshypothek des Bauunternehmers;
  - Grunddienstbarkeit, eines Nießbrauchs, einer beschränkten persönlichen Dienstbarkeit (etwa eines Wohnungsrechts) usw.
- **Aufhebung eines Rechts** an einem Grundstück, z.B. einer vorrangigen Grundschuld. Die Verpflichtung des Eigentümers gegenüber in Abt. II des Grundbuchs einzutragenden Rechten und Vormerkungen auf Löschung eines gleich- oder vorrangigen Grundpfandrechts für den Fall seiner Vereinigung mit dem Eigentum in einer Person kann durch eine Löschungsvormerkung nach § 1179 BGB abgesichert werden. Zum gesetzlich vormerkungsgesicherten Löschungsanspruch von gleich- oder nachrangigen Grundpfandrechtsgläubigern wie auch des Gläubigers des davon betroffenen Grundpfandrechts selbst s. §§ 1179a, b BGB.
- **Einräumung** oder **Aufhebung eines Rechts an einem** das Grundstück **belastenden Recht**, somit eines Nießbrauchs (§ 1068 BGB) oder eines Pfandrechts (§ 1273 BGB),
- **Änderung des Inhalts** (§ 877 BGB) und des **Rangs** (§ 880 BGB) eines Rechts.

2. Durch eine Vormerkung sicherbar ist nicht nur ein bereits bestehender, 50
sondern auch ein **künftiger** und ein **bedingter Anspruch** (§ 883 Abs. 1 Satz 2 BGB). Anspruchsgrundlage kann ein Vertrag (§ 305 BGB), ein einseitiges Rechtsgeschäft oder das Gesetz (z.B. § 812 BGB) sein.

a) Ein **künftiger Anspruch** ist vormerkungsfähig, wenn bereits der Rechts- 51
boden für seine Entstehung so weit vorbereitet ist, dass eine vom Verpflichteten nicht mehr einseitig zu beseitigende, wenn zunächst auch nur vorläufige Bindung besteht. Das ist vornehmlich der Fall, wenn die Entstehung des Anspruchs nur noch von dem Willen des demnächst Berechtigten abhängt,[1] so z.B. bei einem rechtsverbindlichen Angebot oder Abkommen zwischen den künftigen Vertragsparteien. Weitergehende erst künftig entstehende Ansprüche, von denen sich der Schuldner unabhängig vom Gläubiger einseitig wieder lösen kann, sind dagegen nicht vormerkbar.[2] Dies liegt darin begründet,

[1] RG 151, 75, 77; BGHZ 12, 115, 118 = NJW 1954, 633; BayObLGZ 1977, 247; 248 = DNotZ 1978, 39 = MittBayNot 1977, 230 = NJW 1978, 166; OLG Hamm DNotZ 1978, 356, 357 = Rpfleger 1978, 137.

[2] OLG München MittBayNot 2010, 471. Die Unwirksamkeit des Anspruchs bewirkt jedoch entgegen der Ansicht des OLG noch keine inhaltliche Unzulässigkeit der Vormerkung i.S.d. § 53 Abs. Satz 2 GBO, sondern lediglich eine Grundbuchunrichtigkeit.

dass ansonsten infolge der „Sperre“ des Grundbuchs auf ungewisse Zeit eine Rechtsunsicherheit und Rechtserschwerung entstehen kann, die einer Beleihung und Veräußerung des Grundstücks abträglich wäre und die sich auch in einem Zwangsversteigerungsverfahren durch Abschreckung von Bietern ungünstig auswirken könnte[1].

52 b) Ein **bedingter Anspruch**, gleichgültig ob aufschiebend oder auflösend bedingt (§ 158 BGB), besteht bereits mit Vornahme des Rechtsgeschäfts und bietet damit von da an schon eine Grundlage für die Sicherung durch eine Vormerkung[2]. Erforderlich ist jedoch, dass der zu sichernde Anspruch nach Inhalt und Gegenstand genügend bestimmt oder bestimmbar ist.[3] Hierfür reicht es aus, wenn das Ereignis, mit dessen Eintritt die bedingten Ansprüche wirksam werden sollen, aufgrund objektiver Umstände bestimmbar ist, die auch außerhalb des Grundbuchs liegen können, sofern sie nachprüfbar und wenigstens in der Eintragungsbewilligung angedeutet sind.[4] Durch Vormerkung gesichert sein kann ein bedingter Anspruch daher auch, wenn der Eintritt der Bedingung von einem künftigen Verhalten des Berechtigten abhängig ist, das in seinem freien Belieben steht (sog. Potestativbedingung)[5]. Davon zu unterscheiden ist der Fall, dass ein Vertragsteil, insbesondere der Verpflichtete, bei Abschluss des Rechtsgeschäfts noch gar keine spätere Bindung für den Fall des künftigen Verhaltens gewollt hat, es sich also um eine sog Wollensbedingung handelt, bei der die rechtsgeschäftliche Bindung erst vom künftigen Verhalten abhängig ist. Der Anspruch aus einem solchermaßen bedingten Rechtsgeschäft ist nicht vormerkbar.

Beispiele für vormerkbare bedingte Ansprüche:
- Anspruch auf Eigentumsübertragung aus einem Wiederkaufsrecht (§ 497 BGB)[6],
- Anspruch auf Rückübertragung eines veräußerten (insbesondere schenkungsweise übereigneten) Grundstücks bei Zuwiderhandeln gegen übernommene Verpflichtungen (insbesondere bei abredewidriger Veräußerung oder Belastung) wie auch bei Nichteinhaltung der Verkehrssicherungspflicht[7] oder Eintritt anderer Ereignisse (Insolvenzeröffnung[8]; Zwangsversteigerungsbeschlagnahme)[9], ausreichend ebenfalls, dass „die Zwangsvollstreckung in den Vertragsbesitz droht“[10],

---

[1] BayObLG DNotZ 1978, 39, 40.

[2] BayObLGZ 1977, 247 aaO.

[3] BGHZ 22, 220, 225 = NJW 1957, 98.

[4] BGHZ 151, 116 = NJW 2002, 2461 = Rpfleger 2002, 559 = ZIP 2002, 2133 = ZNotP 2002, 349; BGHZ 130, 342 = NJW 1995, 2780.

[5] BGHZ 134, 182 = DNotZ 1997, 720 = NJW 1997, 861 = Rpfleger 1997, 208; BayObLG DNotZ 1996, 374 = MittBayNot 1995, 207; OLG Hamm DNotZ 1978, 356 aaO.

[6] BayObLGZ 1977, 247 = aaO.

[7] OLG Zweibrücken FGPrax 2005, 9 = MittBayNot 2005, 146 = NJW-RR 2005, 101 = Rpfleger 2005, 137.

[8] Siehe hierzu Reul, DNotZ 2008, 824.

[9] BayObLGZ 1977, 268 = DNotZ 1978, 159 = MittBayNot 1977, 232 = NJW 1978, 700.

[10] OLG München MittBayNot 2009, 464 m. Anm. Wartenberger = NJW-RR 2009, 950 = NotBZ 2009, 585.

- Anspruch auf Eigentumsübertragung, wenn der Erwerber (insbesondere der Beschenkte) vor dem Veräußerer (Schenker) stirbt oder ohne Hinterlassung leiblicher Abkömmlinge stirbt[1] oder seine Ehe geschieden wird,
- Anspruch auf Rückübertragung eines Grundstücks, wenn
  - der Käufer eine vertragliche Bauverpflichtung nicht zeitig erfüllt[2],
  - eine wesentliche Verschlechterung der Vermögensverhältnisse des Beschenkten entstehen sollte[3],
  - der Erwerber Betreuungspflichten nicht erfüllt[4].

c) **Erbrechtliche Ansprüche** bestehen vor dem Tod des Erblassers nicht. 53
Durch eine Verfügung von Todes wegen, auch wenn sie durch Erbvertrag (§ 2274 BGB) oder Erbverzichtsvertrag (§ 2346 BGB)[5] getroffen ist, wird kein Anspruch gegen den Erblasser begründet. Erb- und Pflichtteilsansprüche[6] sowie Ansprüche eines Vermächtnisnehmers (§ 2174 BGB)[7], entstehen erst mit dem Erbfall. Sie begründen vorher weder einen künftigen Anspruch noch eine rechtlich gesicherte Anwartschaft, sondern lediglich eine tatsächliche Aussicht den Anspruch zu erwerben, die nicht durch eine Vormerkung gesichert werden kann.

d) **Schwebend unwirksame Ansprüche** aus noch genehmigungsbedürfti- 54
gen Rechtsgeschäften können wie künftige Ansprüche vormerkungsfähig sein. Die Erteilung der als Wirksamkeitsvoraussetzung bei Abschluss des Rechtsgeschäfts noch ausstehenden Genehmigung des Gerichts (z.B. des Familiengerichts), einer Behörde oder eines Dritten beendet rückwirkend auf den Zeitpunkt der Vornahme des Rechtsgeschäfts den Schwebezustand (vgl. § 184 Abs. 1 BGB). Vormerkungsfähig ist ein schwebend unwirksamer Anspruch daher, wenn bereits eine – auch zunächst nur vorläufige – vom Verpflichteten einseitig nicht zu beseitigende Bindung an das Rechtsgeschäft besteht[8]. Beispiele Rn. 901–906.

3. Ein **formnichtiger Vertrag** (z.B über ein Grundstück § 311b Abs. 1 55
BGB) begründet keinen Anspruch (§ 125 BGB). Er schafft weder einen künftigen noch einen bedingten durch Vormerkung sicherbaren Anspruch[9]. Ist die Eintragung einer Vormerkung dennoch erfolgt, so wird der Formmangel zwar in bezug auf den Eigentumsübergang durch Einigung und Eintragung im Grundbuch geheilt (§ 311b Abs. 1 Satz 2 BGB), aber die Heilung wirkt nicht auf den Zeitpunkt des Vertragsschlusses zurück, so dass auch nicht rückwirkend gegenüber Dritten das Bestehen eines durch Vormerkung gesicherten Auflassungsanspruchs fingiert wird.[10] Zwischenzeitlich eingetragene

[1] BayObLGZ 1977, 268 = aaO.
[2] S. Schöner/Stöber Rn. 1489 ff.
[3] OLG München FGPrax 2007, 159 = NJW-RR 2007, 1314 = Rpfleger 2007, 540.
[4] OLG Düsseldorf RNotZ 2010, 197 = ZfIR 2010, 113.
[5] Siehe OLG Düsseldorf FGPrax 2003, 110 = RNotZ 2003, 192 = Rpfleger 2003, 290.
[6] BGHZ 1, 343, 349 = NJW 1951, 561.
[7] BGHZ 12, 115, 119 = DNotZ 1954 m. Anm. Hieber = NJW 1954, 633.
[8] RGZ 108, 91, 94; BayObLG Rpfleger 1977, 361.
[9] BGHZ 54, 56, 63 = DNotZ 1970, 596 = NJW 1970, 1541; RGZ 151, 75.
[10] BGH aaO.

Verfügungen, gleichgültig ob rechtgeschäftlich oder im Wege der Zwangsvollstreckung vorgenommen, bleiben daher wirksam.

56 4. Die Sicherung des Anspruchs durch eine nach § 883 Abs. 1 BGB akzessorische Vormerkung erfordert **Personenidentität.** Es muss der Berechtigte der Vormerkung Gläubiger des Anspruchs sein und ebenso der Anspruch, der durch Vormerkung gesichert sein soll, gegen denjenigen bestehen oder entstehen, dessen Grundstück oder Grundstücksrecht von der Vormerkung betroffen wird.[1] Das ist auch der Fall, wenn nach der Art der Bedingung der Anspruch nicht vom (ursprünglichen) Schuldner selbst, sondern von dessen Erben als Nachlassverbindlichkeit (§ 1967 BGB) zu erfüllen ist[2]. Personenidentität besteht hingegen nicht, wenn nach Verkauf eines Grundstücks von A an B dieser vor Eigentumsumschreibung an C weiter verkauft und A eine Vormerkung für C bewilligt. Diese Vormerkung könnte keinen Schutz bieten (kann somit auch nicht eingetragen werden), weil A Übereignung an C nicht schuldet[3]. Verpflichtet sich jemand in einem echten Vertrag zugunsten Dritter zur Übereignung eines Grundstücks an einen vom Versprechensempfänger noch zu benennenden Dritten, dann ist nur der Anspruch des Versprechensempfängers (§ 335 BGB) auf Übereignung an den Dritten, nicht jedoch der Anspruch des noch unbestimmten Dritten vormerkungsfähig.[4]

III. Die Eigentumsvormerkung

57 Die Eigentumsvormerkung ist ein wesentliches Sicherungsmittel des Käufers eines Grundstücks zum Schutz vor der Gefährdung seines Anspruchs auf Eigentumsverschaffung (§ 433 Abs. 1 BGB) gegen anspruchswidrige Verfügungen des Veräußerers und Vollstreckungsmaßnahmen Dritter sowie bei der Insolvenzeröffnung über das Vermögen des Veräußerers. Sie ist unverzichtbar, wenn der Käufer den Kaufpreis ganz oder teilweise schon vor Eigentumserwerb mit Grundbucheintragung zahlen soll. Daher hat der Notar bei Beurkundung eines Grundstückskaufvertrags über die Sicherung des Eigentumserwerbs durch Auflassungsvormerkung nach § 17 Abs. 1 BeurkG zu belehren[5]. Die Auflassung (§ 925 BGB) führt noch nicht zum Untergang des kaufvertraglichen (sonst geschuldeten) Anspruchs auf Eigentumsverschaffung[6]. Der Anspruch besteht fort, bis mit Eigentumseintragung Erfüllung eingetreten ist und kann bis dahin durch Vormerkung gesichert werden.[7]

---

[1] BGHZ 12, 115, 120.

[2] BayObLG 1977, 268 [272] = aaO.

[3] Amann in FS. Schippel 1996 S. 83 ff; Schöner/Stöber Rn. 1493.

[4] BGH DNotZ 1983, 484 = MittBayNot 1983, 10 = NJW 1983, 1543 = Rpfleger 1984, 346.

[5] BGH DNotZ 1989, 449 = NJW 1989, 102.

[6] BGH DNotZ 1995, 47 = NJW 1994, 2947 = Rpfleger 1995, 101 = ZIP 1994, 1863.

[7] RGZ 113, 403; BGH aaO.

IV. Entstehung der Vormerkung

1. Begründet wird die Vormerkung nach materiellem Recht durch 58
- **Bewilligung** des Betroffenen oder durch **einstweilige Verfügung** (§§ 935 ff ZPO) gegen ihn und
- **Eintragung** in das Grundbuch (§ 883 Abs. 1 mit § 885 BGB).

Als akzessorisches Sicherungsmittel (§ 883 Abs. 1 BGB: „zur Sicherung des Anspruchs ...“) setzen Erwerb und Bestand der Vormerkung das **Bestehen des** zu sichernden schuldrechtlichen **Anspruchs** voraus. Eine (eingetragene) Vormerkung, deren zu sichernder Anspruch nicht besteht, gewährt keinen Schutz.

Zu beachten ist jedoch, dass eine zwischenzeitlich erloschene **Eigentumsvormerkung**, bei welcher der gesicherte Anspruch in Wegfall gekommen ist, **durch die Neubegründung eines deckungsgleichen Anspruchs „wiederbelebt“** (= Novation) werden kann[1]. Dies erfordert, 59
- dass der neu begründete Eigentumsverschaffungsanspruch in Bezug auf die Vertragsparteien und das Anspruchsziel mit dem des weggefallenen Anspruchs identisch ist und
- der Grundstückseigentümer für diesen Anspruch eine neue (formlose) Bewilligung nach § 885 Abs. 1 BGB abgibt, die lediglich dem Anspruchsberechtigten zuzugehen hat.

Der **Schutz der Vormerkung** für den neuen Anspruch beginnt aber erst mit der Wirksamkeit der materiellrechtlichen Bewilligung. Die fehlende Bezugnahme im Grundbuch bezüglich der Daten für den neuen Anspruch oder die neue Bewilligung ist insoweit ohne Belang[2].

2. Die **Eintragung** der Vormerkung im Grundbuchverfahren (dazu Rn. 895–910) erfolgt auf Antrag (§ 13 Abs. 1 GBO), wenn der Betroffene sie in der Form des § 29 Abs. 1 Satz 1 GBO bewilligt (§ 19 GBO) oder die einstweilige Verfügung als Eintragungsgrundlage vorgelegt ist und Eintragungshindernisse des Grundbuchverfahrensrechts nicht entgegenstehen. Eintragungserfordernisse nach Grundbuchverfahrensrecht können z.B. sein die fehlende Voreintragung (§ 39 GBO) oder die mangelnde Briefvorlage (§ 41 GBO). Als bewilligt gilt die Vormerkung, wenn durch ein vorläufig vollstreckbares Urteil der Schuldner zur Abgabe einer Willenserklärung verurteilt ist, aufgrund deren eine Eintragung in das Grundbuch erfolgen soll (§ 895 ZPO). 60

3. Bei einer eingetragenen Vormerkung, die zunächst nur zur Sicherung eines durch Rücktritt bedingten Rückauflassungsanspruchs bestellt war, kann ohne das Erfordernis einer erneuten Eintragung und lediglich durch Bewilligung eine **erweiternde Änderung** dahingehend vorgenommen werden, dass 61

[1] BGHZ 143, 175 = DNotZ 2000, 639 m. Anm. Wacke = MittBayNot 2000, 104 = NJW 2000, 805 0 Rpfleger 2000, 153 = ZIP 2000, 225; dazu auch EWiR 2000, 285 (Grunsky).

[2] Zur Kritik an der im Wertungswiderspruch von § 1180 Abs. 1 BGB stehenden Entscheidung des BGH siehe Demharter, MittBayNot 2000, 106; Streuer, Rpfleger 2000, 155; Amann, MittBayNot 2000, 197.

sie sich auch auf weitere Rücktrittsgründe erstreckt.[1] Diese Ausdehnung (Extension) des Vormerkungsschutzes auf weitere Ansprüche berührt jedoch die vor der „Aufladung" bereits eingetragenen Rechte nicht. Der Rang dieser Ansprüche bestimmt sich vielmehr nach dem Zeitpunkt der neuen Bewilligung.[2] Für die Rechtssicherheit des Grundbuchs ist diese Rechtsprechung des BGH nicht förderlich. Auch im Falle der zwangsweisen Verwertung des belasteten Grundstücks kann die unterschiedliche rangmäßige Zuordnung der Ansprüche zu erheblichen Schwierigkeiten führen. Daher bedingt wohl richtigerweise eine erweiternde Änderung des Anspruchs grundsätzlich auch eine Inhaltsänderung der Vormerkung, die Einigung und Eintragung erfordert (§ 877 mit § 873 BGB). Eine beschränkende Änderung des Anspruchs bewirkt dagegen, ohne dass es einer Grundbucheintragung bedarf, bereits die entsprechende Einschränkung der Wirkungen der (akzessorischen) Vormerkung.

Beispiele für erweiternde Änderung des Anspruchs: Vergrößerung oder Lageänderung der zu übereignenden Grundstücksfläche, Sicherung eines größeren Geldbetrags oder einer anderen Forderung durch Hypothek, Eintragung einer Grundschuld statt einer Hypothek, Barzahlung statt (bisher) Übernahme von Belastungen in Anrechnung auf den Kaufpreis[3], erleichterter Bedingungseintritt bei bedingtem oder künftigem Anspruch, Verlängerung der Frist für die Annahme eines Kaufvertragsangebots[4].

V. Vormerkungsschutz

62 1. Schutz gewährt die Vormerkung
- gegen (rechtsgeschäftliche) Verfügungen des Anspruchsschuldners (§ 883 Abs. 2 Satz 1, § 888 Abs. 1 BGB),
- gegen Zwangsvollstreckungsmaßnahmen und Verfügungen des schuldnerischen Insolvenzverwalters in das Recht (§ 883 Abs. 2 Satz 2 BGB),
- bei der Insolvenzeröffnung über das Vermögen des Schuldners (§ 106 Abs. 1 InsO),
- gegen eine Haftungsbeschränkung des Erben des Schuldners (§ 884 BGB).

Ferner bestimmt sich der Rang des Rechts auf dessen Einräumung der Anspruch gerichtet ist, nach der Eintragung der Vormerkung (§ 883 Abs. 3 BGB).

63 2. Eine (rechtsgeschäftliche) **Verfügung** (Begriff Rn. 4), die nach Eintragung der Vormerkung über das Grundstück oder das Grundstücksrecht getroffen wird, ist insoweit **unwirksam**, als sie den (gesicherten) Anspruch vereiteln oder beeinträchtigen würde (§ 883 Abs. 2 Satz 1 BGB). Ebenso unwirksam ist eine Verfügung, die nach Eintragung der Vormerkung im Wege der Zwangsvollstreckung (wie mit Eintragung einer Zwangshypothek,

---

[1] So BGH DNotZ 2008, 514 m. Anm. Amann = MittBayNot 2008, 212 m. Anm. Demharter = NJW 2008, 578 = Rpfleger 2008, 187 = NZI 2008, 325 m. Anm. Kesseler = ZIP 2008, 893 m. Anm. Mitterlehner.

[2] BGH aaO.

[3] BGH DNotZ 1959, 399.

[4] OLG Frankfurt DNotZ 1994, 247 = Rpfleger 1993, 329; OLG Köln DNotZ 1976, 375 = Rpfleger 1977, 166.

§ 867 ZPO) oder der Arrestvollziehung (wie mit Eintragung einer Arresthypothek, § 932 ZPO) oder durch den Insolvenzverwalter erfolgt (§ 883 Abs. 2 Satz 2 BGB).

Unwirksam sein kann somit insbesondere

- die Übereignung des Grundstücks an einen Dritten sowie seine Belastung mit einem Grundpfandrecht oder einem anderen dinglichen Recht nach Eintragung der Eigentumsvormerkung,
- die Abtretung, Verpfändung oder Pfändung eines Grundpfandrechts an oder durch einen Dritten nach Eintragung einer Abtretungs- oder Löschungsvormerkung.

Mit Abtretung einer Eigentümergrundschuld (§ 1196 Abs. 1 BGB) nach Eintragung einer Eigentumsvormerkung verfügt der Eigentümer lediglich über das Grundpfandrecht, nicht aber über das Grundstück. Diese Abtretung kann daher auch nach Eintragung einer Eigentumsvormerkung noch voll wirksam erfolgen[1], selbst wenn die lastenfreie Eigentumsübertragung geschuldet ist.

3. Die **Unwirksamkeit** einer anspruchswidrigen Verfügung besteht **lediglich** dem **Vormerkungsberechtigten gegenüber** (relative Unwirksamkeit). Die Unwirksamkeit kann daher nur von dem Berechtigten der Vormerkung oder für ihn auch von einem Pfandgläubiger geltend gemacht werden[2]. Der Grundstückseigentümer und Dritte können sich dagegen nicht auf die Unwirksamkeit der Verfügung berufen. Auch dem Vormerkungsberechtigten gegenüber wird eine vormerkungswidrige Verfügung „ein für allemal" **wirksam, wenn er zustimmt.**[3] Das bestimmt § 182 Abs. 1 BGB, folgt aber ebenso aus der entsprechenden Anwendung des § 185 Abs. 1 BGB. Diese Zustimmung ist formlos möglich (§ 182 Abs. 2 BGB), hebt die Vormerkungswirkungen auf und bewirkt somit eine Rechtsänderung, die außerhalb des Grundbuchs eintritt. 64

4. Eine **Grundbuchsperre** bewirkt die Eintragung einer Vormerkung **nicht.**[4] Spätere Eintragungen kann daher das Grundbuchamt, weil es sich nicht um absolut, sondern nur um dem Vormerkungsberechtigten gegenüber unwirksam Verfügungen handelt, nicht ablehnen.[5] Eine Grundbuchunrichtigkeit bewirkt die Vornahme einer vormerkungswidrigen Verfügung nicht und dem Vormerkungsberechtigten steht demzufolge auch kein Berichtigungsanspruch nach § 894 BGB oder § 22 GBO zu[6]. Nur die Aufhebung (Löschung) eines Rechts, dessen Übertragung, Belastung, Rang- oder Inhaltsänderung durch eine Vormerkung gesichert ist, darf ohne Zustimmung des Vormerkungsberechtigten nicht eingetragen werden, weil mit der Löschung des Rechts auch die Vormerkung entfallen würde.[7] 65

---

[1] BGHZ 64, 316 = DNotZ 1975, 617 = NJW 1975, 1356 = Rpfleger 1975, 295.

[2] KG Rpfleger 1965, 14 [15].

[3] RGZ 154, 355, 356.

[4] OLG Hamm OLGZ 1993, 284 = NJW-RR 1993, 529 = Rpfleger 1993, 281 m. Anm. Demharter Rpfleger 1993, 442.

[5] Schöner/Stöber Rn. 1524.

[6] LG Frankenthal Rpfleger 1984, 407.

[7] § 876 BGB in entspr. Anwendung, KG JFG 9, 218.

VI. Beseitigung einer vormerkungswidrigen Verfügung

66 1. Zur **Erfüllung** des durch Vormerkung gesicherten **Anspruchs** ist auch nach Grundbucheintragung einer vormerkungswidrigen Verfügung allein der **Schuldner verpflichtet**[1]. Von ihm kann der Anspruchsberechtigte weiterhin die Rechtsänderung durch Einräumung oder Aufhebung des nach dem vorgemerkten Anspruch geschuldeten Rechts an einem Grundstück oder einem Grundstücksrecht, einschließlich der Änderung des Inhalts oder des Ranges eines solchen Rechts, verlangen. Er schuldet unverändert die für die rechtsgeschäftliche Verfügung zur Erfüllung des Anspruchs erforderliche Erklärung.

67 2. Die **Zustimmung** zu der Grundbucheintragung oder Löschung, die zur Verwirklichung des gesicherten Anspruchs erforderlich ist, kann der Berechtigte der Vormerkung von dem im Grundbuch vormerkungswidrig eingetragenen **Erwerber** (Dritt- oder Zwischenberechtigter) verlangen (§ 888 Abs. 1 BGB). Der Grund für diese Regelung liegt darin begründet, dass die Eintragung der Rechtsänderung in Erfüllung des vorgemerkten Anspruchs nach dem formellen Grundbuchrecht nur mit Bewilligung (§ 19 GBO) des voreingetragenen Betroffenen (§ 39 GBO) erfolgen kann. Durch § 888 Abs. 1 BGB ist dem Vormerkungsberechtigten die Möglichkeit gegeben, unmittelbar von diesem die Zustimmung zu seiner Eintragung oder zur vorgemerkten Löschung zu verlangen. Der Zustimmungsanspruch ist nur ein unselbständiger Hilfsanspruch, dem lediglich verfahrensrechtliche Bedeutung zukommt.[2] Die Geltendmachung des Hilfsanspruch gegen den Dritterwerber, setzt nicht voraus, dass der Schuldner den vorgemerkten Anspruch bereits erfüllt hat oder rechtskräftig dazu verurteilt worden ist.[3] Insbesondere ist keine Voraussetzung, dass der Vormerkungsberechtigte bereits als Grundstückseigentümer oder als sonstiger Rechtsinhaber in das Grundbuch eingetragen worden ist.[4] Die Beseitigung der vormerkungswidrigen Eintragung kann aber erst parallel mit dem endgültigen Rechtserwerb des Vormerkungsberechtigten erfolgen, da diesem ansonsten als dem bis dahin lediglich mittelbar Betroffenen die Antragsberechtigung fehlt (§ 13 Abs. 1 Satz 2 GBO).[5] Für die Grundbucheintragung ist ansonsten die Zustimmung in der Form des § 29 GBO zu erklären. Als abgegeben gilt die Erklärung des Dritten mit Rechtskraft des gegen ihn erstrittenen Urteils (§ 894 Abs. 1 ZPO). Die Erfüllung des vormerkungsgesicherten Anspruchs schuldet der zustimmungspflichtige Dritte nicht,[6] wobei er jedoch im Einzelfall statt der Zustimmung auch den vorgemerkten Anspruch erfüllen kann (§ 267 Abs. 1 BGB).

---

[1] BGHZ 49, 263, 266 = NJW 1968, 788 m. Anm. Reinicke.
[2] BGH aaO.
[3] BGH DNotZ 1989, 357 = NJW-RR 1988, 1357.
[4] BGHZ 186, 130 = DNotZ 2011, 125 = MittBayNot 2011, 135 = NJW 2010, 3367 = ZfIR 2011, 60 = ZNotP 2010, 340.
[5] OLG Düsseldorf FGPrax 2007, 9 = RNotZ 2006, 613 = Rpfleger 2007, 69.
[6] BGHZ 54, 56, 62 = NJW 1970, 1541.

VII. Übertragung der Vormerkung

Mit der Abtretung des gesicherten Anspruchs geht zugleich die Vormer- 68
kung als akzessorisches Sicherungsrecht auf den Erwerber über (§ 401 BGB).[1] Die Eintragung im Grundbuch ist lediglich von deklaratorischer Bedeutung. Selbständig, d.h. ohne den Anspruch ist die Vormerkung nicht übertragbar. Eine Abtretung scheidet gänzlich aus, wenn sie durch Vereinbarung mit dem Schuldner ausgeschlossen ist (§ 399 BGB). Der (teilweise) Ausschluss kann als Inhalt der Vormerkung durch Bezugnahme auf die Eintragungsbewilligung (§ 885 Abs. 2 BGB) eingetragen werden.[2] Die Abtretung hat materiell in der für Übertragung des Anspruchs (§ 398 BGB) maßgeblichen Form, durchweg sonach formlos zu erfolgen. Zur Eintragung des Vormerkungsübergangs bedarf es jedoch einer Berichtigungsbewilligung des Betroffenen oder eines Unrichtigkeitsnachweises in der Form des § 29 GBO. Auch die Abtretung des Anspruchs auf Eigentumsverschaffung (samt Eigentumsvormerkung) kann formfrei erfolgen.[3] Eine Beurkundungspflicht nach § 311b Abs. 1 BGB besteht aber, wenn eine Eigentumsverschaffungs- oder Erwerbspflicht vereinbart oder übernommen und der Auflassungsanspruch nur sicherungshalber abgetreten wird (z.B. der Verkauf eines dem Veräußerer noch nicht gehörenden Grundstücks.[4]

VIII. Aufhebung der Vormerkung

1. Die Aufhebung einer Vormerkung erfordert 69
- eine **Erklärung** des Berechtigten und erforderlichenfalls nach § 876 BGB ferner die Zustimmung eines Dritten sowie
- die **Löschung** im Grundbuch (analog § 875 Abs. 1 BGB).

Einer Zustimmung des Grundstückseigentümers bedarf es für die Aufhebung nicht. (§ 1183 BGB findet keine Anwendung, weil kein Eigentümerrecht entstehen kann). Allein durch die Löschung im Grundbuch, ohne eine Aufhebungserklärung des Gläubigers oder das Erlöschen des Anspruchs, geht die Vormerkung materiellrechtlich aber nicht unter.[5] Sie besteht außerhalb des Grundbuchs fort und die Löschung hat das Grundbuch unrichtig gemacht (§ 894 BGB), mit der Möglichkeit des vormerkungsfreien Erwerbs von Zwischenrechten durch Gutgläubige (§§ 892, 893 BGB).[6] Hat der Vormerkungsberechtigte eine formelle Löschungsbewilligung (§ 19 GBO) abgegeben, so wird diese in der Regel zugleich auch seine materiell-rechtliche Aufhebungserklärung enthalten.

---

[1] RGZ 142, 331, 333; BGHZ 25, 16, 23 = NJW 1957, 1229 = Rpfleger 1958, 310.

[2] BayObLGZ 1998, 206 = DNotZ 1999, 736 = NJW-RR 1999, 309 = Rpfleger 1999, 67 = ZfIR 1999, 75 = ZNotP 1998, 496.

[3] BGHZ 89, 41, 46 = DNotZ 1984, 319 = NJW 1984, 973 = Rpfleger 1984, 143; BayObLGZ 1976, 190, 193 = DNotZ 1977, 107 = Rpfleger 1976, 359.

[4] Siehe dazu Schöner/Stöber Rn. 3106; auch BGH DNotZ 1997, 307 = MittBayNot 1996, 366 = NJW 1996, 2503.

[5] BGHZ 60, 46 = DNotZ 1973, 367 = MittBayNot 1973, 87 = NJW 1973, 323.

[6] BGHZ 60, 46, 51 aaO.

70 2. Die Vormerkung erlischt (als akzessorisches Sicherungsmittel) mit dem gesicherten Anspruch, sofern sie nicht durch die Neubegründung eines deckungsgleichen Anspruchs „wiederbelebt“ wird (s. Rn. 59). Das Nichtentstehen oder der Wegfall des gesicherten Anspruchs bewirken eine Grundbuchunrichtigkeit (§ 894 BGB).

K. Richtigkeitsvermutung des Grundbuchs (§ 891 BGB)

I. Rechtsvermutung

71 1. Ist im Grundbuch für jemand ein Recht eingetragen, so wird vermutet, dass ihm das Recht[1] mit dem eingetragenen Inhalt auch zustehe (§ 891 Abs. 1 BGB). Ist im Grundbuch ein eingetragenes Recht gelöscht, wozu auch die Nichtmitübertragung auf ein anderes Grundbuchblatt nach § 46 Abs. 2 GBO, nicht aber seine bloße Rötung zählt[2], so wird vermutet, dass das Recht nicht bestehe (§ 891 Abs. 2 BGB). Durch diese gesetzliche Rechtsvermutung erlangt damit das einzelne Grundbuchblatt entscheidende Bedeutung für den Nachweis der auf den dort gebuchten Grundstücken bestehenden Rechte.

72 2. Das Bestehen eines im Grundbuch eingetragenen Rechts, auch im Hinblick auf die Berechtigung des Eingetragenen[3], sowie das Erloschensein eines dort gelöschten Rechts, die nach § 891 BGB gesetzlich vermutet werden, sind im Geschäftsverkehr und bei einem Rechtsstreit **nicht darlegungs- oder beweispflichtig**, sie gelten vielmehr als bewiesen. Zulässig ist jedoch der Beweis des Gegenteils (§ 292 ZPO), insoweit demzufolge der Nachweis der Unrichtigkeit des Grundbuchs. Beweispflichtig für eine nicht grundbuchersichtliche Rechtsänderung oder Berechtigung ist, wer Rechte aus der Unrichtigkeit der Vermutung herleitet.[4] Die Widerlegung der Vermutung erfordert den vollen Beweis der Unrichtigkeit; eine Erschütterung der Vermutung (lediglich Zweifel) genügt nicht[5]. Ein eingetragener Widerspruch nach § 899 BGB oder § 53 Abs. 1 Satz 1 GBO entkräftet die Vermutung nicht[6].

73 3. Die Vermutung des § 891 BGB gilt für alle inhaltlich zulässigen Grundbucheintragungen, gleichgültig, ob sie für eine rechtsgeschäftliche Rechtsänderung, zur Grundbuchberichtigung oder im Wege der Zwangsvollstreckung vorgenommen worden sind. Darüber hinaus erstreckt sich die Richtigkeitsvermutung des Grundbuchs auch auf den sich aus dem Liegenschaftskataster ergebenden Grenzverlauf eines Grundstücks.[7] Ist eine Löschung eines eingetragenen Rechts erfolgt, so wird das frühere Bestehen des Rechts i.S. des

---

[1] Ab Eintragung für deren Dauer, BGHZ 52, 355 = NJW 1969, 2139 = Rpfleger 1969, 423.

[2] BayObLGZ 1995, 413.

[3] OLG Köln FGPrax 1996, 5 = MittBayNot 1996, 40.

[4] Zöller/Greger Rn. 1 zu § 292 ZPO.

[5] BGH DNotZ 1970, 411 = Rpfleger 1970, 201 und DNotZ 1980, 354 [356] = NJW 1980, 1047 [1048]; BGH NJW-RR 2005, 599 =Rpfleger 2005, 244.

[6] BGHZ 52, 355, 359 = NJW 1969, 2139 und BGH DNotZ 1970, 411; OLG Rostock NotBZ 2009, 399.

[7] BGH DNotZ 2006, 364 = NJW-RR 2006, 662 = NotBZ 2006, 92 = Rpfleger 2006, 92.

§ 891 Abs. 1 BGB vermutet, wenn feststeht, dass die Löschung nicht das Grundbuch berichtigen sollte.[1]

4. Auch für das Grundbuchamt gilt die Vermutung des § 891 BGB gleichermaßen.[2] und grundsätzlich auch dann, wenn das Grundbuchamt eine Eintragung unter Verletzung gesetzlicher Vorschriften vorgenommen hat.[3] Widerlegt werden kann sie nur durch Tatsachen, welche die Unrichtigkeit des Grundbuchs zweifelsfrei belegen,[4] wobei der Nachweis nicht zwingend der Form des § 29 Abs. 1 GBO bedarf.[5] 74

II. Besonderheit bei Briefrechten

Für den eingetragenen Gläubiger einer **Briefhypothek oder -grundschuld** 75 spricht die gesetzliche Vermutung des § 891 Abs. 1 BGB, wenn er den Briefbesitz hat,[6] wobei ein mittelbarer Besitz (§ 868 BGB) ausreicht. Im Übrigen ist es für die Vornahme einer Grundbucheintragung ausreichend, wenn der Brief vorgelegt wird (§ 41 Abs. 1 Satz 1 GBO). Wer ihn eingereicht hat spielt insoweit keine Rolle. Die Vermutung für die Berechtigung des im Grundbuch eingetragenen Gläubigers ist aber dann widerlegt, wenn feststeht, dass das Grundpfandrecht durch öffentlich beglaubigte Erklärung unter Übergabe des Briefs an einen Dritten abgetreten wurde. Von diesem Zeitpunkt an wird nach §§ 891 Abs. 1, 1155, 1192 Abs. 1 BGB die Rechtsinhaberschaft des Erwerbers vermutet. Eine bloß privatschriftliche Abtretung genügt dafür nicht.[7]

III. Vormerkung

Die Vormerkung (§ 883 BGB) begründet keine Vermutung für das Beste- 76 hen des zu sichernden Anspruchs.[8] Jedoch gilt die gesetzliche Vermutung des § 891 Abs. 1 BGB auch für das Bestehen einer Vormerkung zugunsten des eingetragenen Berechtigten, wenn der durch die Vormerkung gesicherte Anspruch unstreitig oder bewiesen ist.[9]

L. Gutgläubiger Erwerb (§§ 892, 893, 899a BGB)

I. Vertrauensschutz

Das **Vertrauen auf die Richtigkeit des Grundbuchs** ist für den **rechtsge-** 77 **schäftlichen Erwerb** eines Rechts an einem Grundstück oder an einem einge-

---

[1] BGHZ 52, 355 aaO.
[2] BayObLG DNotZ 1990, 739 = MittBayNot 1989, 209 = NJW-RR 1989, 718.
[3] BayObLG DNotI-Report 2000, 77 = Rpfleger 2000, 206.
[4] OLG Zweibrücken FGPrax 1997, 127 = Rpfleger 1997, 428.
[5] So BayObLG DNotZ 1993, 335 = MittBayNot 1991, 256 = NJW-RR 1991, 1398.; A.A. OLG Köln MittRhNotK 1983, 53.
[6] BayObLGZ 1973, 246 = DNotZ 1974, 93 = Rpfleger 1973, 429.
[7] OLG Köln MittBayNot 1990, 40 = MittRhNotK 1995, 321; Anders BayObLG aaO.
[8] BGHZ 25, 16, 23 = NJW 1957, 1229.
[9] OLG Schleswig FGPrax 2004, 204 = NotBZ 2004, 320.

tragenen Grundstücksrecht **geschützt** (§ 892 BGB; materielles Publizitätsprinzip). Diese Regelung des Sachenrechts sorgt auf der Grundlage des Grundbuchsystems für die Sicherung des redlichen Geschäftsverkehrs. Daher wird zur Sicherheit des Rechtserwerbs der Verlass auf die Berechtigung des eingetragenen Verfügenden gewährleistet. Derjenige, welcher im Grundbuch als Eigentümer oder sonst als Berechtigter eingetragen ist, gilt nach dem Prinzip des **öffentlichen Glaubens** des Grundbuchs zugunsten eines redlichen Dritten, dem er das Eigentum oder sein Recht überträgt oder ein Recht daran bestellt, als Eigentümer oder Berechtigter, auch wenn er es in Wirklichkeit nicht ist.[1] Gewährleistet wird damit dem gutgläubigen Erwerber[2]

- **positiv**, dass der eingetragene Berechtigte, von dem er sein Recht ableitet, der wahre Berechtigte ist, und dass dessen Recht mit dem eingetragenen Inhalt besteht,
- **negativ**, dass die durch Löschungsvermerk (§ 46 Abs. 1 GBO) oder Nichtmitübertragung (§ 46 Abs. 2 GBO)[3] gelöschten Rechte, auch wirklich erloschen sind und dass nicht eingetragene Rechte nicht bestehen.

Unerheblich ist dabei die nicht grundbuchersichtliche materielle (wirkliche) Rechtslage.

II. Geschützte Rechtsvorgänge

78 1. Geschützt wird, wie schon erwähnt, nur der **rechtsgeschäftliche Rechtserwerb**, der eine Einigung mit dem „Berechtigten" erfordert (§ 873 Abs. 1 BGB), somit die Eigentumsübertragung wie auch die Belastung eines Grundstücks oder Rechts, wobei es ohne Belang ist, ob der Erwerb entgeltlich oder unentgeltlich[4] erfolgt.

Nicht geschützt ist der Rechtserwerb

- im Wege der Zwangsvollstreckung, wie z.B. bei der Eintragung einer Zwangshypothek, § 867 Abs. 1 ZPO, auf einem dem Schuldner nicht gehörenden Grundstück[5], auch im Wege der Arrestvollziehung;
- kraft Gesetzes, wie z.B. bei der Erbfolge (§ 1922 BGB), somit kein Schutz des Vertrauens auf die Gültigkeit eines Testaments, und
- durch Hoheitsakt (Zuschlag in der Zwangsversteigerung, § 81 ZVG).

Auf den weiteren rechtsgeschäftlichen Erwerb, der durch Verfügung eines nicht Geschützten und demzufolge nichtberechtigt Eingetragenen vorgenommen wird, findet jedoch der Gutglaubensschutz des § 892 BGB Anwendung.

Beispiel: Der als Gläubiger einer Zwangshypothek auf einem dem Schuldner nicht gehörenden Grundstück Eingetragene tritt diese an einen Dritten ab (§§ 873, 1154 Abs. 3 BGB). Der Dritte wird mit gutgläubigem Erwerb (den Bestand der Forderung vorausgesetzt, s. § 1185 Abs. 2 BGB) Gläubiger des Rechts.[6]

---

[1] Motive III S. 209.

[2] RGZ 116, 177, 180.

[3] BGHZ 104, 139 [143] = DNotZ 1989, 146 = NJW 1988, 2037 = Rpfleger 1988, 353.

[4] Zu diesem aber s. § 816 Abs. 1 Satz 2 BGB.

[5] BGHZ 64, 194 = NJW 1975, 1282 = Rpfleger 1975, 246.

[6] Siehe BGHZ 64, 194 aaO.

2. Eine Sicherung des redlichen Geschäftsverkehrs rechtfertigt nur den Schutz durch einen Dritterwerber, also das Vorliegen eines **Verkehrsgeschäfts**. Jedoch auch die rechtsgeschäftliche Übertragung eines Miteigentumsanteils unter Miteigentümern ist ein Verkehrsgeschäft.[1] Keinen Schutz genießt dagegen der Erwerb bei Personengleichheit auf Veräußerer- und Erwerberseite. 79

Beispiel: Der eingetragene Nichteigentümer bestellt sich eine Eigentümergrundschuld (§ 1196 Abs. 1 BGB).

Gleiches gilt bei wirtschaftlicher Identität.

Beispiel: Eigentumsübertragung vom eingetragenen Nichteigentümer auf eine Einmann-GmbH mit ihm als alleinigem Gesellschafter.

3. Der Schutz des rechtsgeschäftlichen Erwerbs erfordert ferner einen **fehlerfreien Erwerbstatbestand**. Einen Mangel im Erwerbsgeschäft schützt der „guter Glaube" an die Wirksamkeit der Verfügung nicht. 80

Beispiele:
a) Die Einigung des (gutgläubigen) Erwerbers mit dem (nicht berechtigten) Veräußerer ist wegen Geschäftsunfähigkeit eines Beteiligten nichtig.
b) Der Vertreter des Veräußerers war nicht bevollmächtigt.

III. Inhalt des Grundbuchs als Schutzbereich

Der Inhalt des Grundbuchs, eingeschlossen die zulässig in Bezug genommene Eintragungsbewilligung (§§ 874, 1115 BGB)[2], gilt als richtig. Dem Schutzbereich des Grundbuchs unterstellt sind **nur Rechtsverhältnisse**, nicht aber rein tatsächliche Angaben, wie z.B. Vornamen, Wohnort, Schreibweise des Namens eines Berechtigten. Diese Angaben nehmen daher nicht am öffentlichen Glauben des Grundbuchs teil. Für einen Rechtserwerb **garantiert** werden damit **Bestand, Inhalt** und **Rang** der auf dem Grundbuchblatt des Grundstücks (§ 3 Abs. 1 Satz 1 GBO) oder auf einem gemeinschaftlichen Grundbuchblatt (§ 4 GBO) für ein Grundstück eingetragenen **Rechte**. Bestandsangaben im Bestandsverzeichnis gehören zum geschützten Grundbuchinhalt, soweit sie für das eingetragene Eigentum oder ein Grundstücksrecht eine Grundstücksfläche als Grundstück (als zu ihm gehörig) ausweisen.[3] 81

Beispiele: Gutgläubiger Erwerb des Eigentums am eingetragenen Grundstück erfolgt auch bei anderem als dem eingetragenen Grenzverlauf in der Natur; die Belastung eines Grundstücks erstreckt sich auf ein zugeschriebenes Flurstück (§ 890 Abs. 2 BGB) auch, wenn diese Zuschreibung nichtig ist.

Für die Bezeichnung der tatsächlichen Verhältnisse des Grundstücks im Bestandsverzeichnis wie die Beschreibung nach Wirtschaftsart, Lage und Größe des in seinen Grenzen feststehenden Grundstücks, oder auch seiner Bebauung kommt ein Gutglaubensschutz nicht in Betracht.[4] Auch die Identi-

---

[1] BGHZ 173, 71 = DNotZ 2008, 119 = NJW 2007, 3204 = Rpfleger 2007, 597 = ZIP 2007, 1952 = ZNotP 2007, 337.

[2] BGH DNotZ 1976, 529 = NJW 1976, 417 = Rpfleger 1976, 91.

[3] Siehe Schöner/Stöber Rn. 345 mit Nachw.

[4] OLG München NJOZ 2012, 6; BayObLG DNotZ 1980, 745 = Rpfleger 1980, 294; OLG Nürnberg MittBayNot 1976, 137.

tät des Verfügenden, dass er der Eingetragene ist, sowie seine persönlichen Verhältnisse (Familienstand, Geschäfts- oder Rechtsfähigkeit – auch die juristischer Personen[1],) werden durch das Grundbuch nicht ausgewiesen und fallen somit nicht in den Schutzbereich. Dass nicht eintragungsfähige Rechte und Belastungen (z.B. öffentliche Lasten des Grundstücks, § 54 GBO) nicht bestehen, gewährleistet der Grundbuchinhalt ebenfalls nicht. Ebenso wenig kann eine inhaltlich unzulässige Eintragung eine Grundlage für einen gutgläubigen Erwerb abgeben[2].

IV. Kein Schutz bei Kenntnis oder Widerspruch

82 1. Für einen gutgläubigen Erwerb darf

- dem Erwerber die **Unrichtigkeit** des Grundbuchs (§ 894 BGB) **nicht bekannt** sein,
- und ein **Widerspruch** (§ 899 BGB) gegen die Richtigkeit im Grundbuch **nicht eingetragen** sein.

Unkenntnis, die auf grober Fahrlässigkeit (§§ 276, 277 BGB) beruht oder bloße Zweifel an der Grundbuchrichtigkeit stehen der Kenntnis nicht gleich. Hat bei dem Rechtserwerb ein **Vertreter** gehandelt, so kommt es auf dessen Kenntnis an (§ 166 Abs. 1 BGB). Dabei ist eine Zurechnung der Kenntnis von Mitarbeitern einer juristischen Person oder einer am Rechtsverkehr teilnehmenden nicht rechtsfähigen Organisation nur zu Lasten der juristischen Person oder nicht rechtsfähigen Organisation, nicht dagegen zu Lasten ihrer Organe oder Mitglieder zulässig.[3] Im Falle der Vertretung durch einen weisungsgebundenen Bevollmächtigten[4] kann sich der bösgläubige Vollmachtgeber nicht auf die Gutgläubigkeit des Vertreters berufen (§ 166 Abs. 2 BGB). Maßgebender Zeitpunkt für die Kenntnis ist grundsätzlich die Vollendung des Rechtserwerbs[5]. Die Stellung des Eintragungsantrags beim Grundbuchamt (§ 13 Abs. 1 GBO) durch den Betroffenen oder Berechtigten ist jedoch maßgeblich, wenn die Einigung bereits erfolgt ist, es für den Rechtserwerb nur noch der Eintragung bedarf (§ 892 Abs. 2 BGB).

83 2. **Keine Voraussetzung** für den öffentlichen Glauben ist, dass der Erwerber das Grundbuch vor dem Erwerb eingesehen, sich von seinem Inhalt Kenntnis verschafft[6], und sich auf den Grundbuchinhalt verlassen hat. Für den Ausschluss eines gutgläubigen Erwerbs kommt es andererseits auch nicht darauf an, ob der Erwerber Kenntnis vom eingetragenen Widerspruch hat. Für den gutgläubigen Erwerb muss der Erwerber nicht beweisen, dass er die materielle Rechtslage nicht gekannt hat. Seine Gutgläubigkeit wird vorausgesetzt, beweispflichtig ist deshalb, wer den Ausschluss des gutgläubigen Erwerbs infolge Kenntnis der Grundbuchunrichtigkeit geltend macht.

---

[1] Siehe OLG Frankfurt NJW-RR 1997, 401 = Rpfleger 1997, 105.
[2] BayObLGZ 1995, 399 = DNotZ 1996, 660 = Rpfleger 1996, 240 mit Nachw.
[3] BGH NJW 2001, 399 = ZIP 2001, 26.
[4] Siehe hierzu BayObLGZ 1989, 136 = NJW-RR 1989, 907.
[5] BGH DNotZ 1980, 473.
[6] RGZ 86, 353, 356; BGHZ 104, 139, 143 = DNotZ 1989, 146 = MittBayNot 1988, 174 = NJW 1988, 2037.

V. Rechtserwerb kraft gesetzlicher Fiktion

1. Einen Rechtserwerb sichert der öffentliche Glaube des Grundbuchs 84
(§ 892 BGB) in der Weise, dass
- **positiv** die Eintragungen und Löschungen als richtig,
- **negativ** weitere als die eingetragenen Rechte (und Verfügungsbeschränkungen) als nicht bestehend angesehen werden.

Der Grundbuchinhalt gilt somit als richtig und vollständig. Für den guten Glauben an die Freiheit eines Grundstücks von gelöschten Rechten ist es gleichgültig, ob die Löschung durch Eintragung eines Vermerks (§ 46 Abs. 1 GBO) oder durch Nichtmitübertragung (§ 46 Abs. 2 GBO) erfolgt ist.[1]

2. Der redliche Erwerber erwirbt das ihm bestellte oder übertragene 85
Recht, obwohl das eingetragene Recht überhaupt nicht bestanden hat oder wenn es besteht, der eingetragene Veräußerer nicht der Berechtigte war.[2] **Erworben** wird das Recht mit dem **buchmäßigen Inhalt**, Umfang und Rang. Entgegenstehende Rechte des nicht eingetragenen wahren Berechtigten verlieren damit ihre Wirksamkeit und erlöschen oder erleiden einen Rangverlust. Der Rechtserwerb des Gutgläubigen und damit einhergehend der Rechtsverlust des nicht eingetragenen Berechtigten ist endgültig. Eine spätere Kenntnis des redlichen Erwerbers beeinträchtigt seine Rechtsposition nicht mehr. Auf den Erwerb kraft guten Glaubens kann nicht verzichtet werden; eine Beseitigung des Rechtserwerbs durch Nichtberufung auf den gutgläubigen Erwerb ist ausgeschlossen[3].

3. Der gutgläubige **Erwerber ist Rechtsinhaber.** Mit seiner Grundbuchein- 86
tragung endet damit die bisherige Grundbuchunrichtigkeit (§ 894 BGB). Der Erwerber verfügt als Berechtigter weiter. Für einen Rechtserwerb durch nachfolgende von ihm vorgenommene Verfügung erlangt der öffentliche Glaube des Grundbuchs (§ 892 BGB) daher keine Bedeutung mehr. Sein Rechtsnachfolger erwirbt vom Berechtigten selbst dann, wenn er „bösgläubig" ist, somit weiß, dass das Grundbuch bei Erwerb seines Rechtsvorgängers (der gutgläubig erworben hat) unrichtig war.

VI. Verfügungsbeschränkungen

Eintragbare Verfügungsbeschränkungen (Rn. 7) unterliegen wie die Rechte 87
am Grundstück den Wirkungen des öffentlichen Glaubens an das Grundbuch. Ist der Berechtigte in der Verfügung über ein im Grundbuch eingetragenes Recht zugunsten einer bestimmten Person beschränkt, so ist die Beschränkung dem Erwerber gegenüber nur wirksam, wenn sie aus dem Grundbuch ersichtlich oder dem Erwerber bekannt ist (§ 892 Abs. 1 Satz 2 BGB). Das Grundbuch entfaltet insoweit eine negative Publizität als eine nicht eingetragene, aber eintragungsfähige Beschränkung, in der Verfügung über ein Recht bei gutgläubigem Rechtserwerb unerheblich bleibt und der ge-

[1] BGHZ 104, 139, 143 aaO.
[2] RGZ 73, 125, 127.
[3] OLG Frankfurt OLGZ 1985, 156 = Rpfleger 1985, 229.

schützte Rechtserwerb ohne Rücksicht auf die nicht eingetragene und unbekannte Verfügungsbeschränkung eintritt (s. auch § 135 Abs. 2 BGB).

VII. Leistungsbewirkung, sonstige Rechtsgeschäfte

88 Der Schutz des § 892 BGB **erstreckt** die Wirkungen des öffentlichen Glaubens des Grundbuchs auch auf Fälle, bei denen zwar kein Recht erworben, aber doch ein Rechtsgeschäft vorgenommen wird, das den Grundbuchinhalt als richtig voraussetzt.[1] Nach § 893 BGB findet § 892 BGB daher entsprechende Anwendung, wenn an denjenigen, für welchen im Grundbuch ein Recht eingetragen ist, eine Leistung bewirkt wird.

Beispiel: Kapital- und/oder Zinszahlung an den vermeintlich Berechtigten.

Darüber hinaus sind gemäß § 893 BGB weitere Verfügungen unter den Schutz der Gutglaubensvorschriften gestellt. Zu ihnen gehören insbesondere die Inhaltsänderung (§ 877 BGB), die Rangänderung (§ 880 BGB) und die Aufhebung eines Grundstücksrecht (§ 875 BGB).

VIII. Besonderheit bei Briefrechten, Forderung

89 1. Einen Rechtserwerb vom nicht eingetragenen Gläubiger eines Briefrechts und andere Geschäfte mit diesem (§ 893 BGB) begründen den Gutglaubensschutz, wenn sich sein Gläubigerrecht als Besitzer des Hypotheken- oder Grundschuldbriefes aus einer zusammenhängenden, auf einen eingetragenen Gläubiger zurückführenden Reihe von öffentlich beglaubigten Abtretungserklärungen ergibt (§ 1155 BGB mit Einzelheiten). Ein gutgläubiger Erwerb des Rangvorrechts einer Buchgrundschuld vor einer im Grundbuch eingetragenen Briefgrundschuld ist jedoch bei fehlender Einigungserklärung des zurücktretenden Berechtigten nach § 892 BGB dann ausgeschlossen, wenn zwar der Nachweis der Berechtigung gem. § 1155 BGB geführt werden kann, aber der als Inhaber des verbrieften Rechts im Grundbuch Eingetragene nicht im Besitz des Briefes ist.[2]

90 2. Für die **Hypothek** gilt der öffentliche Glaube des Grundbuchs (§§ 892, 893 BGB) auch in Ansehung der (gesicherten) **Forderung** und der dem Eigentümer nach § 1137 BGB zustehenden Einreden (§ 1138 BGB). Ausgenommen ist jedoch die Sicherungshypothek; bei ihr findet § 1138 BGB keine Anwendung (§ 1185 Abs. 2 BGB).

IX. Besonderheit bei der Gesellschaft des bürgerlichen Rechts

91 Die Gesellschaft des bürgerlichen Rechts ist eine **rechtsfähige Gesellschaft**[3], die als solche berechtigt ist Eigentümerin von Grundstücken und Inhaberin von an Grundstücken eingetragenen Rechten zu sein. Dessen ungeachtet sind im Rahmen eines Rechtserwerbs seitens der Gesellschaft nach § 47 Abs. 2 Satz 1 GBO **auch die Gesellschafter** im Grundbuch **einzutragen.**

---

[1] Motive III S. 223.

[2] Siehe BGH DNotZ 2010, 710 = Rpfleger 2010, 129 = ZfIR 2010, 71.

[3] BGH DNotZ 2001, 234 = MittBayNot 2001, 192 = NJW 2001, 1056 = Rpfleger 2001, 246 = ZIP 2001, 330 = ZNotP 2001, 204.

Nach. § 899a Satz 1 BGB wird demgemäß im Weiteren vermutet, dass diejenigen Personen Gesellschafter sind, die eingetragen wurden und darüber hinaus, dass keine weiteren Gesellschafter vorhanden sind. Eintragungserklärungen zu den eingetragenen Rechten der Gesellschaft, die in Übereinstimmung mit dem Grundbuch von den dort eingetragenen Gesellschaftern abgegeben werden, machen daher eine Identitätsprüfung überflüssig. Die Vermutungswirkung des § 899a BGB gilt auch für die Bewilligungsberechtigung der im Grundbuch eingetragenen Gesellschafter in bezug auf die Eintragung eines Gesellschafterwechsels im Grundbuchblatt des betroffenen Grundstücks, so dass es weiterer Nachweise im Regelfall nicht bedarf.[1]

Ferner bestimmt § 899a Satz 2 BGB, dass in Ansehung eines für die Gesell- 92
schaft eingetragenen Rechts die §§ 892 bis 899 BGB bezüglich der Eintragung der Gesellschafter entsprechende Anwendung finden. In Verbindung mit § 892 BGB bedeutet dies, dass gegenüber einem gutgläubiger Erwerber diejenigen Personen als Gesellschafter gelten, die als solche eingetragen sind. Demzufolge kann ein gutgläubiger Rechtserwerb von einer im Grundbuch eingetragenen Gesellschaft des bürgerlichen Rechts als wirkliche Rechtsinhaberin auch eintreten, wenn diese von einem eingetragenen Gesellschafter vertreten wurde, der nicht oder nicht mehr Gesellschafter ist.

X. Gutgläubiger Erwerb einer Vormerkung

1. Auch der Erwerb einer **Vormerkung** (§ 883 BGB) als Sicherungsmittel 93
des Sachenrechts ist in beschränktem Umfang durch den öffentlichen Glauben des Grundbuchs geschützt[2]. Geht man davon aus, dass die Vormerkung einem Grundstücksrecht weitgehend gleichgestellt ist, so folgt das unmittelbar aus § 892 BGB, andernfalls aus § 893 BGB.[3] Jedoch kommt ein gutgläubiger Erwerb bei Nichtbestehen des durch die Vormerkung zu sichernden **Anspruchs nicht** in Betracht. Einen Schutz des guten Glaubens für den Bestand des (schuldrechtlichen) Anspruchs gibt es nicht[4]. Soweit jedoch gegen den Buchberechtigten der vormerkungsfähige Anspruch besteht, wird auch dem Erwerber einer Vormerkung gewährleistet, dass der eingetragene Berechtigte Rechtsinhaber ist. Dann ist auch ein gutgläubiger Erwerb der Vormerkung möglich. Ist die Eintragungsbewilligung für die Vormerkung durch ein rechtskräftiges Urteil ersetzt (§ 894 ZPO) bildet § 898 ZPO die Grundlage für den gutgläubigen Erwerb der Vormerkung. Streitig ist, ob dies auch für eine Vormerkung zutrifft, deren Eintragung durch ein vorläufig vollstreckbares Urteil auf Abgabe einer Willenserklärung als bewilligt gilt (§ 895 ZPO).[5]

2. Für den rechtsgeschäftlichen **Ersterwerb** der Vormerkung ist das vor- 94
weg Gesagte allgemeine Ansicht.

---

[1] OLG Frankfurt NJOZ 2012, 139.

[2] BGHZ 25, 16, 23 = NJW 1957, 1229; BGHZ 28, 182, 186 = NJW 1958, 2013; RGZ 118, 230, 234; RGZ 121, 44, 46.

[3] So BGH und RG je aaO; die Einräumung der Vormerkung ist dann ein nicht unter § 892 BGB fallendes Rechtsgeschäft.

[4] BGHZ 28, 182, 186; RG 118, 230, 234; RG 121, 44, 46.

[5] Zustimmend Schöner/Stöber Rn. 1534a m. w. Nachw.; a.A. Palandt/Bassenge Rn. 12 zu § 885 BGB.

Beispiel: Als eingetragener Nichteigentümer verkauft N das einem Dritten (dem D) gehörenden Grundstück an K. Für den gutgläubigen Käufer K bewilligt N als Nichtberechtigter die Eintragung einer Eigentumsvormerkung; diese wird eingetragen. Zugunsten des Käufers K gilt das Grundbuch als richtig. Er hat die Vormerkung zur Sicherung des Eigentumsübertragungsanspruchs (§ 433 Abs. 1 BGB) gegen N somit gutgläubig erworben.

Ein gutgläubiger Erwerb der auf Grund einstweiliger Verfügung (§ 885 Abs. 1 BGB) erlangten Vormerkung wird als nicht möglich erachtet[1], weil es sich um keinen rechtsgeschäftlichen Rechtserwerb handelt.

95 3. Der gutgläubige **Zweiterwerb** der Vormerkung, somit eine abgeleiteter gutgläubiger Erwerb, muss ebenso möglich sein.[2] Das hat auch der BGH angenommen[3]. Dem folgt allerdings das Schrifttum teilweise (unbegründet) nicht.[4]

Beispiel (s. BGH aaO): Als eingetragener Nichteigentümer verkauft N das einem Dritten (dem D) gehörende Grundstück an K. Für den bösgläubigen Käufer K bewilligt N als Nichtberechtigter zur Sicherung des wirksamen Eigentumsübertragungsanspruchs (§ 433 Abs. 1 BGB) die Eintragung einer Eigentumsvormerkung; diese wird eingetragen. Den Eigentumsübertragungsanspruch tritt K später an den gutgläubigen Z ab. Z hat den Anspruch (§ 398 BGB), damit gutgläubig aber auch die Eigentumsvormerkung (§ 401 BGB), erworben.

96 Die Bedenken des Schrifttums dagegen gründen sich auf die Annahme, dass § 892 BGB einen Rechtserwerb kraft Gesetzes nicht schützt, somit bei der Abtretung des gesicherten Anspruchs auch nicht den Erwerb der gesetzlich übergehenden Vormerkung (§ 401 BGB). Diese Einschränkung ist jedoch nicht begründet. Den Übergang auch der Vormerkung bewirkt die Abtretung der Forderung, der demzufolge ein (geschützter, Rn. 78) rechtsgeschäftlicher Erwerb ist. Den nicht geschützten Rechtserwerb kraft Gesetzes regelt § 412 BGB. Überdies steht völlig außer Zweifel, dass § 892 BGB Anwendung findet, wenn mit Übertragung der (bestehenden) Forderung die Hypothek auf den neuen Gläubiger übergeht (§ 401 mit § 1153 Abs. 1 BGB; kein Fall von § 1138 BGB). Die Zusammengehörigkeit von Forderung und Sicherungsrecht gebietet aber einen Schutz für den gutgläubigen Erwerb gleichermaßen bei der Übertragung des (bestehenden) Anspruchs für die Vormerkung wie bei Übertragung der (bestehenden) Forderung für die Hypothek. Dass § 401 BGB den Übergang des Sicherungsrechts bei Verfügung über Anspruch und Forderung dispositiv bestimmt, § 1153 BGB aber bei der Hypothek überdies zwingend vorschreibt, bietet keine Handhabe für eine unterschiedliche Wertung. Es begründet ebenso keine Besonderheit, dass der Übergang der Vormerkung sich mit Übertragung des Anspruchs außerhalb des Grundbuchs nach den Regeln des (Forderungs-) Zessionsrechts (§ 398 mit § 401 BGB) und nicht, wie der Übergang der Hypothek mit Übertragung der Forderung,

---

[1] BayObLG MittBayNot 1987, 249 = Rpfleger 1987, 407; a. A. MünchKomm/Kohler Rn. 78 zu § 883 BGB.

[2] BGB-RGRK/Augustin Rn. 19; MünchKomm/Kohler Rn. 75, je zu § 883 BGB.

[3] BGHZ 25, 16, 23; BGHZ 60, 46, 50 = NJW 1973, 323.

[4] Z.B. Palandt/Bassenge Rn. 19 zu § 885 BGB; Staudinger/Gursky Rn. 57, 58 zu § 892 BGB je m. w. Nachw.

nach den Regeln des Liegenschaftsrechts (§ 1154 BGB) vollzieht.[1] Denn § 892 BGB gewährleistet die Richtigkeit des Grundbuchinhalts bei (rechtsgeschäftlichem) Erwerb eines Rechts ungeachtet der Erfordernisse des Verfügungstatbestands. Beschränkt man gleichwohl den Anwendungsbereich dieser Vorschrift auf den Rechtserwerb nach den Regeln des Liegenschaftsrechts, dann aber gewährleistet § 893 (2. Alternative) BGB den gutgläubigen Erwerb. Denn die Abtretung des gesicherten Anspruchs als Voraussetzung für den Übergang der Vormerkung auf den neuen Gläubiger (§ 398 mit § 401 BGB) ist dann in Ansehung der Vormerkung „ein nicht unter die Vorschrift des § 892 BGB fallendes Rechtsgeschäft," ... „das eine Verfügung über das Recht enthält."

4. Den **Bestand** des vormerkungsfähigen **Anspruchs** weist das Grundbuch 97 **nicht** aus, er wird somit für den Rechtserwerb auch nicht garantiert. Daher ist ein gutgläubiger (Zweit-) Erwerb der (akzessorischen) Vormerkung ausgeschlossen, wenn der Anspruch nicht besteht.

Beispiel: Als eingetragener Eigentümer verkauft E sein Grundstück an K. Der Kaufvertrag ist formunwirksam (§ 311b Abs. Satz 1 mit § 125 BGB) oder auch unwirksam wegen Verstoß gegen die guten Sitten (§ 138 BGB). Für den „gutgläubigen" Käufer K bewilligt E die Eintragung einer Eigentumsvormerkung, die eingetragen wird. Weil kein vormerkungsfähiger Anspruch an den (wirklichen) Eigentümer E besteht, wird die Vormerkung nicht gutgläubig erworben, auch nicht durch einen Zessionar bei Abtretung des (vermeintlichen) Eigentumsübertragungsanspruchs.

5. Für einen gutgläubigen Zweiterwerb weist das Grundbuch aber auch 98 nicht aus, dass der vorgemerkte **Anspruch** dem eingetragenen **Berechtigten** der Vormerkung (noch) **zusteht.** Daher ist der gutgläubige Erwerb der Vormerkung ebenso ausgeschlossen, wenn der Anspruch zwar besteht, dem verfügenden eingetragenen „Berechtigten" jedoch nicht mehr zusteht.

Beispiel: K hat seinen durch Eigentumsvormerkung gesicherten Eigentumsübertragungsanspruch schon vor einiger Zeit an die X-Bank mit der Abrede abgetreten, dass davon zunächst nach außen hin kein Gebrauch gemacht werde (stille Zession). Sodann veräußert K noch vor Eintragung als Eigentümer „das Grundstück" weiter an D. Diesem tritt er auch den Eigentumsverschaffungsanspruch samt Vormerkung ab.

Als Zessionar des Eigentumsverschaffungsanspruchs hat die X-Bank sogleich mit Abschluss des Abtretungsvertrags (§ 398 BGB) alle Gläubigerrechte erworben. Durch (nochmalige) Abtretung dieses Anspruchs hat D daher den Anspruch nicht erlangt (kein Vertrag mit dem Gläubiger des Anspruchs für den Übergang nach § 398 BGB). Ein gutgläubiger Erwerb der Vormerkung (nach § 892 oder § 893 BGB) scheidet aus, weil eine Übertragung des Anspruchs nicht erfolgt ist, mit dem die Vormerkung nach § 401 BGB erworben sein könnte.

6. Den Schutz nach § 883 Abs. 2 BGB gewährt gleichermaßen auch die 99 gutgläubig erlangte Vormerkung. Ihr Berechtigter kann von dem vormerkungswidrig eingetragenen Erwerber eines Rechts daher die Zustimmung zur Grundbuchberichtigung oder zur Löschung für die Verwirklichung des gesicherten Anspruchs verlangen (§ 888 Abs. 1 BGB). Für den Erwerb des durch die Vormerkung geschützten Rechts ist die weitere Entwicklung des Grund-

[1] Das jedoch hält Staudinger/Gursky Rn. 57 zu § 892 BGB für wesentlich.

buchinhalts, wie etwa die Berichtigung des Grundbuchs durch Eintragung des wahren Eigentümers oder die Eintragung eines Widerspruchs nicht mehr von Bedeutung. Ebenso spielt es bei der Durchsetzung seiner Ansprüche keine Rolle mehr, dass der Berechtigte der Vormerkung später doch noch Kenntnis von der Unrichtigkeit des Grundbuchs erlang hat.[1] Auch wenn die Vormerkung einen künftigen Anspruch sichert, kommt es für den gutgläubigen Erwerb der Vormerkung nicht auf den Zeitpunkt der Entstehung des Anspruchs, sondern nur auf den Buchstand im Zeitpunkt ihrer Eintragung an, der auch maßgebend bleibt für den späteren Erwerb des durch die Vormerkung gesicherten dinglichen Rechts.[2]

XI. Grundbuchverfahren

100 Im Grundbuchverfahren ist der nach § 892 BGB eingetretene gutgläubige Erwerb zu beachten[3]. Ob das Grundbuchamt eine Eintragung vornehmen darf, wenn es erkennt, dass sich der Rechtserwerb nur kraft guten Glaubens des Erwerbers vollziehen kann ist streitig. Die Rechtsprechung ist weitgehend der Ansicht, dass der Antrag dann zurückgewiesen werden muss[4]. In der Literatur wird dagegen zu Recht vielfach unter Hinweis auf den Normzweck von **§ 892 Abs. 2 BGB** vertreten, dass die Eintragung vorzunehmen ist, wenn es zur Vollendung des Rechtserwerbs nur noch der Grundbucheintragung bedarf.[5] Die vorgenannte Vorschrift **schützt nicht nur den vollendeten Rechtserwerb**, sondern erweitert diesen dahingehend, dass bereits die Antragstellung der maßgeblich Zeitpunkt für die Gutgläubigkeit und die Folgen ist, die sich aus der anschließenden Eintragung ergeben. Dem Schutz des wahren Berechtigten im Grundbuchverfahren vor einem Rechtsverlust durch die Verfügung eines Nichtberechtigten einen Vorrang vor dem Eintragungsinteresse des Gutgläubigen einzuräumen, erscheint nicht gerechtfertigt, da es hierfür keine gesetzliche Handhabe gibt. Vielmehr zwingt diese Privilegierung das Grundbuchamt sich zu Unrecht sich über die Bestimmungen des § 17 GBO und insbesondere des § 892 BGB hinwegzusetzen. Aber auch dann, wenn eine zur Eintragung gelangte Vormerkung gutgläubig erworben wurde, sichert sie zwar den rechtmäßigen Erwerb des durch die Vormerkung gesicherten Rechts. Das entbindet den Vormerkungsberechtigten jedoch nicht davon, seine Rechte gegen Zwischenberechtigte sowie gegen den wahren Berechtigten durch deren Zustimmung (§ 19 GBO) nachzuweisen und diese notfalls im Klageweg gemäß § 888 Abs. 1 BGB durchzusetzen.

---

[1] RGZ 124, 44, 47; BGHZ 57, 341, 343 = NJW 1972, 434 = Rpfleger 1972 190; OLG Karlsruhe NJW-RR 1998, 445 = Rpfleger 1998, 68.

[2] BGH DNotZ 1981, 179 = NJW 1981, 446.

[3] RGZ 116, 340; KG DNotZ 1973, 301 = NJW 1973, 56 = OLGZ 1973, 76 = Rpfleger 1973, 21.

[4] RGZ 71, 38; BayObLGZ 1994, 66 = MittBayNot 1994, 324 = Rpfleger 1994, 453; BayObLG MittBayNot 2004, 41 = Rpfleger 2003, 573 = ZfIR 2003, 776; OLG Schleswig NotBZ 2004, 320; Schöner/Stöber Rn. 352 m. w. Nachw.

[5] So z.B. Meikel/Böttcher Einl. H 72 ff, MünchKomm/Kohler Rn. 67, Staudinger/Gursky Rn. 203 je zu § 892 BGB; Böhringer BWNotZ 1985, 102; Kesseler ZNotP 2004, 338; Lenenbach NJW 1999, 923.

M. Grundbuchunrichtigkeit (§ 894 BGB)

I. Unrichtigkeit des Grundbuchs

1. Unrichtig ist das Grundbuch, wenn **Rechtsverhältnisse nicht richtig eingetragen** sind. Entstanden sein kann die Abweichung des Grundbuchinhalts von der wirklichen (materiellen) Rechtslage 101

- **von vorneherein** (ursprünglich) mit Eintragung eines Eigentümers, eines beschränkten dinglichen Rechts an dem Grundstück, eines Rechts an einem solchen Recht (Nießbrauch, Pfandrecht) oder einer Verfügungsbeschränkung sowie mit Löschung eines eingetragenen Rechts, obwohl ein wesentliches Erfordernis für die Rechtsänderung fehlt, diese somit nicht stattgefunden hat.

  Beispiele: Eintragung eines Eigentümers nach nichtiger Auflassung (§ 925 BGB) oder auf Grund eines unrichtigen Erbscheins; Eintragung einer Hypothek oder Grundschuld, wenn keine Einigung (§ 873 Abs. 1 BGB) zustande gekommen ist, solange nicht eine Übergabe des Briefs erfolgt (§§ 1117 Abs. 1 Satz 1, 1192 Abs. 2 BGB) oder die Hypothekenforderung nicht zur Entstehung gelangt ist (§ 1163 Abs. 1 Satz 1 BGB); Löschung einer Grundstücksbelastung ohne oder trotz Nichtigkeit der Erklärung des Berechtigten (§ 875 Abs. 1 BGB) oder mangels der erforderlichen Zustimmung eines Dritten (§§ 876, 1183 BGB),

- **nachträglich**, weil ein eingetragenes Recht von einem anderen Berechtigten erworben worden oder weggefallen ist oder weil eine eingetragene Verfügungsbeschränkung aufgehoben worden ist.

  Beispiele: Befriedigung des Hypothekengläubigers durch den Eigentümer (§ 1143 Abs. 1 BGB), Erlöschen der Hypothekenforderung (§ 1163 Abs. 1 Satz 2 BGB), Tod des Nießbrauchers (§ 1061 Satz 1 BGB) oder des Gläubigers einer beschränkten persönlichen Dienstbarkeit (§ 1090 Abs. 2 mit § 1061 BGB), Rechtsnachfolge mit Umwandlung (Verschmelzung, Spaltung, Vermögensübertragung) nach UmwG.

  Nachträglich auch, weil ein Recht ohne Eintragung als Grundstücksbelastung entstanden ist.

  Beispiel: Sicherungshypothek nach Anspruchspfändung (§ 848 Abs. 2 Satz 2 ZPO).

2. Unterschieden wird nach dem Zustandekommen der Grundbuchunrichtigkeit zwischen 102

- der Unrichtigkeit des Grundbuchs, die ohne einen Gesetzesverstoß des Grundbuchamts zustande gekommen ist,
- und der Unrichtigkeit des Grundbuchs, die eingetreten ist, weil das Grundbuchamt eine Eintragung unter **Verletzung gesetzlicher Vorschriften** vorgenommen hat. In diesem Fall ist vom Grundbuchamt von Amts wegen ein Widerspruch einzutragen (§ 53 Abs. 1 Satz 1 GBO, s. Rn. 963 ff) oder wenn es sich um eine inhaltlich unzulässige Eintragung handelt, diese von Amts wegen zu löschen (§ 53 Abs. 1 Satz 2 GBO, s. Rn. 976 ff).

3. Eine Grundbuchunrichtigkeit **endet** mit gutgläubigem Rechtserwerb durch einen Dritten (Rn. 86). 103

Beispiel: Eine Grundschuld wird versehentlich gelöscht. Der Eigentümer veräußert später das Grundstück an den gutgläubigen D. Mit seiner Eintragung als Eigentümer des lastenfreien Grundstücks ist das Grundbuch damit (wieder) richtig.

Ein gutgläubiger lastenfreier Erwerb ist selbst dann möglich, wenn zugleich mit der Eintragung des Erwerbers eines Grundstücks ein dingliches Recht versehentlich nicht mitübertragen wird (§ 46 Abs. 2 GBO).[1] Eine Berichtigung des Grundbuchs durch Wiedereintragung des zu Unrecht gelöschten Rechts kann nicht mehr erfolgen.

104 4. Nicht unrichtig ist das Grundbuch, wenn eine Eintragung unter Verstoß gegen eine **Sollvorschrift des Verfahrensrechts**, insbesondere gegen Bestimmungen der GBO oder der GBV erfolgt ist, (damit nicht hätte vorgenommen werden dürfen, weil eine Eintragungsvoraussetzung nicht erfüllt war), der Eintragungsvermerk jedoch die materielle Rechtslage richtig ausweist.

Beispiel: Die Eintragung einer Grundschuld ist ohne Antrag (§ 13 Abs. 1 Satz 1 GBO) erfolgt oder vorgenommen worden, obwohl der Eigentümer als Berechtigter nicht voreingetragen war (§ 39 GBO). Über die Belastung des Grundstücks mit der eingetragenen Grundschuld (§ 1191 BGB) haben sich jedoch der Eigentümer und der Gläubiger geeinigt (§ 873 Abs. 1 BGB); auch die Übergabe des Grundschuldbriefes ist erfolgt (§ 1117 mit § 1192 Abs. 1 BGB).

105 5. Auch **unrichtige Tatsachenangaben** bewirken keine rechtliche Unrichtigkeit des Grundbuchs. Sie können jederzeit von Amts wegen richtiggestellt werden.[2]

Beispiele: Falsche Schreibweise des Familiennamens des Eigentümers; unrichtige Bezeichnung des Tages der Auflassung,

II. Anspruch auf Grundbuchberichtigung

106 1. Eine Unrichtigkeit des Grundbuchs begründet einen Anspruch nach § 894 BGB dieses zu berichtigen. Die Grundbuchberichtigung ist eine Eintragung zur Herstellung der Übereinstimmung des Grundbuchinhalts mit der materiellen Rechtslage. Sie hat damit nur deklaratorische Wirkung. Berichtigungsberechtigt ist

- der nicht eingetragene Rechtsinhaber, wenn ein bestehendes Recht nicht eingetragen, insbesondere unrichtig gelöscht worden ist.
- der Rechtsinhaber, wenn ein Recht nicht richtig eingetragen ist. Nicht berichtigungsberechtigt ist dagegen ein Antragsteller, der geltend macht ihm stehe das im Grundbuch eingetragene Recht nicht zu. Ihm bleibt nur die Unwirksamkeit im Wege der Feststellungsklage geltend zu machen.[3] Ebenfalls keinen Anspruch nach § 894 BGB hat der Grundstückseigentümer bei Eintragung einer Grundschuld für einen anderen als den wahren Berechtigten, weil er insoweit nicht in seinen Rechten beeinträchtigt wird.[4]

---

[1] BayObLG FGPrax 2003, 201 = MittBayNot 2004, 127 = NJW 2003, 3785 = NotBZ 2004, 72 = Rpfleger 2004, 37 =ZfIR 2003, 910.

[2] BayObLG DNotZ 1951, 430 = NJW 1952, 28.

[3] BGH NJW 2005, 2983 = NotBZ 2005, 1365.

[4] BGH NJW 2000, 2021 = NotBZ 2000, 191 = ZIP 2000, 924.

- der Eigentümer oder der Inhaber des nach der Eintragung belasteten Rechts, auch der Inhaber eines im Rang gleich- oder nachstehenden Rechts,[1] wenn ein eingetragenes Recht nicht besteht.
- der Rechtsinhaber, wenn eine eingetragene Verfügungsbeschränkung nicht entstanden oder wieder aufgehoben ist.

2. Verlangen kann der Anspruchsberechtigte „die **Zustimmung** zur Berichtigung des Grundbuchs von demjenigen ..., dessen Recht durch die Berichtigung betroffen wird," oder anders gesagt von demjenigen zu dessen Gunsten der Grundbuchinhalt von der wirklichen Rechtslage abweicht und dessen nach dem Grundbuch vermeintlich ihm zustehendes Recht durch Anpassung des Buchinhaltes an die wahre Rechtslage beseitigt oder geschmälert werden müsste.[2] Zu ermöglichen hat der Berichtigungspflichtige die der wirklichen Rechtslage entsprechende Eintragung. Als Grundbucheintragung unterliegt diese Berichtigung dem formellen Konsensprinzip. Der Anspruch besteht daher auf **Bewilligung der berichtigenden Eintragung** (§ 19 GBO) in grundbuchmäßiger Form (§ 29 Abs. 1 GBO). 107

3. Wird der Anspruch im Klageweg gerichtlich geltend gemacht, dann gilt die Berichtigungsbewilligung mit Urteilsrechtskraft als abgegeben (§ 894 Satz 1 ZPO; anders bei Gegenleistung s. § 894 Satz 2 ZPO). Wenn der Berichtigungspflichtige als Betroffener die Grundbucheintragung bewilligt hat (§ 19 GBO) und auch wenn die Bewilligung nach § 894 ZPO durch Urteil ersetzt ist, erfolgt die Eintragung nur auf Antrag, insbesondere des Berichtigungsberechtigten (§ 13 Abs. 1 Satz 2 GBO) oder eines Gläubigers (§ 14 GBO). 108

III. Wirksamkeitsvermerk

1. Unrichtig ist das Grundbuch auch, wenn es die außerhalb des Grundbuchs eingetretene Wirksamkeit eines Rechts gegenüber einer vorweg eingetragenen Verfügungsbeschränkung oder Eigentumsvormerkung nicht wiedergibt. 109

Beispiele:

a) Belastung eines Nachlassgrundstücks, in dessen Abt II der Nacherbenvermerk eingetragen ist (§ 51 GBO), durch den Vorerben mit Zustimmung (Einwilligung oder Genehmigung) des Nacherben.[3]

b) Belastung eines Grundstücks mit einem Grundpfandrecht (zumeist mit einem Finanzierungsgrundpfandrecht anlässlich der Grundstücksveräußerung) nach Eintragung der Eigentumsübertragungsvormerkung (relative Unwirksamkeit nach § 883 Abs. 2 BGB) mit Zustimmung (Einwilligung oder Genehmigung) des Gläubigers des durch die Vormerkung gesicherten Anspruchs begründet Wirksamkeit der Belastung gegenüber der Vormerkung.[4]

2. Die Unrichtigkeit des Grundbuchs begründet in einem solchen Fall einen Anspruch auf Berichtigung durch Eintragung eines Wirksamkeitsver- 110

---

[1] RGZ 146, 355, 359.
[2] BGHZ 132, 245 = NJW 1996, 1890 = ZIP 1996, 1059; Mot. III 236.
[3] KG JFG 13, 111; OLG Hamm Rpfleger 1957, 19.
[4] Siehe SaarlOLG BWNotZ 1995, 170 m. Anm. Bühler = Rpfleger 1995, 404.

merks[1], der sowohl bei der besserrangigen Vormerkung als auch bei dem nachrangigen Grundpfandrecht einzutragen ist[2]. Zu beachten ist aber, dass der Wirksamkeitsvermerk bei einer vorrangigen Vormerkung zwar die Unwirksamkeit des nachrangigen Grundpfandrechts nach § 883 Abs. 2 BGB verhindert, nicht jedoch, dass im Falle der Zwangsversteigerung des belasteten Grundstücks die Vormerkung Vorrang genießt, weil das ZVG insoweit allein auf die Rangfolge abstellt (s. § 10 u. § 44 Abs. 1 ZVG).

N. Widerspruch (§ 899 BGB)

I. Der Widerspruch als Schutzvermerk

111 Durch die Eintragung eines Widerspruchs gegen die Richtigkeit des Grundbuchs (§ 899 BGB) kann hinsichtlich eines bestehenden Rechts an einem Grundstück oder eines Rechts an einem solchen Recht sowie bezüglich einer relativen Verfügungsbeschränkung ein Schutz vor einem drohenden Rechtsverlust erlangt werden, der aufgrund öffentlichen Glauben des Grundbuchs eintreten könnte. Der Widerspruch, dessen Wirkungen ab seiner Eintragung im Grundbuch bestehen, schließt einen gutgläubigen Rechtserwerb Dritter aus (§ 892 Abs. 1 BGB). Er dient damit der Erhaltung eines bestehenden Rechts und der Wahrung des Anspruchs, die Berichtigung des unrichtigen Grundbuchs zu verlangen (§ 894 BGB). Als Schutzvermerk des Sachenrechts ist der Widerspruch **kein dingliches Recht**. Im Unterschied zum Widerspruch bezweckt die Vormerkung dagegen die Sicherung eines persönlichen Anspruchs auf dingliche Rechtsänderung (siehe Rn. 48).

II. Die Eintragung des Widerspruchs

112 Die Eintragung des Widerspruchs im Grundbuchverfahren erfolgt auf Antrag (§ 13 Abs. 1 GBO), wenn gem. § 899 Abs. 2 BGB eine einstweilige Verfügung als Eintragungsgrundlage vorgelegt ist oder der Betroffene die Eintragung in der Form des § 29 Abs. 1 Satz 1 GBO bewilligt hat (§ 19 GBO) und Eintragungshindernisse des Grundbuchverfahrens, wie z.B. die Erfordernisse der Voreintragung (§ 39 GBO) oder der Briefvorlage (§§ 41, 42 GBO), nicht entgegenstehen. Betroffener ist derjenige, dessen Recht durch Berichtigung der Grundbuchunrichtigkeit beeinträchtigt wird, somit der zu Unrecht im Grundbuch eingetragene Buchberechtigte als Anspruchsgegner des Berichtigungsanspruchs.

113 Ist der Buchberechtigte durch ein vorläufig vollstreckbares Urteil zur Abgabe einer Willenserklärung verurteilt, aufgrund deren eine Grundbucheintragung erfolgen soll, so gilt die Eintragung eines Widerspruchs als bewilligt (§ 895 ZPO). Wurde ein Buchhypothek zur Sicherung eines Darlehens be-

[1] OLG München BWNotZ 2002, 12 m Anm. Lehmann; Schöner/Stöber Rn. 1523; zum Wirksamkeitsvermerk für ein Finanzierungsgrundpfandrecht näher Frank MittBayNot 1996, 271; Lehmann NJW 1993, 1558; Stöber MittBayNot 1997, 143.

[2] BGHZ 141, 169 = DNotZ 1999, 1000 = MittBayNot 1999, 374 = NJW 1999, 2275 = Rpfleger 1999, 383 = ZIP 1999, 791 = ZNotP 1999, 241.

stellt und ist die Hingabe des Darlehens unterblieben; so ist auf einen sich hierauf gründenden Antrag des Grundstückseigentümers, der vor Ablauf eines Monats nach der Eintragung der Hypothek gestellt wird, ein Widerspruch einzutragen (§ 1139 Satz 1 BGB). Erfolgt die Eintragung des Widerspruchs innerhalb des Monats hat dies dieselben Wirkungen, wie wenn der Widerspruch zugleich mit der Hypothek eingetragen worden wäre (§ 1139 Satz 2 BGB). Ein Widerspruch gegen eine Eigentumsvormerkung kommt dagegen nicht in Betracht, wenn alleine fraglich ist, ob der gesicherte Auflassungsanspruch besteht, weil eine Vormerkung ohne den zu sichernden Anspruch nicht gutgläubig erworben werden kann.[1]

Ein Widerspruch ist von Amts wegen einzutragen, **114**

- nach § 53 Abs. 1 Satz 1 GBO, wenn das Grundbuchamt eine Eintragung unter Verletzung gesetzlicher Vorschriftenvorgenommen hat, durch die das Grundbuch unrichtig geworden ist (s. Rn. 963 ff),
- nach § 18 Abs. 2 Satz 1 GBO zur Sicherung des Anspruchs eines beanstandeten Eintragungsantrags auf Grundbuchberichtigung (s. Rn. 556).

§ 2. Sachenrecht in den neuen Bundesländern

A. Inkrafttreten des Bundesrechts

In den Ländern Brandenburg, Mecklenburg-Vorpommern, Sachsen, Sachsen-Anhalt und Thüringen sowie im Ostbereich Berlins ist mit Wirksamwerden des Beitritts zur Bundesrepublik Deutschland gem. Art 23 GG am 3. Oktober 1990 mit dem Bundesrecht das Sachenrecht des BGB in Kraft getreten.[2] Ausnahmen und Anpassungsregelungen sind in Anlage I zum Einigungsvertrag enthalten. Sie bringen für die Ausführung des übergeleiteten Bundesrechts Übergangsregelungen in Form von Maßgaben und Gesetzesänderungen.[3] Das Übergangsrecht zum BGB und EGBGB ist in dem Sechsten Teil des EGBGB (Art 230–237) zusammengefasst. Das Übergangsrecht zum Sachenrecht regelt Art 233 EGBGB. In Teilbereichen gilt auch Recht der früheren Deutschen Demokratischen Republik fort (enumerative Aufzählung in Anlage II zum Einigungsvertrag). **115**

B. Sachenrecht der früheren DDR

I. Eigentum

1. Bis zum Inkrafttreten des Sachenrechts des BGB am 3. Okt. 1990 waren als Eigentums**rechte an Grundstücken** im Beitrittsgebiet nach Maßgabe des Zivilgesetzbuchs der DDR, das am 1. Jan. 1976 zusammen mit dem Einführungsgesetz in Kraft trat, in das Grundbuch eintragbar **116**

---

[1] OLG Düsseldorf NJW-RR 200, 1686 = ZfIR 2000, 906.

[2] Art 8 des Einigungsvertrags, BGBl 1990 II 889, 892 als Generalklausel für Überleitung der Gesetze und Rechtsverordnungen des Bundesrechts.

[3] Denkschrift zum Einigungsvertrag, BT-Drucks 11/7760, S. 360.

- das Eigentum des Volkes einschließlich der Rechtsträgerschaft an volkseigenen Grundstücken,
- die Eigentumsrechte der sozialistischen Genossenschaften,
- die Eigentumsrechte der gesellschaftlichen Organisationen,
- die Eigentumsrechte der Bürger
- und die Eigentumsrechte anderer juristischer Personen.

Selbständiges **Eigentum an Gebäuden** und Anlagen unabhängig vom Eigentum am Boden konnte durch Rechtsvorschriften vorgesehen werden (§ 295 Abs. 2 Satz 1 ZGB). Die Bestimmungen über Grundstücke waren für die Rechte an solchen Gebäuden und Anlagen entsprechend anzuwenden, soweit nichts anderes festgelegt war. (§ 295 Abs. 2 Satz 2 ZGB).

117 2. **Erworben** werden konnte das Eigentum durch Kauf, Schenkung und einen anderen Vertrag, durch Erbschaft sowie auf Grund der Entscheidung eines Gerichts, Staatlichen Notariats oder eines anderen staatlichen Organs sowie kraft Gesetzes (§ 25 ZGB). Verträge für die Übertragung des Eigentums an Grundstücken bedurften der Beurkundung und der staatlichen Genehmigung (§ 297 Abs. 1 ZGB). Das Eigentum an Grundstücken und Gebäuden ging mit der Eintragung im Grundbuch auf den Erwerber über, soweit in Rechtsvorschriften nichts anderes bestimmt war (§ 26 Abs. 2, § 297 Abs. 2 Satz 1 ZGB).

II. Rechte an Grundstücken

118 1. Als Rechte an einem Grundstück im Beitrittsgebiet waren nach dem Zivilgesetzbuch begründbar

- Nutzungsrechte (siehe dazu Rn. 125 ff),
- Vorkaufsrechte,
- Mitbenutzungsrechte,
- Hypotheken und Aufbauhypotheken.

119 2. Die **Nutzung** der Grundstücke durch Bürger konnte erfolgen als Eigentümer (§ 286 Abs. 1 Nr. 3 mit § 295 ZGB) und außerdem

- auf Grund der Verleihung des **Nutzungsrechts** an einem **volkseigenen** Grundstück für den Bau und die persönliche Nutzung von Eigenheimen (§ 286 Abs. 1 Nr. 1 mit Einzelheiten in §§ 287–290 ZGB). Die Verleihung des Nutzungsrechts war auf dem Grundbuchblatt des volkseigenen Grundstücks einzutragen. Für das Gebäude war ein besonderes Gebäudegrundbuchblatt anzulegen (§ 4 Abs. 3 und 4 Satz 3 des Ges über die Verleihung von Nutzungsrechten an volkseigenen Grundstücken, GBl. I 372),
- auf Grund der **Zuweisung genossenschaftlich** genutzten Bodens durch eine sozialistische Genossenschaft für den Bau und die persönliche Nutzung von **Eigenheimen** (§ 286 Nr. 2 mit Einzelheiten in §§ 291–294 ZGB),
- auf Grund eines **Vertrages** über die Nutzung von Bodenflächen **zur Erholung** (§ 286 Nr. 4 mit Einzelheiten in §§ 312–315 ZGB).

Wochenendhäuser sowie andere Baulichkeiten, die nach § 296 ZGB in Ausübung eines vertraglich vereinbarten Nutzungsrechts an Bodenflächen zur Erholung errichtet wurden (s. Rn. 129),waren persönliches Eigentum des Nutzungsberechtigten. Für das Eigentum an diesen Baulichkeiten galten jedoch die Bestimmungen über das Eigentum an beweglichen Sachen entsprechend (§ 296 Abs. 1 Satz 2 ZGB).

3. Ein **Vorkaufsrecht** konnte der Eigentümer eines Grundstücks einem an- 120
deren durch Vertrag einräumen. Der Vertrag bedurfte der Beglaubigung und der staatlichen Genehmigung. Mit Eintragung im Grundbuch entstand das Vorkaufsrecht (§ 306 Abs. 1 ZGB). Auf das Vorkaufsrecht sind vom 1.10.1994 an die Bestimmungen des BGB nach den §§ 1094 bis 1104 BGB anzuwenden (Art. 233 § 3 Abs. 4 EGBGB)

4. Ein **Mitbenutzungsrecht** an Grundstücken (§ 286 Abs. 3 ZGB) war 121
durch Vereinbarung zwischen den Nutzungsberechtigten als Recht zur vorübergehenden oder dauernden Mitbenutzung eines Grundstücks in bestimmter Weise (wie Lagerung von Baumaterial, Aufstellen von Gerüsten, Einräumen von Wegerechten und Überfahrten, dann auch Unterlassen bestimmter Handlungen) begründbar (§ 321 ZGB). Als Wege- oder Überfahrtsrecht konnte die Eintragung des Nutzungsrechts im Grundbuch vereinbart werden (§ 322 ZGB). Mitbenutzungsrechte im Sinne des § 321 Abs. 1–3 und § 322 ZGB gelten nun als Rechte an dem belasteten Grundstück, soweit ihre Begründung der Zustimmung des Eigentümers dieses Grundstücks bedurfte (Art 233 § 5 Abs. 1 EGBGB).

5. a) Belastet werden konnten ein Grundstück und ebenso Gebäude, an 122
denen aufgrund von Rechtsvorschriften unabhängig vom Eigentum am Boden selbständiges Eigentum bestand (Rn. 119)

- mit einer **Hypothek** zur Sicherung einer Geldforderung (§ 452 ZGB), auch als Höchstbetragshypothek (§ 454a ZGB);
- mit einer **Aufbauhypothek** zur Sicherung von Krediten, die von Kreditinstituten für Baumaßnahmen gegeben wurden (§§ 456, 457 ZGB mit Besonderheiten).

Die Bestellung der Hypotheken erforderte schriftlichen Vertrag zwischen dem Grundstückseigentümer und dem Gläubiger. Entstanden ist die Hypothek mit der Eintragung im Grundbuch, wobei sich ihr Rang nach dem Zeitpunkt ihres Entstehens bestimmt (§ 453 ZGB).

Die Zwangsvollstreckung eines Zahlungsanspruchs in ein Grundstück konnte durch Eintragung einer **Zwangshypothek** erfolgen (§§ 4, 5 GrundstücksvollstreckungsVO).

b) Die Grundpfandrechte sind mit ihrem Inhalt und Rang **bestehen geblie-** 123
ben (Art 233 § 3 Abs. 1 Satz 1 EGBGB). Für die **Übertragung** der Hypothekenforderungen nach dem ZGB gelten die Vorschriften des BGB für die Übertragung von Sicherungshypotheken entsprechend (Art 233 § 6 Abs. 1 Satz 1 EGBGB). Sie erfolgt dementsprechend durch Einigung und Grundbucheintragung (§ 873 mit § 1154 Abs. 3 BGB). Weiter zu beachten ist, dass wie bei der Sicherungshypothek die Erteilung eines **Hypothekenbriefes** gesetzlich **ausgeschlossen** ist (§ 1185 Abs. 1 BGB) und die Vorschrift des § 1138 BGB über Erstreckung des öffentlichen Glaubens des Grundbuchs auch auf die Forderung sowie die des § 1156 BGB über das Rechtsverhältnis zwischen Eigentümer und neuem Gläubiger keine Anwendung finden (§ 1185 Abs. 2 BGB). Für die **Aufhebung** solcher Hypotheken gelten ebenso die Vorschriften des BGB, jedoch mit der Maßgabe, dass § 1183 BGB und § 27 GBO nicht anzuwenden sind (Art 233 § 6 Abs. 1 Satz 2 EGBGB). Ein

Verzicht auf eine solche ZGB-Hypothek ist nicht möglich; weil die Vorschriften der §§ 1168, 1169 1175 BGB sind nicht anzuwenden sind (Art 233 § 6 Abs. 1 Satz 3 EGBGB). Dies liegt darin begründet, dass die Hypothek nach dem ZGB mit der Forderung untrennbar verbunden ist und sie nur in der jeweiligen Höhe der Forderung (samt Zinsen und Nebenforderungen) besteht. Mit der Forderung erlischt daher auch die Hypothek (§ 454 ZGB). Ein Brief wurde nicht erteilt und eine Eigentümergrundschuld gelangt nicht zur Entstehung.

124 6. Die Übertragung von Hypotheken, Grund- und Rentenschulden aus der Zeit vor Inkrafttreten des ZGB (1. Jan. 1976) und sonstige Verfügungen über solche Rechte, damit auch Verzicht und Aufhebung (Löschung), richten sich nach den entsprechenden Vorschriften des BGB (Art 233 § 6 Abs. 2 EGBGB).

C. Gebäudeeigentum

I. Gebäudeeigentum als Eigentumsform

125 1. Das Gebäudeeigentum im Beitrittsgebiet besteht als vom Grundstückseigentum **unabhängiges Eigentum** fort. Nicht zu den Bestandteilen eines Grundstücks (§§ 93, 94 BGB) gehören daher Gebäude, Baulichkeiten, Anlagen, Anpflanzungen und/oder Einrichtungen, die gemäß dem am Tag vor dem Wirksamwerden des Beitritts geltenden Rechts (= 3.10.1990) vom Grundstückseigentum unabhängiges Eigentum sind (Art 233 § 5 Abs. 1 EGBGB). Es gelten insoweit das Nutzungsrecht am Grundstück und die genannten Anlagen, Anpflanzungen oder Einrichtungen als wesentliche Bestandteile des Gebäudes (Art 231 § 5 Abs. 2 EGBGB). Entstanden sein konnte das Gebäudeeigentum

- als **persönliches Eigentum eines Nutzungsberechtigten** (Art 233 § 4 EGBGB)
- an einem volkseigenen Grundstück (§ 287 mit § 288 Abs. 4 ZGB) durch Verleihung dieses Nutzungsrechts nach dem Gesetz über die Verleihung von Nutzungsrechten an volkseigenen Grundstücken[1];
- an genossenschaftlich genutztem Boden durch Zuweisung (Art 291 mit § 292 Abs. 3 ZGB). Die Regelung traf die Verordnung über die Bereitstellung von genossenschaftlich genutzten Bodenflächen zur Errichtung von Eigenheimen auf dem Lande[2];
- in sonstigen durch Rechtsvorschriften festgelegten Fällen (Art 295 Abs. 2 ZGB) wie z. B. als Eigentum einer landwirtschaftlichen Produktionsgenossenschaft (LPG) nach §§ 18, 27 LPG-Gesetz oder als Eigentum eines anderen Staates[3]).
- **ohne dingliches Nutzungsrecht** durch
- genehmigte Gebäudeerrichtung (Art 233 § 2b mit § 2a Abs. 1 EGBGB),
- Gebäudeerrichtung nach § 459 ZGB (Art 233 § 8 EGBGB).

---

[1] NutzungsRG vom 14. Dez. 1970, GBl. 372, mit Änderungen.
[2] BereitstVO vom 9. Sept. 1976 (GBl. 426).
[3] Nach der Verordnung vom 26. Sept. 1974, GBl. I 555.

2. Für das Gebäudeeigentum gelten die sich auf Grundstücke beziehenden Vorschriften des BGB, ausgenommen die §§ 927, 928 (Art 233 § 4 Abs. 1 und 7[1] und § 2b Abs. 4 sowie § 8 EGBGB[2]). Die Übertragung erfordert somit Einigung (Auflassung) und Eintragung (§ 873 Abs. 1, § 925 BGB) und die Belastung mit den Grundstücksrechten des BGB hat demzufolge durch Einigung und Eintragung zu erfolgen (§ 873 Abs. 1 BGB). 126

II. Gebäudegrundbuchblatt

Die Anlegung und Führung von Gebäudegrundbuchblättern für Gebäudeeigentum regelt die Gebäudegrundbuchverfügung(GGV).[3] 127

III. Aufhebung eines Gebäudeeigentums

Die Aufhebung des Nutzungsrechts (Rn. 119) hat nach §§ 875, 876 BGB erfolgen und erfordert eine Aufhebungserklärung des Berechtigten sowie ggfs. die Zustimmung Dritter und ferner die Eintragung in das Grundbuch (Art 233 § 4 Abs. 6 Satz 1 EGBGB). Die Erklärungen bedürfen materiell keiner Form, müssen aber formell den Voraussetzungen des § 29 GBO entsprechen. Ist das Nutzungsrecht nicht im Grundbuch eingetragen, so reicht die notariell beurkundete (nicht bloß beglaubigte) Erklärung des Berechtigten aus, dass er das Recht aufgebe, wenn sie bei dem Grundbuchamt eingereicht wird (Art 233 § 4 Abs. 6 Satz 2 EGBGB). Mit der Aufhebung des Nutzungsrechts erlischt das Gebäudeeigentum (Art 233 § 4 Abs. 6 Satz 3 EGBGB). Das Gebäude wird wesentlicher Bestandteil des Grundstücks (§§ 93, 94 BGB). Die Aufhebung eines nutzungsrechtslosen Gebäudeeigentums (Rn. 125) erfolgt gleichfalls in vereinfachter Form mit Einreichung der notariell beurkundeten Erklärung des Berechtigten beim Grundbuchamt (Verweisung auf § 4 Abs. 6 in Art 233 § 2b Abs. 4 und § 8 Satz 2 EGBGB). 128

IV. Wochenendhäuser usw. bei vertraglich vereinbartem Nutzungsrecht

Wochenendhäuser sowie andere Baulichkeiten, die der Erholung, Freizeitgestaltung oder ähnlichen persönlichen Bedürfnissen dienen und in Ausübung eines vertraglich vereinbarten Nutzungsrecht errichtet wurden (§ 296 Abs. 1 Satz 1 ZGB) sind vom Gebäudeeigentum zu unterscheiden. Sie waren unabhängig vom Eigentum am Boden Eigentum des Nutzungsberechtigten (soweit nichts anderes vereinbart war, § 296 Abs. 1 Satz 1 ZGB). Für das Eigentum an diesen Baulichkeiten galten die Bestimmungen über das Eigentum an beweglichen Sachen entsprechend (§ 296 Abs. 1 Satz 2 ZGB). Über sie ist nun nach §§ 929 ff BGB zu verfügen. Die Unterscheidung ist nicht nach der Art des Gebäudes (Besonderheiten des Baukörpers usw.) feststellbar; sie bestimmt sich nach der Art des Nutzungsrechts. Das Gebäudeeigentum als persönliches Eigentum, für das Grundstücksvorschriften des BGB gelten, ist mit Errichtung auf Grund eines verliehenen Nutzungsrechts an volkseigenen 129

[1] Für Gebäudeeigentum auf Grund eines Nutzungsrechts.
[2] Für nutzungsrechtsloses Gebäudeeigentum.
[3] GGV vom 15. Juli 1994, BGBl. I S. 1606.

Grundstücken (§ 287 ZGB) oder auf einer zur Nutzung zugewiesenen genossenschaftlichen Bodenfläche (§ 291 ZGB) entstanden. Mit der Errichtung auf Grund eines vertraglich vereinbarten Nutzungsrechts ist dagegen (bewegliches) Eigentum an Wochenendhäusern und anderen Gebäulichkeiten entstanden.

D. Gutgläubiger Erwerb im Beitrittsgebiet

130 Für das Gebäudeeigentum und die Rechte an Grundstücken, deren Buchung noch nicht im Grundbuch erfolgt war, ist im Beitrittsgebiet bis zum 31.12.2000 ein gutgläubige Erwerb von Grundstücken frei von derartigen Belastungen grundsätzlich ausgeschlossen gewesen. Das rechtlich selbständige Gebäudeeigentum und Ansprüche aus dem SachenRBerG sind überdies keine Grundstücksrechte, die nach § 892 BGB mit gutgläubigem Rechtserwerb Dritter entfallen könnten. Die Vorschriften über den öffentlichen Glauben des Grundbuchs (§ 892 BGB) wurden einerseits vorübergehend ausgesetzt, andererseits aber auch erweitert. Es regeln als Besonderheiten insbesondere

- **Art 231 § 5 Abs. 3 Satz 1 EGBGB**, dass selbständiges **Gebäudeeigentum** bei der Veräußerung des Eigentums am Grundstück nach dem 31. Dez. 2000 an einen gutgläubigen Erwerber erlischt, es sei denn es ist im Grundbuch des veräußerten Grundstücks eingetragen oder das nicht eingetragene Recht war dem Erwerber bekannt;
- **§§ 111, 113 Abs. 3, § 116 Abs. 2 SachenRBerG**, dass auch die Ansprüche aus dem SachenRBerG ab 1. Jan. 2001 nach vorstehender Maßgabe gutgläubig wegerworben werden können;
- **Art 231 § 5 Abs. 4 EGBGB**, dass nach dem 31. Dez. 2000 bei der Belastung des Grundstücks mit einem dinglichen Recht oder bei Erwerb eines solchen Rechts für den gutgläubigen Inhaber des Rechts das Gebäude als Bestandteil des Grundstücks gilt;
- **Art 233 § 4 Abs. 2 Satz 1 EGBGB**, dass nach dem 31. Dez. 2000 ein nicht im Grundbuch des belasteten Grundstücks eingetragenes Nutzungsrecht nach den §§ 287 bis 294 ZGB bei errichtetem Gebäude durch die Vorschriften des BGB über den öffentlichen Glauben des Grundbuchs erlischt, außer der Erwerber kannte im Zeitpunkt des Erwerbs das Vorhandensein des Nutzungsrechts;
- **Art 233 § 5 Abs. 2 Satz 1 EGBGB**, dass ein nicht bis 31. Dez. 2000 im Grundbuch eingetragenes Mitbenutzungsrecht im Sinne des § 321 Abs. 1–3 und § 322 ZGB infolge Gutgläubigkeit beim Erwerb des Eigentums an dem belasteten Grundstück oder des sonstigen Rechts erlischt.

E. Überleitung und Anpassung weiterer Rechtsverhältnisse

131 Zur Anpassung der Rechtsverhältnisse an das BGB und seine Nebengesetze, zur Ausräumung rechtlicher Ungewissheiten und zur Beseitigung störender Hemmnisse des Grundstücksverkehrs trägt eine Reihe weiterer rechtlicher Regelungen bei. Als wichtigste sind anzuführen:

a) Nach besonderen Vorschriften über **ehemaliges Volkseigentum** richtet sich, wem Volkseigentum zugefallen ist oder wer die Verfügungsbefugnis darüber erlangt hat (Art 233 § 2 Abs. 2 EGBGB). Bundesvermögen wurde das Verwaltungsvermögen der ehemaligen DDR (Art 21 Einigungsvertrag). Für weiteres öffentliches Vermögen von Rechtsträgern (Finanzvermögen) traf Art 22 Einigungsvertrag nähere Regelung. Sondervermögen Deutsche Reichsbahn: Art 26 Einigungsvertrag; Sondervermögen Deutsche Post: Art 27 Einigungsvertrag. Anderes volkseigenes Vermögen war zu privatisieren. Ausführungsbestimmungen trifft das Gesetz über die Feststellung der Zuordnung von ehemals volkseigenem Vermögen (**Vermögenszuordnungsgesetz** – VZOG) idF. vom 29. März 1994 (BGBl I S. 709), zuletzt geändert durch Art. 3 des Gesetzes vom 3.7.2009 (BGBl. I S. 1688).

b) Bestimmungen über die Wiederherstellung von Privateigentum an Grund und Boden in der **Land- und Forstwirtschaft** trifft das Gesetz über die strukturelle Anpassung der Landwirtschaft an die soziale und ökologische Marktwirtschaft in der Deutschen Demokratischen Republik – **Landwirtschaftsanpassungsgesetz** – LwAnpG) idF. vom 3. Juli 1991 (BGBl I S. 1418; zuletzt geändert durch Art. 7 Abs. 45 des Gesetzes vom 19.6.2001 (BGBl. I S. 1149).

c) **Vermögensrechtliche Ansprüche** an Vermögenswerten (insbes. die Rückübertragung von Vermögenswerten), die durch Maßnahmen in Volkseigentum überführt oder veräußert wurden, regelt das Gesetz zur Regelung offener Vermögensfragen (**Vermögensgesetz** – VermG) neu gefasst durch Bek. Vom 9. Febr. 2005 (BGBl. I S. 205), zuletzt geändert durch Art. 3 des Gesetzes vom 23.5.2011 (BGBl. I S. 920).

d) Den Schutz des Restitutionsberechtigten gegen Verfügungen, die seinen Rechtserwerb beeinträchtigen könnten, wahrt die **Grundstücksverkehrsordnung** (GVO) i.d.F. vom 20. Dez. 1993 (BGBl I S. 2182, 2221) zuletzt geändert durch Art. 4 Abs. 44 des Gesetzes vom 22.9.2005 (BGBl. I S. 2809).

e) Eine Sicherung des Grundstückserwerbs vor Rückerstattungsansprüchen für besonders wichtige Investitionen ermöglichen soll das Gesetz über den Vorrang für Investitionen bei Rückübertragungsansprüchen nach dem Vermögensgesetz (**Investitionsvorranggesetz** – InVorG) i.d.F. vom 4. Aug. 1997 (BGBl. I S. 1996), zuletzt geändert durch Art. 5 Abs. 1 des Gesetzes vom 1912.2006 (BGBl. I S. 3230).

f) Bestimmungen über die **Abwicklung der Bodenreform** (Rechtsverhältnisse an Bodenreformgrundstücken) treffen Art 233 §§ 11–16 EGBGB.

g) Das Gesetz zur **Sachenrechtsbereinigung** im Beitrittsgebiet (Sachenrechtsbereinigungsgesetz – SachenRBerG) vom 21. Sept. 1994 (BGBl. I 2457), zuletzt geändert durch Art. 110 Abs. 3 des Gesetzes vom 8.12.2010 (BGBl. I S. 1864) erfüllt vor allem die Aufgabe, die für den Bau von Gebäuden verliehenen Nutzungsrechte unter Schutz der mit Billigung staatlicher Stellen durchgeführten Bebauung fremder Grundstücke neu zu regeln und den Rechtsverhältnissen des BGB anzupassen. Eine Umwandlung bestehender Nutzungsrechte kraft Gesetzes sieht das SachenRBerG jedoch nicht vor. Eigentümer und Nutzer werden zur Bereinigung der Rechtsverhältnisse an Grundstücken vielmehr Ansprüche auf Abschluss eines Erbbaurechts- oder eines Gebäude- bzw. Grundstücksankaufvertrags mit Wahlrecht des Nutzers zugestanden (Anspruchslösung; §§ 3, 4, 32 ff und 61 ff SachenRBerG). Das Gesetz trifft Regelungen weiter für

- alte, durch das EGZGB umgestaltete Erbbaurechte,
- kraft Gesetzes entstandene Miteigentumsanteile an Grundstücken,
- Nutzung der Grundstücke in einzelnen Beziehungen.

h) Das Gesetz über die Sonderung unvermessener und überbauter Grundstücke nach der Karte (**Bodensonderungsgesetz** – BoSoG) vom 20. Dez. 1993 (BGBl I S. 2215), zuletzt geändert durch Art. 8 des Gesetzes vom 22.12.2010 BGBl. I S. 2255), sieht zusammen mit der Sonderplanverordnung (SVP) vom 2. Dez. 1994 (BGBl. I S. 3701) die Aufnahme nicht oder nicht ausreichend vermessener Grundstücke in ein amtliches Grundstücksverzeichnis (§ 2 Abs. 2 GBO) vor.

i) Die Überführung schuldrechtlicher Rechtsverhältnisse in das BGB ist Gegenstand des Gesetzes zur Anpassung schuldrechtlicher Nutzungsverhältnisse an Grundstücken im Beitrittsgebiet (**Schuldrechtsanpassungsgesetz** – SchuldRAnpG) vom 21. Sept. 1994 (BGBl I S. 2538), zuletzt geändert durch Art. 1 des Gesetzes vom 17.5.2002 BGBl. I S. 1580).

§ 3. Grundbuch, Grundbuchamt, Grundbuchverfahren (allgemein)

A. Grundbuchsystem und Grundbuch

132 Die Regelung des Sachenrechts auf der Grundlage des Grundbuchsystems erfordert, dass die Grundstücke zu buchen und die an jedem einzelnen Grundstück bestehenden Rechte durch das Grundbuch nachzuweisen sind.[1] Die Regelung der **Bucheinrichtung** und des **Grundbuchverfahrens** setzt das (materielle) Sachenrecht damit voraus. Sie ist erfolgt durch die **Grundbuchordnung** (vom 24. März 1897, RGBl S. 139) idF. der Bekanntmachung vom 26. Mai 1994 (BGBl. I S. 1114), zuletzt geändert durch Gesetz vom 15.12.2011 (BGBl. I S. 2714), die gleichzeitig mit dem BGB in Kraft getreten ist (Art 1 Abs. 1 EGBGB). Sie regelt für die als **Grundbuchamt** bezeichnete Buchbehörde mit dem Verfahrensrecht das „formelle" Grundbuchrecht als Teil der freiwilligen Gerichtsbarkeit. Ergänzende Regelungen enthalten insbesondere

- die Verordnung zur Durchführung der Grundbuchordnung (**Grundbuchverfügung** – GBV) idF vom 24. Jan 1995 (BGBl I S. 114), zuletzt geändert durch Art. 2 Gesetz vom 11.8.2009 (BGBl. I S. 2713),
- die Verordnung über die Anlegung und Führung der Wohnungs- und Teileigentumsgrundbücher (**Wohnungsgrundbuchverfügung** – WGV) idF vom 24. Jan 1995 (BGBl I 134),
- die Verordnung über die Anlegung und Führung von Gebäudegrundbüchern (**Gebäudegrundbuchverfügung** – GGV) vom 15. Juli 1994 (BGBl I 1606), zuletzt geändert durch Art. 4 Abs. 3 Gesetz vom 11.8.2009 (BGBl. I S. 2713),

[1] Motive III S. 20.

- die Allgemeine Verfügung über die geschäftliche Behandlung der Grundbuchsachen vom 25. Febr. 1936 (DJ 350) mit Änderungen. Sie ist vielfach landesrechtlich neu bekanntgemacht oder ersetzt, so in Bayern durch die **Bayer. Geschäftsanweisung für die Behandlung der Grundbuchsachen** (GBGA) vom 16. Okt. 2006 (BayJMBl. S. 182), zuletzt geändert durch Bek. vom 12.11.2011 (BayJMBl. S. 82),
- das Gesetz über das Verfahren in Familiensachen und in den Angelegenheiten der freiwilligen Gerichtsbarkeit (**FamFG**) vom 17. Dez. 2008 (BGBl. I S. 2586), zuletzt geändert durch Gesetz vom 22.12.2011 (BGBl. I S. 3044).

B. Zuständigkeit (§ 1 GBO)

I. Sachliche Zuständigkeit

Die Grundbücher werden von den **Amtsgerichten als Grundbuchämter** geführt (§ 1 Abs. 1 Satz 1 GBO). In Baden-Württemberg sind die (staatlichen) Grundbuchämter an Stelle der Amtsgerichte für die Führung der Grundbücher zuständig (§ 143 GBO, § 1 Abs. 3 LFGG). Es besteht in jeder Gemeinde ein Grundbuchamt (§ 26 Abs. 1 LFGG mit Ermächtigung der Landesregierung zu abweichender Regelung in Abs. 2).[1] 133

II. Örtliche Zuständigkeit

1. Die Grundbuchämter sind für die Grundstücke ihres Bezirks zuständig (§ 1 Abs. 1 Satz 2 GBO). Durch das gemeinschaftliche obere Gericht wird das zuständige Grundbuchamt nach § 5 FamFG bestimmt, wenn ein Grundstück in dem Bezirk mehrerer Grundbuchämter liegt (§ 1 Abs. 2 GBO). 134

2. Die Grundbuchführung durch ein örtlich unzuständiges Gericht ist wirksam (§ 2 Abs. 3 FamFG). Die Abgabe einer Erklärung, wie z.B. die Einigung für den Eintritt der Bindung nach § 873 Abs. 2 BGB, die Aufhebungserklärung nach § 875 Abs. 1 BGB oder die Zustimmung eines Dritten nach § 876 BGB gegenüber einem örtlich unzuständigen Grundbuchamt wird als wirksam angesehen, wenn das Grundbuchamt das Grundbuch über das Grundstück (unzuständig) tatsächlich führt.[2] Ob sie auch sonst wirksam ist, wenn die Erklärung entgegengenommen und an das zuständige Gericht weitergegeben wird, ist streitig. Richtigerweise ist wohl von ihrer Wirksamkeit mit Entgegennahme auszugehen.[3] Weist das unzuständig angegangene Grundbuchamt nur auf die Unzuständigkeit hin und unternimmt dann nichts, so sollte dies nicht zu Lasten der Beteiligten gehen und die Wirksamkeit gleichfalls mit Entgegennahme der Erklärung eintreten.[4] Einigkeit über 135

---

[1] Einzelheiten hierzu Schöner/Stöber Rn. 43.

[2] RGZ 71, 380; BGHZ 36, 197 = NJW 1962, 491 = Rpfleger 1962, 131; Demharter Rn. 23 zu § 1 GBO.

[3] So KEHE/Eickmann Rn. 10 zu § 1 GBO; anders Meikel/Böttcher Wirksamkeit erst mit Zugang beim zuständigen Grundbuchamt, Rn. 26 zu § 1 GBO.

[4] So Meikel/Böttcher Rn. 27 zu § 1 GBO; anders KEHE/Eickmann Rn. 10 zu § 1 GBO.

die Wirksamkeit mit Entgegennahme besteht dann, wenn das Grundbuchamt auf seine Unzuständigkeit nicht hinweist und auch sonst untätig bleibt. Unwirksam ist jedoch die Abgabe der Erklärung, wenn das Gericht sie als unzuständig zurückgibt.

III. Funktionelle Zuständigkeit

136 1. Die Führung des Grundbuchs obliegt

- grundsätzlich dem **Rechtspfleger**
- und ausnahmsweise dem **Richter**, der Aufgaben des Grundbuchamts nur noch vereinzelt wahrnimmt.

Richter und Rechtspfleger als Funktionsträger, die das Amtsgericht als Grundbuchamt nach außen grundsätzlich vertreten, bezeichnet die Grundbuchordnung mit dem neutralen Begriff „für die Führung des Grundbuchs zuständige Personen".[1]

137 2. Dem **Rechtspfleger** sind die Grundbuchsachen voll übertragen (§ 3 Nr. 1 h RPflG). Er hat sachlich unabhängig und nur an Recht und Gesetz gebunden (§ 9 RPflG) alle Maßnahmen zu treffen, die zur Erledigung der Grundbuchgeschäfte erforderlich sind (§ 4 Abs. 1 RPflG). Die Ausnahmen in § 4 Abs. 2 Nr. 1 und 2 RPflG sind für Grundbuchsachen bedeutungslos. Eine Vorlage an den Richter hat nur noch in den Sonderfällen des § 5 RPflG zu erfolgen. Der Rechtspfleger entscheidet nach Aufhebung von § 4 Abs. 2 Nr. 3 RPflG auch über die Anträge, die auf Änderung einer Entscheidung des Urkundsbeamten der Geschäftsstelle gerichtet sind.[2]

138 3. Der **Richter** beim Amtsgericht wird in Grundbuchsachen kaum noch tätig. Er ist zuständig für die Entscheidung (Behandlung) einer ihm nach § 5 RPflG vorgelegten Grundbuchsache und im Falle der Nichtabhilfe bei einer befristeten Erinnerung (§ 11 Abs. 2 RPflG) gegen eine Entscheidung des Rechtspflegers, die hätte sie der Richter erlassen, unanfechtbar ist (z.B. § 85 Abs. 2, § 91 Abs. 1 Satz 3 GBO).

139 4. Der **Urkundsbeamte der Geschäftsstelle** ist zuständig für

- die Ausführung der Eintragungsverfügung des Rechtspflegers und die Mitunterzeichnung der Eintragung sowie der Hypotheken-, Grundschuld- und Rentenschuldbriefe (§ 44 Abs. 1 Satz 2 u. 3, § 56 Abs. 2 Satz 1, § 59 Abs. 1 Satz 2,§ 61 Abs. 3,§ 62 Abs. 2, § 70 Abs. 1 GBO). Beim **maschinell geführten Grundbuch** hat der Urkundsbeamte die vom Rechtspfleger verfügte Eintragung nur dann zu veranlassen, wenn dies durch Rechtsverordnung der jeweiligen Landesregierung oder der von ihr ermächtigten Landesjustizverwaltung bestimmt ist (§ 74 Abs. 1 Satz 3 GBV). Die Eintragung ist in diesem Fall nach Maßgabe des § 75 GBV mit einer elektronischen Unterschrift zu versehen. Die Grundpfandrechtsbriefe für die im maschinell geführten Grundbuch eingetragenen Rechte sind nicht zu unterschreiben, wenn sie maschinell hergestellt werden, aber mit einem Aufdruck des Siegels oder Stempels sowie mit dem Namen des Bedienste-

[1] BT-Drucks. 12/5553 S. 63.

[2] So zu Recht Rellermeyer Rpfleger 2004, 593; Schöner/Stöber Rn. 47. Anders aber nicht zutreffend Demharter Rn. 11 zu § 12c GBO.

ten zu versehen, der die Herstellung des Briefes veranlasst hat (siehe § 87 GBV).

- die Entscheidung über die Gestattung der Einsicht in das Grundbuch oder die Grundakten sowie die Erteilung von Abschriften aus dem Grundbuch oder den Grundakten, die Erteilung von Auskünften aus Verzeichnissen (§ 12a GBO) und in den gesetzlich sonst vorgesehenen Fällen (§ 45 Abs. 3 GBV) sowie für Anträge auf Rückgabe von Urkunden und Versendung von Grundakten an inländische Gerichte oder Behörden (§ 12c Abs. 1 GBO).
- die Beglaubigung von Abschriften aus dem Grundbuch oder Grundakten (§ 12c Abs. 2 Nr. 1 GBO).
- die Verfügungen und Eintragungen zur Erhaltung der Übereinstimmung zwischen dem Grundbuch und dem amtlichen Verzeichnis (§ 2 Abs. 2 GBO) oder einem sonstigen hiermit in Verbindung stehenden Verzeichnis (§ 12c Abs. 2 Nr. 2 GBO mit Einschränkung).
- die Entscheidung über Ersuchen des Gerichts um Eintragung oder Löschung des Vermerks über die Eröffnung des Insolvenzverfahrens und über die Verfügungsbeschränkungen nach der InsO sowie um Eintragung des Zwangsversteigerungs- und Zwangsverwaltungsvermerks (§ 12c Abs. 2 Nr. 3 GBO).
- die Berichtigung der Eintragung des Namens, des Berufs oder des Wohnorts einer natürlichen Person im Grundbuch (§ 12c Abs. 2 Nr. 4 GBO).
- Die Anfertigung der Nachweise, dass bei der Herstellung der Bild- oder sonstigen Datenträger die Wiedergabe mit dem Original übereinstimmt (§ 10a Abs. 2, § 12c Abs. 2 Nr. 5 GBO.

5. Ein von der Leistung des Amtsgerichts **ermächtigter Justizangestellter** kann statt des Urkundsbeamten Grundbucheintragungen, Hypotheken-, Grund- und Rentenschuldbriefe unterschreiben (§ 44 Abs. 1 Satz 2, § 56 Abs. 2 GBO), Eintragungen bei Zuständigkeit des Urkundsbeamten mit unterzeichnen (§ 44 Abs. 1 Satz 3 GBO) und die Beglaubigung von Abschriften aus dem Grundbuch vornehmen (§ 12c Abs. 2 Nr. 1 GBO). 140

6. In **Baden-Württemberg** sind die Notare (Notarvertreter) zugleich Grundbuchbeamte für die zum Notariatsgebiet gehörenden Grundbuchämter (§ 29 Abs. 1 Satz 1 LFGG). Die im badischen Rechtsgebiet den Notariaten zugewiesenen Rechtspfleger können (durch besondere Anordnung) zu Grundbuchbeamten bestellt sein (§ 29 Abs. 1 Satz 2 LFGG). Jede Gemeinde, die Sitz eines Grundbuchamts ist, bestellt einen Ratschreiber (§ 31 Abs. 1 LFGG), der in Vertretung des Grundbuchbeamten bestimmte Grundbuchgeschäfte erledigt (enumerative Aufzählung in § 32 LFGG). 141

IV. Verletzung der Zuständigkeitsbestimmungen

Maßnahmen eines nach der Geschäftsverteilung unzuständigen Grundbuchbeamten sind wirksam (§ 22d GVG). Die Entgegennahme eines Eintragungsantrags bei einem nicht bestellten Beamten der Behörde (§ 13 Abs. 3 GBO) begründet jedoch keine Antragswirkungen (s. Rn. 225). 142

Die Wahrnehmung eines Grundbuchgeschäfts durch den Richter an Stelle des Rechtspflegers ist stets wirksam (§ 8 Abs. 1 RPflG). Ebenso wirksam ist 143 die Wahrnehmung eines Grundbuchgeschäfts des Urkundsbeamten der Geschäftsstelle durch den Rechtspfleger (§ 8 Abs. 5 RPflG). Auch wenn der Richter ein dem Urkundsbeamten übertragenen Geschäfts wahrnimmt ist dies nach den Grundsätzen des § 8 Abs. 1 mit 5 RPflG als wirksam anzusehen.[1]

C. FamFG-Verfahrensrecht

I. Verfahrensgrundsätze

144 Das Grundbuchverfahren ist ein **Verfahren der freiwilligen Gerichtsbarkeit.** Auf dieses Verfahren sind daher nach § 1 FamFG, soweit die GBO nicht eigene Regelungen enthält, die allgemeinen Vorschriften des FamFG anzuwenden (§§ 2 bis 85 FamFG). Darüber hinaus ist auch zu beachten, dass das FamFG nur insoweit zur Anwendung kommen kann, als seine Regelungen mit der Eigenart des Grundbuchverfahrens vereinbar sind. An dem Zusammenwirken von FamFG als Rahmengesetz und der GBO als vorrangig geltendes Spezialgesetz hat sich durch die umfassende Reform des Verfahrens in Familiensachen und in den Angelegenheiten der freiwilligen Gerichtsbarkeit mit dem Inkrafttreten des FamFG am 1.9.2009 im Grunde nichts geändert.

II. Einzelheiten

145 1. Für die **Ausschließung und Ablehnung** von Gerichtspersonen und damit für alle in Grundbuchsachen funktionell zuständigen Personen (Richter, Rechtspfleger, Urkundsbeamter) gelten über die Verweisung in § 6 Abs. 1 FamFG die §§ 41 bis 49 ZPO gleichermaßen. Die Verweisungen auf § 10 Satz 1 RPflG für den Rechtspfleger und § 12c Abs. 3 GBO für den Urkundsbeamten der Geschäftsstelle sind daher insoweit ohne Belang. Soweit jedoch eine Grundbucheintragung durch eine Gerichtsperson bewirkt wird, die von der Mitwirkung nach Maßgabe des § 41 ZPO kraft Gesetzes ausgeschlossen ist, ist die Eintragung aus diesem Grunde trotzdem nicht unwirksam (§ 11 GBO).

146 2. Die **Gerichtssprache** ist deutsch (§ 184 GVG).

III. Verfahrensfähigkeit, Vertretung usw.

147 1. Die **Verfahrensfähigkeit**, somit die Fähigkeit, als Verfahrensbeteiligter aufzutreten und Verfahrenshandlungen selbst zu erklären oder durch einen bestellten Vertreter wirksam vornehmen zu lassen, bestimmt sich nach § 9 Abs. 1 Nr. 1 bis 4 FamFG. Danach sind verfahrensfähig

- Nr. 1: die nach bürgerlichem Recht Geschäftsfähigen,
- Nr. 2: die nach bürgerlichem Recht beschränkt Geschäftsfähigen, soweit sie für den Gegenstand des Verfahrens nach bürgerlichem Recht als geschäftsfähig anerkannt sind,

---

[1] Zutr. Demharter Rn. 19 zu § 1 GBO, s. auch OLG Hamm NJW 1971, 899 = Rpfleger 1971, 107.

- Nr. 3: die nach bürgerlichem Recht beschränkt Geschäftsfähigen, soweit sie das 14. Lebensjahr vollendet haben und sie in einem Verfahren, das ihre Person betrifft, ein ihnen nach bürgerlichem Recht zustehendes Recht geltend machen,
- Nr. 4: diejenigen, die auf Grund des FamFG oder eines anderen Gesetzes dazu bestimmt sind.

Als Verfahrenshandlungen erfordern Verfahrensfähigkeit insbesondere
- der Eintragungsantrag (§ 13 Abs. 1 GBO) und
- die Eintragungsbewilligung (§ 19 GBO).

2. Geschäftsunfähige oder in der Geschäftsfähigkeit beschränkte Personen müssen, soweit sie nicht verfahrensfähig sind, durch die für sie nach bürgerlichem Recht dazu befugten **gesetzlichen Vertreter** vertreten sein (§ 9 Abs. 2 FamFG). Für Vereinigungen und Behörden handeln deren gesetzlichen Vertreter und Vorstände (§ 9 Abs. 3 FamFG). **148**

3. Eine Vertretung durch **Bevollmächtigte** und Beistände kann grundsätzlich nach Maßgabe des § 10 FamFG erfolgen. Für die Eintragungsbewilligung und die sonstigen Erklärungen, die zu einer Eintragung erforderlich sind und in öffentlicher oder öffentlich beglaubigter Form abgegeben werden, können sich die Beteiligten auch durch andere Personen vertreten lassen, die nicht nach § 10 Abs. 2 FamFG vertretungsbefugt sind. Das gilt gleichermaßen für Verfügungen des Grundbuchamts nach § 18 GBO und die Entgegennahme von Eintragungsmitteilungen (siehe § 15 Abs. 1 GBO). **149**

4. Die **Bewilligung von Verfahrenskostenhilfe** kann in entsprechender Anwendung der ZPO-Vorschriften über die Prozesskostenhilfe erfolgen (§ 76 Abs. 1 FamFG), soweit nicht in den Vorschriften § 77 FamFG hinsichtlich der Bewilligung und § 78 FamFG bezüglich der Beiordnung eines Rechtsanwalts Abweichendes bestimmt ist. Eine Festsetzung außergerichtlicher Kosten, insbesondere wegen der Beteiligung eines Anwalts, hat gemäß § 85 FamFG in entsprechender Anwendung der §§ 103 bis 107 ZPO durch den Rechtspfleger zu erfolgen (§ 21 Nr. 1 RPflG), was jedoch für die auf Grundbuchführung ausgerichteten Grundbuchverfahren durchweg keine große Bedeutung erlangt. **150**

IV. Beweismittelbeschränkung, rechtliches Gehör

Der Grundsatz der **Amtsermittlung** (§ 26 FamFG) und die Beweisaufnahme nach § 29 ff FamFG erfahren durch § 29 GBO eine grundlegende Einschränkung (dazu Rn. 415 f). Rechtliches Gehör (Art 103 Abs. 1 GG) ist in allen Verfahren der freiwilligen Gerichtsbarkeit zu gewähren,[1] somit auch in Grundbuchsachen. Im Verfahren nach dem Rechtspfleger bestimmt sich nach Ansicht des BVerfG[2] nach dem rechtsstaatlichen **Grundsatz eines fairen Verfahrens** gemäß Art. 2 Abs. 1 i.V.m. Art. 20 Abs. 3 GG. **151**

---

[1] BVerfGE 19, 49; BGH Rpfleger 1989, 107.

[2] BVerfG Rpfleger 2000, 205; kritisch dazu Eickmann Rpfleger 2000, 245, Dümig Rpfleger 2000, 249, Habscheid Rpfleger 2001, 209.

V. Entscheidung durch Beschluss, Inhalt, Rechtsbehelfsbelehrung

152 Soweit durch eine Entscheidung des Grundbuchamts der Verfahrensgegenstand ganz oder teilweise erledigt wird (Endentscheidung) hat dies durch **Beschluss** zu geschehen (§ 38 Abs. 1 Satz 1 FamFG). Darunter fallen sowohl die **Zurückweisung** als auch die **Zwischenverfügung** nach § 18 GBO. Demzufolge müssen diese Beschlüsse ihrem Inhalt nach der Regelung des § 38 Abs. 2 und 3 FamFG entsprechen. Zu bezeichnen sind sonach die Beteiligten, deren gesetzliche Vertreter und Bevollmächtigten sowie das Gericht und die Namen der Gerichtsperson, die bei der Entscheidung mitgewirkt haben. Ferner muss der Beschluss eine Beschlussformel und eine Begründung samt Unterschrift enthalten. Darüber hinaus haben die Zurückweisung und auch die Zwischenverfügung nach § 39 GBO eine Belehrung über das statthafte Rechtsmittel zu enthalten sowie das Gericht, bei dem der Rechtsbehelf einzulegen ist, dessen Sitz und die zu beachtende Form und Frist enthalten.

153 Nicht zu den Endentscheidungen i.S.d. § 38 Abs. 1 FamFG zählen die **Eintragungsverfügungen**, da sie nur einen verfahrensbegleitenden Charakter aufweisen.[1] Sie müssen daher nicht den Beschlusskriterien des § 38 Abs. 2 FamFG entsprechen.

VI. Bekanntmachungen

154 Die Bekanntmachung der Eintragungen erfolgt nach § 55 GBO (Rn. 564 ff). Im Übrigen richtet sich die Bekanntmachung gerichtlicher Dokumente nach § 15 FamFG. Nach dessen Absatz 1 sind Dokumente, deren Inhalt eine Termins- oder Fristbestimmung enthalten oder den Lauf einer Frist auslösen den Beteiligten bekannt zu geben. Des Weiteren sind nach § 41 Abs. 1 FamFG Beschlüsse den Beteiligten bekannt zu geben und soweit anfechtbar, demjenigen jeweils der Beschluss zuzustellen, dessen erklärtem Willen er nicht entspricht. Daher sind nicht nur die Zwischenverfügung sondern auch der unbefristet anfechtbare Zurückweisungsbeschluss **zuzustellen.** Ferner wird ein Beschluss erst wirksam mit der Bekanntgabe an den Beteiligten, für den er nach seinem wesentlichen Inhalt nach bestimmt ist (§ 40 Abs. 1 FamFG). Die Bekanntgabe kann durch Zustellung nach den §§ 166 bis 195 ZPO oder dadurch bewirkt werden, dass das Schriftstück unter der Anschrift des Adressaten zur Post gegeben wird. (§ 15 Abs. 2 Satz 1 FamFG). Der Lauf einer Frist beginnt nach § 16 Abs. 1 FamFG in aller Regel mit der Bekanntgabe. Die Fristberechnung erfolgt gemäß § 16 Abs. 2 FamFG in entsprechender Anwendung der §§ 222 und 224 Abs. 2 und 3 sowie § 225 ZPO.

VII. Ordnungswidrige Eintragungen

155 Die verfahrensrechtliche Behandlung ordnungswidriger Grundbucheintragungen regelt § 53 GBO (Rn. 963). Erachtet ansonsten das Grundbuchamt ein Beschwerde für begründet, so hat es ihr abzuhelfen (§ 75 GBO). Eine

[1] BT-Drucks. 16/6308, S. 195.

Aufhebung oder Abänderung von rechtskräftigen Endentscheidungen in Verfahren, die nur auf Antrag eingeleitet, darf nur auf Antrag erfolgen (§ 48 Abs. 1 FamFG).

VIII. Beschwerdeverfahren

Das Beschwerdeverfahren ist in §§ 71 bis 78 und § 81 GBO abschließend **156** geregelt. Die Erinnerung gegen den Kostenansatz des Grundbuchamts bestimmt sich nach § 14 KostO und gegen die Entscheidung über die Festsetzung von außergerichtlichen Kosten findet gemäß § 85 FamFG i.V.m. § 104 Abs. 3 Satz 1, § 567 Abs. 2 ZPO die sofortige Beschwerde statt.

D. Einrichtung des Grundbuchs

I. Die äußere Form des Grundbuchs

1. a) Das Grundbuch wurde früher nur in festen Bänden geführt und nach **157** Änderung von § 2 GBV durch die VO vom 26.6.1961 (BAnz. Nr. 124) als **Loseblatt**grundbuch in Bänden oder Einzelheften mit herausnehmbaren Einlegebogen. Nunmehr wird das Grundbuch durchwegs nach landesrechtlichen Verordnungen **in maschineller Form** als automatisierte Datei geführt. Die Rechtsgrundlage hierfür bildet die Vorschrift des § 126 GBO. Diese Grundbuchführung auf EDV-Basis hat das herkömmliche Papiergrundbuch nahezu vollständig verdrängt.

2. Die Grundbücher sind für Bezirke eingerichtet (§ 2 Abs. 1 GBO). **158** Grundbuchbezirke sind die Gemeindebezirke (§ 1 GBV mit Einzelheiten).

3. Die Grundbuchblätter desselben Grundbuchbezirks sind mit fortlau- **159** fenden Nummern bezeichnet (§ 3 Abs. 1 Satz 1 GBV). Besteht das Grundbuch aus mehreren Blättern, so schließen sich die Blattnummern jedes weiteren Bandes an die der vorhergehenden an (§ 3 Abs. 1 Satz 2 GBV mit Einzelheiten in Abs. 2 und 3). Die Vorschriften, die Grundbuchbände voraussetzen sind beim maschinell geführten Grundbuch nicht anzuwenden (§ 63 Satz 2 GBV)

II. Das Grundbuchblatt

1. Das maschinell geführte Grundbuch und das Papiergrundbuch unter- **160** scheiden sich in ihrer Einteilung nicht. Jedes Grundbuchblatt besteht aus der Aufschrift, dem Bestandsverzeichnis und drei Abteilungen (§ 4 GBV).

2. In der **Aufschrift** sind das Amtsgericht, der Grundbuchbezirk und die **161** Nummer des Blattes angegeben (§ 5 GBV).

Beispiel: Amtsgericht …
Grundbuch
von …
Blatt …

3. Im **Bestandsverzeichnis** werden die Grundstücke nach dem amtlichen **162** Verzeichnis (§ 2 Abs. 2 GBO) bezeichnet und subjektiv-dingliche Rechte vermerkt (§§ 6–8 GBV). Die Einteilung erfolgt nach Maßgabe des § 6 GBV.

Beispiel:

Grundbuch von Blatt

Bestandsverzeichnis

lfd. Nr. der Grundstücke	bisherige lfd. Nr. d. Grundstücke	Gemarkung Flurstück	Wirtschaftsart und Lage	Größe ha	Größe a	Größe m^2
1	2	3	4			

Bestand und Zuschreibungen		Abschreibungen	
Zur lfd. Nr. der Grundstücke		Zur lfd. Nr. der Grundstücke	
5	6	7	8

163 4. In die **erste Abteilung** wird der Eigentümer eingetragen. Bei mehreren gemeinschaftlichen Eigentümern werden ihre Miteigentumsanteile in Bruchteilen oder das für die Gemeinschaft maßgebende Rechtsverhältnis bezeichnet (§ 47 Abs. 1 GBO). Die Einteilung und Eintragung bestimmt sich nach § 9 GBV.

Beispiel:

Amtsgericht
Grundbuch von Blatt

Erste Abteilung

lfd. Nr der Eintragungen	Eigentümer	lfd.Nr. der Grundstücke im Bestandsverzeichnis	Grundlage der Eintragung
1	2	3	4

164 5. Die **zweite Abteilung** dient der Eintragung von Belastungen (mit Ausnahme von Hypotheken, Grund- und Rentenschulden) und den Beschränkungen des Verfügungsrechts des Eigentümers sowie der vorgeschriebenen Vermerke, die auf ein Enteignungsverfahren usw. hinweisen. Die Einteilung bestimmt sich nach § 10 GBV.

Beispiel:

Grundbuch von Blatt

Zweite Abteilung

lfd. Nr. der Eintragungen	lfd.Nr. der betroffenen Grundstücke im Bestandsverzeichnis	Lasten und Beschränkungen
1	2	3

Veränderungen		Löschungen	
lfd. Nr. der Spalte 1		lfd. Nr. der Spalte 1	
4	5	6	7

6. In die **dritte Abteilung** schließlich werden die Hypotheken, Grundschulden und Rentenschulden eingetragen. Die Einteilung bestimmt sich nach § 11 GBV. **165**

Beispiel:

Amtsgericht
Grundbuch von Blatt

Dritte Abteilung

lfd. Nr. der Eintragungen	lfd.Nr. der belasteten Grundstücke im Bestandsverzeichnis	Betrag	Hypotheken, Grundschulden, Rentenschulden
1	2	3	4

Veränderungen			Löschungen		
lfd. Nr. der Spalte 1	Betrag		lfd. Nr. der Spalte 1	Betrag	
5	6	7	8	9	10

166 7. Eine **Vormerkung** (§ 883 BGB) wird nach § 12 Abs. 1 GBV eingetragen

a) wenn sie den Anspruch auf Übertragungen des Eigentums sichert in den Spalten 1–3 der zweiten Abteilung,
b) wenn sie den Anspruch auf Einräumung eines anderen Rechts an dem Grundstück oder an einem das Grundstück belastenden Recht sichert, in der für die endgültige Eintragung bestimmten Abteilung (II oder III) und Spalte,
c) in allen übrigen Fällen in der für Veränderungen bestimmten Spalte der Abteilung (II oder III), in welcher das von der Vormerkung betroffene Recht eingetragen ist.

Für Eintragung eines **Widerspruchs** (§ 899 BGB) gilt Entsprechendes (§ 12 Abs. 2 GBV).

167 8. **Eintragungsmuster** ergeben sich aus der der Grundbuchverfügung beigefügten Anlage 1 (§ 22 Satz 1 GBV). Die darin befindlichen Probeeintragungen sind als Beispiele nicht Teil der Grundbuchverfügung (§ 22 Satz 2 GBV). Sie haben deshalb nicht, wie die GBV selbst, den Charakter einer Rechtsverordnung. Auf die Fassung der Eintragungen in Übereinstimmung mit dem Wortlaut der Probeeintragungen haben die Beteiligten daher keinen Rechtsanspruch, der im Beschwerdeweg verfolgt werden könnte.

III. Grundakten

168 1. Die Urkunden und Abschriften, auf die eine Eintragung sich gründet oder Bezug nimmt, hat das Grundbuchamt aufzubewahren (§ 10 Abs. 1 Satz 1 GBO). Diese Urkunden werden zusammen mit allen weiteren für das Grundbuchblatt anfallenden Schriftstücken zu den Grundakten genommen (§ 24 GBV). Auch nach Anlegung des maschinell geführten Grundbuchs sind Grundakten nach Maßgabe des § 24 Abs. 1 bis 3 GBV zu führen (§ 73 Satz 1 GBV). Für ein gemeinschaftliches Grundbuchblatt (§ 4 GBO wird nur ein Grundakt geführt. Die Anlegung und Führung der Grundakten ist in der Aktenordnung (insbesondere in ihrem § 21) geregelt; ergänzende Bestimmungen treffen landesrechtliche Geschäftsanweisungen. Innerhalb der Grundakten erhält jedes selbständige Schriftstück, entsprechend seinem Eingang beim Grundbuchamt eine **Ordnungsnummer** (§ 21 Abs. 1 AktO). Die Ordnungsnummern sind auf einem Vorblatt der Akten, im Akteninnendeckel oder in einer automatisierten Datei unter Beifügung des Datums zu registrieren (§ 21 Abs. 2 AktO).

Zur Erhaltung der Übersichtlichkeit können Schriftstücke von vorübergehender Bedeutung zu **Sonderheften** genommen werden, die bei den Grundakten aufzubewahren sind (§ 21 Abs. 3 AktO). Geschlossene Handblätter sowie die Wert- und Kostenberechnung betreffenden Schriften, soweit sie von dauernder Bedeutung sind, dürfen nicht in Sonderhefte genommen werden.

169 2. Ein **Handblatt** auf einem in seiner Einrichtung dem Grundbuchblatt entsprechenden Vordruck wird bei den Grundakten verwahrt (§ 24 Abs. 4 GBV). Es enthält eine wörtliche Wiedergabe des gesamten Inhalts des Grundbuchblatts und wird mit diesem (ohne besondere Verfügung) fortlaufend in Übereinstimmung gehalten. Ein Handblatt ist jedoch nur anzulegen, wenn das Grundbuch noch in Papierform geführt wird. Beim maschinell geführten

Grundbuch ist kein Handblatt mehr erforderlich (§ 73 GBV verweist nicht mehr auf § 24 Abs. 4 GBV).

IV. Listen und Verzeichnisse

1. Ein Aktenregister wird in Grundbuchsachen nicht geführt. Die Ordnung der Akten ergibt sich aus der Ordnung des Grundbuchs (§ 1 Abs. 2 AktO). Jedes Aktenstück erhält als Aktenzeichen die Bezeichnung des Grundbuchs nach Gemarkung (Bezirk) und Blatt zusammen mit der Geschäftsnummer (z.B. „Oberhof 100/86") (§ 4 Abs. 4 AktO). 170

2. Geführt werden als Hilfsmittel für die Führung des Grundbuchs (§ 12a 171 GBO)

- ein (alphabetisches) **Verzeichnis der Eigentümer** (§ 21 Abs. 7 Satz 1 a) AktO) zur Ermittlung des Eigentümers eines Grundstücks und seines Grundbuchblatts,
- und sofern die technischen Voraussetzungen für eine automationsgestützte Führung vorliegen, ein **Verzeichnis der Grundstücke, der Wohnungs- oder Teileigentumseinheiten sowie** der grundstücksgleichen Rechte (§ 21 Abs. 7 Satz 1 b) AktO);
- Als weitere erforderliche Verzeichnisse, auch in maschineller Form, mit Genehmigung der Landesjustizverwaltung insbesondere
  - eine **Eingangsliste** für in Grundbuchsachen eingereichte Urkunden und eingehende behördliche oder gerichtliche Ersuchen, die eine oder mehrere zur Eintragung erforderliche Erklärungen (§§ 19, 20 GBO) enthalten (§ 21 Abs. 5 AktO, Liste 10),
  - **Sammelakten** für Schriften über Grundstücke für die kein Grundbuchblatt angelegt ist und zur (zeitlich befristeten) Aufbewahrung unbrauchbar gemachter Grundpfandrechtsbriefe (§ 53 Abs. 2 GBV), ferner für die zur Erhaltung der Übereinstimmung zwischen Grundbuch und dem amtlichren Grundstücksverzeichnis (§ 2 Abs. 2 GBO) dem Grundbuchamt gesammelt zugehenden Veränderungsnachweise und letztlich für Anträge auf Erteilung von Ausdrucken oder Abschriften einschließlich der Kostenberechnung. (§ 21 Abs. 6 AktO)
  - Im Bedarfsfall eine automatisierte Datei – **Wohnungsblatt** (nach Liste 11 AktO) über die Beteiligten, bestellte Vertreter oder Zustellungsbevollmächtigte (§ 21 Abs. 8 AktO).

3. Eine Verpflichtung, diese Verzeichnisse auf dem laufenden (auf dem 172 neuesten Stand) zu halten, besteht nicht; auch besteht keine Haftung für eine nicht richtige Auskunft (§ 12a Abs. 1 Satz 2 GBO). Auskünfte aus diesen Verzeichnissen sind zu erteilen, wenn sie, wie vornehmlich das Eigentümer- und das Grundstücksverzeichnis, öffentlich zugänglich gemacht sind (§ 12a Abs. 1 Sätze 3 bis 5 GBO mit Einzelheiten). Ein Anspruch auf Erteilung von Abschriften aus den Verzeichnissen besteht nicht (§ 12a Abs. 1 Satz 6 GBO). Soweit die Verzeichnisse maschinell geführt werden, finden die Vorschriften § 126 Abs. 2 und § 133 GBO entsprechende Anwendung Auch kann für die Verzeichnisse das **automatisierte Liegenschaftsbuch** verwendet werden (§ 12a Abs. 2 GBO, § 21 Abs. 7 Satz 2 AktO).

E. Anlegung des Grundbuchs

I. Erstanlegung

173 Die Erstanlegung der Grundbücher nach Inkrafttreten des BGB hat sich nach landesrechtlichen Vorschriften bestimmt (Art 186 Abs. 1 EGBGB). Die Bücher, die (vor dem 1.4.1936; Inkrafttreten der GBO in damaliger Neufassung) nach früheren Bestimmungen geführt wurden, sind Grundbücher im Sinne der Grundbuchordnung (§ 145 GBO). Die Anlegung der Grundbuchblätter beim maschinell geführten Grundbuch kann durch Umschreibung, Neufassung oder Umstellung erfolgen (siehe dazu §§ 67 bis 70 GBV).

II. Nachträgliche Anlegung eines Grundbuchblatts

174 Die nachträgliche Eintragung von Grundstücken, die bei der Anlegung des Grundbuchs kein Blatt erhalten haben (versehentlich oder weil sie buchungsfrei waren, usw.), erfolgt von Amts wegen (§ 116 Abs. 1 GBO). Das Verfahren richtet sich nach §§ 117–125 GBO. Für die erstmalige Eintragung eines Grundstücks wird ein Grundbuchblatt außerdem angelegt

- auf schriftlichen Antrag des Eigentümers oder eines Berechtigten für ein buchungsfreies Grundstück im Falle des § 3 Abs. 2 GBO;
- von Amts wegen für ein Grundstück, das aus einem Grundbuchblatt ganz (§ 13 Abs. 3 GBV) oder als Grundstücksteil (§ 13 Abs. 4 GBV) abgeschrieben, aber nicht nach § 3 Abs. 2 GBO aus dem Grundbuch ausgeschieden wird;
- von Amts wegen für ein dienendes Grundstück, das nur mit seinem Miteigentumsanteilen auf den Blättern der herrschenden Grundstücke eingetragen ist, wenn die Miteigentumsanteile nicht mehr allen Eigentümern der herrschenden Grundstücke zustehen (§ 3 Abs. 8 GBO) und dann, wenn das dienende Grundstück als Ganzes belastet wird und die Voraussetzungen der Anteilsbuchung nach § 3 Abs. 4 GBO nicht mehr vorliegen (§ 3 Abs. 9 GBO);
- von Amts wegen bei **Umschreibung** eines Grundbuchblatts, die erfolgt
- nach § 23 GBV bei Raummangel,
- nach § 28 Abs. 1 GBV wegen Unübersichtlichkeit,
- nach § 28 Abs. 2a GBV zur Vereinfachung,
- nach § 28 Abs. 2b GBV zur Ausscheidung eines Grundbuchbandes,;
- bei Zuständigkeitswechsel nach § 25 GBV und außerdem bei der Abgabe von Grundbuchblättern nach § 27a GBV;
- von Amts wegen bei Anlegung des maschinell geführten Grundbuchs (§ 67 mit § 68 GBV).

F. Grundbucheinsicht, Abschriften

I. Einsicht in das Grundbuch

Die Einsicht des Grundbuchs ist ermöglicht 175

- dem **Eigentümer** (Grundstücks- sowie Wohnungseigentümer, Erbbauberechtigten, Gebäudeeigentümer) und einem Miteigentümer für die Rechtsverhältnisse seines Anteils;
- einem **Dritten**, wenn im Einzelfall die Zustimmung des eingetragenen Eigentümers erklärt (nachgewiesen) ist (§ 43 Abs. 2 Satz 2 GBV);
- jedem Dritten, der ein **berechtigtes Interesse** darlegt (§ 12 Abs. 1 Satz 1 GBO). Die Regelung beruht auf der Folge, dass mit der Grundbucheintragung materiell-rechtliche Vermutungs- und Gutglaubensschutzwirkungen verbunden sind (s. §§ 891–893 BGB), die es erfordern, das Grundbuch in weitgehendem Maße den am Rechtsverkehr Teilnehmenden zugänglich zu machen.[1] So hat beispielsweise der im gesetzlichen Güterstand der Zugewinngemeinschaft aber getrennt lebende Ehegatte ein berechtigtes Interesse in Grundbücher einzusehen, in denen der andere Ehegatte als Eigentümer eingetragen ist oder war.[2] Die Beschränkung der Einsicht auf das Erfordernis eines berechtigten Interesses, d.h. eines verständigen, durch die Sachlage gerechtfertigten Interesses, soll dabei schutzwürdige Belange des Eigentümers und der eingetragenen dinglichen Berechtigten wahren und insbesondere eine missbräuchliche Einsicht verhindern. Im Einzelfall kann auch ein bloß tatsächliches, insbesondere wirtschaftliches Interesse für die Berechtigung genügen.[3] Ebenso ein öffentliches Interesse, wobei hierzu jedoch die Befugnis zur Wahrnehmung darzutun ist.[4] Für die Presse kann sich das für die Gestattung der Grundbucheinsicht (und Grundakteneinsicht) erforderliche Interesse über den ursprünglichen, dem allgemeinen Rechtsverkehr mit Grundstücken dienenden Regelungszweck hinaus, ein schutzwürdiges Interesse insoweit begründen, um im Zuge von Recherchen von den für ein bestimmtes Grundstück vorgenommenen Eintragungen Kenntnis zu erlangen.[5] **Kein berechtigtes Interesse** an der Einsicht in das Grundbuch besteht für einen Angehörigen, der aus vermuteten Rechtsgeschäften des Eigentümers sich Rückschlüsse auf dessen Betreuungsbedürftigkeit erhofft.[6]
- **Notaren** und damit ebenso einer ausgewiesenen, von einem Notar beauftragten Person sowie Rechtsanwälten im nachgewiesenen Auftrag eines

---

[1] BGHZ 80, 126, 128 = DNotZ 1982, 240 = NJW 1981, 1563 = Rpfleger 1981, 287.

[2] OLG Rostock NJW-RR 2012, 400 = NotBZ 2012, 150.

[3] Vgl. BayObLG NJW-RR 1998, 1241 = Rpfleger 1998, 338, BayObLG DNotZ 1999, 739 = Rpfleger 1999, 216 = ZfIR 1999, 555; KG FGPrax 2001, 223 = NJW 2002, 223 = Rpfleger 2001, 539.

[4] OLG Hamm OLGZ 1971, 232 = NJW 1971, 899 = Rpfleger 1971, 107.

[5] BGH NJW-RR 2011, 1651; S. auch BVerfG NJW 2001, 503, 504.

[6] OLG München DNotZ 2011, 928 = MDR 2011, 1228 = RNotZ 2011, 604.

Notars, nicht jedoch einem Rechtsanwalt, der für seinen Mandanten Einsicht nehmen möchte[1];
- **dinglich Berechtigten** für das belastete Grundstück (§ 43 Abs. 2 Satz 1 GBV);
- **Beauftragten inländischer öffentlicher Behörden** und öffentlich bestellten Vermessungsingenieuren (§ 43 Abs. 1 und 2 Satz 1 GBV).

176 Bezüglich der weiteren Einzelheiten zur Grundbucheinsicht siehe § 12 Abs. 1 GBO und § 43 GBV. Eine Einsicht in das maschinengeführte Grundbuch erfolgt durch Wiedergabe des Grundbuchblatts auf einem Bildschirm (§ 79 GBV). Nach der Übertragung von geschlossenen Grundbüchern wie auch Grundakten auf einen Bild- oder sonstigen Datenträger in einem Verfahren nach § 10a Abs. 1 und 2, § 128 Abs. 3 oder § 138 Abs. 1 GBO kann eine Einsicht in die vom Grundbuchamt weiter aufbewahrten **Originale** nicht mehr verlangt werden (§ 12b Abs. 1 Satz 1 GBO). Das gilt auch, soweit diese im Beitrittsgebiet von anderen als den grundbuchführenden Stellen aufbewahrt werden (§ 12b Abs. 2 GBO).

II. Einsicht in Urkunden und Grundakten

177 Die Einsicht in **Urkunden**, auf die im Grundbuch Bezug genommen ist, und noch **nicht erledigte Eintragungsanträge** ist in gleicher Weise wie die Einsicht des Grundbuchs gestattet (§ 12 Abs. 1 Satz 2 GBO, auch § 46 Abs. 2 GBV). Die Einsicht in Grundakten ist darüber hinaus jedem ermöglicht, der ein berechtigtes Interesse darlegt (§ 46 Abs. 1 GBV).

III. Erteilung von Abschriften oder Ausdrucken

178 Soweit eine Einsicht gestattet ist, können auch einfache oder beglaubigte Abschriften verlangt werden (s. § 12 Abs. 2 GBO, §§ 44–46 GBV). Bei maschineller Grundbuchführung: tritt An die Stelle der Abschrift der Ausdruck und im Falle der Beglaubigung der amtliche Ausdruck (§ 131 Satz 1 GBO).

IV. Auskunft

179 Zur Auskunftserteilung ist das Grundbuchamt grundsätzlich nicht verpflichtet.[2] Eine Verpflichtung besteht jedoch dann, wenn eine besondere gesetzliche Vorschrift dies bestimmt (§ 45 Abs. 3 Satz 1 GBV), wie z.B. nach § 12a Abs. 1 Satz 3 GBO (Auskunft aus öffentlich zugänglich gemachten Verzeichnissen) oder § 17 Abs. 2, § 19 Abs. 2, 3 und § 146 ZVG (Auskunft bei Grundstücksvollstreckung).

---

[1] BayObLG Rpfleger 1984, 351.
[2] BayObLG MittBayNot 1991, 171.

§ 4. Grundbuchrecht in den neuen Bundesländern

A. Inkrafttreten des Bundesrechts

In den Ländern Brandenburg, Mecklenburg-Vorpommern, Sachsen, Sachsen-Anhalt und Thüringen sowie im Ostbereich Berlins sind mit Wirksamwerden des Beitritts zur Bundesrepublik Deutschland gem. Art 23 GG am 3. Oktober 1990 mit dem Bundesrecht die Grundbuchordnung und die weiteren Rechtsvorschriften für Grundbuchführung in Kraft getreten (Art 8 des Einigungsvertrags). Zu den (damaligen) Ausnahmen und Anpassungsregelungen siehe Abschnitt C. 180

B. Grundbuchverfahrensrecht der früheren DDR

Geregelt war die Grundbuchführung durch die 181

- Verordnung über die staatliche Dokumentation der Grundstücke und Grundstücksrechte in der Deutschen Demokratischen Republik (Grundstücksdokumentationsordnung) vom 6.11.1975 (GBl I 697; Änderung durch Ges vom 24.6.1990, GBl. 524),
- Anordnung über das Verfahren in Grundbuchsachen (Grundbuchverfahrensordnung) vom 30.12.1975 (GBl. I 1976, 42).

Es lauteten:

§ 4 Grundstücksdokumentationsordnung

Vollzug der staatlichen Dokumentation. Die staatliche Dokumentation der Grundstücke und der Eigentumsrechte an Grundstücken wird durch Eintragungen im Grundbuch vollzogen, soweit eine abweichende Regelung nicht erfolgt ist. Das gleiche gilt für die staatliche Dokumentation der sonstigen Rechte an Grundstücken, soweit deren Eintragung im Grundbuch durch Rechtsvorschriften festgelegt oder zugelassen ist.

§ 5 Grundstücksdokumentationsordnung

Grundbuchführung.

(1) Die Grundbuchführung obliegt den Liegenschaftsdiensten der Räte der Bezirke.

(2) Der Liegenschaftsdienst des Rates des Bezirks (nachfolgend Liegenschaftsdienst genannt) führt die Grundbücher über die auf dem Territorium des Bezirkes gelegenen Grundstücke.

Die Einrichtung und die Führung des Grundbuchs sowie die Behandlung der Grundbuchsachen richteten sich im Übrigen nach den Anweisungen des Ministers des Innern und Chefs der Deutschen Volkspolizei (s. § 37 Grundstücksverfahrensordnung). Daneben gab es auch die Geschäftsanweisung Nr. 4/1976, die später durch die sogen. Colido-Anweisung Nr. 4/87 abgelöst wurde, welche die computergestützte Zusammenführung der Liegenschaftsdokumentation in einem Integrationsregister vorsah, das aber über das Ende der DDR hinaus keine Anwendung mehr fand. Zur Grundbucheinsicht siehe auch § 12b Abs. 2 GBO. 182

Seit 1. Jan. 1995 werden auch in den Ländern des Beitrittsgebiets die Grundbücher ausschließlich von den Amtsgerichten geführt (§ 150 Abs. 1 Nr. 1 Satz 1, Abs. 2 Satz 1 GBO).

C. Überleitungsrecht

183 Die Grundbuchordnung und die weiteren Rechtsvorschriften für Grundbuchsachen sind nach Art 8 des Einigungsvertrags mit Anlage I Kapitel III Sachgebiet B Abschnitt III (BGBl 1990 II 951) in Kraft getreten. Überleitungsfragen regelt § 150 GBO, der (mit Änderungen) an die Stelle der seit 25. Dez. 1993 nicht mehr anzuwendenden „Maßgaben" des Einigungsvertrags getreten ist (Art 4 Abs. 2 RegVBG). Danach gilt u.a.

- Die Grundbücher werden jetzt einheitlich von den Amtsgerichten geführt (Grundbuchämter). Vorschriften, nach denen die Grundbücher vorübergehend von anderen Stellen als Grundbuchämtern geführt werden konnten, sind am 1.1.1995 außer Kraft getreten (§ 150 Abs. 2 Satz 1 GBO).
- Die Grundbücher, die nach den am 2. Okt. 1990 (Tag vor dem Beitritt) bestehenden Bestimmungen geführt wurden, gelten weiter als Grundbücher, nun im Sinne des GBO (§ 150 Abs. 1 Nr. 3 GBO).
- Amtliches Verzeichnis des Grundstücks (§ 2 GBO) konnte weiter ein am 2. Okt. 1990 zur Bezeichnung der Grundstücke maßgebendes Verzeichnis sein (§ 150 Abs. 1 Nr. 2 GBO). Jedoch ist nunmehr auch für alle Beitrittsländer das Liegenschaftskataster das amtliche Verzeichnis der Grundstücke i.S. des § 2 Abs. 2 GBO (siehe dazu Rn. 186).
- Für die Zahl der erforderlichen Unterschriften gelten landesrechtliche Bestimmungen (§ 150 Abs. 1 Nr. 1 Sätze 3–5 GBO).

§ 5. Das Grundstück und seine Buchung

A. Definition des Grundstücks

184 Ein Grundstück im tatsächlichen Sinn ist „ein räumlich abgegrenzter Teil der Erdoberfläche".[1] Im **Rechtssinn** bildet der räumlich abgegrenzte Teil der Erdoberfläche **ein Grundstück**, wenn er im Grundbuch als rechtliche Einheit an besonderer Stelle eingetragen ist. Die Eintragung kann auf einem Grundbuchblatt einzeln (§ 3 Abs. 1 GBO) oder auf einem gemeinschaftlichen Grundbuchblatt (§ 4 Abs. 1 GBO) unter einer besonderen Nummer (§ 6 Abs. 1 GBV) erfolgt sein. Ein Grundstück im Sinne des Liegenschaftsrechts des BGB und der GBO (damit im Rechtssinn) ist somit „jeder (gegen andere Teile) räumlich abgegrenzte Teil der Erdoberfläche, der (auf einem besonderen Grundbuchblatt für sich allein oder auf einem gemeinschaftlichen Grundbuchblatt unter einer besonderen Nummer) im Bestandsverzeichnis gebucht ist"[2], kurz „... diejenige Bodenfläche, die im Grundbuch eine beson-

[1] RGZ 68, 24, 25.
[2] RGZ 84, 265, 270; BayObLG Rpfleger 1981, 190, 191.

dere Stelle hat"[1]. In besonderen Fällen, so für Grundstücke des Bundes, der Länder, der Gemeinden usw. (§ 3 Abs. 2 GBO), ist die Buchung des Grundstücks nicht wesentlich für Annahme eines selbständigen Grundstücks im Rechtssinn.[2]

B. Die Buchung des Grundstücks (§ 2 GBO)

I. Das amtliche Verzeichnis der Grundstücke

1. Benannt werden die Grundstücke im Bestandsverzeichnis des Grundbuchs nach einem amtlichen Verzeichnis (§ 2 Abs. 2 GBO). Das amtliche Verzeichnis, **Liegenschaftskataster** genannt, beschreibt die Liegenschaften und stellt sie dar, wobei die Art und Genauigkeit der Darstellung und Beschreibung auf die Anforderungen des Liegenschaftsrechts abgestellt sind (§ 5 Abs. 1 VermKatG). Es hat damit die Aufgabe, die Grundstücke mit ihrer Lage in der Natur, somit den Grundstücksgrenzen, für den Rechtsverkehr nachzuweisen und zu kennzeichnen, d.h. nummernmäßig zu bezeichnen. Die Nachweise über Gestalt, Größe und örtliche Lage der Grundstücke sowie über die Art und Abgrenzung der Nutzungsarten beruhen auf dem Ergebnis von Vermessungen (Katastervermessungen), örtlichen Erhebungen und sonstigen Geodaten öffentlicher Stellen (Art 6 Abs. 3 VermKatG). Die Katastervermessungen dienen der Festlegung und Sicherung der Eigentumsgrenzen sowie der Fortführung und Erneuerung des Liegenschaftskatasters (Art 8 Abs. 1 VermKatG). Örtlich erkennbar werden die Grenzen der Grundstücke durch Marken (Grenzzeichen) bezeichnet (Art 1 Abs. 1 AbmG). Die Abmarkung wird von den (staatlichen) Vermessungsbehörden vollzogen (Art 3 Abs. 1 AbmG mit Ausnahmen). Das Ergebnis dieser Abmarkungen wird im Liegenschaftskataster nachgewiesen (Art 1 Abs. 3 AbmG). 185

2. Amtliches Verzeichnis ist nach landesrechtlichen Bestimmungen das **Liegenschaftskataster**. Es handelt sich dabei um ein öffentliches Buch, das den Grundbesitz ausweist und für den Umfang und die Gestalt jedes einzelnen Grundstücks rechtlich maßgebend ist. Für **Bayern** regelt es das Gesetz über die Landesvermessung und das Liegenschaftskataster – Vermessungs- und Katastergesetz (VermKatG) vom 31. Juni 1970 (BayRS 219 – 1 – F), zuletzt geändert durch Gesetz vom 20.12.2011 (GVBl. S. 689), 186

wie folgt:

> § 5 Abs. 2 VermKatG
> Das Liegenschaftskataster ist amtliches Verzeichnis der Grundstücke im Sinne des § 2 Abs. 2 der Grundbuchordnung.

Das bestimmen ebenso wörtlich gleichlautend für

- **Baden-Württemberg** § 4 Abs. 2 VermG – Vermessungsgesetz für Baden-Württemberg vom 1.7.2004 (GBl. S. 469, 509);

---

[1] BayObLG JFG 8, 206 [207]; BayObLGZ 1954, 258, 262; OLG Saarbrücken MittBayNot 1972, 120 = NJW 1972, 691 = OLGZ 1972, 129, 132.

[2] Siehe BayObLGZ 1981, 324, 329 = Rpfleger 1982, 19 mit Nachw.

- **Berlin** § 14 Abs. 3 VermGBln – Gesetz über das Vermessungswesen in Berlin vom 9.1.1996 (GVBl 56), zuletzt geändert durch Gesetz vom 18.11.2009 (GVBl. S. 674);
- **Brandenburg** § 10 Abs. 1 Satz 1 VermLiegG – Gesetz über die Landvermessungs- und das Liegenschaftskataster im Land Brandenburg vom 19.12.1997 (GVBl. I/98 S. 2), zuletzt geändert durch Gesetz vom 28.6.2006 (GVBl. I/06 S. 74, 76);
- **Bremen** § 4 Abs. 2 VermKatG – Gesetz über die Landvermessung und das Liegenschaftskataster in Bremen vom 16.10.1990 (Brem.GBl. S. 313), zuletzt geändert durch Gesetz vom 24.11.2009 (Brem.GBl. S. 526);
- **Hamburg** § 11 Abs. 2 HmbVermG – Hamburgisches Gesetz über das Vermessungswesen vom 20.4.2005 (HmbGVBl. S. 135), zuletzt geändert durch Gesetz vom 15.12.2009 (HmbGVBl. S. 528, 532);
- **Hessen** § 9 Abs. 2 HVGG – Hessisches Vermessungs- und Geoinformationsgesetz vom 6.9.2007 (GVBl. I S. 548)
- **Mecklenburg-Vorpommern** § 23 Abs. 2 Satz 1 GeoVermG M-V – Gesetz über das amtliche Geoinformations- und Vermessungswesen vom 16.12.2010 (GVOBl. M-V S. 713);
- **Niedersachsen** § 11 Abs. 2 Satz 1 NVermKatG -Niedersächsisches Gesetz über die Landvermessung und das Liegenschaftskataster vom 2. Juli 1985 (Nds.GVBl. S. 187), zuletzt geändert durch Gesetz vom 11.7.1994 (Nds.GVBl. S. 300)
- **Nordrhein-Westfalen** § 11 Abs. 8 Satz 1 VermKatG NRW -Gesetz über die Landvermessung und das Liegenschaftskataster in Nordrhein-Westfalen vom 1.3.2005 (GV NRW S. 174);
- **Rheinland-Pfalz** § 10 Abs. 2 Satz 1 LGVerm – Landesgesetz über das amtliche Vermessungswesen vom 20.12.2000 (Gl.Nr. 219-1), zuletzt geändert durch Gesetz vom 26.11.2008 (GVBl. S. 296);
- **Saarland** § 11 Abs. 2 SVermKatG – Saarländisches Gesetz über die Landesvermessung und das Liegenschaftskataster vom 16.10.1997 (ABl. S. 1130) zuletzt geändert durch Gesetz vom 20.8.2008 (ABl. S. 1760);
- **Sachsen** § 10 Abs. 6 Satz 1 SächsVermKatG – Gesetz über das amtliche Vermessungswesen und das Liegenschaftskataster im Freistaat Sachsen vom 29.1.2008 (GVBl. S. 74), in Kraft getreten am 1.1.2010, rechtsbereinigt durch Gesetz vom 19.5.2010 (GVBl. S. 134);
- **Sachsen-Anhalt** § 11 Abs. 3 Satz 1 VermKatG LSA – Vermessungs- und Katastergesetz des Landes Sachsen-Anhalt vom 22. 5 1992 (GVBl. S. 362), zuletzt geändert durch Gesetz vom 21.11.1998 (GVBl. S. 1018);
- **Schleswig-Holstein** § 12 Abs. 2 Satz 1 VermKatG Schl.-H. -Gesetz über die Landesvermessung und das Liegenschaftskataster vom 12.5.2004 (GVOBl. S. 128), zuletzt geändert durch Gesetz vom 15.12.2010 (GVOBl. S. 782);
- **Thüringen** § 9 Abs. 3 Satz 1 ThürVermGeoG – Thüringer Vermessungs- und Geoinformationsgesetz vom 16.12.2008 (GVBl. S. 574).

187 Soweit das **amtliche Verzeichnis** (§ 2 Abs. 2 GBO) **maschinell geführt** wird und durch Rechtsverordnung nach § 127 GBO nichts anderes bestimmt ist, kann das Grundbuchamt die aus dem amtlichen Verzeichnis für die Führung des Grundbuchs benötigten Daten aus dem Liegenschaftskataster anfordern, soweit dies nach katasterrechtlichen Vorschriften zulässig ist (§ 86 Abs. 1 GBV). Wird das Grundbuch maschinell geführt, dürfen die für die Führung des amtlichen Verzeichnisses zuständigen Behörden die für die Führung des automatisierten amtlichen Verzeichnisses benötigten Angaben aus dem Bestandsverzeichnis und der ersten Abteilung anfordern (§ 86 Abs. 2 GVB). Zur Datenübermittlung durch das Grundbuchamt für die Durchführung eines Bodenordnungsverfahrens siehe im Übrigen § 86 Abs. 3 GBV.

II. Einrichtung des Liegenschaftskatasters

Das Liegenschaftskataster ist ein von den Vermessungs- und Katasterver- 188
waltungen der Länder geführtes öffentliches Register. Die Einrichtung des Liegenschaftskatasters ist landesrechtlich geregelt, in Bayern z.B. durch die Anweisung zur Fortführung und Nutzung des Liegenschaftskatasters vom 1.3.2007 (KatA).

Das Liegenschaftskataster besteht aus einem beschreibenden Teil, das **automatisierte Liegenschaftsbuch** (ALB) und einem darstellenden Teil, die **automatisierte Liegenschaftskarte** (ALK).

- Im Liegenschaftsbuch finden sich Angaben zu den einzelnen Flurstücken, wie Gemarkung, Flurstücksnummer, Flächengröße, Lagebezeichnung und Nutzung sowie andere Flurstücksdaten wie Ergebnisse der Bodenschätzung, öffentlich-rechtliche Festlegungen zu den Grundstücksflächen und Hinweise auf Baulasten oder Naturschutzgebiete. Außerdem enthält das Liegenschaftsbuch noch Angaben zu den Eigentümern der Grundstücke.
- Inhalt der Liegenschaftskarte (in Bayern Flurkarte) ist insbesondere die bildliche Darstellung der einzelnen Flurstücke mit ihren Grenzen, der Gemarkungsgrenzen und der Hoheitsgebiete sowie die der Gebäude, der Nutzungsarten des Bodens, der Gewässer sowie die Aufnahme ausgewählter topographischer Informationen und Katasterfestpunkte. Die Flurkarte ist die **amtliche Karte** i.S. des § 2 Abs. 3 GBO.

Bestandteil des Katasters sind außerdem die Unterlagen für seine Fortführung, vornehmlich die insoweit zu erstellenden **Fortführungsnachweise (FN)**. Von jedem FN wird ein Auszug für das Grundbuchamt erstellt, der auf dem Deckblatt durch Datum, Unterschrift und Dienstsiegel amtlich auszufertigen ist (Nr. 10.3.1 und 10.3.4 KatA). Die Geltungsdauer der FN ist zeitlich nicht befristet. Nach § 8 Abs. 5 VermKatG kann aber eine Vermessung rückgängig gemacht werden, wenn ein Jahr nach der Vermessung die damit beabsichtigte Rechtsänderung im Grundbuch noch nicht vollzogen ist.

Die Daten des Liegenschaftskatasters in der digitalen Flurkarte und dem 189
amtlichen Liegenschaftsbuch wurden bzw. werden noch zu einem Großteil in getrennten Systemen vorgehalten. Zukünftig, soweit noch nicht geschehen, werden in ganz Deutschland diese Daten sukzessive mit weiteren wichtigen Informationen über die Grundstücke in dem amtlichen **Liegenschaftskataster-Informationssystem** (ALKIS) zusammengeführt. Das ALKIS ersetzt die automatisierte Liegenschaftskarte (ALK) und das automatisierte Liegenschaftsbuch (ALB) und soll in allen Bundesländern bis spätestens 2014 in Betrieb gehen. ALKIS umfasst in seiner ersten Ausbaustufe, die Beschreibung der Liegenschaften, die **Digitale Flurkarte** (DFK), welche die amtliche Karte

i.S. v. § 2 Abs. 3 GBO bildet und in der die Liegenschaften dargestellt werden sowie den Nachweis der Bodenschätzungsergebnisse.

190 Bei der Fortführung von Angaben, die gemäß § 6 GBO im Grundbuch geführt werden, ist zur Vornahme dieser Eintragungen die Erstellung eines **Fortführungsnachweises** erforderlich. In einem **Flurbereinigungsverfahren** und bei **Bodenordnungsmaßnahmen** erfolgt die Eintragung in das Grundbuch aufgrund der hierbei erzeugten Unterlagen. Grundlage für die Berichtigung des Grundbuchs im Flurbereinigungsverfahren bildet das Ersuchen der Flurbereinigungsbehörde (§ 79 FlurbG), dem ein beglaubigter Auszug aus dem Flurbereinigungsplan und die Bescheinigung über den rechtskräftigen Eintritt des neuen Rechtszustandes beizufügen ist (s. § 80 FlurbG). In Bodenordnungsverfahren erfolgt die Berichtigung des Grundbuchs auf Ersuchen der Umlegungsstelle unter Vorlage einer beglaubigten Abschrift der Bekanntmachung nach § 71 BauGB sowie einer beglaubigten Abschrift des Umlegungsplans (§ 74 Abs. 1 BauGB). Im Falle der vereinfachten Umlegung ersucht die Gemeinde unter Vorlage einer beglaubigten Abschrift des Beschlusses und der Mitteilung des Zeitpunktes der Bekanntmachung nach § 83 Abs. 1 BauGB um Eintragung der Rechtsänderung (§ 84 Abs. 1 BauGB). Kein Ausweis der Flächenübergänge erfolgt ferner bei der Feststellung einer Flurstücksgrenze durch Gerichtsurteil oder gerichtlichen Vergleich.

III. Das Flurstück als Buchungseinheit

191 1. Buchungseinheit für die Beschreibung und kartenmäßige Darstellung der Bodenfläche im Liegenschaftskataster ist das Flurstück. Ein **Flurstück** ist ein Teil der Erdoberfläche, der von einer im Liegenschaftskataster festgelegten Grenzlinie umschlossen und mit einer Nummer bezeichnet ist (Nr. 12.1.1 KatA). Seine Bezeichnung erfolgt nach Gemarkungen (Nummerierungsbezirke) mit Nummern. Für jedes Flurstück wird die Art der Nutzung nachgewiesen (Nr. 8.1.1 KatEA). Die Bezeichnung der Nutzungs- und Wirtschaftsarten und ihre Abkürzungen sind in der KatEA (Anlage 3.1) festgelegt.[1]

192 2. Als **Grundstück** im Rechtssinn ist in der Regel im Grundbuch nach der Bezeichnung im amtlichen Verzeichnis (§ 2 Abs. 2 GBO) nur **ein Flurstück** eingetragen. Jedoch kann ein Grundstück sich auch aus **mehreren Flurstücken** zusammensetzen. Diese Besonderheit folgt aus § 890 BGB, der eine Vereinigung mehrerer Grundstücke zu einem Grundstück (im Rechtssinn) sowie eine Bestandsteilzuschreibung ermöglicht. Katastertechnisch können nach dem Ermessen der das Liegenschaftskataster führenden Behörde die mehreren Flurstücke eines Grundstücks zu einem Flurstück auch ohne Zustimmung des Eigentümers zusammengeschlossen, d.h. verschmolzen werden. Der Zweck einer **Verschmelzung** ist die Verringerung der Zahl der Flurstücke mit Bildung nur eines Flurstücks für örtlich zusammenhängende und einheitlich bewirtschaftete Bodenflächen eines Eigentümers. Ein Flurstück kann hingegen grundsätzlich nicht Flächen aus verschiedenen Grundstücken im

[1] Siehe insoweit auch Schöner/Stöber Rn. 575.

Rechtssinn umfassen[1]. Lediglich für Wege, Gräben und Wasserläufe, die keine selbständigen Grundstücke bilden, sondern Bestandteile der Grundstücke sind, über die sie führen bzw. zwischen denen sie hindurch fließen (Anliegerwege, Anliegergräben, Anliegerwasserläufe), bestehen Flurstücke, die Teile verschiedener Grundstücke enthalten.

C. Das Grundbuchblatt (§§ 3, 4 GBO)

I. Möglichkeiten der Grundstücksbuchung

1. **Realfolium:** Im Grundbuch erhält jedes Grundstück ein (besonderes) **Grundbuchblatt** (§ 3 Abs. 1 Satz 1 GBO). Dieses Grundbuchblatt ist für das Grundstück **das Grundbuch** im Sinne des Bürgerlichen Gesetzbuchs (§ 3 Abs. 1 Satz 2 GBO). 193

2. **Personalfolium:** Ein **gemeinschaftliches Grundbuchblatt** kann (nach Ermessen des Grundbuchamts) über mehrere Grundstücke desselben Eigentümers bei demselben Grundbuchamt geführt werden, solange hiervon Verwirrung nicht zu besorgen ist (§ 4 Abs. 1 GBO). Ein Antrag oder die Zustimmung des Eigentümers ist hierzu nicht erforderlich. Für rechtlich verbundene Grundstücke, z.B. als Hof i.S. der HöfeO, wird ein gemeinschaftliches Grundbuchblatt angelegt, auch wenn ihre Grundbücher von verschiedenen Grundbuchämtern geführt werden (§ 4 Abs. 2 GBO mit Einzelheiten). Die auf einem gemeinschaftlichen Grundbuchblatt unter jeweils einer eigenen Nummer gebuchten Grundstücke bleiben rechtlich selbständig[2]. Die Einzelbelastungen der Grundstücke bleiben unverändert bestehen (keine Mithaft). Über jedes der Grundstücke kann der Eigentümer einzeln verfügen. 194

II. Buchung eines dienenden Grundstücks

Für ein sog. dienendes **Grundstück im Miteigentum** mehrerer Personen nach Bruchteilen (§§ 741 ff BGB), kann von der Führung eines Grundbuchblatts nach § 3 Abs. 4 GBO abgesehen werden, wenn 195

- es den wirtschaftlichen Zwecken mehrerer anderer (sog. herrschender) Grundstücke zu dienen bestimmt ist,
- zu diesen in einem dieser Bestimmung entsprechenden räumlichen Verhältnis steht,
- Verwirrung hiervon oder eine wesentliche Erschwerung des Rechtsverkehrs oder der Grundbuchführung nicht zu besorgen ist.

Beispiele: Hofräume, gemeinschaftliche Anlieger- oder Zufahrtswege, Garagenvorplatz, Mülltonnenstellplatz.

Dann müssen jedoch an Stelle des ganzen Grundstücks die den Eigentümern zustehenden einzelnen Miteigentumsanteile an dem dienenden Grundstück auf dem Grundbuchblatt der den einzelnen Eigentümern gehörenden

[1] BayObLG 1954, 258; 1956, 470, 473; Schöner/Stöber Rn. 563.
[2] KG HRR 1941 Nr. 28; BayObLG 1970, 163, 166 = DNotZ 1970, 602.

Grundstücke eingetragen werden (§ 3 Abs. 5 Satz 1 GBO). **Beispiel** (s. auch Anlage 1 zur GBV Bestandsverzeichnis Nr. $^{7}/_{\text{zu }6}$):

1	2	3	4
5 / zu 1	–	1/25 (ein fünfundzwanzigstel) Miteigentum an dem Grundstück: Trienach 3 211 Gemeinschaftlicher Weg bei den Wiesen	0 02 06

Diese Eintragung gilt als Grundbuch für den einzelnen Miteigentumsanteil (§ 3 Abs. 5 Satz 2 GBO). Die Anlegung nur noch eines Grundbuchblatts erfordert in diesen Fällen eine Veräußerung des Grundstücks als Ganzes (§ 3 Abs. 8 GBO) oder die Belastung des Grundstücks als Ganzes, wenn die Voraussetzungen der Anteilsbelastung nicht mehr vorliegen (§ 3 Abs. 9 GBO).

196 2. Für ein Grundstück, das noch **einem Eigentümer** (allein) gehört, kann von der Führung eines Grundbuchblatts abgesehen werden, wenn

- der Eigentümer die Teilung des Eigentums an diesem dienenden Grundstück in Miteigentumsanteile
- und deren Zuordnung zu den herrschenden Grundstücken
- gegenüber dem Grundbuchamt schriftlich erklärt hat, wobei die Erklärung nicht der Form des § 29 GBO unterliegt,[1]
- und im Übrigen die Voraussetzungen des § 3 Abs. 4 GBO für Buchung als dienendes Grundstück vorliegen (§ 3 Abs. 6 mit Abs. 4 GBO).

In diesem Fall müssen an Stelle des ganzen Grundstücks die einzelnen Miteigentumsanteile an dem dienenden Grundstück auf dem Grundbuchblatt der jeweils herrschenden Grundstücke eingetragen werden (§ 3 Abs. 6 mit Abs. 5 GBO).

III. Buchungsfreie Grundstücke

197 Eine Ausnahme von der Buchungspflicht besteht nach § 3 Abs. 2 GBO für Grundstücke, die wegen der Rechtsstellung der Eigentümer, nämlich des Bundes, der Länder, der Gemeinden und anderer Kommunalverbände, der Kirchen, Klöster und Schulen oder wegen ihrer Zweckbestimmung wie z B. bei Wasserläufen, öffentlichen Wegen und dergl. „dem Privatrechtsverkehr tatsächlich fern zu bleiben pflegen".[2] Sie erhalten ein Grundbuchblatt nur auf Antrag des Eigentümers oder eines Berechtigten. Ein eingetragenes buchungsfreies Grundstück wird auf Antrag des Eigentümers, wenn eine Belastung nicht vorhanden ist, aus dem Grundbuch ausgeschieden (§ 3 Abs. 3 GBO).

[1] Begründung zu § 3 Abs. 6 GBO, BT-Drucks. 12/5553, S. 55.
[2] Motive zu § 11 GBO-Entwurf 1889, S. 38.

D. Änderung von Bestandsangaben

Das **Liegenschaftskataster** wird durch **Fortführung** auf dem laufenden gehalten; fehlerhafte Einträge werden amtlich berichtigt (Art 7 VermKatG). Veränderungen im Liegenschaftskataster können sich ergeben bei Katastervermessungen, Feststellungen und örtlichen Erhebungen des Vermessungsamts sowie aus sonstigen Vorgängen (z.B. Bodenordnungsregelungen nach dem BauGB, Flurbereinigung). Berichtigungen können veranlasst sein durch einen Katastrierungs- oder Aufnahmefehler, Zeichen- oder Schreibfehler usw. Die Benennung der Grundstücke im Grundbuch nach dem amtlichen Verzeichnis (§ 2 Abs. 2 GBO) bedingt, dass die im Grundbuch enthaltenen Angaben zur Bezeichnung der Grundstücke und ihrer Größe bei Fortführung des Liegenschaftskatasters in Übereinstimmung mit ihm gehalten werden. In das **Grundbuch** ist daher **von Amts wegen** jede Änderung eines Katastervortrags über die Bezeichnung eines Grundstücks zu übernehmen, durch den keine Veränderung am Umfang (Bestand) der Liegenschaft eintritt. Solche Änderungen beziehen sich auf die für die Einrichtung des Grundbuchs (§ 1 Abs. 4 GBO) erforderliche Buchung der Grundstücke, nicht aber auf die im Grundbuch dargestellten Rechte, deren Änderung nur auf Antrag (§ 13 Abs. 1 Satz 1 GBO) einzutragen ist. 198

Zu derartigen Bestandsveränderungen (s. auch Nr. 4.3 GBGA) zählen im Einzelnen 199

1. Die durch einen **Normal-FN** auszuweisenden Veränderungen, nämlich

- die **Verschmelzung** (siehe Rn. 192);
- die **Zerlegung**, das ist die Aufteilung eines Flurstücks in mehrere selbständige Flurstücke, die aus katastertechnischen Gründen auch ohne Zustimmung des Eigentümers vorgenommen werden kann, aber nicht durchgeführt werden soll, wenn der Eigentümer damit nicht einverstanden ist;
- die **Ausweisung der Flächenübergänge** bei Verlegungen oder vollständigen bzw. teilweisen Einbeziehungen von Anliegerflurstücken und den Veränderungen nach den Straßengesetzen gemäß § 6 Bundesfernstraßengesetz (FStrG) oder nach Ländergesetzen (z.B. Art. 11 BayStrWG). Bei einer Veränderung nach dem Bayerischen Wassergesetz (BayWG) erfolgt lediglich ein summarische Ausweisung;
- die **Neubildung, Auflösung und Zusammenlegung von Gemarkungen.** Bei Änderung lediglich der Benennung einer Gemarkung ist die Erstellung eines FN nicht erforderlich. Das Grundbuchamt wird von einer Umbenennung durch Übersendung einer Kopie der Verfügung des Landesamts für Vermessung und Geoinformation in Kenntnis gesetzt (Nr. 16.1.2 KatA).
- die **Änderungen der Grenzen der Gemarkungen innerhalb eines Gemeindegebiets** sowie auch in Verbindung mit einer **Änderung der Gemeindezugehörigkeit.**

2. Die durch einen **Beschriebs-FN** auszuweisenden Veränderungen, nämlich

- die **Änderung der Gemeindegrenzen.** Bei gleichzeitiger Änderung der Gemarkungsgrenzen können die Änderungen in einem Normal-FN zusammengefasst werden. Dem FN ist der Auszug aus dem Amtsblatt bzw. Gesetz- und Verordnungsblatt an das Grundbuchamt beizufügen.

- Ferner soweit sie nicht mit anderen Veränderungen in einem Normal-FN behandelt werden.
  - die **Veränderungen der Anliegervermerke,**
  - die **Änderungen der Lagebezeichnung,**
  - sowie **Änderungen der tatsächlichen Nutzung,** wenn sie eine Änderung der Wirtschaftsart bewirken.

3. Die durch einen **Berichtigungs-FN** auszuweisenden Berichtigungen, nämlich

- die einer **fehlerhaften Flächenangabe,** die noch dazu im FN zu begründen ist;
- die eines **Katastrierungsfehlers,** der vorliegt, wenn eine im Grundbuch ausgewiesene Fläche im Liegenschaftskataster nicht nachgewiesen ist oder wenn Flurstücksnummern vertauscht worden sind;
- die eines **Aufnahmefehlers,** also die Darstellung der Flurstücke nicht dem Bestand entspricht, wie er zum Zeitpunkt der Vermessung gegeben war und der Inhalt des Grundbuchs durch den Fehler betroffen ist;
- die von Darstellungsfehlern, Schreibfehlern oder ähnliche Unrichtigkeiten, soweit der Inhalt des Grundbuchs durch den Fehler betroffen ist.

200 Eine Bestimmung über die Übernahme der Änderungen des Liegenschaftskatasters in das Grundbuch hat die „Allgemeine Verfügung über die Erhaltung der Übereinstimmung zwischen dem Grundbuch und dem Reichskataster“ vom 20. Jan. 1940 (DJ 214) getroffen. In den meisten Ländern ist sie durch neuere Bestimmungen ersetzt, in Bayern z.B. durch Nr. 4 und 5 GBGA. Danach erhält das Grundbuchamt vom Vermessungsamt laufend **Auszüge aus den Fortführungsnachweisen.** Auf Grund dieser Auszüge ändert das Grundbuchamt die Bestandsangaben im Grundbuch (Nr. 4.3.1 GBGA). Es wird das Grundstück grundsätzlich mit den neuen Angaben unter einer neuen laufenden Nummer eingetragen (Nr. 4.3.4.1 GBGA). Sofern die Übersichtlichkeit nicht beeinträchtigt wird, kann die neue Angabe auch unter oder über der rot zu unterstreichenden bisherigen Angabe eingetragen werden.

Vermerk in Spalte 6 (§ 6 Abs. 6e GBV):

Berichtigt [ggfs nur z.B.: Spalte 4 berichtigt] auf Grund des FN (Fortführungsnachweises) vom … am …

201 Im Liegenschaftskataster sind Grundbuchstelle und Eigentümer bezeichnet. Veränderungen in der grundbuchmäßigen Bezeichnung eines Grundstücks im Grundbuch und Eintragungen in der ersten Abteilung sind daher der Katasterbehörde mitzuteilen (§ 55 Abs. 3 GBO). Zu dieser Mitteilungspflicht des Grundbuchamts auch Nr. XVIII/1 MiZi und § 15 Nr. 2 EGGVG.

§ 6. Materielles Recht und Grundbuchverfahren

I. Eintragungsprinzip und Grundbuchverfahren

Der Erwerb oder die Aufhebung eines Grundstücksrechts erfordern 202

materielles Konsensprinzip = Prinzip des dinglichen Vertrags		+ Eintragungsprinzip	Rn.
– Einigung	§ 873 Abs. 1 BGB	**und** Eintragung	5
– (einseitige) Erklärung	§ 875 Abs. 1 BGB	**und** Eintragung	16
ggfs weiter Zustimmung			
– eines Dritten	§ 876 BGB		
– des Eigentümers	§ 1183 BGB		
– bei Zwangsvollstreckung oder sonstigem Erwerbstatbestand	z.B. § 867 Abs. 1 ZPO	Eintragung	30

Das Erfordernis der → **Eintragung**

bedingt eine Regelung des Verfahrens in Grundbuchsachen. Diese erfolgt in der Grundbuchordnung. Deren Bestimmungen wollen einerseits das Verfahren in Grundbuchsachen so regeln, dass es dem Verkehr die nötige Rechtssicherheit verbürgt. Andererseits aber findet dieses Ziel eine gewisse Schranke in dem Bestreben des Verkehrs in der Erfüllung seiner Aufgaben nicht durch das Eingreifen von Behörden gehemmt zu werden. Deshalb ist das Verfahren tunlichst einfach zu gestalten, namentlich das Legalitätsprinzip in der Richtung zu begrenzen, dass die Prüfung verwickelter Verhältnisse und die Entscheidung schwieriger Rechtsfragen den Grundbuchbeamten nicht zugemutet wird. Nur wenn die Gesetzgebung diesen Gedanken verwirklicht, kann sie darauf rechnen, dass die mit dem Grundbuchsystem verbundene Erschwerung der Geschäfte nicht zu einer die Freiheit des Verkehres störenden Belästigung des Publikums ausartet.[1]

[1] Siehe dazu die Motive III S. 177.

II. Grundsätze des Grundbuchverfahrens

203 Die **Voraussetzungen**, unter denen eine **Eintragung** in das Grundbuch vorzunehmen ist, sind daher für das Verfahren des Grundbuchamts nach folgenden Grundsätzen geregelt:

– Eine Eintragung erfolgt grundsätzlich nur auf Antrag, **Ausnahmen** schreibt das Gesetz nur für Sonderfälle vor.	= **Antragsgrundsatz**
– Die Bewilligung des Betroffenen ist zu einer Eintragung erforderlich und ausreichend **Ausnahme:** Auflassung und Erbbaurechtsvorgänge (§ 20 GBO).	= **Bewilligungsgrundsatz** – formelles Konsensprinzip
– Urkundennachweis der Eintragungsvoraussetzungen	= **Beweismittelgrundsatz**
– Vorgängige Eintragung des Berechtigten, dessen Recht geändert werden soll.	= **Voreintragungsgrundsatz.**

III. Bewilligung und beschränkte Sachprüfung

204 Auf eine **Feststellung** der für einen Rechtserwerb materiell-rechtlich erforderlichen **Einigung** (§§ 873, 877 BGB) durch das Grundbuchamt verzichtet das Grundbuchverfahrensrecht mit der Regel, dass die Eintragung auf **einseitige Bewilligung des Betroffenen** zu bewirken ist.[1] Dieser Beschränkung der Sachprüfung des Grundbuchamts auf die Eintragungsbewilligung und sonstige Eintragungserfordernisse trägt die Ausgestaltung des Publizitäts- und Konsensprinzips im materiellen Recht[2] dadurch Rechnung, dass es

- eine formale Rechtskraft der Eintragung, bei der die Eintragung unabhängig von anderen gesetzlichen Voraussetzungen die Rechtsänderung bewirken würde, ablehnt. Nur eine wirksame Einigung oder (einseitige) Erklärung bewirkt zusammen mit der Grundbucheintragung eine Rechtsänderung (vgl. insbesondere § 873 Abs. 1, § 875 Abs. 1, § 877 BGB);
- die Sicherung des Rechtsverkehrs mit dem Grundsatz des öffentlichen Glaubens des Grundbuchs gewährleistet (Rn. 71–100);
- bei unrichtiger Grundbucheintragung eines Rechts einen dinglichen Anspruch auf Grundbuchberichtigung begründet (§ 894 BGB, Rn. 101–108) und seinen Schutz mit der Eintragung eines Widerspruchs gewährleistet (§ 899 BGB, Rn. 111–114).

---

[1] Motive III S. 186.
[2] Dazu Motive III S. 137.

§ 7. Der Eintragungsantrag (§§ 13–17 GBO)

A. Antragsgrundsatz (§ 13 GBO)

I. Eintragung auf Antrag

Eine Grundbucheintragung rechtlicher Verhältnisse auf dem Grundbuchblatt eines Grundstücks (Rn. 193, 194), wozu auch Löschungen oder die Berichtigung eingetragener Rechtsverhältnisse zu zählen sind, erfolgt nur auf **Antrag** (§ 13 Abs. 1 Satz 1 GBO). Als Ausnahmen sind Eintragungen von Amts wegen nur vereinzelt vorgesehen. 205

Beispiele: Berichtigung des Aktivvermerks nach § 9 Abs. 2 GBO; Vormerkung oder Widerspruch nach § 18 Abs. 2 GBO; Widerspruch nach § 23 Abs. 1 GBO, Nacherben- und Testamentsvollstreckervermerk gem. §§ 51, 52 GBO; Amtswiderspruch und -löschung nach § 53 GBO; Amtswegige Berichtigung nach § 82a GBO und Löschung gegenstandsloser Eintragungen nach Maßgabe der §§ 84 ff GBO.

Der Antragsgrundsatz liegt darin begründet, dass die Eintragungen vornehmlich dem Privatinteresse der Beteiligten dienen.[1] Das Grundbuchamt soll daher nicht ohne und nicht gegen deren Willen tätig werden; es darf aber auch nicht über den Antrag hinausgehen[2] oder von ihm abweichen.[3] Die Anlegung des Grundbuchs mit Buchung des Grundstücks und Wahrung der Übereinstimmung mit dem Liegenschaftskataster (Rn. 185 ff) gehören nicht zu den im 2. Abschnitt der GBO geregelten „Eintragungen in das Grundbuch“ und unterliegen somit nicht dem Antragsgrundsatz.

II. Rechtsnatur und Bedeutung des Eintragungsantrags

1. Der Eintragungsantrag ist eine reine **Verfahrenshandlung.**[4] Als Begehren an das Grundbuchamt, die verlangte Eintragung vorzunehmen, leitet er das Eintragungsverfahren ein. Ein Recht darauf, dass das Grundbuchamt auf Antrag die verlangte Eintragung unter den gesetzlichen Voraussetzungen vornimmt, hat der Antragsteller als öffentlich-rechtlichen Anspruch gegen den Staat (Justizanspruch, Justizgewährungsanspruch); es gelten auch hier die für Anspruch auf Rechtsschutz im Zivilprozess entwickelten Grundsätze. Dem entspricht die Pflicht des Grundbuchamts, als Rechtspflegeorgan tätig zu werden. Der Justizgewährungsanspruch schließt einen effektiven Rechtsschutz auch dahingehend mit ein, dass eine Bearbeitung und Erledigung des Antrags in angemessener Zeit erfolgt.[5] 206

---

[1] Denkschrift S. 154.
[2] Ertl Rpfleger 1980, 41, 42.
[3] Schöner/Stöber Rn. 85 ff.
[4] BGHZ 141, 347 = DNotZ 1999, 734 = MittBayNot 1999, 477 = NJW 1999, 2369 = NotBZ 1999, 171 = Rpfleger 1999, 437 = ZIP 1999, 1178.
[5] Zum Justizgewährungsanspruch als Rechtsschutzgarantie s. Zöller/Vollkommer ZPO Einl. Rn. 49.

207 2. Als Verfahrenshandlung ist der Eintragungsantrag lediglich ein **Erfordernis des Grundbuchverfahrens**, aber kein Erfordernis der materiellen Rechtsänderung. Eine Grundbucheintragung entfaltet daher auch dann Rechtswirkungen, wenn sie (ordnungswidrig) ohne Antrag erfolgt ist[1] oder der Antragsteller keine Antragsberechtigung hatte, die materiellen Voraussetzungen für die begehrte Eintragung aber nachgewiesen sind.[2]

208 3. Wie jede Verfahrenserklärung kann ein nicht eindeutiger Eintragungsantrag **ausgelegt** werden. Insoweit gilt das zur Auslegung der Eintragungsbewilligung Gesagte entsprechend (s. Rn. 286).

B. Antragsberechtigung

I. Betroffener und Begünstigter

209 1. **Antragsberechtigt** ist jeder, dessen Recht von der Eintragung betroffen wird oder zu dessen Gunsten die Eintragung erfolgen soll (§ 13 Abs. 1 Satz 2 GBO).

210 2. **Betroffen** von der Eintragung (verlierender Teil) ist der Beteiligte, dessen Rechtsstellung durch die Eintragung rechtlich beeinträchtigt wird,[3] somit einen Verlust erleidet (Passivbeteiligter).

Beispiele: Eigentümer bei Veräußerung oder Belastung des Grundstücks; Grundschuldgläubiger bei Löschung seines Rechts.

211 3. Derjenige, zu dessen Gunsten die Eintragung erfolgen soll, ist als **Begünstigter** antragsberechtigt (Aktivbeteiligter).

Beispiele: Erwerber bei Eigentumswechsel; Grundschuldgläubiger bei Belastung des Grundstücks.

212 4. Beide, Betroffener und Begünstigter sind als **unmittelbar Beteiligte** antragsberechtigt; eine nur wirtschaftliche Begünstigung genügt nicht.

Beispiel: Nicht antragsberechtigt ist ein Dritter, dem der Rückgewähranspruch auf eine einzutragende Grundschuld abgetreten ist.

Für gleich- und nachrangige Rechtsinhaber besteht kein Antragsrecht.

213 5. Der nur **mittelbar Betroffene** (Begriff Rn. 275) ist antragsberechtigt, wenn für die Eintragung seine Bewilligung erforderlich und er somit in das Grundbuchverfahren einbezogen ist. Ein nur **mittelbar Begünstigter**, dessen Recht die Eintragung nicht unmittelbar betrifft, der aber durch sie einen Vorteil erlangt hat kein Antragsrecht.

Beispiel: Kein Antragsrecht für den Gläubiger eines Grundpfandrechts am Hauptgrundstück auf Bestandteilszuschreibung (§ 890 Abs. 2 BGB) eines Grundstücks zum Hauptgrundstück.[4]

---

[1] BayObLGZ 1988, 124, 127.
[2] Demharter FGPrax 1997, 46.
[3] BGHZ 66, 341, 345 = DNotZ 1976, 490 = NJW 1976, 962 = Rpfleger 1976, 206.
[4] BayObLGZ 1976, 180 = MittBayNot 1976, 174.

Ausnahmsweise ist ein mittelbar Begünstigter jedoch antragsberechtigt, wenn es um die Eintragung eines Herrschvermerks für ein subjektiv-dingliches Recht (§ 9 Abs. 1 Satz 2 GBO) oder die Berichtigung des Grundbuchs (s. § 14 GBO) durch Eintragung eines Berechtigten für einen Vollstreckungsgläubiger geht.

6. Die Antragsberechtigung muss **bei** Vornahme der **Eintragung** mit Spei- 214
cherung (§ 129 Abs. 1 Satz 1 GBO) oder Unterzeichnung (§ 44 Abs. 1 Satz 2 GBO) bestehen, nicht nur bei Stellung des Eintragungsantrags. Der Wegfall der Antragsberechtigung nach Stellung des Antrags schließt die Grundbucheintragung daher aus und bewirkt, dass der Antrag zurückgewiesen werden muss.

Beispiel: Abtretung der Grundschuld vor Eintragung der vom bisherigen Gläubiger beantragten Inhaltsänderung

II. Antragsberechtigung und Verfügungsbefugnis

1. Der Insolvenzverwalter (sonstige Fälle s. Rn. 7) ist als Inhaber der Ver- 215
fügungsbefugnis über das (fremde) Recht des betroffenen Rechtsinhabers oder des Begünstigten antragsberechtigt. Er ist mit Übertragung des Verfügungsrechts auch für Wahrnehmung des Antragsrechts an die Stelle des Rechtsinhabers getreten. Der Rechtsinhaber selbst kann damit keinen Antrag mehr stellen. Antragsberechtigt bleibt er jedoch für seine nicht vom Verwalter wahrzunehmenden Rechte.

Beispiel: Der Testamentsvollstrecker hat den Nachlass zu verwalten und über Nachlassgegenstände zu verfügen (§ 2205 BGB). In die Rechtsstellung des Erben als Vermögenseigentümer ist er nicht eingetreten. Der Erbe kann daher auch bei Testamentsvollstreckung Grundbuchberichtigung mit Eintragung der Erbfolge beantragen und damit auch die Eintragung der Testamentsvollstreckung nach § 52 GBO von Amts wegen bewirken.[1]

Eine **Entziehung der Verfügungsbefugnis** nach Stellung des Antrags (Eingang beim Grundbuchamt, § 13 Abs. 2 GBO) mit Eröffnung des Insolvenzverfahrens beeinträchtigt die Wirksamkeit des Antrags nicht (s. bereits Rn. 22). Mit Übergang der Verfügungsbefugnis über das fremde Recht nimmt der Insolvenzverwalter (§ 80 Abs. 1 InsO) auch verfahrensrechtlich die Beteiligtenstellung des Antragstellers ein; er ist in dem durch den Antrag eingeleiteten Grundbuchverfahren (keine Verfahrensunterbrechung) kraft Gesetzes an die Stelle des Rechtsinhabers getreten. Das gilt für den Antrag des Betroffenen[2] ebenso wie für den Antrag des Begünstigten.

---

[1] Bertsch Rpfleger 1968, 178; Schöner/Stöber Rn. 3466; Haegele/Winkler, Testamentsvollstrecker, Rn. 273, aA KGJ 51 A 216; OLG München JFG 20, 373; Demharter Rn. 50, KEHE/Herrmann Rn. 63, je zu § 13 GBO.

[2] Überwiegende Ansicht wenn auch teilweise mit anderer Begründung: Palandt/Bassenge Rn. 16, MünchKomm/Kohler Rn. 17 je zu § 878 BGB; KEHE/Munzig Rn. 89 zu § 19 GBO; Meikel/Böttcher Anh. §§ 19, 20 GBO Rn. 80; Schöner/Stöber Rn. 121. A.A. Kesseler ZfIR 2006, 117; Staudinger/Pfeifer § 925 BGB Rn. 136; Demharter § 13 GBO Rn. 9, 54.

216 2. Die **Beschränkung der Verfügungsbefugnis** des Antragstellers, beispielsweise durch Pfändung oder Anordnung der Zwangsversteigerung berührt seine Beteiligtenstellung als Betroffener oder Begünstigter nicht und somit auch nicht seine Antragsberechtigung.

III. Mehrere Antragsberechtigte

217 Jeder von **mehreren Antragsberechtigten** kann einzeln einen Eintragungsantrag stellen.[1]

Beispiel: Die Eintragung einer Grundschuld kann der Eigentümer (als Betroffener) und der Gläubiger (als Begünstigter) beantragen.

Von mehreren Mitberechtigten kann jeder selbständig einen Antrag stellen.

Beispiel: Ein Miterbe beantragt Grundbuchberichtigung durch Eintragung der Erben in Erbengemeinschaft.

Das gilt auch bei Mitberechtigung in Bruchteilsgemeinschaft.

Beispiel: Die Eintragung einer beschränkten persönlichen Dienstbarkeit als Belastung des Grundstücks der Eheleute A und B je zur Hälfte kann allein der Ehegatte A beantragen.

IV. Verfahrensfähigkeit

218 Eine wirksame Antragstellung durch einen Antragsberechtigten setzt die Fähigkeit voraus, als Beteiligter aufzutreten (Verfahrensfähigkeit); hierzu Rn. 147.

C. Inhalt, Form und Eingang des Antrags

I. Inhalt

219 1. Der Antrag muss **erkennen lassen**
- den Antragsteller, erforderlich zur Feststellung der Antragsberechtigung;
- den Willen des Antragstellers auf Vornahme einer bestimmten Grundbucheintragung. Sie kann dargetan werden damit, dass „beantragt", „gebeten", „ersucht" oder die Eintragung in sonstiger Weise verlangt wird. Allein daraus, dass eine Eintragung bewilligt ist (§ 19 GBO), ergibt sich jedoch noch nicht, dass sie auch bereits beantragt sein soll. Mit der Bewilligung kann zwar Grundbucheintragung erlaubt, aber die Eintragung und damit der Antrag, z.B. auf Eintragung der Grundschuld, erst nach Zusage der Darlehensauszahlung in Aussicht genommen und damit gewollt sein;
- den Inhalt der begehrten Eintragung und damit das rechtsändernd oder berichtigend einzutragende oder zu löschende Recht und dessen Berechtigten.

220 2. Der Antrag hat als Verfahrenshandlung **bestimmt** zu sein. In einer Antragsschrift muss sein Inhalt einzeln jedoch nicht zusammengefasst sein. Zulässig (und vielfach üblich, weil zweckmäßig) ist es auch, dass der Antrag auf die Bewilligung als Eintragungsgrundlage Bezug nimmt.

[1] Denkschrift S. 154; KG OLGZ 41, 154, 155.

Beispiel:
... beantrage ich, die nach der beigefügten Bewilligung vom ... vorzunehmende Eintragung zu vollziehen.
Auch: Unter Vorlage der Eintragungsbewilligung vom ... beantrage ich die bewilligte Eintragung.

3. Wenn es einer Eintragungsbewilligung nicht bedarf, ist im Eintragungs- 221
antrag das **Grundstück** übereinstimmend mit dem Grundbuch oder durch Hinweis auf das Grundbuchblatt zu bezeichnen und einzutragende **Geldbeträge in Euro** oder in der ansonsten zulässigen Währung anzugeben (§ 28 GBO).

4. **Zulässig** ist der Antrag, wenn er die Erfordernisse des § 13 Abs. 1 GBO 222
erfüllt. Bei Fassung des Antrags ist darauf zu achten, dass er mit der Eintragungsbewilligung übereinstimmt. Denn begründet und daher durch die Vornahme der verlangten Eintragung zu erledigen ist ein als Verfahrenshandlung zulässiger Antrag eines dazu Berechtigten nur, wenn der Antragsteller auch als Eintragungsgrundlagen die Eintragungsbewilligung (§ 19 GBO) und die sonstigen Nachweise in der vorgeschriebenen Form (§ 29 GBO) nachgewiesen hat (keine Amtsermittlung, Rn. 411). Zu beanstanden oder zurückzuweisen ist die zulässig von einem Berechtigten beantragte Eintragung bei fehlender (unzulässiger oder anderer) Bewilligung daher als unbegründet, weil der für Eintragung erforderliche Verfahrensnachweis fehlt, nicht aber, weil der Eintragungsantrag unzulässig nach § 13 Abs. 1 GBO gestellt wäre.

5. Der **Antrag kann**, soweit in der Bewilligung nichts erklärt ist, eine **Be-** 223
stimmung treffen
- darüber, dass mehrere beantragte Eintragungen nur zusammen erfolgen sollen (§ 16 Abs. 2 GBO; Antragsform bleibt unberührt);
- über ein von der Zeitfolge der Anträge abweichendes Rangverhältnis (§ 45 Abs. 3 GBO; bedarf der Form des § 29 Abs. 1 GBO);
- über die Aushändigung des Hypotheken-, Grundschuld- oder Rentenschuldbriefes nach § 60 Abs. 2 GBO (Form: § 29 Abs. 1 Satz 1 GBO);
- über die Ergänzung eines Briefes gemäß § 57 Abs. 2 GBO sowie die Erteilung eines neuen Briefes nach §§ 63, 65–67 GBO.

II. Form

Der Eintragungsantrag kann **schriftlich** gestellt (erfordert § 13 Abs. 2 224
GBO)[1] oder zu Niederschrift eines zur Entgegennahme zuständigen Beamten (Rn. 225) erklärt werden (§ 13 Abs. 2 Satz 3 GBO). Beinhaltet der Antrag zugleich die erforderliche Eintragungsbewilligung, so bedarf dieser gemischte Antrag nach § 30 GBO der Form des § 29 GBO.

III. Eingangszeitpunkt

Der **Zeitpunkt**, in welchem ein Antrag bei dem Grundbuchamt **eingeht**, 225
soll auf ihm genau vermerkt werden (§ 13 Abs. 2 Satz 1 GBO), weil dieser bedeutsam ist für die Reihenfolge des Vollzugs (§§ 17, 45 GBO), für den

[1] BayObLG DNotZ 1978, 240, 241 und Rpfleger 1977, 134 [135].

Nachweis der materiell-rechtlichen Antragswirkungen (Rn. 227) und für Begründung des Eintragungsanspruchs (Rn. 206). Der Eingangsvermerk hat den Eingangszeitpunkt nach Tag, Stunde und Minute sowie die dem Antrag beigefügten Anlagen anzugeben. Des Weiteren ist er von der zuständigen Person mit dem ausgeschriebenen Namen zu unterzeichnen. Mehrere gleichzeitig vorgelegte Anträge erhalten den gleichen Eingangsvermerk (siehe § 19 Abs. 2a – c GeschO, Nr. 3.1.1.1 BayGBGA). Eingegangen ist der Antrag bei dem Grundbuchamt, wenn er einer zur Entgegennahme zuständigen Person vorgelegt ist (§ 13 Abs. 2 Satz 2 GBO), bei Erklärung zur Niederschrift einer solchen Person mit dem Abschluss der Niederschrift (§ 13 Abs. 2 Satz 3 GBO). **Zuständig** sind nur der für die Führung des Grundbuchs über das betroffene Grundstück zuständige Rechtspfleger oder der von der Leitung des Amtsgerichts für das ganze Grundbuchamt oder die zuständige einzelne Abteilung bestellte Beamte (Angestellte) der Geschäftsstelle (§ 13 Abs. 3 Satz 1 GBO). Wenn der Antrag sich auf mehrere Grundstücke in mehreren Geschäftsbereichen desselben Grundbuchamts bezieht, so ist jeder der vorbezeichneten Grundbuchbeamten zuständig (§ 13 Abs. 3 Satz 2 GBO). Der Eingang beim Amtsgericht als solchem, d.h. bei einem nicht bestellten Beamten der Behörde begründet keine Antragswirkungen und bestimmt demzufolge nicht den Zeitpunkt des Eingangs i.S. von § 13 Abs. 2 Satz 1 GBO.

IV. Vertretung durch einen Bevollmächtigten

226 Eine Vertretung des Antragstellers durch einen Bevollmächtigten ist zulässig, wobei insoweit auch eine Bevollmächtigung von Personen möglich ist, die nicht nach § 10 Abs. 2 FamFG vertretungsbefugt sind. Die Vollmacht zur Stellung eines **reinen Antrags** bedarf, wie dieser selbst,[1] nicht der grundbuchmäßigen Form des § 29 GBO (s. § 30 GBO).[2] Die Vollmacht ist schriftlich einzureichen und ihr Mangel von Amts wegen zu rügen, wenn der Bevollmächtigte nicht ein Rechtsanwalt oder Notar ist (§ 11 Satz 4 FamFG).

Wird ein gemischter Antrag gestellt, muss auch die Vollmacht zur Stellung eines solchen Antrags der Form des § 29 Abs. 1 Satz 1 GBO entsprechen und demzufolge durch öffentliche oder öffentlich beglaubigte Urkunde nachgewiesen werden. Soweit Anträge von gesetzlichen Vertretern wie z.B. einem Vormund oder Betreuer wie auch von einem Vertreter einer juristischen Person gestellt werden, ist die Vertretungsmacht entsprechend § 29 Abs. 1 Satz 2, § 32 GBO nachzuweisen. Ein durch einen Vertreter gestellter Eintragungsantrag ist als Verfahrenshandlung wirksam, wenn die Vertretungsbefugnis zum Zeitpunkt des Antragseingangs bestanden hat, auch wenn die Vollmacht erst später nachgereicht wurde. Der Wegfall der Vertretungsbefugnis danach aber vor der Grundbucheintragung durch Erlöschen der Vollmacht oder auf sonstige Weise kann nur ex nunc erfolgen und daher die Wirksamkeit des Eintragungsantrags nicht mehr berühren.

---

[1] Siehe BGHZ 141, 347 = DNotZ 1999, 734 = NJW 1999, 2369 = Rpfleger 1999, 437.

[2] OLG München FGPrax 2009, 62 = NJW-RR 2009, 738.

V. Materielle Wirkung des Antrags

Sachliche Wirkung beigelegt ist der Stellung des Eintragungsantrags durch Vorschriften des materiellen Rechts 227

- nach § 878 BGB für die Wirkungslosigkeit einer nachträglichen Verfügungsbeschränkung (Rn. 19, 22),
- und nach § 892 Abs. 2 BGB für Kenntnis des Erwerbers bei gutgläubigem Erwerb (Rn. 82).

D. Erweitertes Antragsrecht für Grundbuchberichtigung (§ 14 GBO)

I. Erweiterte Antragsberechtigung

1. Die **Berichtigung** des Grundbuchs durch Eintragung eines Berechtigten darf auch von einem **Vollstreckungsgläubiger** beantragt werden, der eine Eintragung in das Grundbuch verlangen kann, sofern die Zulässigkeit dieser Eintragung von der vorgängigen Berichtigung des Grundbuchs abhängt (§ 14 GBO). Nur dadurch, dass auf Gläubigerantrag in Erfüllung des § 39 Abs. 1 GBO die Berichtigung des Grundbuchs durch Voreintragung des Betroffenen erwirkt werden kann,. wird oftmals erst die Vollstreckung in das Grundstück oder ein Grundstücksrecht ermöglicht. 228

2. a) **Bedeutung** erlangt § 14 GBO, wenn die Eintragung (auch Löschung) eines bestehenden oder erst zu begründenden Rechts an dem Grundstück oder an einem eingetragenen Recht verlangt werden kann.[1] Das ist der Fall, wenn der Vollstreckungstitel auf Bewilligung der Eintragung lautet (§ 894 ZPO), sowie wenn für den Gläubiger, der wegen einer Geldforderung gegen den nicht eingetragenen Betroffenen eine Vollstreckungsmaßregel mit dessen Eintragung in das Grundbuch erreichen will, z.B. durch die Eintragung einer Zwangshypothek, (§ 867 Abs. 1 ZPO) oder der Pfändung einer Hypothek oder Grundschuld (§§ 830, 857 Abs. 6 ZPO), wie auch um die Anordnung der Zwangsversteigerung oder Zwangsverwaltung des schuldnerischen Grundstücks zu erwirken. Davon ausgenommen ist die Zwangsvollstreckung gegen den Erben, die nach §§ 17, 146 Abs. 1 ZVG eine Eintragung des Schuldners als Eigentümer nicht erfordert. 229

b) **Kein Antragsrecht** besteht nach § 14 GBO, wenn die Zwangsmaßnahme nicht von der vorgängigen Berichtigung des Grundbuchs abhängt, wie im Falle des § 39 Abs. 2 GBO (Vollstreckung gegen den legitimierten Gläubiger eines Briefrechts) und § 40 GBO (Vollstreckung gegen den Erben des Eingetragenen unter bestimmten Voraussetzungen) sowie für die Eintragung der Pfändung einer Grundschuld des eingetragenen Eigentümers[2]. Eine Voreintragung der Miterben zur Eintragung der Pfändung eines Miterbenanteils (§ 859 Abs. 2 ZPO) erfolgt nicht auf Grund eines gegen diese vollstreckbaren 230

---

[1] Denkschrift S. 154.

[2] BGH MDR 1968, 744 = NJW 1968, 1674; Zöller/Stöber Rn. 24 zu § 857 ZPO mit weit Nachw.

Titels; diese kann der Gläubiger jedoch als Berechtigter nach § 13 Abs. 1 Satz 2 GBO beantragen[1].

231 3. Der nach § 14 GBO erforderliche **vollstreckbare Titel** (§§ 704, 794, 801 ZPO) muss gegen den nicht eingetragenen Berechtigten als Schuldner vorliegen, bei mehreren einzutragenden Berechtigten muss er gegen alle lauten. Im Fall einer Rechtsnachfolge hat die Schuldnerbezeichnung in der Vollstreckungsklausel (§ 750 Abs. 1 mit § 727 ff ZPO) ausgewiesen zu sein. Davon ausgenommen ist die Fortsetzungsvollstreckung nach dem Tod des Titelschuldners (§ 779 Abs. 1 ZPO). Der Schuldtitel ist in Ausfertigung vorzulegen, einer Klausel bedarf es nur bei einer Rechtsnachfolge. Ein Zustellungsnachweis (§ 750 Abs. 1 ZPO) wird nach h. M. für entbehrlich gehalten, weil die Grundbucheintragung nur Vorbereitung, nicht aber bereits eine Maßnahme der Zwangsvollstreckung ist.[2] Die Vollstreckungsfähigkeit des Titels erfordert jedoch die nachgenannten Nachweise in grundbuchmäßiger Form (§ 29 GBO) beizubringen und zwar

- den Eintritt des Kalendertages gemäß § 751 Abs. 1 ZPO,
- die Erbringung der Sicherheitsleistung durch den Gläubiger nach § 751 Abs. 2 ZPO, davon ausgenommen ist die Sicherungsvollstreckung nach § 720a ZPO),
- für den Vollstreckungsbeginn den Ablauf der Wartefrist nach § 798 ZPO,
- den nach dem Inhalt des Titels durch den Gläubiger zu beweisenden Bedingungseintritt gemäß § 726 ZPO,
- die Erbringung der Gegenleistung oder den Annahmeverzug des Schuldners für die Vollstreckung Zug um Zug nach § 765 ZPO.

II. Urkundenvorlage

232 Die Vorschrift des § 14 GBO begründet nur ein Antragsrecht, befreit aber nicht von der Vorlage der für Grundbucheintragung erforderlichen Urkunden.[3] Diese hat der Antragsteller einzureichen. Die Erteilung der insoweit erforderlichen Ausfertigungen, Auszüge und Abschriften kann der Gläubiger bei den jeweils zuständigen Behörden nach §§ 792, 896 ZPO, §§ 13 Abs. 3, 357 Abs. 2 FamFG, § 9 HGB, § 1563 BGB verlangen.

E. Antragsrecht des Notars (§ 15 Abs. 2 GBO)

I. Gesetzliche Antragsermächtigung

233 1. Nur ein deutscher Notar – und damit auch sein Vertreter (§ 39 Abs. 4 BNotO) –, **gilt als ermächtigt**, im Namen eines Antragsberechtigten die Eintragung in das Grundbuch zu beantragen, wenn von ihm die zu einer

---

[1] Stöber Rpfleger 1976, 197 mit zahlr. Nachw; Stöber FdgPfdg Rn. 1685; Zöller/Stöber Rn. 18 zu § 859 ZPO; aA OLG Zweibrücken Rpfleger 1976, 214.

[2] So Demharter Rn. 9, KEHE/Herrmann Rn. 7, Bauer/vOefele/Wilke Rn. 14 je zu § 14 GBO; A. A. Schöner/Stöber Rn. 372 (Zustellungsnachweis erforderlich).

[3] BGH DNotZ 2006, 520 = NJW-RR 2006, 888 = Rpfleger 2006, 316; KG JFG 18, 49, 54.

Eintragung erforderliche Erklärung beurkundet oder beglaubigt worden ist (§ 15 Abs. 2 GBO). Diese gesetzlich vermutete Antragsberechtigung des Notars findet ihre Rechtfertigung in dem besonderen Verhältnis, in welches der Notar durch die Leistung seiner Dienste zu den Beteiligten getreten ist. Ferner darin, dass dem Notar gegenüber ohne weiteres angenommen werden muss, er werde sich nicht ohne Auftrag in die Verhältnisse anderer einmischen, sowie in der Erfahrung, dass der Wille der Beteiligten regelmäßig auf die Besorgung der ganzen Grundbuchangelegenheit durch den Notar gerichtet ist[1]. Ein eigenes (selbständiges) Antragsrecht des Notars begründet § 15 Abs. 2 GBO nicht. Der Antrag kann vom Notar nur im Namen des (eines oder mehrerer) Antragsberechtigten als dessen Vertreter (ohne Vollmachtsnachweis) gestellt werden. Einen Auftrag oder das Einverständnis des (oder der) Antragsberechtigten erfordert die Antragstellung durch den Notar nicht[2].

2. Voraussetzung der Antragsermächtigung des Notars ist wie schon erwähnt, dass er eine zur **Eintragung erforderliche Erklärung** beurkundet oder beglaubigt hat. 234

Beispiele: Eine Eintragungsbewilligung (§ 19 GBO); die Auflassung (§ 20 GBO); den Antrag des Eigentümers auf die vom Gläubiger bewilligte Löschung einer Hypothek oder Grundschuld, der die Eigentümerzustimmung nach § 27 GBO einschließt (gemischter Antrag, § 30 GBO); die Abtretungs- oder Verpfändungserklärung (§ 26 GBO); die Zwangsvollstreckungsunterwerfung (§ 794 Abs. 1 Nr. 5, § 800 ZPO).

Im Gegensatz zum gemischten Antrag (§ 30 GBO) begründet die Beurkundung oder Beglaubigung eines reinen Eintragungsantrags (§ 13 Abs. 1 GBO) wie auch die sonstiger Erklärungen, die sich nicht unmittelbar auf die Eintragung beziehen, keine Antragsermächtigung.[3]

Beispiel: Nur Beglaubigung einer Vollmacht oder einer Genehmigung der von einem Vertreter ohne Vertretungsmacht abgegebenen Grundbucherklärung.[4]

Unter § 15 Abs. 2 GBO fallen ebenfalls nicht die Beurkundung nur des Verpflichtungsgeschäfts (Grund- oder Kausalgeschäft), wie die des Grundstückskaufvertrags, der (verpflichtenden) Sicherungsabrede für eine Grundschuld und außerdem nicht die Erteilung eines Rats oder die Fertigung des Entwurfs einer Urkunde sowie die Beglaubigung der Abschrift der Eintragsbewilligung.[5]

3. Die Vorschrift des § 15 Abs. 2 GBO begründet eine **Ermächtigung** des Notars grundsätzlich **für alle Antragsberechtigten.** Wer das ist, bestimmt sich nach § 13 Abs. 1 Satz 2 oder § 14 GBO. Einen Antrag kann der Notar daher auch für solche Berechtigte stellen, deren Erklärung nicht er, sondern ein an- 235

[1] BGHZ 29, 366, 372 = NJW 1959, 883 = Rpfleger 1959, 219; KGJ 22 A 294 und 44 A 172; BayObLG 1955, 155, 160; Denkschrift S. 155.

[2] BayObLGZ 1985, 153, 156 = MittBayNot 1985, 150 = Rpfleger 1985, 356.

[3] BayObLGZ 1988, 102, 104 = DNotZ 1989, 164.

[4] OLG Hamm Rpfleger 1986, 367, 368.

[5] OLG München JFG 20, 128.

derer Notar beurkundet oder beglaubigt hat[1] oder die in den Urkunden eine Erklärung überhaupt nicht abgegeben haben.[2]

236 4. a) Der **Umfang** der Antragsermächtigung des Notars bestimmt sich nach dem Inhalt der beurkundeten oder beglaubigten Erklärung für die Eintragung. Der Notar ist, sofern ihm keine besondere Vollmacht hierzu erteilt ist, nicht befugt, davon abzuweichen. Ohne die gesetzliche Vertretungsermächtigung des § 15 Abs. 2 GBO handelt der Notar, wenn sein Antrag diesen Rahmen überschreitet[3]. Er kann deshalb nicht Erklärungen der Beteiligten, die zur Eintragung erforderlich sind, inhaltlich abändern oder ergänzen und ist ferner auch nicht berechtigt fehlende Eintragungsunterlagen wie z.B. die Zustimmung des Eigentümers zur Grundbuchberichtigung nach § 22 Abs. 2 GBO oder zur Grundpfandrechtslöschung nach § 27 GBO abzugeben, sowie die fehlende Bezeichnung des Gemeinschaftsverhältnisses nach § 47 Abs. 1 GBO nachzuholen. Zulässig ist jedoch die Berichtigung offenbarer Schreibversehen, Auslassungen oder sonstiger Unrichtigkeiten (§ 44a Abs. 2 BeurkG).[4]

237 b) Der Notar ist in aller Regel berechtigt nur **einen** von mehreren für die Besorgung der Grundbuchangelegenheit der Beteiligten erforderlichen **Antrag stellen.**

Beispiel: Nur Antrag auf Eintragung der Auflassungsvormerkung, nicht auch der Eigentumsänderung und von Grundstücksbelastungen.

Auch kann er von mehreren in derselben Urkunde enthaltenen Eintragungsanträgen der Beteiligten nur einen einzelnen dem Grundbuchamt zur Eintragung vorlegen[5] und insoweit erklären, dass die übrigen dem Grundbuchamt noch nicht zugegangen sein sollen. Dies ist jedoch nicht möglich, wenn der Antragsteller eine Verbindung der Anträge nach § 16 Abs. 2 GBO bestimmt hat[6]. Der Notar ist nicht gehindert die Vollzugsreihenfolge nach § 17 GBO mit der Zeitfolge der Vorlage der Anträge, die in mehreren Urkunden enthalten sind, eigenständig zu steuern, hat aber keine Ermächtigung eine Rangbestimmung nach § 45 Abs. 3 GBO vorzunehmen[7]. Ist ihm aber eine „Vollzugsvollmacht" erteilt, so ist er auch berechtigt eine Rangbestimmung[8] oder eine abweichende Bestimmung über die Aushändigung eines Grundpfandrechtsbriefes zu treffen (§ 60 Abs. 2 GBO)[9]. Für mehrere Anträge kann der Notar selbst eine Bestimmung nach § 16 Abs. 2 GBO über ihren gemeinsamen Vollzug treffen, die jedoch nicht in Widerspruch zu den Erklärungen der Beteiligten stehen darf. Eine von den Beteiligten bestimmte

---

[1] KGJ 22 A 294, 295.

[2] BayObLG DNotZ 1984, 643; 645 = Rpfleger 1984, 96; Schöner/Stöber Rn. 182; a.M. Kesseler MittBayNot 2009, 62.

[3] OLG Hamm Rpfleger 1986, 367 aaO.

[4] Siehe auch Schöner/Stöber Rn. 183 mit weit Nachw.

[5] KG NJW 1971, 1319 = OLGZ 1971, 456 = Rpfleger 1971, 312.

[6] KG DNotZ 1937, 52 = JW 1937, 477; KG NJW 1971, 1319 aaO.

[7] OLG Hamm DNotZ 1950, 40; OLG Koblenz DNotZ 1976, 549; OLG Schleswig SchlHA 1960, 208.

[8] BayObLG MittBayNot 1992, 391 = NJW-RR 1992, 1369 = Rpfleger 1993, 13.

[9] RG HRR 1932 Nr. 267; KGJ 30 A 272, 275.

Antragsverbindung nach § 16 Abs. 2 GBO kann er ohne „Vollzugsvollmacht“ nicht aufheben.

5. Die (vermutete) Antragsermächtigung des Notars darf **nicht gegen den Willen des Berechtigten** ausgeübt werden; daher kann die gesetzliche Vermutung des § 15Abs. 2 GBO widerlegt werden[1]. Entgegenstehende Erklärungen der Beteiligten oder sonst eindeutige nach außen sichtbar gewordene Umstände, die sich aus der Urkunde oder aus anderen Eintragungsunterlagen ergeben, schließen daher die vermutete Antragsermächtigung des Notars aus[2]. Auch ein Widerruf durch den Antragsberechtigten ist bis zur Eintragung möglich; er erfordert aber nach Antragstellung eine Erklärung in der Form des § 31 mit § 29 Abs. 1 Satz 1 GBO. 238

II. Vertreter oder Bote

1. Der Eintragungsantrag des Notars muss erkennen lassen, dass der **Antrag durch ihn** als Vertreter gestellt wird und **wer Antragsteller** ist. 239

2. a) Als Verfahrenshandlung erfordert der Eintragungsantrag eine **Offenlegung des Vertreterhandelns** durch den Notar. Wenn er mit seiner Urkundenvorlage nur den Eintragungsantrag eines Antragstellers oder auch den von mehreren dem Grundbuchamt zum Vollzug übermittelt (vorlegt oder einreicht; zur Vorlagepflicht z.B. § 53 BeurkG), handelt er als **Bote**, der den Eingang des Antragstellerantrags beim Grundbuchamt bewirkt (§ 13 Abs. 2 Satz 2 GBO), nicht aber als ermächtigter Vertreter des Antragstellers im Grundbuchverfahren. 240

Bote ist der Notar, wenn er beispielsweise formuliert:

dem Grundbuchamt zum Vollzug oder
zur weiteren Veranlassung oder
mit der Bitte, den gestellten Anträgen zu entsprechen.

Dass der Notar als Antragstellervertreter handelt, bringt etwa folgende Formulierung zum Ausdruck:

für … stelle ich Antrag …; oder:
Gemäß § 15 GBO stelle ich Antrag für … auf Eintragung …; sowie auch:
… mit der Bitte um Vollzug nach § 15 GBO.

b) Für **welchen** (von mehreren) **Antragsberechtigten** der Notar einen Antrag stellt, ist mit dessen Bezeichnung darzutun. Ist ein Antragsberechtigter nicht benannt, so wird der Antrag als im Namen aller Beteiligten gestellt angesehen[3]. Wenn ein Antragsberechtigter von der Antragstellung ausgeschlossen sein soll, muss sich das aus dem Antrag oder bei dessen Auslegung mit der für den Grundbuchverkehr erforderlichen Klarheit aus den Umständen des Einzelfalls ergeben[4]. 241

---

[1] BGHZ 29, 366, 372 = NJW 1959, 883 = Rpfleger 1959, 219.
[2] BayObLGZ 1985, 153 aaO; BayObLG DNotZ 1984, 643, 644.
[3] BayObLGZ 1972, 204, 215 mit weit Nachw; BayObLG DNotI-Report 1993, 5 = MittBayNot 1993, 150 = MittRhNotK 1993, 117; BayObLG MittBayNot 1993, 365; Schöner/Stöber Rn. 182 mit weit Nachw.
[4] BayObLGZ 1985, 153, 154; Schöner/Stöber aaO mit weit Nachw.

III. Antrag des Notars und der Beteiligten

242 Der Notar kann einen Antrag nach § 15 GBO **auch dann** stellen, wenn die **Beteiligten bereits selbst** in der Urkunde die Eintragung beantragt haben[1]. Dann betreibt der Notar als Verfahrensvertreter für die Beteiligten das Eintragungsverfahren. Der Notarantrag bewirkt daher, dass damit die übereinstimmenden Anträge der Beteiligten in den vorgelegten Urkunden als nicht gestellt gelten.[2]

IV. Entgegennahme gerichtlicher Verfügungen

243 1. Die Antragsteller**vertretung** durch den Notar **ermächtigt** diesen zur Abgabe aller Verfahrenserklärungen und zur Entgegennahme der gerichtlichen Verfügungen und Zustellungen. Eine Zwischenverfügung oder Zurückweisung (§ 18 GBO) sowie die Eintragungsmitteilung (§ 55 GBO)[3], wird daher nur dem Notar, nicht auch den durch ihn vertretenen Antragstellern bekanntgemacht, auch wenn der Notar zugleich einen eigenen Antrag der Beteiligten als Bote dem Grundbuchamt vorgelegt hat.[4]

244 2. Wenn der Notar den Eintragungsantrag nur als **Bote** vorgelegt hat, wird er im Eintragungsverfahren an Stelle eines Beteiligten nicht mehr tätig. Mitteilungen, Zustellungen und Eintragungsnachrichten erhält daher der Antragsteller bzw. jeder von mehreren selbst. Dem Notar wird die Eintragung dann als „einreichendem" Notar nach § 55 Abs. 1 Satz 1 GBO gesondert bekannt gemacht.

F. Antrag unter Vorbehalt; Verbindung mehrerer Eintragungen (§ 16 GBO)

I. Kein Eintragungsantrag unter Vorbehalt

245 1. Unter einem **Vorbehalt** kann ein Eintragungsantrag **nicht** gestellt werden (§ 16 Abs. 1 GBO). Der Grund für diese Regelung ist, dass der Gesetzgeber das Grundbuchamt von der Prüfung der Frage, ob der Vorbehalt erfüllt und die Eintragung begehrt ist, entbinden wollte.[5] Unter Vorbehalt ist jeder dem Antrag als (auflösende oder aufschiebende) Bedingung, Befristung (nach Anfangs- oder Endtermin) oder sonst einschränkend beigefügter Zusatz zu

---

[1] BayObLGZ 1952, 271, 272; OLG Hamm DNotZ 1954, 203 mit Anm Grußendorf; KG NJW 1971, 1319 = OLGZ 1971, 456 = Rpfleger 1971, 312, 313.

[2] So auch Bauer/vOefele/Wilke Rn 25; Meikel/Böttcher Rn. 29; KEHE/Herrmann Rn. 21 je zu § 15 GBO; Schöner/Stöber Rn. 183. Anders die Gegenansicht, die von zwei Anträgen (Notar und Beteiligte) ausgeht, obwohl diese identisch sind und von der gleichen Person stammen z.B. BayObLGZ 1988, 307, 310 = DNotZ 1989, 366 = Rpfleger 1989, 147; BGHZ 71, 349 = DNotZ 1978, 696 = NJW 1978, 1915 = Rpfleger 1978, 365; Demharter Rn. 9 zu § 31 GBO.

[3] Zu dieser BGHZ 28, 104, 109 = DNotZ 1958, 557 = NJW 1958, 1532; RGZ 110, 356, 361; OLG Düsseldorf Rpfleger 1984, 311.

[4] BayObLGZ 1988, 307 = DNotZ 1989, 367 = Rpfleger 1989, 147 sogar für den nach seiner Ansicht in Abweichung zu Rn. 227 selbständigen Beteiligtenantrag.

[5] Denkschrift S. 155.

verstehen, dessen Eintritt oder Erfüllung ein vom Grundbuchamt zu prüfendes Erfordernis der Erledigung des Antrags auf Eintragung, aber auch der Erteilung und Aushändigung des Briefes sein soll.

2. Für **zulässig** erachtet wird jedoch ein **Hilfsantrag**, der unter der Bedin- 246
gung steht, dass einem gleichzeitig gestellten Hauptantrag nicht stattgegeben wird[1]. Auch ein Eintragungsantrag auf Löschung einer Eigentumsvormerkung enthält keinen unzulässigen Vorbehalt, wenn er von der „vertragsgerechten" Eigentumsumschreibung ohne entgegenstehende Rechte abhängig gemacht ist.[2] Als unschädlich angesehen wird ferner ein anderes (zurückliegendes) Erfordernis, das vom Grundbuchamt ohne weitere Mühe, z.B. durch Einsicht in das Grundbuch oder die Grundakten, und mit Sicherheit tatbestandsmäßig festgestellt werden kann.[3] Wird im Antrag eine **Rechtsbedingung** wiederholt, d.h. die Eintragung von einem gesetzlichen Wirksamkeitserfordernis, z.B. einer behördlichen Genehmigung abhängig gemacht, ist dies nur eine vom Grundbuchamt zu prüfende gesetzliche Voraussetzung der Eintragung, aber kein zusätzlich durch Bestimmung der Beteiligten gesetzter unzulässiger Vorbehalt. Einschränkungen „soweit gesetzlich zulässig, soweit angängig" usw., begründen ebenfalls keinen Vorbehalt i.S. von § 16 Abs. 1 GBO, nehmen jedoch dem Antrag vielfach die erforderliche Bestimmtheit und sind dann aus diesem Grund unzulässig[4].

3. Eine **Bedingung** oder **Befristung eines Rechts** 247

Beispiele: Bedingte Reallast; befristetes Wohnungsrecht

betreffen dessen Inhalt, stellen somit keinen unzulässigen Vorbehalt für die Erledigung der Eintragung dar.

4. Einem Eintragungsantrag, der unter Vorbehalt gestellt ist, soll **nicht** 248
stattgegeben werden. Er darf nicht etwa als nicht gestellt übergangen werden. Statt einer sofortigen Zurückweisung kann im Einzelfall mit Zwischenverfügung (§ 18 Abs. 1 GBO) auf eine Beseitigung des Vorbehalts hingewirkt werden.[5]

II. Verbindung mehrerer Eintragungen

1. Werden **mehrere Eintragungen** gleichzeitig oder nacheinander bean- 249
tragt, wozu auch das Ersuchen einer Behörde zählt (§ 38 GBO), so kann der Antragsteller bestimmen, dass die eine Eintragung **nicht ohne die andere** erfolgen soll (§ 16 Abs. 2 GBO). Damit ist der Gesetzgeber einem praktisches Bedürfnis nachgekommen, namentlich die Erfüllung Zug um Zug zu erleichtern.[6] Die mehreren Eintragungen brauchen in keinem Zusammenhang zu

---

[1] BayObLG MittBayNot 1972, 228.

[2] OLG Hamm MittRhNotK 1992, 149 = NJW-RR 1992, 1299 = Rpfleger 1992, 474.

[3] BayObLGZ 12, 372.

[4] Siehe BayObLGZ 1969, 97, 100 =.DNotZ 1969, 492 = NJW 1969, 1674; KG JFG 1, 461, 463.

[5] KG JFG 18, 135 in Abweichung von KGJ 31 A 254, 34 A 312 und JW 1931, 1100.

[6] Denkschrift S. 155.

stehen. Sie können die Eintragung einer Rechtsänderung und/oder die einer Grundbuchberichtigung verlangen und von dem gleichen Antragsteller oder von verschiedenen Antragsberechtigten gestellt sein.

Beispiel: A beantragt die Eintragung einer Grundschuld, B die Löschung einer Eigentumsvormerkung.

Von dem gleichzeitigen Vollzug eines erst noch einzureichenden Antrags kann die Erledigung eines bereits gestellten Antrags nicht abhängig gemacht werden[1].

250 2. Eine **Bestimmung** über die Verbindung der mehreren Anträge kann **nur** von dem **Antragsteller**, bei mehreren Antragstellern von jedem einzeln getroffen werden, aber nicht von einem Antragsberechtigten, der den Eintragungsantrag nicht gestellt hat. Auch einem bereits gestellten Eintragungsantrag kann die Bestimmung nachträglich angefügt werden[2].

251 3. Eine **Form** ist für die Bestimmung nicht vorgeschrieben[3]. Sie kann daher **auch stillschweigend** getroffen werden. Eine stillschweigende Bestimmung ist regelmäßig dann anzunehmen, wenn zwischen den Eintragungsanträgen ein innerer Zusammenhang rechtlicher oder wirtschaftlicher Natur besteht, der die Einheitlichkeit der Erledigung als gewollt vermuten lässt[4].

Beispiele: Übergabevertrag, bei dem jedenfalls der Übergeber den Eigentumsübergang auf den Übernehmer nur dann vollzogen wissen will, wenn gleichzeitig die zur Sicherung der Ansprüche des Übergebers bewilligten Grundbucheintragungen vorgenommen werden[5]; Eintragung eines Eigentumsübergangs sowie einer Restkaufgeldhypothek oder eines Nießbrauchs[6]; Löschung einer Auflassungsvormerkung mit Bewilligung der Löschung „aller eingetragenen Grundstücksbelastungen" nur, wenn gleichzeitig auch etwaige Zwischenrechte gelöscht werden[7]; Eintragung mehrerer Auflassungen auf Grund eines einheitlichen Teilungsvertrags[8]; Löschung eines Wohnungsrechts nur bei gleichzeitiger Eintragung einer Reallast[9].

Die nur äußerliche Zusammenfassung der den Anträgen zugrunde liegenden Eintragungsbewilligungen in einer Urkunde sowie gleichzeitige Stellung der Eintragungsanträge rechtfertigt für sich allein die Annahme einer stillschweigenden Bestimmung nach § 16 Abs. 2 GBO jedoch nicht.[10]

---

[1] OLG Frankfurt Rpfleger 1976, 401, dies wäre ein Vorbehalt nach § 16 Abs. 1 GBO.

[2] OLG Frankfurt aaO.

[3] BayObLGZ 1975, 1, 5.= DNotZ 1976, 103 = MittBayNot 1975, 104 = Rpfleger 1975, 94; OLG Hamm DNotZ 1973, 615 = Rpfleger 1973, 305.

[4] BayObLG und OLG Hamm je aaO; OLG Hamm OLGZ 1988, 260 = Rpfleger 1988, 404; KGJ 35 A 195, 198.

[5] OLG Hamm JR 1949, 226; BayObLGZ 1975, 1 aaO.

[6] BayObLG MittBayNot 1992, 391 = Rpfleger 1993, 13;OLG Hamm DNotZ 1973, 615 = Rpfleger 1973, 305.

[7] vgl. BGHZ 60, 46 = NJW 1973, 323 = MittBayNot 1973, 87.

[8] OLG München JFG 21, 102, 105.

[9] OLG Hamm OLGZ 1988, 260 = Rpfleger 1988, 404.

[10] BayObLGZ 1973, 309, 311 = DNotZ 1974, 174 = Rpfleger 1974, 65; KGJ 35 A 195, 198.

4. **Keine Verbindung** mit **nur einem** Antrag begründen weitergehende Vereinbarungen im schuldrechtlichen Vertrag (= Grundgeschäft), für deren Erfüllung der Eintragungsantrag gerade nicht gestellt ist. 252

Beispiel: Der Notar beantragt (§ 15 GBO) die Eintragung der Auflassung. Im Kaufvertrag ist lastenfreie Eigentumsübertragung vereinbart, ein Löschungsantrag aber nicht gestellt. Der Antrag auf Eintragung (nur) der Auflassung ist somit zu vollziehen.

Schuldrechtliche Vereinbarungen sind vom Grundbuchamt nicht zu prüfen (Rn. 532).

Beispiel: In der vom Notar (§ 15 GBO) allein beantragten Eintragung der Auflassung kann nicht infolge der schuldrechtlichen Vereinbarungen im Wege der Auslegung ein Antrag auch auf Löschung eines Grundstücksrechts und damit der Eintragung (nur) lastenfreien Eigentums gesehen werden.[1]

5. Die **Verbindung** der Anträge nach § 16 Abs. 2 GBO **bewirkt,** dass die eine Eintragung nicht ohne die andere vorgenommen werden darf. Da es sich jedoch nur um eine Ordnungsvorschrift handelt, hat ein Verstoß gegen die Bestimmung keine materielle Auswirkungen, macht insbesondere das Grundbuch nicht unrichtig. Nach richtiger Sachbehandlung müssen alle Anträge zugleich geprüft und ggfs beanstandet werden. Stattzugeben ist den Anträgen, wenn alle Eintragungen erfolgen können. Mit Zwischenverfügung zu beanstanden oder zurückzuweisen ist, wenn alle Anträge unbegründet sind, aber auch, wenn der eine Antrag begründet ist, der andere infolge eines Eintragungshindernisses, gleich welcher Art, aber nicht vollzogen werden kann. Es darf, wenn der Vorbehalt nicht aufgehoben wird, nicht der eine Eintragungsantrag zurückgewiesen und dann der andere mit Zwischenverfügung beanstandet oder durch Eintragung erledigt werden. Hat das Grundbuchamt allerdings unter Verstoß gegen § 16 Abs. 2 GBO die verfahrensrechtliche Einheit insoweit gelöst, als es einem der Anträge stattgibt und den anderen mit einem nicht behebbaren Mangel abweist, kann diese Entscheidung nicht mit Erfolg im Beschwerdeweg angegriffen werden.[2] 253

G. Erledigung mehrerer Anträge (§ 17 GBO)

I. Vorzug des früher gestellten Antrags

Werden **mehrere Eintragungen** beantragt, durch die **dasselbe Recht betroffen** wird, so darf die später beantragte Eintragung nicht vor der Erledigung des früher gestellten Antrags erfolgen (§ 17 GBO). Damit soll der Vorzug des früher gestellten Antrags wegen der möglichen Auswirkungen einer Eintragung auf die Zulässigkeit oder Wirksamkeit der anderen Eintragung und we- 254

[1] So BayObLGZ 2004, 48 = MittBayNot 2004, 359 = NotBZ 2002, 238 = Rpfleger 2004, 417; anders noch BayObLG DNotZ 1994, 891 = Rpfleger 1994, 58 (hier aber kein eindeutiger Antrag); OLG Frankfurt Rpfleger 1996, 104 und OLG Hamm MittRhNotK 1996, 330.
[2] BayObLGZ 1979, 81 = Rpfleger 1979, 210.

gen des möglichen Einflusses auf das Rangverhältnis zwischen den Eintragungen sichergestellt werden.[1]

II. Anwendungsbereich des § 17 GBO

255 Voraussetzung für die Beachtung von § 17 GBO ist, dass **mehrere Eintragungen beantragt** sind, wobei hierzu auch das Ersuchen einer Behörde nach § 38 GBO zu zählen ist[2] und es keine Rolle spielt ob die Anträge von einem Antragsteller oder von verschiedenen Beteiligten stammen. Ferner müssen die Anträge **zu verschiedenen Zeiten** beim Grundbuchamt eingegangen sein (§ 13 Abs. 2 Satz 2 GBO) und die beantragten Eintragungen **dasselbe Recht** betreffen (Eigentum, Recht an einem Grundstück oder an einem das Grundstück belastenden Recht), gleichgültig ob es sich um rechtsändernde oder berichtigende Eintragungen handelt.

Das ist der Fall, wenn

- durch die Eintragungen ein **Rangverhältnis** zwischen mehreren Rechten (§ 879 BGB, auch § 45 GBO) begründet wird;

Beispiel: Eintragung einer Grundschuld und einer Dienstbarkeit am gleichen Grundstück.

- eine Eintragung die andere ausschließt;

Beispiel: Eintragung eines Eigentumswechsels und einer vom Veräußerer bewilligten Hypothek.[3]

- die Eintragung die andere in sonstiger Weise beeinflusst oder beschränkt;

Beispiel: Eintragung der Pfändung einer Grundschuld und deren Abtretung oder Löschung,

- die früher beantragte Eintragung die später beantragte **erst zulässig macht.**

Beispiel: Antrag auf Eintragung einer Reallast durch den mit vorgehenden Antrag einzutragenden Erwerber des Grundstücks oder Eintragung einer Grundschuld an einer nach dem früheren Antrag erst zu bildenden WEG-Einheit.[4]

In einem solchen Fall kann der später gestellte Antrag nicht zurückgewiesen werden bevor nicht der frühere Antrag erledigt ist.

Betroffen ist dasselbe Recht auch, wenn die Eintragungen nicht nur auf einem Grundbuchblatt, sondern (bei Gesamtgrundpfandrechten) auf mehreren Grundbuchblättern zu erfolgen haben.

III. Erledigung des früher gestellten Antrags

256 Eine **Erledigung** des früher gestellten Antrags i.S. des § 17 GBO ist **erfolgt** mit

- wirksamer Speicherung (§ 129 Abs. 1 Satz 1 GBO) oder Unterzeichnung (§ 44 Abs. 1 Satz 2 GBO) der beantragten Eintragung,

[1] Denkschrift S. 155.
[2] RG HRR 1940 Nr. 516.
[3] OLG Dresden JFG 2, 445, 447.
[4] OLG Düsseldorf MittBayNot 1985, 199.

- der Eintragung einer Vormerkung oder eines Widerspruchs nach § 18 Abs. 2 GBO. Wird mit dem später gestellten Antrag jedoch die Löschung eines betroffenen Rechts begehrt, kann diese bei einer derartigen Erledigung noch nicht erfolgen, weil es keine vorläufige Löschung gibt.
- seiner Zurückweisung; die erst wirksam wird mit Bekanntmachung der Entscheidung (§ 40 Abs. 1 FamFG). Bekannt zu machen ist der Beschluss an den Antragsteller und die übrigen Beteiligten (§ 41 Abs. 1 Satz 1 FamFG). Wurde der Antrag durch einen Notar gestellt oder hat ein Beteiligter einen vertretungsbefugten Bevollmächtigten bestellt, muss die Bekanntmachung an diese erfolgen (s. § 15 Abs. 1 GBO). Zu beachten ist, dass dann, wenn der Zurückweisungsbeschluss angefochten wird, erst mit seiner Aufhebung der früher gestellte Antrag wieder als unerledigt i.S. des § 17 GBO anzusehen ist.[1] Auf den Bestand von in der Zwischenzeit erfolgten Eintragungen ist dies aber ohne Einfluss,[2] auch hinsichtlich ihres Ranges.[3]
- der Zurücknahme, die nach § 31 GBO der Form des § 29 Abs. 1, 3 GBO bedarf.

IV. Auswirkungen auf den später gestellten Antrag

Durch die Regelung des § 17 GBO ist lediglich die Vornahme der später 257
beantragten **Eintragung ausgeschlossen**, nicht jedoch
- die Beanstandung des später gestellten Antrags mit Zwischenverfügung (§ 18 Abs. 1 GBO) oder
- die Zurückweisung des später gestellten Antrags aus Gründen, die nicht mit der noch ausstehenden Erledigung des Erstantrags in Verbindung stehen, wobei aber bei einem Vorbehalt nach § 16 Abs. 2 GBO keine Einzelentscheidung über den späteren Antrag ergehen kann.

V. Ausnahmen für später beantragte Eintragung

Ohne Beachtung von § 17 GBO hat eine dasselbe Recht betreffende später 258
beantragte Eintragung **zu erfolgen**, wenn
- der oder die mehreren Antragsteller des Erstantrags eine abweichende Bestimmung getroffen haben. Wird die Bestimmung erst nachträglich getroffen. so bedarf sie als Teilrücknahme des Erstantrags der Form des § 29 GBO, außer der Antrag ist auf eine Berichtigung des Grundbuhs gerichtet (§ 31 Satz 1 und 2 GBO),
- die später beantragte Eintragung die früher beantragte erst zulässig macht,[4] weil dann der Normzweck des § 17 GBO nicht zutrifft.

Beispiel: Der Antrag auf Eintragung des Erwerbers als Eigentümer wird erst nach Eingang seines Antrags auf Belastung des Grundstücks mit einer Grundschuld gestellt.

---

[1] BGHZ 45, 186, 191 = DNotZ 1966, 673 = NJW 1966, 1019.
[2] BGH aaO u. RGZ 135, 378, 385.
[3] BayObLG Rpfleger 1983, 101.
[4] KG JFG 7, 335, 342; LG Bamberg MittBayNot 1964, 393.

- Eintragungsanträge des Erstehers für von ihm bewilligte Rechte, vor Erledigung des Eintragungsersuchens des Vollstreckungsgerichts nach § 130 Abs. 3 ZVG beim Grundbuchamt eingereicht wurden.

VI. Verstoß gegen § 17 GBO

259 Wird unter Verstoß gegen § 17 GBO die später beantragte Eintragung vor Erledigung des früher gestellten Antrags vorgenommen, so liegt lediglich die Verletzung einer Ordnungsvorschrift des Verfahrensrechts vor, die **keine materiellen Auswirkungen** hat. Die vorweg vollzogene, aber später beantragte Eintragung ist wirksam. Sie begründet keine Grundbuchunrichtigkeit (§ 894 BGB)[1] und rechtfertigt daher auch nicht die Eintragung eines Amtswiderspruchs nach § 53 Abs. 1 GBO. Eine ordnungswidrig bereits vorgenommene Eintragung kann dazu führen, dass dadurch

- der Vollzug einer Eintragung aufgrund des noch nicht erledigten früher gestellten Antrags ausgeschlossen ist;

  Beispiel: Durch die zuerst vorgenommene Eintragung der später beantragten Auflassung ist eine Erledigung des früher gestellten Antrags auf Eintragung einer gegen den Veräußerer gerichteten Zwangshypothek auf dem Grundstück nicht mehr möglich (§ 39 GBO).

- ein Vorrang begründet wird;

  Beispiel: Die Eintragung einer Grundschuld auf Grund des später gestellten Eintragungsantrags begründet Vorrang (§ 879 Abs. 1 Satz 1 BGB) vor einer erst danach eingetragenen Buchhypothek, für die der Eintragungsantrag früher gestellt war.

- die später beantrage Eintragung in sonstiger Weise ihre Wirksamkeit behält.

  Beispiel: Die früher beantragte Eintragung des Eigentumsübergangs (Auflassung) wird erst nach Erledigung des später gestellten Antrags auf Eintragung einer Zwangshypothek vollzogen. Der Erwerber wird zwar Eigentümer des Grundstücks, aber belastet mit der Zwangshypothek.

Seitens des Grundbuchamts ist jedoch zu beachten, dass es sich bei einem Verstoß gegen § 17 GBO um eine Amtspflichtverletzung handelt, die Schadensersatzansprüche auslösen kann.

VII. Anträge für verschiedene Rechte

260 Sind mehrere Anträge auf Eintragungen gestellt, die verschiedene Rechte oder verschiedene Teile eines Rechts betreffen, so bestimmt die Grundbuchordnung insoweit keine Erledigungsreihenfolge.

Beispiele: Löschung einer Grundschuld und Neueintragung einer Reallast; Abtretung eines Teils einer Hypothek und Verpfändung eines anderen Teils dieses Rechts; Eintragung einer Grundschuld und Inhaltsänderung einer Hypothek.

---

[1] BayObLG DNotZ 1995, 68 = MDR 1994, 914 = Rpfleger 1995, 16.

H. Zurücknahme des Eintragungsantrags

I. Zulässigkeit und Form

1. Die Zurücknahme des Eintragungsantrags ist bis zur Eintragung, d.h. bis zur Vollendung mit Aufnahme in den Datenspeicher (§ 129 Abs. 1 Satz 1 GBO) oder mit Unterzeichnung, (§ 44 Abs. 1 Satz 2 GBO) zulässig. Demzufolge auch noch, wenn die Eintragung bereits verfügt[1] oder der Abspeicherungsbefehl schon erteilt ist. Die Antragsrücknahme, die der Form des § 29 Abs. 1 Satz 1 GBO bedarf (§ 31 GBO), verpflichtet den Grundbuchbeamten zur Zurücknahme des Befehls vor wirksamer Abspeicherung.[2] **261**

2. Eine bereits eingetretene materiellrechtliche Bindung des Antragstellers an die Eintragungserklärung (§ 873 Abs. 2, § 875 Abs. 2 BGB) hindert eine Zurücknahme des Antrags nicht[3]. Als Verfahrenshandlung unterliegt das Recht, einen Eintragungsantrag zu stellen und diesen wieder zurückzunehmen nicht der Beteiligtendisposition. Ein dem Grundbuchamt erklärter **Verzicht** auf die Antragsberechtigung und eine den Beteiligten gegenüber übernommene Verpflichtung, den Eintragungsantrag nicht zurückzunehmen, sind daher ohne Wirkung und vom Grundbuchamt nicht zu beachten. Es gibt deshalb auch **keinen „unwiderruflichen" Eintragungsantrag**[4]. Ebenso kann eine Vollmacht nicht mit dem Verzicht des Vollmachtgebers auf sein eigenes Antragsrecht verbunden werden (sog. verdrängende Vollmacht)[5]. Durch Zeitablauf wird das Antragsrecht nicht verwirkt[6]. **262**

II. Antragsrücknahme bei Mitwirkung des Notars

1. Die Vertretung des Antragstellers durch den Notar ermächtigt diesen auch dazu, die von ihm gestellten Anträge bis zum Vollzug zurückzunehmen (§ 24 Abs. 3 Satz 1 BNotO). Die Rücknahmeerklärung ist wirksam, wenn sie mit der Unterschrift und dem Amtssiegel des Notars versehen ist (§ 24 Abs. 3 Satz 2 BNotO). Der Notar kann auch nur einzelne von mehreren Anträgen zurücknehmen, sofern sie nicht zum gemeinsamen Vollzug nach § 16 Abs. 2 GBO verbunden sind,[7] und außerdem unter Beachtung der Form des § 24 Abs. 3 Satz 2 BNotO eine von ihm zulässigerweise (s. Rn. 237) getroffene Bestimmung über die Verbindung von Anträgen (§ 16 Abs. 2 GBO) aufheben. Zur Aufhebung eines von den Beteiligten getroffenen Vorbehalts nach **263**

[1] BayObLGZ 1954, 142, 146.
[2] BT-Drucks. 12/5553 S. 81 zu § 129 Abs. 1 GBO.
[3] BayObLGZ 1972, 204, 215 = MDR 1972, 876; KG DNotZ 1973, 33, 36 = Rpfleger 1972, 174.
[4] OLG Düsseldorf NJW 1956, 876, 877; BayObLGZ 1972, 204, 215 und 1985, 153, 158= MittBayNot 1985, 150.
[5] LG Magdeburg Rpfleger 1996, 244; LG Frankfurt MittRhNotK 1992, 116 = Rpfleger 1992, 58; Ertl DNotZ 1975, 644; unrichtig OLG Hamm DNotZ 1975, 686 = Rpfleger 1975, 250.
[6] BayObLG DNotZ 1994, 182 = MittBayNot 1993, 371; OLG Hamm DNotZ 1973, 615 = Rpfleger 1973, 303.
[7] BayObLGZ 1955, 48, 53 = DNotZ 1956, 206;.

§ 16 Abs. 2 GBO ist er dagegen ohne deren ausdrückliche Bevollmächtigung nicht befugt. Anträge der Beteiligten in den vorgelegten Urkunden, die als nicht gestellt gelten (Rn. 242), bedürfen keiner gesonderten Rücknahme.[1]

264 2. Verfahrenshandlungen der Beteiligten schließt die Vertretung durch den nach § 15 Abs. 2 GBO ermächtigten Notar nicht aus. Eine Antrags**zurücknahme** kann daher auch durch alle (durch den Notar vertretene) **Antragsteller selbst** erfolgen (Form: § 31 GBO); dazu bedarf es einer Mitwirkung (Erklärung) des Notars nicht.

265 3. Eine Rücknahme des von einem Antragsberechtigten selbst gestellten Antrags durch den Notar, der ihn als Bote eingereicht hat, erlaubt § 15 Abs. 2 GBO nicht. Zur Rücknahme eines solchen Antrags, benötigt der Notar eine besondere Vollmacht in der Form des § 29 Abs. 1 GBO, um die Rücknahme dann in notarieller Eigenurkunde erklären zu können.

§ 8. Die Eintragungsbewilligung (§ 19 GBO)

A. Bewilligungsgrundsatz

I. Bewilligung als Eintragungsgrundlage

266 Eine **rechtsändernde Eintragung** in das Grundbuch kann erfolgen, wenn derjenige sie bewilligt, dessen Recht von ihr betroffen wird (§ 19 GBO). Eine Besonderheit gilt lediglich für die Auflassung eines Grundstücks und für Erbbaurechtsvorgänge (siehe § 20 GBO).

Soll eine das Grundbuch **berichtigende Eintragung** vorgenommen werden, so setzt dies voraus, dass

- derjenige sie **bewilligt**, dessen Recht von ihr betroffen wird (§ 19 GBO),
- oder der **Nachweis der Unrichtigkeit** erbracht wird und ggfs die Zustimmung des Eigentümers oder des Erbbauberechtigten erklärt ist (§ 22 Abs. 2 GBO, siehe dazu Rn. 378 ff).

Zweck der gesetzlichen Regelung des § 19 GBO ist es, dass statt eines Nachweises der materiellrechtlichen Einigung oder auch nur einer einseitigen Erklärung die Bewilligung des Betroffenen erforderlich und genügend ist, um dadurch eine Erleichterung des Grundbuchverkehrs sowie eine Vereinfachung der Grundbuchführung herbeizuführen.

II. Rechtsnatur, Form

267 Die Eintragungsbewilligung ist eine **Verfahrenshandlung.** Als eine Erklärung rein verfahrensrechtlicher Natur[2] bildet sie die Entscheidungsgrundlage für Vornahme der beantragten Eintragung[3]. Ein materielles Erfordernis der

---

[1] So auch Schöner/Stöber Rn. 193.

[2] BayObLG MittBayNot 1993, 17 = NJW-RR 1993, 283 = Rpfleger 1993, 189; BayObLG ZfIR 2003, 682; OLG Hamm MittBayNot 1989, 27 = Rpfleger 1989, 148. OLG Düsseldorf Rpfleger 1981, 177, 178.

[3] vgl. BGHZ 84, 202, 205 = DNotZ 1983, 309 = NJW 1982, 2817 = Rpfleger 1982, 414.

Rechtsänderung ist sie nicht. Die dem formellen Grundbuchrecht zuzuordnende Bewilligung, welche die Eintragung im Grundbuchverfahren (vgl. Rn. 202, 203) ermöglicht und die für Rechtsänderung nötige materiellrechtliche Willenserklärungen (Einigung, einseitige Erklärung, Zustimmung) decken sich begrifflich nicht[1]. Eine bewilligte Grundbucheintragung (auch Löschung) kann daher verfahrensrechtlich ordnungsgemäß erfolgt sein und daher keinem Amtswiderspruch nach § 53 Abs. 1 Satz 1 GBO wegen Verletzung gesetzlicher Vorschriften unterliegen, die eingetragene (materielle) Rechtsänderung aber dennoch nicht bewirkt haben.[2] Von einer „Doppelnatur" der Bewilligung, nämlich eine Erklärung zugleich verfahrensrechtlicher und rechtsgeschäftlicher Natur zu sein, wird heute (zutreffend) nicht mehr ausgegangen. Im Einzelfall kann zwar in der dem Wortlaut nach als Verfahrenserklärung abgefassten Bewilligung dem Sinn nach zugleich eine materiell-rechtliche Willenserklärung liegen. Für das Grundbuchverfahren und die Grundbucheintragung kommt dem aber keine Bedeutung zu. Wirksamkeit und Wirkungen der Eintragungsbewilligung als Verfahrenshandlung bestimmen sich nach den verfahrensrechtlichen Vorschriften des Grundbuchrechts und nicht nach den bürgerlich-rechtlichen Vorschriften des materiellen Rechts.

Als Eintragungsgrundlage im Grundbuchverfahren hat die Eintragungsbe- 268
willigung der Form des § 29 Abs. 1 Satz 1 GBO zu entsprechen GBO.

B. Bewilligungsberechtigung

I. Der Betroffene

1. Bewilligungsberechtigt ist der Betroffene. Die Bewilligungsberechti- 269
gung ist Ausfluss der materiellen Herrschaftsmacht. Der Rechtsinhaber kann über sein Recht verfügen und somit auch mit seiner Bewilligung (§ 19 GBO) die für das Grundbuchverfahren erforderliche Grundlage zur Vornahme rechtsändernder oder berichtigender Eintragungen schaffen.

2. **Betroffen** wird von einer Eintragung jedes Recht, das im Eintragungs- 270
zeitpunkt, nicht aber schon bei Abgabe oder Wirksamwerden der Bewilligung, **rechtlich** und nicht bloß tatsächlich oder wirtschaftlich **beeinträchtigt** wird oder werden kann[3]. Einer Beeinträchtigung kann jede sachenrechtliche Berechtigung unterliegen, demzufolge

- das Eigentum,
- jedes beschränkte dingliche Recht an einem Grundstück, somit Dienstbarkeiten und Nießbrauch (§§ 1018–1093 BGB), Vorkaufsrecht (§§ 1094–1104 BGB), Reallast (§§ 1105–1112 BGB), Hypothek, Grundschuld und Rentenschuld (§§ 1113–1203 BGB),

---

[1] BGHZ 60, 46, 52 = MittBayNot 1973, 87 = NJW 1973, 323; BGHZ 84, 202, 207 aaO.

[2] BGHZ 60, 46, 52 aaO.

[3] BGHZ 66, 341, 345 = MittBayNot 1976, 65 = NJW 1976, 962; BGHZ 91, 343, 346 = DNotZ 1984, 695 = NJW 1984, 2409 = Rpfleger 1984, 408; BGH DNotZ 2006, 520 = NJW-RR 2006, 888 = Rpfleger 2006, 316.

- jedes an einem solchen Grundstücksrecht bestehende Recht eines Dritten, wie ein Nießbrauch (§ 1068 BGB) oder ein Pfandrecht (§ 1273 BGB, §§ 830, 857, 859 ZPO),
- eine Vormerkung (insbesondere § 883 BGB) als Sicherungsmittel,
- ein Widerspruch (insbesondere § 899 BGB) als Schutzvermerk,
- eine Verfügungsberechtigung wie die durch Nacherben- (§ 51 GBO) oder Testamentsvollstreckervermerk (§ 52 GBO) gesicherte.

271 3. Ein Betroffensein eines Rechts ist gegeben, wenn die dingliche Rechtsstellung des Rechtsinhabers durch die vorzunehmende Eintragung irgendwie **ungünstiger gestaltet** wird oder ungünstiger gestaltet werden kann[1]. Ob eine beantragte Eintragung ein Recht nachteilig verändert und damit betrifft i.S. des § 19 GBO, bestimmt sich im Einzelfall nach deren Gegenstand.

272 4. Zu bewilligen hat **derjenige, dessen Recht** von der Eintragung **betroffen wird** (verlierender Teil). Das ist bei einer **rechtsändernder Eintragung** der (wirkliche) Rechtsinhaber, also der Eigentümer, der Gläubiger oder der Berechtigte eines Rechts an dem Grundstück oder eines Rechts an einem Grundstücksrecht, wenn seine Rechtsstellung durch rechtsgeschäftliche Verfügung mit Grundbucheintragung übertragen, inhaltlich verändert, durch Belastung mit dem Recht eines Dritten beschränkt oder mit Löschung aufgehoben werden soll. Betroffen ist aber auch derjenige, dem mit Eintragung einer Verfügungsbeschränkung die Ausübung seines eingetragenen Rechts vereitelt (geschmälert) wird oder dem durch die Löschung einer Verfügungsbeschränkung der grundbuchersichtliche Schutz entzogen wird. Berechtigter i.S. des § 19 GBO ist ferner derjenige, der zwar nicht im Grundbuch eingetragen ist, dessen Rechtsposition sich für das Grundbuchamt aber aus den vorliegenden Urkunden zweifelsfrei ergibt.[2]

Beispiele:
- Eintragung einer Hypothek, Grundschuld, Dienstbarkeit, Reallast, eines Nießbrauchs oder Vorkaufsrechts: betroffen ist der Eigentümer des Grundstücks;
- Abtretung einer Buchhypothek (§§ 873, 1154 Abs. 3 BGB): betroffen ist der Gläubiger des Rechts;
- Verlängerung der Kündigungsfrist einer Grundschuld (s. § 1193 Abs. 2 BGB): betroffen von der Inhaltsänderung (§ 877 BGB) sind der Gläubiger des Rechts und der Eigentümer;
- Eintragung eines Nießbrauchs (§ 1068 BGB) oder eines Pfandrechts (§ 1273 BGB) an einer Hypothek oder Grundschuld: betroffen ist der Gläubiger des Rechts;
- Löschung einer Hypothek (oder eines anderen Rechts) am Grundstück: betroffen ist der Berechtigte des Rechts (zur Eigentümerzustimmung wegen § 1183 BGB, § 27 GBO siehe unter Rn 275);
- Eintragung der Verpfändung eines Miterbenanteils (§§ 1273, 2033 Abs. 1 BGB): Verfügungsbeschränkung, von der die (= alle) Miterben betroffen sind; Löschung dieses Vermerks über die Verpfändung des Miterbenanteils: betroffen ist der Pfandgläubiger.

---

[1] BayObLGZ 1974, 217, 220 = MittBayNot 1974, 147; BayObLGZ 1981, 156, 158 = MittBayNot 1981, 122 = Rpfleger 1981, 354; BayObLGZ 1991, 313, 317 = NJW-RR 1992, 208 = Rpfleger 1992, 20.

[2] OLG München OLGReport Mü. 2006, 416 = Rpfleger 2006, 393.

5. Betroffen von der Eintragung einer **Änderung des Inhalts eines Rechts** an einem Grundstück, die nicht erkennen lässt, wer gewinnender und wer verlierender Teil ist, sind der Berechtigte (Rechtsinhaber) und der Eigentümer des Grundstücks. Rechtlich beeinträchtigt werden durch diese Eintragung sowohl das Recht an dem Grundstück als auch das Eigentum selbst. 273

Beispiele:
- Umwandlung einer Buchhypothek in eine Briefhypothek oder einer Briefhypothek in eine Buchhypothek;
- Umwandlung einer Sicherungshypothek in eine gewöhnliche Hypothek oder einer solchen in eine Sicherungshypothek;
- Umwandlung einer Hypothek in eine Grundschuld oder eine Grundschuld in eine Hypothek;
- Auswechslung der Hypothekenforderung.

6. Im Falle einer das Grundbuch **berichtigenden Eintragung** ist Betroffener der **Buchberechtigte** (Rn. 107), weil er derjenige ist, zu dessen Gunsten das Grundbuch etwas Unrichtiges bekundet.[1] Nach a. A. soll der Buchberechtigte nur betroffen sein, wenn die Berichtigung in der Eintragung des wahren Berechtigten oder in der Löschung eines Rechts besteht. Der wahre Berechtigte sei dagegen von berichtigenden Eintragungen anderer Art betroffen.[2] Das ist jedoch nicht zutreffend, weil die Berichtigung, z.B. eines unrichtig eingetragenen Rangverhältnisses mit Bewilligung des eingetragenen Nichtgläubigers nicht möglich ist, wenn die Vermutung des § 891 BGB widerlegt ist. Auf die erforderliche Bewilligung des nicht eingetragenen wahren Gläubigers kann sie aber nur wieder erfolgen, wenn er voreingetragen und somit für den unrichtig eingetragenen Rang Buchberechtigter ist (§ 39 GBO). 274

II. Der nur mittelbar und der möglicherweise Betroffene

1. Auch der nur **mittelbar Betroffene** muss bewilligen, wozu die **Zustimmungsverpflichteten** zählen. Ist nach materiellem Recht für eine Rechtsänderung die Zustimmung eines Drittberechtigten notwendig, z. B in den Fällen der §§ 876, 877, 880 Abs. 3, § 1183 BGB, so ist grundbuchrechtlich ebenso dessen Eintragungsbewilligung nötig.[3] Für die Löschung eines Grundpfandrechts sieht § 27 GBO stets eine Eigentümerzustimmung vor, sofern nicht die Unrichtigkeit nachgewiesen wird. Bei der Inhaltsänderung eines Rechts mit **Erweiterung** seines Umfangs bedarf es gleichfalls der Zustimmung der im Rang gleich- und nachstehende dinglichen Berechtigten[4]. Davon ausgenommen sind die Fälle der §§ 1119, 1186, 1198, 1203 BGB. 275

2. Bewilligen muss ferner als nur **möglicherweise Betroffener**[5] auch ein Rechtsinhaber, für dessen Rechtsstellung sich aus der Eintragung eine un- 276

[1] Siehe Motive III S. 234; BayObLGZ 1997, 307, 310 = DNotZ 1998, 811 m. Anm. Schöner = NJW-RR 1998, 592.
[2] Demharter Rn. 47 zu § 19 und Rn. 32 zu § 22 GBO.
[3] BGHZ 91, 343, 347 aaO; BayObLGZ 1989, 28, 31 = DNotZ 1990, 42 = MittBayNot 1989, 149 = NJW-RR 1989, 652.
[4] BayObLGZ 1959, 520, 529 = NJW 1960, 1155.
[5] RGZ 119, 313, 316; BayObLG 1981, 156, 158 aaO.

günstige Wirkung zwar nicht feststellen lässt, diese aber vielleicht doch gegeben sein kann. Das ist jeder Berechtigte, dessen Benachteiligung nicht mit Sicherheit ausgeschlossen werden kann[1].

III. Mehrere Betroffene

277 1. Nur **ein** Beteiligter hat als Betroffener zu bewilligen, wenn die Eintragung lediglich für ihn einen rechtlichen Verlust zur Folge hat[2].

Beispiel: Eintragung einer Grundschuld für G auf dem Grundstück des Alleineigentümers A. Zu bewilligen hat (nur) A.

2. Werden **mehrere** Beteiligte in ihrem Recht beeinträchtigt, bedarf es der Bewilligung der mehreren **Betroffenen.**

Beispiel: Löschung der Hypothek des G auf dem Grundstück des A, die mit einem Nießbrauch zugunsten des N belastet ist. Zu bewilligen haben G, N und A (Zustimmung nach § 27 GBO).

IV. Verfahrensfähigkeit des Betroffenen

278 Eine wirksame Erklärung der Bewilligung durch den Bewilligungsberechtigten setzt die Fähigkeit voraus, als Beteiligter aufzutreten (s. hierzu Rn. 147). Ist dem Inhaber eines dinglichen Rechts die Verfügungsbefugnis entzogen worden hat dies in der Regel auch den Entzug der **Bewilligungsbefugnis** zur Folge (s. dazu Rn. 329).

C. Inhalt der Eintragungsbewilligung

I. Erfordernisse

279 Die Eintragungsbewilligung muss klar und unzweideutig ergeben
- den bewilligenden **Betroffenen**, erforderlich zur Darlegung der Bewilligungsberechtigung;
- den erkennbaren Willen des Bewilligenden, dass eine (bestimmte) Grundbuch**eintragung gewollt** und gestattet ist;
- die Bezeichnung des **Grundstücks** übereinstimmend mit dem Grundbuch oder durch Hinweis auf das Grundbuchblatt (§ 28 Satz 1 GBO) um Verwechslungen, Irrtümer oder auch nur Zweifel auszuschließen (Bestimmtheitsgrundsatz). Sind auf dem angegebenen Grundbuchblatt mehrere Grundstücke vorgetragen (§ 4 Abs. 1 GBO), so muss klargestellt sein, ob alle Grundstücke gemeint sind oder nur ein einzelnes von ihnen[3];
- ob es sich um eine **rechtsändernde Grundbucheintragung** (z. B. Auflassung, Eintragung eines Rechts, Inhaltsänderung, Abtretung, Löschung) oder um eine **Grundbuchberichtigung** handelt. Bei Belastungen hat die Bewilligung die Angabe des Rechts und den seines durch die Beteiligten rechtsgeschäft-

[1] KG JFG 14, 146–148; BayObLG 1974, 217, 220 aaO.
[2] BayObLG 1981, 156, 158 aaO.
[3] BayObLG Rpfleger 1980, 433; OLG Düsseldorf DNotZ 1952, 35.

lich festzulegenden Inhalt zu enthalten. Einzutragende Geldbeträge sind grundsätzlich in Euro anzugeben (vgl. § 28 Satz 2 GBO). Geldbeträge von Grundpfandrechten können darüber hinaus auch in der Währung eines der Mitgliedstaaten der Europäischen Union, der Schweizerischen Eidgenossenschaft sowie der Vereinigten Staaten von Amerika angegeben werden.[1] Ein zu löschendes Recht muss bestimmt sein;

- den **Berechtigten** einer bewilligten Eintragung (Bezeichnung nach § 15 GBV) und wenn sie für mehrere gemeinschaftlich erfolgen soll, entweder die Angabe der Anteile der Berechtigten in Bruchteilen oder das für die Gemeinschaft maßgebende Rechtsverhältnis (§ 47 Abs. 1 GBO),
- eine **Bedingung** (§ 158 BGB) oder **Befristung** (§ 163 BGB) des einzutragenden Rechts.

Die Bewilligung **kann**, wenn darüber im Antrag nichts erklärt ist, auch eine Bestimmung über ein von der zeitlichen Eingangsfolge abweichendes Rangverhältnis treffen (§ 45 Abs. 3 GBO).

II. Die Berichtigungsbewilligung

Eine Berichtigungsbewilligung muss erkennen lassen, dass die Eintragung 280
berichtigend, also nicht für eine Rechtsänderung nach § 873 Abs. 1 BGB gestattet wird. Sie muss inhaltlich eindeutig sein und darf keine unterschiedlichen Auslegungen zulassen.[2] Auch ist die Unrichtigkeit der bestehenden Grundbucheintragung und die Richtigkeit der beantragten neuen Eintragung schlüssig dartun[3]. Das erfordert eine Darstellung der Ursache (des Grundes) der Grundbuchunrichtigkeit und damit die Bezeichnung der Tatsachen, aus denen die Grundbuchunrichtigkeit zweifelsfrei folgt, sowie des materiellen Rechtsvorgangs (Auflassung, Abtretung, Verpfändung), der die wirkliche Rechtslage begründet und aufzeigt, dass das Grundbuch derzeit unrichtig ist und durch die bewilligte Berichtigung richtig wird.[4]

Eine Bewilligung nur des Inhalts, dass der Berechtigte nicht der Eingetragene sei, sondern das Recht dem berichtigend neu einzutragenden Dritten zustehe[5] oder nicht den eingetragenen, sondern den berichtigend zur Eintragung bewilligten anderen Inhalt habe, genügt nicht. Zur berichtigenden Eintragung eines nicht eingetragenen Rechts müssen dessen Inhalt und der Berechtigte ebenso bezeichnet werden wie die Inhaltsbezeichnung bei der berichtigenden Eintragung einer Inhaltsänderung notwendig ist. Der Nachweis der Grundbuchunrichtigkeit (§ 22 GBO, Rn. 378) macht dagegen die Berichtigungsbewilligung als Eintragungsgrundlage entbehrlich[6]. Das Grundbuchamt hat daher insoweit nur zu prüfen, ob die Grundbuchunrichtigkeit und

---

[1] Siehe VO vom 30. Okt. 1997, BGBl. I S. 2683.

[2] LG Rostock Rpfleger 2000, 496.

[3] BayObLGZ 1994, 33, 38 = NJW-RR 1994, 914 = Rpfleger 1994, 410 und Rpfleger 1982, 141; OLG Stuttgart OLGZ 14, 76, 78.

[4] OLG Frankfurt NJW-RR 1996, 14.

[5] OLG München JFG 18, 117, 120; BayObLG DNotZ 1991, 598 = MittRhNotK 1990, 78.

[6] BayObLGZ 1994, 33, 38 aaO.

die Richtigkeit der beantragten neuen Eintragung schlüssig dargetan sind, nicht aber, ob die dafür vorgebrachten Tatsachen richtig sind.

III. Die Löschungsbewilligung

281 Eine Löschungsbewilligung braucht nur zum Ausdruck zu bringen, dass die Löschung stattfinden soll[1], nicht aber, ob sie rechtsändernd zur Aufhebung des Rechts (§ 875 BGB) oder berichtigend eingetragen werden soll. Daher ist für eine Löschung zur Grundbuchberichtigung auch die Angabe der materiellen Grundlage der Grundbuchunrichtigkeit nicht erforderlich.

IV. Eindeutigkeit des Inhalts

282 Die Erklärung des Betroffenen, die Grundbucheintragung zu erlauben, muss eindeutig zum Ausdruck kommen[2]. Ein bestimmter Wortlaut, auch das Wort „bewilligen“, ist nicht zwingend vorgeschrieben.[3] Die Eintragungsbewilligung kann daher auch in die Form eines Eintragungsantrags gekleidet werden,[4] bedarf aber dann der Form des § 29 Abs. 1 GBO, (siehe Rn. 416).

283 2. Eine **Verweisung** auf eine andere, das Recht näher bezeichnende öffentliche oder öffentlich beglaubigte Urkunde ist zulässig, sofern diese entweder bereits bei den Grundakten liegt (auch an anderer Blattstelle, die anzugeben ist)[5] oder mit der Eintragungsbewilligung eingereicht wird.[6]

V. Bedingung, Vorbehalt

284 1. Die Eintragungsbewilligung darf anders als das bewilligte einzutragende Recht, **nicht bedingt**[7] **oder befristet** sein und in entspr. Anwendung des § 16 Abs. 1 GBO auch sonst nicht unter einem Vorbehalt stehen. Eine Ausnahme wird nur dann zugelassen, wenn der Bedingungseintritt, Anfangstermin oder die Erfüllung des Vorbehalts offenkundig ist oder in der Form des § 29 GBO nachgewiesen wird[8]. Eine Rechtsbedingung (Rn. 246) ist dagegen zulässig.

285 2. Unter dem Vorbehalt, dass von **mehreren Eintragungen** die **eine nicht ohne die andere** Eintragung erfolgen soll, darf eine Bewilligung gestellt werden; § 16 Abs. 2 GBO ist auf die Eintragungsbewilligung entsprechend anwendbar.[9]

---

[1] KG JW 1934, 1056; BayObLGZ 1952, 321, 322.

[2] OLG Frankfurt OLGZ 1980, 100, 102 = Rpfleger 1980, 63.

[3] Schöner/Stöber Rn. 103.

[4] KGJ 21 A 125; OLG Frankfurt aaO.

[5] BayObLG Rpfleger 1987, 415.

[6] RG HRR 1931 Nr. 1459; Schöner/Stöber Rn. 104 mit weit Nachw.

[7] OLG Frankfurt Rpfleger 1996, 151.

[8] Für Eintragung Zug um Zug gegen Zahlung: OLG Frankfurt Rpfleger 1980, 291; BayObLG DNotZ 1985, 47 = Rpfleger 1983, 480.

[9] KG HRR 1937 Nr. 466; BayObLG 1985, 332, 340 = DNotZ 1986, 345 = MittBayNot 1985, 254 = MittRhNotK 1986, 46.

VI. Auslegung

Eine nicht klare und eindeutige Eintragungsbewilligung (zu den Erfordernissen siehe Rn. 279) kann als Verfahrenshandlung wie jede rechtsgeschäftliche Willenserklärung vom Grundbuchamt ausgelegt werden.[1] 286

VII. Vertretung

Die Vertretung des Bewilligenden durch einen Bevollmächtigten ist zulässig. Zum Nachweis der Vollmacht siehe die Ausführungen zu Rn. 432. Bei Bewilligung eines vollmachtlosen Vertreters kann die Genehmigung des Vertretenen oder eine nachträglich erteilte Vollmachtsurkunde bis zur Grundbucheintragung mit Speicherung (§ 129 Abs. 1 Satz 1 GBO) oder Unterzeichnung (§ 44 Abs. 1 Satz 2 GBO) nachgereicht werden. Die **Rückwirkung** der Genehmigung oder der nachträglichen Bevollmächtigung auf den Zeitpunkt der Bewilligung und damit deren Wirksamkeit folgen bereits aus § 11 FamFG in entspr. Anwendung auf die Bewilligung als Verfahrenshandlung. Zumeist wird indes eine Wirksamwerden der verfahrensrechtlichen Bewilligung, für die § 180 BGB nicht gilt, durch Nachtragsgenehmigung gemäß § 177 BGB mit gleichem Ergebnis angenommen.[2] 287

D. Wirksamkeit der Eintragungsbewilligung

I. Wirksamwerden

1. Auf die Eintragungsbewilligung als Verfahrenserklärung findet § 130 BGB keine Anwendung.[3] Wirksamkeit erlangt sie, wenn sie 288

- in Urschrift oder Ausfertigung dem **Grundbuchamt vorgelegt** oder dem **Begünstigten ausgehändigt** wird (zur beglaubigten Abschrift siehe nachfolgend Rn. 289)
- oder der Begünstigte nach § 51 Abs. 1 (nicht Abs. 2) BeurkG einen unwiderruflichen gesetzlichen Anspruch auf Aushändigung der Urschrift oder einer Ausfertigung der Bewilligung hat.[4] Verlangen kann nach § 51 Abs. 1 Nr. 1 BeurkG eine Ausfertigung bei Niederschrift über Willenserklärungen (§ 8 BeurkG) jeder, der eine Erklärung im eigenen Namen abgegeben hat oder in dessen Namen eine Erklärung abgegeben worden ist.

Nicht wirksam geworden ist die Eintragungsbewilligung, wenn dem Grundbuchamt oder Begünstigten als Empfänger vorher oder gleichzeitig ein Widerruf zugeht (§ 130 Abs. 1 Satz 2 BGB entspr. Anwendung).

---

[1] BGHZ 90, 323, 327 = NJW 1984 1959 = Rpfleger 1984, 310; BayObLG MittBayNot 1993, 17 = NJW-RR 1993, 283 = Rpfleger 1993, 189; Schöner/Stöber Rn. 172 mit weit Nachw.

[2] KEHE/Munzig Rn. 204 zu § 19 GBO Schöner/Stöber Rn. 3547; auch BayObLG DNotZ 1986, 238 = NJW-RR 1986, 380.

[3] OLG Hamm OLGZ 1989, 9, 13 = MittBayNot 1989, 27 = Rpfleger 1989, 148.

[4] BayObLG DNotZ 1994, 182, 183 = MittBayNot 1993, 371= MittRhNotK 1993, 255 = NJW-RR 1993, 1489.

289 2. Die **Einreichung** der Eintragungsbewilligung in Urschrift, Ausfertigung oder beglaubigter Abschrift[1] **durch den Bewilligungsberechtigten** oder für ihn durch den Notar weist deren Wirksamkeit für das Grundbuchamt aus. Ebenso begründet die Vorlage der Urschrift oder einer Ausfertigung der Eintragungsbewilligung **durch den Begünstigten** oder für ihn durch den Notar[2] für das Grundbuchamt die Annahme, dass sie ihm von dem Bewilligenden ausgehändigt und vorher oder gleichzeitig nicht widerrufen wurde, somit wirksam ist. Wenn der Begünstigte nach § 51 Abs. 1 BeurkG unwiderruflich einen Anspruch auf Aushändigung der Bewilligungsurkunde oder einer Ausfertigung davon hat, reicht für den Nachweis der Wirksamkeit auch die Vorlage einer beglaubigten Abschrift durch ihn aus[3]. Infolge des gesetzlichen Anspruchs ist der Begünstigte nicht mehr von der Mitwirkung des Bewilligungsberechtigten abhängig; der gesetzliche Anspruch auf Aushändigung der Bewilligung steht in punkto Wirksamkeit und Nachweis der Aushändigung der Bewilligung durch diesen daher gleich.

290 3. Der **Tod des Erklärenden** vor Zugang und ebenso die Beschränkung oder der Wegfall der Geschäftsfähigkeit hindern den Eintritt der Wirksamkeit nicht, wenn der Aussteller vorher alles Erforderliche getan hat, um das Zugehen der Erklärung herbeizuführen.[4] Auch ein nachträglicher Einwilligungsvorbehalt nach § 1903 Abs. 2 BGB ändert nichts an der Wirksamkeit.[5]Eine bereits wirksam gewordene Eintragungsbewilligung des Erblassers genügt zur Eintragung selbst dann, wenn inzwischen die Erben als Berechtigte im Grundbuch eingetragen sind[6].

II. Kein Widerruf

291 Die wirksam gewordene Eintragungsbewilligung kann als Grundbuchverfahrenserklärung **nicht widerrufen** werden.[7] Das Eintragungsverfahren ist damit auf eine feste Grundlage gestellt,[8] ein Widerruf nach Wirksamkeit ist nicht zu beachten und hindert Eintragung nicht. Die Grundbucheintragung auf Antrag des Begünstigten kann nur noch mit Rückgabe der Bewilligung (Urschrift oder Ausfertigung) an den Bewilligenden ausgeschlossen werden.[9]

III. Beendigung der Wirksamkeit

292 Die **Wirksamkeit** der Eintragungsbewilligung **endet**, wenn die Eintragung unterbleibt, weil der allein vom Bewilligenden gestellte Eintragungsantrag zu

[1] Zu dieser Ertl DNotZ 1967, 339, 348.

[2] Hier aber nicht die Vorlage einer beglaubigten Abschrift, BayObLG DNotZ 1994, 182, 183; Ertl Rpfleger 1980, 41, 47; Schöner/Stöber Rn. 107.

[3] BayObLG DNotZ 1994, 182, 183 aaO.

[4] RGZ 170, 380, 384; Demharter Rn. 22 zu § 19 GBO; s. auch OLG Stuttgart NJOZ 2012, 965.

[5] OLG Celle DNotZ 2006, 923 = NJW 2006, 3501 = NotBZ 2007, 217.

[6] BGHZ 48, 351 = DNotZ 1968, 414 = NJW 1968, 105.

[7] Widerruf als Ausnahme ist nicht vorgesehen, BayObLG JFG 2, 337, 339.

[8] KG JFG 8, 226, 228.

[9] K/E/H/E-Munzig Rn. 176 zu § 19 GBO.

dem die Bewilligung eingereicht worden ist, zurückgenommen[1] oder zurückgewiesen wird. Das Grundbuchamt hat in diesem Fall die wirkungslose Bewilligung dem Antragsteller zurückzugeben (folgt aus § 10 Abs. 1 GBO).[2] Zugunsten des Begünstigten, der erst nachträglich ein neues Verfahren einleitet, wirkt die Eintragungsbewilligung daher auch dann nicht fort, wenn sie noch dem Grundbuchamt vorliegt oder überhaupt bei ihm verblieben ist.[3] Mit Wiedervorlage der Bewilligung in Urschrift oder Ausfertigung durch den Begünstigten oder in seinem Namen durch den Notar wie auch durch den Betroffenen (als Nachweis seines Einverständnisses für Verwendung der Bewilligung im neuen Verfahren) wird jedoch für die neu beantragte Eintragung die Wirksamkeit der Bewilligung neu begründet[4].

IV. Bindung

Die Aushändigung der Eintragungsbewilligung an den Erwerber (sonst Begünstigten) bewirkt eine Bindung an die für die Rechtsänderung materiellrechtlich erforderliche Einigung (§ 873 Abs. 2 BGB; Rn. 19) oder einseitige Erklärung (§ 875 Abs. 2 BGB). Eine Verfügungsbeschränkung des Bewilligenden hat diese Bindung nicht zur Folge.[5] Eine andere früher beantragte Eintragung (§ 17 GBO) mit abweichender oder auch entgegenstehender Bewilligung vorzunehmen, z.B. die Löschung der Buchgrundschuld nach Bewilligung und bindender Einigung über deren Abtretung wird dadurch nicht gehindert. 293

E. Bewilligung durch einen Nichtberechtigten

I. Unwirksamkeit der Bewilligung

1. Die Eintragungsbewilligung eines Nichtberechtigten ist grundsätzlich unwirksam und kann daher nicht die Grundlage für eine Grundbucheintragung bieten. Als Nichtberechtigter handelt, wer nicht Bewilligungsberechtigt (Rn. 269) oder als Betroffener nicht Inhaber der Verfügungsbefugnis (Rn. 7) und daher nicht bewilligungsbefugt ist (Rn. 330). 294

2. Die Eintragungsbewilligung eines Nichtberechtigten ist damit auch die Bewilligung eines Betroffenen, 295
- der nach Abgabe der Bewilligung und vor Grundbucheintragung, somit vor Verwirklichung des Verfügungstatbestands, sein Recht verloren hat[6].

---

[1] BGHZ 84, 202 = DNotZ 1983, 309 = NJW 1982, 2817 = Rpfleger 1982, 414 =ZIP 1982, 1245.

[2] Berechtigung zur Rückgabe: BGHZ 84, 202, 208 aaO; Ertl DNotZ 1967, 339, 343. Rückgabepflicht.; KGJ 39 A 163; 44, 170.

[3] BGHZ 84, 202 aaO; auch OLG Frankfurt NJW-RR 1995, 785.

[4] BGHZ 84, 202 = aaO; OLG Hamm OLGZ 1989, 9, 13 aaO.

[5] RGZ 113, 403, 407.

[6] BayObLGZ 1973, 139, 141 = DNotZ 1973, 139 = MittBayNot 1973, 288 = Rpfleger 1973, 296.

Beispiel: Bewilligung einer Belastung durch den Grundstückseigentümer, dann Erwerb des Grundstücks durch einen Dritten mit Eintragung der Auflassung[1],

– dem die Verfügungsbefugnis (bereits) entzogen ist

Beispiel: Insolvenzschuldner verfügt über einen Gegenstand der Insolvenzmasse (s. Rn. 310).

II. Wirksamwerden

296 1. Wirksam ist die Bewilligung eines Nichtberechtigten aber, wenn sie **mit Einwilligung** (vorheriger Zustimmung, § 183 BGB) des Berechtigten erklärt ist (§ 185 Abs. 1 BGB analog).

297 2. Wirksam ist die Eintragungsbewilligung eines Nichtberechtigten außerdem (§ 185 Abs. 2 BGB), wenn der

– Berechtigte sie genehmigt (Form: § 29 Abs. 1 Satz 1 GBO),
– der verfügende Nichtberechtigte das betroffene Grundstück oder Grundstücksrecht erwirbt,
– der verfügende Nichtberechtigte von dem Begünstigten beerbt wird und dieser für die Nachlassverbindlichkeiten unbeschränkt haftet.

Die Vorschrift des § 185 BGB ist (ebenso wie § 878 BGB) auf die Eintragungsbewilligung als verfahrensrechtliche Erklärung entsprechend anwendbar.[2] Auch in der rechtswirksamen Auflassung liegt grundsätzlich die Ermächtigung für den Erwerber (§ 185 Abs. 1 BGB), das Grundstück ohne seine Zwischeneintragung im eigenen Namen an einen Dritten aufzulassen (Kettenauflassung)[3]. Eine Rückwirkung auf den Zeitpunkt der Wirksamkeit der Bewilligung (Rn. 288) hat zwar die nachträgliche Zustimmung (Genehmigung, § 184 Abs. 1 BGB), nicht aber ein nachträglicher Rechtserwerb.[4]

298 3. Die Eintragungsbewilligung nur **eines Miterben**, obwohl eine gemeinschaftliche Bewilligung nach § 2040 Abs. 1 BGB erforderlich ist, und auch die nur von einem Gesamthänder stammende Bewilligung, wenn sie gemeinsam verfügen müssen, bildet keine ausreichende Eintragungsgrundlage. Es bedarf vielmehr der Bewilligung aller der mehreren Betroffenen. Wenn der Miterbe oder ein sonstiger Gesamthänder die Bewilligung aber nicht nur für sich, sondern auch für die übrigen, somit alle Erben oder Gesamthänder, vollmachtlos erklärt hat, handelt er für diese als Nichtberechtigter. Dann kann die Bewilligung nach § 185 BGB geheilt werden[5].

---

[1] OLG Frankfurt OLGZ 1980, 100 = Rpfleger 1980, 63; kein Fall des § 878 BGB, weil der „Berechtigte" nicht Rechtsinhaber geblieben ist.

[2] BayObLGZ 1970, 254, 256 = DNotZ 1971, 45 = NJW 1971, 514 m. Anm. Wolfsteiner S. 1140 = Rpfleger 1970, 431; KGJ 47 A 159; OLG Düsseldorf NJW 1963, 162; OLG München HRR 1941 Nr. 2.

[3] Siehe RGZ 129, 153; 135, 378; BGHZ 106, 108, 112 = DNotZ 1990, 289 = MittBayNot 1989, 87 = NJW 1989, 1093; BayObLGZ 1970, 254 = DNotZ 1971, 45 = NJW 1971, 514; Schöner/Stöber Rn. 3317.

[4] RGZ 89, 152, 158.

[5] RG 152, 380, 382; BGHZ 19, 138 = NJW 1956, 178; BayObLGZ 1988, 229, 231 = DNotZ 1989, 361= MittBayNot 1988, 232 = MittRhNotK 1988, 208.

§ 9. Nachweis der Einigung bei Auflassung usw. (§ 20 GBO)

A. Einigung als Eintragungserfordernis

I. Eintragung erst nach Einigung

Falls 299
- die **Übertragung des Eigentums** an einem Grundstück wie auch die Übertragung eines realen Grundstücksteils, des Anteils eines Bruchteilsmiteigentümers sowie eines Wohnungseigentums (= Auflassung § 925 BGB),
- oder die **Bestellung** (§§ 1, 11 Abs. 1 ErbbauRG mit § 873 Abs. 1 BGB), **Änderung des Inhalts** (§ 11 Abs. 1 ErbbauRG mit §§ 873, 877 BGB) sowie die **Übertragung** (§ 11 Abs. 1 ErbbauRG mit § 873 Abs. 1 BGB) eines **Erbbaurechts**

erfolgen soll, darf die Eintragung nur vorgenommen werden, wenn die erforderliche **Einigung** des Berechtigten und des anderen Teils **erklärt** und nachgewiesen ist (§ 20 GBO). Ziel der grundbuchrechtlichen Ordnungsvorschrift ist es, wegen der Bedeutung des Eigentums und des Erbbaurechts als grundstücksgleiches Recht, für privatrechtliche und öffentlichrechtliche Verhältnisse die auch Verpflichtungen begründen, größtmögliche Übereinstimmung der eingetragenen mit den nach materiellem Recht bestehenden Rechtsverhältnissen zu gewährleisten und damit insoweit die Richtigkeit der Grundbucheintragungen sicherzustellen.[1] In das Grundbuchverfahrensrecht ist damit das materielle Konsensprinzip mit dem Erfordernis übernommen, dass dem Grundbuchamt, außer der Eintragung, die zur Rechtsänderung erforderliche Willensübereinstimmung der Beteiligten über den gewollten Eintritt der Rechtsänderung nachzuweisen ist.

II. Bewilligungserfordernis

Die Vorschrift des **§ 20 GBO ergänzt das formelle Konsensprinzip**, ersetzt 300
oder durchbricht es aber nicht. Die Bewilligung des Veräußerers, als des von der Eintragung einer Auflassung oder vom Erbbaurechtsvorgang Betroffenen, muss daher für eine Eintragung auch vorliegen, wenn nach § 20 GBO die Einigung nachgewiesen ist.[2] Es kann die Auflassung oder die Bestellung des Erbbaurechts usw. erklärt, deren Grundbucheintragung vom Betroffenen aber noch nicht gewollt, verfahrensrechtlich somit nicht erlaubt sein. Die Verwendung der Auflassung im Grundbuchverfahren erst nach gesonderter Bewilligung erlangt insbesondere bei der Sicherung der Kaufpreisleistungen Bedeutung. Die Auslegung wird jedoch vielfach ergeben, dass mit der sachenrechtlichen Einigung (§ 873 Abs. 1 BGB) zugleich auch die verfahrensrechtli-

---

[1] Güthe/Triebel Rn. 2 zu § 20 GBO; s. auch Rn. 13.
[2] So die heute ganz h.M. Ausführlich hierzu Weser MittBayNot 1993, 253. Anders nur wieder Kesseler ZNotP 2000, 176 (überholte Anschauung).

che Bewilligung erklärt sein soll.[1] Ansonsten wird angenommen, dass ein entgegenstehender Wille ausdrücklich erklärt oder aus den Umständen zu entnehmen sein muss[2]. Ist demzufolge die Bewilligung vorbehalten, kann vor einer gesonderten Bewilligung (§ 19 GBO) die Grundbucheintragung nicht schon erfolgen, selbst wenn die Auflassung erklärt und nachgewiesen ist[3].

B. Auflassung eines Grundstücks (§ 925 BGB)

301 1. Zur **rechtsgeschäftlichen Übertragung** des Eigentums an einem Grundstück oder an einem Miteigentumsanteil bedarf es stets einer Einigung in der Auflassungsform (§ 925 mit § 873 Abs. 1 BGB), damit immer, wenn das Eigentum durch eine diesbezügliche Verfügung von dem bisherigen Berechtigten auf den „anderen Teil" (s. § 873 Abs. 1 BGB) übergehen soll und die Rechtsänderung zugleich mit der Grundbucheintragung eintritt.

302 2. Eine **Auflassung** ist darüber hinaus insbesondere auch **erforderlich** zur rechtsgeschäftlichen Eigentumsübertragung durch

- Übereignung eines erbengemeinschaftlichen Nachlassgrundstücks auf einen Miterben zu Alleineigentum oder auch nur zu einem Bruchteil daran im Falle der rechtsgeschäftlicher Erbauseinandersetzung;[4]
- Übereignung eines Nachlassgrundstücks auf einen Vermächtnisnehmer (§§ 2147, 2174 BGB) oder einen Miterben als Vorausvermächtnis (§ 2150 BGB);[5]
- Umwandlung des Grundstückseigentums einer Erbengemeinschaft oder einer sonstigen Gesamthandsgemeinschaft (z.B. eheliche Gütergemeinschaft) in Bruchteilseigentum;[6]
- Übereignung eines zum Gesamtgut gehörenden Grundstücks auf einen Ehegatten als Alleineigentümer zu seinem Vorbehaltsgut, sowie auch umgekehrt durch Übereignung eines Grundstücks aus dem Vorbehaltsgut eines Ehegatten auf die Eheleute zum Gesamtgut der ehelichen oder einer fortgesetzten Gütergemeinschaft;[7]
- Übereignung eines zum Gesamtgut gehörenden Grundstücks auf einen Ehegatten zu Alleineigentum bei Aufhebung einer ehelichen oder fortgesetzten Gütergemeinschaft;[8]
- Einbringung eines Grundstücks durch einen Gemeinschafter (auch durch mehrere) in eine BGB- oder Personenhandelsgesellschaft (OHG, KG), in

---

[1] So OLG Stuttgart DNotZ 2008, 828 = MittBayNot 2008, 122 = NJW-RR 2008, 828 = NotBZ 2008, 126.

[2] BayObLG DNotZ 1975, 685 = Rpfleger 1975, 26.

[3] Ertl DNotZ 1975, 646, 647; Demharter Rn. 2; KEHE/Munzig Rn. 8, 9; Meikel/Böttcher Rn. 5 je zu § 20 GBO; Schöner/Stöber Rn. 97; s. außerdem BGH Rpfleger 1982, 153 und BGH MittBayNot 1984 181 = NJW 1984, 1959 = Rpfleger 1984, 310; aA noch RGZ 141, 374, 376.

[4] RGZ 89, 53, 57.

[5] OLG Dresden OLGZ 39, 217.

[6] RGZ 57, 432; 105, 246, 251 mit weit Nachw.

[7] Siehe Schöner/Stöber Rn. 3290.

[8] BayObLGZ 35, 322.

eine Partnerschaft oder EWIV, und die Übertragung eines Grundstücks mehrerer Miteigentümer auf eine Personenhandelsgesellschaft, die sie unter sich allein errichten;[1]
- Einbringung eines Grundstücks durch die Gründer einer AG, GmbH oder Genossenschaft auf diese Körperschaft, somit auch die Einbringung eines Gesellschaftsgrundstücks durch die Gesellschafter einer OHG oder KG in eine von ihnen gegründete GmbH;[2]
- Übereignung des Grundstücks einer Personen- oder Kapitalgesellschaft auf einen der Gesellschafter oder auf mehrere als Miteigentümer zu Bruchteilen oder in einem sonstigen Rechtsverhältnis, damit auch Übereignung an einen ausscheidenden Gesellschafter, wenn die Gesellschaft fortbesteht;[3]
- Änderung der Größe der Bruchteilsanteile von Miteigentümern.[4]

3. **Keiner Auflassung** bedarf es vor allem in den Fällen der Rechtsnach- 303
folge wie z.B. bei
- der Vereinbarung von Gütergemeinschaft durch Ehevertrag (§ 1416 Abs. 2 BGB),
- einer Erbteilsübertragung (§ 2033 Abs. 1 BGB); anders aber bei einem Grundstückserwerb durch einen Erbschaftskäufer (§ 2374 BGB),
- einem Gesellschafterwechsel bei einer BGB-Gesellschaft, OHG oder KG, Partnerschaft oder EWIV,
- der Änderung der Firma oder des Sitzes einer Personenhandels- oder Kapitalgesellschaft.[5]
- Einer Umwandlung nach dem UmwG.

Ausgenommen sind somit alle Fälle des Eigentumswechsels aus einem anderem Rechtsgrund, insbesondere
- kraft Gesetzes,
- durch staatlichen Hoheitsakt und Zwangsvollstreckung, z.B. Enteignung, Zuschlag (§ 91 Abs. 1 ZVG).

C. Erklärung der Auflassung

I. Wirksamkeitsvoraussetzung

Die Auflassung muss bei **gleichzeitiger Anwesenheit** des Veräußerers und 304
Erwerbers[6] vor einer zuständigen Stelle (mündlich) erklärt werden (§ 925 Abs. 1 Satz 1 BGB), wobei die gleichzeitige Anwesenheit nicht auch zugleich persönliche Anwesenheit bedeutet (zur Vertretung s. Rn. 319). Erforderlich sind Erklärungen, aus denen sich der übereinstimmende Wille der Beteiligten über den Übergang des Eigentums vom Veräußerer auf den Erwerber deutlich ergibt.[7] Die Entgegennahme der Auflassungserklärung soll nur erfolgen wenn der nach § 311b Abs. 1 Satz 1 BGB notariell beurkundete Verpflich-

---

[1] Schöner/Stöber Rn. 3290 mit weit Nachw.
[2] RGZ 74, 6, 9; OLG Celle Rpfleger 1954, 108.
[3] KGJ 52, 140; KG DR 1944, 292.
[4] RGZ 56, 101.
[5] KGJ 28 A 151; 52 A 158; kein Fall der Rechtsnachfolge.
[6] Ein Verstoß führt grds. zur Nichtigkeit, BGHZ 29, 6, 10 = NJW 1959, 626.
[7] RGZ 53, 378, 381.

tungsvertrag vorgelegt oder gleichzeitig errichtet wird (§ 925a BGB). Ein Verstoß dagegen macht jedoch die Auflassung nicht unwirksam.

II. Das Grundstück als Gegenstand der Auflassung

305 Das Grundstück muss bei der Willensübereinstimmung der Beteiligten als Gegenstand der Rechtsänderung bestimmt festgelegt und damit auch in der Urkunde über die Auflassung zweifelsfrei bezeichnet sein.[1] Für die Eintragung in das Grundbuch erfordert § 28 Satz 1 GBO seine Bezeichnung in der Eintragungsbewilligung, auch soweit sie in der Auflassung enthalten ist, übereinstimmend mit dem Grundbuch oder durch den Hinweis auf das Grundbuchblatt. Eine unzulängliche Bezeichnung in der Bewilligung ist in der Form des § 29 GBO nachholbar. Die ergänzende Bezeichnung kann neben dem Veräußerer auch durch den Auflassungsempfänger erfolgen.[2] Zur Auflassung eines Trennstücks s. Rn. 667.

III. Gemeinschaftsverhältnis mehrerer Erwerber

306 Das Gemeinschaftsverhältnis zwischen mehreren Erwerbern, d.h. die Angabe der Anteile in Bruchteilen oder des für die Gemeinschaft maßgebenden Rechtsverhältnisses (vgl. § 47 Abs. 1 GBO), ist **notwendiger Inhalt** der Auflassung (s. Rn. 10)[3] und muss bei Fehlen grds. durch Erwerber und Veräußerer nachgeholt werden. Jedoch sind aber Auslegung und Umdeutung Auflassungserklärung zulässig.[4] Auch genügt es dem Bestimmtheitsgrundsatz, wenn das Gemeinschaftsverhältnis im notariellen Verpflichtungsgeschäft enthalten ist und die Auflassung darauf Bezug nimmt.[5] Eine fehlerhafte Angabe des Gemeinschaftsverhältnisses, z.B. Gütergemeinschaft, die nicht besteht oder Bruchteilsgemeinschaft, wenn zum Gesamtgut der ehelichen Gütergemeinschaft erworben werden soll, hat aber (was auch angenommen wird) nicht die Unwirksamkeit der Auflassung an sich zur Folge. Vielmehr sind die Erwerber mit zu unterstellender Einwilligung des Veräußerers (§ 185 Abs. 1 BGB) als ermächtigt anzusehen, ohne dessen Mitwirkung die Auflassung hinsichtlich des Gemeinschaftsverhältnisses zu ergänzen,[6] was in der Form des § 29 GBO zu geschehen hat. Die Eintragung des Rechtserwerbs für das Gesamtgut kann ein in Gütergemeinschaft lebender Ehegatte allein auch dann beantragen, wenn ihm das Grundstück zu Alleineigentum aufgelassen worden ist[7] Ebenso können Eheleute, die in Gütergemeinschaft leben, denen das

---

[1] BayObLG DNotZ 1988, 117 = NJW-RR 1988, 230 = Rpfleger 1988, 60.

[2] BayObLG NJW 1966, 600 m. abl. Anm. Schmaltz = Rpfleger 1967, 177 m. zust. Anm. Haegele; BayObLGZ 1974, 112, 115 = MittBayNot 1975, 16; Demharter Rn. 32 zu § 20 GBO, je mit weit Nachw.; einschränkend aber KEHE/Munzig Rn. 84 zu § 20 GBO.

[3] BayObLGZ 1983, 118 = DNotZ 1983, 754 = MittBayNot 1983, 121.

[4] S. Schöner/Stöber Rn. 3311.

[5] OLG Düsseldorf MittBayNot 1977, 66.

[6] Schöner/Stöber Rn. 3312; s. hierzu auch Reymann NJW 2008, 1773, der für beiderseits irrtümlich angegebene Erwerbsverhältnisse die „falsa demonstratio-Regel“ für anwendbar hält.

[7] BayObLGZ 1975, 209 = DNotZ 1976, 174 = MittBayNot 1975, 169.

Grundstück aber „in Miteigentum zu gleichen Teilen" aufgelassen wurde, auf ihren Antrag hin als Eigentümer in Gütergemeinschaft in das Grundbuch eingetragen werden. Eine (erneute) Auflassung des Grundstücks an sie als Eigentümer zur gesamten Hand ist hierfür nicht erforderlich[1].

Ansprüche von Gesamtgläubigern auf Auflassung eines Grundstücks sind 307
zwar durch eine Vormerkung im Grundbuch sicherbar, eine Auflassung an mehrere Personen als Gesamtberechtigte nach § 428 BGB ist jedoch unwirksam.[2] Der Erwerb von Grundbesitz seitens einer bestehenden Erbengemeinschaft kann nur durch ein unter § 2041 BGB fallendes Rechtsgeschäft erfolgen.[3]

IV. Bedingungsfeindlichkeit der Auflassung

1. Unter einer **Bedingung** (§ 158 BGB) oder einer **Zeitbestimmung** (An- 308
fangs- oder Endtermin, § 163 BGB) darf eine Auflassung **nicht** erklärt werden (§ 925 Abs. 2 BGB). Andernfalls ist sie unwirksam und eine Heilung, etwa durch Eintritt der Bedingung, nicht möglich. Der Sinn dieser Regelung ist es die Eigentumsverhältnisse im Grundbuch definitiv richtig auszuweisen. Mit der Eintragung eines Schwebezustandes wäre jedoch das Eigentum nicht klar und bestimmt darstellbar. Die Eintragung einer bedingten oder unter einer Zeitbestimmung erklärten Auflassung ist deshalb wegen Nichtigkeit abzulehnen.

2. Die Auflassung in einem **Prozessvergleich unter Rücktrittsvorbehalt** ist 309
demzufolge nicht zulässig. Der in den Prozessvergleich zugunsten einer Partei oder beider Parteien aufgenommene Vorbehalt, den Vergleich bis zum Ablauf einer bestimmten Frist zu widerrufen, stellt eine aufschiebende Bedingung für die Wirksamkeit des Vergleichs dar[4] und ist daher unzulässig. Ferner ist die in einem Ehescheidungsstreit im gerichtlichem Vergleich „für den Fall der Scheidung" erklärte Auflassung ebenso als bedingt unwirksam, und zwar auch dann, wenn das Urteil im gleichen Termin noch verkündet und mit Rechtsmittelverzicht sogleich rechtskräftig wird[5].

3. Der Hinweis auf eine **Rechtsbedingung** (Rn. 246) in der Auflassung, 310
z.B. dass es noch der Erteilung einer familiengerichtlichen Genehmigung bedarf, berührt deren Wirksamkeit nicht.

4. Abreden über den **Grundbuchvollzug** gehören nicht zur Auflassung als 311
Willensübereinstimmung für die rechtsgeschäftliche Rechtsänderung. Die bedingungslos erklärte Einigung (Auflassung) ist daher auch wirksam, wenn nur der Grundbuchvollzug von einer Bedingung oder Zeitbestimmung abhängig gemacht ist. Weisen die Beteiligten den Notar an, den Antrag auf Eintragung der Eigentumsänderung nicht vor einem bestimmten Zeitpunkt zu stellen[6] oder von der Bewilligung (Rn. 300) erst unter bestimmten Vorausset-

[1] BGHZ 82, 346 = DNotZ 1982, 692 = Rpfleger 1982, 135.
[2] BayObLGZ 1963, 128 = NJW 1963, 2276.
[3] KG DNotZ 1944, 177; OLG Köln OLGZ 1965, 117.
[4] BGHZ 46, 277, 279 = NJW 1967, 440; BGHZ 88, 364 = NJW 1984, 312; Zöller/Stöber Rn. 10 zu § 794 ZPO.
[5] BayObLGZ 1972, 257 = MittBayNot 1972, 298 = NJW 1972, 2131.
[6] BGH NJW 1953, 1301.

zungen Gebrauch zu machen, so berührt das die Wirksamkeit der (bedingungslosen) Auflassung nicht.

312 5. Auch kann die zur Auflassung noch erforderliche Eintragungsbewilligung unter den Vorbehalt gestellt werden, dass die Eintragung der Auflassung nicht ohne eine andere Eintragung, z.B. der einer Kaufpreishypothek, einer Dienstbarkeit oder eines Nießbrauchs erfolgen soll (§ 16 Abs. 2 GBO; zu dessen entsprechender Anwendung auf die Bewilligung s. Rn. 285).

D. Zuständigkeit für Auflassungserklärung, Prozessvergleich

I. Notar

313 1. **Zuständig** zur Entgegennahme der Auflassung ist **jeder deutsche Notar** (§ 925 Abs. 1 Satz 2 BGB, § 20 Abs. 2 BNotO). Nicht erforderlich ist, dass das Grundstück in seinem Amtsbezirk oder in dem Land, in dem er zum Notar bestellt ist, liegt. Die Erklärung der Auflassung vor einem ausländischen Notar ist unwirksam[1].

314 2. a) Die Auflassung hat der Notar zu **beurkunden**. Zur Beurkundung der Willenserklärungen muss eine **Niederschrift** über die Verhandlung aufgenommen werden (§ 8 BeurkG), deren Inhalt den Vorschriften der §§ 9 ff BeurkG zu entsprechen hat. Die Erklärung der Auflassung kann auch in einer **Anlage** zur Niederschrift beurkundet werden (§ 9 Abs. 1 Satz 2 BeurkG), was jedoch eine Verweisung hierauf und die Beifügung erfordert. Eine Unterschriftsbeglaubigung ersetzt die Beurkundung nicht. Zu ihrer materiell-rechtlichen Wirksamkeit bedarf die Auflassung allerdings keiner Beurkundung (§ 925 BGB „... vor einer zuständigen Stelle erklärt ...“;[2]. Die (Form-) Nichtigkeit der Beurkundung hat daher nicht zugleich die Unwirksamkeit der Auflassungserklärung zur Folge. Deshalb bewirkt (verschafft) eine trotzdem vorgenommene Grundbucheintragung den Eigentumsübergang. Ein ordnungsgemäßer Nachweis gemäß §§ 20, 29 GBO ist jedoch nicht möglich.

315 b) Bei der Beurkundung des schuldrechtlichen Vertrags (in der Regel ein Kaufvertrag) sowie der Auflassung (samt Eintragungsbewilligung, Rn. 300) hat der Notar den **Sicherungsinteressen der Beteiligten** Rechnung zu tragen. Durch entsprechende Vertragsgestaltung ist einerseits der **Veräußerer** (Verkäufer) davor zu **schützen**, dass er das Eigentum an dem Grundstück nicht verliert, ohne dass der Erhalt der zu fordernden Gegenleistung (der Kaufpreis) sichergestellt ist. Andererseits muss dem **Erwerber** (Käufer) **gewährleistet** sein, dass er das Eigentum am Grundstück frei von (nicht zu übernehmenden) Rechten Dritter erlangt, wenn er die eigene Leistung (Kaufpreiszahlung) erbringt. Eine Sicherung des **Erwerbers** ermöglicht die Fälligstellung des von ihm zu zahlenden Betrags erst nach (rangrichtiger) Eintragung einer Eigentumsübertragungsvormerkung (Rn. 57) sowie das Vorliegen sonstiger Er-

---

[1] OLG Köln DNotZ 1972, 489 = OLGZ 1972, 321; KG DNotZ 1987, 44 = OLGZ 1986, 319.

[2] BGHZ 22, 312 = NJW 1957, 459; BGH DNotZ 1993, 55 = NJW 1992, 1101 = Rpfleger 1992, 338.

werbserfordernisse wie Genehmigungen usw. und die Kaufpreiszahlung über das Treuhandkonto des Notars, wofür es stets eines berechtigten Interesses bedarf (§ 54a BeurkG)[1]. Zur Sicherung des **Veräußerers**[2] stehen verschiedene Lösungen zur Verfügung[3] und zwar

- die **getrennte Beurkundung** des schuldrechtlichen Vertrags und erst nach Zahlung oder Sicherstellung der vereinbarten Gegenleistung die der Auflassung mit Eintragungsbewilligung.[4] Dieser sog. **materiell-rechtliche Weg** gewährleistet weitgehende Sicherheit,[5] verursacht aber (vermeidbare) Mehrkosten;
- der **Vorbehalt der Eintragungsbewilligung** bei der Beurkundung des schuldrechtlichen Vertrags mit Auflassung und Abgabe der Eintragungsbewilligung erst nach Kaufpreiszahlung oder -sicherstellung (sog. **grundbuchverfahrensrechtlicher Weg**);
- als nur **schuldrechtlicher Weg** eine Vereinbarung zwischen Veräußerer und Erwerber, wonach dieser vor Leistung (Kaufpreiszahlung) beim Grundbuchamt keinen Antrag auf Eigentumsumschreibung stellen und keine Eintragungsunterlagen einreichen darf. Eine wirkliche Sicherheit bietet diese Vertragsgestaltung dem Veräußerer nicht; sie mag bei besonderem Vertrauen des Veräußerers zum Erwerber hingenommen werden (Belehrungspflicht des Notars);
- durch **Beurkundung** des schuldrechtlichen Vertrags samt Auflassung und Eintragungsbewilligung zusammen in einer Urkunde und der **Anweisung an den Notar** durch sämtliche Beteiligte, vor Kaufpreiszahlung oder -sicherstellung die Vertragsurkunde nur unter Weglassung der Auflassung mit Eintragungsbewilligung auszufertigen sowie keine Urkundenabschrift zu erteilen, welche diese Erklärungen wiedergibt (sog. **beurkundungsrechtlicher Weg**).[6]

Diesen kostengünstigen beurkundungsrechtlichen Weg ermöglicht § 51 Abs. 2 BeurkG mit der Regelung, dass die Beteiligten (gemeinsam) Bestimmungen über die Erteilung von Ausfertigungen und damit auch Abschriften (§ 51 Abs. 3 BeurkG) der notariellen Urkunde treffen können. Ihn erleichtert § 9 Abs. 1 Satz 2 BeurkG damit, dass Erklärungen, sonach auch die Auflassung und die Eintragungsbewilligung, in einer der notariellen Urkunde beigefügten Schrift (Anlage zur Niederschrift), auf die verwiesen ist, enthalten sein können. Weil damit bis zur Kaufpreiszahlung – auch für die Eintragung der Eigentumsvormerkung – nur eine auszugsweise Ausfertigung und auch Abschrift der Urkunde erteilt wird (§ 42 Abs. 3, § 49 Abs. 5 BeurkG), in welcher der Urkundenteil mit Auflassung und Eintragungsbe-

---

[1] Siehe dazu Zimmermann DNotZ 2000, 164.

[2] Im übrigen dazu Schöner/Stöber Rn. 3152 ff u. 3203.

[3] Hierzu Ertl DNotZ 1975, 644, 645 f; OLG Köln MittRhNotK 1997, 328 mit tlw. krit Anm Recker = OLG-Report 1997, 181.

[4] Getrennte Beurkundung stellt keine unrichtige Sachbehandlung dar s. BayObLGZ 2000, 260 = MittBayNot 2000, 575 m. Anm. Tiedtke = NotBZ 2000, 381 = ZfIR 2001, 585.

[5] Ertl DNotZ 1995, 644, 646.

[6] Zur Eignung dieses Verfahrens für die Absicherung des Verkäufers Ertl und OLG Köln je aaO).

willigung nicht wiedergegeben wird und im Weiteren sichergestellt ist, dass die Auflassung und die Eintragungsbewilligung dem Grundbuchamt zur Eintragung des Erwerbers als Eigentümer erst nach Kaufpreiszahlung vorgelegt werden können.

II. Gerichtlicher Vergleich

316 Die Auflassung kann auch in einem gerichtlichen Vergleich erklärt werden (§ 925 Abs. 1 Satz 3 BGB). Zuständig ist **jedes Gericht** der ordentlichen (§ 12 GVG) und freiwilligen Gerichtsbarkeit aller Instanzen, somit das Prozessgericht, das Vollstreckungs- (§ 764 ZPO) und Insolvenzgericht (§ 2 InsO), auch z.B. das Nachlass- oder Landwirtschaftsgericht. Zulässig ist ebenfalls der Vergleichsabschluss in einem verwaltungsgerichtlichen Verfahren.[1] Der Vergleichsabschluss kann vor einem Einzelrichter der Zivilkammer oder des Zivilsenats (§§ 348, 527 ZPO) oder einem beauftragten sowie einem ersuchten Richter (§ 278 Abs. 5 ZPO) erfolgen. Er muss jedoch in der prozessrechtlich vorgeschriebenen Form (z.B. §§ 159–165 ZPO) protokolliert sein (s. § 127a BGB)[2]. Nicht möglich ist die Auflassung in einem schriftlichen Vergleich nach § 278 Abs. 6 ZPO, weil es an der nach § 925 Abs. 1 Satz 1 BGB zwingend gebotenen Erklärung bei gleichzeitiger Anwesenheit beider Teile vor Gericht mangelt.[3] Der Nachweis der Prozessvollmacht gehört nicht zum Forminhalt der Vergleichsniederschrift, wobei für einen Rechtsanwalt überdies § 88 Abs. 2 ZPO gilt. Jedoch ist zur Grundbucheintragung der Nachweis wegen § 29 GBO aber gesondert erforderlich. Bei Formnichtigkeit des Vergleichs (z.B. unterbliebene Verlesung) ist die Auflassung nicht wirksam erklärt. Verlangt ist „Auflassung ... in einem gerichtlichen Vergleich, nicht aber (wie beim Notar) vor dem Gericht bei Abschluss eines Vergleichs zur Beilegung des Rechtsstreits o ä. Das erfordert auch die förmliche Wirksamkeit des Vergleichs.

317 Ansonsten kann die Auflassung auch in einem **rechtskräftig bestätigten Insolvenzplan** erklärt werden (§ 925 Abs. 1 Satz 3 BGB, § 254 Abs. 1 InsO).

III. Konsularbeamte

318 Konsularbeamte (Berufs- und Honorarkonsularbeamte,) sind befugt (s. §§ 19, 24 KonsG)[4], Auflassungen entgegenzunehmen (§ 12 Nr. 1 KonsG) und zu beurkunden (§ 10 KonsG). In Baden-Württemberg ist der **Ratschreiber** nach § 32 Abs. 3 LFGG zur Beurkundung der Auflassung (zu einem von ihm beurkundeten Vertrag) zuständig.

---

[1] BGHZ 14, 381 = NJW 1954, 1886.

[2] BGHZ 14, 381, 390 f aaO.

[3] OLG Düsseldorf DNotZ 2007, 46 = NJW-RR 2006, 1609 = Rpfleger 2007, 25.

[4] Konsulargesetz vom 11.9.1974 (BGBl. I S. 2317), zuletzt geändert am 17.12.2008 (BGBl. I S. 2586).

E. Vertretung bei Auflassung

I. Vertretung statt persönlicher Anwesenheit

Gleichzeitige Anwesenheit beider Teile erfordert nicht persönliche Anwesenheit. Zulässig ist daher auch die Erklärung der Auflassung 319
- durch einen **bevollmächtigten Vertreter** (§ 164 Abs. 1 BGB),
- durch einen **vollmachtlosen Vertreter** (§ 177 Abs. 1 BGB),
- durch einen **Nichtberechtigten** (§ 185 BGB.[1]

Materiellrechtlich bedarf die Auflassungsvollmacht keiner Form (§ 167 Abs. 2 BGB); dem Grundbuchamt muss sie jedoch in der Form des § 29 Abs. 1 Satz 1 GBO nachgewiesen werden.[2]

II. Vollmachtlose Vertretung

Die bei vollmachtloser Vertretung schwebend unwirksame Auflassung 320
wird durch **Genehmigung des Vertretenen** mit rückwirkender Kraft wirksam (§ 177 Abs. 1, § 184 Abs. 1 BGB). In dem Vorbehalt der Genehmigung der Auflassung durch den Vertretenen liegt keine nach § 925 Abs. 2 BGB unzulässige Bedingung; es handelt sich vielmehr lediglich um eine (unschädliche) Rechtsbedingung[3]. Für eine im Zeitpunkt der Einigung (§§ 873, 925 BGB) noch nicht bestimmte Person kann ein (vollmachtloser) Vertreter die Auflassung jedoch nicht rechtwirksam entgegennehmen.[4] Zum Nichtberechtigten s. Rn. 297. Zum gesetzlichen Vertreter Rn. 508 ff.

F. Urteil auf Abgabe der Auflassungserklärung (§ 894 ZPO)

Bei der Verurteilung des Veräußerers zur Abgabe der Auflassungserklä- 321
rung, welche die Eintragungsbewilligung in der Regel mit einschließt,[5] gilt die Erklärung mit Rechtskraft des Urteils (§ 705 ZPO) als abgegeben (§ 894 Satz 1 ZPO). Eine Auslegung dahin, dass die Auflassungserklärung auch die Eintragungsbewilligung enthält verbietet sich jedoch, wenn es sich bei dem zu übertragenden Grundstück um eine noch wegzumessende Teilfläche handelt, die nicht übereinstimmend mit dem Grundbuch oder durch Hinweis auf das Grundbuchblatt bezeichnet wurde (§ 28 GBO).[6] Für die Einigung in Form der Auflassung (§§ 873, 925 BGB) muss die übereinstimmende Willensäußerung des Erwerbers ferner noch unter Vorlage des rechtskräftigen Urteils vor einem Notar oder einer sonst zuständigen Stelle unbedingt erklärt werden (§ 925

---

[1] BGHZ 19, 138 = NJW 1956, 178.
[2] BGHZ 29, 366, 368 = DNotZ 1959, 312 = NJW 1959, 883 = Rpfleger 1959, 219 m. Anm. Haegele.
[3] BayObLGZ 1972, 257, 258 = MittBayNot 1972, 298 = NJW 1972, 2131.
[4] BayObLGZ 1983, 275 = DNotZ 1984, 181 = MittBayNot 1983, 221= Rpfleger 1984, 11.
[5] BayObLGZ 1953, 111, 117 = MDR 1953, 561.
[6] OLG Stuttgart DNotZ 2008, 456 = MittBayNot 2008, 122 = NJW-RR 2008, 828 = NotBZ 2008, 126.

BGB)[1]. Die bloße Unterschriftsbeglaubigung durch einen Notar genügt nicht[2]. Die Formvorschrift des § 925 Abs. 1 Satz 1 BGB ist nicht erfüllt, wenn der Gläubiger des Auflassungsanspruchs erst nach seiner Auflassungserklärung ein rechtskräftiges Urteil gegen den Schuldner auf Abgabe von dessen Auflassungserklärung erwirkt.[3] Der Nachweis der Rechtskraft des Urteils ist durch ein Zeugnis nach § 706 ZPO zu erbringen. Steht der Auflassungsanspruch mehreren als Miteigentümer Einzutragenden als unteilbare Leistung zu (§ 432 BGB), kann die Eintragung des Eigentumsübergangs nur einheitlich erfolgen.[4]

322 Ist der Schuldner **Zug um Zug** gegen Erfüllung einer **Gegenleistung** zur Auflassung verurteilt, was keine Bedingung i.S. des § 925 Abs. 2 BGB darstellt,[5] so gilt die Erklärung erst als abgegeben, wenn nach den Vorschriften der §§ 726, 730 ZPO eine vollstreckbare Ausfertigung des rechtskräftigen Urteils erteilt ist (§ 894 Satz 2 ZPO).

G. Nachweis der Auflassung

I. Form des Nachweises

323 Die Form einer dem Grundbuchamt nach § 29 Abs. 1 GBO vorzulegenden öffentlichen Urkunde richtet sich nach den Vorschriften des Beurkundungsgesetzes. Die vor einem Notar (oder einer sonst zuständigen Stelle) über die Auflassung errichtete Urkunde ist dem Grundbuchamt in **Ausfertigung** (§ 49 BeurkG) oder beglaubigter Abschrift (§ 42 BeurkG) vorzulegen. Die Einreichung einer beglaubigten Abschrift auch durch den Erwerber als Begünstigten genügt. Er hat als Urkundsbeteiligter unwiderruflich Anspruch auf eine Ausfertigung (§ 51 Abs. 1 BeurkG), so dass zum Nachweis der Wirksamkeit der auch bei Auflassung erforderlichen Bewilligung (§ 19 GBO) eine beglaubigte Abschrift ausreicht (Rn. 288). Genügend für den grundbuchmäßigen Vollzug der Eigentumsumschreibung ist in aller Regel auch die Vorlage nur eines formgerechten **Auszugs** aus der notariellen Urkunde (§§ 42 Abs. 3, 49 Abs. 5 BeurkG), der die Auflassungserklärung und die genaue Beschreibung des Vertragsgegenstandes enthält.[6] Zur Überprüfung, ob aber die Auflassung nicht einer behördlichen Genehmigung bedarf, kann das Grundbuchamt im Einzelfall die Vorlage der Urkunde in vollem Wortlaut verlangen.[7] Ist die Auflassung in der **Anlage** zur notariellen Niederschrift erklärt (§ 9 Abs. 1 Satz 2 BeurkG), so reicht es für den Grundbuchvollzug aus, wenn die Urkunde selbst dem Grundbuchamt, z.B. für die Eintragung der Eigentumsvormerkung, schon eingereicht ist. Dass dem Notar bei Beurkundung der Auf-

---

[1] BayObLG FGPrax 2005, 178 = NotBZ 2005, 216 = RNotZ 2005, 362 = Rpfleger 2005, 488 = ZNotP 2005, 277.

[2] OLG Celle DNotZ 1979, 308.

[3] Sie erfüllt das Erfordernis der „gleichzeitigen Anwesenheit beider Teile" nicht; BayObLGZ 1983, 181 = Rpfleger 1983, 390 mit weit Nachw; Zöller/Stöber Rn. 7 zu § 894 ZPO.

[4] OLG München FGPrax 2009, 59 = NotBZ 2009, 30 = Rpfleger 2009, 228.

[5] OLG Düsseldorf Rpfleger 1988, 206.

[6] BayObLG DNotZ 1981, 570 = MittBayNot 1981, 70 = Rpfleger 1981, 233.

[7] BayObLG aaO.

lassung der schuldrechtliche Veräußerungsvertrag in beurkundeter Form vorgelegen hat (§ 925a BGB) ist vom Grundbuchamt nicht zu prüfen.[1] Fehlt die **Unterschrift** des Erwerbers unter der Niederschrift der abgeschlossenen Auflassungsverhandlung, kann dieser zur Unwirksamkeit der Beurkundung führende Mangel nicht durch eine notarielle Eigenerklärung geheilt werden, sondern nur durch eine erneute formgerechte Beurkundung.[2]

Im Übrigen sind zum Vollzug der Eigentumsumschreibung dem Grund- 324
buchamt neben der Auflassung alle sonstigen rechtsbegründenden oder ergänzenden Erklärungen, z.B. Vollmacht, Einwilligung oder Genehmigung des Berechtigten (s. Rn. 415), sowie die im Grundstücksverkehr je nach Sachlage zur Wirksamkeit des Rechtsgeschäfts erforderlichen behördlichen Genehmigungen (s. Rn. 506 ff)nachzuweisen und zu belegen.

II. Verstoß gegen § 20 GBO

Ein Verstoß des Grundbuchamts gegen § 20 GBO verletzt lediglich Verfah- 325
rensrecht, hindert jedoch nicht die materiellrechtliche Wirkung der Eintragung (§ 873 Abs. 1 BGB). Demzufolge bewirkt die Eintragung den Eigentumsübergang auf den Erwerber, wenn die Auflassung nach Maßgabe des § 925 BGB zustande gekommen ist. Fehlt dagegen die Auflassung, so wird das Grundbuch mit Eintragung der Rechtsänderung unrichtig und es besteht ein Berichtigungsanspruch nach § 894 BGB. Wird aber die Auflassung nachträglich formwirksam erklärt, geht damit das Eigentum auf den Erwerber über[3]. Dann ist bei Eintragung des Erwerbers im Grundbuch zu vermerken, dass und wann die wirksame Auflassung nachgeholt worden ist.[4] Ein Klarstellungsvermerk kommt aber nicht in Betracht, wenn er lediglich dazu dient, wegen Zweifeln an einer rechtswirksamen Auflassung alternativ den Erwerb des Eigentums aufgrund einer vorsorglich wiederholten zweiten Auflassung zusätzlich im Grundbuch zu verlautbaren.[5]

§ 10. Eintragung bei Entziehung und Beschränkung der Verfügungsbefugnis

A. Verfügungsbeschränkungen

I. Beschränkung des Rechtsinhabers

1. Die Befugnis des Rechtsinhabers (Eigentümer, Berechtigter einer 326
Dienstbarkeit usw., Gläubiger eines Grundpfandrechts), über sein Recht zu verfügen (es zu veräußern, inhaltlich zu ändern, zu belasten oder aufzuheben) kann Beschränkungen unterworfen sein. Sie können

---

[1] Siehe Schöner/Stöber Rn. 3342.

[2] BayObLG DNotZ 2001, 560 = NJW-RR 2001, 734 = NotBZ 2001, 111 = Rpfleger 2001, 228.

[3] BGH NJW 1952, 622; BayObLGZ 2002, 30 = DNotZ 2002, 731 = FGPrax 2002, 99 = Rpfleger 2002, 303 = ZfIR 2002, 850.

[4] Schöner/Stöber Rn. 3343.

[5] BayObLGZ 2002, 30 aaO.

- als Grundstücksverkehrsbeschränkungen nach **öffentlichem Bodenrecht** für die Grundbucheintragung eine behördliche Genehmigung erfordern (Rn. 507),
- als bürgerlich-rechtliche **Verfügungsbeschränkungen** (s. Rn. 7)
  - **absolut**, sonach gegenüber jedermann wirken,
  - oder nur **relativ**, weil sie lediglich dem Schutz bestimmter Personen dienen (§§ 135, 136 BGB).

327 2. Nach ihrem Entstehungsgrund können Beschränkungen des Rechtsinhabers in der Verfügung über sein Recht und damit auch in seiner Befugnis, Grundbucheintragungen zu bewilligen, beruhen auf

- **Gesetz** (§§ 134, 135 BGB)

  Beispiele: § 1365 Abs. 1 BGB für Gesamtvermögensverfügung bei Zugewinngemeinschaft; §§ 1423–1425 BGB für die Beschränkung des Gesamtgutsverwalters bei Gütergemeinschaft.

- gerichtlichem oder behördlichem **Hoheitsakt** (§ 136 BGB)

  Beispiele: Eröffnung des Insolvenzverfahrens, § 80 Abs. 1 InsO); allgemeines Verfügungsverbot (§ 21 Abs. 2 Nr. 2 InsO); Beschlagnahme mit Anordnung der Zwangsversteigerung oder Zwangsverwaltung (§§ 20, 23 Abs. 1, § 146 ZVG); Verfügungsverbot mit Pfändung (§ 829 Abs. 1 ZPO) oder mit einstweiliger Verfügung (§ 938 Abs. 2 ZPO),

- rechtsgeschäftlicher **Vereinbarung** (als Ausnahme zu § 137 Satz 1 BGB)

  Beispiele: Zustimmung des Grundstückseigentümers zur Veräußerung oder Belastung eines Erbbaurechts (§ 5 Abs. 1 ErbbauRG); Zustimmung anderer Wohnungseigentümer oder eines Dritten zur Veräußerung eines Wohnungseigentums (§ 12 WEG).

II. Grundbucheintragung der Verfügungsbeschränkung

328 Die Grundbucheintragung der Beschränkung des Rechtsinhabers in der Verfügung über sein Recht kann

- gesetzlich **ausgeschlossen** sein

  Beispiel: Verfügungsbeschränkungen nach ehelichem Güterrecht (§ 1365 Abs. 1, §§ 1423–1425 BGB),

- zugelassen (möglich) und dann **erforderlich** sein, damit
  - die Verfügungsbeschränkung **Wirksamkeit erlangt**

    Beispiele: § 5 ErbbauRG; § 12 WEG; § 75 BVersG.

  - die bereits wirksame Verfügungsbeschränkung Schutz gegen gutgläubigen Rechtserwerb erlangt (§ 135 Abs. 2, § 892 Abs. 1 Satz 2 BGB; s. Rn. 332 und 354).

B. Entziehung der Verfügungsbefugnis

I. Entzug der Verfügungs- und Bewilligungsbefugnis

329 1. a) Eine **Entziehung** der rechtlichen **Verfügungsbefugnis** bewirken

- die Eröffnung des Insolvenzverfahrens (§ 80 Abs. 1 InsO),

- das allgemeine Verfügungsverbot im Rahmen des Insolvenzeröffnungsverfahrens nach § 21 Abs. 2, 1. Alt. InsO,

  (Auch in den neuen Bundesländern gilt seit 1. Jan 1999 die Insolvenzordnung. Die bis dahin geltende Gesamtvollstreckungsordnung – GesO) i.d.F. vom 23. Mai 1991, BGBl. I S. 1186 ist aufgehoben worden – Aufhebung gem. Art 2 Nr. 7 mit Art 110 Abs. 1 EGInsO).

- die Anordnung der Nachlassverwaltung (§ 1984 Abs. 1 BGB),
- die Anordnung der Vorerben-Verwaltung (§ 2129 Abs. 1 BGB),
- die Ernennung eines Testamentsvollstreckers (zu diesem gesondert Rn. 952).

Der Schuldner des Insolvenzverfahrens, der Erbe oder der Vorerbe (zu diesem auch Rn. 935) verliert als Rechtsinhaber damit die Befugnis, über ein Grundstück oder Grundstücksrecht zu verfügen. Das Verfügungsrecht über das fremde Recht wird durch den Insolvenzverwalter, § 80 Abs. 1 InsO), den vorläufigen Insolvenzverwalter (§ 22 Abs. 1 InsO), den Nachlaßverwalter (§ 1985 Abs. 1 BGB) oder den Vorerbenverwalter (§ 2129 Abs. 1 mit § 1052 BGB) ausgeübt. Der **Verwalter** tritt insoweit **kraft Gesetzes** an die **Stelle des Rechtsinhabers.**

2. Der Rechtsinhaber, der über sein Recht nicht mehr verfügen kann, ist 330
auch **nicht mehr** in der Lage die als Grundlage für das Grundbuchverfahren erforderliche **Bewilligung** (§ 19 GBO) zur Vornahme rechtsändernder oder berichtigender Eintragungen abzugeben. Die Entziehung der rechtlichen Verfügungsbefugnis mit Eröffnung des Insolvenzverfahrens, der Anordnung der Nachlass- oder Vorerbenverwaltung hat daher auch die **Entziehung der Bewilligungsbefugnis** zur Folge. Mit dem Verfügungsrecht wird auch die Bewilligungsbefugnis von dem Verwalter ausgeübt, dem die Verfügungsbefugnis über das fremde Recht übertragen ist. Für die Ausübung der Bewilligungsbefugnis ist somit auch der Insolvenzverwalter (§ 80 Abs. 1 InsO), der vorläufige Insolvenzverwalter (§ 22 Abs. 1 InsO), der Nachlaßverwalter (§ 1985 Abs. 1 BGB) oder der Vorerbenverwalter (§ 2129 Abs. 1 mit § 1052 BGB) an die Stelle des Rechtsinhabers getreten.[1] Zum Antragsrecht in diesen Fällen siehe Rn. 215.

II. Unwirksamkeit der Rechtshandlungen nach Entzug

Rechtshandlungen, somit auch die Willenserklärung für eine Auflassung 331
(§ 20 GBO) und die als Bewilligung verfahrensrechtliche Willensäußerung für rechtsändernde oder berichtigende Grundbucheintragungen, die der Schuldner des Insolvenzverfahrens erst **nach Eröffnung des Insolvenzverfahrens** vorgenommen hat, sind den Insolvenzgläubigern gegenüber unter Beschränkung auf „Verfügungen" unwirksam (§ 81 Abs. 1 Satz 1 InsO). Der **Schuldner** des Insolvenzverfahrens handelt bei Auflassung oder Bewilligung erst **nach** Eröffnung des Insolvenzverfahrens als **Nichtberechtigter** (s. bereits Rn. 295, 330). Für Rechtshandlungen des Erben nach Anordnung der Nachlassverwaltung (§ 1984 Abs. 1 Satz 2 BGB mit § 81 InsO) und des Vorerben nach Verwaltungsanordnung gilt Entsprechendes.

[1] RGZ 71, 38, 40.

III. Auswirkungen der Grundbucheintragung

332 1. Die **Eintragung des Insolvenzvermerks** (§ 32 Abs. 1 InsO), des Vermerks über die Anordnung der Nachlassverwaltung oder die Anordnung der Vorerbenverwaltung in das Grundbuch schließt einen gutgläubigen Rechtserwerb Dritter aus (§ 892 Abs. 1 Satz 2 BGB).

333 2. Den mit Eintragung des Insolvenzvermerks **grundbuchersichtlichen** Verlust der Verfügungs- und Bewilligungsbefugnis des Insolvenzschuldners hat das **Grundbuchamt zu beachten.** Die Eintragung des Vermerks bewirkt damit eine Grundbuch„sperre" für Verfügungen des Schuldners des Insolvenzverfahrens. Entsprechendes gilt für die Eintragung des Vermerks über die Anordnung der Nachlassverwaltung oder die Anordnung der Vorerbenverwaltung.

IV. Reihenfolge mehrerer Grundbucheintragungen

334 1. Das Ersuchen des Insolvenzgerichts (§ 32 Abs. 2 Satz 1 InsO, § 38 GBO) oder den Antrag des Insolvenzverwalters (§ 32 Abs. 2 Satz 2 InsO, § 13 Abs. 1 GBO) auf **Eintragung der Eröffnung des Insolvenzverfahrens** und der Antrag auf Eintragung einer von dem Schuldner **nach** Eröffnung des Insolvenzverfahrens noch bewilligten Verfügung (somit auch einer von ihm noch erklärten Auflassung) oder Grundbuchberichtigung sind in der zeitlichen **Reihenfolge des Eingangs** beim Grundbuchamt zu erledigen (§ 17 GBO).

335 2. Hat danach **zuerst** die Eintragung des **Insolvenzvermerks** zu erfolgen, dann hat das Grundbuchamt für die Erledigung des zweiten Antrags den grundbuchersichtlichen Verlust der Verfügungs- und Bewilligungsbefugnis des Schuldners zu beachten. Die Eintragung des Insolvenzvermerks bewirkt damit eine Grundbuchsperre für die vom Insolvenzschuldner nichtberechtigt bewilligte Eintragung und damit auch für Eintragung der Auflassung so dass diese demzufolge ausgeschlossen ist.

336 3. a) Ein früher gestellter Eintragungsantrag des Insolvenzschuldners ist zurückzuweisen, weil er nach Eröffnung des Insolvenzverfahrens auch nicht mehr antragsberechtigt ist (siehe Rn. 215).

337 3. b) Hat aber zuerst der **Begünstigte** (Rn. 211) einen Antrag auf Eintragung der Auflassung oder der bewilligten sonstigen rechtsgeschäftlichen oder berichtigenden Grundbucheintragung gestellt, ist nach § 17 GBO auch dieser vorweg zu erledigen, selbst wenn mit dem späteren Ersuchen des Insolvenzgerichts oder dem Antrag des Insolvenzverwalters die Eintragung des Insolvenzvermerks verlangt ist.

338 3. c) Dass der Schuldner des Insolvenzverfahrens als Rechtsinhaber die **Befugnis zur Verfügung** über sein Grundstück oder das Grundstücksrecht **bereits verloren** hatte und damit auch Entziehung der Bewilligungsbefugnis bereits erfolgt war, **erlangt** dann jedoch **Bedeutung**

- für die Übertragung des Eigentums an einem Grundstück und in den Erbbaurechtsfällen (§ 20 GBO) bei der Prüfung der für Grundbucheintragung nachzuweisenden Auflassung oder Einigung,
- in allen anderen Fällen für eine bewilligte Eintragung (§ 19 GBO) bei Prüfung der Bewilligungsberechtigung.

Die Auflassung wie auch die Einigung in Erbbaurechtsfällen (§ 20 GBO) oder die Eintragungsbewilligung (§ 19 GBO) des **nichtberechtigten Schuldners** des Insolvenzverfahrens kann dann als unwirksam nicht die Grundlage für die Grundbucheintragung bieten. Eine Eintragung ist nur noch möglich, wenn die Einigung oder Eintragungsbewilligung des nichtberechtigten Insolvenzschuldners mit Einwilligung (Rn. 296) oder Genehmigung (Rn. 297) des berechtigten Insolvenzverwalters Wirksamkeit erlangt. Zum Nachweis hierfür ist Gelegenheit mit Zwischenverfügung (§ 18 GBO) zu geben.

4. Entsprechendes gilt, wenn dem Grundbuchamt ein Antrag auf Eintra- 339
gung des Vermerks über Anordnung der Nachlassverwaltung oder die Anordnung der Vorerbenverwaltung und ein Antrag auf Eintragung einer noch vom Erben oder Vorerben bewilligten Verfügung (somit auch einer von ihm noch erklärten Auflassung) oder Grundbuchberichtigung zur Erledigung vorliegen (§ 17 GBO).

V. Verlust der Verfügungs- und Bewilligungsbefugnis erst kurz vor Grundbucheintragung

1. Die Verfügungsbefugnis und damit auch Bewilligungsbefugnis des 340
Rechtsinhabers müssen **bis zur Vollendung des Rechtserwerbs** vorliegen. Die Auflassung oder die Einigung in Erbbaurechtsfällen (§ 20 GBO) und die Eintragungsbewilligung (§ 19 GBO) des (zunächst berechtigten) Rechtsinhabers ist daher grundsätzlich auch dann nicht mehr als Grundlage für eine Grundbucheintragung auf Antrag des Begünstigten oder Betroffenen ausreichend, wenn der Rechtsinhaber erst später, aber noch vor Grundbucheintragung, z.B. mit Eröffnung des Insolvenzverfahrens, die Verfügungs- und Bewilligungsbefugnis verliert. Nach der Eröffnung des Insolvenzverfahrens kann ein Recht an einem zur Insolvenzmasse gehörenden Grundstück oder Grundstücksrecht, selbst wenn nur noch die Grundbucheintragung das letzte Erfordernis des mehraktigen Erwerbstatbestands ist, nicht mehr erworben werden. Ausgeschlossen ist der Rechtserwerb nach § 91 Abs. 1 InsO auch dann, wenn ihm keine Verfügung des Schuldners zugrunde liegt. Eine Eintragung ist daher in einem solchen Fall, von den nachfolgenden Besonderheiten abgesehen, nicht mehr möglich.

2. **Ungeachtet** der vorgenannten Grundsätze kann sich jedoch der Rechts- 341
erwerb noch vollenden, wenn die Voraussetzungen des **§ 878 BGB** vorliegen (§ 91 Abs. 2 InsO). Die Entziehung der rechtlichen Verfügungsbefugnis des Rechtsinhabers nach der für Rechtsänderung erforderlichen Erklärung zur Einigung (§ 873 BGB und damit auch der Auflassung (§ 925 BGB), der Aufhebung (§ 875 BGB) oder der Inhaltsänderung (§ 877 BGB) bleibt dann ohne Auswirkung, wenn sie eintritt, nachdem

- die **Erklärung** für den Rechtsinhaber **bindend** geworden ist,
- der **Antrag** auf Eintragung beim Grundbuchamt **gestellt** ist (§ 13 Abs. 1 GBO),
- und **alle** anderen **Erwerbserfordernisse** des materiellen Rechts **erfüllt** sind (siehe dazu mit Einzelheiten Rn. 19–29).

Die vom Rechtsinhaber vor Eröffnung des Insolvenzverfahrens bewilligte Eintragung, auch wenn er eigentlich als Nichtberechtigter anzusehen ist, hat daher unter diesen Gegebenheiten zu erfolgen. Die Vorschrift des § 878 BGB bietet insoweit Schutz der Beteiligten gegen eine Verzögerung des Grundbuchverfahrens. Für die Prüfung maßgebend sind auch hier der Inhalt des Grundbuchs und die Eintragungsunterlagen (Rn. 531–537). Die beim Grundbuchamt offenkundigen Tatsachen bedürfen hierfür keines Beweises (§ 29 Abs. 1 Satz 2 GBO). Im Übrigen ist es allein Sache des Antragstellers die für die Prüfung der Erfordernisse des § 878 BGB nötigen Unterlagen dem Grundbuchamt vorzulegen. Dazu ist ihm nötigenfalls mit Zwischenverfügung Gelegenheit zu geben (§ 18 GBO). Soweit die Führung eines Urkundenbeweises nicht möglich ist, kann auch in diesen Fällen die Anwendung allgemeiner Erfahrungssätze in freier Beweiswürdigung s. Rn. 434) Bedeutung erlangen.

VI. Gutglaubenserwerb durch Mitwirkung des Grundbuchamts

342 1. Streitig ist, ob das Grundbuchamt einen Eintragungsantrag auch dann zu vollziehen hat, wenn eine Anwendung des § 878 BGB ausscheidet, weil der Antrag erst nach der Eröffnung Insolvenzverfahrens gestellt wurde, es bei seiner Prüfung aber feststellt, dass zu einem nach § 892 BGB **gutgläubigen Erwerb** als letzter die Rechtsänderung vollendender Akt **nur noch die Grundbucheintragung** fehlt.

Beispiel:
- **Einigung und Bewilligung** über eine Buchgrundschuld (die Besonderheiten des Briefsrechts infolge des § 1117 BGB sind damit ausgeklammert)
- dann Eröffnung des Insolvenzverfahrens)
- dann **Antrag** des Grundschuldgläubigers auf Eintragung des Rechts (nach Eröffnung des Insolvenzverfahrens, daher scheidet § 878 BGB aus),
- dann schließlich **Ersuchen** auf Eintragung des Insolvenzvermerks.

Die Rechtsprechung[1] und Teile des Schrifttums[2] sind der Ansicht, dass in diesem Fall, wenn der Grundbuchbeamte die Grundbuchunrichtigkeit kennt, er den Eintragungsantrag zurückzuweisen hat, weil es nicht zu den Aufgaben des Grundbuchamts gehört, dem Dritten zum gutgläubigen Rechtserwerb zu verhelfen.

343 In der Literatur[3] wird dagegen in zunehmendem Maße die Meinung vertreten, dass der Normzweck des § 892 Abs. 2 BGB und die Grundsätze des Grundbuchrechts es sogar gebieten die Eintragung auch diesem Fall vorzunehmen, jedenfalls dann, wenn der Begünstigte den Antrag gestellt hat.[4]

---

[1] BayObLGZ 1954, 97 = DNotZ 1954, 394 = NJW 1954, 1120; BayObLGZ 1994, 66 = MittBayNot 1994, 324 = Rpfleger 1994, 453; BayObLG MittBayNot 2004, 41 m. krit. Anm. Heinemann = Rpfleger 2003, 573 = ZfIR 2003, 776; OLG Karlsruhe NJW-RR 1998, 445 = Rpfleger 1998, 68; OLG Schleswig FGPrax 2004, 264 = NotBZ 2004, 320.

[2] U.a. Palandt/Bassenge Rn. 1 zu § 892 BGB; Demharter Rn. 12 zu § 13 GBO u. Rn. 59 zu § 19 GBO; KEHE/Munzig Rn. 99 zu § 19 GBO.

[3] So u.a. Ertl MittBayNot 1975, 204 und Rpfleger 1980, 41,(44); Böttcher Rpfleger 1983, 187 (190f) und Rpfleger 1990, 486 (492); Lenenbach NJW 1999, 923; Kesseler ZNotP 2004, 338 (343); Meikel/Böttcher Einl. H Rn. 72 ff; Staudinger/Gursky Rn. 218, 253 zu § 892 BGB.

[4] Ertl Rpfleger 1980, 41, 44.

Denn der redliche Dritte erwerbe mit Eintragung nicht sachlich unberechtigt, sondern nach § 892 BGB rechtmäßig. Sein Schutz trete nicht erst mit der Eintragung ein, sondern nach § 892 Abs. 2 BGB bereits mit der Antragstellung und bis zur Eintragung bestehe die Fiktion diese Bestimmung fort und führe daher zu einem richtigen Grundbuch.[1] Vertreten wird zudem, dass auch der Antrag des Betroffenen genüge.[2] Dem ist jedoch entgegenzuhalten dass eine Verfahrensbeteiligung zur Stellung des Antrags als Verfahrenshandlung nicht durch die Gutglaubensvorschriften gewährleistet wird, die zudem keine Sicherheit gegen die Zurückweisung des Antrags bieten und ebenso wenig gegen die Zurücknahme durch den Insolvenzverwalter.

2. a) Der Meinung, dass das Grundbuchamt trotz Kenntnis von der Un- 344
richtigkeit des Grundbuchs den Gutglaubenserwerb durch Vornahme der Eintragung zu ermöglichen habe, kann nicht beigepflichtet werden. Zutreffend ist zwar, dass der Insolvenzvermerk auch in einem solchen Fall wie vorstehend dargestellt, nicht vorab eingetragen werden darf, weil grundsätzlich. über die Anträge nach § 17 GBO in der Eingangsreihenfolge zu befinden ist. Dass darüber hinaus der Erwerbsschutz schon ab Antragstellung Normzweck des § 892 Abs. 2 BGB ist, lässt sich m.E. aus dieser Vorschrift nicht zwingend ableiten. Zu beachten ist insoweit, dass § 892 BGB für den Schutz des redlichen Dritten eine Unrichtigkeit des Grundbuchs erfordert, die dem Erwerber nicht bekannt sein darf. Denn der Inhalt des Grundbuchs bildet zugleich auch für das Grundbuchamt die Grundlage der Prüfung, ob die beantragte Eintragung gerechtfertigt ist. Für das Grundbuchverfahren ist damit ebenso der öffentliche Glaube des Grundbuchs negativ (s. § 892 Abs. 1 Satz 2 BGB) in der Weise bedeutsam, dass keine andere als die grundbuchersichtliche Verfügungsbeschränkung besteht. Dessen ungeachtet kann jedoch die Eintragung für einen gutgläubigen Rechtserwerb stets dann nicht erfolgen, wenn dem Grundbuchamt die **Grundbuchunrichtigkeit bekannt** ist. Die Vornahme einer Grundbucheintragung zum Schutz eines redlichen Dritten verbietet sich daher, wenn ein nichtberechtigt Eingetragener verfügt, d.h. die Eintragung bewilligt hat und das Grundbuchamt die Grundbuchunrichtigkeit kennt. Gleiches muss aber gelten, wenn der **eingetragene Rechtsinhaber**, dem die rechtliche Verfügungsbefugnis über sein Recht **entzogen** ist, gleichwohl **nichtberechtigt verfügt** (eine Eintragung bewilligt) hat. Für den mit dem öffentlichen Glauben des Grundbuchs verfolgten Zweck macht es keinen Unterschied, ob der Verfügende „seiner Eintragung ungeachtet nicht der Berechtigte“ ist oder ob „der Berechtigte … über das ihm zustehende Recht zu Gunsten eines Dritten nicht verfügen durfte“.[3]

b) Die Regelung des § 892 BGB gewährleistet dem redlichen Geschäfts- 345
verkehr eine feste und sichere Grundlage.[4] Damit verfolgt die Bestimmung das Interesse des Erwerbers;[5] Sie erlangt somit nur für den **vollendeten Erwerb** Bedeutung (Rn. 100). Gegen die Zurückweisung des Antrags schützt

---

[1] Ertl und Böttcher je aaO mit weit Nachw.
[2] So Böttcher Rpfleger 1990, 486, 492.
[3] Siehe Motive III S. 216.
[4] Motive III S. 208.
[5] RGZ 74, 416, 420.

die Bestimmung nicht und sie setzt dem Grundbuchamt auch nicht die Aufgabe, den Rechtserwerb zu vollenden. Für den Fall, dass der Verfügende überhaupt nicht der Berechtigte ist, sondern als Rechtsinhaber somit unrichtig eingetragen wurde, gilt dies als selbstverständlich (und ist eine gegenteilige Ansicht nicht feststellbar). Auch wenn das Grundbuchamt erst nach Antragseingang von der hindernden Grundbuchunrichtigkeit Kenntnis erlangt hat, muss der Antrag daher zurückgewiesen werden. Dass § 892 Abs. 2 BGB von der Antragstellung an verfahrensrechtlichen Schutz des Erwerbers zum Nachteil des von der Grundbuchunrichtigkeit betroffenen Rechtsinhabers vorsehe, wird nicht angenommen. Warum das nicht ebenso zu gelten hat, wenn das Grundbuchamt eine eintragungshindernde Entziehung der Verfügungsbefugnis berücksichtigungsfähig kennt, wird nirgends schlüssig dargetan. Dass lediglich im Falle der Entziehung der Verfügungsbefugnis der Schutz des redlichen Dritten bereits mit der Antragstellung eintreten müsse, weil ihm die zeitliche Verzögerung des Erwerbsvollzugs nicht angelastet werden könne, regelt § 892 Abs. 2 BGB nicht.[1] Einen Schutz gegen Unzulänglichkeiten des Eintragungsprinzips gewährleistet vielmehr § 878 BGB.[2] Nochmaligen und weitergehenden (anderen) Erwerberschutz bestimmt § 892 Abs. 2 BGB nicht.

346 c) Wenn die Grundbucheintragung letzter mit gutgläubigem Erwerb die Rechtsänderung vollendender Akt sein soll, ist vorausgesetzt, dass dem Erwerber die Grundbuchunrichtigkeit (bei Antragstellung) nicht bekannt war (§ 892 Abs. 1 BGB). Die Prüfung des Grundbuchamts müsste sonach auch darauf erstreckt werden, dass bei Antragstellung „Kenntnis des Erwerbers" nicht bestanden hat. Damit jedoch wäre ein dem Grundbuchverfahren sachfremdes Eintragungserfordernis geschaffen, weil weder die Eintragungsunterlagen noch der Inhalt des Grundbuchs diese Eintragungsvoraussetzung nachweisen können. Zudem soll das Grundbuchverfahren von der Prüfung der materiellen Rechtslage möglichst freigehalten werden. In dem zu Rn. 342 dargestellten Beispiel ist das ohne Beachtung geblieben und einfach unterstellt, dass dem Erwerber die Entziehung der rechtlichen Verfügungsbefugnis mit Insolvenzeröffnung bei Antragstellung unbekannt war.

347 d) Vereinfachend wird indes die Prüfung, dass die Grundbucheintragung letzter mit gutgläubigem Erwerb die Rechtsänderung vollendender Akt sei, kurzerhand damit umgangen, dass Eintragung zu erfolgen habe, „wenn die in dem nach § 892 Abs. 2 BGB maßgeblichen Zeitpunkt erforderliche Gutgläubigkeit des Erwerbers nicht durch einen Gegenbeweis oder andere konkrete Anhaltspunkte entkräftet ist".[3] Für die Prüfung (Berücksichtigung) im Eintragungsverfahren wird damit die Gutgläubigkeit als Eintragungserfordernis trotz etwaiger Kenntnis des Erwerbers als Eintragungshindernis ersetzt. Die Prüfung erfolgt damit vom Ergebnis her. Bei einem eingetretenem gutgläubigem Erwerb trifft den Erwerber keine Beweislast (dies folgt ohnedies aus § 891 BGB). Das Grundbuchverfahren hat jedoch für die Prüfung der erst einzutragenden Rechtsänderung widersprechenden Interessen Rech-

---

[1] So aber Böttcher Rpfleger 1990, 486 492.
[2] Motive III S. 190.
[3] Böttcher Rpfleger 1990, 486, 492.

nung zu tragen. Es hat nicht nur den Rechtserwerb zu bewirken, sondern gleichermaßen auch Vorsorge gegen den mit einem Gutglaubenserwerb verbundenen Rechtsverlust zu gewährleisten. Daher ist auch die Erkenntnis nicht hilfreich, dass bis zur Eintragung die Fiktion des § 892 Abs. 2 BGB fortbestehe, deren Voraussetzungen nicht geprüft, sondern unterstellt sind und die Eintragung somit zu einem (möglicherweise) richtigen Grundbuch führt.

e) Den Grundsätzen des Grundbuchverfahrensrechts entspricht daher 348
nach wie vor die seit den Zeiten des Reichsgerichts[1] **allgemeine Ansicht**, „dass Verfügungen des Gemeinschuldners, die erst nach Eröffnung des Insolvenzverfahrens getroffen oder beim Grundbuchamt eingereicht werden, zur Eintragung im Grundbuch nicht führen können."

VII. Kenntnis des Grundbuchamts vom Verfügungs- und Bewilligungsentzug

Auch wenn um eine Eintragung des Vermerks über die Eröffnung des In- 349
solvenzverfahrens oder des sonstigen Vermerks überhaupt nicht ersucht ist, kann die Auflassung oder die Einigung in Erbbaurechtsfällen, (§ 20 GBO) wie auch die Eintragungsbewilligung des nichtberechtigten Insolvenzschuldners (nichtberechtigten sonstigen Rechtsinhabers) als unwirksam nicht die Grundlage für eine Grundbucheintragung bieten (Rn. 295). Die ihm zur Kenntnis gelangte Eröffnung des Insolvenzverfahrens oder eine anderweitige Entziehung der Verfügungsbefugnis hat das Grundbuchamt nach dem zuvor Gesagten daher auch dann als eintragungshindernd zu berücksichtigen, wenn ein zur Insolvenzmasse gehörendes Grundstück oder Grundstücksrecht dem Insolvenzgericht oder Insolvenzverwalter für das Ersuchen oder den Antrag auf Eintragung des Vermerks noch nicht bekannt geworden ist.

C. Beschränkung der Verfügungsbefugnis

I. Auswirkungen der Beschränkung

Verfügungsbefugt bleibt der Rechtsinhaber, dessen Verfügungsbefugnis **zu-** 350
gunsten eines Dritten beschränkt ist (Rn. 7). Er bleibt damit auch befugt, mit Bewilligung im Grundbuchverfahren die Grundlage für rechtsändernde oder berichtigende Eintragungen zu schaffen. Diese Verfügungsbefugnis und damit auch die Bewilligungsbefugnis bestehen allerdings nur noch unbeschadet des **geschützten Rechts des Dritten.**[2] Die Auswirkungen dieser Beschränkungen auf das Grundbuchverfahren sind unterschiedlich geregelt. Die Auflassung oder eine Erbbaurechtsverfügung und die bewilligte Grundbucheintragung können bei einer Verfügungsbeschränkung

- eine der Form des § 29 Abs. 1 Satz 1 GBO entsprechende **Zustimmung eines Dritten** erfordern und daher ohne diesen **Nachweis** die Eintragung hindern.

[1] Vgl. RGZ 71, 38.
[2] RGZ 71, 38, 40.

Beispiele: Zustimmung des Ehegatten nach ehelichem Güterrecht, § 1365 Abs. 1 BGB[1], §§ 1423–1425 BGB; Zustimmung des Grundstückseigentümers in den Fällen des § 5 ErbbauRG nach § 15 ErbbauRG; Zustimmung anderer Wohnungseigentümer oder eines Dritten nach § 12 WEG.

Die Zustimmung ist weiteres Eintragungserfordernis, das gesondert nachzuweisen ist.

– zulässig sein, weil die Verfügungsbeschränkung **keine Grundbuch„sperre“** bewirkt (s. Rn. 354 ff).

II. Gesetzliche Verfügungsbeschränkungen ohne Grundbucheintragung

351 Eine **nicht eintragbare**, somit ohne Grundbucheintragung gegenüber jedermann wirksame **gesetzliche Verfügungsbeschränkung**, wie z.B. § 1365 Abs. 1, §§ 1423–1425 BGB, hat das Grundbuchamt zu beachten. Eine Rechtsänderung darf in das Grundbuch erst eingetragen werden, wenn die erforderliche Zustimmung formgerecht nachgewiesen ist (Rn. 350). Form des Nachweises: § 29 Abs. 1 Satz 1 GBO. Grundlage der Prüfung sind der Inhalt des Grundbuchs und die vorgelegten Eintragungsunterlagen; feststehende Tatsachen und darauf sich gründende Zweifel finden Berücksichtigung (hierzu Rn. 531–537).

III. Entstehen der Verfügungsbeschränkung erst mit Grundbucheintragung

352 Eine Verfügungsbeschränkung, die **mit Grundbucheintragung** erst entsteht, hat das Grundbuchamt ab Eintragung zu beachten. Bis dahin hat sie keine Wirksamkeit.

Beispiele: § 5 mit § 15 ErbbauRG; § 12 WEG; § 75 BVersG.

Die Eintragung erfolgt auf Antrag § 13 Abs. 1 GBO) oder Behördenersuchen (§ 38 GBO). Bei nachträglicher Vereinbarung nach § 5 Abs. 1 ErbbauRG handelt es sich dann um eine Inhaltsänderung. Die Erledigung hat, wenn der Antrag oder das Ersuchen mit anderen Eintragungen zusammentrifft nach der Reihenfolge ihres Eingangs beim Grundbuchamt zu erfolgen (§ 17 GBO).

D. Besonderheit bei relativen Verfügungsbeschränkungen

I. Eintragung relativer Verfügungsbeschränkungen

353 Eine eintragbare **relative** Verfügungsbeschränkung bewirken insbesondere

– die Beschlagnahme mit Anordnung der Zwangsversteigerung oder Zwangsverwaltung (§§ 20, 23, 146 Abs. 1 ZVG) sowie die Zulassung des Beitritts (§ 27 ZVG). Um Grundbucheintragung der Verfahrensanordnung, nicht auch des Beitritts, (§ 27 Abs. 1 Satz 2 ZVG), ersucht das Vollstreckungsgericht (§ 19 Abs. 1 ZVG).
– die Pfändung einer Briefhypothek, Briefgrundschuld sowie Briefrentenschuld (§ 830 mit §§ 829, 857 Abs. 6 ZPO).

---

[1] Dazu BGHZ 40, 218 = NJW 1964, 347.

- die Pfändung eines Miterbenanteils (§§ 829, 857, 859 Abs. 2 ZPO) für die zum Nachlass gehörenden Grundstücke und Grundstücksrechte.[1]
- die Verpfändung eines Miterbenanteils (§§ 1273, 2033 Abs. 2 BGB).
- Ein Veräußerungs- und Belastungsverbot durch einstweilige Verfügung (§ 938 Abs. 2 ZPO).
- *das allgemeine Verfügungsverbot nach § 21 Abs. 2 InsO wirkt dagegen absolut.*
- gemäß § 111 Abs. 5 StPO die Beschlagnahme eines Grundstücks (grundstücksgleichen Rechts) nach § 111c Abs. 2 StPO sowie eines Grundstücksrechts (Hypothek usw.) nach § 111c Abs. 3 StPO. Bewirkt wird die Beschlagnahme eines Grundstücks (grundstücksgleichen Rechts) durch Eintragung eines Beschlagnahmevermerks in das Grundbuch (§ 111c Abs. 2 StPO).

II. Rechtsfolgen

Die bereits im Grundbuch eingetragene (relative) Verfügungsbeschrän- 354
kung ist einem Erwerber gegenüber wirksam (§ 892 Abs. 1 Satz 2 BGB). Das gilt auch, wenn die Beschränkung auf einem (relativen) **Veräußerungsverbot** beruht (§ 135 Abs. 1 Satz 1 BGB). Die grundbuchersichtliche Verfügungsbeschränkung **sperrt daher das Grundbuch nicht**; weitere Eintragungen sind zulässig[2]. Den durch die eingetragene Verfügungsbeschränkung Geschützten betreffen sie nicht; daher ist seine Zustimmung für die Vornahme weiterer Eintragungen nicht erforderlich. Davon ausgenommen ist die **Löschung** eines Rechts (§ 46 GBO), weil damit auch die Wirkung der Eintragung der Verfügungsbeschränkung enden würde und der Schutz vor einem Rechtsverlust durch gutgläubigen Erwerb Dritter nicht mehr gewährleistet wäre.[3]

III. Vollzugsreihenfolge mehrerer Grundbucheintragungen

1. Der Antrag (§ 13 Abs. 1 GBO) oder das Behördenersuchen (§ 38 GBO) 355
auf Eintragung des Vermerks über eine (relative) Verfügungsbeschränkung (§ 135 Abs. 2 und § 892 Abs. 1 Satz 2 BGB) und der Antrag auf Eintragung einer von dem davon Betroffenen noch erklärten Auflassung, Erbbaurechtsverfügung, ansonsten bewilligten Verfügung oder Grundbuchberichtigung können dem Grundbuchamt zugleich zur Erledigung vorliegen. Die Anträge, die dann dasselbe Recht betreffen, sind grundsätzlich in der **zeitlichen Reihenfolge** des Eingangs beim Grundbuchamt zu erledigen (§ 17 GBO).

2. Bei **früherem Eingang** des Antrags oder Behördenersuchens auf Eintra- 356
gung des Vermerks über die **Verfügungsbeschränkung** ist zuerst diese einzutragen. Die nunmehr grundbuchersichtliche Verfügungsbeschränkung sperrt jedoch das Grundbuch nicht. Als weitere Eintragung ist daher sodann die Auflassung, Erbbaurechtsverfügung, sonstige Verfügung oder Grundbuchberichtigung einzutragen, ausgenommen, wie schon erwähnt, die Löschung eines von der Verfügungsbeschränkung betroffenen Rechts (wie Rn. 354).

[1] Stöber FdgPfdg. Rn. 1673–1689; Zöller/Stöber Rn. 18 zu § 859 ZPO.
[2] RGZ 105, 71, 76; BayObLGZ 1959, 50, 58 und 61(für eingetragene Erbteilsverpfändung); KEHE/Munzig Rn. 111 zu § 19 GBO.
[3] RGZ 102, 332; KG JFG 4, 418 420.

357 3. a) In der zeitlichen Reihenfolge des Eingangs sind die Anträge auch bei früherem Eingang des Antrags auf Eintragung der Auflassung, Erbbaurechtsverfügung, der sonstigen Rechtsänderung oder Grundbuchberichtigung zu erledigen. Es ist zuerst jeweils die vorgenannte beantragte Eintragung vorzunehmen. Dann erst ist, sofern nicht die erfolgte Veräußerung oder Löschung die weitere Eintragung ausschließt, der Vermerk über die Verfügungsbeschränkung einzutragen.[1]

358 b) An dieser Vollzugsreihenfolge ändern die Bestimmungen des materiellen Sachenrechts und die materiell rechtlichen Auswirkungen der Grundbucheintragung nichts.[2] Das materielle Sachenrecht des BGB erfordert, dass die Einrichtung des Grundbuchs als öffentliches Buch, die formellen Voraussetzungen, unter denen eine Eintragung vorzunehmen ist und das Eintragungsverfahren durchzuführen ist, bestimmt sind (Rn. 132). Diese Regelungen trifft das Grundbuchverfahrensrecht. Als Ordnungsvorschrift des Verfahrensrechts beruht § 17 GBO auf der Erwägung, dass der Stellung des Eintragungsantrags durch die Vorschriften des materiellen Rechts sachliche Wirkung nur in bestimmten Beziehungen beigelegt ist (vgl. §§ 878, 892 Abs. 2 BGB) und dass andere Vorschriften auf der Voraussetzung beruhen, im Wege der Ordnungsvorschrift des Verfahrensrechts einem früher gestellten Antrag den Vorzug vor dem später gestellten zu wahren.[3] Weil in den Fällen, in denen durch die mehreren Eintragungen dasselbe Recht betroffen wird, die Vornahme der einen Eintragung auf die Zulässigkeit oder Wirksamkeit der anderen von Einfluss sein kann, bestimmt § 17 GBO, dass die später beantragte Eintragung nicht vor Erledigung des früher gestellten Antrags erfolgen darf.[4] Bedeutsam ist somit nur, dass auf den Eingang des Antrags (§ 13 Abs. 2 GBO) als Verfahrenshandlung abgestellt ist.

359 c) Dass bei einer **Beschränkung** der Verfügungsbefugnis des Rechtsinhabers **nur zugunsten eines Dritten** anders als in den Fällen der Entziehung der Verfügungsbefugnis (Rn. 329–349) zu verfahren ist, bedingt die nur eingeschränkte Wirkung der (relativen) Verfügungsbeschränkung. Der **Rechtsinhaber bleibt** bei der Beschränkung der Verfügungsbefugnis nur zugunsten eines Dritten weiterhin **verfügungsbefugt**. Das Grundbuch ist daher für die Eintragung weiterer Verfügungen, auch von bewilligten Berichtigungen, **nicht gesperrt**. Den Schutz des Dritten bewirkt Grundbucheintragung der Verfügungsbeschränkung (§ 135 Abs. 2 mit § 892 Abs. 1 Satz 2 BGB). Anders als bei der Nacherbenanordnung oder Testamentsvollstreckung (§§ 51, 52 GBO) ist für die Sicherung der Rechte des durch die Beschränkung zu schützenden Dritten nicht durch das Grundbuchamt von Amts wegen zu sorgen. Die Wahrung seiner Interessen ist vielmehr dem Geschützten selbst überlassen. Der Antrag oder das Ersuchen auf Eintragung der Verfügungsbeschränkung und die auf andere Eintragungen gerichtete Anträge zur Vornahme von Rechtsänderungen oder Grundbuchberichtigungen verfolgen

---

[1] Siehe RG HRR 1940 Nr. 516 für Eigentumsumschreibung und Versteigerungsvermerk.

[2] Dazu und zum folgenden Stöber Rn. 4.1 zu § 19 ZVG.

[3] Denkschrift S. 165.

[4] Denkschrift S. 155.

Einzelrechte. Als solche sind sie bei Konkurrenz **verfahrensrechtlich** in der **Reihenfolge des § 17 GBO** zu vollziehen.

d) Dem entspricht es, dass 360

- das Vertragspfandrecht am Miterbenanteil als akzessorisches Recht das Bestehen (Entstehen und Fortbestehen) der gesicherten Forderung voraussetzt (§ 1273 mit §§ 1204, 1252 BGB), was dem Grundbuchamt ohne unzulässige Ermittlungen berücksichtigungsfähig durchwegs nicht sicher bekannt sein wird und daher auch keine weitergehende Wahrung des Pfändungspfandrechts an einem Miterbenanteil geboten sein kann;
- der vollstreckende Gläubiger bei der Pfändung eines Briefgrundpfandrechts ohnedies durch den Briefbesitz gesichert ist, der eine verbotswidrige Grundbucheintragung ausschließt (§§ 41, 42 GBO);
- bei Beschlagnahme mit Anordnung der Zwangsversteigerung oder Zwangsverwaltung dem Grundbuchamt der vollstreckende Gläubiger nicht mitgeteilt wird (§ 19 ZVG) und die Beschlagnahme mit Zulassung des Beitritts überhaupt nicht zur Kenntnis gelangt (§ 27 Abs. 1 Satz 2 ZVG), so dass es ohne unzulässige Ermittlungen berücksichtigungsfähig den Stand des Vollstreckungsverfahrens und daher den oder die durch Beschlagnahme Geschützten nicht kennt, und zudem bei Vorhandensein mehrerer Beschlagnahmegläubiger ohne Prüfung der materiellen Rechtslage die Wirksamkeit oder Unwirksamkeit der einzutragenden Rechtsänderung im Einzelfall nicht beurteilen, die Verfügungsbeschränkung im Grundbuchverfahren somit auch nicht wahren kann;
- eine einstweilige Verfügung Vollstreckungstitel ist und das durch sie begründete Veräußerungs- oder Belastungsverbot (§ 938 Abs. 2 ZPO) eine Sicherung erst mit Vollziehung (bei Grundbucheintragung in der Reihenfolge des § 17 GBO; s. auch § 941 ZPO), nicht aber eine Rechtswahrung schon vor Vollziehung begründen kann und ein durch einstweilige Verfügung begründetes Erwerbsverbot eine Sicherung ohnedies als ein vom Grundbuchamt zu beachtendes Eintragungshindernis[1] gewährleistet sowie bei Zustellung an den Vertragsgegner einen gutgläubigen Erwerb ausschließt;
- die Beschlagnahme eines Grundstücks nach § 111c Abs. 2 StPO überhaupt erst durch Grundbucheintragung bewirkt wird.

IV. Kenntnis des Grundbuchamts von einer Verfügungsbeschränkung

1. Bei der Entscheidung über einen Antrag auf Eintragung einer von dem 361 Betroffenen erklärten Auflassung (Erbbaurechtsverfügung) oder einer von ihm bewilligten anderen Eintragung (auch Grundbuchberichtigung) kann die (relative) **Verfügungsbeschränkung**, z.B. die Verpfändung oder Pfändung des Miterbenanteils, wirksam und dem Grundbuchamt **bekannt** sein, ein Antrag (Ersuchen) auf Eintragung der Verfügungsbeschränkung aber nicht vorliegen. Die dem Grundbuchamt bekannte Beschränkung der Verfügungsbefugnis kann jedoch die beantragte **Eintragung nicht hindern**. Wenn der Dritte, zu dessen Gunsten die Verfügungsbeschränkung besteht, auf Wahrung seines Rechts durch Eintragung des Schutzvermerks verzichtet hat, wird sie im Grundbuchverfahren nicht mehr beachtet. Das gilt ebenso, wenn die Verfügungsbeschränkung eingetragen war, aber mit Bewilligung des Dritten die Löschung des Vermerks über die fortbestehende Verfügungsbeschränkung

---

[1] RGZ 117, 287, 292; BayObLG MittBayNot 2004, 41 = Rpfleger 2003, 573 = ZfIR 2003, 776.

erfolgt ist. Die Verfügungsbeschränkung ist in solchen Fällen der Gefahr preisgegeben, dass sie mit gutgläubigem Erwerb Dritter durch Verfügung des Rechtsinhabers erlischt (vergleichbar dem in Rn. 942 behandelten Verzicht auf Eintragung des Nacherbenvermerks). Das muss aber ebenso gelten, wenn der Dritte, zu dessen Gunsten die Verfügungsbeschränkung besteht, es zeitweilig unterlässt, seine Rechte mit Eintragung des Vermerks über die Verfügungsbeschränkung zu wahren.[1]

362 2. Wie ein Eintragungsantrag zu erledigen ist, wenn gegen den Rechtsinhaber eine **nicht eingetragene** (relative) **Verfügungsbeschränkung** besteht und das Grundbuchamt davon Kenntnis hat, ist **umstritten**. Früher wurde zumeist angenommen, dass die Beschränkung, abgesehen vom Fall der Löschung, für das Grundbuchamt in jedem Fall unbeachtlich sei und weitere Eintragungen somit auch nicht hindert, wenn sie nicht eingetragen ist.[2] Damit ergibt sich insoweit eine Übereinstimmung mit der hier vorweg dargestellten verfahrensrechtlichen Lösung.

363 3. Vielfach wird nun angenommen, die dem Grundbuchamt bekannte, **nicht eingetragene** (relative) **Verfügungsbeschränkung** bewirke eine **Sperre des Grundbuchs**[3]. Selbst wenn erst nach dem Eingang des Eintragungsantrags die Verfügungsbeschränkung wirksam und dem Grundbuchamt zur Kenntnis gelangt sei, könne es den Antrag ohne Zustimmung des Geschützten grundsätzlich nicht vollziehen[4]. Dem steht aber entgegen, dass die Wahrung des Einzelinteresses nicht von Amts wegen mit einer Sperre des Grundbuchs geboten sein kann, wenn der Geschützte selbst von der Eintragung der Beschränkung absieht oder auf sie verzichtet, oder gar die Löschung des eingetragen gewesenen Vermerks bewilligt hat (s. Rn. 361).

364 4. Dieser allgemeine Grundsatz soll durch § 878 BGB eine Einschränkung erfahren, wenn der beantragten Rechtsänderung nachfolgend die Eintragung der (relativen) Verfügungsbeschränkung beantragt wird. § 878 BGB schütze dann vor Nachteilen, die sich durch die Verzögerung des Grundbuchverfahrens für den Rechtserwerb ergeben. In entsprechender Anwendung dieser Bestimmung im Grundbuchverfahren werde auch, wenn die gesetzlichen Voraussetzungen gegeben sind, die Wirksamkeit der Eintragungsbewilligung als Verfahrenshandlung durch Beschränkung der Bewilligungsberechtigung nicht mehr beeinträchtigt. Da sich jedoch die Bewilligungsbefugnis aus der materiell-rechtlichen Verfügungsbefugnis ableitet und diese im Falle einer relativen Verfügungsbeschränkung nicht entfällt,[5] steht dem Rechtsinhaber auch weiterhin die uneingeschränkte Bewilligungsbefugnis zu. Daher kann unter Be-

---

[1] Im Ergebnis ebenso Meikel/Böttcher Rn. 168 zu Anh. §§ 19, 20 GBO m. w. Nachw.

[2] Nachweise hierzu geben Güthe/Triebel Vorbem 70 vor § 13 GBO; so außerdem (für das nicht eingetragene, aber nachgewiesene Erbteilspfandrecht) Stöber FdgPfdg Rn. 1688; Ripfel NJW 1958, 694.

[3] BayObLG MittBayNot 2004, 41 = Rpfleger 2003, 573 = ZfIR 2003, 776; BayObLGZ 1954, 97, 99 = DNotZ 1954, 394 = NJW 1954, 1120; KGJ 44 A 179; KG HRR 1934 Nr. 1095; KG JFG 18, 205 = JW 1938, 3122; Demharter Rn. 52 zu § 22 GBO.

[4] BayObLG 1954, 97 [99].

[5] Vgl. Palandt/Ellenberger Rn. 6 zu § 136 BGB.

achtung von § 17 GBO die Eintragung der Rechtsänderung ohne weiteres vorgenommen werden. Eine Anwendung von § 878 BGB erübrigt sich demzufolge.

5. Wenn der Rechtserwerb nur noch gutgläubig über § 892 BGB möglich 365
ist, weil eine Anwendung des § 878 BGB ausscheidet, da der Antrag erst nach Wirksamwerden der Verfügungsbeschränkung gestellt wurde, soll das Grundbuchamt den Antrag noch zu vollziehen haben, wenn es bei seiner Prüfung feststellt, dass zu dem nach § 892 BGB gutgläubigen Erwerb als letzter die Rechtsänderung vollendender Akt nur noch die Grundbucheintragung fehlt. Dem ist insoweit beizupflichten, als eine relative Verfügungsbeschränkung nicht zum Verlust der Verfügungsbefugnis und der grundbuchrechtlichen Bewilligungsbefugnis führt[1] und darüber hinaus es dem Verbotgeschützten nach der hier vertretenen Ansicht (Rn. 361) zur Wahrung seiner eigenen Interessen durchaus zumutbar ist, sich durch rechtzeitiges Veranlassen der Eintragung und Mitteilung der Verfügungsbeschränkung an den Dritten vor Rechtsnachteilen zu schützen.

§ 11. Behandlung subjektiv-dinglicher Rechte

A. Bewilligung bei subjektiv-dinglichen Rechten (§ 21 GBO)

I. Rechtsinhaber und mittelbar Betroffene bei subjektiv-dinglichen Rechten

Dem jeweiligen **Eigentümer** eines herrschenden **Grundstücks** kann an ei- 366
nem anderen belasteten, d.h. dem dienenden Grundstück ein Recht zustehen als

- Grunddienstbarkeit (§ 1018 BGB),
- Vorkaufsrecht (§ 1094 Abs. 2 BGB),
- oder Reallast (§ 1105 Abs. 2 BGB).

Möglich ist auch die Bestellung subjektiv-dinglicher Rechte für den jeweiligen Inhaber eines Miteigentumsanteils am herrschenden Grundstück.[2] Ferner kann ein derartiges Recht an einem Wohnungseigentum zugunsten des jeweiligen Eigentümers einer anderen Wohnung eingetragen werden.[3] Bei einer subjektiv-dinglichen Reallast, die im Hinblick auf § 1110 BGB nicht vom Eigentum am herrschenden Grundstück insgesamt getrennt werden kann, ist dagegen eine Beschränkung auf den jeweiligen Berechtigten eines Miteigentumsanteils ausgeschlossen.[4] Demzufolge ist auch die Erbbauzinsreallast (§ 9 Abs. 1 Satz 1 ErbbauRG) nur zu Gunsten des jeweiligen Eigentümers des mit dem Erbbaurecht belasteten Grundstücks bestellbar.[5]

[1] Siehe BayObLGZ 1996, 41 = DNotZ 1997, 391 = NJW-RR 1996, 1041 = Rpfleger 1996, 333.
[2] Für ein Vorkaufsrecht s. BayObLG Rpfleger 1982, 452.
[3] Z.B. eine Grunddienstbarkeit s. BGHZ 107, 289 = DNotZ 1990, 493 = NJW 1989, 2391 = Rpfleger 1989, 452.
[4] BayObLG Rpfleger 1990, 507.
[5] BayObLG Rpfleger aaO.

367 Solche mit dem Eigentum an einem (herrschenden) Grundstück verbundene Rechte gelten als dessen Bestandteil (§ 96 BGB) und bestimmen somit auch dessen Wert.[1] Die **Belastung** des herrschenden Grundstücks mit dem Recht eines Dritten (Grundpfandrecht, Reallast, Dienstbarkeit, Vorkaufsrecht usw.) erstreckt sich daher auch auf das (subjektiv-dingliche) Recht des jeweiligen Eigentümers an dem dienenden Grundstück. Daher kann nur mit Zustimmung dieses Dritten, sofern er hierdurch eine Beeinträchtigung erfährt, das Recht des jeweiligen Eigentümers an dem dienenden Grundstück aufgehoben (§ 876 Satz 2 BGB), inhaltlich geändert (§ 877 BGB), im Rang als zurücktretendes Recht verändert (§ 880 Abs. 3 BGB) oder (bei der Reallast) auf einen Teil des geteilten herrschenden Grundstücks beschränkt werden (§ 1109 Abs. 2 BGB).

II. Erleichterung des Grundbuchverkehrs

368 1. Die Eintragung der Aufhebung, wie auch die sämtlicher Rechtsänderungen, welche bezüglich eines Rechts des jeweiligen Eigentümers eines Grundstücks erfolgen sollen, betreffen **mittelbar** ebenso die **Berechtigten**, zu deren Gunsten das **herrschende Grundstück** belastet ist. Da § 876 BGB auf die Vormerkung entsprechend anzuwenden ist[2], kann zu den Betroffenen auch der Berechtigte einer am herrschenden Grundstück eingetragenen Eigentumsvormerkung zählen.[3] Zur Grundbucheintragung wäre daher nach § 19 GBO gleichermaßen die Bewilligung aller mittelbar Betroffener erforderlich (s. hierzu im Übrigen Rn. 275). Für solche Eintragungen schränkt jedoch § 21 GBO den Bewilligungsgrundsatz dahingehend ein, dass es der Bewilligung von mittelbar betroffenen Personen, deren Zustimmung nach § 876 Satz 2, § 877 BGB materiell rechtlich zur Aufhebung des Rechts und zur Vornahme anderer Änderungen erforderlich ist, nur dann für die Grundbucheintragung bedarf, wenn das Recht auf dem Blatt des herrschenden Grundstücks nach § 9 GBO vermerkt ist. Der Zweck dieser Regelung ist es den Grundbuchverkehr nicht über Gebühr zu beschweren und das Verfahren zu erleichtern[4] Es wird angenommen, dass mittelbar Betroffene dann, wenn sie die Eintragung des Herrschvermerks nicht erwirken (zu ihrem Antragsrecht s. § 9 Abs. 1 Satz 2 GBO), zum Verfahren nicht zugezogen sein wollen.

369 2. Als **Verfahrensbestimmung** lässt jedoch § 21 GBO die nach materiellem Recht (formlos) erforderliche Zustimmung nicht entfallen, sondern entbindet nur das Grundbuchamt von einer dahingehenden Prüfung. Fehlt die Zustimmung, dann tritt die eingetragene Rechtsänderung nicht ein und das Grundbuch wird unrichtig.

370 3. Ist das subjektiv-dingliche Recht aber auf dem Blatt des herrschenden Grundstücks **vermerkt** (§ 9 GBO), dann bedarf es für beeinträchtigende Eintragungen stets auch der **Bewilligung** (§ 19 GBO) des nur **mittelbaren Betrof-**

[1] Anschaulich dazu für die Zwangsversteigerung Schiffhauer Rpfleger 1975, 187.
[2] BayObLG MittBayNot 1987, 88 = Rpfleger 1987, 156.
[3] Demharter Rn. 4 zu § 21 GBO; aA. Jung Rpfleger 2000, 372.
[4] Denkschrift S. 157.

fenen, wobei in Einzelfällen die erforderliche Zustimmung gemäß den landesgesetzlichen Vorschriften für die Aufhebung eines subjektiv-dinglichen Rechts durch **Unschädlichkeitszeugnis** ersetzt werden kann (Art. 120 Abs. 2 Nr. 2 EGBGB).

4. Eine **Vormerkung** auf Eintragung eines Rechts zugunsten des jeweiligen Eigentümers eines anderen Grundstücks sichert dagegen nur einen schuldrechtlichen Gläubigeranspruch; § 21 GBO und ebenso § 9 GBO betrifft sie daher nicht. 371

B. Vermerk eines subjektiv-dinglichen Rechts (§ 9 GBO)

I. Antragsberechtigung

1. Auf entsprechenden **Antrag** (§ 13 Abs. 1 Satz 1) sind Rechte, die dem jeweiligen Eigentümer eines Grundstücks zustehen, auf dem Grundbuchblatt des herrschenden Grundstücks **zu vermerken** (§ 9 Abs. 1 Satz 1 GBO). 372

2. Antragsberechtigt ist der **Eigentümer** des herrschenden Grundstücks sowie abweichend von § 13 Abs. 1 Satz 2 GBO jeder **Dritte**, zu dessen Gunsten das Grundstück mit einem (beeinträchtigungsfähigen) Recht belastet ist (§ 9 Abs. 1 Satz 2 GBO mit § 876 Satz 2 BGB). Der Antrag kann schriftlich gestellt werden; der Form des § 29 GBO bedarf er nicht, weil er keine für die Eintragung erforderliche Erklärung ersetzt (§ 30 GBO). 373

II. Eintragung des Vermerks

1. Die Eintragung erfolgt auf dem Blatt des herrschenden Grundstücks nach § 7 GBV in den Spalten 1, 3 und 4 des Bestandsverzeichnisses mit Vermerk des Zeitpunkts der Eintragung in den Spalten 5 und 6 sowie der Eintragung des Zugangs in Abteilung I Spalten 3 und 4. 374

Beispiel (in Anlehnung an Muster Anl. 2a GBV):

1	2	3	4	5	6
8 / zu 6	–	Geh- und Fahrtrecht an dem Grundstück Gohlis Flurstück Nr. …im Grundbuch von Gohlis Blatt … Abt II Nr. 1		8 / zu 6	Hier vermerkt am …

Abteilung I Spalten 3 und 4:

8 / zu 6	Gohlis Blatt … eingetragen … am …; hier vermerkt am …

Ist das herrschende Grundstück in Wohnungs- oder Teileigentum aufgeteilt, ist der Vermerk nach § 9 GBO in den Spalten 1, 3 und 4 des Bestandsverzeichnisses sämtlicher Wohnungs- und Teileigentumsgrundbücher einzutragen und hierauf in dem jeweils in Spalte 6 einzutragenden Vermerk hinzuweisen (§ 3 Abs. 7 WGV).

Wenn ein anderes Grundbuchamt das Blatt des belasteten Grundstücks führt, ist ihm von der Eintragung Nachricht zu geben (§ 55 Abs. 5 Satz 1 GBO).

375 2. Auf dem Grundbuch**blatt des belasteten Grundstücks** ist (zugleich) die Eintragung des Vermerks **von Amts wegen** ersichtlich zu machen (§ 9 Abs. 3 GBO). Damit wird sichergestellt, dass für Eintragungen die Bewilligung des nach § 21 GBO mittelbar Betroffenen verlangt wird. Die Eintragung erfolgt in Abteilung II in der Spalte 3 bei gleichzeitiger Eintragung mit der Belastung (§ 10 Abs. 4 GBV) oder in den Spalten 4 und 5, wenn der Vermerk nachtäglich einzutragen ist (§ 10 Abs. 5 GBV).

Beispiel:
Das Recht ist auf dem Blatt des herrschenden Grundstücks vermerkt. Hier vermerkt am ...

oder auch nur:

Vermerkt nach § 9 GBO am ...

III. Berichtigung des Vermerks

376 Berichtigt wird der Vermerk auf dem Blatt des herrschenden Grundstücks von Amts wegen, wenn das Recht geändert oder (auch nur nach § 1109 Abs. 2 BGB an einem Grundstücksteil) aufgehoben wird (§ 9 Abs. 2 GBO). Hierfür hat das Grundbuchamt, welches das Grundbuchblatt des belasteten Grundstücks führt, von jeder Änderung oder der Aufhebung des Rechts dem Grundbuchamt des herrschenden Grundstücks Nachricht zu geben (§ 55 Abs. 5 Satz 2 GBO). Eine Rangänderung des vermerkten Rechts erfordert keine Berichtigung. Die Eintragung erfolgt

- bei Veränderung des Rechts in Spalten 3 und 4 (mit neuer Nummer in Spalte 1) des Bestandsverzeichnisses unter Angabe der bisherigen laufenden Nummer der Eintragung in Spalte 2 (§ 7 Abs. 3 GBV). Zugleich ist der frühere Vermerk in den Spalten 3 und 4 insoweit rot zu unterstreichen, als er durch den Inhalt des Veränderungsvermerks gegenstandslos wird. Ferner ist bei der bisherigen Eintragung in Spalte 1 ein Hinweis auf die laufende Nummer der Veränderung einzutragen (§ 14 Abs. 1 GBV).

Beispiel:
Bei bisheriger Nummer in Spalte 1: (vgl. $^{10}/_{zu\ 6}$). Im Übrigen

1	2	3	4	5	6
$\frac{10}{zu\ 6}$	$\frac{8}{zu\ 6}$	Der Inhalt des Geh- und Fahrtrechts ist dahin geändert, dass ... Eingetragen am ...		$\frac{10}{zu\ 6}$	Hier vermerkt am

- bei Aufhebung (Abschreibung) des Rechts in Spalte 8 (mit Spalte 7; § 7 Abs. 5 GBV). Es werden zugleich in den Spalten 1–6 des Bestandsverzeichnisses die Eintragungen, die sich auf dieses Recht beziehen, rot unterstrichen (§ 14 Abs. 2 GBV).

IV. Materielle Auswirkungen

Eine materiell rechtliche Bedeutung hat der Vermerk nicht. Für die Entstehung, Inhaltsänderung oder Aufhebung des subjektiv-dinglichen Rechts[1] und für die Beweisvermutung des § 891 BGB sowie für den gutgläubigen Erwerb (§ 892 BGB) ist allein die Eintragung im Grundbuch des belasteten (dienenden) Grundstücks maßgebend[2]. 377

§ 12. Grundbuchberichtigung bei Unrichtigkeitsnachweis

A. Nachgewiesene Unrichtigkeit (§ 22 Abs. 1 GBO)

I. Berichtigung des Grundbuchs

Wenn die ursprüngliche oder nachträgliche **Unrichtigkeit** des Grundbuchs (Begriff Rn. 101) hinsichtlich rechtlicher Verhältnisse gegenüber jedermann **nachgewiesen** ist, bedarf es zu einer beantragten (§ 13 Abs. 1 GBO) Eintragung einer Berichtigung des Grundbuchs als Ausnahme zu § 19 GBO nicht der Bewilligung des Betroffenen (§ 22 Abs. 1 Satz 1 GBO). 378

Ein Antragsrecht auf Grundbuchberichtigung kann ferner bestehen über § 14 GBO sowie über § 38 GBO, bei der letztgenannten Vorschrift insbesondere für die Eintragung und Löschung von Verfügungsbeschränkungen. **Ausnahmsweise** bedarf es **keines Antrags**, wenn es sich um Berichtigungen nach den §§ 9 Abs. 2, 51, 52, 82a oder 84 GBO handelt. Der Grund, den **Nachweis der Unrichtigkeit** für die Grundbuchberichtigung genügen zu lassen erschließt sich daraus, dass der Gesetzgeber verfahrensrechtlich die Herbeiführung der Übereinstimmung von Grundbuch und wirklicher Rechtlage erleichtern wollte und weil durch die Eintragung keine Rechtsänderung bewirkt wird.

Beruht die Unrichtigkeit auf einer Gesetzesverletzung des Grundbuchamts und kann sich daran ein Rechtsverlust über §§ 892, 893 BGB anschließen, so ist grundsätzlich von Amts wegen ein Widerspruch nach § 53 Abs. 1 Satz 1 GBO einzutragen (s. Rn. 963). Eine Berichtigung des Grundbuchs ohne Beteiligteninitiative ist in einem solchen Fall regelmäßig nicht möglich. Soweit es sich um eine **inhaltlich unzulässige Eintragung** handelt, ist sie nach § 53 Abs. 1 Satz 2 GBO von Amts wegen zu löschen (s. Rn. 976). Eine Berichtigung nach 22 GBO scheidet dabei aus. Ebenfalls nicht unter § 22 GBO fallen Eintragungen, die einem Verbotsgeschützten oder einem Vormerkungsberechtigten gegenüber relativ unwirksam sind, Schreibversehen, Angaben tatsächlicher Art (z. B. der Grundstücksbeschrieb) sowie Namensänderungen und formwechselnde Umwandlungen von Gesellschaften (z. B. eine BGB-Gesellschaft in eine OHG oder KG und umgekehrt). Eine Berichtigung ist aber z. B. erforderlich, wenn das Anteilsverhältnis fehlt oder falsch ist. 379

---

[1] S. BayObLG DNotZ 1980, 103, 104.

[2] BayObLGZ 1969, 284 292 und 1986, 513, 516 = Rpfleger 1987, 101; OLG Frankfurt Rpfleger 1979, 418.

II. Anforderungen an den Unrichtigkeitsnachweis

380 An den Nachweis der Unrichtigkeit werden **strenge Anforderungen** gestellt, weil sonst am Verfahren nicht beteiligte Personen geschädigt werden könnten. Es ist nicht nur darzutun, dass das Grundbuch hinsichtlich der derzeitigen Eintragung unrichtig ist; es sind vielmehr darüber hinaus alle Möglichkeiten, bis auf ganz entfernt liegende, auszuräumen, die der neuen Eintragung entgegenstehen könnten. Ein gewisser Grad von Wahrscheinlichkeit genügt daher nicht[1]. Ein Glaubhaftmachung (§ 294 ZPO) ist nicht ausreichend.[2] Der Unrichtigkeitsnachweis bedarf der Form des § 29 Abs. 1 GBO. Für den Nachweis der Erbfolge ist § 35 GBO zu beachten (dazu Rn. 448). Betrifft die Berichtigung ein Briefrecht so ist grundsätzlich nach §§ 41, 42 GBO die Vorlage des Briefes erforderlich. Derjenige, zu dessen Gunsten die Berichtigung erfolgen soll, hat insoweit gegen den Besitzer des Briefes einen Anspruch auf Vorlage an das Grundbuchamt (§ 896 BGB).

Beispiele:

a) Der Schuldner (zugleich Eigentümer des Grundstücks) hat die durch die Hypothek gesicherte Forderung bezahlt. Er legt mit dem Antrag, berichtigend einzutragen, dass das Recht eine Eigentümergrundschuld ist (§ 1163 Abs. 1 Satz 2, § 1177 Abs. 1 BGB) eine Quittung (Form: § 29 Abs. 1 Satz 1 GBO) des Gläubigers der Hypothekenforderung vor.

b) Ist eine Vormerkung zur Sicherung eines bedingten Auflassungsanspruchs eingetragen, so ist der Nachweis der Unrichtigkeit geführt, wenn feststeht, dass die Bedingung nicht eingetreten ist und auch nicht mehr eintreten kann.[3]

c) Die eingetragene Pfändung einer Eigentümergrundschuld ohne Brief (§ 830 Abs. 1 mit § 857 Abs. 6 ZPO) ist entfallen, weil der Pfändungsbeschluss durch das Beschwerdegericht aufgehoben worden ist. Die Unrichtigkeit wird durch Ausfertigung des Beschlusses des Beschwerdegerichts nachgewiesen.

III. Offenkundige Grundbuchunrichtigkeit

381 Soweit die Grundbuchunrichtigkeit bei dem Grundbuchamt offenkundig ist, bedarf es keines weiteren Nachweises (§ 29 Abs. 1 Satz 2 GBO)[4].

B. Berichtigende Eigentümereintragung (§ 22 Abs. 2 GBO)

382 Eine das Grundbuch berichtigende Eintragung des (wahren)Eigentümers oder Erbbauberechtigten darf nur **mit seiner Zustimmung** und bei mehreren mit Zustimmung aller Einzutragenden erfolgen (§ 22 Abs. 2 GBO). Dies gilt nicht, wenn die Berichtigung auf Gläubigerantrag (§ 14 GBO) oder bei Unrichtigkeitsnachweis (§ 22 Abs. 1 GBO) sowie in Fällen von Behördenersuchen, z.B. auf Ersuchen des Vollstreckungsgerichts (§ 130 Abs. 1 ZVG), zu

---

[1] BayObLGZ 1971, 336, 339 und 1991, 301, 302 = DNotZ 1992, 157 = NJW-RR 1992, 228 = Rpfleger 1992, 19; OLG Hamm Rpfleger 1989, 148.

[2] OLG Stuttgart Rpfleger 1960, 338.

[3] OLG München NJOZ 2012, 606.

[4] OLG Frankfurt OLGZ 1994, 129 = Rpfleger 1994, 106; OLG Stuttgart Rpfleger 1960, 338.

erfolgen hat. Eine Berichtigungsbewilligung des Betroffenen (§ 19 GBO), somit des unrichtig eingetragenen Eigentümers, genügt für berichtigende Eigentümereintragung nach § 22 Abs. 2 GBO damit nicht. Die Zustimmung bedarf der Form des § 29 Abs. 1 Satz 1 GBO. Die Eintragung eines neuen Eigentümers ist keine Änderung der gesamthänderischen Mitberechtigung des bereits eingetragenen Eigentümers, etwa bei Anwachsung eines Miterben- oder Gesellschaftsanteils[1] oder bei Einschränkung des eingetragenen Eigentums durch Berichtigung von Allein- in Bruchteilseigentum. Eine Zustimmung des bereits Eingetragenen, der von einer solchen berichtigenden Änderung berührt ist, verlangt § 22 Abs. 2 GBO daher nicht. Unverändert erforderlich bleibt jedoch eine Zustimmung aus anderem Grund, insbesondere nach § 19 GBO.

C. Besonderheit bei Vormerkung und Widerspruch (§ 25 GBO)

I. Aufhebung der Eintragungsgrundlage

1. Eine auf Grund **einstweiliger Verfügung** eingetragene **Vormerkung** (§§ 883, 885 Abs. 1 Satz 1 BGB) und ebenso ein **Widerspruch** (§ 899 BGB) erlischt, wenn die einstweilige Verfügung durch eine, wenn auch nur vorläufig vollstreckbare Entscheidung (§§ 708–720 ZPO), aufgehoben wird.[2] Die Eintragung verliert damit ihre Berechtigung und die Löschung ist dann lediglich Grundbuchberichtigung.[3] Zur Löschung bedarf es in diesem Fall nach § 25 Satz 1 GBO nicht der Bewilligung (§ 19 GBO) des betroffenen Berechtigten. Als Nachweis genügt die Vorlage einer Ausfertigung der die einstweilige Verfügung aufhebenden vollstreckbaren Entscheidung, ggfs. mit Rechtskraftzeugnis (§ 706 ZPO), wenn die Entscheidung anfechtbar und nicht für vorläufig vollstreckbar erklärt ist. Einer Vollstreckungsklausel bedarf es nur bei einer Rechtsnachfolge. 383

2. § 25 Satz 1 ist **entsprechend anzuwenden**, wenn eine einstweilige Verfügung analog § 269 Abs. 3 Satz 3 ZPO durch einen Beschluss des Prozessgerichts für unwirksam erklärt worden ist und zur beantragten Löschung der Beschluss samt Zustellungsnachweis (§ 329 Abs. 3 ZPO) vorgelegt wird.[4] Ist ein im Wege der einstweiligen Verfügung erworbenes und im Grundbuch eingetragenes Verfügungsverbot durch ein Versäumnisurteil aufgehoben, reicht ebenso für den Antrag auf **Löschung des Verfügungsverbots** in entsprechender Anwendung von § 25 Satz 1 GBO die Vorlage des vollstreckbaren Versäumnisurteils; einer Bewilligung des Verfügungsklägers bedarf es nicht.[5] 384

3. Eine Vormerkung oder ein Widerspruch, die nach § 895 Satz 1 ZPO auf Grund eines nur **vorläufig vollstreckbaren Urteils** eingetragen worden 385

---

[1] KG OLGZ 46, 223, 225.
[2] BGHZ 39, 21, 23 = NJW 1963, 831 = Rpfleger 1963, 190.
[3] RGZ 81, 288, 290; BGH aaO.
[4] Siehe BayObLGZ 1978, 15; BayObLG FGPrax 2004, 209 = NotBZ 2004, 279 = Rpfleger 2004, 563 = ZfIR 2004, 904; OLG Frankfurt NJW-RR 1995, 1298 = Rpfleger 1996, 21.
[5] OLG Düsseldorf NJW-RR 2004, 814 = Rpfleger 2004, 282.

sind, erlöschen, wenn das Urteil durch eine vollstreckbare Entscheidung aufgehoben wird (§ 895 Satz 2 ZPO). Zur Löschung, die gleichfalls nur Grundbuchberichtigung ist, bedarf es auch in diesem Fall nach § 25 Satz 2 GBO keiner Bewilligung des betroffenen Berechtigten. Der Nachweis erfolgt durch Vorlage einer Ausfertigung der das Urteil aufhebenden vollstreckbaren Entscheidung. Ist die Eintragung einer Vormerkung oder Widerspruchs aufgrund eines Bescheids nach dem Vermögensgesetz eingetragen worden (§ 34 Abs. 1 Satz 8 VermG), so genügt zur Löschung die Aufhebung oder die Beseitigung der sofortigen Vollziehbarkeit des Bescheides (vgl. § 80 Abs. 5 Satz 1 VwGO), der die Eintragungsgrundlage bildete.

II. Löschung aus anderen Gründen

386 Als Sonderreglung schließt § 25 GBO nicht die Möglichkeit aus, eine Vormerkung oder einen Widerspruch anderweit durch Bewilligung (§ 19 GBO), Unrichtigkeitsnachweis (§ 22 Abs. 1 GBO) oder als Lebenszeitrecht sowie als sonst befristetes Recht (§§ 23, 24 GBO) zur Löschung zu bringen.

Beispiele:

a) Die auf Grund einstweiliger Verfügung eingetragene Vormerkung sichert den Anspruch auf Eintragung eines Nießbrauchs. Eine Löschung nach dem Tod des Berechtigten (§ 1061 Satz 1 BGB) und dem Ablauf eines Jahres ermöglicht § 23 Abs. 1 GBO.

b) Die Zustellung der vollzogenen einstweiligen Verfügung ist nicht innerhalb der Frist des § 929 Abs. 3 mit § 936 ZPO erfolgt, die Vollziehung damit unwirksam. Ein Unrichtigkeitsnachweis (§ 22 Abs. 1 GBO) ermöglicht die Löschung.[1]

§ 13. Löschung zeitlich beschränkter Rechte

A. Beschränkung auf Lebenszeit des Berechtigten (§ 23 GBO)

I. Lebenszeitrechte

387 1. **Gesetzlich** auf die Lebenszeit des Berechtigten beschränkt sind, wenn dieser eine natürliche Person ist,

- der Nießbrauch (§ 1061 Satz 1 BGB),
- die beschränkte persönliche Dienstbarkeit (§ 1090 Abs. 2 mit § 1061 Satz 1 BGB),
- das subjektiv-persönliche Vorkaufsrecht (§ 1094 Abs. 1 BGB), das nach § 1098 Abs. 1 Satz 1 mit § 473 Satz 1 BGB weder übertragbar noch vererblich ist, wenn nichts anderes vereinbart wurde[2]. Zu beachten ist jedoch insoweit die Besonderheit, dass ein auf bestimmte Zeit beschränktes Vorkaufsrecht im Zweifel verblich ist (§ 473 Satz 2 BGB).

---

[1] RGZ 81, 288, 289; RGZ 151, 155, 157.

[2] Erfordert Grundbucheintragung, OLG Hamm OLGZ 1989, 9 = MittBayNot 1989, 27 = Rpfleger 1989, 148; Bezugnahme genügt.

2. **Rechtsgeschäftlich** auf Lebenszeit des Berechtigten beschränkt werden kann, was Einigung und Eintragung im Grundbuch erfordert, wozu die Bezugnahme auf die Eintragungsbewilligung (§ 874 BGB) genügt 388
- die subjektiv-persönliche Reallast (§ 1105 Abs. 1 BGB),
- ein Grundpfandrecht (Hypothek, Grundschuld, Rentenschuld),
- das Pfandrecht an einem Recht (§ 1273 BGB),wie auch an einem durch Vormerkung gesicherten Anspruch,[1]
- eine Vormerkung (§ 883 BGB) und ein Widerspruch (§ 899 BGB).

3. a) Steht das Recht **mehreren** Berechtigten gemeinschaftlich **nach Bruchteilen** je auf Lebenszeit zu (z.B. Hypothekengläubigern je zur Hälfte), erlischt bei Tod eines der Berechtigten nur seine Bruchteils-Berechtigung. 389

b) Das mehreren als **Gesamtberechtigte** oder Gesamthänder (z.B. Eheleuten ein Nießbrauch als Gesamtberechtigte nach § 428 BGB) je auf Lebenszeit zustehende Recht bleibt dagegen bei Tod eines der Berechtigten zugunsten des Überlebenden in seinem ganzen Umfang bestehen[2]. Es erlischt erst mit dem Tod des letztversterbenden Berechtigten. 390

II. Möglichkeit von Rückständen

1. Die **Löschung** eines Rechts, das auf Lebenszeit des Berechtigten beschränkt ist, bereits mit Todesnachweis entsprechend der Regel des § 22 Abs. 1 GBO vorzunehmen, würde den Rechtsnachfolger des Berechtigten gefährden, wenn Rückstände von Leistungen vorhanden sind. Die Löschung könnte in einem solchen Fall über § 892 BGB zu einem Rechtsverlust durch gutgläubigen lastenfreien Erwerb führen.[3] Der Gesetzgeber hat deshalb bestimmt, sollten **Rückstände** von Leistungen **nicht ausgeschlossen** sein, dass das Recht nur mit Bewilligung (§ 19 GBO) des ausgewiesenen Rechtsnachfolgers des Berechtigten (§§ 35–37 GBO) gelöscht werden kann (§ 23 Abs. 1 GBO), wenn 391
- sie **vor dem Ablauf eines Jahres** nach dem Tode (der Todeserklärung) des Berechtigten erfolgen soll,
- oder der **Rechtsnachfolger** (auch nur einer von mehreren) der Löschung bei dem Grundbuchamt **widersprochen hat.**

Dann ist zur Sicherung des formgerecht ausgewiesenen Rechtsnachfolgers ein Widerspruch von Amts wegen in das Grundbuch einzutragen. Als Eintragungsgrundlage muss dabei auch der Widerspruch der Form des § 29 Abs. 1 GBO entsprechen. Die Wirkungen des Widerspruchs treten bereits mit Eingang beim Grundbuchamt ein. Die Regelung des § 17 GBO findet insoweit keine Anwendung. Ist jedoch eine Löschungserleichterung nach § 23 Abs. 2 GBO bei dem Recht eingetragen, erlangt der Widerspruch keine Bedeutung. Hat der Rechtsnachfolger nicht widersprochen, so genügt zur Löschung nach dem Ablauf eines Jahres der Todesnachweis.

---

[1] BayObLGZ 1995, 171 = DNotZ 1996, 554 = MittBayNot 1995, 295.
[2] BayObLGZ 1955, 155, 159.
[3] BGHZ 66, 341, 346 =DNotZ 1976, 490= MittBayNot 1976, 65 = NJW 1976, 962 = Rpfleger 1976, 206.

392 2. a) **Rückstände** von Leistungen sind **möglich** bei

- einem Nießbrauch, z.B. in Form von Mietzinsen beim Grundstücksnießbrauch[1] oder auf Zinsen aus dem Grundpfandrecht beim Rechtsnießbrauch.
- einem Vorkaufsrecht; wenn es vom Berechtigten wirksam ausgeübt wurde, der (vererbliche) vormerkungsgesicherte (§ 1098 Abs. 2 BGB) Eigentumsübertragungsanspruch aber noch nicht erfüllt ist.[2]
- einer Reallast; infolge Rückstände an wiederkehrenden Leistungen (§§ 1105, 1107 BGB).
- Grundpfandrechten in Form von rückständigen Zinsen und anderer Nebenleistungen.
- einer beschränkten persönlichen Dienstbarkeit ausnahmsweise über § 1090 Abs. 2 i.V.m. §§ 1021, 1022 BGB, wenn den Eigentümer eine Unterhaltungsverpflichtung trifft (z.B. die Unterhaltung eines Weges oder einer Grenzmauer) und insoweit Rückstände aufgelaufen sind. Im Übrigen scheiden Rückstände bei der Dienstbarkeit in aller Regel aus.
- einem Wohnungsrecht (§ 1093 BGB) als Sonderform der beschränkten persönlichen Dienstbarkeit, wenn für den Eigentümer eine Unterhaltspflicht (dinglich) festgelegt ist (§ 1093 Abs. 1 mit § 1021 BGB), wie mit der Verpflichtung zur Erhaltung der guten Bewohnbarkeit und Beheizbarkeit der Wohnräume[3] oder gesetzlich besteht, wie bei dem auf einen Teil des Gebäudes beschränkten Wohnungsrecht mit der Verpflichtung, Gemeinschaftsanlagen in einem gebrauchsfähigen Zustand zu erhalten (§ 1093 Abs. 3 BGB).[4] Wenn sich die Eigentümerpflicht jedoch darin erschöpft, die Ausübung des Wohnungsrechts zu dulden, sind beim Wohnungsrecht Rückstände nicht möglich.[5]

393 b) **Ausgeschlossen** sind Rückstände für alle Lebenszeitrechte bei einer rechtsgeschäftlicher Vereinbarung dahingehend, dass mit dem Recht bei Tod des Berechtigten auch alle dann vorhandenen Rückstände erlöschen.[6] Dies erfordert aber die Eintragung als Inhalt des Rechts, was durch Bezugnahme auf die Eintragungsbewilligung erfolgen kann (§ 874 BGB).

394 c) Auch bei der **Eigentumsvormerkung scheiden Rückstände** von Leistungen **aus.** Ist der gesicherte (schuldrechtliche) Anspruch auflösend bedingt durch den Tod des Gläubigers, dann erlöschen mit dem Tod sowohl der Anspruch als auch die ihn sichernde (akzessorische) Vormerkung. Ist nur die Vormerkung (nicht auch der gesicherte Anspruch) durch den Tod des Berechtigten auflösend bedingt, dann erlischt mit Bedingungseintritt die Vormer-

---

[1] BGHZ 66, 341, 346 aaO.

[2] OLG Hamm OLGZ 1989, 9 = MittBayNot 1989, 27 = Rpfleger 1989, 148; OLG Zweibrücken OLGZ 1990, 11, 12 = MittBayNot 1990, 112 = Rpfleger 1989, 450; Schöner/Stöber Rn. 1436 mit weit Nachw.

[3] BayObLGZ 1979, 372 = DNotZ 1980, 157 = Rpfleger 1980, 20; s. auch BayObLGZ 1980, 176 = DNotZ 1981, 124 = Rpfleger 1980, 385; LG Kassel Rpfleger 2003, 414.

[4] OLG Düsseldorf FGPrax 1995, 11 = MittRhNotK 1994, 346 = Rpfleger 1995, 248.

[5] Vgl. OLG Frankfurt NJW-RR 1989, 146.

[6] KGJ 44 A 246; Demharter Rn. 12 zu § 23 GBO.

kung. Eine vormerkungswidrig etwa schon vorgenommene (nach § 883 Abs. 2 BGB unwirksame) Verfügung wird damit voll wirksam. Ein gesichert gewesener (fortbestehender) Anspruch kann nach Erlöschen der Vormerkung daher nicht mehr als gesichert durchgesetzt werden. Ein schuldrechtlicher Anspruch, der noch besteht (z.B. weil bei Lebzeiten des Berechtigten eine aufschiebende Bedingung für Geltendmachung des Auflassungsanspruchs eingetreten ist) und seine Durchsetzbarkeit sind dann nicht mehr gesichert. Ein Rückstand der erloschenen Vormerkung ist der „rückständige" (ungesicherte) schuldrechtliche Anspruch nicht[1]. Besteht der Anspruch zeitlich unbegrenzt und ist auch die ihn sichernde Vormerkung zeitlich ohne Begrenzung bestellt, kann es beim Tod des Berechtigten ebenfalls keine Rückstände geben, weil der fortbestehende Anspruch durch die gleichfalls fortbestehende Vormerkung für den Rechtsnachfolger gesichert bleibt. Das Grundbuch ist nur insoweit unrichtig, als es den Verstorbenen als Berechtigten ausweist.[2]

3. Sind **Rückstände ausgeschlossen**, dann genügt zur Löschung nach § 22 395
Abs. 1 GBO der **Nachweis des Todes** des Berechtigten (Vorlage der Sterbeurkunde, des Todeserklärungsbeschlusses mit Rechtskraftvermerk). Sofern es sich um ein Grundpfandrecht handelt, ist zusätzlich die Zustimmung des Eigentümers erforderlich (§ 27 Satz 1 GBO).

Immer **möglich** ist die Löschung ohne Beachtung des Sperrjahres, wenn 396
der ausgewiesene **Rechtsnachfolger** sie **bewilligt** und dies auch dann, wenn der Rechtsnachfolger vorher widersprochen hatte.

III. Löschungsklausel

1. Eine Bewilligung des Rechtsnachfolgers des Berechtigten für die Lö- 397
schung eines Lebenszeitrechts erübrigt sich in den Fällen des § 23 Abs. 1 GBO, wenn die Beteiligten in das Grundbuch den Vermerk eintragen lassen, „dass zur Löschung des Rechtes der Nachweis des Todes des Berechtigten genügen soll" Eine derartige Löschungsklausel bzw. Löschungserleichterung (§ 23 Abs. 2 GBO), dient der Verfahrensvereinfachung und der Vermeidung von Kosten und Weiterungen, mit denen die Beschaffung der Bewilligung samt Rechtsnachfolgenachweis vielfach verbunden ist.[3] Die Eintragung der Löschungsklausel erfordert als Ausnahme von § 23 Abs. 1 GBO, dass

- das Recht (gesetzlich oder rechtsgeschäftlich) auf die Lebenszeit des Berechtigten beschränkt ist. Bei einer ohne zeitliche Begrenzung bestellten Auflassungsvormerkung kann daher keine Löschungsklausel eingetragen werden.[4]
- Rückstände von Leistungen nicht ausgeschlossen sind. Trifft dies zu, so genügt für die Löschung der Todesnachweis, wenn nicht anderweitige Hinderungsgründe entgegenstehen. Daher ist bei der Eigentumsvormerkung, weil keine Rückstände möglich sind, die Eintragung einer Lö-

[1] So BGH 117, 390 = DNotZ 1992, 569 = NJW 1992, 1683 = Rpfleger 1992, 287.
[2] Siehe dazu BGHZ 130, 385 = DNotZ 1996, 453 = NJW 1996, 59 = Rpfleger 1996, 100 = ZIP 1995, 1999.
[3] Denkschrift S. 157.
[4] BGHZ 130, 385 aaO.

schungsklausel ausgeschlossen[1]. Dessen ungeachtet ist, wenn der Vormerkung nachträglich ein neuer Anspruch unterlegt (Rn. 59) oder der bisherige Anspruch im Umfang erweitert wurde (Rn. 61), ohne dass dafür eine neue Grundbucheintragung erforderlich war, in solchen Fällen eine Löschungsbewilligung der Erben des verstorbenen Berechtigten unumgänglich.

398 2. a) Für die **Eintragung** der Löschungsklausel **zugleich mit dem Recht,** bedarf es der Bewilligung des Bestellers des Rechts, somit des Eigentümers oder des Inhabers des Rechts (z.B. der Hypothek), an dem das Lebenszeitrecht (z.B. ein Nießbrauch) bestellt wird. Nur er ist Betroffener (§ 19 GBO), weil das Recht von vorneherein mit der formellrechtlichen Erleichterung der Löschbarkeit bei Tod entsteht. Einer Bewilligung des (zukünftigen) Berechtigten bedarf es nicht.[2] Die Eintragung erfolgt in der Hauptspalte der Abt. II oder III des Grundbuchs. Eine Bezugnahme auf die Eintragungsbewilligung ist insoweit nicht möglich.

399 b) Zur **nachträglichen Eintragung** der Löschungsklausel ist die Bewilligung des Berechtigten des löschbaren Rechts erforderlich, weil sein Recht formellrechtlich beschränkt wird, nicht aber auch dasjenige des Bestellers.

400 3. **Eintragungswortlaut:**

Zur Löschung des Rechts genügt der Nachweis des Todes des Berechtigten;

auch (so GBV Anlage 1 Abt II Nr. 1):

Löschbar bei Todesnachweis.

401 4. Die Löschungsklausel (§ 23 Abs. 2 GBO) gewährt nur eine formellrechtliche Erleichterung der Löschbarkeit für den Fall des Todes des Berechtigten. Ein Verlust des materiellen Rechts auf die Leistungsrückstände tritt allein durch die Löschung nicht ein. Die Rückstände verlieren lediglich die buchungsmäßige Grundlage, die dingliche Berechtigung aber erlischt damit noch nicht[3]. Ein Rechtsverlust droht jedoch bei einem gutgläubigen Erwerb Dritter.

B. Sonstige zeitliche Beschränkung (§ 24 GBO)

I. Zeitlich beschränkte Rechte

402 Zeitlich beschränkt sein können Rechte durch rechtsgeschäftliche Inhaltsbestimmung, die materiell rechtlich eine Einigung und Eintragung erfordert (§ 873 Abs. 1 BGB), wobei die Eintragung nicht durch Bezugnahme nach § 874 BGB erfolgen kann. Möglich ist die Bestellung von Rechten mit

- **auflösender Bedingung** (§ 158 Abs. 2 BGB);

Beispiele: Wohnungsrecht für die Dauer des ledigen Standes oder bis zur Vollendung des 21. Lebensjahres des Berechtigten; Reallast bis zum Tod eines Elternteils (sonst eines Dritten).

---

[1] BGHZ 117, 390 und 130, 385 = je aaO.
[2] BGHZ 66, 341 = DNotZ 1976, 490 = NJW 1976, 962 = Rpfleger 1976, 206.
[3] BGHZ 66, 341, 348 aaO.

Ausnahme: Erbbaurecht (§ 1 Abs. 4 ErbbauRG) und Dauerwohnrecht (§ 33 Abs. 1 Satz 2 WEG),

– Bestimmung eines Endtermins (Zeitbestimmung, § 163 BGB)

Beispiel: Reallast oder Nießbrauch bis 31. Dez. 2017.

Auch auflösende Bedingung und Zeitbestimmung zusammen (nebeneinander) sind möglich, desgleichen auflösende Bedingung oder Zeitbestimmung (Fall des § 24 GBO) und Beschränkung des Rechts auf Lebenszeit (Fall des § 23 GBO).

II. Vornahme der Löschung

1. Falls **Rückstände** von Leistungen **nicht ausgeschlossen sind**, kann ein 403
zeitlich beschränktes Recht nicht nach der Regel des § 22 Abs. 1 GBO bereits mit Unrichtigkeitsnachweis gelöscht werden, wenn Bedingungseintritt oder Zeitablauf belegt sind, sondern nur mit **Bewilligung** des Berechtigten (§ 19 GBO). Ferner bedarf es für die Löschung von Grundpfandrechten stets auch noch der Zustimmung des Eigentümers (§ 27 Satz 1 GBO). Ansonsten ist nach § 24 GBO auf Grund entspr. Anwendung des § 23 Abs. 1 GBO die Löschung nur möglich

– nach Ablauf eines Jahres, wenn der Berechtigte (Rechtsnachfolger) nicht widersprochen hat,
– oder wenn im Grundbuch die Löschungserleichterung des § 23 Abs. 2 GBO eingetragen ist.

2. **Eintragungswortlaut:** 404

Zur Löschung des Rechts genügt der Nachweis [z.B.] der Eheschließung des Berechtigten;

auch

Löschbar bei Heiratsnachweis;
Löschbar bei Bedingungseintritt;
Löschbar bei Todesnachweis der/des … [Dritten].

III. Vorzeitiges Erlöschen mit Tod des Berechtigten

Eine Löschungserleichterung, die nur eine Löschung vorsieht bei Nach- 405
weis des Todes eines Dritten oder dem Eintritt einer sonst auflösenden Bedingung, rechtfertigt die Löschung eines Rechts (z.B. Nießbrauchs) nicht, wenn der Tod des Berechtigten, mit dem das Recht erlischt, (§ 1061 Satz 1 BGB) nachgewiesen wird. Eine sofortige Löschung mit dem Tod des Berechtigten würde eine weitergehende Löschungsklausel erfordern, die auch die Regelung des § 23 Abs. 2 GBO umfasst.[1]

[1] LG München DNotZ 1954, 206; LG Nürnberg-Fürth DNotZ 1954, 264.

§ 14. Abtretung und Belastung von Briefrechten (§ 26 GBO)

I. Abtretung eines Briefrechts

406 Die **Übertragung** (= Abtretung) einer Briefhypothek, Briefgrundschuld oder Briefrentenschuld kann **außerhalb des Grundbuchs erfolgen.** Sie erfordert

- einen **dinglichen Abtretungsvertrag** des bisherigen und des neuen Gläubigers (§ 398 BGB) über die Forderung bei der Hypothek bzw. über das eingetragene Recht selbst bei der Grund- und Rentenschuld und dazu die Erteilung der Abtretungserklärung des bisherigen Gläubigers in schriftlicher Form (§ 126 BGB) **sowie**
- die **Übergabe des Briefes** (§ 1154 Abs. 1 BGB, bei Grund- und Rentenschuld i.V.m. § 1192 Abs. 1, § 1199 Abs. 1 BGB).

Die schriftliche Form der Abtretungserklärung kann jedoch dadurch ersetzt werden, dass die Abtretung in das Grundbuch eingetragen wird (§ 1154 Abs. 2 BGB). Wird die Eintragung der Abtretung dabei aufgrund einer Eintragungsbewilligung (§ 19 GBO) vorgenommen, so ist diese rechtsbegründend.

II. Abtretungserklärung als Eintragungsgrundlage

407 1. Für die **Eintragung** der Übertragung (Abtretung) eines Briefgrundpfandrechts ist die verfahrensrechtliche Vorschrift des § 26 GBO im Hinblick auf die Regelung des materiellen Rechts den Bedürfnissen und Gewohnheiten des geschäftlichen Verkehrs entsprechend angepasst.[1] Demzufolge reicht es für eine Berichtigung des Grundbuchs aus, wenn statt einer Eintragungsbewilligung die **Abtretungserklärung** des bisherigen Gläubigers in öffentlich beglaubigter Form (§ 29 Abs. 1 GBO) vorgelegt wird (§ 26 Abs. 1 GBO), sowie ferner der daneben stets erforderliche Brief (§§ 41 Abs. 1, 42 Satz 1 GBO).[2] Eine Berichtigung des Grundbuchs über § 22 Abs. 1 GBO, was auch möglich wäre, würde zudem einen Nachweis der für die Einigung zum Rechtsübergang erforderlichen Annahmeerklärung des neuen Gläubigers nebst Briefübergabe erfordern. Fehlt die Annahmeerklärung, was nach § 26 Abs. 1 GBO nicht zu prüfen ist, so wird mit der Eintragung nur auf Grund der Abtretungserklärung, vor allem, wenn sie der bisherige Gläubiger beantragt hat (§ 13 Abs. 1 GBO), das Grundbuch unrichtig (wie bei einer bewilligten Eintragung, wenn keine Einigung erzielt ist). Erfolgt sie nachträglich und kommt damit eine rechtswirksame Einigung zustande, dann wird mit dem (nachträglichen) Rechtsübergang das (bis dahin unrichtige) Grundbuch richtig. Weil die Eintragung der Abtretung mit vorgelegter Abtretungserklärung auch den erst nachträglich außerhalb des Grundbuchs eintretenden Rechtsübergang grundbuchmäßig zum Ausdruck bringt, hat sie stets Berichtigungscharakter.

---

[1] Denkschrift S. 158.

[2] BayObLGZ 1987 = DNotZ 1988, 111 = Rpfleger 1987, 363.

2. **Verfahrensrechtlich** erleichtert § 26 Abs. 1 GBO nicht den Unrichtigkeitsnachweis (§ 22 Abs. 1 GBO), sondern die Abtretungserklärung ersetzt als Eintragungsgrundlage die Bewilligung (§ 19 GBO). Die Besonderheit dieser Regelung erklärt sich mit dem Grundsatz, dass ansonsten die für Rechtsänderung nötige materiell-rechtliche Willenserklärung nicht zugleich die verfahrensrechtliche Bewilligung einschließt. 408

III. Abtretung eines Grundpfandrechts ohne Brief

Für die Abtretung (Übertragung) einer **Buchhypothek**, -grundschuld oder -rentenschuld ist die Grundbucheintragung rechtsändernd erforderlich (§ 873 Abs. 1 mit § 1154 Abs. 3 BGB), mit der Folge, dass § 26 Abs. 1 GBO **keine Anwendung** findet. Auch die Pfändung und Überweisung eines Grundpfandrechts an Zahlungs Statt (§§ 830, 837 ZPO) und die Fälle des gesetzlichen Rechtsübergangs (z.B. § 1143 mit § 401 Abs. 1 BGB) fallen nicht unter die Regelung des § 26 Abs. 1 GBO und dies auch nicht entsprechend. Insoweit hat die berichtigende Eintragung in das Grundbuch nach § 22 Abs. 1 GBO durch Nachweis der Unrichtigkeit, z.B. durch die Vorlage des zugestellten Pfändungs- und Überweisungsbeschlusses oder aufgrund einer Bewilligung des Betroffenen zu erfolgen. 409

IV. Weitere Fälle für Ersatz der Eintragungsbewilligung

Entsprechend gilt § 26 Abs. 1 GBO nach dessen Abs. 2, wenn 410

- die **Belastung** einer Briefhypothek, Briefgrundschuld oder Briefrentenschuld **mit** einem **Nießbrauch** (§ 1068 BGB) oder einem **Pfandrecht** (§ 1273 BGB) eingetragen werden soll. Die Eintragungsgrundlage bildet dann an Stelle der Eintragungsbewilligung des Betroffenen (§ 19 GBO), die Belastungserklärung des Rechtsinhabers in der Form des § 29 Abs. 1 GBO. Die Einigung mit der Annahme durch den Nießbraucher (§ 1069 Abs. 1 BGB) oder den Pfandgläubiger (§ 1274 Abs. 1 Satz 1 BGB) braucht daher nicht nachgewiesen werden.
- die **Übertragung oder Belastung einer Forderung** eingetragen werden soll, für die ein eingetragenes **Recht** nach rechtsgeschäftlicher Belastung, infolge Zwangsvollstreckung oder kraft Gesetzes **als Pfand haftet.** Materiellrechtlich geht bei Abtretung der Forderung auch das Pfandrecht auf den neuen Gläubiger über (§ 401 Abs. 1, § 1250 Abs. 1 BGB) und wenn die Forderung belastet wird, umfasst die Belastung auch das Pfandrecht (§ 1069 Abs. 1, § 1274 Abs. 1 BGB). An Stelle der Eintragungsbewilligung des Betroffenen (§ 19 GBO) genügt ebenso in diesen Fällen als Eintragungsgrundlage die Abtretungs- oder Belastungserklärung des bisherigen Gläubigers, die jeweils der Form des § 29 Abs. 1 GBO zu entsprechen hat.

§ 15. Nachweis der Eintragungsunterlagen (§§ 29, 30, 32, 33 GBO)

A. Beibringung

I. Vorlage der Eintragungsunterlagen

411 Im **Antragsverfahren** (§ 13 Abs. 1 GBO) hat der **Antragsteller** dem Grundbuchamt alle für die beantragte Eintragung erforderlichen **Unterlagen vorzulegen.**[1] Das Grundbuchamt hat Erklärungen, Urkunden und andere Eintragungserfordernisse als Entscheidungsgrundlagen nicht zu beschaffen. Der in der Freiwilligen Gerichtsbarkeit ansonsten geltende Verfahrensgrundsatz der Amtsermittlung (§ 26 FamFG) findet im Grundbuchantragsverfahren keine Anwendung.[2] Das Grundbuchamt hat daher in diesen Verfahren aus eigener Initiative (von Amts wegen) weder eine Verpflichtung bei der Beschaffung des seiner Entscheidung zugrunde liegenden Tatsachenstoffs mitzuwirken noch ist es berechtigt Entscheidungsunterlagen selbst zu beschaffen.[3] Dessen ungeachtet darf es bei eigener Sachkenntnis und begründeten Zweifeln eine Eintragung nicht vornehmen, die zur Unrichtigkeit des Grundbuchs führen würde (siehe Rn. 535).

II. Nachweis in Urkundenform

412 Die Eintragungsunterlagen sind dem Grundbuchamt in Urkundenform (Rn. 415 ff) nachzuweisen. Damit sollen die Grundbucheintragungen auf eine möglichst sichere Grundlage gestellt werden[4]. Die Beschränkung der Nachweise auf Urkundenvorlage für die Zulässigkeit von rechtsändernden oder berichtigenden Eintragungen, bietet im Hinblick auf die Bedeutung der Rechte an Grund und Boden die insoweit gebotene größtmögliche Gewähr auf Richtigkeit. Nach diesem Grundsatz der **Beweismittelbeschränkung** im Grundbuchantragsverfahren sind andere Beweismittel des Verfahrens der Freiwilligen Gerichtsbarkeit, wie z.B. die Vernehmung von Zeugen oder Sachverständigen, Augenscheinseinnahme, Glaubhaftmachung ausgeschlossen.[5] In vereinzelten Fällen lässt jedoch auch das Gesetz einen vereinfachten Nachweis als Eintragungsgrundlage zu. So sind

- die Voraussetzungen für die Eintragung einer Löschungsvormerkung zugunsten vorgemerkter Rechte der Abt. II einschließlich der Eigentumsvormerkung nur glaubhaft zu machen (§ 29a GBO),

---

[1] BayObLGZ 1959, 442, 446 = DNotZ 1960, 316 = NJW 1960, 821; BayObLGZ 1989, 111, 113 = MittBayNot 1989, 307 = MittRhNotK 1989, 169 = NJW-RR 1989, 910.

[2] BayObLGZ 1971, 252, 257 = Rpfleger 1971, 429.

[3] BGHZ 30, 255, 258 = DNotZ 1959, 540 = NJW 1959, 1635; BGHZ 35, 135, 139 = NJW 1961, 1301 = Rpfleger 1961, 233; BayObLGZ 1959, 442, 446 aaO; 1969, 278, 281; 1988, 148, 150; 1989, 111, 113 aaO.

[4] BayObLGZ 1988, 148 151 = MittRhNotK 1989, 15 = Rpfleger 1988, 477.

[5] KG OLGZ 1979, 139 = Rpfleger 1979, 208.

– zur Feststellung der Erbfolge für die Eintragung des Eigentümers oder Miteigentümers bei Grundstücken oder Grundstücksanteilen von geringem Wert sind auch andere Beweismittel als die in § 35 Abs. 1 u. 2 GBO genannten ausreichend (§ 35 Abs. 3 GBO),
– zur Löschung eines umgestellten geringwertigen Rechts bedarf es nicht der Form des § 29 GBO (§§ 18, 19, 36a GBMaßnG).

B. Form der Eintragungsunterlagen

I. Antrag, Bewilligung und sonstige Erklärungen

1. Das Formerfordernis des § 29 GBO gilt nicht für den reinen Eintragungsantrag, der aber zumindest schriftlich gestellt sein muss (§ 13 Abs. 1 Satz 1 GBO; Rn. 224). **413**

2. Der Eintragungs**antrag** und die **Vollmacht** zur Stellung eines solchen bedürfen jedoch dann der Form des § 29 Abs. 1 GBO, wenn durch den Antrag zugleich eine zur Eintragung erforderliche Erklärung ersetzt werden soll (§ 30 GBO; sogen. **gemischter Antrag**). Das sind die Fälle, in denen zugleich auch die Eintragungsbewilligung (§ 19 GBO), eine Zustimmung zur Eintragung, wie z. B. die des Eigentümers für die Löschung eines Grundpfandrechts nach § 27 GBO oder sonst eine zur Eintragung erforderliche Erklärung als Eintragungsantrag formuliert sind. Die Eintragungsbewilligung, ebenso die Zustimmung oder eine sonst erforderliche Erklärung sind in diesen Fällen mit dem Eintragungsantrag (§ 13 Abs. 1 GBO) zusammengefasst und als einheitliche Verfahrenserklärung geäußert. Insoweit gilt in aller Regel wer eine Eintragung beantragt, erlaubt (bewilligt) sie auch als Betroffener, stimmt ihr sonst zu oder erklärt sein erforderliches Einvernehmen. Für die zur Eintragung erforderliche Erklärung ergibt sich damit das Erfordernis, dass sie urkundlich in der Form des § 29 Abs. 1 GBO nachgewiesen werden muss, bereits aus § 29 GBO. Die Bedeutung des § 30 GBO liegt somit, soweit er nicht nur der Klarstellung dient, in der Aussage, dass der reine Eintragungsantrag sowie die Vollmacht zur Stellung eines solchen, nicht der Form des § 29 Abs. 1 GBO bedürfen. **414**

3. a) Die Eintragungs**bewilligung** (§ 19 GBO, Rn. 266 ff) und damit auch die Zustimmungen Dritter sowie die **sonstigen** zur Eintragung erforderlichen **Erklärungen** sind durch öffentliche oder öffentlich beglaubigte **Urkunden nachzuweisen** (§ 29 Abs. 1 Satz 1 GBO). Die Vorschrift dient, wie schon vorweg erwähnt, dem Grundbuchamt eine zuverlässige Grundlage für die Prüfung der Voraussetzungen der Eintragung zu gewährleisten.[1] Offenkundigkeit ersetzt für Erklärungen den Urkundennachweis nicht[2]. **415**

b) Eine Eintragungs**bewilligung** ist auch die Berichtigungsbewilligung (Rn. 280), die Löschungsbewilligung (Rn. 281) und die Bewilligung der nur mittelbar Betroffenen (Rn. 275). Als sonstige zur Eintragung erforderliche **Erklärungen** bedürfen der Form des § 29 GBO die Auflassung (§ 20 GBO), **416**

[1] Denkschrift S. 159.
[2] KG OLGZ 1979, 139, 142 aaO.

etwaige Zustimmungen (§ 22 Abs. 2, § 27 GBO), die Abtretungs- und Belastungserklärungen (§ 26 GBO) und ferner alle sonstigen Erklärungen, die eine grundbuchrechtliche Erklärung ergänzen oder begründen (z.B. Vollmacht, Einwilligung oder Genehmigung, Quittung[1], Ehegattenzustimmung nach § 1365 BGB, Zustimmungen nach §§ 5, 6 mit § 15 ErbbauRG oder nach § 12 WEG), damit auch die sogen. Geständniserklärung zum Nachweis, dass vor Vornahme des Rechtsgeschäfts (z.B. der Auflassung) eine Vollmacht erteilt war[2].

II. Nachweis anderer Eintragungsvoraussetzungen

417 1. **Andere Voraussetzungen** der Eintragung sind durch öffentliche **Urkunden nachzuweisen** (§ 29 Abs. 1 Satz 2 GBO). Ausnahme: Wenn sie bei dem Grundbuchamt offenkundig sind. Andere Eintragungsvoraussetzungen sind alle für die Eintragung erforderlichen Entscheidungsgrundlagen, die nicht Erklärungen (§ 29 Abs. 1 Satz 1 GBO) sind[3].

Beispiele: Nachweis der Stellung als gesetzlicher Vertreter oder als Verwalter fremden Vermögens (Insolvenzverwalter, § 80 Abs. 1 InsO), des Lebensalters, der Verehelichung, Scheidung und des Todes (z.B für die Löschung nach § 23 Abs. 2 GBO), der Staatsangehörigkeit,[4] eines Ereignisses für Bedingungseintritt oder -ausfall.

418 2. **Offenkundigkeit** (s. § 291 ZPO) besteht, wenn eine Tatsache allgemeinkundig oder gerichtskundig ist. Ersteres ist der Fall, wenn die Tatsache einem größeren Kreis von Personen d.h. allgemein bekannt ist und der Grundbuchbeamte die Überzeugung von der Wahrheit aus der Allgemeinkunde schöpft.

Beispiel: Tod einer bekannten Persönlichkeit.

Gerichtskundig ist eine Tatsache, wenn der Grundbuchbeamte sie selbst bei seiner jetzigen oder einer früheren Tätigkeit amtlich wahrgenommen hat.[5] Dazu gehören nicht Tatsachen, über die der Grundbuchbeamte sich erst durch Beiziehung von und Einsicht in Akten informieren muss oder die er außerhalb seiner dienstlichen Tätigkeit wahrgenommen hat. Die Eintragung in einem öffentlichen Register, das erst eingesehen werden müsste, begründet keine Offenkundigkeit. Dem trägt die Grundbuchordnung mit Vorschriften über den Nachweis von Registereintragungen Rechnung (§§ 32, 33 GBO).

C. Öffentliche und öffentlich beglaubigte Urkunden

I. Die öffentliche Urkunde

419 1. Öffentliche Urkunden sind Urkunden, die von einer öffentlichen Behörde innerhalb der Grenzen ihrer Amtsbefugnisse oder von einer mit öffent-

[1] BayObLGZ 1995, 103, 106 = DNotZ 1996, 627 = NJW-RR 1995, 852 = Rpfleger 1995, 410.
[2] BGHZ 29, 366, 368 = NJW 1959, 883 = Rpfleger 1959, 219; KG JFG 18, 246.
[3] KG Rpfleger 1979, 208, 209 aaO.
[4] KG JFG 20, 171, 177.
[5] Zöller/Greger Rn. 1 zu § 291 ZPO:.

lichem Glauben versehenen Person innerhalb des ihr zugewiesenen Geschäftskreises in der vorgeschriebenen Form aufgenommen sind (§ 415 Abs. 1 ZPO).

Es begründen

- öffentliche Urkunden über eine vor der Behörde oder der Urkundsperson dort abgegebene **Erklärung** den vollen Beweis des beurkundeten Vorgangs (§ 415 Abs. 1 ZPO);

Beispiele: Auflassung (§ 925 Abs. 1 BGB); Bestellung einer Grundschuld mit Zwangsvollstreckungsunterwerfung (§ 794 Abs. 1 Nr. 5 ZPO)

- die von einer Behörde ausgestellte öffentliche Urkunde über eine **amtliche Anordnung,** Verfügung oder Entscheidung den vollen Beweis ihres Inhalts (§ 417 ZPO);
- öffentliche Urkunden, die einen **anderen** als den in den §§ 415, 417 ZPO bezeichneten **Inhalt** haben, den vollen Beweis der darin bezeugten Tatsachen (§ 418 Abs. 1 ZPO).

Diese Begriffsbestimmungen für das Gebiet des Zivilprozesses haben Bedeutung für das gesamte Rechtsgebiet und sie gelten demzufolge auch für das Grundbuchverfahren.[1]

2. Wesentlich sind für eine öffentliche Urkunde drei Merkmale: 420

a) **Erstellt** haben muss die Urkunde eine öffentliche Behörde[2] oder eine mit öffentlichem Glauben versehene Person. Insbesondere sind **Notare** zuständig, Beurkundungen jeder Art vorzunehmen (§ 20 Abs. 1 BNotO). Andere Urkundspersonen sind z. B. Konsularbeamte,[3] Standesbeamte, Gerichtsvollzieher oder die Vorstände von Vermessungsbehörden[4]. Bei einem gerichtlichen Vergleich wird durch die Aufnahme der Erklärungen in ein den Vorschriften der ZPO errichtetes Protokoll die notarielle Beurkundung ersetzt (§ 127a BGB).

b) Die Behörde oder die Urkundsperson muss innerhalb der Grenzen ihrer 421
Amtsbefugnisse („... des ihr zugewiesenen Geschäftskreises") gehandelt haben und somit sachlich zuständig gewesen sein[5].

c) Die Urkunde muss in der vorgeschriebenen **Form** aufgenommen oder 422
erstellt sein. Der Notar hat für die Beurkundung von Willenserklärungen eine Niederschrift über die Verhandlung aufzunehmen (§ 8 BeurkG). Den Inhalt den die Niederschrift zu enthalten hat und welche Feststellungen zu treffen sind, regeln die §§ 9 ff BeurkG. Die Niederschrift muss insbesondere in Gegenwart des Notars den Beteiligten (samt Anlage nach § 9 Abs. 1 Satz 2 BeurkG) vorgelesen, von ihnen genehmigt und eigenhändig unterschrieben worden sein. Soweit die Niederschrift auf Karten, Zeichnungen oder Abbildungen verweist, müssen diese den Beteiligten anstelle des Vorlesens zur Durchsicht vorgelegen haben (§ 13 Abs. 1 BeurkG). Die Niederschrift ist

---

[1] Zur Urkunde über grundbuchmäßige Erklärungen und § 415 ZPO siehe BGHZ 25, 186, 188 = NJW 1957, 1673.

[2] Zum Behördenbegriff eingehend die ZPO-Kommentare zu § 415.

[3] KonsularG v. 11.9.1974, BGBl. I S. 2317; s. bereits Rn. 318.

[4] Siehe § 61 Abs. 1 Nr. 6 BeurkG.

[5] Hierzu BGHZ 6, 304, 307 ff = NJW 1952, 1211.

auch vom Notar eigenhändig zu unterschreiben und er soll der Unterschrift seine Amtsbezeichnung beifügen (§ 13 Abs. 3 BeurkG). Eine eingeschränkte Beifügungs- und Vorlesungspflicht gilt bei Verweisung auf eine andere notarielle Niederschrift sowie auf Karten, Zeichnungen oder Abbildungen (§ 13a BeurkG). Ebenfalls eine eingeschränkte Vorlesungspflicht ist bei der Bestellung einer Hypothek, Grundschuld oder Rentenschuld für die (zulässig) in ein beigefügtes Schriftstück (auf das verwiesen ist) aufgenommene Erklärung bestimmt (§ 14 Satz 2 BeurkG). Formvorschriften für das über eine mündliche Verhandlung aufzunehmende Protokoll („Beurkundung" eines Prozessvergleichs) regeln die §§ 159–164 ZPO, solche für Beurkundung durch den Gerichtsvollzieher z.B. §§ 192–194 (Zustellungsurkunde) und § 762 ZPO (Protokoll über eine Vollstreckungshandlung).

423 3. a) **Behörden** können in **eigenen Angelegenheiten** öffentliche Urkunden über rechtsgeschäftliche oder sonstige Erklärungen und damit auch GBO-Verfahrenshandlungen selbst ausstellen (sog. **bewirkende Urkunde**)[1]. Die Eigenurkunde einer Behörde ist zu unterzeichnen und mit Siegel oder Stempel zu versehen (§ 29 Abs. 3 GBO); der öffentlichen Beglaubigung durch einen Notar bedarf die von einer Behörde in der Form der öffentlichen Urkunde (§ 417 ZPO) abgegebene Erklärung daneben nicht mehr. Um keine eigene Angelegenheit handelt es sich jedoch, wenn die Behörde als Bevollmächtigte eines anderen für diesen Erklärungen abgibt[2].

424 b) Eine **Eigenurkunde des Notars** ist eine öffentliche Urkunde (§ 415 ZPO), die den Formerfordernissen des § 29 Abs. 1 GBO genügt[3]. Sie liegt vor, wenn er mit ihr eine von ihm selbst beurkundete oder beglaubigte grundbuchrechtliche Erklärung aufgrund ausdrücklicher Vollmacht im Namen eines Beteiligten nachträglich berichtigt, ergänzt oder grundbuchrechtlichen Erfordernissen inhaltlich anpasst. Sie muss vom Notar unterzeichnet und gesiegelt sein; eine besondere Form ist ansonsten nicht vorgeschrieben. Die Erstellung einer notariellen Eigenurkunde scheidet aus, wenn von dem Notar in eigener Angelegenheit eine in der Form des § 29 Abs. 1 GBO für die Eintragung erforderliche Erklärung abzugeben ist, z.B. eine Löschungsbewilligung oder eine Freigabeerklärung in seiner Eigenschaft als Testamentsvollstrecker[4].

425 4. Auch eine **ausländische Urkunde** ist eine öffentliche Urkunde i.S. des § 29 GBO, wenn sie den Erfordernissen des § 415 ZPO entspricht.[5] Ihre Echtheit kann mittels Legalisation durch einen (deutschen) Konsul oder Gesandten des Bundes nachgewiesen werden (§ 438 Abs. 2 ZPO).[6] Durch Staatsverträge, im **Europäischen Übereinkommen vom 7.6.1968** (BGBl. 1971 II

---

[1] BayObLGZ 1954, 323, 329; 1975, 227, 229 f = DNotZ 1976, 120 = MittBayNot 1975, 179; KG MittBayNot 1975, 35 = OLGZ 1974, 394 = Rpfleger 1974, 399.

[2] LG Kassel DNotZ 1987, 48.

[3] BGHZ 78, 36 = DNotZ 1981, 118 = Rpfleger 1980, 465.

[4] OLG Zweibrücken Rpfleger 1982, 276; OLG Düsseldorf DNotZ 1989, 638 = MittBayNot 1989, 151 = Rpfleger 1989, 58.

[5] KG JFG 6, 300, 305; BGH NJW-RR 2007, 1006.

[6] BayObLG DNotZ 1993, 397 = MittBayNot 1993, 80 = MittRhNotK 1992, 326 = Rpfleger 1993, 192.

S. 85 u. 1023)[1] und im **Haager Übereinkommen vom 5.10.1961** (BGBl. 1965 II S. 875)[2] sowie durch **bilaterale Verträge** mit einer Reihe europäischer Staaten[3] und aufgrund multilateraler Abkommen ist jedoch vielfach eine Befreiung von der Legalisation vorgesehen.[4] So kann beispielsweise nach dem Haager Übereinkommen an Stelle der Legitimation eine von der zuständigen Behörde des Errichtungsstaates erteilte Echtheitsbescheinigung (sog. **Apostille**) treten.[5] Auch kann auf die Legalisation oder Echtheitsbescheinigung verzichtet werden, wenn nach dem Ermessen des Grundbuchamts aufgrund besonderer Umstände des Einzelfalls der Echtheitsnachweis auch ohne Legalisation oder Apostille als erbracht anzusehen ist.[6] Eine ordnungsgemäße **Auflassung** kann jedoch nur vor einem **deutschen Notar** erklärt und demzufolge nur von ihm beurkundet werden (Rn. 313). Ebenso kann eine **vollstreckbare Urkunde** (§ 794 Abs. 1 Nr. 5 ZPO) nur von einem deutschen Notar aufgenommen sein.

II. Die öffentlich beglaubigte Urkunde

Eine öffentlich beglaubigte Urkunde ist eine Privaturkunde (§ 416 ZPO), **426**
bei der die auf der schriftlich abgefassten Erklärung befindliche **Unterschrift** oder das Handzeichen des Erklärenden von einem Notar (§ 20 Abs. 1 Satz 1 BNotO) **beglaubigt** ist (§ 129 Abs. 1 BGB). Ersetzt wird die durch das Gesetz für eine Erklärung vorgeschriebene öffentliche Beglaubigung durch die notarielle Beurkundung (§ 129 Abs. 2 BGB). Andere Zuständigkeiten für die Unterschriftsbeglaubigung bestehen unter anderem für Konsularbeamte (§ 10 Abs. 1 KonsularG, Rn. 318), Vermessungsämter und -ingenieure (nach Landesrecht) und nach Landesgesetzen vereinzelt auch andere Stellen (siehe § 63 BeurkG). Die Form der Beglaubigung richtet sich nach den §§ 39, 40 BeurkG. Zu den Formerfordernissen bei der Übersendung einer öffentlich beglaubigten Urkunde als elektronisches Dokument siehe §§ 39a, 40 BeurkG und § 137 Abs. 1 GBO.

D. Vorlage in Urschrift, Ausfertigung, beglaubigter Abschrift

I. Öffentliche Urkunde

1. Die Urschrift einer notariellen Urkunde bleibt in der Regel in der Ver- **427**
wahrung des Notars (siehe § 45 Abs. 1, 3 BeurkG, § 18 DONot)). Im Rechtverkehr vertritt eine **Ausfertigung** der Urkunde die Urschrift (§ 47 BeurkG). Die Ausfertigung besteht in einer Abschrift (auch als Ablichtung) der Urkunde, die mit dem Ausfertigungsvermerk versehen ist und die in der Über-

---

[1] Hierzu Arnold DNotZ 1975, 581.

[2] Siehe Blumenwitz DNotZ 1968, 728.

[3] Vgl. Geimer/Schütze, Internationaler Rechtsverkehr S. 760 ff.

[4] Ausführliche Darstellung mit Übersicht bei Meikel/Hertel Rn. 275 ff zu Einl. L; dazu auch Demharter Rn. 50–56 zu § 29 GBO.

[5] BayObLG DNotZ 1993, 397 aaO. Zur Nachweiserleichterung durch Apostille siehe im Einzelnen Meikel/Hertel Rn. 328 Einl. L.

[6] BayObLG DNotZ 1993, 397 aaO.

schrift als Ausfertigung bezeichnet sein soll (§ 49 Abs. 1 BeurkG). Auf Antrag kann eine Ausfertigung auch nur auszugsweise erteilt werden (§ 49 Abs. 5 BeurkG). Eine **beglaubigte Abschrift** ist eine Zweitschrift (auch Ablichtung[1]), deren inhaltlicher Gleichlaut mit der Urschrift eine zuständige Urkundsperson unterschriftlich beglaubigt hat.[2] Zuständig für Beglaubigung von Abschriften sind die Notare (§ 20 Abs. 1 Satz 1 BNotO), im Übrigen die ansonsten die Urkunde verwahrende Behörde.

428 2. **Öffentliche Urkunden** können dem Grundbuchamt in Ausfertigung oder beglaubigter Abschrift (siehe jedoch nachf. Rn. 431, 432) vorgelegt werden. Die Vorlage der Urschrift entfällt grundsätzlich wegen der Verwahrung durch den Notar.

II. Öffentlich beglaubigte Urkunde

429 Bei notarieller Unterschriftsbeglaubigung wird die schriftlich abgefasste Erklärung mit dem Beglaubigungsvermerk ausgehändigt. Der Notar nimmt hier zu seiner Urkundensammlung lediglich eine beglaubigte Abschrift oder ein Vermerkblatt (§ 19 DONot). Die öffentlich beglaubigte Urkunde kann dem Grundbuchamt daher in Urschrift, Ausfertigung oder beglaubigter Abschrift vorgelegt werden.

III. Ausfertigung oder beglaubigte Abschrift

430 1. Die Vorlage einer **beglaubigten Abschrift** einer öffentlichen oder öffentlich beglaubigten Urkunde **beweist** den **Urkundeninhalt** in gleicher Weise wie die Urschrift oder eine Ausfertigung.[3] Auch durch Vorlage einer beglaubigten Abschrift einer (ordnungsgemäß) beglaubigten Abschrift einer öffentlichen oder öffentlich beglaubigten Urkunde kann deren Inhalt daher in grundbuchmäßiger Form (§ 29 Abs. 1 GBO) nachgewiesen werden.[4] Ausreichend ist insbesondere auch die Vorlage einer beglaubigten Abschrift einer Urkunde über die Auflassung (§ 925 Abs. 1 BGB; hierzu Rn. 323).

431 2. Die **Eintragungsbewilligung** muss als Eintragungsgrundlage wirksam sein (Rn. 288). Eine Vorlage in Urschrift oder Ausfertigung genügt daher stets, ebenso die Vorlage einer beglaubigten Abschrift durch den Bewilligungsberechtigten oder für ihn durch den Notar. Die Vorlage einer beglaubigten Abschrift nur durch den Begünstigten, der nicht nach § 51 Abs. 1 BeurkG unwiderruflich Anspruch auf Aushändigung der Urkunde oder einer Ausfertigung davon hat, oder für ihn durch den Notar, begründet für das Grundbuchamt nicht die Annahme, dass die Bewilligung wirksam geworden ist und genügt demzufolge nicht (Rn. 289).

432 3. Die Vorlage einer **Vollmachtsurkunde** begründet einen Rechtscheinschutz (§ 172 mit § 171 BGB). Diese Rechtsfolge setzt voraus, dass dem Bevollmächtigten eine Vollmachtsurkunde ausgehändigt wurde und der Vertre-

[1] BGHZ 36, 62 = NJW 1961, 2307 u. NJW 1974, 1383, 1384.
[2] Zöller/Stöber Rn. 8 zu § 169 ZPO.
[3] KG JFG 12, 260, 264.
[4] KG FGPrax 1998, 7 = Rpfleger 1998, 109; Haegele Rpfleger 1967, 33, 39.

ter sie vorgelegt hat (§ 172 Abs. 1 BGB). Weil mit dem Besitz der Urkunde Rechtsfolgen verbunden sind, erfordert der Vollmachtsnachweis in der Form des § 29 GBO die Vorlage der Urschrift oder einer sie ersetzenden Ausfertigung. Die Vorlage der Urschrift oder einer Ausfertigung der beurkundeten oder öffentlich beglaubigten Vollmacht beim Notar, der unter Beifügung einer beglaubigten Abschrift hiervon die Tatsache des Besitzes in der Form des § 29 Abs. 1 Satz 2 GBO für das Grundbuchamt bescheinigt, stellt einen ausreichender Nachweis für den Besitz der Vollmachtsurkunde dar.[1]

4. Eine beglaubigte Abschrift einer **Privaturkunde** (siehe § 416 ZPO) ist 433
kein der Form des § 29 Abs. 1 Satz 1 GBO entsprechender Nachweis.[2]

E. Verwertung von Erfahrungssätzen

Nicht offenkundige **Tatsachen**, die als andere Eintragungsvoraussetzungen 434
nach § 29 Abs. 1 Satz 2 GBO durch öffentliche Urkunden nachgewiesen werden müssten, lassen sich in dieser Form mitunter nicht (oder höchstens durch ein Urteil) beweisen. In solchen Fällen dürfen die Beweisanforderungen nicht überspannt werden. Das gilt vor allem, wenn es um den Nachweis geht, dass eintragungshindernde Tatsachen (Geschäftsunfähigkeit eines Beteiligten, Erlöschen einer Vollmacht) nicht vorliegen oder nicht eingetreten sind, und dass Nebenumstände für die Wirksamkeit einer Erklärung (Zugang usw.) erfüllt sind. Die Rechtsprechung hat daher[3] mit Rücksicht auf den Zweck des Grundbuchs, dem Verkehr zu dienen, die Anwendung allgemeiner Erfahrungssätze in freier Beweiswürdigung dann zugelassen, wenn für gewisse im Grundbuchantragsverfahren wichtige Beurteilungen die Führung eines Urkundenbeweises unmöglich ist. Für eine durch solche Erfahrungssätze geschützte Würdigung des durch Eintragungsunterlagen belegten Sachverhalts wird kein weiterer (Urkunden-)Beweis verlangt, sofern nicht etwa besondere, irgendwie erkennbare Umstände des Einzelfalls die Anwendung des Erfahrungssatzes verbieten. Der Zweck des § 29 GBO, die Eintragung auf eine sichere Grundlage zu gründen, wird durch Mitverwertung allgemeiner Erfahrungssätze in freier Beweiswürdigung nicht gefährdet. Vor allem der Zwang, auch entfernte Möglichkeiten durch formgerechten Nachweis auszuschließen, würde in der Mehrzahl der Fälle nur zu leerem Formalismus führen und einen geordneten Geschäftsgang erschweren[4]. Beruht dagegen die Beweisnot allein darauf, dass etwa der die Auflassung erklärende Vertreter des Veräußerers, von diesem unter einer willkürlich gesetzten Bedingung bevollmächtigt worden ist, so rechtfertigt der für die Wirksamkeit der Bevollmächtigung erforderliche und nicht in der Form des § 29 Abs. 1 GBO zu erbringende Bedingungseintritt nicht, dass deshalb die Sicherheit des Grundstücksverkehrs

---

[1] BayObLG DNotI-Report 2002, 38 = MittBayNot 2002, 112 = NotBZ 2002, 104 = Rpfleger 2002, 194 = ZNotP 2002, 233.

[2] KG JFG 12, 260, 264.

[3] Siehe insbesondere BayObLGZ 1952, 321 und 1986, 2008, 211 = NJW-RR 1986, 1070 = Rpfleger 1986, 470; KG NJW-RR 1998, 447.

[4] so BGH Rpfleger 1985, 234, 235.

zurückzutreten habe und von der Formstrenge des § 29 Abs. 1 GBO abzuweichen sei.[1] Auch dann, wenn ein formgerechter Nachweis ohne besondere Schwierigkeiten möglich ist, wie stets ein Erbnachweis (§ 35 GBO), oder Todesnachweis[2]), darf das Grundbuchamt nicht davon absehen, Urkunden zu erfordern, nur weil es im einzelnen Fall von der Richtigkeit des Vorbringens überzeugt ist[3].

Beispiele: Nachweis, dass eine wirksam erteilte Vollmacht fortbesteht[4]; Nachweis, dass eine Verfügung des Testamentsvollstreckers nicht unentgeltlich ist[5]; Nachweis, dass eine Erklärung zugegangen oder ein Grundpfandrechtsbrief übergeben wurde[6]; Nachweis, dass die Vollziehungsfrist des § 929 Abs. 2 und 3 mit § 936 ZPO nicht gewahrt ist für Löschung einer Vormerkung[7]

F. Nachweise aus Handels-, Partnerschafts-, Genossenschafts-, Vereins- und Güterrechtsregister (§§ 32, 33 GBO)

I. Notarbescheinigung

435 Die Vertretungsverhältnisse, Sitzverlegungen, Firmen – oder Namensänderungen die im Handels-, Partnerschafts-, Genossenschafts- und Vereinsregister eingetragen sind, sowie das Bestehen juristischer Personen und Gesellschaften können durch Vorlage **einer Bescheinigung nach § 21 Abs. 1 BNotO** nachgewiesen werden (§ 32 Abs. 1 Satz 1 GBO). Die Bescheinigung kann ferner zum Nachweis für sonstige rechterhebliche Umstände dienen, die sich aus der Registereintragung ergeben, insbesondere Umwandlungen (§ 32 Abs. 1 Satz 2 GBO). Die notarielle Bescheinigung hat der Form des § 39 bzw. § 39a BeurkG zu entsprechen. Die Regelung des § 32 GBO gilt für alle Personen und Gesellschaften, die in einem inländischen öffentlichen Register eingetragen sind. Dazu gehören auch

- der Versicherungsverein auf Gegenseitigkeit: Er ist nach § 30 VAG in das Handelsregister einzutragen;
- die Europäische wirtschaftliche Interessenvereinigung: Die EWIV ist nach § 2 EWIV-Ausführungsgesetz[8] auf Anmeldung ins Handelsregister einzutragen;
- die Europäische Gesellschaft (SE): Sie ist nach § 3 SE-Ausführungsgesetz[9] gemäß den für Aktiengesellschaften geltenden Vorschriften im Handelsregister einzutragen;

---

[1] Vgl. OLG Köln FGPrax 2007, 102 = MittBayNot 2008, 53 = NotBZ 2007, 333.
[2] BGHZ 57, 84, 95 = NJW 1971, 2264 = Rpfleger 1972, 49.
[3] BayObLGZ 1952, 321 und 1986, 208 aaO.
[4] BayObLGZ 1985, 318, 320 = DNotZ 1986, 344 = Rpfleger 1986, 90; der Nachweis, dass sie nicht widerrufen wurde, ist in der Form des § 29 Abs. 1 Satz 2 GBO nicht möglich.
[5] BGHZ 57, 84, 95 aaO; BayObLGZ 1986, 208, 211 aaO.
[6] KG JFG 2, 401, 408.
[7] OLG Köln NJW-RR 1987, 851 = OLGZ 1987, 405 =Rpfleger 1987, 301.
[8] EWIVAG v. 14.4.1988, BGBl. I S. 514.
[9] SEAG v. 22.12. 2004, BGBl. I S. 3675.

- die Europäische Genossenschaft (SCE): Sie ist nach § 3 SCE-Ausführungsgesetz[1] entsprechend den für Aktiengesellschaften geltenden Vorschriften in das Genossenschaftsregister einzutragen;
- die Real-Estate-Investment-Trust-AG (REIT-AG; sie ist nach § 8 REIT-Gesetz[2]auf Anmeldung beim zuständigen Gericht in das Handelsregister einzutragen.

Auf ausländische juristische Personen und Gesellschaften ist § 32 GBO nicht anzuwenden. Ihre Rechtsfähigkeit und damit auch ihre Grundbuchfähigkeit muss in der Form des § 29 Abs. 1 Satz 2 GBO dem Grundbuchamt nachgewiesen werden.[3] 436

II. Amtlicher Registerausdruck oder beglaubigte Registerabschrift

Der Nachweis der Rechts- und Vertretungsverhältnisse kann nach § 32 Abs. 1 Satz 2 GBO auch durch Vorlage eines amtlichen Registerausdrucks oder einer beglaubigten Registerabschrift geführt werden. Die Berechtigung zur Erteilung ergibt sich für das Handelsregister aus § 9 Abs. 3 HGB, für das Partnerschaftsregister aus § 5 Abs. 2 PartGG, für das Genossenschaftsregister aus § 156 Abs. 1 Satz 1 GenG und für das Vereinsregister aus § 79 Abs. 1 BGB. Trotz der negativen Publizität des Vereinsregisters (§ 68 BGB) ist dies wegen § 69 BGB genügend. Amtlicher Registerausdruck und beglaubigte Registerabschrift sind öffentliche Urkunden und somit formgerechte Eintragungsunterlagen nach § 29 Abs. 1 Satz 2 GBO. Die Eintragungsmitteilung des Registergerichts (§ 383 Abs. 1, § 400 FamFG) hat keine Zeugnisfunktion, ihre Vorlage genügt zum Nachweis einer Registereintragung daher nicht. 437

III. Zeitpunkt des Nachweises

Die Bescheinigung des Notars nach § 21 Abs. 1 BNotO, die den Tag der Einsichtnahme in das Register oder den Tag der Ausstellung anzugeben hat (§ 21 Abs. 2 Satz 2 BNotO), weist nur die Vertretungsverhältnisse im **Zeitpunkt der Einsichtnahme bzw. der Ausstellung** aus. Der amtliche Registerausdruck oder die beglaubigte Registerblattabschrift bestätigen ebenfalls nur die Vertretungsverhältnisse für den Zeitpunkt ihrer Erstellung. Dessen ungeachtet ist eine nur wenige Tage vor Abgabe der grundbuchlichen Erklärung ausgestellte Notarbescheinigung und damit auch ein amtlicher Registerausdruck oder eine beglaubigte Registerabschrift beglaubigte Abschrift mangels gegenteiliger Anhaltspunkte regelmäßig als beweiskräftig anzusehen.[4] Bei älteren Zeugnissen ist nach den Umständen des Einzelfalls zu würdigen, ob die Vertretungsberechtigung noch als nachgewiesen angesehen werden kann.[5] Anhalt kann die Frist von 15 Tagen des § 15 Abs. 2 HGB geben. 438

---

[1] SCEAG v. 14.8.2006, BGBl. I S. 1911.

[2] REITG v. 28.5.2007, BGBl. I S. 914.

[3] BayObLGZ 2002, 413, 415 = DNotZ 2003, 653 = Rpfleger 2003, 241 = ZfIR 2003, 2000 = ZNotP 2003, 103.

[4] Vgl. KG JFG 17, 228.

[5] Siehe AG Langen Rpfleger 1982, 63.

IV. Bezugnahme auf das Register

439 Wird das Register **elektronisch geführt** kann, unabhängig davon bei welchem Gericht das Register geführt wird, der Nachweis für alle in § 32 Abs. 1 Satz 1 GBO aufgezählten Fälle durch Bezugnahme auf das Register erfolgen, wenn dazu das Registergericht und das Registerblatt angegeben werden (§ 32 Abs. 2 GBO). Zum Nachweis sonstiger rechtserheblicher Umstände, insbesondere von Umwandlungen ist eine Bezugnahme auf das Register nicht zulässig

440 Ein **Zeugnis des Registergerichts** ist nach der Neufassung des § 32 GBO nicht mehr vorgesehen und im Hinblick auf die nach dieser Vorschrift aufgezeigten und bestehenden Nachweismöglichkeiten auch entbehrlich.

V. Vertretungsregelungen

441 1. a) Der **Prokurist** (§ 48 HGB), auch als Gesamtprokurist, kann als rechtsgeschäftlicher Vertreter für einen Einzelkaufmann, eine Handelsgesellschaft (OHG, KG, AG, KGaA, GmbH) oder eine Genossenschaft (§ 42 Abs. 1 GenG) handeln. Der Umfang seiner Vertretungsbefugnis bestimmt sich nach § 49 HGB. Grundsätzlich nicht ermächtigt ist der Prokurist zur Veräußerung und Belastung von Grundstücken (§ 49 Abs. 2 HGB). Jedoch kann ihm die Ermächtigung auch zur Vertretung in diesen Angelegenheiten (ausdrücklich) erteilt werden (sog. Immobiliarprokura). Der Nachweis erfolgt durch Handelsregistereintragung. Auf das Privatvermögen des Einzelkaufmanns erstreckt sich die Prokura nicht (§ 49 Abs. 1 HGB); für seine Grundbuchgeschäfte erlangt die Vertretung durch einen Prokuristen daher keine praktische Bedeutung (s. § 15 GBV).

442 b) Der **Handelsvertreter** (§ 54 HGB) wird nicht in das Handelsregister eingetragen. Der Nachweis seiner Vertretungsberechtigung hat daher stets durch Vollmachtsvorlage zu erfolgen, die der Form des § 29 Abs. 1 Satz 1 GBO bedarf.

443 2. Die **gesetzliche Vertretung** der Handelsgesellschaften regeln für
- die **OHG** § 125 Abs. 1 HGB. Die Vertretung erfolgt durch jeden Gesellschafter (einzeln), sofern er nicht durch den Gesellschaftsvertrag ausgeschlossen ist. Eine abweichende Regelung, insbesondere eine Gesamtvertretung, kann der Gesellschaftsvertrag bestimmen (§ 125 Abs. 2, 3 HGB).
- die **Partnerschaft** § 7 Abs. 2 PartGG mit § 124 Abs. 2 HGB. Die Vertretung erfolgt durch jeden Gesellschafter (einzeln), sofern er nicht durch den Partnerschaftsvertrag ausgeschlossen oder durch diesen eine Gesamtvertretung bestimmt ist (§ 7 Abs. 3 PartGG mit § 125 Abs. 1 und 2 HGB).
- die **KG** (auch **GmbH & Co KG**) § 161 mit § 125 und § 170 HGB. Die Vertretung erfolgt durch jeden persönlich haftenden Gesellschafter (einzeln) oder nach anderer Bestimmung des Gesellschaftsvertrags (wie bei der OHG). Kommanditisten sind von der Vertretung ausgeschlossen; sie können jedoch als Prokuristen bestellt sein.
- die **AG** § 78 Abs. 1 AktG. Die Vertretung erfolgt durch den Vorstand (auch Stellvertreter, § 94 AktG). Eine Einzelregelung durch die Satzung nach Maßgabe von § 78 Abs. 2, 3 AktG ist möglich.

- die **KGaA** § 278 Abs. 2 AktG. Die Vertretung erfolgt durch jeden persönlich haftenden Gesellschafter einzeln. Eine abweichende Regelung kann der Gesellschaftsvertrag nach § 125 Abs. 2, 3 HGB bestimmen.
- die **GmbH** § 35 Abs. 1 GmbHG. Die Vertretung erfolgt durch die Geschäftsführer (auch Stellvertreter, § 44 GmbHG). Eine Satzungsregelung ermöglicht § 35 Abs. 2 GmbHG.
- Die **Europäische wirtschaftliche Interessenvereinigung** Art. 20 EWG-VO. Die Vertretung erfolgt durch den Geschäftsführer, wenn es mehrere sind durch einen jeden von ihnen. Der Gründungsvertrag kann festlegen, dass die Vereinigung nur durch zwei oder mehrere gemeinschaftlich handelnde Geschäftsführer vertreten werden kann.
- Die **Europäische Gesellschaft** (Art. 38 ff oder Art. 43 ff EGVO[1], §§ 20–49 SEAG). Die Vertretung erfolgt bei Wahl des dualistischen Systems (Trennung von Geschäftsführung und Überwachung) entsprechend § 78 AktG. Bei Wahl des monistischen Systems wird sie von im Handelsregister eingetragenen geschäftsführenden Direktoren vertreten, die vom Verwaltungsrat bestellt werden.

3. a) Die **Genossenschaft** wird gesetzlich durch den Vorstand vertreten 444
(§ 24 Abs. 1 GenG). Eine Satzungsregelung ermöglicht § 25 GenG.

b) Der **VVaG** wird gesetzlich durch den Vorstand vertreten (§ 34 Abs. 1 VAG mit § 78 AktG).

c) Den **Verein** vertritt gesetzlich der Vorstand (§ 26 Abs. 2 BGB). Die Satzung kann eine Bestimmung über die Einzelvertretung durch Vorstandsmitglieder oder die Vertretung durch nur einzelne von ihnen (nicht alle) zusammen treffen[2]. Sie kann auch den Umfang der Vertretungsmacht des Vorstands mit Wirkung gegen Dritte beschränken (§ 26 Abs. 2 BGB).

d) Die **Europäische Genossenschaft** §§ 12–16 und §§ 17–26 SCEAG. Für die Vertretung kann die Genossenschaft zwischen dem dualistischen System des deutschen Genossenschaftsrechts und dem monistischen System mit einem Verwaltungsrat wählen.

4. Die gesetzliche (organschaftliche) Vertretung einer AG (§ 78 Abs. 3 445
AktG), GmbH (§ 78 Abs. 3 AktG entspr. Anwendung), Genossenschaft (§ 25 Abs. 2 GenG) sowie eines VVaG (§ 34 Abs. 1 VAG mit § 78 Abs. 3 AktG) durch nur ein Mitglied des **Vorstands** bzw. nur einen **Geschäftsführer** (von mehreren) **und einen Prokuristen** sowie die Vertretung einer OHG oder KG (§ 125 Abs. 3, § 161 Abs. 2 HGB), ebenso einer KGaA (§ 278 Abs. 2 AktG mit § 125 Abs. 3 HGB), durch nur einen persönlich haftenden Gesellschafter (von mehreren) mit einem Prokuristen kann die Satzung bzw. der Gesellschaftsvertrag bestimmen (Nachweis durch Registereintragung). Der Vorstand, Geschäftsführer oder persönlich haftende Gesellschafter ist dann bei der Ausübung der gesetzlichen Vertretung an die Mitwirkung des Prokuristen gebunden und es ist damit gleichzeitig die Vertretungsbefugnis des Prokuristen im Umfang der gesetzlichen Vertretungsmacht des Gesellschaftsorgans

[1] EG-VO Nr. 2157/20001, ABl.EG Nr. L 294 v. 10.11.2001.
[2] BGHZ 69, 250 = DNotZ 1978, 88 = Rpfleger 1977, 406.

erweitert[1]. Der Immobiliarbeschränkung (§ 49 Abs. 2 HGB) unterliegt der Prokurist in diesem Fall bei der gesetzlicher Vertretung zusammen mit dem Gesellschaftsorgan nicht. Umgekehrt kann aber auch der **Prokurist** (als rechtsgeschäftlich bestellter Vertreter) an die **Mitwirkung eines Gesellschaftsorgans gebunden** sein („Prokura zusammen mit einem Geschäftsführer" usw.). Dann ist die Vertretungsbefugnis des Prokuristen, sofern nicht der Sonderfall der Gesamtprokura nach § 48 Abs. 2 HGB vorliegt, nicht erweitert[2]. Bei der Veräußerung und Belastung von Grundstücken unterliegt er daher weiterhin der Beschränkung des § 49 Abs. 2 HGB.

446 5. **Nach Auflösung** sind **Liquidatoren** (Abwickler) gesetzliche Vertreter der Handelsgesellschaften, einer Genossenschaft oder eines Vereins.

VI. Güterrechtsregister

447 Durch ein **Zeugnis** des Gerichts über die Eintragung im Güterrechtsregister (§ 1412 BGB) wird der Nachweis geführt, dass zwischen Ehegatten Gütertrennung (§ 1414 BGB) oder ein vertragsmäßiger Güterstand (insbesondere Gütergemeinschaft, §§ 1415 ff BGB) besteht, oder dass ein Gegenstand zum Vorbehaltsgut eines Ehegatten gehört (§ 33 GBO). Statt des Zeugnisses genügt die **Bezugnahme auf das Register**, wenn Grundbuchamt und Registergericht Abteilungen desselben Amtsgerichts sind (§ 33 Abs. 2 GBO), auch wenn die beiden Abteilungen nicht im gleichen Gerichtsgebäude untergebracht sind. Die Feststellung des Registerinhalts hat dann durch den Grundbuchbeamten zu erfolgen; dafür sollte (wegen § 10 Abs. 1 GBO) eine Feststellung zu den Grundakten genommen werden.

§ 16. Nachweis der Erbfolge und anderer Rechtsnachfolgefälle

A. Erbschein (§ 35 Abs. 1 Satz 1 GBO)

I. Erbschein für Nachweis der Erbfolge

448 1. Der Vermögensübergang mit Eintritt des Erbfalls als Gesamtrechtsnachfolge (§ 1922 Abs. 1 BGB) bewirkt eine Grundbuchunrichtigkeit. Die Berichtigung des Grundbuchs durch **Eintragung des Erben** (auch mehrerer) sowie der Nachweis für Verfügungen durch ihn, wenn er ein noch auf den Namen des Erblassers eingetragenes Grundstück oder Grundstücksrecht veräußert oder die Aufhebung eines Rechts herbeiführt (s. § 40 GBO), erfordert den **Nachweis** der Grundbuchunrichtigkeit. Dieser Nachweis ist durch ein Zeugnis des Nachlassgerichts über das Erbrecht (§ 2353 BGB), nämlichen einen **Erbschein** zu führen (§ 35 Abs. 1 Satz 1 GBO). Für die gesetzliche Erbfolge (§§ 1924–1936 BGB) ist ein anderer Nachweis damit ausgeschlossen. Soweit die Erbfolge auf einer Verfügung von Todes wegen beruht (s. §§ 1937–1941 BGB) kann jedoch, wenn sie in einer öffentlichen Urkunde

---

[1] BGHZ 13, 61, 64 = NJW 1954, 1158; BGHZ 62, 166, 170 = NJW 1974, 1194 = Rpfleger 1974, 257.
[2] Siehe BGHZ 62, 166, 170 aaO.

enthalten ist, der Nachweis auch durch der Vorlage der Urkunde nebst der Niederschrift über ihre Eröffnung (§ 348 Abs. 1 Satz 2 FamFG) erfolgen (§ 35 Abs. 1 Satz 2 GBO). Ein Nachweis der Grundbuchunrichtigkeit auf andere Weise (§ 22 Abs. 1 mit § 29 Abs. 1 Satz 2 GBO) oder durch Offenkundigkeit[1] scheidet damit aus. Eine Ausnahme sieht § 35 Abs. 3 GBO für geringwertige Immobilien vor (weniger als 3000 Euro, s. Rn. 459).

2. Ein Erbschein ist auch für den **Fiskus** als gesetzlicher Erbe (§ 1936 **449**
BGB) vorzulegen. Der Feststellungsbeschluss des Nachlassgerichts nach § 1964 BGB genügt für den Erbnachweis nicht[2].

3. Das Erbrecht des **Nacherben** ist durch Erbschein für ihn auch dann **450**
nachzuweisen, wenn das Nacherbenrecht im Grundbuch schon gem. § 51 GBO eingetragen ist und eine Sterbeurkunde des Vorerben vorgelegt oder sonst der Eintritt des Nacherbfalls urkundlich nachgewiesen wird[3].

4. **Keine Erbfolge** sind **451**

- der Erwerb von Grundbesitz oder von dinglichen Rechten auf Grund eines Vermächtnisses (§ 1939 BGB). Der Anspruch des Vermächtnisnehmers (§ 2174 BGB) muss durch Übertragung mit Auflassung und Eintragung bzw. durch Bestellung des vermachten Rechts mit Einigung und Eintragung usw. erfüllt werden.
- die Erbteilsübertragung (§ 2033 BGB). Der Vertrag bedarf der notariellen Beurkundung und bewirkt als Verfügungsgeschäft den Rechtsübergang auf den Erwerber.
- die Übertragung der Anwartschaft eines Nacherben vor Eintritt der Nacherbfolge auf den Vorerben.[4] Der Vertrag erfordert analog § 2033 BGB als Verfügungsgeschäft gleichfalls notarielle Beurkundung.
- der einer notariellen Beurkundung bedürftige Erbschaftskauf (§ 2371 BGB). Er begründet lediglich einen Herausgabeanspruch des Käufers (§ 2374 BGB).

II. Vorlage in Urschrift oder Ausfertigung

Vorzulegen ist der Erbschein in **Urschrift** oder **Ausfertigung**; eine beglau- **452**
bigte Abschrift genügt nicht[5]. Wenn Grundbuchamt und Nachlassgericht Abteilungen desselben Amtsgerichts sind, kann die Vorlegung des Erbscheins auch durch Verweisung auf die Nachlassakten ersetzt werden, vorausgesetzt, der Erbschein ist wirksam erteilt, was regelmäßig durch Aushändigung einer Urschrift oder einer Ausfertigung an den Antragsteller geschieht.[6]

---

[1] A.A. Demharter Rn. 8 zu § 35 GBO, der Offenkundigkeit genügen lässt, was aber praktisch kaum denkbar ist.

[2] OLG Dresden NJWE-FER 1999, 302 = Rpfleger 1999, 323; BayObLG MDR 1987, 762 = Rpfleger 1987, 357; OLG Frankfurt MDR 1984, 145; OLG Köln MDR 1965, 993; nicht zutr. LG Lüneburg Rpfleger 1971, 23.

[3] BGHZ 84, 196 = DNotZ 1983, 315 = NJW 1982, 2499 = Rpfleger 1982, 333; OLG Zweibrücken NJW-RR 2011, 525 = RNotZ 2011, 113.

[4] Zulässig s. RGZ 101, 185, 191; 145, 316; OLG Frankfurt Rpfleger 1980, 228; BayObLG DNotZ 1998, 138 = MittBayNot 1997, 44 = Rpfleger 1997, 156.

[5] BGH DNotZ 1982, 159 = NJW 1982, 170; KG DNotZ 1972, 615.

[6] BayObLGZ 1960, 192 = NJW 1960, 1722.

III. Richtigkeitsvermutung

453 Auch im Grundbuchverfahren gilt die Rechtsvermutung des § 2365 BGB für Richtigkeit und Vollständigkeit des Erbscheins. In eine Nachprüfung der Richtigkeit des Erbscheins hat das Grundbuchamt daher nicht einzutreten[1], insbesondere ist es nicht zu einer eigenen ergänzenden oder abweichenden Auslegung einer Verfügung von Todes wegen berechtigt.[2] Entkräftet ist diese Vermutung jedoch für den Grundbuchverkehr, wenn dem Grundbuchamt neue, vom Nachlassgericht offenbar nicht berücksichtigte Tatsachen bekannt geworden sind, von denen anzunehmen ist, dass das Nachlassgericht den Erbschein für kraftlos erklären und einziehen wird (§ 2361 BGB).

Beispiele: Kenntnis von einem Testament des Erblassers, das dem Nachlassgericht nicht vorgelegen hat; Eintritt der Nacherbfolge infolge Wiederverehelichung des Vorerben.

Dann darf der Erbschein einer Eintragung oder Erbenverfügung nicht mehr zugrunde gelegt werden.[3] Dem Nachlassgericht ist Mitteilung zu machen, um diesem die Gelegenheit zu geben den Erbschein zu überprüfen.[4]

IV. Ausländer als Erblasser

454 Auch für einen Ausländer gilt § 35 GBO. Soweit es daher zum Nachweis der Erbfolge eines Erbscheins bedarf, ist vorbehaltlich zwischenstaatlicher Vereinbarungen, ein **deutscher Erbschein** erforderlich, der nach § 2353 BGB unbeschränkt oder nach § 2369 BGB gegenständlich beschränkt sein kann.[5] Ausländische Erbscheine sind grundsätzlich keine Entscheidungen die nach § 108 Abs. 1 FamFG anerkannt werden. Mit ausländischen Erbscheinen kann deshalb die Unrichtigkeit des Grundbuchs nicht gemäß §§ 22 Abs. 1, 29 Abs. 1, 35 Abs. 1 GBO nachgewiesen werden.[6] Regelungen in einem Staatsvertrag können jedoch vorsehen, dass auch das von einer ausländischen Behörde ausgestellte Erbzeugnis den Anforderungen genügt.

B. Verfügung von Todes wegen (§ 35 Abs. 1 Satz 2 GBO)

I. In öffentlicher Urkunde

455 1. Der Nachweis der Erbfolge, die auf einer Verfügung von Todes wegen (Testament, Erbvertrag) beruht, hat grundsätzlich auch durch Vorlage eines Erbscheins zu erfolgen (§ 35 Abs. 1 Satz 1 GBO). Wenn die Verfügung von

[1] KG JFG 18, 42 [44]; OLG Frankfurt Rpfleger 1979, 106 [107].

[2] OLG Bremen NJOZ 2012, 245.

[3] KGJ 45 A 253; OLG Frankfurt aaO; OLG München JFG 16, 328.

[4] Zu den Amtspflichten, wenn sich in einer Grundbuchsache die Unrichtigkeit des erteilten Erbscheins ergibt s. BGHZ 117, 287 = NJW 1992, 1884 = Rpfleger 1992, 351.

[5] KG DNotZ 1998, 303 = NJW-RR 1997, 1094 = Rpfleger 1997, 384.

[6] OLG Bremen NJW-RR 2011, 1099.

Todes wegen jedoch in einer (formwirksamen) öffentlichen Urkunde enthalten ist, genügt an Stelle des Erbscheins (regelmäßig) deren Vorlage zusammen mit der gerichtlichen Eröffnungsniederschrift (§ 348 Abs. Satz 2 FamFG). Die Eröffnung von Verfügungen von Todes wegen richtet sich nach den §§ 348–351 FamFG. Anders als beim Erbschein genügt auch als Nachweis durch öffentliche Urkunde (§ 29 Abs. 1 Satz 2 GBO) die Vorlage beglaubigter Abschriften der vorbezeichneten Urkunden.[1] Ferner ersetzt eine Verweisung auf die Nachlassakten des gleichen Amtsgerichts die Vorlage[2]. Es kann aber auch hier das Grundbuchamt die Vorlage eines Erbscheins verlangen, wenn es die Erbfolge durch diese Urkunden nicht für nachgewiesen erachtet.[3] Das wird vor allem der Fall sein, wenn

- in der Erblasserverfügung die Erben nicht zweifelsfrei bezeichnet sind, z.B. „meine Kinder“[4],
- zur Klärung konkret auftretender Zweifel weitere tatsächliche Feststellungen zu treffen sind[5],
- die Prüfung der Verfügung von Todes wegen zu besonderen Schwierigkeiten Anlass gibt (Rn. 457)
- nach Abschluss eines Erbvertrags ein privatschriftliches Testament errichtet wurde, das nicht offenbar ungültig oder für die Erbfolge ohne Bedeutung ist[6].

2. Als Verfügung von Todes wegen in öffentlicher Urkunde kommen in 456
Betracht das zu Niederschrift eines **Notars** errichtete **Testament** (§ 2231 Nr. 1, § 2232 BGB), das **Nottestament** zu Niederschrift des Bürgermeisters (§ 2249 BGB), wobei die Gültigkeitsdauer von drei Monaten seit Errichtung zu beachten ist (§ 2252 BGB) und der **Erbvertrag** (§ 2276 BGB) sowie die von Konsularbeamten beurkundeten Erblasserverfügungen (§ 10 Abs. 1 Nr. 1, Abs. 2, § 11 KonsularG), nicht aber das Nottestament vor drei Zeugen gemäß den Bestimmungen der §§ 2250, 2251 BGB.

II. Auslegung der Verfügung von Todes wegen

Die in einer öffentlichen Urkunde enthaltene Verfügung von Todes wegen 457
hat das **Grundbuchamt selbständig auszulegen** und rechtlich zu würdigen[7]. Dabei hat es auf vorgelegte öffentliche Urkunden und die Nachlassakten zurückzugreifen; offenkundige Tatsachen (Rn. 418) sind zu berücksichtigen. Die Vorlegung eines Erbscheins kann nicht schon verlangt werden, weil die Auslegung der Erblasserverfügung Schwierigkeiten bereitet. Ermittlungen zur Klärung bestehender Zweifel oder Unklarheiten hat das Grundbuchamt jedoch nicht anzustellen (vgl. Rn. 411). Es hat grundsätzlich die Vorlegung

[1] KG FGPrax 1998, 7 = Rpfleger 1998, 108.
[2] BayObLGZ 1974, 1, 3 = NJW 1974, 954; OLG Frankfurt NJW-RR 2005, 380.
[3] BayObLGZ 1982, 449, 452 = DNotZ 1984, 502.
[4] OLG Köln MittRhNotK 1988, 44; dazu auch Schöner/Stöber Rn. 790.
[5] BayObLGZ 1974, 1 aaO.
[6] OLG Frankfurt NJW-RR 2005, 380.
[7] BayObLGZ 1982, 449; BayObLG DNotZ 1995, 307 = MittBayNot 1995, 58 m. Anm. Hohmann = Rpfleger 1995, 249;.

eines Erbscheins zu verlangen, wenn für tatsächliche Feststellungen Ermittlungen nötig sind[1].

III. Zusätzliches eigenhändiges Testament

458 Liegt neben der in öffentlicher Urkunde enthaltenen Verfügung von Todes wegen auch ein früher oder später errichtetes eigenhändiges Testament des Erblassers (§ 2247 BGB) vor, dann hat das Grundbuchamt zu prüfen, ob es außer Betracht bleibt, weil es entweder offenbar nichtig oder durch das (spätere) öffentliche Testament aufgehoben ist oder etwa sein Inhalt lediglich eine Vermächtnisanordnung enthält, welche die in öffentlicher Urkunde getroffene Erbeinsetzung unberührt lässt[2]. Eintragungsgrundlage bildet dann die Verfügung von Todes wegen in öffentlicher Urkunde. Wiederholt ein späteres öffentliches Testament nur die Erbeinsetzung, die in einem früheren privatschriftlichen Testament getroffen ist, so reicht es als Eintragungsgrundlage aus, auch wenn die von den Eheleuten gemeinsam für den Fall des Zuletztversterbenden getroffene bindende Erbeinsetzung (§ 2271 Abs. 2 BGB) von dem überlebenden Ehegatten in einem öffentlichen Testament wiederholt wurde.[3] Die öffentliche Urkunde genügt auch dann als Erbnachweis, wenn ein späteres privatrechtliches Testament nur die Erbeinsetzung wiederholt, die bereits in einem früheren öffentlichen Testament bestimmt wurde[4]. Trifft das privatschriftliche Testament wirksam eine Bestimmung über die Erbeinsetzung, dann schließt es als Eintragungshindernis die Eintragung auf Grund des öffentlichen Testaments aus und es muss dann ein Erbschein vorgelegt werden.

C. Andere Beweismittel bei geringem Grundstückswert (§ 35 Abs. 3 GBO)

I. Voraussetzungen

459 Von der Vorlage eines Erbscheins, auch einer Verfügung von Todes wegen in öffentlicher Urkunde mit Eröffnungsniederschrift, eines Zeugnisses über die fortgesetzte Gütergemeinschaft und eines Testamentsvollstreckerzeugnisses **kann** das Grundbuchamt nach § 35 Abs. 3 Satz 1 GBO **absehen**, wenn

- der Eigentümer oder ein Miteigentümer eines Grundstücks eingetragen werden soll,
- **und** das Grundstück oder der Anteil des Miteigentümers weniger als 3000 Euro wert ist,
- **und** die Beschaffung des Erbscheins oder des Zeugnisses nur mit unverhältnismäßigem Aufwand an Kosten oder Mühe möglich ist.

---

[1] OLG Frankfurt NJW-RR 2005, 380; BayObLG DNotI-Report 2000, 77 = MittRhNotK 2000, 72 = Rpfleger 2000, 266; BayObLGZ 1982, 449 und 1970, 137, 139 = NJW 1970, 1794; OLG Hamm DNotZ 1972, 96.

[2] KGJ 47 A 144; KG JFG 18, 332, 334; BayObLG MittBayNot 1983, 16 = Rpfleger 1983, 18.

[3] KG JFG 18, 332.

[4] OLG Oldenburg Rpfleger 1974, 434.

Diese Regelung ist dem Verhältnismäßigkeitsgrundsatz geschuldet. Das Grundbuchamt entscheidet insoweit nach pflichtgemäßem Ermessen. Bei der Anwendung der Vorschrift ist Zurückhaltung geboten, da eine Gefährdung unerkannt gebliebender Erben wie auch eine gewisse Haftungsgefahr nicht ausgeschlossen werden kann.

II. Andere Nachweise

Das Grundbuchamt kann sich bei dem vorerwähnten geringwertigen Grundbesitz mit anderen Beweismitteln begnügen für die auch die Form des § 29 Abs. 1 GBO nicht erforderlich ist. Solche anderen Beweismittel sind insbesondere der Urkundenbeweis, so z. B die Vorlage eines privatschriftlichen Testaments zusammen mit einer eidesstattlichen Versicherung über die Echtheit und darüber, dass keine andere Verfügung von Todes wegen vorliegt, ferner der Zeugenbeweis, die Beteiligtenvernehmung oder Behördenauskünfte (vgl. §§ 29 Abs. 1, 31 Abs. 1 FamFG). Auch zur Versicherung an Eides Statt (§ 294 ZPO) kann der Antragsteller zugelassen werden (§ 15 Abs. 3 Satz 2 GBO). 460

III. Löschung kleinerer Rechte

Eine entsprechende Erleichterung des Erbnachweises für die Löschung einer umgestellten Hypothek und Grundschuld deren Geldbetrag 3000 Euro nicht übersteigt sowie einer umgestellten Rentenschuld oder Reallast mit einer Jahresleistung von nicht mehr als 15 Euro sehen die §§ 18, 19 GBMaßnG vor. Für die Feststellung des Umrechnungsbetrages im Gebiet der früheren DDR gilt § 36a GBMaßnG. 461

Zur **Grundbucheintragung** der Erbfolge siehe Rn. 673 ff.

D. Fortgesetzte Gütergemeinschaft, Testamentsvollstreckung (§ 35 Abs. 2 GBO)

I. Fortgesetzte Gütergemeinschaft

Das Bestehen der fortgesetzten Gütergemeinschaft (§§ 1483 ff BGB) ist durch ein **Zeugnis des Nachlassgerichts nach § 1507 BGB** nachzuweisen. Vorzulegen ist das Zeugnis in Urschrift oder Ausfertigung, eine beglaubigte Abschrift genügt nicht (Rn. 452). Auch nicht genügend ist die Vorlage des Ehevertrags mit Niederschrift des Nachlassgerichts oder eines Erbscheins. Bei geringwertigem Grundbesitz finden § 35 Abs. 3 GBO, §§ 18, 19 (36a) GBMaßnG gleichermaßen Anwendung. 462

II. Testamentsvollstreckung

Die Befugnis eines Testamentsvollstreckers zur Verfügung über einen Nachlassgegenstand (§ 2205 BGB) ist durch **Testamentsvollstreckerzeugnis** des Nachlassgerichts (§ 2368 BGB) nachzuweisen. Das Zeugnis ist in Urschrift oder Ausfertigung vorzulegen; eine beglaubigte Abschrift genügt 463 nicht.[1] Der Nachweis kann jedoch auch durch Vorlage der Verfügung von Todes wegen in öffentlicher Urkunde mit Eröffnungsniederschrift des Nachlassgerichts erfolgen (§ 35 Abs. 2 Halbs 2 mit Abs. 1 Satz 2 GBO). Ferner kann hierbei noch eine Bescheinigung des Nachlassgerichts über die Amtannahme durch den Testamentsvollstrecker (§ 2202 As. 2 BGB) erforderlich sein, wenn dies nicht bereits aus der Eröffnungsniederschrift hervorgeht. Zu den Grundbucheintragungen bei Testamentsvollstreckung siehe im Übrigen Rn. 952 ff.

E. Überweisungszeugnis (§§ 36, 37 GBO)

464 Mit der Vorlage eines Überweisungszeugnisses (§ 36 Abs. 2 GBO) des Nachlass- oder Amtsgerichts (§§ 344 Abs. 5, 122 FamFG) ist ein erleichterter Nachweis für die **Eintragung** eines zur Gesamthandsgemeinschaft gehörenden **Beteiligten**, nicht aber eines Dritten[2] als Eigentümer oder Erbbauberechtigter wie auch als Gläubiger einer Hypothek, Grundschuld oder Rentenschuld **nach Auseinandersetzung** eines Nachlasses oder des Gesamtguts einer ehelichen oder fortgesetzten Gütergemeinschaft ermöglicht (§§ 36, 37 GBO). Die Vorlage des Zeugnisses hat in Urschrift oder Ausfertigung zu erfolgen (Rn. 452); beglaubigte Abschrift genügt nicht. Das Zeugnis kann von den Beteiligten an Stelle sonst erforderlicher Nachweise (§§ 19, 20, 29, 33, 35 GBO) vorgelegt, nicht aber vom Grundbuchamt verlangt werden.

§ 17. Eintragung auf Ersuchen einer Behörde (§ 38 GBO)

I. Behördenersuchen als Eintragungsgrundlage

465 1. **Behörden** können, wenn ihnen nach bundes- oder landesrechtlichen Bestimmungen diese Befugnis ausdrücklich eingeräumt worden ist, das Grundbuchamt um Eintragung **ersuchen.** Die Eintragung hat dann in den gesetzlich vorgesehenen Fällen auf Grund des Ersuchens der Behörde zu erfolgen (§ 38 GBO), auf dem wie ansonsten auch der Eingangszeitpunkt beim Grundbuchamt zu vermerken ist. (§ 13 Abs. 2 Satz 1 GBO). Das Behördenersuchen ersetzt den sonst für die Eintragung erforderlichen Antrag eines Betroffenen oder Begünstigten (§ 13 Abs. 1 GBO), die Eintragungsbewilligung (§ 19 GBO) und sonst etwa erforderliche Erklärungen Dritter[3] sowie desgleichen einen Unrichtigkeitsnachweis (§ 22 GBO).

466 2. Bei den Fällen von Behördenersuchen handelt es sich vielfach um verfahrensrechtliche Zuständigkeiten, die auch auf öffentlichem Recht beruhen können. Zu nennen sind hier beispielsweise das **Prozessgericht** für Eintragungen aufgrund einstweiliger Verfügung (§ 941 ZPO)[4]; das **Vollstreckungsge-**

---

[1] BayObLGZ 1990, 82 = DNotZ 1991, 548 = NJW-RR 1990, 844.
[2] KG JFG 22, 161.
[3] Denkschrift S. 161.
[4] Siehe hierzu auch Demharter Rpfleger 1998, 133.

richt im Zwangsversteigerungs- und Zwangsverwaltungsverfahren (§§ 19 Abs. 1, 34, 130, 130a Abs. 2, 146, 158 Abs. 2, 161 Abs. 4 ZVG); das **Insolvenzgericht** im Insolvenzverfahren (§§ 32 Abs. 2, 3, 200 Abs. 2 Satz 2, 215 Abs. 1 Satz 3, 258 Abs. 3 Satz 3, 267 Abs. 3 Satz 2, 268 Abs. 2 Satz 2, 277Abs. 3 Satz 2 InsO); die **Vollstreckungsbehörde** im Verwaltungszwangsverfahren für die Eintragung einer Zwangshypothek (§ 322 Abs. 3 AO, § 7 JBeitrO); die **Flurbereinigungsbehörde** für die Eintragung eines Verfügungsverbots (§ 52 Abs. 3 FlurbG) und die Berichtigung nach dem Flurbereinigungsplan (§§ 79 ff FlurbG); die **Umlegungsstelle** für die Eintragung des Umlegungsvermerks, Eintragungen von Rechtsänderungen im Umlegungsverfahren und Löschung des Umlegungsvermerks (§§ 54, 74 Abs. 1 BauGB); die **Enteignungsbehörde** im Rahmen eines Enteignungsverfahrens (§§ 108 Abs. 6, 117 Abs. 7 BauGB). Die **Behörde nach BauGB** für Eintragung einer Auflassungsvormerkung (§ 24 Abs. 2 BauGB) für Eigentumsumschreibung infolge Vorkaufsrechtsausübung zur Durchführung des Bebauungsplans (§ 28 Abs. 3 BauGB);

Eintragungen, die nach gesetzlicher Vorschrift auf Behördenersuchen erfol- **467** gen, können Beteiligte – von Ausnahmen abgesehen wie z.B. § 32 Abs. 2 Satz 2 InsO, § 941 ZPO – nicht an Stelle oder neben der Behörde beantragen.[1]

II. Form und Inhalt des Behördenersuchens

Das Ersuchen bedarf der Schriftform und muss (eigenhändig) unterschrie- **468** ben sowie mit Siegel oder Stempel versehen sein (§ 29 Abs. 3 GBO). Erforderlichenfalls müssen Urkunden beigefügt sein.

Beispiele: Beglaubigter Auszug aus dem Flurbereinigungsplan und Bescheinigung über den Eintritt des neuen Rechtszustands nach § 80 FlurbG; Protokollausfertigung nach § 158 Abs. 2 Satz 2 ZVG.

Inhaltlich hat das Behördenersuchen den Erfordernissen der ermächtigen- **469** den gesetzlichen Vorschrift zu entsprechen. Es muss die vorzunehmende Eintragung **selbst** nennen, (eine Bezugnahme auf beigefügte Anlagen ist insoweit nicht zulässig).

Auch darf das Ersuchen nach § 38 GBO unter keinem Vorbehalt nach § 16 Abs. 1GBO stehen und nicht auf eine unzulässige Eintragung gerichtet sein.

Beispiel: Keine Sicherungshypothek in der Verwaltungsvollstreckung unter 750 € (§ 866 Abs. 3 ZPO) oder als Gesamtzwangshypothek (§ 867 Abs. 2 ZPO).

Darüber hinaus müssen die allgemeinen Eintragungsvoraussetzungen er- **470** füllt sein, insbesondere die Bezeichnung des Grundstücks und der Geldbeträge (§ 28 GBO), die Bezeichnung des Berechtigten (§ 15 GBV), die Angabe der Anteile oder des Rechtsverhältnisses mehrerer Berechtigter (§ 47 GBO), die Voreintragung des Betroffenen (§ 39 GBO) soweit nicht die ermächtigende Vorschrift Einschränkungen vorsieht, wie für die Eintragung des Zwangsversteigerungs- oder Zwangsverwaltungsvermerks (§§ 19, 146 Abs. 2 ZVG), die Vorlegung des Briefes (§§ 41–43 GBO) abgesehen von Ausnah-

---

[1] KG JFG 18, 68, 72; OLG München JFG 23, 326, 330.

men (z.B. §§ 131, 158 Abs. 2 Satz 2 ZVG) und für einen Eigentumswechsel die Beibringung der steuerlichen Unbedenklichkeitsbescheinigung.

III. Grundbuchamtliche Prüfung des Ersuchens

471 Bei einem Behördenersuchen entfällt die Prüfung all derjenigen unter Rn. 465 aufgezählten Erklärungen, die das Ersuchen ersetzt und mitunter auch die Prüfung der Auflassung (§ 20 GBO). Zu prüfen sind demnach

- die Zuständigkeit der ersuchenden Behörde und damit die Zulässigkeit des Ersuchens nach gesetzlicher Vorschrift,
- Form und Inhalt des Ersuchens,
- die **Eintragungsfähigkeit,** ggfs. auch nur daraufhin, ob in das Grundbuch ein eintragungsfähiger Vermerk (z.B. Insolvenz-, Zwangsversteigerungs-, Enteignungs-, Umlegungsvermerk) eingetragen werden soll,
- das Vorliegen der dem Ersuchen (etwa) **beizufügenden Urkunden,**
- die **Voreintragung** des Betroffenen (soweit erforderlich) und sonstige durch das Ersuchen nicht ersetzte Eintragungserfordernisse (z.B. Briefvorlage, §§ 41, 42 GBO falls nötig).

472 **Nicht zu prüfen** ist die **Rechtmäßigkeit** des Ersuchens im **Einzelfall.** Für die inhaltliche Richtigkeit des Ersuchens im konkreten Fall ist die ersuchende (zuständige) Behörde verantwortlich[1]. Ob die gesetzlichen Voraussetzungen für das Ersuchen im Einzelfall vorgelegen haben (von der Behörde richtig angenommen wurden) und das Ersuchen vollständig ist, kann das Grundbuchamt daher nicht prüfen. Wenn es jedoch sicher weiß, dass dem Ersuchen jede Rechtsgrundlage fehlt oder die Eintragung eine Grundbuchunrichtigkeit bewirken würde[2], darf es die beantragte Eintragung nicht vornehmen. Ist das Ersuchen nur unvollständig oder weist es Unstimmigkeiten auf, ist der Behörde mit Hinweis (Zwischenverfügung) Gelegenheit zur Richtigstellung zu geben (allgemeine Beistandspflicht der Behörden).

IV. Reihenfolge der Erledigung

473 Für die Reihenfolge der Eintragungen bei Zusammentreffen des Behördenersuchens mit anderen Eintragungsanträgen ist grundsätzlich die Eingangsfolge nach § 17 GBO zu beachten

V. Rücknahme und Berichtigung

474 Eine Zurücknahme des Ersuchens wie auch eine Berichtigung oder Ergänzung ist zulässig bis zur Erledigung, d.h. Wirksamwerden der Eintragung mit Unterzeichnung (§ 44 Abs. 1 Satz 2 GBO) oder Speicherung (§ 129 Abs. 1 GBO) und hat gleichfalls in der Form des § 29 Abs. 3 GBO zu erfolgen.

---

[1] BGHZ 19, 355, 358 = NJW 1956, 463; BayObLGZ 1955, 314, 318 = NJW 1956, 1639; BayObLGZ 1970, 182, 184; OLG Hamm OLGZ 1978, 304, 307 = MittBayNot 1978, 167.

[2] BGHZ 106, 108, 110 = DNotZ 1990, 289 = NJW 1989, 1093 = Rpfleger 1989, 439.

§ 18. Voreintragung des Betroffenen

A. Voreintragungsgrundsatz (§ 39 GBO)

I. Eintragung des Berechtigten

1. Die Grundbucheintragung ist davon abhängig, dass die **Person**, deren Recht durch sie **betroffen** wird, d.h. geändert werden soll, als **Berechtigte eingetragen** ist (§ 39 Abs. 1 GBO). Das gilt gleichermaßen für die Eintragung einer Rechtsänderung (Übertragung, Belastung, Inhaltsänderung oder Löschung eines Rechts) wie auch für die Eintragung einer Berichtigung des Grundbuchs. Einer Voreintragung bedarf es ferner nicht nur für eine Eintragung aufgrund Bewilligung, sondern ebenso für eine im Wege der Zwangsvollstreckung oder auf Ersuchen einer Behörde. Voreingetragen sein muss der Betroffene spätestens zugleich mit der wirksamen Vornahme der neuen Eintragung (§ 44 Abs. 1 Satz 2 bzw. § 129 Abs. 1 GBO), nicht bereits zum Zeitpunkt der Einigung[1] oder der Eintragungsbewilligung (§ 19 GBO). Eine frühere, nicht mehr bestehende Eintragung genügt nicht, desgleichen auch nicht bloß die Vorlage aller für die Voreintragung erforderlichen Eintragungsunterlagen beim Grundbuchamt. 475

2. Nach materiellem Recht ist die Eintragung des Betroffenen kein Erfordernis für die Rechtsänderung (vgl. §§ 873, 875, 877 BGB). Der in § 39 Abs. 1 GBO enthaltene Voreintragungsgrundsatz ist lediglich eine **formelle Voraussetzung für die Grundbucheintragung**. Er bezweckt nicht nur die klare und verständliche Wiedergabe des aktuellen Grundbuchstands, sondern auch die Möglichkeit, seine Entwicklung nachzuvollziehen.[2] Dem Grundbuchamt soll sie zum einen die Legitimation des Bewilligenden (§ 19 GBO) oder die Feststellung der Unrichtigkeit (§ 22 Abs. 1 GBO) erleichtern, und zum anderen den (eingetragenen) Berechtigten dagegen sichern, dass ungeachtet der damit verbundenen Vermutung (§ 891 BGB) ein nicht eingetragener Dritter unbefugterweise über sein Recht verfügt.[3] Das betroffene Recht muss daher so eingetragen sein, wie es der materiellen Rechtslage und der sich anschließenden neuen Eintragung entspricht.[4] 476

II. Der Betroffene

1. **Betroffener** ist derjenige, dessen Recht (Eigentum, Recht an einem Grundstück oder Recht an einem solchen Grundstücksrecht, aber auch Vormerkung und Widerspruch sowie Verfügungsbeschränkung) von der Eintragung rechtlich beeinträchtigt wird. § 39 Abs. 1 GBO erfordert somit die Voreintragung des **unmittelbar** und ebenso des lediglich **mittelbar** Betroffenen, 477

[1] RGZ 84, 100, 105.
[2] RGZ 133 279, 283; BGHZ 16, 101 = DNotZ 1955, 141 = NJW 1955, 342 = Rpfleger 1955, 123.
[3] Denkschrift S. 161.
[4] BGH NJW-RR 2006, 888, 890 = Rpfleger 2006, 316.

daher z.B. auch des Eigentümers, der der Löschung einer Hypothek zustimmt (§ 27 GBO).[1] Die Verfügung eines Nichtberechtigten betrifft den tatsächlichen Rechtsinhaber, der einzuwilligen oder zu genehmigen hat. Eingetragen ist der Berechtigte als solcher nur, wenn auch sein Recht eingetragen ist, wobei jedoch der Voreintragungsgrundsatz des § 39 Abs. 1 GBO nicht verlangt, dass derjenige, der die Eintragung nach § 19 GBO bewilligt hat, als Inhaber des betroffenen Rechts im Grundbuch eingetragen sein muss.[2] Hat daher beispielweise nach einer nicht wirksamen Zession einer Buchgrundschuld der Zessionar aufgrund einer ihm vom Zedenten erteilten Ermächtigung die Löschung des Rechts bewilligt, genügt es, wenn der Zedent als Rechtsinhaber eingetragen ist. Sind **mehrere** die Berechtigten eines dinglichen Rechts, müssen alle und mit ihren Anteilen oder ihrem Gemeinschaftsverhältnis eingetragen sein[3]. Das gilt auch bei irrtümlicher Voreintragung von Eheleuten als Eigentümer in Gütergemeinschaft statt in Bruchteilsgemeinschaft.[4]

478 2. Die Voreintragung erfordert, das sei klargestellt, dass der betroffene **Rechtsinhaber** eingetragen ist, nicht der Inhaber der Verfügungsbefugnis. Bei einer Verfügung durch den Insolvenzverwalter muss daher der Insolvenzschuldner, bei einem zum Gesamtgut einer ehelichen Gütergemeinschaft (§ 1416 BGB) gehörenden Recht müssen beide Ehegatten (nicht nur der alleinverwaltende) und bei fortgesetzter Gütergemeinschaft (§ 1483 BGB) müssen alle Teilhaber eingetragen sein.

479 Werden Verfügungen über das Recht einer **Gesellschaft des bürgerlichen Rechts** getroffen, so ist entsprechend § 47 Abs. 2 Satz 2 GBO der Voreintragungsgrundsatz auch hinsichtlich der im Gesellschafterbestand eingetretenen Veränderungen zu beachten, da § 899a BGB die Eintragung der Gesellschafter materiell-rechtlich zum Inhalt des Grundbuchs macht. Ist beispielsweise ein Gesellschafter ausgeschieden, ein neuer eingetreten oder sind alle Gesellschaftsanteile an einen abgetreten worden, so muss gemäß § 39 Abs. 1 GBO bevor die Auflassung über ein im Eigentum der Gesellschaft stehendes Grundstück eingetragen werden kann, die Eintragung des aktuellen Gesellschafterbestandes erfolgen.[5] Die Ausnahmeregelung des § 40 GBO findet auf den Wechsel des Gesellschafterbestandes weder direkt noch analog Anwendung.[6] Der Voreintragungsgrundsatz gilt jedoch nicht bei Verfügungen über den Gesellschaftsanteil der Gesellschafter. Bei einer Abtretungskette müssen daher nicht auch die Zwischenglieder eingetragen werden.[7]

---

[1] OLG München JFG 18, 201, 204.

[2] Siehe BGH FGPrax 2010, 223 = NJW-RR 2011, 19 = Rpfleger 2010, 651 = RNotZ 2010, 534 = ZfIR 2010, 834.= ZNotP 2010, 338.

[3] OLG Hamm DNotZ 1965, 408.

[4] BayObLGZ 2002, 284 = DNotZ 2003, 49 = NJW-RR 2003, 12 = Rpfleger 2003, 25.

[5] Siehe dazu BT-Drucks. 16/13437 S. 28; ferner Lautner DNotZ 2009, 650, 666.

[6] OLG München MittBayNot 2006, 496 m. Anm. Lautner = RNotZ 2006, 286 = Rpfleger 2006, 538.

[7] Siehe BT-Drucks. 16/13437.

III. Voreintragung auf Antrag

Die erst noch erforderliche Voreintragung des Betroffenen erfolgt nur auf Antrag (§ 13 Abs. 1 GBO). Dies gilt auch für die Voreintragung von Gesellschaftern des bürgerlichen Rechts. Die Auslegung eines Eintragungsantrags kann allerdings im Einzelfall ergeben, dass zugleich auch die erforderliche Voreintragung als beantragt anzusehen ist.[1] Zu beachten ist dabei, dass neben den nach § 13 Abs. 1 Satz 2 GBO Antragsberechtigten einem Vollstreckungsgläubiger über § 14 GBO ein Antragsrecht zustehen kann. 480

IV. Richtiger Name

Eine Richtigstellung nur des Namens oder der Firma des ungenau oder (namentlich) unrichtig eingetragenen Betroffenen (dessen Identität feststeht) fordert § 39 Abs. 1 GBO nicht. Von der Norm nicht erfasst sind daher eine Namensberichtigung nach Änderung des Familiennamens (infolge Eheschließung usw.) oder der Firma einer Handelsgesellschaft (§ 17 HGB), z.B. durch Änderung der Firma einer OHG nach Umwandlung in eine KG infolge Änderung der Haftungsverhältnisse[2], der Übergang in die Liquidation[3] sowie die Umwandlung einer OHG/KG in eine BGB-Gesellschaft mit Wegfall der vollkaufmännischen Tätigkeit[4]. 481

B. Besonderheit bei Briefrechten (§ 39 Abs. 2 GBO)

Ist das von der vorzunehmenden Eintragung betroffene Recht eine **Hypothek, Grundschuld oder Rentenschuld**, über die ein **Brief erteilt** ist (§§ 1116 Abs. 1 1192 Abs. 1 BGB), bedarf es der Voreintragung des Gläubigers nicht, vorausgesetzt, dass er sich im Besitz des Briefes befindet und sein Gläubigerrecht durch die Vorlage einer zusammenhängenden, auf einen eingetragenen Gläubiger zurückführende Reihe öffentlich beglaubigter Abtretungserklärungen nachweist (§ 1155 BGB). Legt der Gläubiger den Brief dem Grundbuchamt vor, so wird vermutet, dass die für den Erwerb des Rechts erforderliche Übergabe durch den Eigentümer an ihn erfolgt sei (§ 1117 Abs. 3 BGB). Die verfahrensrechtliche Regelung des § 39 Abs. 2 GBO steht im Einklang zur Bedeutung des Hypothekenbriefes nach materiellem Recht im Rahmen der Abtretung des Rechts (siehe § 1154 Abs. 1 BGB) und der Behandlung des legitimierten Briefbesitzers im Hinblick auf die §§ 891 bis 899 BGB als eingetragener Gläubiger (§ 1155 BGB). 482

---

[1] BayObLG DNotZ 1979, 428 = Rpfleger 1970, 431.
[2] KG JFG 1, 368.
[3] OLG Frankfurt Rpfleger 1980, 62.
[4] BayObLGZ 1948, 426 = NJW 1952, 28.

C. Ausnahme für Erben (§ 40 GBO)

I. Entbehrlichkeit der Voreintragung

483 Einer **Voreintragung des** nach § 35 GBO ausgewiesenen betroffenen **Erben** wie auch des Erbeserben[1]) von dem als Rechtsinhaber eingetragenen Erblasser bedarf es **nicht** (§ 40 Abs. 1 GBO), wenn

- die **Übertragung** (z.B. eine Eigentumsänderung mit Auflassung oder ein Gläubigerwechsel),
- eine im Wege der **Grundbuchberichtigung** vorzunehmenden Eintragung sowie
- die **Aufhebung** durch Löschung zum Zwecke der Rechtsänderung (§ 875 BGB) oder zur Grundbuchberichtigung

eines Rechts eingetragen werden soll, bei dem der Erbe nicht mehr Rechtsinhaber bleibt und seine bisher fehlende Eintragung eine Grundbuchunrichtigkeit nicht mehr bewirkt.

Die Voreintragung ist außerdem **entbehrlich**, wenn der Eintragungsantrag begründet wird

- durch die Bewilligung des Erblassers,
- durch die Bewilligung eines Nachlasspflegers (§§ 1960 Abs. 2, 1961 BGB), Nachlassverwalters (§ 1975 BGB)[2]oder eines nach § 80 Abs. 1 InsO verwaltungs- und verfügungsbefugten Nachlassinsolvenzverwalters,[3]
- durch einen gegen den Erblasser oder Nachlasspfleger (-verwalter) vollstreckbaren Titel,
- durch eine gegen den Erben wirksame Bewilligung eines Testamentsvollstreckers,
- auf Grund eines gegenüber den Erben wirksamen vollstreckbaren Titels gegen den Testamentsvollstrecker.

Die Ausnahmereglungen stellen zum einen eine Erleichterung des Grundbuchverfahrens dar und bilden zum anderen die Grundlage dafür, dass dem Erben, der sein Recht aufgeben will keine unnötigen Kosten für seine Eintragung aufgebürdet werden, wenn dies nicht das Interesse Dritter erfordert. Darüber hinaus muss eine zulässige Zwangsvollstreckung in einen Nachlassgegenstand auch vor Feststellung des Erben gewährleistet bleiben.[4] Ist der Erblasser ebenfalls nicht eingetragen, so erfordert § 39 Abs. 1 GBO eine Voreintragung des Erben, weil der Erblasser nicht mehr eingetragen werden kann. Ausnahmen hiervon bestehen in den Fällen des § 39 Abs. 2 GBO und bei der Zwangsvollstreckung.

484 Übertragen einzelne Erben des im Grundbuch eingetragenen Erblassers ihre Erteile (§ 2033 Abs. 1 BGB) auf einen Dritten, so vollzieht sich dieser Rechtsübergang außerhalb des Grundbuchs. Die Berichtigung des Grundbuchs kann dabei nur so erfolgen, dass gleichzeitig **alle Miterben eingetragen**

---

[1] RGZ 53, 298; KGJ 49 A 174 = OLG 1936, 181.
[2] s RG JFG 13, 386, 388 f.
[3] LG Mainz NotBZ 2007, 226.
[4] Denkschrift S. 162.

werden. Nachdem nicht der einzelne Miterbe, sondern die Erbengemeinschaft in ihrer Gesamtheit Erbe des eingetragenen Berechtigten wird, ist **§ 40 Abs. 1 GBO** auf die Übertragung eines Erbteils **nicht anwendbar** und die Voreintragung der Erben, die ihren Anteil am Nachlass übertragen haben, nicht entbehrlich.[1]

II. Zulässige Voreintragung

Auch wenn die Voreintragung in den vorgenannten Fällen entbehrlich ist, so schließt dies aber nicht aus, dass der Betroffene zulässigerweise seine Eintragung beantragt. Zum Schutz gutgläubigen Erwerbs gemäß § 892 BGB bei rechtsgeschäftlicher Verfügung (Veräußerung, Übertragung, Löschung eines Rechts) kann sie ratsam sein[2]. 485

D. Eigentümergrundschuld und andere Ausnahmen

I. Besonderheit bei der Eigentümergrundschuld (-hypothek)

1. Der in Abteilung I des Grundbuchs **eingetragene Eigentümer** des belasteten Grundstücks gilt zugleich als etwaiger Gläubiger der auf dem Grundstück lastenden Hypotheken, Grundschulden oder Rentenschulden, soweit sie sich mit dem Eigentum in einer Person vereinigt haben (§§ 1177, 1192 Abs. 1 BGB). Er wird daher nach Vereinigung eines Grundpfandrechts mit dem Eigentum in einer Person zugleich als **eingetragener Gläubiger dieser Eigentümergrundschulden** oder -hypotheken angesehen. Der (nochmaligen) Eintragung des Eigentümers in Abteilung III des Grundbuchs als Gläubiger einer solchen Eigentümergrundschuld oder -hypothek bedarf es daher für eine rechtsändernde oder berichtigende Grundbucheintragung bei diesem Grundpfandrecht nicht[3]. Dadurch wird eine insoweit überflüssige und nach dem Normzweck des § 39 Abs. 1 GBO nicht gebotene Voreintragung vermieden. 486

2. Für die Vornahme einer vorerwähnten Eintragung bei einer solchen Eigentümergrundschuld oder -hypothek ist jedoch zu beachten, dass 487

a) die **Vereinigung** des Rechts mit dem Eigentum in einer Person, d.h. das Entstehen der Eigentümergrundschuld in grundbuchmäßiger Form (§ 29 GBO) **nachgewiesen** sein muss. Dazu gehört für die Hypothek, für welche die Forderung nicht zur Entstehung gelangt ist, auch der Nachweis, dass die Forderung nicht mehr zur Entstehung gelangen wird und die zunächst mangels Entstehen der Forderung auflösend bedingte Eigentümergrundschuld des § 1163 Abs. 1 Satz 1 BGB, sonach mit Ausfall der auflösenden Bedingung

---

[1] BayObLGZ 1994, 158 = MittBayNot 1994, 435 = NJW-RR 1995, 272 = Rpfleger 1995, 102; OLG Hamm DNotZ 1966, 744.

[2] Siehe Vollhardt MittBayNot 1986, 115; Wolfsteiner NotBZ 2001, 134.

[3] Allgemeine Ansicht s. insbes. KG KGJ 45 A 285; JFG 1, 485, 487; JFG 8, 355, 356; JFG 11, 250, 251; auch OLG Köln Rpfleger 1961, 206; BGH DNotZ 1969, 34 = Rpfleger 1968, 277, und für die aus einer Grundschuld hervorgegangene Eigentümergrundschuld KG DNotZ 1975, 609 = Rpfleger 1975, 136; OLG Düsseldorf DNotZ 1996, 559 = MittRhNotK 1996, 56 = Rpfleger 1996, 194.

endgültig Eigentümergrundschuld geworden ist.[1] Dies liegt darin begründet, dass das Grundbuchrecht die Eintragung einer nur vorläufigen, durch das Entstehen der Gläubigerforderung auflösend bedingten Eigentümergrundschuld nicht zulässt.[2] Es kann daher auch das (in Abteilung I) eingetragene Eigentümerrecht ein Gläubigerrecht an einer nur vorläufigen Eigentümergrundschuld (-hypothek) nicht als mit eingetragen verkörpern.

488 b) das für den Fremdgläubiger eingetragene Grundpfandrecht zur Grundschuld des wahren **Eigentümers** (nicht des unrichtig eingetragenen Bucheigentümers) bei Bestellung (§ 1163 Abs. 1 Satz 1 BGB) oder Erlöschen der Forderung (§ 1163 Abs. 1 Satz 2 BGB) oder sonst bei Vollendung des Erwerbstatbestands (z.B. §§ 1142, 1143, 1168 BGB) wird und dieser in Abteilung I als Eigentümer eingetragen sein muss. Für eine Grundschuld gelten die Regelungen des § 1163 Abs. 1 BGB nicht. Lediglich bei Zahlungen auf die Grundschuld, wird angenommen, dass der Eigentümer, der zugleich persönlicher Schuldner ist, das Recht entsprechend § 1143 BGB als Eigentümergrundschuld erwirbt.[3]

489 c) bei der **Veräußerung** des Grundstücks eine Eigentümergrundschuld sich in eine Fremdgrundschuld des vormaligen Grundstückseigentümers verwandelt und dann somit die Voreintragung des (vormaligen) Eigentümers als Grundschuldgläubiger erforderlich ist.

490 3. Für den nicht eingetragenen **Erben** des (in Abteilung I) voreingetragenen Eigentümers als Gläubiger einer Eigentümergrundschuld gilt **§ 40 Abs. 1 GBO**. Eine Eintragung von der er betroffen ist, kann daher nur im Falle der Übertragung oder Aufhebung des Rechts ohne seine Voreintragung vorgenommen werden; ansonsten ist § 39 Abs. 1 GBO zu beachten.

II. Weitere Ausnahmen von der Voreintragung

491 Verschiedene andere Ausnahmen vom Voreintragungsgrundsatz ergeben sich aus Einzelbestimmungen sowie in analoger Anwendung von § 40 GBO für andere Gesamtrechtsnachfolgen, wenn sie erbgangsgleich ausgestaltet sind. Solche Ausnahmen bestehen für

- die Eintragung des Eigentümers nach Erlass eines Ausschlussurteils (§ 927 Abs. 2 BGB) oder des Aneignungsberechtigten (§ 928 Abs. 2 BGB),
- die Eintragung einer Vormerkung oder eines Widerspruchs nach § 18 Abs. 2 GBO,
- die Eintragung eines Widerspruchs bei einer Buchhypothek, der sich darauf gründet, dass die Hingabe des gesicherten Darlehens unterblieben ist (§ 1139 BGB),
- die Eintragung des Zwangsversteigerungs- oder Zwangsverwaltungsvermerks (§§ 19, 146 Abs. 2 ZVG,
- die Eintragung einer Löschungsvormerkung nach § 1179 BGB oder auf Ersuchen des Vollstreckungsgerichts (§ 130a ZVG),

---

[1] BayObLGZ 1969, 316 = OLGZ 1970, 381.
[2] Siehe RGZ 75, 245, 251.
[3] BGHZ 97, 280 = NJW 1986, 2108.

- den Anfall des Vereins- oder Stiftungsvermögens an den Fiskus nach §§ 46, 88 BGB,[1]
- den Übergang des Vermögens inländischer Rechtsträger durch Umwandlung, Verschmelzung oder Spaltung nach dem Umwandlungsgesetz.
- den Übergang des Vermögens eines Ehegatten in gemeinschaftliches Eigentum auf Grund der Vereinbarung einer Gütergemeinschaft,[2]
- kraft Gesetzes eingetretene Eigentumsübergänge wie beispielsweise nach § 2 Abs. 2 BImAG.[3]

§ 19. Vorlegung der Grundpfandrechtsbriefe (§§ 41–43 GBO)

I. Gründe zur Briefvorlage

Zur rechtswirksamen Abtretung und Belastung (Bestellung eines Nießbrauchs, Verpfändung wie auch Pfändung) einer Hypothek, Grundschuld oder Rentenschuld über die ein **Brief erteilt** ist, bedarf es nicht der Grundbucheintragung (s. § 1154 Abs. 1 BGB, außerdem §§ 1069 Abs. 1, 1274 Abs. 1 BGB, §§ 830 Abs. 1 Satz 1, 857 Abs. 6 ZPO). Das Grundbuch gibt daher über den als Gläubiger des Rechts von einer Eintragung Betroffenen keine sichere Auskunft. Die Vermutung des § 891 Abs. 1 GBO, die auch für das Grundbuchamt gilt,[4] spricht für den eingetragenen oder durch Urkunden nach § 1155 BGB ausgewiesenen Gläubiger des Grundpfandrechts nur dann, wenn er **Besitzer des Briefes** ist. Der Nachweis des Gläubigerrechts erfordert somit eine dahingehende Legitimation. Die Eintragung einer Rechtsänderung im Grundbuch ist deshalb im Interesse der Verkehrssicherheit von der **Vorlegung des Briefes** abhängig gemacht.[5] Die im Weiteren erforderliche Vorlage der zum Nachweis des Gläubigerrechts eines nicht eingetragenen Briefbesitzers nötigen Urkunden bestimmt bereits § 39 Abs. 2 GBO. Da, wie schon eingangs erwähnt, Briefrechte außerhalb des Grundbuchs übertragen und belastet werden können, ist die Briefvorlage bereits unabhängig davon, ob die vorzunehmende Eintragung auf dem Brief zu vermerken ist, zum **Nachweis der Verfügungsberechtung** des Betroffenen erforderlich.[6] Ferner bedarf es der Briefvorlage, um im Hinblick auf die nach §§ 62, 70 GBO bei dem Grundpfandrecht zu vermerkenden Eintragungen, die **Übereinstimmung zwischen Grundbuch und Brief** zu erhalten. 492

II. Vornahme von Eintragungen

1. Nur wenn der **Brief vorgelegt ist**, soll bei einer Hypothek, Grundschuld oder Rentenschuld eine Eintragung erfolgen (§ 41 Abs. 1 Satz 1 mit § 42 493

[1] KG JFG 1, 289, 292.
[2] KG aaO.
[3] OLG Schleswig DNotZ 2006, 768 = NJW-RR 2006, 1608 = Rpfleger 2006, 464.
[4] Siehe z.B. BayObLG DNotZ 1990, 739 = NJW-RR 1989, 718; OLG Köln MittBayNot 1996, 40 = MittRhNotK 1995, 321.
[5] Denkschrift S. 163.
[6] Vgl. dazu auch BGH DNotZ 2010, 710 = MittBayNot 2010, 152 = Rpfleger 2010, 129.

GBO). Im Interesse der Sicherheit des Rechtsverkehrs kann das Grundbuchamt bei solchen Eintragungen auf die Briefvorlage nicht verzichten.[1] Daher ist sowohl für rechtsändernde (Inhalts- oder Rangänderung[2], Löschung) als auch für berichtigende (Abtretung, Belastung) Eintragungen die Briefvorlage erforderlich. Gleichgültig ist ferner, ob die Eintragung der Gläubiger bewilligt hat, ob sie auf Grund eines Unrichtigkeitsnachweises (§ 22 Abs. 1 GBO) oder auf Ersuchen einer Behörde oder im Wege der Zwangsvollstreckung vorgenommen werden soll.

494 2. Vorzulegen (zu beschaffen) hat den Brief der **Antragsteller** (die ersuchende Behörde) oder für ihn der Notar. Ein dem Grundbuchamt aus anderer Veranlassung eingereichter Brief gilt nur dann nach § 41 Abs. 1 GBO als vorgelegt, wenn seine Verwendung für die beantragte Eintragung dem Willen desjenigen entspricht, der den Brief vorgelegt hat.[3] Dieser muss daher sein Einverständnis mit der Verwendung des Briefes für die Entscheidung über den neuen Antrag erklärt oder zu erkennen gegeben haben[4]; diese Erklärung bedarf nicht der Form des § 29 GBO.[5]

495 3. a) Die **Vorlegung des Briefes durch** oder für den eingetragenen bzw. durch Urkunden nach § 1155 BGB ausgewiesenen **Gläubiger des Grundpfandrechts** könnte dessen Gläubigerrecht dann nicht ausweisen, wenn **im Einzelfall** die **Vermutung** des § 891 Abs. 1 BGB **widerlegt** ist. Seine Bewilligung würde dann eine Eintragung nicht ermöglichen. Eine Widerlegung der Vermutung erfordert jedoch den zur sicheren Überzeugung des Grundbuchamts feststehenden Beweis der Unrichtigkeit. Zweifel allein genügen nicht. Ermittlungen hat das Grundbuchamt hierfür nicht anzustellen. Als widerlegt anzusehen ist die Vermutung des § 891 Abs. 1 BGB jedenfalls dann, wenn ihm eintragungshindernde Tatsachen zur Kenntnis gelangt sind, wie beispielsweise ein Zuschlagsbeschluss, aus dem sich ergibt, dass der Eingetragene nicht mehr Grundstückseigentümer ist (§ 90 Abs. ZVG) oder dass das Briefrecht durch den Zuschlag bereits erloschen ist (§ 91 Abs. 1 ZVG). Ebenso wenn die Insolvenzeröffnung über das Vermögen des Grundschuldgläubigers bekannt, ihm also die Verfügungs- bzw. Bewilligungsbefugnis entzogen ist (§ 80 Abs. 1 InsO).

496 b) Hat der **Notar** den Brief vorgelegt, so gilt das Gläubigerrecht des Eingetragenen oder durch Urkunden nach § 1155 BGB Legitimierten stets als nachgewiesen[6].

497 c) Gleiches gilt, wenn ein **Dritter**, insbesondere eine Bank, den Brief vorlegt und damit als Eintragungsgrundlage zur Verfügung stellt.

498 d) Mitunter wird der Brief von einem Dritten (z.B. einer Bank) zugleich mit einer privatschriftlichen Abtretung an ihn vorgelegt. Allein damit ist jedoch die Vermutung des § 891 Abs. 1 (mit § 1155 BGB) nicht widerlegt. Ein allgemeiner Erfahrungssatz, dass in einem solchen Fall der Besitzer des Brie-

---

[1] OLG Düsseldorf Rpfleger 1995, 104.
[2] OLG Hamm FGPrax 2002, 193 = Rpfleger 2002, 565.
[3] KGJ 8 A 226, 231.
[4] KG aaO; OLG Oldenburg Rpfleger 1966, 174.
[5] Demharter Rn. 7 zu § 41 GBO.
[6] OLG Köln MittBayNot 1996, 40 = MittRhNotK 1995, 321.

fes stets Gläubiger des Grundpfandrechts ist, besteht nicht. Die Verfahrensbestimmungen der GBO lassen im Gegenteil eine nur privatschriftliche Abtretungserklärung nicht als zuverlässige Grundlage für die Prüfung der Voraussetzungen einer Eintragung genügen.[1]

Beispiel: Die als Gläubigerin des Briefrechts nicht eingetragene B-Bank legt für den Rangrücktritt bzw. die Pfandfreigabe, die sie bewillig hat, den Brief und eine privatschriftliche Abtretungserklärung des eingetragenen Gläubigers G vor. Die Grundbucheintragung kann in diesem Fall nicht erfolgen.

Wird somit der Grundpfandrechtsbrief von dem Dritten als Eintragungsgrundlage vorgelegt, dann kann eine beigefügte privatschriftliche Abtretungserklärung die ihn als Gläubiger benennt, dem Grundbuchamt keine sichere Kenntnis von einer Unrichtigkeit des Grundbuchs dahingehend geben, dass der durch Eintragung oder Urkunde nach § 1155 BGB ausgewiesene Berechtigte nicht Rechtsinhaber sei und die Richtigkeitsvermutung des § 891 Abs. 1 (mit § 1155) BGB widerlegt ist. Vielmehr genügt die Vorlegung des Briefes auch in einem solchen Fall dem Erfordernis nach § 41 Abs. 1 GBO und begründet umgekehrt keinen Anhalt dafür, dass die Eintragungsbewilligung des eingetragenen oder durch Urkunde nach § 1155 BGB ausgewiesenen Rechtsinhabers nicht Eintragungsgrundlage sein könnte[2].

III. Eintragungsvermerk auf dem Brief

Eintragungen, die **bei** dem Grundpfandrecht erfolgen, sind auf dem Hypo- 499
theken-, Grundschuld- oder Rentenschuldbrief zu vermerken (§§ 62, 70 GBO).

IV. Rückgabe des Briefes

Zurückzugeben ist der für eine Eintragung vorgelegte Hypotheken-, 500
Grundschuld- oder Rentenschuldbrief

- dem, der ihn eingereicht hat,[3]
- wenn er in fremdem Namen vorgelegt worden ist dem, in dessen Namen (für den) er dem Grundbuchamt vorgelegt worden ist.

Hat der Notar als Antragsteller (§ 15 GBO) den Brief vorgelegt, so ist er ihm auch wieder zurückzugeben. Ein vom Notar mit dem Eintragungsantrag eines Dritten als Bote (Rn. 240) für den Grundpfandrechtsgläubiger vorgelegter Brief ist dagegen diesem zurückzugeben. Eine Rückgabe an den Notar erfolgt aber dann, wenn ihm eine besondere Empfangsvollmacht erteilt ist.

V. Ausschließungsbeschluss

Ersetzt wird die Briefvorlage nach § 41 Abs. 2 GBO durch Vorlage des 501
rechtskräftigen Ausschließungsbeschlusses (§ 478 i.V.m. § 439 Abs. 2 FamFG), mit dem der Brief für kraftlos erklärt (§ 1162 BGB) oder der (unbekannte) Gläubiger ausgeschlossen worden ist (§§ 1170, 1171 BGB) für

---

[1] Denkschrift S. 159.

[2] Siehe OLG Köln MittBayNot 1996, 40 = MittRhNotK 1995, 321; so auch Schöner/Stöber Rn. 342a; ebenso Amann MittBayNot 1991, 258 und Ertl DNotZ 1990, 684 (699–701); streitig; anders insbesondere BayObLGZ 1973, 246 = DNotZ 1974, 93; BayObLG Rpfleger 1983, 17; BayObLG DNotZ 1990, 739; BayObLG DNotZ 1993, 335 = Rpfleger 1992, 56.

[3] RG HRR 1932 Nr. 473.

– den Antrag auf Erteilung eines neuen Briefes (§ 67 GBO),
– die Eintragung des nachträglichen Briefausschlusses (§ 1116 Abs. 2 BGB),
– die Löschung der Hypothek, Grundschuld oder Rentenschuld.

VI. Ausnahmen von der Briefvorlage

502 1. Einer **Briefvorlage** bedarf es nach § 41 Abs. 1 Satz 2 GBO **nicht**, wenn
– durch einstweilige Verfügung die Eintragung eines Widerspruchs angeordnet ist und der sich darauf gründet, dass die **Hypothek** oder die Forderung, für welche sie bestellt ist,
  – nicht besteht,
  – einer Einrede unterliege (§§ 1137, 1157 BGB),
  – unrichtig eingetragen sei.

Die Briefvorlage ist ferner nicht erforderlich für die Eintragung einer Löschungsvormerkung nach § 1179 BGB (§ 41 Abs. 1 Satz 3 GBO).

Die vorstehenden Ausnahmen gelten nach § 42 Satz 1 GBO gleichermaßen für die **Grund- und Rentenschuld** jedoch mit der Einschränkung, dass sich der Widerspruch, weil diese Rechte forderungsunabhängig sind, nur auf die sonstigen aufgezählten Fälle gründen kann.

503 2. Ist bei einer für einen bestimmten Berechtigten bestellten Hypothek, Grund- oder Rentenschuld ein **Amtswiderspruch** einzutragen, der den in § 41 Abs. 1 Satz 2 GBO bestimmten Inhalt hat, so ist hierfür ebenfalls die Briefvorlage nicht erforderlich (§ 53 Abs. 2 Satz 1 GBO). Nach der Eintragung hat aber das Grundbuchamt den Briefbesitzer zur Vorlage des Briefes anzuhalten, um nachträglich den Widerspruch darauf zu vermerken (§ 62 Abs. 2 GBO).

504 3. Auch nach anderen bundes- (oder landes-) rechtlichen Vorschriften kann die **Briefvorlage entbehrlich** sein. Zu nennen sind hier insbesondere die bundesrechtlichen Bestimmungen für die Ersuchen des Vollstreckungsgerichts im Zwangsversteigerungs- oder Zwangsverwaltungsverfahren
– auf Löschung von durch den Zuschlag (§ 91 Abs. 1 ZVG) oder durch Zahlung im Zwangsverwaltungsverfahren (§ 158 ZVG) erloschenen Grundpfandrechten,
– zur vorrangigen Eintragung einer Sicherungshypothek nach § 128 ZVG vor bestehengebliebenen Briefrechten sowie
– zur Eintragung einer Vormerkung nach § 130a Abs. 2 Satz 1 ZVG für einen fortbestehenden Löschungsanspruch nach § 1179a BGB (§§ 131, 158 Abs. 2 Satz 2 ZVG).

VII. Besonderheiten

505 Für die Briefvorlage bei der **Inhabergrundschuld** (§ 1195 BGB), der Inhaberrentenschuld (§ 1199 BGB) sowie für die Vorlage der Urkunden bei der brieflosen Sicherungshypothek für die Forderung aus einer Schuldverschreibung auf den Inhaber, aus einem Wechsel oder Scheck oder einem anderen indossablen Papier (§ 1187 BGB) sehen § 42 Satz 2, § 43 GBO die dem Wesen dieser Grundpfandrechte entsprechende Besonderheiten vor. Praktische Bedeutung haben diese Rechte nicht.

§ 20. Behördliche Genehmigungen

A. Behördliche Genehmigung als Wirksamkeitsvoraussetzung

Eine Genehmigung des **Familien- oder Betreuungsgerichts** ist zur Verfügung über ein Grundstück oder ein Grundstücksrecht durch die Eltern als gesetzliche Vertreter ihres minderjährigen Kindes, eines Vormunds sowie Pflegers als gesetzlicher Vertreter des Mündels sowie des Pfleglings und eines Betreuers für den Betreuten vielfach erforderlich. Diese Beschränkung der gesetzlichen Vertretungsmacht dient der Sicherung des Kindes- oder Mündelvermögens sowie des Vermögens eines vertretenen Betreuten. 506

Eine Vielzahl von Grundstücksverkehrsbeschränkungen regelt das **öffentliche Bodenrecht**. Sie gründen sich auf die Sozialbindung des Eigentums. Eigentum verpflichtet. Sein Gebrauch soll zugleich dem Wohle der Allgemeinheit dienen (Art 14 Abs. 2 GG). Inhalt und Schranken des Eigentums werden durch die Gesetze bestimmt (Art 14 Abs. 1 Satz 2 GG). Eigentumsbeschränkungen gebieten behördliche Genehmigungen zumeist für die Veräußerung, vereinzelt aber auch um die Belastung von Grundstücken zu vermeiden. Zur Sicherung dieser Verkehrsbeschränkungen des öffentlichen Rechts ist bestimmt, dass die Grundbucheintragung einer Auflassung regelmäßig und u.U. auch eine Belastung erst erfolgen darf, wenn eine behördliche Genehmigung nachgewiesen oder durch eine (sog.) Negativbescheinigung bestätigt ist, dass kein Genehmigungsfall vorliegt. 507

B. Genehmigung des Familien- oder Betreuungsgerichts

I. Genehmigungserfordernisse

Nach den **§§ 1821, 1822 BGB** ist zu Grundstücks-Rechtsgeschäften eine Genehmigung des Familiengerichts für die Eltern nach § 1643 Abs. 1 BGB und in noch weitergehendem Umfang für den Vormund und auch den Pfleger (§ 1915 BGB) sowie durch das Betreuungsgericht für den Betreuer (§ 1908i BGB) erforderlich. Die freiere Stellung der Eltern als Inhaber der elterlichen Sorge trägt dem natürlichen Verhältnis zwischen ihnen und Kindern Rechnung.[1] Der Vormund wie auch der Pfleger und ebenso der Betreuer können in weiteren Einzelfällen (s. **§ 1812 BGB**) zudem nur mit Genehmigung des Gegenvormunds oder des Familiengerichts handeln. Es soll vor allem der **Grundbesitz** als besonders wertvoller Vermögensbestandteil des Vermögens von unter gesetzlicher Vertretung stehenden Personen nur unter erschwerten Voraussetzungen veräußert und belastet werden können.[2] Erforderlich ist daher vielfach die Genehmigung zu Verfügungen über ein Grundstück oder über ein Recht an einem Grundstück (§ 1821 Abs. 1 Nr. 1 BGB mit Einschränkung für Grundpfandrechte in Abs. 2). 508

---

[1] Motive IV S. 765.
[2] Motive IV S. 1136.

509 Hat ein **Betreuer** im Rahmen seines Aufgabenkreises (§ 1902 BGB) ein Geschäft für den geschäftsfähigen Betreuten vorgenommen, an dessen Geschäftsfähigkeit die angeordnete Betreuung zwar nichts ändert, für das aber der Betreuer eine betreuungsgerichtliche Genehmigung benötigt, dann ist diese Genehmigung auch erforderlich, wenn der Betreute das Geschäft selbst genehmigt hat.[1] Soweit Rechtsgeschäfte von einem über den Tod hinaus Bevollmächtigen[2] oder einem Testamentsvollstrecker[3] vorgenommen werden, bedarf es zu ihrer Wirksamkeit auch dann keiner familien- oder betreuungsgerichtlichen Genehmigung, wenn zu den Erben Personen gehören, die unter gesetzlicher Vertretung stehen.

II. Einzelne Genehmigungstatbestände

510 1. **Für sämtliche gesetzlichen Vertreter,** also sowohl für die Eltern (§ 1643 Abs. 1 BGB) als auch den Vormund, den Pfleger (§ 1915 BGB) und den Betreuer § 1908i BGB) sind insbesondere die nachfolgend aufgezählten Rechtsgeschäfte **genehmigungsbedürftig.**

a) Ist der gesetzlich Vertretene **Eigentümer oder Miteigentümer** eines Grundstücks, Erbbaurechts, Wohnungs- oder Teileigentums sowie eines Wohnungs- oder Teilerbbaurechts, so bedarf es einer Genehmigung

(1) nach **§ 1821 Abs. 1 Nr. 1 BGB** für

- die Verfügung über die Immobilie oder einem ideellen Miteigentumsanteil daran durch **Veräußerung** an Dritte im Wege der Auflassung auch bei einem Grundstückstausch.
- die Verfügung über die Immobilie, wenn an ihr eine Erbengemeinschaft besteht, welcher der gesetzlich Vertretene als Miterbe angehört, durch Veräußerung an Dritte, durch Erbteilung sowie durch Umwandlung von Gesamthandseigentum in Bruchteils- oder Alleineigentum.
- den **Verzicht** auf das Eigentum (§ 928 BGB).
- die **Belastung** der Immobilie mit Dienstbarkeiten (Grunddienstbarkeit, beschränkte persönliche Dienstbarkeit, Wohnungsrecht), Nießbrauch, Vorkaufsrecht, Reallast und Dauerwohnrecht sowie die Bestellung eines Erbbaurechts und ebenso als Verfügung über die Immobilie die Belastung mit Grundpfandrechten. Auch wenn die im Kaufvertrag enthaltene Belastungsvollmacht bereits genehmigt worden ist, bedarf die Belastung des Grundstücks eines gesetzlich Vertretenen mit einer Grundschuld zur Kaufpreisfinanzierung durch den Käufer der Genehmigung.[4] Die Bestellung einer Hypothek oder Grundschuld zur Finanzierung des Restkaufpreises eines für den gesetzlich Vertretenen zu erwerbenden Grundstücks fällt dagegen nicht unter das Genehmigungserfordernis, weil es sich insoweit lediglich um eine Erwerbsmodalität handelt.[5]

---

[1] OLG Frankfurt DNotZ 1998, 508 MittRhNotK 1997, 88 = Rpfleger 1997, 111.

[2] RGZ 106, 195.

[3] RGZ 91, 69.

[4] OLG Zweibrücken DNotZ 2005, 634 = FGPrax 2005, 59 = NotBZ 2005, 224 = Rpfleger 2005, 193.

[5] BayObLGZ 1991, 390 = DNotZ 1993, 399 = NJW-RR 1992, 328.

- die **Inhaltsänderung** an einem an der Immobilie bereits eingetragenen Recht, die eine Haftungserweiterung beinhaltet. Dies kann insbesondere bei Grundpfandrechten gegeben sein durch Zinssatzerhöhung, Veränderungen der Kündigungsfrist oder Änderung der Fälligkeit.[1] Auch aus der **Umwandlung der Belastungsform** von beispielsweise einer Hypothek in eine Grundschuld (§ 1198) oder einer Sicherungshypothek in eine Verkehrshypothek (§ 1186 BGB) und ebenso bei einer **Forderungsauswechslung** (§ 1180 BGB) kann sich eine Haftungserweiterung ergeben.
- die Bewilligung (§ 885 Abs. 1 Satz 1 BGB) zur Eintragung einer **Eigentumsvormerkung.**[2] Allein darauf abzustellen, dass ein genehmigter vormerkungsfähiger Anspruch besteht und daher für die Bewilligung der Vormerkung keine Genehmigung erforderlich sei[3], ist vom Schutzzweck insoweit zweifelhaft, als die eingetragene Vormerkung durch Neubegründung des Anspruchs „wiederbelebt" oder auch nachträglich erweiterte Ansprüche umfassen kann (s. Rn. 59 ff).
- die **Begründung von Wohnungs- oder Teileigentum** an einem Grundstück sowie die von Wohnungs- oder Teilerbbaurecht an einem Erbbaurecht.[4]
- die **Zuschreibung** eines weiteren **Grundstücks als Bestandteil** zum Stammgrundstück des gesetzlich Vertretenen (§ 890 Abs. 2 BGB), soweit dieses mit Grundpfandrechten belastet ist und damit eine Erstreckung der Rechte auf das zugeschriebene Grundstück als Folge des § 1131 BGB eintritt.[5]

(2) nach **§ 1821 Abs. 1 Nr. 4 BGB** für
- die Eingehung einer Verpflichtung zu einer der vorgenannten Grundstücksverfügungen.

(3) nach **§ 1822 Nr. 1 BGB** für
- die Erbanteilsübertragung nach § 2033 BGB.

b) Steht dem gesetzlich Vertretenen ein **Recht an einer Immobilie** zu, ist eine Genehmigung erforderlich

(1) nach **§ 1821 Abs. 1 Nr. 1 BGB** für
- die Verfügung über das Recht durch **Übertragung, Inhaltsänderung, Rangrücktritt** einschließlich Einräumung des Gleichrangs und teilweise oder gänzliche **Aufhebung.** Zu beachten ist dabei, dass die Übertragbarkeit i.d.R. ausgeschlossen ist beim Nießbrauch (§ 1059 Satz 1 BGB), bei der beschränkten persönlichen Dienstbarkeit (§ 1092 Abs. 1 Satz 1 BGB) und beim Vorkaufsrecht (§ 1098 Abs. 1 Satz 1 mit § 473 Satz 1 BGB). Die Grunddienstbarkeit (§ 1018 BGB) und die sonst subjektiv-dinglich bestellten Rechte (Vorkaufsrecht § 1094 Abs. 2 BGB, Reallast § 1105 Abs. 2 BGB) sind jeweils Bestandteil des herrschenden Grundstücks (§ 96 BGB) und teilen dessen rechtliches Schicksal. **Nicht** zu den Rechten an einer Im-

---

[1] BGHZ 1, 294 = NJW 1951, 645 = Rpfleger 1951, 453.

[2] OLG Frankfurt NJW-RR 1997, 719 = Rpfleger 1997, 255; OLG Celle DNotZ 1980, 554 = Rpfleger 1980, 187;.
Palandt/Bassenge Rn. 3 zu § 885 BGB.

[3] So Schöner/Stöber Rn. 1508.

[4] Siehe Bärmann/Pick/Merle Rn. 29 f zu § 4 WEG, Meikel/Morvilius Einl. C Rn. 125, Schöner/Stöber Rn. 2850.

[5] Meikel/Böttcher Rn. 18 zu § 6 GBO, Schöner/Stöber Rn. 657.

mobilie i.S. dieses Genehmigungstatbestandes gehören die **Grundpfandrechte** (§ 1821 Abs. 2 BGB).

(2) nach **§ 1822 Nr. 8, 10 BGB** für

- die **Verpfändung** oder **Sicherungsabtretung** eines Grundpfandrechts für Kreditzwecke oder für eine fremde Schuld.

c) Besteht eine **Forderung** des gesetzlich Vertretenen, die **auf Übertragung des Eigentums** an einer Immobilie oder auf **Begründung oder Übertragung eines Rechts** an einer Immobilie (ausgenommen Grundpfandrechte, § 1821 Abs. 2 BGB) oder auf **Befreiung** einer Immobilie **von** einem solchen **Recht** gerichtet ist, so bedarf es zu einer Verfügung hierüber einer Genehmigung nach **§ 1821 Abs. 1 Nr. 2 BGB.** Auch die Eingehung einer Verpflichtung zu einer solchen Verfügung ist nach § 1821 Abs. 1 Nr. 4 BGB genehmigungspflichtig.

d) Soll ein Vertrag geschlossen werden, der auf den **entgeltlichen Erwerb einer Immobilie oder eines Rechts** an einer Immobilie (ausgenommen ein Grundpfandrecht, § 1821 Abs. 2 BGB) durch den gesetzlich Vertretenen gerichtet ist, so erfordert dies eine Genehmigung nach **§ 1821 Abs. 1 Nr. 5 BGB.** Genehmigungspflichtig ist insoweit allein der schuldrechtliche Erwerbsvertrag, nicht die dingliche Einigung. Für das Grundbuchverfahren ist der Genehmigungstatbestand deshalb ohne Bedeutung.[1]

511 2. **Für den Vormund, Pfleger und Betreuer** bestehen darüber hinaus noch weitere Genehmigungstatbestände. So sind genehmigungsbedürftig durch das Familien- oder Betreuungsgericht

(1) nach **§ 1822 Nr. 13 BGB** für

- die Aufhebung oder Minderung der für eine Forderung des Mündels, Pfleglings oder Betreuten bestehenden Sicherheit sowie für die Begründung einer diesbezüglichen Verpflichtung dazu. Dies trifft zu bei
  - vollständiger oder teilweiser **Pfandfreigabe** des Haftungsobjekts bezüglich der darauf lastenden Hypothek des gesetzlich Vertretenen (§ 1175 Abs. 2 Satz 2 BGB),
  - dem **Rangrücktritt** einer Hypothek des gesetzlich Vertretenen hinter ein anders beschränktes dingliches Recht und ebenso bei Gleichrangseinräumung,
  - der **Verteilung** einer **Gesamthypothek** des gesetzlich Vertretenen (§ 1132 Abs. 2 BGB),
  - dem **Verzicht** auf die Hypothek des gesetzlich Vertretenen (§ 1168 BGB),
  - der Zinsherabsetzung bei einer Hypothek des gesetzlich Vertretenen als Teillöschung des Anspruchs auf Nebenleistungen,
  - der **Verpflichtung zur Löschung** einer Hypothek des gesetzlich Vertretenen (§ 1179 BGB),
  - der **Löschung einer Hypothek** des gesetzlich Vertretenen aufgrund abstrakter Löschungsbewilligung des gesetzlichen Vertreters.[2]

(2) nach **§ 1812 BGB,** soweit nicht ein bestellter Gegenvormund genehmigt oder die gesetzlichen Vertreter von dem Genehmigungserfordernis be-

---

[1] BayObLG DNotZ 1990, 510 = NJW-RR 1990, 87.

[2] Siehe dazu Damrau FamRZ 1984, 842, 849.

freit sind (siehe dazu §§ 1852 Abs. 2, 1855, 1857a, 1908i Abs. 1 Satz 1 und Abs. 2 Satz 2 BGB),

- zur Verfügung und zur Eingehung einer entsprechenden Verpflichtung über eine Forderung oder ein Recht, kraft dessen der gesetzlich Vertretene eine Leistung verlangen kann. Dies trifft insbesondere zu für
  - alle Veränderungen an einer dem gesetzlich Vertretenen zustehenden **Grundschuld oder Rentenschuld,** weil diese Rechte zum einen von der Genehmigungspflicht des § 1821 Abs. 1 Nr. 1 BGB ausgenommen sind (§ 1821 Abs. 2 BGB) und zum anderen auch keine Sicherheit für eine Forderung des gesetzlich Vertretenen i.S. des § 1822 Nr. 13 BGB darstellen.
  - die **Zustimmung zur Löschung eines Grundpfandrechts** (§ 1183 BGB; § 27 GBO) für einen Fremdgläubiger am Grundstück des gesetzlich Vertretenen, auch wenn es an letzter Rangstelle eingetragen ist.[1]
  - die **Zustimmung zu einer Rangänderung eines Grundpfandrechts** für einen Fremdgläubiger (§ 880 Abs. 2 Satz 2 BGB) das am Grundstück des gesetzlich Vertretenen eingetragen ist und dadurch eine Schlechterstellung erfährt.
  - die Übertragung, Inhaltsänderung, Verpfändung und die Vorrangeinräumung für einen nachstehenden Gläubiger sowie die Löschung einer **Eigentümergrundschuld** des gesetzlich Vertretenen,[2] auch wenn sie die rangletzter Stelle im Grundbuch einnimmt.[3]
  - die Erteilung einer **löschungsfähigen Quittung** zur Aufhebung einer Hypothek, die eine Forderung des gesetzlich Vertretenen sichert, da durch die Annahme des zurückgezahlten Geldes über die Forderung verfügt wird. Das Genehmigungserfordernis entfällt, wenn die Forderung nicht mehr als 3000 Euro beträgt (§ 1813 Abs. 1 Nr. 2 BGB).

III. Prüfung durch das Grundbuchamt

Die erforderliche familien- oder betreuungsgerichtliche **Genehmigung** und **512**
soweit zutreffend auch die Genehmigung des Gegenvormunds hat das **Grundbuchamt zu prüfen.** Ein Genehmigungserfordernis beschränkt die Vertretungsmacht der Eltern, des Vormunds oder Pflegers sowie des Betreuers. Notwendig ist die Genehmigung zwar zur Wirksamkeit des (materiellen) Rechtsgeschäfts, z.B. zur Erklärung des Vertreters für die Einigung zu einer dinglichen Rechtsänderung (§ 873 Abs. 1 BGB). Der Eintragungsantrag (§ 13 Abs. 1 GBO) und die Eintragungsbewilligung (§ 19 GBO) als Verfahrenshandlungen, die einer Eintragung zugrunde liegen, sind somit keine Genehmigungstatbestände. Die wirksame Vornahme solcher Verfahrenshandlungen erfordert aber eine wirksame gesetzliche Vertretung. Diese bestimmt sich nach den Vorschriften des bürgerlichen Rechts (§ 9 Abs. 2 FamFG). Daher muss auch für die Vertretung im Verfahren eine nach materiellem Recht

---

[1] BayObLGZ 1984, 218 = DNotZ 1985, 161 = Rpfleger 1985, 24.

[2] OLG Hamm DNotZ 1977, 35 = OLGZ 1976, 141 = Rpfleger 1976, 309.

[3] BayObLGZ 1984, 218, 223 aaO; BGHZ 64, 316, 318 = NJW 1975, 1356 = Rpfleger 1975, 295 (die Eigentümergrundschuld umschließt grds. alle Rechte, die eine Fremdgrundschuld gewährt).

erforderliche Genehmigung des Familien- oder Betreuungsgerichts oder des Gegenvormunds erteilt und nachgewiesen sein.

513 Soll das Grundbuch berichtigt werden aufgrund einer **Berichtigungsbewilligung** des gesetzlichen Vertreters und betrifft die Berichtigung ein Recht des gesetzlich Vertretenen über das nur mit Genehmigung verfügt werden kann, so bedarf schon aus dem Schutzzweck heraus auch die Bewilligung der familien- oder betreuungsgerichtlichen Genehmigung entsprechend dem rechtsgeschäftlichen Genehmigungstatbestand.[1]

IV. Nachweise

514 1. Für die Grundbucheintragung, die nur eine **Bewilligung** des gesetzlichen Vertreters des Betroffenen erfordert (§ 19 GBO),

Beispiel: Belastung des Mündelgrundstücks mit einer Hypothek oder Dienstbarkeit; Löschung eines Nießbrauchs des Mündels

ist die Wirksamkeit des Rechtsgeschäfts, gleichgültig ob ihr eine Einigung zugrunde liegt oder es sich nur um ein einseitiges Rechtsgeschäfts handelt, nach materiellem Recht nicht zu prüfen. **Nachzuweisen** und vom Grundbuchamt zu prüfen sind daher nur

- die familiengerichtliche Verfügung über die Genehmigung des Rechtsgeschäfts bzw. die Erteilung der Genehmigung durch den Gegenvormund,
- das **Zeugnis über die Rechtskraft** des gerichtlichen Genehmigungsbeschlusses (§§ 40 Abs. 2 Satz 1, 46 Satz, 1, 2 FamFG). Damit ist zugleich der Nachweis erbracht, dass die Genehmigung gemäß § 1828 BGB gegenüber dem jeweiligen gesetzlichen Vertreter erklärt wurde, weil die Rechtskraft des nach § 63 Abs. 2 Nr. 2 FamFG binnen einer Frist von 2 Wochen anfechtbaren Beschlusses zwingend die Bekanntgabe an ihn erfordert und die Frist erst ab diesem Zeitpunkt zu laufen beginnt (§§ 41 Abs. 1, 63 Abs. 3 Satz 1 FamFG).

Nicht zu prüfen ist, ob die Genehmigung bereits bei Vornahme des Rechtsgeschäfts erteilt war oder ob die nachträgliche Genehmigung durch Mitteilung an den anderen Vertragsteil auch diesem gegenüber wirksam geworden ist (§§ 1829, 1831 BGB).

515 2. Für die Eintragung der **Auflassung** eines Grundstücks (§ 925 BGB) und ebenso für die **Bestellung, Inhaltsänderung** oder **Übertragung eines Erbbaurechts** muss die Einigung (§ 873 Abs. 1 BGB) wirksam erklärt sein (§ 20 GBO) und geprüft werden. **Nachzuweisen** und vom Grundbuchamt zu prüfen sind daher in diesem Fall

- die familien- oder betreuungsgerichtliche Verfügung über die Genehmigung des Rechtsgeschäfts,
- das Zeugnis über die Rechtskraft des Genehmigungsbeschlusses und außerdem,
- ob das Rechtsgeschäft mit einer bereits erteilt gewesenen Genehmigung wirksam abgeschlossen worden ist oder ob eine nachträgliche Genehmigung dem Vertragspartner gegenüber dadurch wirksam geworden ist, dass

[1] So richtig Meikel/Böttcher Rn. 164 zu § 22 GBO, Schöner/Stöber Rn. 3727.

sie ihm von dem gesetzlichen Vertreter mitgeteilt wurde (§ 1829 Abs. 1 Satz 2 mit § 1643 Abs. 3, §§ 1908i, 1915 BGB).

3. a) Durch einen dazu **Bevollmächtigten** (s. § 10 FamFG) kann vertreten werden 516

- der **gesetzliche Vertreter**
  - bei Bekanntmachung (§ 15 FamFG) der ihm gegenüber vom Familien- oder Betreuungsgericht zu erklärenden Genehmigung (§ 1828 mit § 1643 Abs. 3, §§ 1908i, 1915 BGB)
  - und bei der Mitteilung der nachträglichen Genehmigung an den Vertragspartner des Rechtsgeschäfts (§ 1829 Abs. 1 Satz 2 mit § 1643 Abs. 3, §§ 1908i, 1915 BGB),
- der **Vertragspartner** des Rechtsgeschäfts (als „der andere Teil") bei der Empfangnahme der Mitteilung der nachträglich erteilten familien- oder betreuungsgerichtlichen Genehmigung durch den gesetzlichen Vertreter oder den für ihn handelnden Bevollmächtigten.

Bevollmächtigter kann für beide Teile auch die gleiche Person sein (sog. **Doppelvollmacht**); § 181 BGB steht dem nicht entgegen. Bevollmächtigter für beide Teile kann insbesondere der **Notar** sein[1].

b) Der **Wille** des Doppelbevollmächtigten, die ihm als Bevollmächtigter 517
des gesetzlichen Vertreters vom Familien- oder Betreuungsgerichtgericht bekanntgemachte Genehmigung sich selbst als Vertreter des Vertragspartners mitzuteilen, **muss bekundet** (offengelegt) werden[2]. Das kann in der Weise geschehen, dass auf der Vertragsurkunde oder auf der Beschlussausfertigung vom Doppelbevollmächtigten ein entsprechender Vermerk angebracht wird

Beispiel: Die mir heute zugegangene Genehmigung habe ich in meiner Eigenschaft als Bevollmächtigter des gesetzlichen Vertreters mir zugleich als Bevollmächtigter des Vertragspartners mitgeteilt und für ihn in Empfang genommen.
Datum und Unterschrift

c) Als **Eigenurkunde** (Rn. 424) ist der vom Notar unterschriebene und ge- 518
siegelte Vermerk Nachweis in der Form des § 29 Abs. 1 GBO. Der hierfür erforderliche Nachweis, dass dem Notar (ausdrücklich) Vollmacht erteilt wurde, bedarf gleichfalls der Form des § 29 Abs. 1 GBO. In der Regel ist die Vollmacht bereits in der ohnedies einzureichenden Urkunde über das genehmigte Rechtsgeschäft enthalten.

V. Form der Nachweise

Zu erbringen sind die Nachweise für eine wirksame Genehmigung in der 519
Form des § 29 Abs. 1 GBO. Möglich ist somit der Nachweis der

- **Genehmigung** des Familien- oder Betreuungsgerichts durch die Vorlage der gerichtlichen Verfügung, die eine öffentliche Urkunde nach § 29 Abs. 1 Satz 2 GBO ist. Eine erforderliche Genehmigung des Gegenvormunds muss mindestens in öffentlich beglaubigter Form nachgewiesen werden

---

[1] RGZ 121, 30; 155, 172, 179; BGH DNotZ 1955, 83; BayObLG DNotZ 1983, 369; heute unstreitig; weitere Nachweise bei Schöner/Stöber Rn. 3739.

[2] RGZ 121, 30, 33; BayObLG DNotZ 1983, 369.

(§ 29 Abs. 1 Satz 1 GBO). Bei Offenkundigkeit z.B. Kenntnis vom Inhalt der Vormundschaftsakten, erübrigt sich ein weiterer Nachweis,

- **Rechtskraft** durch Vorlage des von der Geschäftsstelle des Gerichts des ersten oder eines höheren Rechtszugs nach Maßgabe des § 46 Satz 1, 2 FamFG zu erteilenden Zeugnisses,
- Auflassung (Rechtsgeschäft über Erbbaurecht) mit bereits erteilter Genehmigung durch **Feststellung** in der notariellen Urkunde,
- **Mitteilung** der nachträglichen Genehmigung einer Auflassung wie auch eines Rechtsgeschäfts über ein Erbbaurecht an den Vertragspartner durch
  - Einreichung der ihm vom gesetzlichen Vertreter übergebenen Ausfertigung der Genehmigungsverfügung des Vormundschaftsgerichts durch den Vertragspartner selbst beim Grundbuchamt,
  - sonstigen Nachweis in der Form des § 29 Abs. 1 Satz 2 GBO,
  - notarielle Eigenurkunde (Rn. 518).

VI. Fehlender Nachweis

520 1. Ein fehlender Nachweis der familien- oder betreuungsgerichtlichen Genehmigung und das fehlende Zeugnis über die Rechtskraft des Genehmigungsbeschlusses sowie auch der Nachweis einer etwaigen Genehmigung des Gegenvormunds können mit **Zwischenverfügung** (§ 18 GBO) beanstandet werden. Eine **Beibringung** der Nachweise ist **bis zur Eintragung** (Unterzeichnung, § 44 Abs. 1 Satz 2 GBO) oder Speicherung (§ 129 Abs. 1 GBO) möglich. Für eine Grundbucheintragung, die eine **Prüfung der Einigung** erfordert (§ 20 GBO), ist darüber hinaus auch der Nachweis über die Mitteilung der Genehmigung durch den gesetzlichen Vertreter an den Vertragspartner (§ 1829 Abs. 1 Satz 2 BGB) nachzubringen.

521 2. a) Auch für die Grundbucheintragung, der **nur** eine **Bewilligung** des gesetzlichen Vertreters zugrunde zu liegen hat (§ 19 GBO), können die fehlende gerichtliche Genehmigung, das Rechtskraftzeugnis und die Genehmigung des Gegenvormunds **immer bis zur Eintragung nachgebracht** werden (zu diesen Nachweisen Rn. 515). Bei einem fehlenden Nachweis ist insoweit nicht zu unterscheiden, ob die Rechtsänderung nach materiellem Recht

- einer Einigung bedarf

Beispiele: Belastung mit einer Dienstbarkeit oder einer Grundschuld (§ 873 Abs. 1 BGB); Rangrücktritt einer Mündelhypothek (§ 880 Abs. 2 BGB),

- oder nur einseitige Erklärung des gesetzlichen Vertreters erfordert.

Beispiele: Aufhebung eines Nießbrauchs (§ 875 Abs. 1 BGB; Zustimmung zum Verzicht auf eine Hypothek des Mündels (§ 1168 Abs. 2 BGB); Eigentümerzustimmung des Mündels zur Aufhebung einer Hypothek (§ 1183 BGB); Bestellung einer Eigentümergrundschuld (§ 1196 Abs. 2 BGB).

522 b) Für die Bewilligung der Grundbucheintragung zu einer Rechtsänderung, die eine **Einigung** erfordert, ist nach heute allgemeiner und zutreffender Ansicht eine Nachgenehmigung ohne weiteres möglich. Die früher für erforderlich erachtete Ansicht, dass die familiengerichtliche Genehmigung gleich, ob sie vor oder nach Abgabe der Bewilligung erteilt war, spätestens gleichzei-

tig mit der Eintragungsbewilligung beim Grundbuchamt einzugehen hatte,[1] ist unzutreffend und obsolet.

3. Ebenso für die Vornahme einer Grundbucheintragung zu einer Rechtsänderung mit materiellrechtlich **einseitiger Erklärung** des gesetzlichen Vertreters finden die Bestimmungen des materiellen Rechts und somit auch **§ 1831 BGB** für die Wirksamkeit des nicht zu prüfenden Rechtsgeschäfts **auf die Bewilligung** als rein verfahrensrechtliche Erklärung **keine Anwendung.** In allen Fällen des § 19 GBO ist die rechtskräftige Genehmigung zur Prüfung der Vertretungsmacht des gesetzlichen Vertreters für die verfahrensrechtliche Bewilligung nachzuweisen (s. Rn. 512). Der Nachweis ist eine verfahrensrechtliche Eintragungsvoraussetzung, die als solche bei Eintragung vorliegen muss und bis zur Eintragung nachgebracht werden kann.[2] Fehl geht die Erwägung dass die materiellrechtlich einseitige Erklärung, wenn sie bei Bewilligung ohne familien- oder betreuungsgerichtliche Genehmigung abgegeben wurde, nach § 1831 BGB unwirksam abgegeben sei. Das ist nicht zutreffend. Die Eintragungsbewilligung und die einseitige rechtsgeschäftliche Erklärung decken sich nicht (Rn. 267). Grundlage der Grundbucheintragung ist lediglich die Bewilligung (§ 19 GBO). Die im Eintragungsverfahren nicht nachzuweisende und nicht zu prüfende einseitige materiellrechtliche Erklärung kann daher auch erst nach der für Eintragung vorgelegten Bewilligung und damit für die Rechtsänderung wirksam (§ 1831 BGB) erst nach der Genehmigung des Familien- oder Betreuungsgerichts abgegeben werden. Wenn die Erklärung für das einseitige Rechtsgeschäft dem Grundbuchamt gegenüber abgegeben ist, weil die materiellrechtliche Willenserklärung zugleich in der Bewilligung liegen kann, würde zudem – auch bei Abgabe der Erklärung dem Dritten als Begünstigten gegenüber – in der Vorlage der „Nachgenehmigung" des Familien- oder Betreuungsgerichts eine Bestätigung des (nach § 1831 BGB) nichtigen Rechtsgeschäfts liegen (§ 141 Abs. 1 BGB)[3]. Die materiellrechtliche Erklärung wäre damit vom Zeitpunkt der Bestätigung an und damit bei Grundbucheintragung wirksam. Bei einer nachträglich erteilten (rechtskräftigen) Genehmigung erkennt das Grundbuchamt damit stets nur, dass diese nach der Bewilligung (§ 19 GBO) erteilt wurde. Keineswegs steht damit aber berücksichtigungsfähig fest, dass auch die für die Rechtsänderung erforderliche einseitige Erklärung unwirksam (§ 1831 Satz 1 BGB) bereits (und nur) vor der Genehmigung erklärt ist und damit die Eintragung eine (dauernde) Grundbuchunrichtigkeit bewirkt. Für die nur einem Dritten gegenüber abzugebende einseitige Erklärung, z.B. die Nacherbengenehmigung zur Verfügung des Vorerben, gilt das gleichermaßen. 523

C. Beispiele für behördliche Genehmigungen (Bescheinigungen)

BauGB § 28 Abs. 1: Bei Kaufverträgen für die Eintragung des Käufers als Eigentümer ist ein Zeugnis der Gemeinde über die **Nichtausübung** oder das Nichtbestehen des **Vorkaufsrechts** erforderlich; 524

---

[1] S. z.B. LG Flensburg Rpfleger 1966, 267 mit Anm Haegele.
[2] Dazu Schöner/Stöber Rn. 3749; so auch KEHE/Munzig Rn. 190 zu § 19 GBO.
[3] Konkludente Bestätigung ist möglich, eine besondere Form ist nicht erforderlich.

BauGB § 51 Abs. 1: In Umlegungsgebieten (der Umlegungsvermerk ist im Grundbuch einzutragen, § 54 Abs. 1 Satz 2 BauGB) bedarf es für die Teilung eines Grundstücks, für Verfügungen über ein Grundstück (damit auch Belastungen) und über Rechte an einem Grundstück, (auch Löschung, d.h. Aufhebung eines Grundpfandrechts[1]), eines Genehmigungsbescheids der Umlegungsstelle;

BauGB § 109 Abs. 1: Nach Einleitung eines **Enteignungsverfahrens** (Enteignungsvermerk im Grundbuch, § 108 Abs. 6 BauGB) ist für die in § 51 Abs. 1 BauGB bezeichneten Rechtsvorgänge ein Genehmigungsbescheid der Enteignungsbehörde erforderlich;

BauGB § 145 Abs. 6 (mit § 22): In förmlich festgelegten **Sanierungsgebieten** (Sanierungsvermerk im Grundbuch, § 143 Abs. 2 BauGB) erfordert die Teilung sowie die rechtsgeschäftliche Veräußerung eines Grundstücks (Bestellung und Veräußerung eines Erbbaurechts) und die Bestellung eines das Grundstück belastenden Rechts (hier Einschränkung) eine Genehmigung durch Bescheid oder Zeugnis (§ 145 Abs. 7 BauGB) der Gemeinde;

BauGB § 169 Abs. 1 Nr. 3 (mit § 145 Abs. 6 und § 22 Abs. 6): In **städtebaulichen Entwicklungsbereichen** ist für die Teilung sowie die rechtsgeschäftliche Veräußerung eines Grundstücks (Bestellung und Veräußerung eines Erbbaurechts) und Bestellung eines das Grundstück belastenden Rechts (hier Einschränkung) ein Genehmigungsbescheid der Gemeinde erforderlich;

GrdstVG § 7 Abs. 1: Bei **land- und forstwirtschaftlichen Grundstücken** (ggfs auch Moor- und Ödland) ist die nach § Abs. 1 GrdstVG genehmigungspflichtige Eintragung der Rechtsänderung bei rechtsgeschäftlicher Veräußerung erst möglich, wenn die Unanfechtbarkeit des Genehmigungsbescheids der nach Landesrecht zuständigen Behörde. nachgewiesen ist. Soweit die erforderliche Genehmigung uneingeschränkt erteilt ist, bedarf es keines gesonderten Nachweise für die Unanfechtbarkeit des Genehmigungsbescheids.[2] Genehmigungspflichtig sind nach § 2 Abs. 2 GrdstVG auch die Einräumung und die Veräußerung eines Miteigentumsanteils an einem Grundstück, die Veräußerung eines Erbanteils an einen anderen als an einen Miterben (wenn der Nachlass im wesentlichen aus einem land- oder forstwirtschaftlichen Betrieb besteht) und die Bestellung eines Nießbrauchs an einem Grundstück. Landesrechtlich können die Veräußerung von grundstücksgleichen Rechten (zur land- oder forstwirtschaftlichen Grundstücksnutzung) sowie von selbständigen Fischereirechten gleichgestellt und Grundstücke bis zu einer bestimmten Größe von der Genehmigungspflicht ausgenommen sein (§ 2 Abs. 3 GrdstVG).

Eine zusammenfassende Darstellung dieser und vielfältiger sonstiger öffentlich-rechtlicher Genehmigungsvorgänge geben Schöner/Stöber, 5. Teil (Rn. 3800 ff).

GrEStG § 22 verlangt noch die Vorlage der **Unbedenklichkeitsbescheinigung** des Finanzamts für Eintragung des Erwerbers eines Grundstücks.

---

[1] OLG Hamm OLGZ 1980, 267.

[2] BGHZ 94, 24 = DNotZ 1986, 97 = NJW 1985, 1902.

D. Weitere behördliche Genehmigung im Beitrittsgebiet

I. Grundstücksverkehrsgenehmigung

1. Im **Beitrittsgebiet** (Rn. 115) können der **Grundstücksverkehrsgenehmigung** nach der Grundstücksverkehrsordnung (GVO) vom 20. Dez. 1993 (BGBl. I S. 2182, 2221; zuletzt geändert durch Art. 4 Abs. 44 d. G. v. 22.9.2005, BGBl. S. 2809, bedürfen nach § 2 GVO 525
- die **Auflassung** eines Grundstücks und der schuldrechtliche Vertrag hierüber,
- die Bestellung und Übertragung eines **Erbbaurechts** und auch der schuldrechtliche Vertrag.

Wie Rechtsgeschäfte über Grundstücke können des weiteren der Genehmigung nach § 3 GVO auch bedürfen Rechtsgeschäfte über Teile eines Grundstücks sowie auf Gebäudegrundbuchblättern nachweisbare Gebäude oder Gebäudeteile, damit auch die Einräumung oder die Auflassung eines Miteigentumsanteils sowie die Auflassung von Teil- und Wohnungseigentum. Grund: Schutz des Rückerstattungsberechtigten vor Verfügungen, die seinen Rückerstattungsanspruch beeinträchtigen könnten.

2. **Genehmigungsfrei** sind jedoch 526
- als sog. **Zweiterwerb** die Auflassung usw., wenn der Rechtserwerb des Veräußerers auf Grund einer nach dem 28. Sept. 1990 erteilten Grundstücksverkehrsgenehmigung oder auf Grund einer Investitionsbescheinigung oder auf vergleichbarer Grundlage (näher § 2 Abs. 1 Satz 2 Nr. 1 GVO) in das Grundbuch eingetragen worden ist sowie jede weitere Veräußerung,[1]
- der Rechtserwerb vom eingetragenen Restitutionsberechtigten (näher § 2 Abs. 1 Satz 2 Nr. 2 GVO i.V.m. § 31 Abs. 5 Satz 3 und § 33 Abs. 4 VermG),
- die Veräußerung durch einen seit 29. Jan 1933 ununterbrochen im Grundbuch eingetragenen Eigentümer oder seinen Erben (§ 2 Abs. 1 Satz 2 Nr. 3 GVO),
- die Eintragung einer **Eigentumsvormerkung** (§ 2 Abs. 1 Satz 2 Nr. 4 GVO),
- der Rechtserwerb des Veräußerers nach dem 2.10.1990 durch Zuschlagsbeschluss in der Zwangsversteigerung (§ 2 Abs. 1 Satz 2 Nr. 5 GVO).

3. **Genehmigungsbehörde** ist der Landkreis oder die kreisfreie Stadt (§ 8 GVO). Die **Grundbucheintragung** darf, sofern nicht ein nach Abs. 2 des § 2 GVO genehmigungsfreies Rechtsgeschäft vorliegt, erst erfolgen, wenn der Genehmigungsbescheid vorgelegt ist (§ 2 Abs. 2 Satz 1 GVO). Es darf nicht mehr eingetragen werden, wenn die zuständige Behörde einen Rechtsbehelf gegen den Bescheid oder dessen aufschiebende Wirkung mitgeteilt hat oder das Grundbuchamt auf anderem Wege urkundlich davon Kenntnis erlangt hat (§ 2 Abs. 2 Sätze 2 und 4 GVO). 527

[1] Siehe Schöner/Stöber Rn. 4108b.

II. Investitionsvorrangbescheid

528 Ein Investitionsvorrangbescheid ersetzt die Grundstücksverkehrsgenehmigung (§ 11 Abs. 1 InVorG). Grund: Das Grundstück oder ein anderes Objekt, das Gegenstand von Rückübertragungsansprüchen nach dem VermG ist oder sein könnte, darf für besondere Investitionszwecke verwendet werden (§ 1 InVorG). § 3 Abs. 3 bis 5 VermG sind damit nicht anzuwenden (§ 2 InVorG). Diese Feststellung trifft der Bescheid (§ 8 Abs. 1 InVorG). Die Vorschriften § 3 bis 5 VermG sind ferner nicht anzuwenden für Vorhaben, die Gegenstand eines Vorhaben- und Erschließungsplans, der einer beschlossenen, nicht notwendig auch genehmigten Satzung nach § 246a BauGB i.V.m. § 55 der Bauplanungs- und ZulassungsVO geworden ist. (§ 18 InVorG).

§ 21. Prüfung der beantragten Eintragung

A. Prüfungspflicht des Grundbuchamts

529 Dem Grundbuchamt obliegt es die **gesetzlichen Voraussetzungen** einer beantragten Eintragung zu **prüfen** (Grundsatz der Sachprüfung; **Legalitätsprinzip**). Es hat daher einen Eintragungsantrag oder ein Behördenersuchen (§ 38 GBO) daraufhin zu prüfen, ob nach dem Grundbuch**verfahrensrecht** die beantragte Eintragung gerechtfertigt ist. Diese Regelung durch die Grundbuchordnung beruht auf dem Grundsatz, dass einerseits die Grundbuchführung die nötige Rechtssicherheit zu verbürgen hat, jedoch andererseits der Immobiliarverkehr nicht durch unnötige Erschwernisse behindert werden darf.[1] Bei der nach dem (formellen) Konsensprinzip darauf beschränkten Sachprüfung, ob Antrag und Verfahrensnachweise die Eintragung rechtfertigen, wird das Grundbuchamt daher mit weiteren Erfordernissen der materiellen Rechtsänderung oder auch Grundbuchberichtigung (§ 894 BGB) grundsätzlich nicht befasst.

B. Prüfung im Einzelnen

530 Das (zuständige) Grundbuchamt prüft somit

- den Eintragungs**antrag** (§ 13 Abs. 1 GBO), und zwar
  - die Identität des Antragstellers mit dem Antragsberechtigten sowie die Verfahrensfähigkeit mit Rechts- und Geschäftsfähigkeit,
  - die Antrags**berechtigung** (§ 13 Abs. 1 Satz 2, § 14 GBO),
  - die Legitimation eines **Vertreters** (auch im Falle des § 15 GBO),
  - den Antrags**inhalt** (auch samt den Erfordernissen nach § 28 GBO),
  - die **Form**.

[1] Motive III S. 177.

- die Eintragungs**bewilligung** (§ 19 GBO), und zwar
  - die Identität des Bewilligenden mit dem Bewilligungsberechtigten sowie die Verfahrensfähigkeit mit Rechts- und Geschäftsfähigkeit,
  - die Bewilligungs**berechtigung** (§ 19 GBO),
  - die Legitimation eines **Vertreters,**
  - den Bewilligungsinhalt (auch samt den Erfordernissen nach § 28 GBO),
  - die **Form.**
- die Eintragungs**fähigkeit** daraufhin, ob
  - ein **eintragungsfähiges Recht** beantragt und bewilligt ist,
  - dies im Einzelfall mit **eintragungsfähigem Inhalt** ausgestaltet ist,
  - der Begünstigte **erwerbsfähig** ist, somit dessen Rechtsfähigkeit, ob ein zulässiges Anteilsverhältnis vorliegt und ob kein (gesetzliches oder gerichtliches) Erwerbsverbot besteht.
- bei **Übertragung des Eigentums** an einem Grundstück nach § 20 GBO den Nachweis der **Auflassung** (§ 873 Abs. 1 mit § 925 BGB) sowie in Erbbaurechtsfällen den Nachweis der Einigung.
- erforderliche **Zustimmungen** (= Bewilligungen) **Dritter** (wie bei Eintragungsbewilligung).
- die **Voreintragung** des Betroffenen (§ 39 GBO mit Ausnahmen in § 40 GBO).
- die(erforderliche) Vorlegung des **Briefes** (§§ 41, 42 GBO).
- **behördliche Genehmigungen** und Zeugnisse.

C. Zu prüfender Sachverhalt

I. Grundbuchinhalt und Eintragungsunterlagen

1. Maßgebend für die Prüfung sind 531
- der Inhalt des **Grundbuchs** und
- die dem Grundbuchamt vorgelegten **Eintragungsunterlagen**[1]. Ermittlungen anzustellen ist das Grundbuchamt weder verpflichtet noch berechtigt (Rn. 411).

2. Die Prüfung der **Bewilligung** (§ 19 GBO) **als Eintragungsgrundlage** (zu 532
§ 20 GBO s. Rn. 536) erfasst nicht die nach materiellem Recht zur Rechtsänderung erforderlichen Willenserklärungen und nicht das Verpflichtungsgeschäft.

Nicht zu prüfen hat das Grundbuchamt daher
- die **Einigung** des Berechtigten und des anderen Teils über den Eintritt der Rechtsänderung (§ 873 BGB) als Teil des mehraktigen Verfügungstatbestands[2];
- die **schuldrechtlichen Rechtsbeziehungen** und damit nicht einen (schuldrechtlichen) Vertrag, der zur Rechtsänderung verpflichtet, für die die beantragte Eintragung Verfügungstatbestand ist.

---

[1] BGHZ 35, 135, 139 = NJW 1961, 1301 = Rpfleger 1961, 233.

[2] Vgl. BayObLGZ 1979, 434, 436, 437 = DNotZ 1980, 357 = NJW 1980, 2818 = Rpfleger 1980, 105; auch BayObLG MDR 1981, 759 = MittBayNot 1981, 188.

533 3. Die **Vermutung des § 891 BGB** für die Richtigkeit des Grundbuchs (Rn. 71) gilt **auch für das Grundbuchamt**[1]. Es hat daher davon auszugehen, dass der eingetragene Rechtsinhaber Berechtigter ist (§ 891 Abs. 1 BGB) und dass ein gelöschtes Recht nicht besteht (§ 891 Abs. 2 BGB). Für den eingetragenen Gläubiger eines Briefgrundpfandrechts spricht die Vermutung des § 891 Abs. 1 BGB, wenn er den Brief in Besitz hat. Für den Fall der Abtretung eines Briefrechts außerhalb des Grundbuchs findet nach Maßgabe des § 1155 BGB die Bestimmung des § 891 BGB gleichermaßen Anwendung.

II. Grundbuchunrichtigkeit

534 1. Das Grundbuch und die Eintragungsunterlagen können eine Eintragung nicht rechtfertigen, wenn deren **Unrichtigkeit** dem Grundbuchamt **bekannt** ist oder auch bei gehöriger Prüfung erkennbar wäre.[2] Bloße Zweifel und lediglich Vermutungen des Grundbuchbeamten heben die gesetzliche Vermutung des § 891 BGB nicht auf.[3] Widerlegt (dazu Rn. 72) ist für das Grundbuchverfahren die Vermutung des § 891 BGB jedoch, wenn dem Grundbuchbeamten die Unrichtigkeit des Grundbuchs bekannt ist. Diese Kenntnis kann sich gründen auf

– urkundliche **Erklärungen der Beteiligten**, andere öffentliche Urkunden (§ 415 ZPO) oder den Inhalt der Grundakten

  Beispiel: Der Hypothekengläubiger hat in öffentlich beglaubigter Urkunde erklärt, dass die gesicherte Forderung bezahlt oder sonst erloschen, ist (§ 362 BGB),

– **feststehende Tatsachen**, die anderweit bekannt geworden sind, z. B. der Inhalt von Nachlass- oder Prozessakten. Diese Tatsachen müssen die sichere Überzeugung vermitteln, dass die gesetzliche Vermutung der Wahrheit widerspricht.[4]

  Beispiel: Das Grundbuchamt weiß, dass die Eigentümergrundschuld, deren Abtretung eingetragen werden soll, bereits mit (rechtskräftigem) Zuschlag in der Zwangsversteigerung erloschen ist (§ 91 Abs. 1 ZVG).

535 2. Wenn das Grundbuchamt weiß, dass durch die beantragte Eintragung das **Grundbuch (dauernd) unrichtig** würde, weil auch eine nachholbare Einigung, Zustimmung oder Briefübergabe[5] die Rechtsänderung nicht bewirken kann, darf es die Eintragung nicht vornehmen[6]. Seine Kenntnis muss jedoch auf feststehenden Tatsachen beruhen. Bekannte eintragungshindernde Tatsachen sind daher auch dann zu berücksichtigen, wenn sie in Willenserklärungen bestehen, z. B. in der Aufhebung der nach § 20 GBO zu prüfenden Auf-

---

[1] BayObLGZ 1967, 295, 297 = NJW 1968, 705 = OLGZ 1968, 129; BayObLGZ 1971, 351, 354; 1972, 46, 48 = Rpfleger 1971, 182; DNotZ 1990, 739 = NJW-RR 1989, 718 und DNotZ 1993, 335 = Rpfleger 1992, 56.

[2] BGHZ 35, 135 aaO.

[3] BayObLG DNotZ 1990, 739 = MittBayNot 1989, 209 = NJW-RR 1989, 718.

[4] OLG Köln MittRhNotK 1983, 52 und MittBayNot 1996, 40 = MittRhNotK 1995, 321.

[5] BGH DNotZ 1986, 227 = NJW 1986, 314 = Rpfleger 1986, 9.

[6] BGHZ 35, 135, 139 aaO; BGHZ 106, 108, 110 = DNotZ 1990, 289 = NJW 1989, 1093 = Rpfleger 1989, 439.

lassung, selbst wenn sie nicht in der Form des § 29 Abs. 1 GBO nachgewiesen sind.[1] Wenn auf Grund bestimmter Anhaltspunkte begründete Zweifel an dem Vorliegen der Eintragungsvoraussetzungen auftauchen, die sich nicht nur aus den Eintragungsunterlagen zu ergeben brauchen, sondern auch sonst bekannt geworden sein oder auf der Lebenserfahrung beruhen können, so ist das Grundbuchamt gem. § 18 GBO zur Beanstandung berechtigt und verpflichtet. Denn es ist Aufgabe des Grundbuchamts, das Grundbuch nach Möglichkeit mit der wirklichen Rechtslage in Einklang zu halten und eine Unrichtigkeit des Grundbuchs zu verhindern[2].

III. Weitere Prüfung bei Auflassung und in Erbbaurechtsfällen

1. Im Falle der Übereignung eines Grundstücks oder einer sonstigen Immobilie und der Bestellung, Inhaltsänderung oder Übertragung eines Erbbaurechts ist **auch die Auflassung** bzw die **Einigung** des Berechtigten und des anderen Teils als Eintragungserfordernis zu prüfen (§ 20 GBO, s. Rn. 530). Es gelten dafür ebenso die in Rn. 532–535 dargestellten Grundsätze. 536

2. Zu prüfen ist auch die verfahrensrechtliche Verwendbarkeit der urkundlich (§ 29 Abs. 1 GBO) nachgewiesenen Einigung der Beteiligten (§ 873 Abs. 1 BGB) in Auflassungsform (§ 925 BGB).[3] Die verfahrensrechtliche Verwendbarkeit setzt voraus, dass als Auflassung die nach § 873 Abs. 1 BGB erforderliche Einigung des Veräußerers und Erwerbers bei gleichzeitiger Anwesenheit beider Teile vor dem Notar (oder einer sonst zuständigen Stelle) ohne Bedingung und Zeitbestimmung (§ 925 BGB) erklärt ist. Damit muss bei einer Vertretung urkundlich auch die Bevollmächtigung oder die gesetzliche Vertretungsmacht mit familien- oder betreuungsgerichtlicher Genehmigung nachgewiesen sein. Eine weitergehende Prüfung der (materiellen) Rechtswirksamkeit der Auflassung hat nicht zu erfolgen. Nur wenn dem Grundbuchamt sicher bekannt ist (wie vorst. Rn. 534, 535), dass die Einigung als Auflassung nach materiellem Recht nicht wirksam ist, darf es die Eintragung nicht vornehmen. 537

3. Die Prüfung der Auflassung (Einigung) schließt eine Prüfung der schuldrechtlichen Rechtsbeziehungen nicht ein und deshalb auch nicht die Prüfung des (schuldrechtlichen) Vertrages, der zur Eigentumsübertragung (Erbbaurechtsbestellung usw.) verpflichtet, deren Eintragung beantragt ist[4], sowie ferner nicht die Beachtung des § 925a BGB durch den Notar. Ebenfalls nicht zu prüfen ist damit, ob die im schuldrechtlichen Vertrag vereinbarte Lastenfreistellung erfüllt ist.[5] 538

Zur eingeschränkten **Prüfung eines Behördenersuchens** (§ 38 GBO) s. Rn. 471 f.

---

[1] BayObLGZ 1967, 13 = NJW 1967, 1283 = OLGZ 1967, 333.

[2] BGHZ 35, 135, 140 aaO; BayObLG ständig, z.B. 1985, 290, 293 = DNotZ 1986, 620 = MittBayNot 1985, 192.

[3] KEHE/Munzig Rn. 4 zu § 20 GBO; Ertl DNotZ 1990, 39, 41; Wolfsteiner DNotZ 1987, 67, 72; allgemeiner Böttcher Rpfleger 1990, 486, 493.

[4] OLG Frankfurt DNotZ 1981, 40 = Rpfleger 1980, 292.

[5] OLG Celle MittRhNotK 1996, 227 = Rpfleger 1996, 336; LG Aurich Rpfleger 1986, 469.

§ 22. Vollzugshindernisse (§ 18 GBO)

A. Beanstandung von Antragshindernissen

I. Verfahren bei einem Eintragungshindernis

539 1. Für eine Eintragung auf Antrag (§ 13 Abs. 1 GBO), somit auch auf Ersuchen einer Behörde (§ 38 GBO), hat der Antragsteller dem Grundbuchamt alle erforderlichen Eintragungsunterlagen vorzulegen. Ergibt die Prüfung, dass die Eintragung nicht erfolgen kann, weil ein (formelles oder materielles) Eintragungserfordernis nicht erfüllt ist, dann ist

- dem Antragsteller eine angemessene **Frist** zur Hebung des Hindernisses **zu bestimmen,**
- **oder** der Antrag unter Angabe von Gründen **zurückzuweisen** (§ 18 Abs. 1 Satz 1 GBO).

Das Grundbuchamt hat Eintragungsunterlagen nicht selbst zu beschaffen und demzufolge auch ein Eintragungshindernis nicht von Amts wegen auszuräumen.

540 2. Eine **Beanstandung mit Zwischenverfügung** wahrt die Wirksamkeit des Antrags als Verfahrenshandlung.[1] Nach Behebung des Hindernisses oder Ablauf der Frist ist über den Antrag endgültig zu entscheiden. Wenn das Hindernis behoben wird, ist die beantragte Eintragung in der durch den Antrag gewahrten Reihenfolge (§ 17 mit § 18 Abs. 2 GBO) vorzunehmen, ohne dass es einer Erneuerung des Antrags bedarf. Ansonsten ist der Antrag nach fruchtlosem Fristablauf zurückzuweisen (§ 18 Abs. 1 Satz 2 GBO). Die mit Stellung des Antrags verbundenen materiellen Rechtswirkungen (z.B §§ 878, 892 Abs. 2 BGB) bleiben im Falle einer Zwischenverfügung bestehen.

541 3. Die **Zurückweisung** eines Eintragungsantrags berührt als Verfahrensentscheidung eine hinsichtlich rechtsgeschäftlicher Erklärungen bereits eingetretene Bindung (§ 873 Abs. 2, § 875 Abs. 2 BGB) als materielle Rechtswirkung nicht. Es entfallen jedoch die Antragswirkungen für die Vollendung des Rechtserwerbs trotz Verfügungsbeschränkung (§ 878 BGB)[2] und für den Zeitpunkt der Kenntnis zu einem gutgläubigen Erwerb (§ 892 Abs. 2 BGB). Formelle Rechtskraft, also Unabänderlichkeit erlangt die Zurückweisung nicht. Der Antrag kann daher wieder neu gestellt werden; für die Vollzugsreihenfolge (§ 17 GBO) ist dann jedoch der neue Zeitpunkt des Antragseingangs maßgebend.[3] Wird die Zurückweisung vom Grundbuchamt oder dem Beschwerdegericht aufgehoben, so leben die alten Wirkungen des ursprünglichen Antrags wieder auf. Auf den Bestand der in der Zwischenzeit erfolgten Eintragungen ist dies jedoch ohne Einfluss,[4] was auch für den Rang von Rechten gilt.[5] Wird (er-

---

[1] RGZ 110, 203, 206.
[2] BGHZ 136, 87 = DNotZ 1998, 283 = NJW 1997, 2751 = ZIP 1997, 1585.
[3] KG JFG 9, 398.
[4] RGZ 135, 378, 385; BGHZ 45, 186 = NJW 1966, 1013.
[5] BayObLG Rpfleger 1983, 101 m. Anm. Meyer-Stolte.

folgreich) die Beschwerde gegen die Zurückweisung auf neue Tatsachen gestützt (§ 74 GBO), so richtet sich die Ranganwartschaft nach dem Zeitpunkt des Eingangs der neuen Tatsachen.[1]

II. Andere Erledigung

1. Die gesetzliche Beschränkung auf eine Zwischenverfügung oder Zu- 542
rückweisung schließt eine **Aussetzung** des Verfahrens und sonst andere Behandlung des nicht vollzugsreifen Antrags aus. Auch ein **Vorbescheid** (Ankündigung einer beabsichtigten Eintragung nach Ablauf einer Frist) ist daher nicht zulässig[2].

2. Eine **formlose Beanstandung** mag in einfach gelagerten Fällen und bei 543
erkennbarem Interesse des Antragstellers an der Förderung eines Eintragungsbegehrens als zulässig zu erachten sein. Sie stellt lediglich einen Hinweis auf ein Eintragungshindernis dar, insbesondere auf eine fehlende Antragsunterlage, eine Meinungsäußerung des Grundbuchamts bei vorläufiger Prüfung (Durchsicht) des Antrags mit Ankündigung einer in Aussicht gestellten (erwogenen) Antragserledigung, nicht aber bereits eine Entscheidung, die gemäß der Form des § 18 GBO erfolgen müsste und angefochten werden könnte. Ihre Zulässigkeit folgt[3] aus der allgemeinen Aufklärungs- und Fürsorgepflicht des Grundbuchamts. Als Rechtspflegeorgan hat es alles Notwendige zur sachgemäßen Erledigung des Antrags zu tun, somit bei einem Beschleunigungsinteresse des Antragstellers auch durch den Hinweis auf ein übersehenes Eintragungserfordernis dem Antragsteller Gelegenheit zur Vervollständigung des Antrags zu geben.[4] Ebenso kann stillschweigend Frist (Gelegenheit) zur Vervollständigung der Antragsunterlagen gewährt werden, wenn der Antragsteller seinen Antrag sogleich mit dem Bemerken einreicht, dass Fehlendes in kurzer Zeit nachgebracht wird.

B. Zwischenverfügung

I. Zwischenverfügung als Regel

Nach heutiger Ansicht ist die Zwischenverfügung die Regel. Eine sofor- 544
tige Zurückweisung rechtfertigt sich nur in Ausnahmefällen. Das bedingt die rechtsstaatliche Verfahrensgestaltung. Der Antragsteller muss Gelegenheit finden, fehlende Voraussetzungen einer beantragten und zulässigen Grundbucheintragung, gleich ob rechtsändernder oder berichtigender Art, in angemessener Frist zu erfüllen. Dass § 18 Abs. 1 GBO als Bestimmung des Verfahrensrechts einen Ermessens- und Beurteilungsspielraum zur Leitung, Förderung und Ausgestaltung des Verfahrens offen lässt und in dieser Weise

---

[1] KGJ 52, 122; BGH Rpfleger 1958, 218.

[2] BGH DNotZ 1980, 741 = Rpfleger 1980, 273; BayObLG 1993, 52 = DNotZ 1993, 599 und DNotZ 1995, 72 = NJW-RR 1994, 1429; OLG Karlsruhe Rpfleger 1993, 192.

[3] Entgegen vielfach vertretener anderer Ansicht, z.B. BayObLGZ 1995, 359, 361 = Rpfleger 1996, 191; Demharter Rn. 1 zu § 18 GBO.

[4] Dazu näher Schöner/Stöber Rn. 445, 446.

mit Blick auf das Verfahrensziel und die Grundrechte ausgelegt und angewendet werden muss[1], übersehen abweichende Ansichten. Keine wesentliche Bedeutung kann es daher erlangen, ob ein Vollzugshindernis „leicht“ oder „schwer“ behebbar ist.[2] Eine sofortige Zurückweisung kann auch nicht generell als zwingend geboten angesehen werden, wenn der „Mangel des Antrags“ nicht mit rückwirkender Kraft geheilt werden kann,[3] Bedeutsam ist vielmehr, ob der (mangelhafte) Antrag als Verfahrenshandlung schutzwürdig ist, und daher die materielle Beurteilung eines Erwerbsvorgangs oder einer Grundbuchberichtigung keine Bedeutung erlangen kann, zumindest nicht im Hinblick auf die allgemeine Aufklärungspflicht des Grundbuchamts, wenn der Antragsteller den Vollzugsmangel übersehen oder nicht gekannt hat.[4]

II. Einzelfälle

545 1. Mit **Zwischenverfügung** kann Gelegenheit gegeben werden, insbesondere

- fehlende Unterlagen nachzubringen[5], wie Vollmacht, familiengerichtliche oder sonstige behördliche Genehmigung, Erbschein, Grundpfandrechtsbriefe, Zustimmung eines nur mittelbar Betroffenen oder eines Dritten, auch die steuerliche Unbedenklichkeitsbescheinigung[6],
- einen nach § 16 Abs. 1 GBO unzulässigen Vorbehalt zu beseitigen[7],
- den Antrag einzuschränken[8] oder einen von mehreren nach § 16 Abs. 2 GBO verbundenen Anträgen zurückzunehmen, damit den übrigen stattgegeben werden kann[9],
- Eintragungsunterlagen in der Form des § 29 GBO vorzulegen,
- zur Vorlage der Eigentümerzustimmung nach § 880 Abs. 2 Satz 2 BGB für den Rangrücktritt eines Grundpfandrechts[10],
- zur Vorlage eines Grundpfandrechtsbriefes[11],
- einen Kostenvorschuss zu zahlen, wenn die Sicherstellung angebracht erscheint (s. § 8 Abs. 2 KostO).

---

[1] Allgemein vor allem aber BVerfGE 42, 46 = NJW 1976, 1391 = Rpfleger 1976, 389 und BVerfGE 46, 325 = NJW 1978, 368 = Rpfleger 1978, 206; s. ferner Schöner/Stöber Rn. 429.

[2] So aber früher herrschende Ansicht, s. RGZ 126, 107, 109; OLG Düsseldorf NJW 1986, 1819 = Rpfleger 1986, 297; auch noch BayObLGZ 1997, 55, 58 = NJW-RR 1997, 913 = Rpfleger 1997, 304.

[3] So aber ständige Rechtsprechung des BayObLG s. z.B. BayObLGZ 1997, 282 = DNotZ 1998, 384 = MittBayNot 1998, 34 = NotBZ 1997, 210 = Rpfleger 1998, 68; auch OLG Zweibrücken FGPrax 2006, 103 = Rpfleger 2006, 394.

[4] So m.E. zu Recht Schöner/Stöber Rn. 434.

[5] BayObLG MittBayNot 1981, 25.

[6] OLG Düsseldorf NJW 1986, 1819; OLG Zweibrücken FGPrax 2000, 181 = NJW-RR 2000, 1686 = Rpfleger 2000, 544 = ZfIR 2000, 900.

[7] KG JFG 19, 135; KG HRR 1940 Nr. 1077.

[8] BayObLGZ 1976, 44 = MittBayNot 1976, 25; KGJ 46 A 176, 179].

[9] KG JFG 1, 439, 441; KG JFG 13, 111 112; OLG Frankfurt NJW-RR 1999, 17 = NotBZ 1999, 27 = ZfIR 1998, 562.

[10] OLG Hamm FGPrax 2002, 146 = MittBayNot 2003, 386 = Rpfleger 2002, 353.

[11] OLG Karlsruhe JFG 7, 241, 243.

Ist eine Eintragung beantragt, die eine Maßregel der Zwangsvollstreckung darstellt und liegt ein **Mangel** vor, der den Beginn **der Zwangsvollstreckung** verhindert, so ist eine den Vollzugsrang nach § 17 GBO wahrende Zwischenverfügung unzulässig.[1] 546

Beispiel: Beantragt ist die Eintragung einer Zwangshypothek auf mehreren Grundstücken ohne Verteilung der Forderung nach § 867 Abs. 2 ZPO.

Dessen ungeachtet ist jedoch der Antrag nicht sofort zurückzuweisen, sondern mit nicht rangwahrender Aufklärungsverfügung nach § 139 ZPO zu beanstanden.[2]

2. Eine Zwischenverfügung **scheidet** gänzlich **aus**, wenn das Eintragungshindernis überhaupt **nicht behoben werden kann.** 547

Beispiel: Beantragt ist die Eintragung einer öffentlichen Last, die im Regelfall nicht möglich ist (§ 54 GBO), oder einer Zwangshypothek unter 750 Euro (§ 866 Abs. 3 Satz 1 ZPO).

Der Erlass einer Zwischenverfügung erfordert eine begründete Aussicht, die beantragte Eintragung nach Behebung des Hindernisses vornehmen zu können. Zwingende Voraussetzung ist daher, dass es sich um ein behebbares Eintragungshindernis handelt[3]. Mit Zwischenverfügung kann deshalb nicht aufgegeben werden

- einen Eintragungsantrag zurückzunehmen[4]; anders bei einem verbundenen Antrag, (Rn. 545),
- einen anderen (anders lautenden oder neuen) Antrag zu stellen,

Beispiel: Grundbuchberichtigungsantrag für einen Antrag auf Eigentumsumschreibung.[5]

- das einzutragende Recht erst inhaltlich zu bestimmen oder zu verändern.[6]

III. Inhalt der Zwischenverfügung

1. a) Die Zwischenverfügung hat an den zu nennenden Antragsteller gerichtet zu sein und das Grundbuchverfahren zu bezeichnen, in dem sie ergeht. **Inhaltlich** hat sie 548

- das behebbare Eintragungs**hindernis darzustellen,**
- das Mittel oder den **Weg zur Beseitigung** des Vollzugshindernisses anzugeben,
- eine **angemessene Frist** zur Behebung des Hindernisses zu bestimmen.

Die Androhung der Zurückweisung bei nicht fristgemäßer Beseitigung des Hindernisses gehört nicht zum Verfügungsinhalt.[7]

---

[1] Sieh BGHZ 27, 310 = DNotZ 1958, 480 = NJW 1958, 1090 = Rpfleger 1958, 216.

[2] Zöller/Stöber Rn. 4 zu § 867 ZPO.

[3] BGH DNotZ 1980, 741 = Rpfleger 1980, 273; BayObLG 1984, 136, 138 = MittBayNot 1984, 184.

[4] OLG Hamm Rpfleger 1970, 396; BayObLG DNotZ 1993, 595 = NJW-RR 1993, 530.

[5] BGH DNotZ 1980, 741 aaO.

[6] OLG Zweibrücken FGPrax 2006, 103; BayObLGZ 1982, 282.

[7] Bauer/v.Oefele/Wilke Rn. 19; Meikel/Böttcher Rn. 111 je zu § 18 GBO; Schöner/Stöber Rn. 448.

549 b) Das **Hindernis**, das der Eintragung entgegensteht, muss bestimmt bezeichnet werden. Wenn mehrere Eintragungshindernisse vorliegen, sind sie alle sogleich in der Zwischenverfügung und nicht einzeln oder schrittweise darzustellen[1].

550 c) Mittel oder **Wege zur Beseitigung** des Vollzugshindernisses sind so anzugeben, dass dem Antragsteller eine sachgerechte Wahrung seiner Rechte möglich ist. Wenn mehrere Mittel und Möglichkeiten zur Beseitigung des Hindernisses geeignet erscheinen, sind alle anzuführen.[2] Ein bestimmter Weg unter mehreren möglichen darf nicht vorgeschrieben werden; dem Antragsteller muss eine sachliche Wahl für die Wahrung seiner Rechte verbleiben.[3]

551 d) Die **Fristbestimmung** ist wesentliches Erfordernis der Zwischenverfügung. Ohne Fristsetzung ist sie unzulässig.[4] Die Frist muss dabei genau bezeichnet werden und sie muss angemessen sein. Die Frist kann das Grundbuchamt verlängern und dies auch noch wenn sie bereits abgelaufen ist.

552 e) Eine Weitere **Begründung** kann nach rechtsstaatlichen Verfahrensgrundsätzen erforderlich sein, wenn eine streitige, zweifelhafte oder schwierige Rechtsfrage Bedeutung erlangt oder wenn sonst die Erwägungen, auf denen die Zwischenverfügung beruht, in tatsächlicher oder rechtlicher Hinsicht der weiteren Erläuterung bedürfen. Auch können das Beschwerde- und das Rechtsbeschwerdegericht eine Zwischenverfügung durch die Angabe von weiteren Mitteln zur Beseitigung eines Eintragungshindernisses ergänzen.[5]

553 2. **Beispiel:**

Zwischenverfügung in der Grundbuchsache …

Der am … von … beantragten Eintragung, dass er als Erbe des … Gläubigers der Briefgrundschuld Abt III Nr. 1 zu 100 000 Euro geworden ist, stehen als Eintragungshindernisse entgegen:

a) der fehlende Nachweis der Erbfolge (§ 35 Abs. 1 GBO),
b) die Nichtvorlage des Grundschuldbriefs (§ 41 Abs. 1 Satz 1 i.V.m. §42 Satz 1 GBO).

Die Behebung der Hindernisse kann erfolgen durch

- die Vorlage des Erbscheins (in Urschrift oder Ausfertigung) oder einer in öffentlicher Urkunde enthaltenen Verfügung von Todes wegen mit Eröffnungsniederschrift (§ 35 Abs. 1 Satz 1 GBO),
- und die Vorlage des Grundschuldbriefs über das Recht (§ 41 Abs. 1 Satz 1 i.V.m. § 42 Satz 1 GBO).

Zur Behebung des Hindernisses wird eine Frist gesetzt bis …

554 3. Die Zwischenverfügung ist vom Rechtspfleger zu **unterzeichnen.** Nicht unterzeichnet werden muss jedoch die maschinell erstellte Zwischenverfügung; sie soll mit dem Vermerk versehen werden

Dieses Schreiben ist maschinell erstellt und auch ohne Unterschrift wirksam.

---

[1] BayObLGZ 1970, 163, 165 = DNotZ 1970, 602 = Rpfleger 1970, 346; BayObLGZ 1984, 136; BayObLGZ 1990, 51, 57 = DNotZ 1991, 546 = NJW-RR 1990, 906 = Rpfleger 1990, 363; OLG Frankfurt Rpfleger 1994, 204.

[2] OLG Frankfurt NJW-RR 1993, 150 = Rpfleger 1993, 147.

[3] Schöner/Stöber Rn. 451.

[4] BayObLGZ 1995, 279 = DNotZ 1997, 319 = MittRhNotK 1995, 323.

[5] BayObLGZ 2000, 167 = NJW-RR 2000, 1545 = Rpfleger 2000, 451.

Das sieht § 42 GBV sowohl für die Urschrift in den Grundakten[1] als auch für den zur Bekanntmachung versandten Abdruck vor.

IV. Bekanntmachung

555 Die Zwischenverfügung ist dem **Antragsteller** und ferner den übrigen Beteiligten **bekannt zu geben** (§ 41 Abs. 1 Satz 1 FamFG). Ein Beteiligten kann auch einen Dritten gemäß § 15 Abs. 1 Satz 2 GBO zur Entgegennahme der Zwischenverfügung bevollmächtigen, der nicht den vertretungsbefugten Personenkreis des § 10 Abs. 2 FamFG zählt. Dem Antragsteller ist die anfechtbare Zwischenverfügung durch **Zustellung** bekannt zu machen (§ 41 Abs. 1 Satz 2 FamFG). Hat ein Notar gemäß § 15 Abs. 2 GBO den Eintragungsantrag gestellt, ist ihm die Zwischenverfügung zuzustellen.

V. Vormerkung oder Widerspruch bei weiterem Antrag

556 Die Zwischenverfügung berührt die Wirksamkeit des beanstandeten Antrags nicht, verändert demzufolge auch nicht die Vollzugsreihenfolge des § 17 GBO. Antragshindernisse können aber auch die Erledigung einer später oder gleichzeitig beantragten anderen Eintragung, durch die dasselbe Recht betroffen wird, nicht behindern. Um eine sofortige Erledigung des nachfolgenden oder gleichzeitig gestellten Antrags zu ermöglichen, gewährt § 18 Abs. 2 Satz 1 GBO mit der Eintragung einer **Vormerkung**, wenn eine Rechtsänderung zu sichern ist, oder eines **Widerspruchs**, zur Sicherung einer Grundbuchberichtigung, Schutz des ersten Antragstellers gegen seine Schlechterstellung. Diese Eintragung erfolgt von Amts wegen. Sie gilt im Sinne des § 17 GBO als Erledigung dieses Antrags (§ 18 Abs. 2 Satz 1 GBO).Wird der beanstandete Antrag nach fruchtlosem Ablauf der Zwischenverfügung zurückgewiesen, dann ist die Vormerkung oder der Widerspruch von Amtswegen zu löschen (§ 18 Abs. 2 Satz GBO). Gleiches gilt, wenn der Eintragungsantrag zurückgenommen wird.[2]

557 Wird das Eintragungshindernis behoben, dann ist die Eintragung in dem durch die Vormerkung oder den Widerspruch gesicherten Rang vorzunehmen, ohne dass es der Erneuerung des Antrags oder einer Mitwirkung des zwischenzeitlich eingetragenen Berechtigten bedarf.[3] Steht die bereits vollzogene Eintragung dem Vollzug des nunmehr mängelfreien Antrags entgegen, so ist sie von Amts wegen zu löschen.[4] Soweit die Vormerkung durch die endgültige Eintragung ihre Bedeutung verloren hat, ist sie nicht zu löschen sondern lediglich zu röten (§ 19 Abs. 2 GBV).

---

[1] A. A. BayObLG 1995, 363 = DNotZ 1996, 99 = Rpfleger 1996, 148., das die Unterzeichnung der Urschrift fordert.

[2] KG DNotZ 1973, 33 = Rpfleger 1972, 174.

[3] RGZ 110, 203, 207; OLG Frankfurt Rpfleger 1998, 421.

[4] OLG Frankfurt aaO.

C. Zurückweisung des Antrags

I. Voraussetzungen

558 Für die Notwendigkeit einer **sofortigen Zurückweisung** eines Eintragungsantrags müssen im Einzelfall besondere Gründe sprechen, weil sich diese nur ausnahmsweise rechtfertigt wie dann, wenn es an der Eintragungsfähigkeit fehlt oder ein Eintragungshindernis überhaupt nicht behebbar ist (s. Rn. 547). Eine sofortige Zurückweisung eines Eintragungsantrags ist aber auch veranlasst, wenn die rechtlichen Voraussetzungen für die Eintragung fehlen, so z.B. bei mangelnder Vereinigung von Grundstücken (s. § 1 Abs. 4 WEG) bei Aufteilung in Wohnungseigentum[1] und ebenso, wenn die notwendige Bewilligung von (unmittelbar) Beteiligten fehlt.[2] Ist ein Antrag mit Zwischenverfügung beanstandet worden, dann erfolgt seine Zurückweisung, wenn die gesetzte Frist abgelaufen und das Hindernisses nicht behoben wurde (§ 18 Abs. 1 Satz 2 GBO). Die Frist ist allerdings keine Ausschlussfrist, so dass das Hindernis auch noch nach Fristablauf bis zur Bekanntmachung der Zurückweisung beseitigt werden kann.

II. Entscheidung

559 1. Die Zurückweisung des Antrags erfolgt durch **Beschluss**, der erst mit der Bekanntmachung an den Antragsteller wirksam wird (§ 40 Abs. 1 FamFG). Er ist zu begründen (§ 18 Abs. 1 Satz 1 GBO) und auch bei maschinellem Ausdruck zu unterschreiben.

Beispiel:
Der Antrag des ... vom ... wird zurückgewiesen.

Gründe: Der Beteiligte hat beantragt, ihn als Erbe des ... Gläubigers der Briefgrundschuld Abt III Nr. 1 zu 100 000 Euro einzutragen. Zur Vornahme dieser Eintragung im Wege der Grundbuchberichtigung ist der Nachweis der Erbfolge (§ 35 Abs. 1 GBO) und die Vorlage des Grundschuldbriefs (§ 41 Abs. 1 Satz 1 i.V.m. § 42 Satz 1 GBO) erforderlich. Der Beteiligte hat diese Unterlagen mit seinem Antrag nicht eingereicht und auch auf Zwischenverfügung vom ... hin nicht vorgelegt. Nach Ablauf der mit Zwischenverfügung gesetzten Frist war der Antrag daher zurückzuweisen.

560 2. Der Zurückweisungsbeschluss ist dem Antragsteller und den übrigen Beteiligten **bekannt zu geben** (§ 41 Abs. 1 Satz 1 FamFG). Zur Bekanntmachung an einen Bevollmächtigten oder den Notar gilt das zur Bekanntmachung der Zwischenverfügung Gesagte entsprechend (s. Rn. 555). Da die Beschwerde gegen den Zurückweisungsbeschluss keiner Frist unterliegt (§ 71 Abs. 1 GBO), ist eine Zustellung des Beschlusses in aller Regel entbehrlich.

---

[1] OLG München NJOZ 2012, 579.
[2] OLG München NJOZ 2012, 4.

D. Rechtsbehelfe

Bei Entscheidungen in Grundbuchsachen gegen eine Zwischenverfügung oder die Zurückweisung des Antrags durch den (durchwegs zuständigen) Rechtspfleger findet die **unbefristete Beschwerde** statt (§ 71 Abs. 1 GBO i.V.m. § 11 RPflG), die auch auf neue Tatsachen und Beweise gestützt werden kann (§ 74 GBO). Über die Beschwerde, die beim Grundbuchamt oder bei dem Beschwerdegericht eingelegt werden kann (§ 73 GBO), entscheidet das **Oberlandesgericht** (§ 72 GBO). Erachtet bereits das Grundbuchamt die Beschwerde für begründet, so ist es berechtigt und verpflichtet der Beschwerde abzuhelfen (§ 75 GBO). Das Beschwerdegericht kann vor seiner Entscheidung eine einstweilige Anordnung erlassen, insbesondere dem Grundbuchamt aufgeben, eine Vormerkung oder einen Widerspruch einzutragen oder anordnen, dass die Vollziehung der angefochtenen Entscheidung auszusetzen ist (§ 76 GBO). Gegen den Beschluss des Beschwerdegerichts ist die **Rechtsbeschwerde** statthaft, über die der **Bundesgerichtshof** zu entscheiden hat (§ 81 Abs. 1 GBO), wenn sie das Beschwerdegericht nach Maßgabe des § 78 GBO in seinem Beschluss zugelassen hat. Wird der Zurückweisungsbeschluss auf die Beschwerde hin aufgehoben, ist über den dann nicht erledigten Eintragungsantrag neu zu entscheiden[1]. 561

§ 23. Eintragungsverfügung, Eintragungsmitteilung

A. Eintragungsverfügung (§ 44 Abs. 1 Satz 2, § 130 GBO)

1. Bei maschineller Grundbuchführung bedarf es keiner besonderen Verfügung, wenn die Eintragung sogleich vom zuständigen Rechtspfleger unmittelbar veranlasst wird (§ 130 Satz 1 Halbs 2 GBO; § 74 Abs. 1 Satz 1, 2 GBV). In diesem Fall hat die veranlassende Person sodann die Eintragung auf ihre Richtigkeit und Vollständigkeit zu prüfen und die Aufnahme in den Datenspeicher zu verifizieren (§ 74 Abs. 2 GBV). Darüber hinaus ist in geeigneter Weise der Veranlasser der Speicherung aktenkundig oder sonst feststellbar zu machen (§ 130 Abs. 2 GBO). Andernfalls ist die Eintragung gesondert zu verfügen und vorzunehmen (§ 130 Satz 1 Halbs. 2, Satz 2 GBO) und falls es sich um eine Eintragung in das Papier-Grundbuch handelt, unter Angabe des Wortlauts nach Maßgabe des § 44 Abs. 1 Satz 2 GBO zu verfügen. Zur Fassung der Eintragungsverfügung siehe auch §§ 24–26 GeschO. 562

2. Die Eintragungsverfügung ist nur eine innerdienstliche Anordnung, d.h. eine Eintragungsanweisung an den Grundbuchführer, jedoch keine Sachentscheidung. Bekannt gemacht wird sie den Beteiligten daher nicht und sie ist deshalb auch nicht anfechtbar[2]. 563

[1] BGHZ 45, 186, 191 = DNotZ 1966, 673 = NJW 1966, 1019.

[2] KG JFG 10, 214 und 12, 268, 269; OLG München JFG 16, 144, 146; Demharter Rn. 4 zu § 44 GBO; aA LG Lübeck NJW-RR 1995, 1420.

B. Eintragungsmitteilung (§ 55 GBO)

I. Mitteilungspflichten

564 1. **Bekanntzumachen** ist nach § 55 GBO die (= jede) rechtsändernde oder berichtigende Eintragung

- dem **Notar**, der den Antrag eingereicht hat, gleichgültig ob als Antragsteller nach § 15 Abs. 2 GBO oder lediglich als Bote. Im letzteren Fall erhält auch der Antragsteller eine Eintragungsnachricht.
- dem **Antragsteller**, auch der nach § 38 GBO ersuchenden Behörde. Handelt es sich um mehrere Antragsteller erhält jeder selbständig eine Eintragungsmitteilung. Bei einer Antragstellung durch den Notar (§ 15 Abs. 2 GBO) erhält nur dieser eine Nachricht, nicht aber die von ihm vertretenen Antragsberechtigten (Rn. 243).[1] Wer antragsberechtigt war, einen Antrag aber nicht gestellt hat, erhält diesbezüglich keine Eintragungsnachricht.
- dem **eingetragenen Eigentümer**, bei Auflassung dem bisherigen und dem neuen Eigentümer. Bei einer Eintragung nur auf dem Bruchteil eines Miteigentümers (z.B. § 1114 BGB, § 864 Abs. 2 ZPO), erhält lediglich dieser Bruchteilseigentümer eine Eintragungsnachricht (§ 55 Abs. 2 Satz 1 GBO), nicht aber die auf dem Grundbuchblatt weiter eingetragenen Miteigentümer. Im Falle einer Erbteilsübertragung sind auch die übrigen Miteigentümer zu benachrichtigen, weil sie als Gesamthandmiteigentümer betroffen sind.
- allen aus dem Grundbuch ersichtlichen Personen, **zu deren Gunsten** die Eintragung erfolgt. Die Begünstigung entspricht dem des § 13 Abs. 1 Satz 2 GBO und erfasst nur Beteiligte, deren Begünstigung die Eintragung unmittelbar bezweckt.
- allen aus dem Grundbuch ersichtlichen Personen, deren **Recht** durch die Eintragung **betroffen** wird. Der Begriff des Betroffenseins deckt sich mit dem des § 19 GBO und umfasst auch die nur mittelbar Betroffenen.

Die Eintragung eines neuen Eigentümers ist auch denen mitzuteilen, für die eine Hypothek, Grundschuld, Rentenschuld, Reallast oder ein Recht an einem solchen Recht eingetragen ist. Bei Belastung eines Miteigentums erhalten nur die am Anteil des neuen Eigentümers eingetragenen Gläubiger eine Eintragungsnachricht (§ 55 Abs. 2 Satz 2 GBO). Nicht zu benachrichtigen vom Eigentumswechsel sind die Berechtigten aus Dienstbarkeiten und Vorkaufsrechten.

565 2. Wer schon als Antragsteller zu benachrichtigen ist, erhält nur in dieser Eigenschaft eine Eintragungsnachricht. Eine **mehrfache** Bekanntmachung erfolgt nicht, ungeachtet dass er auch als eingetragener Eigentümer oder grundbuchersichtlicher Begünstigter bzw. Betroffener einen Anspruch darauf hat[2].

---

[1] OLG Düsseldorf NJW-RR 1998, 17 = Rpfleger 1997, 474; OLG Köln MittBayNot 2001, 319 = Rpfleger 2001, 123. siehe auch BayObLGZ 1988, 307 = DNotZ 1989, 366 = MittBayNot 1989, 89 = Rpfleger 1989, 147.

[2] BayObLGZ 1988, 307 aaO; OLG Zweibrücken DNotZ 1969, 358.

3. Für einen Beteiligten erhält die Eintragungsnachricht dessen dem Grundbuchamt bekannter **Vertreter** oder Zustellungsempfänger. Bevollmächtigt können insoweit nach § 15 Abs. 1 Satz 2 GBO auch Personen sein, die nicht zu den gemäß § 10 Abs. 2 FamFG Vertretungsbefugten zählen. 566

II. Verfügung und Inhalt der Mitteilung

Die Bekanntmachung der Eintragung ist vom Grundbuchbeamten zu verfügen (s. § 33 Abs. 1 GeschO). Die Benachrichtigung hat die Eintragung wörtlich wiederzugeben (§ 55 Abs. 6 GBO mit Einzelheiten). 567

III. Verzicht auf Mitteilung

Auf die Grundbuchnachricht kann ein Beteiligter verzichten (§ 55 Abs. 7 GBO). Die Erklärung bedarf nicht der Form des § 29 Abs. 1 GBO und wirkt nur für die Person des Verzichtenden. Ratsam ist der Verzicht nicht. 568

IV. Sonstige Bekanntmachungsvorschriften

Neben § 55 GBO und der ihn ergänzenden Bestimmungen §§ 55a, 55b GBO bestehen noch weitere Miteilungspflichten die in Vorschriften des Bundes und der Länder enthalten sind. Ein Großteil der ansonsten zu beachtenden Benachrichtigungspflichten sind in dem bundeseinheitlichen Teil sowie in den jeweiligen Landesteilen der Anordnung über die Mitteilungen in Zivilsachen (MiZi), Abschnitt XVIII enthalten.[1] Zu nennen sind hier insbesondere 569

§ 17 ErbbauRG: Jede Eintragung in das **Erbbaugrundbuch** ist dem Grundstückseigentümer und die Eintragung von Verfügungsbeschränkungen des Erbbauberechtigten den im Erbbaugrundbuch eingetragenen dinglich Berechtigten bekannt zu machen. Im Übrigen gelten die Regelungen des § 55 Abs. 1 bis 3, 5 bis 8 GBO und die §§ 55a, 55b GBO entsprechend. 570

§ 13 GGV: Auf die Bekanntmachungen bei Eintragungen im Grundbuch des mit einem dinglichen Nutzungsrecht belasteten oder von einem **Gebäudeeigentum** betroffenen Grundstücks oder Flurstücks sowie bei Eintragungen im Gebäudegrundbuchblatt ist § 17 ErbbauRG entsprechend anzuwenden. Bei Eintragungen im Gebäudegrundbuchblatt sind Bekanntmachungen gegenüber dem Eigentümer des belasteten Grundstücks jedoch nur dann vorzunehmen, wenn das Recht dort eingetragen ist oder gleichzeitig eingetragen wird und der Eigentümer bekannt ist. 571

§§ 19 Abs. 3, 146 Abs. 1 ZVG: Nach Eintragung des Zwangsversteigerungs- oder Zwangsverwaltungsvermerks ist jede Eintragung dem **Vollstreckungsgericht** mitzuteilen. 572

§ 108 Abs. 6 BauGB, § 31 Abs. 5 LBG, § 20 Abs. 2 WaSG: Von jeder nach Einleitung des Enteignungsverfahrens an den betroffenen Grundstücken vorgenommenen Eintragungen ist die **Enteignungsbehörde** zu benachrichtigen. 573

§ 12 Abs. 3 FlurbG: Alle Eintragungen an Grundstücken, die von der Anordnung eines Flurbereinigungsverfahrens betroffen sind, hat das Grundbuchamt der **Flurbereinigungsbehörde** mitzuteilen. 574

---

[1] S. hierzu Meikel/Morvilius Rn. 49 ff zu § 55 GBO.

§ 24. Die Grundbucheintragung

A. Eintragungsvermerk

I. Inhalt der Grundbucheintragung

575 Was **in das Grundbuch einzutragen** ist, bestimmt mit dem Erfordernis der Eintragung für einen Rechtserwerb, eine Inhaltsänderung oder die Aufhebung eines Rechts bereits das materielle Recht (Eintragungsprinzip s. Rn. 5). Für den **Eigentumserwerb** mit Eintragung ist danach im Eintragungsvermerk der Erwerber als neuer Eigentümer anzugeben und zur **Belastung** eines Grundstücks mit einem Recht oder die Belastung eines solchen Rechts gehört in das Grundbuch somit alles, was zur Begründung der Belastung erforderlich ist bzw. was für die Erkennbarkeit der Belastung nach deren Inhalt und Umfang Bedeutung hat.[1] Für die Hypothek und demzufolge auch für die Grundschuld und Rentenschuld regelt § 1115 BGB ergänzend zur Durchführung des Eintragungsgrundsatzes Besonderheiten.

II. Bezugnahme auf Eintragungsbewilligung

576 Um das Grundbuch nicht mit allzu umfangreichen Eintragungen zu belasten[2] sowie zur Erleichterung der Grundbuchführung, gestattet § 874 und auch § 1115 BGB, bei der Eintragung eines Rechts, mit dem ein Grundstück belastet wird, auf die Eintragungsbewilligung (§ 19 GBO) zur **näheren Bezeichnung des Inhalts** des Rechts Bezug zu nehmen (Rn. 599). Nach dem formellen Recht ist die Bezugnahme im gesetzlichen Umfang stets geboten (§ 44 Abs. 2 Satz 1 GBO). Sie soll die Überfüllung und eine Unübersichtlichkeit des Grundbuchs vermeiden[3] und bewirken, dass der Eintragungsvermerk nicht in einem Umfang beschwert wird, der die Übersichtlichkeit des Grundbuchs gefährdet und zu der praktischen Bedeutung der Eintragung in keinem Verhältnis steht.[4] Für die Eintragung einer Inhaltsänderung (§ 877 BGB) gilt Entsprechendes.

III. Eintragung bei Grundbuchberichtigung

577 Für die Eintragung einer Grundbuchberichtigung hat der Eintragungsvermerk die bestehenden d.h. die bereits eingetretenen Rechtsverhältnisse gleichfalls unter Angabe des Berechtigten, der Rechtsänderung und bei Belastung eines Grundstücks mit einem Recht oder der Belastung eines solchen Rechts mit dem Rechtsinhalt anzugeben. Eine Bezugnahme auf die Eintragungsbewilligung zur näheren Bezeichnung des Inhalts eines Rechts ermöglichen auch insoweit die §§ 874, 1115 BGB und gebietet § 44 Abs. 2 Satz 1 GBO.

---

[1] Motive III S. 640.
[2] BGHZ 35, 378, 382 = NJW 1961, 2157 = Rpfleger 1961, 394.
[3] BayObLGZ 1973, 184, 188 = MittBayNot 1974, 3, 205 = NJW 1973, 2024.
[4] RGZ 50, 145, 153.

IV. Verfahrensrecht

Die Verfahrensbestimmungen der **Grundbuchordnung** (§ 44 Abs. 2 Satz 2, §§ 45–52 GBO) und als Rechtsverordnung über Einrichtung und Führung des Grundbuchs (§ 1 Abs. 4 GBO, mit Ausnahme der Probeeintragungen nach § 22 GBV) die **Grundbuchverfügung** (§§ 15–20 GBV) enthalten Ordnungsvorschriften über die Fassung des Eintragungsvermerks, letztere auch zur äußeren Form der Eintragung (§ 21 GBV; Eintragungen sind deutlich und ohne Abkürzung zu schreiben usw.). Für die maschinelle Grundbuchführung ist als Wirksamkeitserfordernis die Aufnahme in den Datenspeicher erforderlich (§ 129 Abs. 1 GBO). Eine Unterzeichnung der Eintragung durch die (bzw. den) zuständigen Beamten(§ 44 Abs. 1 Satz 2 Halbs 2 GBO) ist damit entfallen (§ 130 Satz 1 GBO). 578

Auf eine eindeutige und rechtlich richtige Fassung der Grundbucheintragung und damit auch auf die Beachtung der Sollvorschriften des Grundbuchverfahrensrechts, haben die Beteiligten einen (öffentlich-rechtlichen) Anspruch. Ein Verstoß dagegen kann mit **Fassungsbeschwerde** beanstandet werden.[1] Die Fassung des Eintragungsvermerks bestimmt jedoch das Grundbuchamt. Es ist an den Fassungsvorschlag eines Beteiligten zu Wortlaut und Ausführlichkeit der Eintragung nicht gebunden[2]. 579

B. Bezeichnung des Berechtigten (§ 15 GBV)

I. Natürliche Personen

1. Natürliche Personen sind als Berechtigte im Grundbuch mit **Familien-** und **Vornamen** sowie dem Geburtsdatum zu bezeichnen, soweit sich dieses aus den Eintragungsunterlagen ergibt; ansonsten ist der Beruf und der Wohnort anzugeben (§ 15 Abs. 1a GBV). Damit soll eine möglichst genaue Bezeichnung erreicht werden, die jeden Zweifel über die Person des Berechtigten und jede Verwechslung ausschließt[3]. Bei Angabe des Geburtsdatums bedarf es nicht der Angabe des Berufs und des Wohnorts (GBV aaO). Der einzutragende Name des Berechtigten muss mit der Eintragungsbewilligung als Eintragungsgrundlage übereinstimmen; zur Eintragung eines nicht beantragten (bewilligten) Namens ist das Grundbuchamt nicht befugt[4]. **Akademische Grade** (Doktor, Dr. hc, Diplomgrade) sind zwar nicht Namensbestandteile, wenn sie jedoch geführt werden sind sie mit einzutragen (allgemeine Übung und Ausfluss des allgemeinen Persönlichkeitsrechts); sie werden vor den Familiennamen gestellt. **Adelsbezeichnungen** sind dagegen Namensbestandteil[5] und stets 580

---

[1] BayObLGZ 1972, 373 = MittBayNot 1973, 20 = NJW 1973, 1048 = Rpfleger 1973, 56;BayObLGZ 1981, 391 = MittBayNot 1982, 23 = Rpfleger 1982, 97; OLG Frankfurt Rpfleger 1978, 312, 314; OLG Stuttgart Rpfleger 1981, 355; Holzer NotBZ 2006, 333.

[2] BayObLGZ 1995, 153, 156 = DNotZ 1996, 24 = MittBayNot 1995, 286.

[3] BayObLGZ 1963, 80 [84] und 1981, 391 [393].

[4] BayObLGZ 1972, 373 aaO.

[5] Art. 109 Weimarer RV.

mit einzutragen. **Künstlernamen** sind keine Familiennamen i.S. der GBV und können daher für die Grundbucheintragung nicht verwendet werden.

581 2. Auch ein **Einzelkaufmann** wird mit seinem Familiennamen und Vornamen bezeichnet, nicht mit seiner Firma (§ 17 HGB).[1]

582 3. **Namensänderungen**, z.B. durch Verheiratung, die in der Form des § 29 Abs. 1 GBO nachgewiesen werden oder auch durch Bestätigung des Notars, der bei der Beurkundung die Änderung durch Einsicht in den Personalausweis feststellt hat,[2] sind von Amts wegen (Antrag wäre lediglich Anregung) in das Grundbuch einzutragen. Da sich nur der Namen des Berechtigten ändert und nicht die Rechtsverhältnisse am Grundbesitz, liegt daher kein Fall der §§ 13, 19, 22 GBO vor.

Beispiel:
Abt I Spalte 2 lfd. Nr. ... Familiennamen röten
und darunter den neuen Familiennamen „Gruber" schreiben.
Spalte 4: Änderung des Familiennamens lfd. Nr. ... eingetragen am ...

II. Handels- und Partnerschaftsgesellschaften

583 1. Handelsgesellschaften (AG, KGaA, GmbH, OHG und KG, damit auch die GmbH & Co KG) und ebenso die eingetragene Genossenschaft, werden als Berechtigte mit ihrer **Firma** (§§ 17–19, 22–24 HGB, § 4 AktG, § 4 GmbHG, § 3 GenG) und ihrem Sitz bezeichnet (§ 15 Abs. 1b GBV). Desgleichen eine Partnerschaftsgesellschaft mit ihrem Namen und Sitz. Zur Firma der AG gehört auch die Bezeichnung „Aktiengesellschaft“ (§ 4 AktG) und zur Firma der Gesellschaft mbH der Zusatz „mit beschränkter Haftung“ (§ 4 Abs. 2 GmbHG), wobei die Abkürzung mit „GmbH“ möglich ist.[3] Der Firmenbezeichnung für eine Genossenschaft ist die Kennzeichnung „eingetragene Genossenschaft“ oder abgekürzt „eG“ beizufügen (§ 3 Abs. 2 GenG). Die Eintragung der Firma hat daher mit diesem Zusatz zu erfolgen. Gleiches gilt für den Namenszusatz der Partnerschaft „und Partner“ oder „Partnerschaft“ (§ 2 Abs. 1 PartGG).

584 2. Unter der Firma einer **Zweigniederlassung**[4] und mit dem Ort der Zweigniederlassung kann eine Handelsgesellschaft als Berechtigte eingetragen werden, wenn das bewilligt (und beantragt) ist.[5]

585 3. Eine **Änderung der Firma** ist bei Nachweis (durch Abschrift der Handelsregistereintragung usw., § 9 HGB) von Amts wegen (wie die Namensänderung, Rn. 582) einzutragen.

III. Der eingetragene Verein

586 Ein eingetragener Verein wird mit seinem Namen und dem Namensbestandteil „eingetragener Verein“ („eV“, § 65 BGB) eingetragen.

---

[1] BayObLG DNotZ 1981, 578 = Rpfleger 1981, 192.
[2] LG Wuppertal MittBayNot 1977, 68.
[3] BGHZ 62, 230 = DNotZ 1974, 748.
[4] BayObLGZ 11972, 373, 377 = Rpfleger 1973, 56; LG Memmingen Rpfleger 1981, 233; LG Meiningen NJW-RR 2000, 680.
[5] Schöner/Stöber Rn. 243.

IV. Andere juristische Personen

Andere juristische Personen, z.B. eine privatrechtliche oder öffentlich-rechtliche Stiftung, sowie Körperschaften des öffentlichen Rechts (Bundes- und Landesfiskus, Gemeinden und Gemeindeverbände) werden als Berechtigte mit ihrem Namen und Sitz bezeichnet (§ 15 Abs. 1b GBV). Auf Antrag des Berechtigten oder des bewilligenden Betroffenen, so etwa bei der Eintragung einer Grundschuld, kann beim Fiskus, einer Gemeinde oder sonstigen juristischen Person des öffentlichen Rechts auch der Teil des Vermögens, zu dem das Grundstück oder Recht gehört, oder die Zweckbestimmung des Grundstücks oder Rechts durch einen dem Namen in Klammern beizufügenden Zusatz bezeichnet werden (§ 15 Abs. 2 GBV). 587

Beispiel:
Freistaat Bayern (Landesjustizkasse Bamberg).

Auf Antrag kann auch angegeben werden, durch welche Behörde der Fiskus (nicht aber eine Gemeinde oder sonstige juristische Person des öffentlichen Rechts) vertreten wird (§ 15 Abs. 2 Satz 2 GBV). Der Antrag des Berechtigten bedarf nicht der Form des § 29 GBO weil er keine Eintragungsunterlage im Sinne dieser Vorschriften ist, sondern nur die nähere Bezeichnung des Berechtigten verlangt.

V. Die Gesellschaft des bürgerlichen Rechts (GbR)

Aus der Regelung des § 47 Abs. 2 Satz 1 GBO folgt, dass ein Recht einer GbR in der Form in das Grundbuch einzutragen ist, dass neben der Gesellschaft, der es materiell-rechtlich zusteht,[1] auch die Gesellschafter im Grundbuch einzutragen sind. Die Identifizierung der Gesellschaft erfolgt über die notwendige Benennung ihrer Gesellschafter.[2] Diese müssen nach § 15 Abs. 1c GBV in einer Weise bezeichnet werden, die bei natürlichen Personen den Anforderungen des § 15 Abs. 1a GBV und bei juristischen Personen sowie Handels- und Partnerschaftsgesellschaften denjenigen des § 15 Abs. 1b GBV genügt. Weitere Angaben sind nicht erforderlich.[3] Ein Eigentumserwerb der GbR kann bereits auf der Grundlage der in dem notariellen Kaufvertrag enthaltenen und in der Auflassung wiederholten Erklärung der Gesellschaft, dass die Gesellschaft (nur) aus den dort genannten Gesellschaftern bestehe, eingetragen werden. Ein der Form des § 29 GBO entsprechender Nachweis, dass die Angaben zu der GbR zutreffen, bedarf es nicht.[4] 588

VI. Der nicht rechtsfähige Verein (§ 54 BGB)

Er kann als solcher **nicht** in das Grundbuch **eingetragen** werden[5] (zur Grundbucheintragung siehe Rn. 594), auch wenn er im Zivilprozess Parteifä- 589

---

[1] BGH DNotZ 2006, 777 = NJW 2006, 3716 = Rpfleger 2006, 478 und BGH NJW 2008, 1378.
[2] BGH NJW 2011, 615.
[3] Siehe BGH NJW 2011, 1958.
[4] BGH NJW-RR 2012, 86.
[5] LG Hagen Rpfleger 2007, 26; LG Kaiserslautern MittBayNot 1978, 203.

higkeit besitzt (§ 50 Abs. 2 ZPO).[1] Auch die **politische Parteien** sind durchwegs nicht rechtsfähige Vereine und daher nicht grundbuchfähig.[2] Gleiches gilt für die **Gewerkschaften.**

VII. Der subjektiv-dingliche Berechtigte

590 Als subjektiv-dinglicher Berechtigter einer Grunddienstbarkeit (§ 1018 BGB), eines Vorkaufsrechts (§ 1094 Abs. 2 BGB) oder einer Reallast (§ 1105 Abs. 2 BGB) wird der jeweilige Eigentümer eines anderen Grundstücks als solcher mit der Bezeichnung des herrschenden Grundstücks eingetragen. Unzulässig ist es, daneben den derzeitigen Eigentümer dieses Grundstücks namentlich zu nennen.

VIII. Die Gemeinschaft der Wohnungseigentümer

591 Als Personenverband ist die Wohnungseigentümergemeinschaft **rechtsfähig**, soweit sie im Rahmen der gesamten Verwaltung des gemeinschaftlichen Eigentums am Rechtsverkehr teilnimmt (§ 10 Abs. 6 Satz 1 WEG). Bei der Eintragung von Rechten zu ihren Gunsten führt sie den Namen „Wohnungseigentümergemeinschaft" gefolgt von der bestimmten Angabe des gemeinschaftlichen Grundstücks (§ 10 Abs. 6 Satz 4 WEG).

C. Gemeinschaftliche Rechte (§ 47 GBO)

I. Eintragung eines gemeinschaftlichen Rechts

592 Die Eintragung eines Rechts für mehrere Personen gemeinschaftlich hat in der Weise zu erfolgen, dass entweder die Anteile der Berechtigten in **Bruchteilen** angegeben werden oder das für die Gemeinschaft maßgebende **Rechtsverhältnis** bezeichnet wird (§ 47 Abs. 1 GBO). Eine Besonderheit gilt, wie schon unter Rn. 562 erwähnt, für die Gesellschaft des bürgerlichen Rechts. Obwohl sie infolge ihrer Rechtsfähigkeit alleiniger Rechtsträger eines einzutragenden Rechts ist, sind auch alle ihre Gesellschafter in das Grundbuch mit einzutragen (§ 47 Abs. 2 Satz 1 GBO).

II. Bruchteilsgemeinschaft

593 Bei gemeinschaftlicher Berechtigung nach Bruchteilen (§§ 741 ff BGB) wird der Anteil jedes Berechtigten mit seinem Bruchteil bezeichnet.

Beispiele:
je zur Hälfte; zu je 1/2; je zu einem Drittel.

III. Gemeinschafts-Rechtsverhältnis

594 Das Rechtsverhältnis wird bei Berechtigung mehrerer Personen in Gesamthandsgemeinschaft bezeichnet.

---

[1] Siehe dazu auch BGH Rpfleger 2008, 79; Terner NJW 2008, 16.

[2] Vgl. OLG Celle NJW 2004, 1743 = RNotZ 2004, 465. OLG Zweibrücken NJW-RR 1986, 181 = OLGZ 1086, 145 = Rpfleger 1986, 12.

Beispiele:
- in Gütergemeinschaft (s. § 1416 BGB);
- in fortgesetzter Gütergemeinschaft (s. §§ 1483 ff BGB);
- in beendeter, nicht auseinandergesetzter Gütergemeinschaft (s. § 1471 BGB);
- in beendeter, nicht auseinandergesetzter fortgesetzter Gütergemeinschaf (s. § 1497 BGB);
- in Erbengemeinschaft (s. § 2032 BGB);
- Miteigentümer zur gesamten Hand als Mitglieder des nicht eingetragenen Vereins ...

Bei Gesamtberechtigung (Gesamtgläubigerschaft) **nach § 428 BGB** werden die Berechtigten bezeichnet

... als Gesamtberechtigte gemäß § 428 BGB[1]

oder

... als Gesamtgläubiger.

Unzureichend ist die nur allgemein gehaltene Bezeichnung „... als Gesamtberechtigte".[2]

Hinsichtlich des Eigentums ist eine Gesamtgläubigerschaft gänzlich ausgeschlossen. Für Gesamtberechtigte nach § 428 BGB kann jedoch eine Eigentumsvormerkung eingetragen werden, wenn der Auflassungsanspruch den Berechtigten als Gesamtgläubiger zusteht.[3]

Ist eine **Leistung nicht teilbar** und kann zwar jeder Berechtigte die Leistung fordern, jedoch nur an alle Berechtigten, so ist auch eine derartige Gesamtberechtigung nach § 432 BGB eintragbar.[4]

IV. Alternativ- und Sukzessivberechtigung

1. Kein gemeinschaftliches Recht ist das für mehrere Personen alternativ 595
oder sukzessiv bestimmte Recht.

Beispiele:

a) Vormerkung für den Rückübertragungsanspruch des A; gleiche Vormerkung für den (neuen, selbständigen) Rückübertragungsanspruch der Ehefrau des A für den Fall, das sie ihren Ehemann als Veräußerer überlebt. Es liegen zwei Ansprüche vor, die durch zwei Vormerkungen (§ 883 BGB) zu sichern sind.[5]
b) Hypothek für A, nach dem Tod für seine 4 Kinder B, C, D und E.[6]
c) Vormerkung für den jeweiligen Eigentümer eines anderen Grundstücks.[7]
d) Vormerkung für den Rückübertragungsanspruch der Eheleute A und F zu gleichen Anteilen, nach dem Tod eines von ihnen für den Alleinanspruch des Längerlebenden[8].

---

[1] BGH DNotZ 1981, 121 = Rpfleger 1980, 464.

[2] BGH aaO; OLG Frankfurt Rpfleger 1976, 403 und NJW 1980, 1592.

[3] Siehe OLG Köln Rpfleger 1975, 19; OLG Hamm DNotZ 2006, 293 NJW-RR 2006, 162.

[4] LG Bochum Rpfleger 1981, 148; BGH DNotZ 1981, 121 = NJW 1981, 176 = Rpfleger 1980, 464.

[5] BayObLGZ 1984, 252 = DNotZ 1985, 702 = Rpfleger 1985, 55 (hier als „Alternativberechtigung" bezeichnet).

[6] RGZ 76, 89.

[7] RGZ 128, 246.

[8] BayObLGZ 1995, 149 = DNotZ 1996, 366 mit Anm Liedel = Rpfleger 1995, 498 (hier als „Sukzessivberechtigung" bezeichnet).

Die Berechtigten sind in solchen Fällen durch kein Gemeinschaftsverhältnis verbunden. Das Recht oder die Vormerkung soll entweder nur dem einen oder dem anderen Berechtigten (allein) zustehen oder es soll nur ein Recht (eine Vormerkung) begründet werden, das (die) zunächst einem Berechtigten (auch mehreren, insbesondere Eheleuten, gemeinsam) zustehen soll, bei dem (der) sodann aber mit Eintritt eines bestimmten Ereignisses ein Gläubigerwechsel eintreten soll, d.h. ein Recht mit mehreren aufeinanderfolgenden Berechtigten. Die Eintragung eines solchen Rechts (einer solchen Vormerkung) für mehrere Personen gemeinschaftlich unter der Bezeichnung eines Mitberechtigungsverhältnisses nach § 47 Abs. 1 GBO ist daher ausgeschlossen.

596 2. Ob die Bestellung nur eines Rechts oder nur einer Vormerkung für sukzessiv Berechtigte zulässig ist, scheint trotz der zum Teil zustimmenden Rechtsprechung nicht sicher geklärt. Die Sicherung nur eines bestehenden Anspruchs durch lediglich eine Vormerkung hat zuletzt das BayObLG für zulässig erachtet, wenn Eltern zu ihren Lebzeiten (im Wege der vorweggenommenen Erbfolge) ein Grundstück auf ihre Abkömmlinge übertragen und sich für bestimmte Fälle einen Anspruch auf Rückübertragung vorbehalten, der zunächst ihnen gemeinsam und nach dem Tod des Erstversterbenden dem Überlebenden allein zustehen soll.[1] Dagegen bestehen jedoch grundlegende Bedenken, insbesondere weil es keine Begründung von dinglichen Rechten zugunsten Dritter gibt.[2]

D. Bezeichnung des Rechts bei Belastung des Grundstücks

597 Das einzutragende **Recht** ist für jede rechtsändernde oder berichtigend einzutragende Belastung eines Grundstücks im Eintragungsvermerk mit seinem **Inhalt und Umfang** zu bezeichnen (s. Rn. 575). Für Grundstücksbelastungen, die im Gesetz erschöpfend geregelt sind, genügt die Eintragung des Berechtigten und die allgemeine Bezeichnung des Rechts[3], so beim Nießbrauch, Erbbaurecht oder Vorkaufsrecht. Bei anderen Rechten, die nach der Einigung der Beteiligten einen verschiedenen Inhalt haben können, muss im Grundbuchvermerk der **wesentliche Inhalt** des Rechts wenigstens **schlagwortartig** gekennzeichnet werden[4]. Eine nur allgemeine Bezeichnung der gesetzlichen Art des Rechts im Grundbuch mit Bezugnahme auf die Eintragungsbewilligung genügt hier nicht. Unzulässig wäre somit die Eintragung lediglich als „Grunddienstbarkeit“ oder „beschränkte persönliche Dienstbarkeit“; erforderlich ist vielmehr bei einem Recht z.B. zur Benutzung des Grundstücks die Angabe der Nutzungsart im Eintragungsvermerk, beispielsweise als „Wegerecht“, „Wasserentnahmerecht“ oder „Wohnrecht“. Auf die Eintragungsbewilligung kann wegen der näheren inhaltlichen Ausgestaltung des Rechts

[1] BayObLGZ 1995, 149 aaO.

[2] Siehe hierzu näher Schöner/Stöber Rn. 261b mit weiteren Nachw. und Hinweis auf weitere Fellgestaltungen sowie mit Lösungshinweisen für die Rechtspraxis Rdnr. 261e-h.

[3] BGHZ 35, 378, 382 = DNotZ 1963, 42= NJW 1961, 2157 = Rpfleger 1961, 394.

[4] BGH aaO; BayObLGZ 1981, 117, = MittBayNot 1982, 24 = Rpfleger 1981, 295 mit weit Nachw.

Bezug genommen werden. Ob das so eingetragene Recht eine Grunddienstbarkeit oder eine beschränkte persönliche Dienstbarkeit ist, bezeichnet die Eintragung des Berechtigten als jeweiliger Eigentümer eines anderen Grundstücks (§ 1018 BGB) oder als namentlich genannten Dritten (§ 1090 BGB). Vielfach üblich und zweckmäßig ist die allgemeine Bezeichnung der gesetzlichen Art des Rechts mit Angabe der Nutzungsart im Einzelfall (des sonst festgelegten Rechtsinhalts).

Beispiel:
Grunddienstbarkeit (Wegerecht) für den jeweiligen Eigentümer des Grundstücks ...

Zum notwendigen Eintragungsinhalt bei Grundpfandrechten siehe die Aufzählung in der gesetzlichen Bestimmung des § 1115 Abs. 1 BGB. 598

E. Bezugnahme auf die Eintragungsbewilligung (§§ 874, 1115 BGB, § 44 Abs. 2 GBO)

I. Zulässigkeitsrahmen

1. Bezug genommen werden kann auf die Eintragungsbewilligung (Grund Rn. 576) zur **näheren Bezeichnung des Inhalts** eines Rechts (§ 874 BGB) bei der Eintragung von Dienstbarkeiten (§§ 1018–1029, 1090–1093 BGB), Reallasten (§ 1105–1112 BGB) sowie nach Maßgabe von § 1115 BGB bei Grundpfandrechten. Bei Nießbrauch und Vorkaufsrecht kann Bezug genommen werden, wenn eine (zulässige) Abweichung von dem gesetzlich erschöpfend geregelten Inhalt des Rechts vereinbart ist. Das zur Bezugnahme auf die Eintragungsbewilligung Gesagte gilt entsprechend bei Inhaltsänderungen (§ 877 BGB). Auch beim Erbbaurecht ist zur näheren Bezeichnung seines Inhalts eine Bezugnahme möglich (§ 14 Abs. 1 Satz 3, Abs. 2 ErbbauRG). Jedoch sind Beschränkungen des Erbbaurechts durch Bedingungen, Befristungen oder Verfügungsbeschränkungen (§ 5 ErbbauRG) ausdrücklich einzutragen (§ 56 Abs. 2 GBV) 599

2. Zulässig ist Bezugnahme ferner bei der Eintragung der **Belastung eines Rechts** an einem Grundstück z.B. bei Belastung einer Hypothek mit einem Nießbrauch oder Pfandrecht. Insoweit findet § 874 BGB entspr. Anwendung.[1] 600

3. Bei der Eintragung einer **Vormerkung** oder eines **Widerspruchs** kann zur näheren Bezeichnung des zu sichernden Anspruchs auf die einstweilige Verfügung oder die Eintragungsbewilligung Bezug genommen werden (§ 885 Abs. 2 § 899 BGB). 601

II. Ausschluß der Bezugnahme

1. Die **Bedingung** (§ 158 BGB) oder **Befristung** (§ 163 BGB) eines Rechts muss im Grundbuch-Eintragungsvermerk unmittelbar angegeben werden Eine Bezugnahme verbietet sich insoweit, weil Bedingung und Befristung nicht zum 602

[1] KG OLG 14, 64; Schöner/Stöber Rn. 263.

Inhalt des Rechts gehören. Wegen der Voraussetzungen des Bedingungseintritts und des Zeitpunkts der Befristung ist jedoch eine Bezugnahme zulässig[1].

603 2. Ausgeschlossen ist die Bezugnahme auf die Eintragungsbewilligung außerdem für

- die Angabe der Person des Berechtigten und des Gemeinschaftsverhältnisses mehrerer Berechtigten (Rn. 580–594),
- die Eintragung einer abweichenden Rangbestimmung (§ 879 Abs. 3 BGB),
- den Rangvorbehalt (§ 881 BGB; zu dessen inhaltlicher Ausgestaltung siehe aber Rn. 890),
- den Höchstbetrag des Wertersatzes (§ 882 BGB),
- den Ausschluss der Brieferteilung und deren Aufhebung (§ 1116 Abs. 2 Satz 3 BGB),
- die Bezeichnung als Sicherungshypothek (§ 1184 Abs. 2 BGB),
- die Bestellung eines Grundbuchvertreters bei einer Hypothek für Inhaber- oder Orderpapiere (§ 1189 Abs. 1 Satz 2 BGB),
- die Unterwerfung der sofortigen Zwangsvollstreckung gegen den jeweiligen Grundstückseigentümer (§ 800 ZPO).

III. Erweiterte Bezugnahme

604 Eine erweiterte Bezugnahme ermöglicht **§ 49 GBO** dahingehend, dass bei der Eintragung von Dienstbarkeiten und Reallasten als **Leibgedinge** (Leibzucht, Altenteil oder Auszug) nicht nur wegen des näheren Inhalts (so § 874 BGB), sondern auch zur Bezeichnung der einzelnen Rechte auf die Bewilligung Bezug genommen werden (Rn. 811). Sofern **Wohnungseigentum** begründet wird (siehe Rn. 1071 ff), ist sowohl zur näheren Bezeichnung des Inhalts als auch des **Gegenstandes des Sondereigentums** eine Bezugnahme auf die Eintragungsbewilligung zulässig (§ 7 Abs. 3 WEG). Eine vereinbarte Veräußerungsbeschränkung nach § 12 WEG ist jedoch ausdrücklich einzutragen (§ 3 Abs. 2 WGV). Auch bei der Eintragung eines **Dauerwohnrechts** ist gleichermaßen wegen Gegenstand und seinem Inhalt eine Bezugnahme auf die Bewilligung vorgesehen (§ 32 Abs. 2 WEG). Eine Veräußerungsbeschränkung nach § 35 Satz 1 WEG, für die § 12 WEG entsprechend gilt (Satz 2), ist aber ebenfalls ausdrücklich einzutragen (§ 3 Abs. 2 letzter HS. WGV).

IV. Erfordernisse der Bezugnahme, andere Urkunde

605 1. Eine Bezugnahme erfordert, dass in der in Bezug genommenen Eintragungsbewilligung der einzutragende Inhalt des Rechts klar, bestimmt, rechtlich zulässig[2] und erschöpfend bezeichnet ist.

606 2. Die Bezugnahme kann auch **auf andere Urkunden** erfolgen, wenn sie an Stelle einer Eintragungsbewilligung die Eintragungsgrundlage bilden, somit auch auf

---

[1] BayObLGZ Rpfleger 1967, 11, 12 und BayObLGZ 1973, 21, 24 = DNotZ 1973, 415 = Rpfleger 1973, 133; OLG Frankfurt MittBayNot 1974, 266 = Rpfleger 1974, 430; KG JFG 13, 75, 76 und DNotZ 1965, 555; OLG Köln DNotZ 1963, 48; tlw. anders OLG Karlsruhe DNotZ 1968, 432.

[2] Siehe BGHZ 21, 34 = NJW 1956, 1196 = Rpfleger 1956, 231.

- das rechtskräftige Urteil, mit dem eine Eintragungsbewilligung nach § 894 ZPO als abgegeben gilt[1],
- Urteile und andere Vollstreckungstitel bei Eintragungen im Wege der Zwangsvollstreckung, so bei der Eintragung einer Zwangssicherungshypothek (§ 867 Abs. 1 ZPO) zur Bezeichnung der Forderung und des Zinsbeginns,
- einen Arrestbefehl (§§ 916 ff ZPO) und eine einstweilige Verfügung (in anderen Fällen als denen des § 885 Abs. 2 BGB),
- Behördenersuchen (§ 38 GBO).

V. Bezugnahme als Sollregelung

1. Die Grundbuchordnung als Verfahrensrechts bestimmt in § 44 Abs. 2 Satz 1 GBO, dass bei der Eintragung eines Rechts auf die Eintragungsbewilligung Bezug genommen werden soll, vorausgesetzt, dass der Umfang der Belastung aus dem Grundbuch erkennbar bleibt. Damit liegt es nicht (mehr) im Ermessen des Grundbuchamts, ob und in welchem Ausmaß es für die Eintragung in das Grundbuch auf die Eintragungsbewilligung Bezug nehmen will. Es ist daher auch nicht (mehr) von der Bezugnahme abzusehen, wenn der Inhalt des Rechts mit wenigen Worten vollständig in das Grundbuch eingetragen werden könnte. Auf die Eintragung mit Bezugnahme nach der vorgenannten Vorschrift haben die Beteiligten Anspruch (Rn. 579), der mit Beschwerde durchgesetzt werden kann. Aus Gründen der Klarheit und Sicherheit gebührt jedoch der Vollständigkeit des Eintragungsvermerks gleichwohl der Vorrang vor einer Kurzfassung mit Bezugnahme, die möglicherweise eine Unwirksamkeit der Eintragung bewirken könnte. Eine Verstoß gegen § 44 Abs. 2 Satz 1 GBO durch Aufnahme in den Inhalt des Eintragungsvermerk, wo eine Bezugnahme möglich gewesen wäre, ist folgenlos. Als Sollvorschrift liegt ihre Bestimmung darin, dass sie Nichtigkeit der Eintragung verhindert, wenn eine mögliche Bezugnahme unterblieben ist. 607

2. Eine Bezugnahme auf die Eintragungsbewilligung erfolgt nicht, wenn der (notwendige) Inhalt des Eintragungsvermerks das Recht wie auch eine Verfügungsbeschränkung bereits vollständig darstellt und ein ergänzender Rechtsinhalt damit nicht einzutragen ist. Das ist (vielfach) der Fall beim Nießbrauch und beim Vorkaufsrecht (je mit Ausnahmen) sowie beispielsweise beim Rangvermerk und beim Zwangsversteigerungs- oder Insolvenzvermerk. 608

VI. Fassung der Eintragung bei Bezugnahme

Anzugeben ist bei Bezugnahme das **Datum** der in Bezug genommenen Urkunde. Bei Bezugnahme auf eine öffentlich beglaubigte Urkunde ist das Datum der Bewilligung zu bezeichnen, nicht das der Unterschriftbeglaubigung; es können aber auch beide Daten genannt werden[2]. Angegeben werden soll auch der **Name des Notars** bzw. der Notarin oder (in Baden-Württemberg) die Bezeichnung des Notariats und jeweils die **Nummer der Urkundenrolle** 609

[1] BayObLGZ 1962, 24, 38.
[2] KG DNotZ 1931, 547 = JW 1931, 1045.

(§ 44 Abs. 2 Satz 2 GBO). Eine Angabe auch des Sitzes des Notars (der Notarin) gehört nicht dazu.[1] Bei Eintragung auf Behördenersuchen (§ 38 GBO) soll die ersuchende Behörde und deren Aktenzeichen angegeben werden (GBO aaO).

610 **Fassung:**

… unter Bezugnahme auf die Eintragungsbewilligung vom … (Notar … URNr …) eingetragen am …

oder: … gemäß Bewilligung vom … (Notar … URNr …) eingetragen am …

Unüblich aber zulässig ist auch

… gemäß Urkunde vom … (Notar … URNr …) eingetragen am …

VII. Wirkung der Bezugnahme

611 Die Bezugnahme auf die Eintragungsbewilligung bedeutet, dass die in Bezug genommene **Urkunde** genau so **Inhalt des Grundbuchs** ist wie die in ihm vollzogene Eintragung selbst[2]. Es gelten somit alle in Bezug genommenen Vereinbarungen über den Rechtsinhalt als eingetragen.[3] Eintragungsinhalt sind der Eintragungsvermerk im Grundbuch und der Inhalt der in Bezug genommenen Eintragungsbewilligung gemeinsam. Der Eintragungsvermerk und die in Bezug genommene Eintragungsbewilligung können nur einheitlich gelesen und gewürdigt werden.[4]

F. Datumsangabe und Unterzeichnung

I. Tagesangabe und Unterschrift

612 Bei jeder Eintragung, die nicht durch maschinelle Grundbuchführung vorgenommen wird, ist der Eintragungstag anzugeben (§ 44 Abs. 1 Satz 1 GBO). Bedeutung erlangt das Datum für das Rangverhältnis bei Eintragungen in verschiedenen Abteilungen (§ 879 Abs. 1 Satz 2 BGB) und im Hinblick auf die Beweisvermutung (s. § 891 BGB). Eintragungstag ist der Tag, an dem die Grundbucheintragung von den (= dem letzten von mehreren) zuständigen Beamten unterschrieben wird. Vermerke in mehreren Spalten, über die sich eine Eintragung im Bestandsverzeichnis oder in derselben Abteilung erstreckt, gelten als eine Eintragung (§ 20 GBV). Der Eintragungstag wird daher nur einmal am Schluss dieser Eintragung angegeben.

613 Ferner ist jede Eintragung in das Papier-Grundbuch von den (oder dem) zuständigen Beamten mit dem (Familien-) Namen zu unterschreiben (§ 44 Abs. 1 Satz 2 GBO). Eine Paraphe genügt nicht.[5] Die Unterschriften schließen die Eintragung ab und sind **Wirksamkeitserfordernis** (ohne Unterzeichnung keine Eintragung). Zu unterschreiben haben die Eintragung der Rechts-

---

[1] Anders ohne Grundlage in § 44 Abs. 2 Satz 2 GBO die Eintragungsmuster in den Anlagen zur GBV; auch Keller BWNotZ 1994, 73, 79.

[2] BGHZ 21, 34, 40, 41 aaO.

[3] RGZ 50, 145, 150.

[4] RGZ 88, 83, 88; 113, 223, 229.

[5] OLG Zweibrücken FGPrax 2000, 92 = Rpfleger 2000, 267 = ZfIR 200, 654.

pfleger und der Urkundsbeamte der Geschäftsstelle oder für letzteren ein ermächtigter Justizangestellter. Bei Zuständigkeit des Urkundsbeamten für die Veranlassung der Eintragung (§ 12c Abs. 2 Nr. 2–4 GBO) dieser und ein zweiter Beamter der Geschäftsstelle oder ein dazu ermächtigter Justizangestellter. Erst mit beiden Unterschriften (sonach mit der letzten) ist die Eintragung bewirkt. Hat nur ein Grundbuchbeamter unterzeichnet, so liegt keine wirksame Eintragung i. S. des Sachenrechts des BGB und nach Grundbuchverfahrensrecht vor.

Es gelten jedoch hinsichtlich der Unterzeichnung **Besonderheiten:** 614

- In **Baden-Württemberg** genügt die Unterschrift des Notars oder Rechtspflegers; die Unterschrift eines zweiten Beamten ist nicht erforderlich (§ 149 Abs. 1 Satz 1 GBO mit § 29 Abs. 2 LFGG).
- in den **neuen Bundesländern** sind abweichende Bestimmungen auch für die Zahl der erforderlichen Unterschriften maßgebend (§ 150 Abs. 1 Nr. 1 GBO; Rn. 183).

II. Maschinelle Grundbuchführung

Bei maschineller Grundbuchführung wird eine Eintragung **wirksam**, sobald sie in den für die Grundbucheintragungen bestimmten **Datenspeicher aufgenommen** ist und auf Dauer inhaltlich unverändert in lesbarer Form wiedergegeben werden kann (§ 129 Abs. 1 Satz 1 GBO). Als Eintragungstag wird der Tag angegeben, an dem die Eintragung wirksam geworden ist (§ 129 Abs. 2 Satz 1 GBO als Sollvorschrift). Unterschrieben wird die Eintragung nicht, weil § 130 Satz 1 GBO bestimmt, dass § 44 Abs. 1 Satz 2 zweiter Halbsatz und Satz 3 GBO nicht anzuwenden sind. In diesem Fall hat aber die für die Führung des Grundbuch zuständige Person oder in den Fällen des § 74 Abs. 1 Satz 3 GBV der Urkundsbeamte der Geschäftstelle, der Eintragung seinen Namen hinzuzusetzen und beides elektronisch zu unterschreiben (s. § 75 Satz 1 GBV). 615

§ 25. Rangvermerk (§ 45 GBO)

I. Rangwahrung bei Grundbucheintragung

Sind **mehrere Rechte**, für die ein Rangverhältnis entsteht (s. § 45 Abs. 3 GBO), auf demselben Grundbuchblatt als Belastungen eines Grundstücks **einzutragen**, so ist dies folgendermaßen zu bewirken 616

- Eintragungen in **derselben Abteilung** (Abteilung II oder III) des Grundbuchs sind in der Reihenfolge (mit laufenden Nummern in Spalte 1) nach der Zeitfolge des Eingangs der Anträge vorzunehmen (§ 17 GBO). Der Eintragung eines Rangvermerks bedarf es dann nicht (§ 45 Abs. 1 Halbs. 1 GBO). Sind die Anträge gleichzeitig gestellt, so ist im Grundbuch zu vermerken, das die Eintragungen gleichen Rang haben (§ 45 Abs. 1 Halbs 2 GBO).
- Eintragungen in **verschiedenen Abteilungen** (Abteilung II und III) des Grundbuchs haben nach der zeitlichen Reihenfolge des Eingangs der Anträge zu erfolgen (§ 17 GBO). Die Eintragung eines Rangvermerks erüb-

rigt sich dann, wenn die früher beantragte Eintragung auch zeitlich früher, somit unter Angabe eines früheren Eintragungstages (§ 44 Abs. 1 Satz 1 sowie § 129 Abs. 2 GBO) vorgenommen (= unterzeichnet, § 44 Abs. 1 Satz 2 GBO, oder mit Speicherung, § 129 Abs. 1 GBO) wirksam wird. Wenn mehrere zeitlich nacheinander beantragte Eintragungen in verschiedenen Abteilungen unter Angabe desselben Tages bewirkt (= unterzeichnet oder wirksam gespeichert) werden, ist im Grundbuch zu vermerken, dass die später beantragte Eintragung der früher beantragten im Rang nachgeht. Sind die Anträge gleichzeitig gestellt und werden die Eintragungen in verschiedenen Abteilungen am gleichen Tag vorgenommen, dann erhalten sie damit den ihnen gebührenden Gleichrang (§ 879 Abs. 1 Satz 2 BGB). Die Eintragung eines Rangvermerks erfolgt dann nicht.

Die Bestimmungen **§§ 17 und 45 GBO** haben **nur formalrechtliche Bedeutung** und dienen der Wahrung und Darstellung des Rangverhältnisses, das den Rechten nach der zeitlichen Vollzugsreihenfolge der Eintragungsanträge zukommen soll. Für die materiellrechtliche Rangfolge, d.h. den Rang den die eingetragenen Rechte letztendlich innehaben, ist allein § 879 BGB entscheidend. Das gilt auch dann, wenn infolge Verletzung des formellen Rechts Antrags- und Eintragungsfolge nicht übereinstimmen.

II. Eintragung eines Rangvermerks

617 Der Vermerk über den Rang ist bei allen beteiligten Rechten einzutragen (§ 18 GBV), und zwar zusammen mit dem Recht in der Hauptspalte 3 der Abteilung II bzw. 4 der Abteilung III.

Beispiele für Rangvermerke:

... im Gleichrang mit Nr. ... eingetragen am ...
... im Rang vor Abteilung II Nr. ... eingetragen am ...
... im Rang nach Abteilung III Nr. ... eingetragen am ...

III. Abweichende Rangbestimmung

618 Im Rahmen der Eintragung von mehreren Rechten ist es zulässig, abweichend von den verfahrensrechtlichen Bestimmungen des § 45 Abs. 1 und 2 GBO, eine anderweitige Rangbestimmung vorzusehen (siehe § 45 Abs. 3 GBO). Möglich ist eine solche Rangbestimmung jedoch nur bis zur Eintragung eines der Rechte.[1] Danach kommt lediglich eine Rangänderung infrage (§ 880 BGB).

619 1. Eine abweichende **Rangbestimmung** kann **im Antrag** des Betroffenen oder des Begünstigten (§ 13 Abs. 1 Satz 2 GBO) getroffen werden (§ 45 Abs. 3 GBO). Der Antrag bedarf dann aber, weil er zugleich eine zur Eintragung erforderliche Erklärung ersetzt (§ 30 GBO), der Form des § 29 Abs. 1 GBO.[2] Liegen mehrere Antrage vor, so ist bei Übereinstimmung der Rangbestimmungen einzutragen. Unter Anträgen mit widersprechenden Rangbe-

---

[1] OLG Köln Rpfleger 1998, 215.

[2] BayObLG MittBayNot 1982, 240 = Rpfleger 1982, 334; BayObLGZ 1992, 131, 139 = NJW-RR 1992, 1369 = Rpfleger 1993, 13.

stimmungen ist der früher gestellte Antrag zu erledigen (§ 17 GBO) und der spätere Antrag zurückzuweisen. Gleichzeitig eingegangene sich widersprechende Anträge sind durch Zwischenverfügung zu beanstanden und falls der Widerspruch nicht beseitigt wird, zurückzuweisen (§ 18 GBO).[1] Enthält nur einer von mehreren Anträgen eine Rangbestimmung, so ist einzutragen, wenn die Bestimmung in dem zuerst eingegangenen Antrag getroffen ist und dies auch zugunsten des Rechts, dessen Eintragung später beantragt wurde. Ebenfalls einzutragen ist die Rangbestimmung, wenn sie in dem später eingegangenen Antrag übereinstimmend mit der Vollzugsreihenfolge der Anträge nach § 17 GBO getroffen ist. Ohne Zustimmung des früheren Antragstellers kann in dem später eingegangenen Antrag die nach der Vollzugsreihenfolge (§ 17 GBO) einzutragende Rangfolge (§ 45 Abs. 1 und 2 GBO) nicht geändert werden. Bei abweichender Rangbestimmung in dem späteren Antrag ist der früher gestellte Antrag zu erledigen, der später gestellte zu beanstanden und ggfs. zurückzuweisen (§ 18 GBO). Hat nur der Eigentümer Anträge gestellt und im später eingegangen Antrag eine abweichende Rangbestimmung getroffen, so kann darin eine Abänderung seines früher gestellten Antrags liegen, die jedoch der Form des § 29 GBO bedarf.

2. Wurde eine Rangbestimmungen in der **Eintragungsbewilligung** (§ 19 620
GBO) getroffen, braucht sie im Eintragungsantrag nicht wiederholt zu werden.[2] Antrag auf Vollzug der bewilligten Eintragung genügt. Bei übereinstimmenden Rangbestimmungen in mehreren Bewilligungen ist einzutragen. Stimmen die Rangbestimmungen nicht überein, kann bei gleichzeitigem Eingang keinem Antrag stattgegeben werden. Sind die Anträge nacheinander gestellt, ist der zuerst gestellte Antrag durch Eintragung zu erledigen, der widersprechende spätere Antrag dagegen zu beanstanden und ggfs zurückzuweisen.[3] Enthält nur eine von mehreren Bewilligungen eine Rangbestimmung und hat hierzu der Eigentümer den Antrag gestellt, so ist gemäß der Rangbestimmung einzutragen unabhängig davon, ob die mehreren Anträge gleichzeitig oder nacheinander eingegangen sind.[4] Eine Rangbestimmung in der Bewilligung kann auch zuweilen stillschweigend gewollt sein. Bedeutung erlangt dies insbesondere bei Veräußerungsverträgen mit Bestellung dinglicher Rechte zugunsten des Veräußerers oder als Gegenleistung zugunsten eines Dritten. Der Wille der Beteiligten wird in solchen Fällen regelmäßig darauf gerichtet sein, dass bei Eintragung der Auflassung zugleich die zugunsten des Veräußerers bestellten Rechte zur Eintragung gelangen um sie gegen einen Rangverlust zu schützen.[5]

3. Enthalten **Anträge und Bewilligungen** Rangbestimmungen und stim- 621
men sie überein, so ist einzutragen. Weichen die Rangbestimmung in Antrag und Bewilligung(en) voneinander ab, kann die Eintragung nicht vorgenom-

[1] Siehe hierzu Schöner/Stöber Rn. 319; Demharter Rn. 31, zu § 45 GBO.

[2] OLG Brandenburg Rpfleger 2002, 135.

[3] BayObLG Rpfleger 1982, 334 auch zu dem Fall, das nur eine Bewilligung eine Rangbestimmung enthält.

[4] Dazu auch Schöner/Stöber Rn. 316.

[5] Siehe dazu OLG München MittBayNot 2006, 145; zum Verhältnis von § 16 Abs. 2 GBO zu § 45 Abs. 3 GBO s. Bauch Rpfleger 1983, 421.

men werden (Zwischenverfügung zur Klarstellung), weil eine Eintragung nicht mit einem anderen als dem bewilligten Inhalt erfolgen kann (Antrag und Bewilligung müssen sich decken).

622 4. Keine (dingliche) Rangbestimmung stellt die Erklärung in der Bewilligung über die Bestellung eines Grundpfandrechts (Hypothek, Grundschuld oder Rentenschuld) dar, dass dieses ausschließlich erste, **notfalls nächstoffene Rangstelle** zu erhalten hat. Mit dieser Einschränkung wird lediglich erkennbar gemacht, dass das Grundpfandrecht auch dann zur Eintragung und Entstehung gelangen soll, wenn es nur diejenige Rangstelle erhält, die ihm nach der Rechtslage im Zeitpunkt der Eintragung gebührt[1].

§ 26. Formen der Löschung, Mitbelastung und andere Vermerke

A. Löschung (§ 46 GBO)

I. Möglichkeiten der Löschung eines Rechts

623 1. Die Beseitigung eines Rechts im Grundbuch infolge seiner Aufhebung (§ 875 BGB) oder infolge seines bereits anderweitigen Erlöschens durch Grundbuchberichtigung (§ 894 BGB) erfolgt
- entweder durch Eintragung eines **Löschungsvermerks** (§ 46 Abs. 1 GBO)
- oder dadurch, dass bei der Übertragung des belasteten Grundstücks oder auch nur eines Grundstücksteils auf ein anderes Blatt das eingetragene **Recht nicht mit übertragen** wird (§ 46 Abs. 2 GBO).

624 2. Für die Löschung stehen damit **zwei Formen zur Wahl**. Auf eine andere Weise kann eine Löschung nicht erfolgen. Das bloße Durchstreichen oder Unterstreichen des Eintragungsvermerks allein bewirkt keine Löschung.[2] Bei einer **Löschung durch Nichtmitübertragung** des betroffenen Rechts wird kein Vermerk eingetragen. Das übertragene Grundstück oder die übertragene Teilfläche weist auf dem neuen Grundbuchblatt die Belastung nicht mehr aus und gilt daher insoweit als unbelastet (vgl. § 891 Abs. 2 BGB). Diese Löschungswirkung tritt auch dann ein, wenn die Mitübertragung des Rechts versehentlich unterblieben ist. Sie bewirkt damit eine Grundbuchunrichtigkeit, wenn die zur Aufhebung des Rechts erforderliche Erklärung des Berechtigten, sowie etwaige Zustimmungen Dritter oder des Eigentümers fehlen (siehe §§ 875, 876, 1183 BGB).[3] In einem solchen Fall ist, weil das Grundbuchamt unter Verletzung gesetzlicher Vorschriften die Beseitigung des materiell weiterbestehenden Rechts herbeigeführt hat, ein Amtswiderspruch nach § 53 GBO einzutragen.(zu diesem siehe Rn. 963 ff).

---

[1] BayObLG DNotZ 1977, 367 = Rpfleger 1976, 302; BayObLGZ 1992, 131, 139 = Rpfleger 1992, 13; OLG München MittBayNot 1994, 329 m. Anm. Amann.
[2] BayObLGZ 1961, 36 = NJW 1961, 1265; BayObLGZ 1995, 413, 418.
[3] BayObLG MittBayNot 2004, 127 = NJW 2003, 3785 = Rpfleger 2004, 37.

II. Eintragungsvoraussetzungen

Die Vornahme der Löschung eines Rechts, mit Ausnahme der Löschung gegenstandsloser Eintragungen (§§ 84–89 GBO), die das Grundbuchamt von Amts wegen einleitet, setzt einen **Antrag** (§ 13 Abs. 1 GBO) des Rechtsinhabers oder des Grundstückseigentümers voraus. Ferner bedarf es einer **Bewilligung** des betroffenen Rechtsinhabers (§ 19 GBO) sowie der **Zustimmung** etwaiger Dritter, denen ein Recht an dem zu löschenden Recht (z.B. Pfandrecht, Nießbrauch) zusteht. Soll ein Grundpfandrecht gelöscht werden, ist darüber hinaus die Zustimmung des Eigentümers erforderlich (§ 27 GBO) und wenn es sich um ein Briefrecht handelt, die Vorlage des Briefes (§§ 41, 42 GBO). Die Bewilligung und die Zustimmung müssen der Form des § 29 Abs. 1 Satz 1 GBO entsprechen. An Stelle der Löschungsbewilligung reicht es zur Löschung eines Grundpfandrechts auch aus, wenn eine notariell beglaubigte Quittung vorgelegt wird, aus der sich ergibt, dass infolge Befriedigung durch den Eigentümer das Recht nicht mehr dem eingetragenen Gläubiger zusteht.[1] Legitimiert sich der nicht eingetragene Grundpfandrechtsgläubiger durch öffentlich beglaubigte Abtretungserklärung und Briefbesitz, so hat er als wahrer Rechtsinhaber die Löschung des Grundpfandrechts zu bewilligen. 625

Die **Eintragung des Löschungsvermerks** erfolgt in der Löschungsspalte 7 (mit 6) der Abteilung II sowie in Spalte 10 (mit 8 und 9) der Abteilung III. Eingetragen wird nur die Tatsache der Löschung; der materielle Rechtsvorgang als Grundlage der Löschung wird nicht vermerkt.[2] 626

Beispiel für Löschungsvermerk in Abteilung II:

Gelöscht am …

Bei Löschung nur eines **Teilbetrags** einer Hypothek, Grundschuld oder Rentenschuld wird der Betrag im Löschungsvermerk mit Buchstaben geschrieben (§ 17 Abs. 1 Satz 2 GBV).

Beispiel:
Fünftausend Euro gelöscht am …

Ein gelöschtes Recht ist, auch im Falle des § 46 Abs. 2 GBO, samt den dazu gehörigen Vermerken in den Veränderungsspalten **rot zu unterstreichen** (§ 17 Abs. 2 Satz 1 GBV). Die Rötung kann auch in vereinfachter Form durch Schrägstrich nach Maßgabe des § 17 Abs. 2 Satz 3 GBV vorgenommen werden. Eine Löschungswirkung hat die Rötung nicht; mit ihr wird lediglich die vorgenommene Löschung erleichtert grundbuchersichtlich gemacht. Wird ein Grundpfandrecht teilweise gelöscht, ist in Spalte 3 der Abteilung III der gelöschte Teil von dem Betrag abzuschreiben und wenn sich diese Löschung nur auf einen Teilbetrag bezieht ist der gelöschte Teil auch in Spalte 6 von dem Teilbetrag abzuschreiben (§ 17 Abs. 5 GBV). 627

[1] BayObLGZ 1995, 103 = DNotZ 1995, 627 = NJW-RR 1995, 852 = Rpfleger 1995, 410.
[2] BayObLGZ 1952, 321, 322.

III. Entlassung aus der Mithaft

628 Entlässt der Gläubiger eines Gesamtgrundpfandrechts ein einzelnes Grundstück oder auch nur ein Miteigentumsbruchteil (§ 1114 BGB) aus der Mithaft, so handelt es sich bei dieser Erklärung materiell-rechtlich um einen Verzicht i.S. von § 1175 Abs. 1 Satz 2 BGB, sodass die Löschung des Rechts, einen Antrag des Gläubigers oder Grundstückseigentümers vorausgesetzt, an dem freigegebenen Objekt aufgrund einer der Form des § 29 GBO entsprechenden Pfandfreigabeerklärung erfolgen kann, ohne dass es einer Zustimmung des Grundstückseigentümers bedarf.[1]

IV. Verfügungsbeschränkung, Vormerkung, Widerspruch

629 Auch die Löschung einer Verfügungsbeschränkung, desgleichen einer Vormerkung oder eines Widerspruchs, erfolgt nur in einer der beiden Formen des § 46 GBO. Eine Inhaltsänderung (§ 877 BGB) ist keine Löschung; sie wird als Veränderung in Spalten 5 (mit 4) der Abteilung II bzw. 7 (mit 5 und 6) der Abteilung III eingetragen. Ein durch die Veränderung ganz oder teilweise gegenstandslos gewordener Vermerk ist insoweit rot zu unterstreichen (§ 17 Abs. 3 GBV).

B. Vermerke über Mitbelastung usw. (§§ 48, 50–52 GBO)

630 Die gleichzeitige oder nachträgliche Mitbelastung mehrerer Grundstücke mit einem gleichartigen **Gesamtrecht** ist auf dem Blatt eines jeden der mithaftenden Objekte im Grundbuch ersichtlich zu machen (§ 48 Abs. 1 GBO). Dabei stehen Wohnungs- und Teileigentumseinheiten sowie ideelle Miteigentumsanteile als Belastungsgegenstand den Grundstücken gleich. Grundsätzlich sind nur Grundpfandrechte und Reallasten als Gesamtbelastung möglich. Jedoch werden auch Dienstbarkeiten insoweit als Gesamtbelastung für zulässig erachtet, wenn sich die Ausübung des Rechts auf mehrere Grundstücke erstreckt.[2]

631 Bei der Eintragung einer Hypothek für Teilschuldverschreibungen auf den Inhaber trifft § 50 Abs. 1 GBO eine verfahrensrechtliche Bestimmung dahingehend, dass mehrere selbständige Hypotheken unter Angabe der Anzahl, des Betrages und der Bezeichnung der Teile zu einer einheitlichen Hypothek unter Eintragung des Gesamtbetrages zusammengefasst werden können. Entsprechendes gilt nach § 50 Abs. 2 GBO, wenn eine Grund- oder Rentenschuld für den Inhaber des Briefes eingetragen und das Recht in Teile zerlegt werden soll.

632 Von Amts wegen mit einzutragen sind
- bei der Eintragung eines Vorerben der Nacherbenvermerk (§ 51 GBO),
- bei der Eintragung des (oder der) Erben ein Testamentsvollstreckervermerk (§ 52 GBO).

Siehe hierzu die Ausführungen zu den Rn. 939 ff u. 953 ff.

---

[1] LG Augsburg MittBayNot 19979, 20.

[2] BayObLGZ 1989, 442 = DNotZ 1991, 254 = NJW-RR 1990, 208 = Rpfleger 1990, 111.

§ 27. Verfügung des Eigentümers über Flächenteile des Grundstücks

A. Vereinigung von Grundstücken (§ 890 Abs. 1 BGB, § 5 GBO)

I. Zulässigkeit und Rechtsfolge

Mehrere Grundstücke oder Grundstücksteile (Flurstücke) können dadurch zu **einem Grundstück vereinigt** werden, dass der Eigentümer sie als **ein** Grundstück in das Grundbuch eintragen lässt (§ 890 Abs. 1 BGB). Das hierdurch gebildete (einheitliche) Grundstück bildet von da an den Gegenstand für einzutragende dingliche Rechte. Die bisherigen Einzelgrundstücke oder Teilflächen sind nur noch katastermäßige Teile und werden als Bodenflächen unwesentliche Bestandteile des einheitlichen Grundstücks.[1] Veräußert oder belastet werden kann nur noch das neu entstandene Grundstück. Die bisherigen Belastungen der Grundstücke bleiben jedoch als Einzelbelastungen des jeweiligen Grundstücksteils weiter bestehen und erstrecken sich gesetzlich nicht auf andere Teile des neuen Grundstücks.[2] Eine Fortführung des Liegenschaftskatasters erfordert die Vereinigung nach § 890 Abs. 1 BGB grundsätzlich nicht. Die Vermessungsbehörde kann jedoch nach ihrem Ermessen die Bodenflächen nun **verschmelzen**, wenn sie eine zusammenhängende, abgrenzbare Bodenfläche bilden, d.h. katastermäßig zu nur noch einem Flurstück als Vermessungseinheit zusammenfassen. 633

Eine Vereinigung ist auch zulässig bei gleichartigen grundstücksgleichen Rechten (z. B Erbbaurecht) aber auch im Falle der Vereinigung eines Grundstücks mit einem Erbbaurecht.[3] Zulässig ist ferner die Vereinigung von Wohnungs- und Teileigentumsrechten des gleichen Berechtigten an demselben Grundstück.[4] Nicht zulässig ist dagegen die Vereinigung eines ideellen Miteigentumsanteils mit einem Grundstück oder einem anderen Miteigentumsanteil.[5] 634

II. Eintragungserfordernisse

1. Die Vornahme der Vereinigung im Grundbuch erfordert einen **Antrag** des Eigentümers (§ 13 Abs. 1 GBO), welcher der Form des § 29 Abs. 1 Satz 1 GBO entsprechen muss,[6] wenn er zugleich die dem Grundbuchamt nachzuweisende materiell-rechtliche Erklärung des Eigentümers nach § 890 Abs. 1 635

---

[1] BGH DNotZ 2006, 288 = MittBayNot 2006, 227 m. Anm. Morvilius = NJW 2006, 1000 = Rpfleger 2006, 150.

[2] BGH LM BGB § 1018 Nr. 26 für die Grunddienstbarkeit.

[3] Palandt/Bassenge Rn. 2 zu § 890 BGB; Schöner/Stöber Rn. 1848.

[4] DNotZ 1999, 674 = MittBayNot 1999, 179; BayObLG MittBayNot 2000, 319 = ZfIR 2001, 142 = ZNotP 2000, 468; OLG Hamm MittRhNotK 1999, 344 = ZfIR 2000, 52.

[5] BayObLGZ 1993, 297 = DNotZ 1995, 51 = NJW-RR 1994, 403 = Rpfleger 1994, 108; OLG Saarbrücken NJW 1972, 691 = MittBayNot 1972, 120; Schöner/Stöber Rn. 626 m. w. Nachw.

[6] BayObLGZ 1957, 354, 357 = DNotZ 1958, 388.

BGB enthält (§ 30 GBO). Dafür zuständig ist auch die Vermessungsbehörde.[1] Dingliche Berechtigte müssen nicht zustimmen.

636 2. Weitere Voraussetzung ist, dass die mehreren zu vereinigenden Grundstücke oder Teilflächen **demselben Eigentümer** gehören. Bei mehreren Eigentümern müssen die Anteils- oder Berechtigungsverhältnisse an allen der Vereinigung zuführenden Flächen gleich sein. Darüber hinaus bedarf es der **Voreintragung** des oder der mehreren Eigentümer (§ 39 GBO). Diese ist aber entbehrlich für die Eintragung des Veräußerers bei Übertragung des die Vereinigung mit umfassenden Grundstücks oder Grundstücksteils durch Abschreibung auf den Erwerber (§ 40 GBO).

637 3. Ferner darf zur Vermeidung von Beeinträchtigungen und aus Gründen der Klarheit und Übersichtlichkeit des Grundbuchs **keine Verwirrung** zu besorgen sein (§ 5 Abs. 1 Satz 1 GBO).[2] Eine Verwirrung ist insbesondere dann zu besorgen, wenn die Vereinigung „wegen verschiedener Belastung der Grundstücke das Grundbuch unübersichtlich machen oder bei der Zwangsvollstreckung zu Verwicklungen führen würde".[3] Unterschiedliche Auffassungen bestehen dahingehend, ob das Grundbuchamt eine Verwirrung i.S. des § 5 GBO bereits bei Vereinigung der Grundstücke[4] oder aber erst ab Eintragung ihrer vermessungsrechtlichen Verschmelzung[5] zu beachten und die Eintragung abzulehnen hat. Bei unterschiedlicher Belastung von zu vereinigenden Grundstücksflächen auf die Flurstücksverschmelzung abzustellen ist unbehelflich, weil allein die Verschmelzung keine Rechtsänderung nach sich zieht und lediglich als Folge der Vereinigung zu einer Berichtigung der Bestandsangaben mittels eines Veränderungsnachweises führt, die seitens des Grundbuchamts von Amts wegen in das Grundbuch zu übernehmen sind. Ob und inwieweit zur Vermeidung einer Verwirrung eine Pfandunterstellung sowie u.U. eine Rangregulierung notwendig ist, unterliegt der Einzelfallprüfung. Möglich ist eine Pfandunterstellung von Rechten jedenfalls immer.

638 4. Des Weiteren **sollen** die Grundstücke unmittelbar (räumlich) **aneinandergrenzen** und **in demselben** Grundbuchamts- und Katasteramts**bezirk liegen** (§ 5 Abs. 2 Satz 1 GBO als Sollvorschrift des Verfahrensrechts). Ein Abweichen von diesem Regelerfordernis ist (nach pflichtgemäßem Ermessen des Grundbuchamts) nur bei einem erheblichem Bedürfnis möglich, was glaubhaft zu machen ist (§ 5 Abs. 2 Sätze 2–4 GBO).

Beispiele (§ 5 Abs. 2 Satz 2 GBO): Zusammengehörigkeit baulicher Anlagen und Nebenanlagen), aber auch (wegen § 1 Abs. 4 WEG) für die Bildung von Wohnungseigentum; sonst wirtschaftlich gleiche Nutzung wie für eine Garagenanlage.

---

[1] Siehe dazu § 61 Abs. 1 Nr. 6 BeurkG und. § 1 Abs. 1 des Ges über die Beurkundungs- und Beglaubigungsbefugnis der Vermessungsbehörden vom 15. Nov. 1937, RGBl I 1257, das landesrechtlich fortgilt aber vielfach landesgesetzlich auch neu geregelt wurde, z.B. für Bayern Art. 9 VermKatG.

[2] BayObLGZ 1977, 119, 120 = DNotZ 1978, 102 = Rpfleger 1977, 251.

[3] Denkschrift 150.

[4] So m.E. zu Recht Stöber MittBayNot 2001, 281.

[5] Siehe dazu BayObLGZ 1993, 365 = NJW-RR 1994, 403 = Rpfleger 1994, 456. OLG Düsseldorf FGPrax 2000, 57 = NJW-RR 200, 608 = Rpfleger 2000, 211.

5. Letztlich dürfen auch keine landesgesetzlichen Vorschriften bestehen, 639
die von den Regelungen des BGB unberührt geblieben sind und eine nach § 890 Abs. 1 BGB durchaus zulässige Vereinigung untersagen oder beschränken. (Art 119 Nr. 3 EGBGB).

III. Grundbucheintragung

1. Die Grundstücke sind bereits auf demselben Grundbuchblatt gebucht 640
(§ 4 Abs. 1 GBO):

Die Eintragung des neu zu bildenden Grundstücks erfolgt im **Bestandsverzeichnis** unter einer neuen laufenden Nummer (mit Verweisung in Spalte 2 auf die bisherigen laufenden Nummern der Grundstücke) nach Maßgabe des § 6 Abs. 1–5 GBV und Rötung der bisherigen Eintragungen in Spalten 1–4 (§ 13 Abs. 1 GBV). Die Eintragung der Vereinigung erfolgt in Spalte 6 (mit 5) nach § 6 Abs. 6c (und Abs. 8) GBV.

Beispiel:

1	2	3		4	5	6
3	1	368	An der Hauptstraße, Bauplatz	0 05 20	1, 2, 3	Nr. 1 mit Nr. 2 vereinigt und unter Nr. 3 eingetragen am …
	2	375	Beim Nussholz, Wiese	0 03 00		[hier auch]: BV Nr. 1 mit BV Nr. 2 vereinigt zu BV Nr. 3. Eingetragen am …

2. Die Grundstücke sind auf **verschiedenen Grundbuchblättern** gebucht 641
(§ 3 Abs. 1 Satz 1 GBO):

Auf das Grundbuchblatt eines der beteiligten Grundstücke wird das andere Grundstück oder die mehreren anderen Grundstücke übertragen. Hierfür erfolgt im Bestandsverzeichnis die Eintragung in den Spalten 1–4 einzeln unter einer besonderen Nummer mit der bisherigen Bezeichnung (§ 6 Abs. 1–5 GBV). In Abteilung I wird in Spalte 4 (mit lfd. Nr. in Spalte 3) die zu übertragende Eintragungsgrundlage eingetragen, z.B.

Aufgelassen am …; Blatt … eingetragen am …; hierher übertragen am …

Die Eintragung der Einzelbelastungen erfolgt in Abteilungen II und III. Es können auch alle Grundstücke auf ein neu anzulegendes gemeinschaftliches Grundbuchblatt übertragen werden. Sodann erfolgt die Buchung des zu vereinigenden Grundstücks im Bestandsverzeichnis unter der nächsten laufenden Nummer (wie Rn. 640). Der Übertragungs- und Vereinigungsvermerk wird in Spalte 6 (mit 5) zusammengefasst (§ 6 Abs. 6 mit 8 GBV).

Beispiel:
BV Nr. 2 übertragen aus Blatt … und mit BV Nr. 1 vereinigt zu BV Nr. 3. Eingetragen am …

oder auch (so GBV Anlage 2a Nrn 6–9):

BV Nr. 2 von Blatt … hierhe übertragen, mit BV Nr. 1 vereinigt und als BV Nr. 3 neu vorgetragen am …

Zum Verfahren bei Vereinigung zusammen mit einem Grundstückserwerb (Auflassung) s. Rn. 665.

B. Bestandteilszuschreibung (§ 890 Abs. 2 BGB, § 6 GBO)

I. Zulässigkeit und Rechtsfolge

642 Ein Grundstück im Rechtssinne, aber auch ein Flurstück[1] kann dadurch zum **Bestandteil eines anderen** Grundstücks gemacht werden, dass der Eigentümer es diesem im Grundbuch zuschreiben lässt (§ 890 Abs. 2 BGB). Hierfür braucht das Hauptgrundstück nicht das größere und oder gegenüber dem zuzuschreibenden Grundstück das wirtschaftlich bedeutendere zu sein.[2] Für zulässig erachtet wird auch ein Flurstück einem anderen als Bestandteil zuzuschreiben.[3] Als Folge der Bestandteilszuschreibung entsteht wie bei der Vereinigung **ein Grundstück**, das künftig den Gegenstand dinglicher Rechte und den von Eigentümerverfügungen bildet. Als Besonderheit erstrecken sich jedoch Hypotheken, Grundschulden und Rentenschulden des Hauptgrundstücks gesetzlich auch auf das zugeschriebene Grundstück (§ 1131 Satz 1 BGB mit § 1192 Abs. 1, § 1200 BGB). Die Rechte, mit denen das zugeschriebene Grundstück aber bereits belastet ist, gehen jedoch diesen Grundpfandrechten im Range vor (§ 1131 Satz 2 BGB). Soweit sich der Eigentümer nach Maßgabe des § 800 ZPO in notarieller Urkunde gemäß § 794 Abs. 1 Nr. 5 ZPO wegen der dinglichen Ansprüche aus den Grundpfandrechten am Hauptgrundstück der sofortigen Zwangsvollstreckung unterworfen hat, ist er auch bezüglich des nunmehr kraft Gesetzes mithaftenden Grundstücksbestandteils **ohne weiteres der Zwangsvollstreckung** aus dieser Grundstücksbelastung **unterworfen.** Daher bildet der für das Hauptgrundstück erwirkte dingliche Vollstreckungstitel zugleich die urkundliche Grundlage für die Zwangsvollstreckung in das mit Bestandteilszuschreibung neu gebildete Grundstück. Für die am zugeschriebenen Grundstück lastenden Rechte findet keine gesetzliche Erweiterung des Haftungsobjekts statt; sie erstrecken sich daher nicht auf das Hauptgrundstück. Andere Belastungen wie Grunddienstbarkeiten[4], Nießbrauch oder auch Reallasten[5]), die am Hauptgrundstück oder an den als Bestandteil zugeschrieben Grundstücken lasten, bleiben ohne Pfandunterstellung an den sie bisher belastenden Teilflächen bestehen.

643 Wie bei der Vereinigung kann gleichermaßen bei der Bestandteilszuschreibung von Grundstücken durch katastermäßige Verschmelzung ein Flurstück

---

[1] Vgl. BayObLG Rpfleger 1995, 151.

[2] Röll DNotZ 1968, 523, 529; Schöner/Stöber Rn. 654; auch BayObLG 1993, 297, 300.

[3] Siehe Demharter Rn. 4 zu § 6 GBO m. w. Nachw; a. A. BayObLG Rpfleger 1972, 18; OLG Frankfurt Rpfleger 1976, 245.

[4] BGH DNotZ 1978, 156 = NJW 1978, 320.

[5] OLG Königsberg OLGZ 11, 332. Bauer/vOefele/Waldner Rn. 53 zu §§ 5, 6 GBO, KEHE/Eickmann Rn. 26, Meikel/Böttcher Rn. 51 je zu § 6 GBO, Schöner/Stöber Rn. 652.

als Buchungseinheit gebildet werden. Da dies jedoch nicht zwingend ist, können auch die bereits bestehenden Flurstücke selbständig erhalten bleiben und damit eine Fortführung des Liegenschaftskatasters entbehrlich machen.

Eine Bestandteilszuschreibung ist auch zulässig bei einem **grundstücksgleichen Recht** (Erbbaurecht) zu einem anderen sowie die Zuschreibung eines grundstücksgleichen Rechts zu einem Grundstück, aber nicht zu dem mit ihm belasteten Grundstück, weil es dann seine Selbständigkeit verliert und zum nicht wesentlichen Bestandteil des Grundstücks würde.[1] Nach herrschender Ansicht in der Literatur erachtet man umgekehrt die Zuschreibung des mit einem Erbbaurecht belasteten Grundstücks zum Erbbaurecht für zulässig, da in diesem Fall das Erbbaurecht seinen selbständigen Charakter beibehält.[2] Ebenfalls zulässig ist die Zuschreibung des Grundstücks zum selbständigen Gebäudeeigentum.[3] Ferner kann bei gleicher Berechtigung ein Wohnungs- oder Teileigentum auch einem anderen Wohnungs- oder Teileigentum als Bestandteil zugeschrieben werden, desgleichen einem Grundstück[4] und umgekehrt ein Grundstück einem Wohnungs- oder Teileigentum.[5] 644

II. Eintragungserfordernisse

1. Die Eintragung der Bestandteilszuschreibung setzt wie bei der Vereinigung einen **Antrag** des Eigentümers (§ 13 Abs. 1 GBO) in der Form des § 29 Abs. 1 Satz 1 GBO voraus.[6] Eine Beurkundungs- und Beglaubigungsbefugnis der Vermessungsbehörde besteht für diesen Antrag nicht. Dingliche Berechtigte haben weder ein Antragsrecht noch müssen sie zustimmen. 645

2. Die in die Bestanteilszuschreibung einbezogenen Immobilien müssen **demselben Eigentümer** gehören (wie Rn. 636) und er muss voreingetragen sein (§ 39 GBO). 646

3. **Verwirrung** (wie Rn. 637) darf nicht zu besorgen sein (§ 6 GBO). 647

4. Die Grundstücke **sollen** unmittelbar (räumlich) **aneinandergrenzen** und **in demselben** Grundbuchamts- und Katasteramts**bezirk liegen** (§ 6 Abs. 2 mit § 5 Abs. 2 GBO als Sollvorschrift des Verfahrensrechts). Eine Ausnahme von diesem Regelerfordernis ist bei Vorliegen eines erheblichen Bedürfnisses möglich (wie Rn. 638). 648

5. Landesrechtliche Hinderungsgründe dürfen nicht bestehen (Art 119 Nr. 3 EGBGB). 649

III. Grundbucheintragung

Die Eintragung hat, wie bei Rn. 640, 641 dargestellt, mit folgender Abweichung im Bestandsverzeichnis in Spalte 6 zu erfolgen: 650

---

[1] Siehe Meikel/Böttcher Rn. 8 zu § 6 GBO, Schöner/Stöber Rn. 1846.

[2] Demharter Rn. 6 zu § 6 GBO, Schöner/Stöber Rn. 1845.

[3] OLG Jena NotBZ 1998, 32 = Rpfleger 1998, 195; LG Mühlhausen Rpfleger 1998, 196.

[4] BayObLGZ 1993, 297 = NJW-RR 1994, 403 = Rpfleger 1994, 108.

[5] OLG Hamm NJW-RR 1996, 1100; BayObLGZ 1993, 297 aaO.

[6] BayObLGZ 1976, 180, 188 = MittBayNot 1976, 174.

Nr. 2 der Nr. 1 als Bestandteil zugeschrieben und als Nr. 3 neu eingetragen am …

Oder:

BVNr. 2 der BV Nr. 1 als Bestandteil zugeschrieben; als BVNr. 3 eingetragen am …

Zum Verfahren bei Bestandteilszuschreibung zusammen mit einem Grundstückserwerb (Auflassung) siehe Rn. 669.

C. Teilung eines Grundstücks (§ 903 BGB)

I. Zulässigkeit und Rechtsfolge

651 Zur Teilung eines Grundstücks ist der Eigentümer kraft seiner Herrschaftsmacht berechtigt (§ 903 BGB). In **mehrere Grundstücke** geteilt werden kann ein Grundstück dadurch, dass der Eigentümer die Flächenabschnitte im Grundbuch abschreiben und als selbständige Grundstücke buchen lässt.[1] Nur durch Teilung des neu gebildeten Grundstücks können auch Vereinigung und Bestandteilszuschreibung wieder rückgängig gemacht werden. Eine Teilung erfolgt vielfach zur Veräußerung eines Flächenabschnitts (Rn. 667). Möglich ist aber auch eine Teilung **„im eigenen Besitz"**, mit der Folge, dass selbständige Grundstücke entstehen. Die bereits eingetragenen Grundstücksrechte bestehen an den neu gebildeten Einzelgrundstücken fort und dürfen durch die Teilung nicht beeinträchtigt werden. Soweit es sich um Grundpfandrechte und Reallasten handelt, werden diese zu Gesamtrechten (§ 1132 BGB). Subjektiv-dingliche Rechte als Bestandteile (§ 96 BGB) des geteilten herrschenden Grundstücks bestehen für die Einzelgrundstücke grundsätzlich fort.[2] Davon ausgenommen sind jedoch Grunddienstbarkeiten und Reallasten, bei denen die Voraussetzungen der §§ 1025, 1109 Abs. 3 BGB vorliegen. Will der Eigentümer lediglich einen realen Teil seines Grundstücks mit einem Recht belasten, so ist er von diesem abzuschreiben und als selbständiges Grundstück einzutragen (§ 7 Abs. 1 GBO). Von der Abschreibung kann nur abgesehen werden, wenn es sich bei dem am Grundstücksteil einzutragende Recht um eine Dienstbarkeit, eine Reallast oder um einen Nießbrauch handelt und Verwirrung nicht zu besorgen ist (§ 7 Abs. 2 Satz 1 GBO). Die zu belastende Teilfläche muss in der Eintragungsgrundlage zweifelsfrei bezeichnet sein, wozu im Regelfall das Grundbuchamt entsprechend 2 Abs. 3 GBO die Vorlegung einer von der zuständigen Behörde beglaubigte Karte verlangen kann (§ 7 Abs. 2 Satz 2 GBO).

II. Eintragungserfordernisse

652 1. Die Teilung setzt einen **Antrag des Eigentümers** voraus (§ 13 Abs. 1 GBO), der bereits mit einem Antrag auf Belastung einer Teilfläche gegeben sein kann (§ 7 Abs. 1 GBO) und der Form des § 29 Abs. 1 Satz 1 mit § 30 GBO zu entsprechen hat, da der Antrag in aller Regel zugleich die materielle

[1] Motiv III S. 59, 60.

[2] BayObLGZ 1973, 21 = DNotZ 1973, 415 = Rpfleger 1973, 133.

Teilungserklärung des Eigentümers enthält.[1] Wie bei der Vereinigung besteht auch für die Teilung eine Beurkundungs- und Beglaubigungsbefugnis des Vermessungsamts (s. Rn. 635). Berechtigte dinglicher Rechte sind nicht berechtigt einen Teilungsantrag zu stellen und müssen auch einem Antrag des Eigentümers nicht zustimmen.[2]

2. Der Eigentümer muss voreingetragen sein (§ 39 GBO). Die Voreintragung ist nur dann entbehrlich, wenn er sämtliche durch Teilung zu bildende Grundstücke zugleich veräußert (§ 40 GBO). 653

3. Zur Benennung der neuen Grundstücke (Rn. 185) müssen ein Auszug aus dem **amtlichen Verzeichnis** und eine beglaubigte Karte (zu ihr Rn. 188) vorliegen (§ 2 Abs. 3 GBO mit Einzelheiten). Die Vorlage ist aber dann nicht erforderlich, wenn die abzuschreibende Grundstücksteilfläche bereits nach dem amtlichen Verzeichnis als selbständige Buchungseinheit (Flurstück) im Grundbuch benannt ist oder war (§ 2 Abs. 4 GBO). Zum heute nicht mehr gebräuchlichen Zuflurstück s. Rn. 659. 654

4. Einer **Genehmigung** zur Teilung bedarf es nur zur Sicherung in besonderen Verfahren. So darf im Rahmen eines Umlegungsverfahrens nach § 51 Abs. 1 Nr. 1 BauGB von der Bekanntmachung des Umlegungsbeschlusses an bis zur Bekanntmachung der Unanfechtbarkeit des Umlegungsplans oder dessen teilweiser Inkraftsetzung ein Grundstück im Umlegungsgebiet nur mit schriftlicher Genehmigung der Umlegungsstelle geteilt werden. Ist bezüglich eines Grundstücks das Enteignungsverfahren eingeleitet worden, so ist nach § 109 Abs. 1 BauGB die Teilung nur mit schriftlicher Genehmigung der Enteignungsbehörde zulässig. Ferner ist eine schriftliche Teilungsgenehmigung der Gemeinde erforderlich, wenn das Grundstück in einem förmlich festgelegten Sanierungsgebiet liegt (s. § 144 Abs. 2 Nr. 5 BauGB) oder sich im städtebaulichen Entwicklungsbereich befindet (s. § 169 Abs. 1 Nr. 3 BauGB). 655

Landesrechtliche Hinderungsgründe dürfen nicht bestehen (Art 119 Nr. 2 EGBGB). Im Einzelfall können auch landesrechtliche Genehmigungserfordernisse (z.B. nach landesrechtlicher Bauordnung) für die Teilung zu beachten sein. 656

III. Grundbucheintragung

1. Die Eintragung der neu gebildeten Grundstücke im **Bestandsverzeichnis** erfolgt unter neuen laufenden Nummern (mit Verweisung in Spalte 2 auf die bisherige laufende Nummer des ungeteilten Grundstücks) nach Maßgabe des § 6 Abs. 1–5 GBV. Die bisherigen Eintragungen in den Spalten 1–4 werden gerötet (§ 13 Abs. 2 GBV). Die Eintragung der Teilung erfolgt in Spalte 6 (mit 5) nach § 6 Abs. 6d (und Abs. 8) GBV. 657

---

[1] BayObLGZ 1956, 470, 475 = DNotZ 1958, 393; OLG Hamm NJW 1974, 865, 866 = MittBayNot 1974, 103 = Rpfleger 1974, 190; KG NJW 1937, 896.

[2] KG NJW 1969, 470.

Beispiel (für Spalten 5 und 6):

5	6
1, 2, 3	BVNr. 1 geteilt und als BVNrn. 2 und 3 eingetragen am ... *Oder auch (so GBV Anlage 2a Nr. 9, 11, 12):* BVNr. 1 geteilt in BVNrn. 2 und 3 am ...

Eintragungen in Abteilung I, II und III erfolgen nicht.

658 2. Bei der **Übertragung** eines der durch Teilung neu entstandenen Grundstücke **auf ein anderes Grundbuchblatt** (bei Veräußerung erforderlich) kann sogleich das abzuschreibende Grundstück auf ein anderes Blatt übertragen und nur das verbleibende Restgrundstück im Bestandsverzeichnis neu gebucht werden (§ 13 Abs. 4 mit Abs. 2 GBV[1]). Die Abschreibung erfolgt dann in Spalte 8 (mit 7) (§ 6 Abs. 8 mit 7 GBV).

Beispiel:
Von BVNr. 1 Flurstück ... mit ... m² übertragen nach Blatt ...; Rest: BVNr. 2. Eingetragen am ...

Bei dieser Vorgehensweise ist sorgfältig auf die Mitübertragung der Belastungen in Abteilung II und III achten oder andernfalls zu prüfen, ob alle Löschungsunterlagen für die Löschung nach § 46 Abs. 12 GBO durch Nichtmitübertragung vorliegen.

D. Buchung mit Zuflurstück

I. Das Zuflurstück

659 1. Im amtlichen Verzeichnis (Liegenschaftskataster, Rn. 185 ff) wurde früher eine Flächenübertragung **vereinfacht** mit einem sog. **Zuflurstück** (= Flur/Grundstück ohne selbständige Flurstücknummer) dargestellt, wenn der Verselbständigung des Grundstücksteils (katastermäßig und rechtlich) nur für einen Augenblick Bedeutung zukam. Das war der Fall, wenn der von einem Grundstück abzutrennende Flurstücksteil (Flächenteil) gleichzeitig mit der Loslösung vom bisherigen Flurstück mit einem anderen benachbarten Flurstück (auch nur Flächenteil) desselben Eigentümers rechtlich vereinigt oder ihm als Bestandteil zugeschrieben wurde (§ 890 BGB) und daher als zusammenhängende Bodenfläche (auch katastermäßig) wieder zu einem mit nur noch einer Nummer bezeichneten Flurstück verschmolzen worden ist. Als für diese Veränderungen vorübergehend verselbständigter Flurstücksteil erhielt das Zuflurstück eine auf das aufnehmende Grundstück hindeutende und die Herkunft ausweisende Bezeichnung, z.B.

Zu 27 (aus 26).

[1] OLG Frankfurt DNotZ 1962, 256.

Das Zuflurstück kann nicht selbständig (als eigenes Grundstück) in das Bestandsverzeichnis des Grundbuchs eingetragen werden. Es wird nicht in die Katasterbücher übernommen; seine Bezeichnung wird weder in Flurkarten noch in die Karteiunterlagen zu den Veränderungsnachweisen eingeschrieben.

2. **Rechtlich** gesehen (§§ 890, 903 BGB) ist das **Zuflurstück** für die Eintragung der Grundstücksveränderungen in das Grundbuch ein selbständiges **Grundstück**[1]. Die Ausweisung einer Bodenfläche als Zuflurstück ermöglichte den Grundbuchvollzug nur, wenn die Abschreibung (= Teilung) und Vereinigung oder Bestandteilszuschreibung (§ 890 BGB) sowie (bei Veräußerung) ein damit verbundener Eigentumsübergang als einheitlicher Eintragungsvorgang vollzogen werden konnte. Es mussten somit alle Eintragungserfordernisse für diese rechtlichen Veränderungen zu gemeinsamem Vollzug vorliegen. 660

Grundstücksveränderungen mit Zuflurstücken werden, auch wenn § 2 Abs. 3 Satz 2 GBO dies unverändert ermöglicht, im Vermessungswesen nicht mehr angewandt. Die Zerlegung erfolgt vielmehr durch katastertechnische **Aufteilung** eines Flurstücks **in mehrere selbständige Flurstücke.** Eine Vereinigung oder Bestandteilszuschreibung wie auch eine mögliche katastermäßige Verschmelzung der Bodenflächen werden heutzutage erst jeweils anschließend gesondert vollzogen. Da jedoch Grundstücksveränderungen mit Zuflurstücken vielfach im Grundbuch eingetragen sind, sind die Grundlagen hierfür mit aufgenommen. 661

II. Grundbucheintragung

Die Grundbucheintragung bei Beteiligung von Zuflurstücken ist in der GBV nicht einzeln geregelt. Entsprechend anzuwenden sind §§ 6, 13 GBV unter Wahrung der nur vorübergehenden rechtlichen Selbständigkeit des Zuflurstücks.[2] 662

Beispiel (wenn die von der Bestandsveränderung betroffenen Grundstücke auf einem Grundbuchblatt des [gleichen] Eigentümers eingetragen sind und bleiben):

1	2	3		4	5	6
3 4	1 2	26 27	Dorfacker Standenwald	1 48 00 1 37 20	1, 2, 3, 4	BV Nr. 2 geteilt, Rest als BV Nr. 3 eingetragen; 800 m² (zu FlSt 27 aus FlSt 26) mit Nr. 1 vereinigt und unter Nr. 4 eingetragen; am …

Die Eintragungen in den Spalten 1–4, die sich auf die ursprünglichen Grundstücke beziehen sind zu röten (§ 13 Abs. 2 GBV). Eintragungen in Abteilungen I, II und III erfolgen (hier) nicht. Gesondert beantragte Verände-

[1] BGH DNotZ 1954, 197; BayObLGZ 1954, 258; 1957, 354, 356; 1972, 350; 1974, 18, 23; OLG Frankfurt DNotZ 1960, 246; OLG Neustadt Rpfleger 1963, 241.
[2] BayObLGZ 1974, 18, 23 = MittBayNot 1974, 18.

rungen (Pfandfreigaben, Mitbelastungen) sind (zugleich mit der Bestandsveränderung) zu vollziehen.

663 Die Übertragung des Zuflurstücks auf ein anderes Grundbuchblatt wird in Anlehnung an das zu Rn. 659 Gesagte vollzogen.

§ 28. Eintragung eines neuen Eigentümers

A. Übertragung des Eigentums an einem Grundstück

I. Auflassung und Eintragung

664 Die rechtsgeschäftliche Eigentumsübertragung erfordert eine **Einigung** zwischen dem Veräußerer und dem Erwerber in der Form der Auflassung (§ 925 BGB; Rn. 299 ff) sowie die **Eintragung** der Rechtsänderung in das Grundbuch (§ 873 Abs. 1 BGB). Der Nachweis und die Prüfung der Auflassung durch das Grundbuchamt hat gemäß § 20 GBO zu erfolgen.

II. Grundbucheintragung

665 1. Die Eintragung erfolgt in **Abteilung I** nach Maßgabe des § 9 GBV, wobei die Bezeichnung des Eigentümers entsprechend § 15 GBV vorzunehmen ist.

Beispiel:

1	2	3	4
2a b	Obermann Otto, geb. am … Obermann Olga, geb. Gutmann, geb. am … je zur Hälfte	1	Aufgelassen am … und eingetragen am …

Die bisherige unter lfd. Nr. 1 vorhandene Eigentümereintragung in den Spalten 1–4 ist zu **röten** (§ 16 GBV).

666 2. Wird das aufgelassene Grundstück auf ein für den Erwerber bereits geführtes Grundbuchblatt als weiterer Bestand übertragen (**gemeinschaftliches Grundbuchblatt**, § 4 Abs. 1 GBO) durch Eintragung des Grundstücks im Bestandsverzeichnis nach § 6 GBV, so erfolgt in **Abteilung I** nur die Eintragung der Auflassung in Spalte 4 (mit lfd. Nr. in Spalte 3).

Beispiel (Anlage 1 zur GBV, Abt I lfd. Nr. 4, 5):

1	2	3	4
		2	Aufgelassen am … und eingetragen am …

B. Übertragung des Eigentums bei einem Zuflurstück

I. Zuflurstück als Erwerbsfläche

Für die Eigentumsübertragung kann die Erwerbsfläche als Zuflurstück 667 (Rn. 659) ausgewiesen sein. Der einheitliche Eintragungsvorgang, bestehend aus Teilung (§ 903 BGB; Rn. 651–658), Eintragung der Auflassung sowie die Vereinigung oder Bestandteilszuschreibung (§ 890 Abs. 1, 2 BGB; Rn. 633–650) mit einem Grundstück des Erwerbers muss **zugleich** vollzogen werden können. Demzufolge haben somit alle Eintragungsvoraussetzungen für diese rechtlichen Veränderungen zum gemeinsamem Vollzug vorliegen.

II. Grundbucheintragung

1. Im **Bestandsverzeichnis** des **bisherigen** Grundbuchblatts wird in 668 Spalten 1–4 das **Rest**grundstück nach Maßgabe des § 6 Abs. 1–5 GBV neu gebucht; die bisherige Eintragung in Spalten 1–4 wird gerötet (§ 13 Abs. 2, 4 GBV). Der Abschreibungsvermerk wird in Spalte 8 (mit 7) eingetragen (§ 6 Abs. 8 [mit Abs. 7] GBV).

Beispiel:

7	8
1, 2	25 qm (zu FlSt … aus FlSt …) von BVNr. 1 übertragen nach Blatt …; Rest BV Nr. 2. Eingetragen am …

2. Im **Bestandsverzeichnis** des Grundbuchblatts des **Erwerbers** wird das 669 durch die Rechtsänderung entstehende Grundstück mit seinem Beschrieb im Liegenschaftskataster nach Maßgabe des § 6 Abs. 1–5 GBV neu eingetragen. In Spalte 6 (mit 5) werden die Übertragung und die Vereinigung oder Bestandteilszuschreibung eingetragen (§ 6 Abs. 6b GBV).

Beispiel:

5	6
1, 2	25 m^2 (zu FlSt … aus FlSt …) übertragen aus Blatt …, mit BVNr. 1 vereinigt [oder: BVNr. 1 als Bestandteil zugeschrieben] und als BVNr. 2 eingetragen am …

Die **Rötung** der Eintragung in den Spalten 1–4, die sich auf das bisher eingetragene Grundstück beziehen, erfolgt nach § 13 Abs. 2 Satz 2 GBV.

In **Abteilung I** ist die Eintragung der Auflassung vorzunehmen (Spalte 4 mit lfd. Nr. in Spalte 3).

Beispiel:
Zuflurstück (zu FlSt … aus FlSt …) von 25 m^2 aufgelassen am … und eingetragen am …

oder auch

25 m² (zu FlSt … aus FlSt …) aufgelassen am … und eingetragen am …

670 3. In einem vorgenannten Fall ist auf die Mitübertragung der Belastungen in den Abteilungen II und III zu achten (Mithaftvermerk § 48 Abs. 1 Satz 2 GBO) oder zu prüfen, ob alle Löschungsunterlagen für die Löschung nach § 46 Abs. 2 GBO (durch Nichtmitübertragung) vorliegen.

C. Eintragung von Eheleuten in Gütergemeinschaft

I. Gesamtgut der Gütergemeinschaft

671 Mit Gütergemeinschaft (§ 1415 BGB), die Eheleute durch Ehevertrag (notarielle Niederschrift, § 1410 BGB) vereinbaren, wird das Vermögen des Mannes und das Vermögen der Frau gemeinschaftliches Vermögen beider Ehegatten (Gesamtgut). Eine Übertragung der einzelnen Gegenstände durch Rechtsgeschäft erfolgt nicht (§ 1416 Abs. 1, 2 BGB; Rn. 303). Ausgeschlossen vom Gesamtgut sind jedoch alle Gegenstände und demzufolge auch Grundstücke oder beschränkte dingliche Rechte, die zum Vorbehaltsgut gehören (s. § 1418 BGB). Die Eintragung des gütergemeinschaftlichen Miteigentums bei einem Ehegattengrundstück ist lediglich Grundbuchberichtigung (§ 22 GBO).

II. Grundbucheintragung

672 Eintragung erfolgt in Abteilung I Spalten 1–4.

Beispiel:

1	2	3	4
2a b	Gut Günther, geb. am … Gut Gisela, geb. Gold, geb. am … In Gütergemeinschaft	1	Auf Grund Ehevertrag vom … eingetragen am … Auch: Auf Grund Berichtigungsbewilligung vom … Auf Grund Zeugnis des Amtsgerichts …

Die bisherige Eigentümereintragung unter lfd. Nr. 1 ist in Spalten 1–4 zu röten (§ 16 GBV).

D. Eintragung der Erbfolge

I. Eintragungsvoraussetzungen

673 Die Eintragung der Erbfolge erfolgt grundsätzlich auf schriftlichen Antrag (§ 13 Abs. 1 GBO), der bei einer Mehrzahl von Erben von jedem allein gestellt werden kann (Rn. 217). In Ausnahmefällen ist auch ein Berichtigung von Amts wegen möglich (s. § 82a GBO). Die Regelung des § 22 Abs. 2 GBO

findet keine Anwendung, da die Berichtigung des Grundbuchs aufgrund Erbfolge nur durch Unrichtigkeitsnachweis herbeigeführt werden kann. Dazu bedarf es in aller Regel der Vorlage eines Erbscheins in Urschrift oder Ausfertigung, ansonsten der Vorlage einer Verfügung von Todes wegen in öffentlicher Urkunde samt Eröffnungsniederschrift (§ 35 GBO; zu den Nachweisen siehe Rn. 448 ff).

II. Grundbucheintragung

Die Eintragung erfolgt in Abteilung I (§ 9 GBV). 674

Beispiel:

2	3	4	
2	Nachfolger Norbert, geb. am …	1	Erbvertrag vom … Eingetragen am …

Wenn an dem Grundstück eine **Bruchteilsgemeinschaft** oder bereits eine 675
Erbengemeinschaft oder sonstige Gesamthandsgemeinschaft besteht, sind nach dem Tod mehrerer Miteigentümer die jeweils selbständigen Erbengemeinschaften gesondert einzutragen, auch wenn Erben die gleichen Personen sind[1]. Eine Eintragung von lediglich einigen Erben aufgrund eines Teilerbscheins ohne Eintragung der übrigen Miterben ist nicht möglich.

Beispiel:

1	2	3	4
1 a b	Meier Mathias, geb. am … Meier Martha, geb. am … je zur Hälfte	1	Auflassung vom … eingetragen am …
	An Stelle von 1 a:		
1c I II	Erben Ernst, geb. am … Erben Ernestine, geb. Eule, geb. am … in Erbengemeinschaft zur Hälfte	1	1 c I, II: Erbschein des Amtsgerichts … vom … eingetragen am …
	Anstelle von 1 b:		
1d I II	Erben Ernst, geb. am … Erben Ernestine, geb. Eule, geb. am … in Erbengemeinschaft zur anderen Hälfte		1 d I, II: Erbschein des Amtsgerichts vom … eingetragen am …

III. Nacherbschaft, Testamentsvollstreckung

Von Amts wegen mit einzutragen sind, soweit es zutrifft zugleich mit der 676
Erbfolge

– der **Nacherbenvermerk** (§ 51 GBO, siehe Rn. 939),
– der **Testamentsvollstreckervermerk** (§ 52 GBO, siehe Rn. 953).

[1] So für Haupt- und Untererbengemeinschaft BayObLGZ 1990, 188 = MittBayNot 1990, 308 MittRhNotK 1990, 249 = NJW-RR 1991, 88 = Rpfleger 1990, 503.

IV. Erbteilsübertragung

677 Nach § 2033 Abs. 1 Satz 1 BGB kann jeder Miterbe über seinen Anteil am Nachlass verfügen. Die Erbteilsübertragung ist als Verfügungsgeschäft vom zugrunde liegenden Vertrag, das ein Erbschaftskauf (§ 2371 BGB), aber auch eine Schenkung oder ein Tausch sein kann (s. § 2385 BGB), unabhängig. Der Vertrag zur Erbteilsübertragung bedarf der notariellen Beurkundung (§ 2033 Abs. 1 Satz 2 BGB). Mit der Erbteilsübertragung tritt der Erwerber an die Stelle des Miterben in die Erbengemeinschaft ein, d.h. in die vermögensrechtliche Stellung am Nachlass (Gesamtrechtsnachfolge durch Rechtsgeschäft unter Lebenden, keine Auflassung s. Rn. 303). Die Eintragung ist somit Grundbuchberichtigung (§ 22 GBO[1]), welche die Voreintragung der Erben in Erbengemeinschaft erfordert[2].

Beispiel (für Spalte 4):
Erbteilsübertragung vom ... eingetragen am ...

An mehrere Personen kann ein Miterbe seinen Nachlassanteil zu Bruchteilen (in Bruchteilsgemeinschaft, § 741 BGB) übertragen. Die zwischen den Erwerbern bestehende Bruchteilsgemeinschaft (als Untergemeinschaft in der Erbengemeinschaft) ist dann mit einzutragen (§ 47 Abs. 1 GBO)[3].

§ 29. Eintragung einer Grunddienstbarkeit (§§ 1018–1029 BGB)

I. Rechtsnatur, Entstehung

678 Die Grunddienstbarkeit (§ 1018 BGB) ist die Belastung eines Grundstücks (= dienendes Grundstück) zugunsten des jeweiligen Eigentümers eines anderen Grundstücks (= herrschendes Grundstück) in der Weise, dass

- dieser das Grundstück in einzelnen Beziehungen **benutzen** darf (= **Benutzungsdienstbarkeit**), oder
- auf dem Grundstück **gewisse Handlungen nicht vorgenommen** werden dürfen (= **Unterlassungsdienstbarkeit**), oder
- die **Ausübung eines Rechts ausgeschlossen** ist, das sich aus dem Eigentum an dem belasteten Grundstück dem anderen Grundstück gegenüber ergibt (= **Ausschluss eines Eigentümerrechts**).

679 Als subjektiv-dingliches Recht ist die Grunddienstbarkeit Bestandteil des herrschenden Grundstücks und nicht von dessen Eigentum zu trennen (§ 96 BGB). Sie geht auf jeden Rechtsnachfolger des herrschenden Grundstücks ohne weiteres über.

680 Von der Grunddienstbarkeit unterscheidet sich

- die beschränkte persönliche Dienstbarkeit, deren Berechtigter nur eine bestimmte natürliche oder juristische Person (auch mehrere) ist (§ 1090 BGB),

---

[1] RGZ 90, 232.
[2] OLG Hamm DNotZ 1966, 744.
[3] OLG Düsseldorf DNotZ 1968, 177 und 173 = Rpfleger 1968, 188; OLG Köln Rpfleger 1974, 109; aA BayObLGZ 1967, 405 = DNotZ 1968, 442 = Rpfleger 1968, 187.

– der Nießbrauch, der ebenfalls nur als subjektiv-persönliches Recht bestellt werden kann und generell dem Berechtigten das Recht gibt, alle Nutzungen des Grundstücks zu ziehen (§ 1030 Abs. 1 BGB), wobei jedoch der Ausschluss einzelner Nutzungen möglich ist (§ 1030 Abs. 2 BGB).

Die Grunddienstbarkeit **entsteht** als Grundstücksrecht mit der Einigung 681
zwischen dem Eigentümer des dienenden und dem des herrschenden Grundstücks sowie der Eintragung im Grundbuch (§ 873 Abs. 1 BGB). Als Belastung des Grundstücks beinhaltet sie eine Einschränkung des Eigentümers des dienenden Grundstücks (§ 903 BGB) dahingehend, dass etwas zu unterlassen ist, was ansonsten kraft des Eigentums an sich erlaubt sein würde.[1] Der Umfang der Einschränkung und damit des beschränkten Rechts wird dabei im Einzelnen durch den Parteiwillen bestimmt.

II. Berechtigung

Eine Grunddienstbarkeit kann nur bestellt werden für den **jeweiligen Eigentümer** eines anderen Grundstücks oder den jeweiligen Berechtigten eines grundstücksgleichen Rechts, insbesondere eines Erbbaurechts (§ 11 ErbbauRG), sowie ferner für den jeweiligen Eigentümer eines Wohnungs- oder Teileigentums. Auch eine Identität des Eigentümers des herrschenden und des dienenden Grundstücks, steht einer Grunddienstbarkeitsbestellung nicht entgegen. Materiell erfordert dies dann lediglich eine einseitige Erklärung des Eigentümers und die Grundbucheintragung.[2] Nicht möglich ist dagegen eine Grunddienstbarkeit nur zugunsten eines Bruchteils-Miteigentümers eines anderen Grundstücks.[3] 682

Für die jeweiligen Eigentümer mehrerer selbständiger Grundstücke kann 683
eine Dienstbarkeit bei Teilung des herrschenden Grundstücks fortbestehen (§ 1025 Satz 1 BGB). Demzufolge wird auch von Anfang an die Bestellung **einer** Grunddienstbarkeit zugunsten der jeweiligen Eigentümer **mehrerer Grundstücke** durchwegs zu Recht für zulässig erachtet.[4] Das maßgebende Rechtsverhältnis der jeweiligen Eigentümer mehrerer herrschender Grundstücke ist in der Eintragungsbewilligung anzugeben und im Grundbuch einzutragen (§ 47 Abs. 1 GBO). In Frage kommt eine Gesamtberechtigung analog § 428 BGB[5] oder wenn eine Gesamtgläubigerschaft nicht besteht und eine unteilbare sowie gemeinschaftliche Leistung zu erbringen ist, eine Mitberechtigung analog § 432 BGB.[6]

III. Belastungsgegenstand

Belastet werden mit einer Grunddienstbarkeit kann jedes Grundstück im 684
Rechtssinn, ausnahmsweise auch ein realer Grundstücksteil (s. dazu § 7

[1] Motive III S. 479.
[2] Vgl. RGZ 142, 231; BGHZ 41, 209 = NJW 1964, 1226 = Rpfleger 1964, 310; BayObLGZ 1989, 89 = MittBayNot 1989, 213.
[3] BGB-RGRK/Rothe Rn. 9, Staudinger/Mayer Rn. 45, je zu § 1018 BGB.
[4] BayObLGZ 1965, 267 = NJW 1966, 56; KG NJW 1970, 1686; BayObLGZ 2002, 263 = DNotZ 2002, 950 = NJW-RR 2002, 950 = Rpfleger 2002, 619.
[5] BayObLGZ 1965, 267, 270 aaO; BGHZ 46, 253 = NJW 1967, 627.
[6] Palandt/Bassenge Rn. 3, Staudinger/Mayer Rn. 51 je zu § 1018 BGB.

Abs. 2 GBO; siehe dazu auch nachfolgend Rn. 687), ein grundstücksgleiches Recht (z.B. ein Erbbaurecht, § 11 ErbbauRG), sowie ein Wohnungs- und Teileigentum (§ 1 Abs. 2, 3 WEG), wenn sich die Ausübung der Grunddienstbarkeit auf das Sondereigentum beschränkt. Ansonsten ist aber weder ein ideeller Miteigentumsanteil (Bruchteil, §§ 741, 1008 BGB)[1] noch ein Gesamthandsanteil (Miterbenanteil) mit einer Grunddienstbarkeit belastbar. Nicht möglich ist ferner die Bestellung einer sog. Eigentümergrunddienstbarkeit an einem realen Grundstücksteil ohne dessen Abschreibung, weil nicht dasselbe Grundstück für das gleiche Recht herrschend und dienend sein kann.[2]

685 Für den Fall, dass zu dem belasteten Grundstück eine weitere Grundstücksfläche hinzukommt, sei es durch Vereinigung (§ 890 Abs. 1 BGB) oder Bestandteilszuschreibung (§ 890 Abs. 2 BGB), bleibt dessen ungeachtet die Grunddienstbarkeit weiterhin auf den Grundstücksteil beschränkt der ursprünglich mit ihr belastet wurde.[3] Eine Erfassung auch der hinzugekommenen Fläche erfordert eine rechtsgeschäftliche Ausdehnung der Grunddienstbarkeit (§§ 873, 877 BGB).

686 Eine **Gesamtbelastung** mehrerer Grundstücke mit einer Grunddienstbarkeit ist grundsätzlich nicht zulässig. Sie wird aber dann für zulässig erachtet[4], wenn sich die Ausübungsstelle notwendigerweise auf mehrere Grundstücke erstreckt[5].

IV. Dienstbarkeit auf einem Grundstücksteil

687 Die Beschränkung der Dienstbarkeit auf einen **realen Grundstücksteil** (Flächenteil des Grundstücks) ist zulässig und möglich mit

- Teilung des Grundstücks (Rn. 651) in ein belastetes und ein unbelastetes (neues) Grundstück,
- Teilbelastung einer Grundstücksfläche ohne Abschreibung des belasteten Grundstücksteils, wenn hiervon Verwirrung nicht zu besorgen ist (§ 7 Abs. 2 GBO; Karte und Bezeichnung des Grundstücksteils bei Eintragung dann erforderlich, s. Schöner/Stöber Rn. 1118),
- Belastung des gesamten Grundstücks unter **Beschränkung der Ausübung** auf einen realen Grundstücksteil (s. § 1023 Abs. 1 Satz 2 BGB). Die Bestimmung des Ausübungsorts (der Grundstücksfläche, die als Weg begangen oder befahren werden darf, unter der die Rohre verlegt werden dürfen usw.) können die Beteiligten[6]

---

[1] BGHZ 36, 187, 189 = NJW 1962, 633; BayObLGZ 1974, 396, 399 = Rpfleger 1975, 22.

[2] BayObLGZ 1965, 267, 271 = NJW 1966, 56; OLG Frankfurt MittBayNot 2003, 383 = Rpfleger 2002, 515.

[3] BGH DNotZ 1978, 156 = NJW 1978, 320 = Rpfleger 1978, 52.

[4] BayObLGZ 1955, 170, 174.

[5] BayObLGZ 1989, 442, 446 = DNotZ 1991, 254 = Rpfleger 1991, 111 (für beschränkte persönliche Dienstbarkeit); KG NJW 1937, 2606; OLG Jena KGJ 44 A 358; LG Hildesheim NJW 1960, 49.

[6] Siehe hierzu BGH DNotZ 1982, 228 = Rpfleger 1981, 286; BGH 90, 181 = DNotZ 1985, 77 = Rpfleger 1984, 227.

- der **tatsächlichen Ausübung** überlassen; in der Eintragungsbewilligung braucht dann die örtliche Lage der Ausübungsstelle nicht festgelegt werden,
- **rechtsgeschäftlich** zum **Inhalt der Dienstbarkeit** machen. Das erfordert eine Einigung und die Eintragung im Grundbuch, wofür die Bezugnahme auf die Eintragungsbewilligung genügt (§ 874 BGB). Diese muss die Ausübungsstelle bestimmt darstellen,[1] was zur Kennzeichnung mit Bezugnahme auf Flurkarte, Plan oder Skizze, und durch Beschreibung nach Anlagen und sonstigen Merkmalen im Gelände erfolgen kann.

V. Inhalt

1. Die Grunddienstbarkeit **beschränkt**, wie schon oben erwähnt, die (tat- 688
sächlichen) **Nutzungsrechte** des Eigentümers. Der Umfang der Beschränkung und damit die Bestimmung des Inhalts der Dienstbarkeitsberechtigung erfordert für die Eintragung als Belastung des Grundstücks eine klare Festlegung in der Eintragungsbewilligung (§ 19 GBO).[2] Eingetragen werden darf die Dienstbarkeit nur mit zulässigem Inhalt.

2. Als **Benutzungsdienstbarkeit** kann fortgesetzter und wiederholter[3], 689
nicht jedoch nur einmaliger[4] Gebrauch des Grundstücks durch den Berechtigten in **einzelnen Beziehungen** bestimmt sein.

Beispiele: Berechtigung zum Gehen, Fahren, Legen und Belassen von Rohren oder Leitungen, Aufstellung von Leitungsmasten, Betrieb eines Ladens.

Ein unselbständiger Teil einer Dienstbarkeit kann aber eine einmalige Handlung dann sein, wenn diese erst den fortgesetzten oder wiederholten Gebrauch ermöglicht, z.B. das Einlegen einer Leitung in den Boden. Abzustellen ist bei der Bestellung einer Benutzungsdienstbarkeit stets auf eine **bestimmte Nutzungsart** oder auch auf mehrere. Die Einräumung einer umfassenden Nutzung des Grundstücks durch eine Grunddienstbarkeit ist ausgeschlossen. Insoweit ist nur die Bestellung eines Nießbrauchs möglich (§ 1030 Abs. 1 BGB). Die Berechtigung zu einzelner, bestimmter Nutzung kann auch dann Inhalt einer Grunddienstbarkeit sein, wenn sich das Nutzungsrecht auf die gesamte Grundstücksfläche erstreckt und damit jede andere Nutzungsmöglichkeit, die das Grundstück nach seiner Beschaffenheit bietet, praktisch erschöpft ist. Ob dem Eigentümer noch eine wirtschaftlich sinnvolle oder wertvolle Eigennutzung verbleibt ist nicht entscheidend.[5]

Beispiele: Nutzung eines Wiesengrundstücks als Weide und Viehkoppel, Nutzung eines Gartengrundstücks als Gemüsegarten, Betrieb einer Tankstelle am gesamten Grundstück.

---

[1] S. Schöner/Stöber Rn. 1141.

[2] BGH DNotZ 1969, 486 = Rpfleger 1969, 128; OLG Frankfurt OLGZ 1983, 34 = Rpfleger 1983, 61.

[3] BGHZ 41, 209 = NJW 1964, 1226 = Rpfleger 1964, 310.

[4] RG 60, 317; BayObLG DNotZ 1966, 538.

[5] War teilweise (unbegründet) streitig; s. Schöner DNotZ 1982, 416; Ertl MittBayNot 1988, 53; Schöner/Stöber Rn. 1130, je unter Hinweis auf die nicht zutreffende Gegenansicht und mit weit Nachw.

Zulässig ist eine Grunddienstbarkeit auch dann, wenn sich die Ausübung auf einen Teil des Grundstücks beschränkt und die Art der Nutzungsberechtigung den Grundstückseigentümer von jeglicher Mitbenutzung ausschließt.[1]

690 3. Die **Unterlassungsdienstbarkeit** bewirkt eine Einschränkung des Eigentümers in der tatsächlichen Herrschaft über sein Grundstück und somit in dessen tatsächlichem Gebrauch[2]. Demzufolge können verbotene Handlungen welche die Benutzungsfreiheit des Eigentümers einschränken Inhalt der Grunddienstbarkeit sein.

Beispiele: Bebauungsverbot, Baubeschränkung, Einhaltung eines Grenzabstandes, Gewerbebetriebsbeschränkung.

Die Zulässigkeit der dinglichen Vereinbarung von Bezugs- oder Betriebsverboten für bestimmte Warengattungen wird in der Rechtssprechung und Literatur seit langem schon für zulässig erachtet, so z.B. das Verbot auf dem Grundstück eine Verkaufsstelle für Flaschenbiere zu errichten.[3] Auch der Eintragung einer Grunddienstbarkeit, die u.a. das Verbot des Verkaufs von Geschenkartikeln vorsieht, steht der Bestimmtheitsgrundsatz nicht entgegen.[4] Andererseits genügt der Inhalt einer Grunddienstbarkeit, dass kein Gewerbe betrieben werden darf, außer es handelt sich um „stille Gewerbe mit nur geringfügiger Umfeldbeeinträchtigung" nicht dem grundbuchrechtlichen Bestimmtheits- und Publizitätsgrundsatz, weil die verwendeten Begriffe keine hinreichende Präzisierung ergeben.[5] Zielt eine Dienstbarkeit ausschließlich auf die Verhinderung von Wettbewerb ab, kann das Recht mit dem Inhalt, dass auf einem Grundstück keine Schilderprägerstelle betrieben werden darf, wegen Marktbeherrschungsmissbrauch nichtig sein.[6]

691 **Nicht** möglich ist der Ausschluss oder die **Beschränkung der rechtlichen Verfügungsbefugnis** (s. § 137 Satz 1 BGB). Ein Veräußerungsverbot, eine Veräußerungsbeschränkung[7]oder ein Verbot das Grundstück in Wohnungseigentum aufzuteilen kann daher nicht Dienstbarkeitsinhalt sein. Unschädlich ist es jedoch, wenn eine tatsächliche Beschränkung des Grundstücksgebrauchs durch eine Grunddienstbarkeit den Eigentümer zugleich in seiner rechtlichen Verfügungsfreiheit einschränkt.

692 Die Pflicht zu aktivem Tun kann niemals Hauptinhalt einer Grunddienstbarkeit sein. Zulässig ist es jedoch mit dem Recht aus einer Grunddienstbarkeit die Pflicht des Eigentümers zu **positivem Tun als Nebenverpflichtung** zu verbinden (vgl. dazu §§ 1021 Abs. 1, 1022 BGB).

Beispiele: Erhaltung einer Mauer, Unterhaltung eines Zaunes, Schneiden einer Hecke.

---

[1] BGH NJW 1992, 1101 = Rpfleger 1992, 338 m. Anm. Schoch.
[2] Siehe BGHZ 29, 244 = DNotZ 1959, 591 = Rpfleger 1959, 123; BayObLGZ 1980, 232, 235 = MDR 1981, 52 = MittBayNot 1980, 201.
[3] BGH MDR 1962, 292 = NJW 1962, 486.
[4] OLG Frankfurt NJOZ 2012, 129.
[5] OLG München NJW-RR 2011, 1461.
[6] OLG Düsseldorf NJOZ 2010, 1774.
[7] OLG Frankfurt Rpfleger 1978, 306.

Für derartige **Unterhaltungspflichten** finden dann die Vorschriften über die Reallasten entsprechende Anwendung (§ 1021 Abs. 2 BGB). Eine Leistungsverpflichtung wie etwa der Bezug von Fernwärme kann statt durch eine Reallast auch durch Fassung einer Unterlassungspflicht mit Ausschluss aller anderen Möglichkeiten der Wärmeversorgung bis auf eine durch eine Grunddienstbarkeit abgesichert werden (s. Rn 695).

4. Der **Ausschluss eines Eigentümerrechts** begründet die Unterlassungspflicht, keine nachbarrechtlichen Befugnisse (§§ 906–923 BGB) oder nicht in dem gesetzlichen Umfang auszuüben. 693

Beispiele: Duldung wesentlicher Immissionen (§ 906 BGB), Duldung einer gefährlichen Anlage (§ 907 BGB) auf dem Nachbargrundstück, Duldung von Grenzbäumen (§ 910 BGB).

Bereits gesetzlich bestehende Verpflichtungen oder Beschränkungen, wie etwa ein länderrechtlich festgelegter Grenzabstand für Pflanzen[1]sind nicht (noch zusätzlich) durch eine Dienstbarkeit sicherbar.[2] Wenn jedoch Zweifel bestehen, ob die Erfordernisse einer gesetzlich geregelten Unterlassungspflicht vorliegen, kann eine dahingehende nachbarrechtliche Verpflichtung als Inhalt einer Grunddienstbarkeit bestimmt werden. Dies gilt gleichermaßen für Zweifel über die Berechtigung und den Umfang derartiger Befugnisse.

5. **Verschiedene Arten** der Belastung (Benutzungsrecht und Unterlassungspflicht oder Ausschluss eines Eigentümerrechts) können in **einer Grunddienstbarkeit zusammengefasst** werden[3]. Die miteinander verbundenen Belastungen bilden dann zusammen den Inhalt einer Dienstbarkeit. Für jede Art der Dienstbarkeitsberechtigung kann aber auch eine eigene selbständige Dienstbarkeit bestellt werden. 694

6. **Zulässiger** Dienstbarkeits**inhalt** kann z.B. sein 695
- als Baubeschränkung das Verbot, das Grundstück anders als mit Einfamilienhäusern, bestehend aus Erd-, Ober- und Dachgeschoss zu bebauen[4];
- das Verbot, auf dem Grundstück ein Gewerbe auszuüben und das Gebot, die einheitliche Gestaltung der umliegenden Wohnsiedlung nicht durch bauliche Maßnahmen zu verändern, auch wenn das Grundstück des Berechtigten nur mit Garagen bebaut ist[5];
- das Verbot, das Grundstück (ein Wohnhaus) anders als für den Betrieb der Landwirtschaft zu nutzen[6],
- das Verbot, das auf dem Grundstück errichtete Austragshaus im Außenbereich durch andere als die vom Dienstbarkeitsberechtigten bestimmten (genehmigten) Personen benutzen zu lassen[7],

---

[1] Vgl. z.B. Art. 124 EGBGB i.V.m. Art. 47 Bay AGBGB.
[2] OLG Hamm DNotZ 1986, 626 = Rpfleger 1986, 364; OLG Köln NJW 1982, 463; OLG Celle NJW 1958, 1096.
[3] BayObLGZ 1997, 129 = NJW 1997, 912 = Rpfleger 1997, 371.
[4] BGH DNotZ 1968, 28.
[5] BGH NJW 1983, 1115.
[6] Schöner/Stöber Rn. 1131 gegen BayObLG 1980, 232 und NJW 1982, 1054 = Rpfleger 1982, 60.
[7] BayObLGZ 1989, 89 = MittBayNot 1989, 212.

- Nutzungsausschluss durch Personen, die nicht den [durch Altersangabe bezeichneten] Senioren zuzurechnen sind,[1]
- das Verbot, ein Grundstück (Wohnungseigentum) „(nicht) länger als sechs Wochen im Jahr selbst zu bewohnen oder durch ein und dieselben Dritten bewohnen zu lassen“ und es „zu anderen beruflichen oder gewerblichen Zwecken als denen eines fremdenverkehrsgewerblichen Beherbergungsbetriebs mit ständig wechselnder Belegung zu nutzen“[2],
- die Verpflichtung, es zu unterlassen, auf dem Grundstück „Anlagen zu errichten oder zu betreiben oder errichten und betreiben zu lassen, die der Erzeugung von Wärme zur Raumheizung und von Wärme zur Bereitung von Brauchwarmwasser dienen“[3],
- die Verpflichtung, es zu unterlassen, Wärme oder Wärmeenergie zum Zwecke der Raumheizung und der Bereitung von Gebrauchwarmwasser zu beziehen, außer aus der im Bereich eines bestimmten Teileigentums gewerblich betriebenen Wärmeversorgungsanlage[4],
- die Verpflichtung, außer der Wärmeenergieversorgung über Erdgas jede andere Wärmeenergieversorgung zu unterlassen[5].

696 7. Mit dem unbestimmten Inhalt, ein Grundstück „dauernd zu benutzen“[6] oder „zu nutzen und nutzen zu lassen“[7], kann eine Dienstbarkeit nicht bestellt werden (keine umfassende Nutzung nach Belieben des Berechtigten). Nicht bestimmt ist der Dienstbarkeitsinhalt bezeichnet mit der Befugnis, eine Anlage „in zumutbarer Weise zu nutzen“[8], sowie mit der Verpflichtung, „auf dem Grundstück nur Einrichtungen entsprechend den Feststellungen eines Bebauungsplans zu schaffen, die dem Fremdenverkehr dienen“[9], oder mit dem (unbestimmten) Begriff „Ausnutzungsziffer“ für die Abgrenzung einer Baubeschränkung[10].

VI. Vorteil für das herrschende Grundstück

697 Gemäß § 1019 Satz 1 BGB muss die Grunddienstbarkeit für die Benutzung des herrschenden Grundstücks einen Vorteil bieten. Er bestimmt sich nach Lage, Beschaffenheit und Zweckbestimmung des herrschenden Grundstücks. Gleich ist, ob sich ein Vorteil für das Grundstück selbst oder für ein darauf als wesentlicher Bestandteil errichtetes Gebäude (mit Gewerbebetrieb) ergibt und ob er für die gegenwärtige oder eine erst künftige Benutzung des Grundstücks besteht. Erforderlich ist ein eigenes oder fremdes Interesse,

[1] Odersky Festschr. BayNotariat S. 213.
[2] BayObLG 1985, 193 = DNotZ 1986, 228 = NJW 1985, 2485.
[3] BGH MittBayNot 1984, 126, 127; OLG München NJW-RR 2005, 603 = Rpfleger 2005, 308.
[4] Anders noch BayObLG DNotZ 1959, 240 sowie BayObLG 1976, 218 = DNotZ 1977, 303.
[5] Anders noch BayObLG DNotZ 1982, 252.
[6] BayObLG 1986, 54 = DNotZ 1986, 622 = Rpfleger 1986, 255.
[7] OLG Zweibrücken DNotZ 1982, 444.
[8] OLG Frankfurt OLGZ 1983, 34.
[9] BayObLG NJW 1982, 1054.
[10] OLG Frankfurt Rpfleger 1980, 280.

das auch in der Verfolgung öffentlicher Belange bestehen kann.[1] Ein bloß persönlicher Nutzen des Eigentümers, der in der Beschaffenheit des herrschenden Grundstücks keine Grundlage hat, genügt nicht.

VII. Inhaltsänderung

Eine nachträgliche Inhaltsänderung erfordert – soweit sie überhaupt zulässig ist – gemäß §§ 877, 873 BGB Einigung und Eintragung. Soll eine Grunddienstbarkeit in eine beschränkte persönliche Dienstbarkeit (§§ 1090 ff BGB) umgewandelt werden (und umgekehrt), liegt keine Inhaltsänderung vor. Erforderlich ist in diesem Fall eine Aufhebung und Neubegründung der Rechte gemäß §§ 875, 873 BGB.[2] **698**

VIII. Gesetzliches Begleitschuldverhältnis

Die Bestimmungen §§ 1020–1023 BGB bringen das Erfordernis der gegenseitigen Rücksichtnahme zum Ausdruck, das sich zwingend aus der gemeinschaftlichen **Benutzung** des dienenden Grundstücks durch dessen Eigentümer und dem Berechtigten der Grunddienstbarkeit ergeben. Die sonach bestehenden Pflichten zur schonenden Rechtsausübung sowie zur Erhaltung bzw. Unterhaltung von Anlagen auf dem belasteten Grundstück begründen zwischen dem Inhaber des dinglichen Rechts, also dem jeweiligen Eigentümer des herrschenden Grundstücks und dem Eigentümer des belasteten (= dienenden) Grundstücks ein **gesetzliches (Begleit-) Schuldverhältnis.**[3] Die Vorschriften legen insoweit positive Verhaltensregeln fest. **699**

1. § 1020 Satz 1 BGB bestimmt, dass der Berechtigte **bei Ausübung der Dienstbarkeit** die **Interessen des Eigentümers** des belasteten Grundstücks tunlichst **zu schonen** hat. Die Regelung findet nur Anwendung auf Benutzungsdienstbarkeiten und setzt im Weiteren voraus, dass der Berechtigte zumindest zwischen zwei Formen der Ausübung die Wahl hat, nämlich einer schonenden und einer weniger schonenden. Ansonsten hat der Eigentümer des dienenden Grundstücks alle Beeinträchtigungen zu dulden, ohne die eine Ausübung der Dienstbarkeit nicht möglich ist. Andererseits hat der Berechtigte aber unerhebliche Erschwernisse und bloße Unannehmlichkeiten hinzunehmen, die eine schonendere Ausübung ermöglichen (z.B. Einbau einer Bodenwelle, Überbauen einer Einfahrt, Anbringung eines Tores). 700

2. Hält der Dienstbarkeitsberechtigte eine Anlage auf dem dienenden Grundstück, die er allein benutzt, so trifft ihn die gesetzliche und daher **nicht eintragungsfähige Unterhaltungspflicht** (§ 1020 Satz 2 BGB). Unter **Anlage** i.S. dieser Vorschrift ist jede Einrichtung zu verstehen, die von menschlicher Hand zur Benutzung des dienenden Grundstücks angelegt ist (z.B. Terrasse, Weg, Stauwehr, Treppe, Steg, angelegter Teich). Auch ein unbefestigter, aus zwei Fahrspuren bestehender Weg, der ständig mit Kraftfahrzeugen befahren 701

---

[1] Siehe BGH MittBayNot 2009, 374 = NJOZ 2009, 1585.

[2] Vgl. OLG Hamm Rpfleger 1989, 448.

[3] Vgl dazu BGHZ 106, 348 = DNotZ 1989, 565 = NJW 1989, 1607; und zum Begleitschuldverhältnis ausführlich *Amann* DNotZ 1989, 53.

wird, ist eine Anlage in diesem Sinne.[1] Gehalten wird eine Anlage von dem Dienstbarkeitsberechtigten, wenn ihm die ausschließliche Befugnis zur Benutzung, d.h. der wirtschaftlichen Nutzbarmachung zusteht und er dieses Recht auch tatsächlich ausübt. Dabei spielt es keine Rolle, wer die Anlage errichtet hat und wem sie gehört. Die **Unterhaltungspflicht des Berechtigten** bedeutet für ihn, dass er für einen ordnungsgemäßen und gebrauchsfähigen Zustand der Anlage zu sorgen hat. Umfasst wird davon auch das Ausbessern einer ganz oder teilweise zerstörten Anlage, **nicht** jedoch die **Neuherstellung**. Im Interesse des Eigentümers des dienenden Grundstücks hat sich der Berechtigte insbesondere um die Verkehrssicherheit und das Aussehen der Anlage zu kümmern. Zu einer Verbesserung der Anlage ist der Berechtigte regelmäßig nicht verpflichtet, wohl aber dazu befugt sie an die technische und wirtschaftliche Entwicklung anzupassen.

702 3. Hat der **Eigentümer des dienenden Grundstücks** ein **Mitbenutzungsrecht** an der Anlage, so halten sowohl er selbst als auch der Eigentümer des herrschenden Grundstücks die Anlage. Auch dann ist der **Dienstbarkeitsberechtigte** nach § 1020 Satz 2 BGB zur Unterhaltung und Instandsetzung einer der Ausübung der Dienstbarkeit dienenden Anlage verpflichtet. Das Interesse des Eigentümers erfordert bei seiner Berechtigung zur Mitbenutzung nicht, dass der Berechtigte die Kosten der Unterhaltung und Instandsetzung der Anlage alleine trägt. Der Berechtigte ist vielmehr nur **anteilig verpflichtet**, und zwar in entsprechender Anwendung von §§ 748, 742 BGB im Zweifel zur Hälfte. Sind der Berechtigte der Grunddienstbarkeit und der Eigentümer des dienenden Grundstücks zur gleichberechtigten Mitbenutzung des Grundstücks befugt, können sie voneinander in entsprechender Anwendung von § 745 Abs. 2 BGB eine Ausübungsregelung verlangen.[2]

703 4. Als **Inhalt der Dienstbarkeit** kann im Fall der Mitbenutzung bestimmt werden, dass die Pflicht zur Unterhaltung der Anlage, die auch in der Pflicht zur Tragung der hierdurch erwachsenden Kosten bestehen kann, entweder dem Eigentümer des dienenden Grundstücks oder dem Berechtigten des herrschenden Grundstücks ganz auferlegt wird. Die Bestimmung über die tatsächliche Unterhaltung und die Kostentragungspflicht können auch nebeneinander getroffen werden.[3]

704 5. Die Bestimmung des § 1021 BGB ermöglicht den Beteiligten die **Unterhaltungspflicht** bei Alleinbenutzung der Anlage durch den Dienstbarkeitsberechtigten **abweichend** von der gesetzlichen Regelung des § 1020 S 2 BGB wie auch des § 1022 BGB (= das Recht des Berechtigten, auf der baulichen Anlage des belasteten Grundstücks eine bauliche Anlage zu halten wie z.B. einen Sendemast auf einem Gebäude) sowie ferner im Falle der Mitbenutzung der Anlage durch den Eigentümer des dienenden Grundstücks **rechtsgeschäftlich festzulegen.** Eine derartige Vereinbarung der Unterhaltungspflicht gehört zum **Inhalt der Dienstbarkeit** und wird gemäß § 873 Abs. 1 BGB sowie nachträglich gemäß § 877 BGB durch Einigung und Eintragung im Grund-

[1] BGH DNotZ 2006, 685 = ZfIR 2006, 347 (LS).
[2] BGH DNotI-Report 2008, 174 = NJW 2008, 3703 = ZNotP 2008, 496.
[3] Vgl KG DNotZ 1970, 606 = NJW 1970, 1686 = Rpfleger 1970, 281; BayObLG 1990, 8 = DNotZ 1991, 257 = Rpfleger 1990, 197; Schöner/Stöber Rn 1153b.

buch wirksam. Bei der Eintragung kann insoweit nach § 874 BGB auf die Eintragungsbewilligung Bezug genommen werden. Die Unterhaltungspflicht ist nach § 1021 Abs. 2 BGB zwar den Regeln der Reallast unterstellt, besitzt aber keine Eigenständigkeit, ist lediglich **als Nebenverpflichtung eintragbar** und bildet mit der Dienstbarkeit ein einheitliches Recht. Die Regelung stellt eine Ausnahme von dem Grundsatz dar, dass positives Tun des Verpflichteten nicht Inhalt einer Dienstbarkeit sein kann. Wenn die Unterhaltungspflicht **Hauptinhalt** des Rechts sein soll, ist eine dingliche Sicherung nur durch die Bestellung einer **selbständigen Reallast** nach §§ 1105 ff BGB möglich.

Nach § 1021 Abs. 1 Satz 1 BGB kann die **Unterhaltungspflicht** (ganz oder 705
teilweise) auf den **Eigentümer des dienenden Grundstücks** übertragen werden. Geschieht dies, so wird damit die gesetzliche Unterhaltungspflicht des Dienstbarkeitsberechtigten nach § 1020 Satz 2 BGB aufgehoben. Im Falle der Mitbenutzung durch den Eigentümer des dienenden Grundstücks ist es nach § 1021 Abs. 1 Satz 2 BGB möglich, die **Unterhaltungspflicht** (ganz oder teilweise) dem **Dienstbarkeitsberechtigten** aufzuerlegen, soweit es das Benutzungsinteresse des Eigentümers erfordert. Die Vereinbarung einer diesbezüglichen Leistungspflicht des Eigentümers des herrschenden Grundstücks ist richtigerweise auf dem Grundbuchblatt des dienenden Grundstücks, gegebenenfalls unter Bezugnahme auf die Eintragungsbewilligung **als Inhalt** der Dienstbarkeit **einzutragen.**[1]

6. Der Eigentümer des dienenden Grundstücks hat grundsätzlich einen 706
rechtsgeschäftlich nicht ausschließbaren oder beschränkbaren **Anspruch** (s. § 1023 Abs. 2 BGB) **auf Verlegung der Ausübungsstelle einer Dienstbarkeit,** wenn die Ausübung an der bisherigen Stelle für ihn besonders beschwerlich ist. Die Regelung des § 1023 BGB ist Ausfluss des Grundsatzes der schonenden Rechtsausübung und entspringt darüber hinaus der Pflicht zur gegenseitigen Rücksichtnahme der Beteiligten. Die Verlegung der Ausübung der Grunddienstbarkeit auf eine andere Grundstücksfläche erfordert

- eine **Änderung des tatsächlichen Verhaltens**, wenn die Bestimmung des Ausübungsortes der tatsächlichen Ausübung überlassen ist. Den Inhalt der das Grundstück belastenden Dienstbarkeit berührt die begehrte Ausübungsverlegung dann nicht. Daher bedarf es auch insoweit keiner Eintragung in das Grundbuch.
- Eine **Änderung des Rechtsinhalts** mit Einigung und Eintragung (§§ 873 Abs. 1, 877 BGB), wenn die Ausübungsstelle rechtsgeschäftlich bestimmter Dienstbarkeitsinhalt ist.[2]

IX. Grundbucheintragung

1. Bei Eintragung der Grunddienstbarkeit muss ihr **wesentlicher Inhalt** 707
schlagwortartig unmittelbar im Grundbuch vermerkt werden.[3] Eine aus-

---

[1] So auch Palandt/Bassenge Rn 1, Staudinger/Mayer Rn 14 je zu § 1021 BGB.

[2] BGH DNotZ 1976, 530 = Rpfleger 1976, 126; BGHZ 90, 181 = DNotZ 1985, 37 = NJW 1984, 2210 = Rpfleger 1984, 227.

[3] BGH NJW 1980, 179; BGH 35, 378 (382) = NJW 1961, 2157 = DNotZ 1963, 42 = Rpfleger 1961, 394.

drückliche Bezeichnung im Eintragungsvermerk als Grunddienstbarkeit ist darüber hinaus entbehrlich,[1]. weil sich die Rechtsnatur (§ 1018 BGB) aus dem Wesenskern und der Bezeichnung des jeweiligen Eigentümers eines anderes Grundstücks als Berechtigten zweifelsfrei ergibt[2]. Nichtssagende Bezeichnungen im Eintragungsvermerk, die den wesentlichen Inhalt des Rechts nicht erkennen lassen wie z.B. die Eintragung als „Benützungsrecht und Benützungsbeschränkung“[3] oder als „Nutzungsbeschränkung“[4] sind unzureichend. Eine derartige Eintragung ist als inhaltlich unzulässig von Amts wegen zu löschen.

Gebräuchliche Bezeichnungen für Dienstbarkeiten sind beispielsweise:

Anbaurecht
Arkadenrecht
Baubeschränkung, auch Bebauungsbeschränkung[5]
Bebauungsrecht
Bebauungsverbot
Brandmauermitbenutzungsrecht
Brandmaueranbaurecht
Erzeugungsverbot von Warmwasser[6]
Fensterrecht
Fernsehantennenrecht
Garagenrecht
Gartenbenutzungs-/-mitbenutzungsrecht
Gaststättenbetriebsverbot
Gehrecht
Geh- und Fahrtrecht
Gewerbebetriebsbeschränkung
Gewerbebetriebsverbot
Gewerbliches Benutzungsrecht
Grenzanbaurecht
Hochspannungsleitungsrecht[7]
Kabelrecht
Kanalrecht
Kraftfahrzeugabstellrecht
Kraftfahrzeugeinstellrecht
Mastenrecht
Tankstellenrecht
Transformatorenrecht
Überbaurecht
Versorgungsleitungsrecht
Viehtreiberecht
Wasserentnahmerecht
Wegerecht

[1] BayObLGZ 1958, 323 = DNotZ 1959, 196 = Rpfleger 1959, 22; BayObLGZ 1981, 117, 121 = MittBayNot 1982, 24 = Rpfleger 1981, 295.
[2] BayObLGZ 1981, 117, 121.
[3] BayObLGZ 1990, 35 = MittBayNot 1990, 173.
[4] OLG Köln DNotZ 1988, 51.
[5] BGH NJW 1983, 115 = Rpfleger 1983, 15.
[6] BGH NJW 1983, 115 aaO; BayObLG DNotZ 1989, 572.
[7] BayObLGZ 1981, 117.

Weiderecht
Wohnungsbesetzungsrecht[1]
Zaunrecht
Zaunerrichtungsverbot.

2. Zur Bezeichnung des **näheren Inhalts** des Rechts wie auch der Ausübungsstelle der Grunddienstbarkeit kann auf die Eintragungsbewilligung **Bezug genommen** werden (§ 874 BGB). Soweit die Dienstbarkeit zur Grundstücksnutzung in mehrfacher Beziehung bestellt ist, muss sie mit jedem wesentlichen Wesenskern schlagwortartig eingetragen werden[2]. 708

Beispiele: Kellerbenutzungs-, Wasserleitungsanschluss- und Hofraumbenutzungsrecht; Bebauungsbeschränkung und Gebäudebenutzungsbeschränkung[3].

3. Die Grunddienstbarkeit kann sowohl **bedingt** oder **befristet** bestellt werden, siehe hierzu Rn. 602. 709

4. Die Bestimmung, dass der Eigentümer des belasteten Grundstücks eine **Anlage** zur Ausübung der Grunddienstbarkeit zu **unterhalten** hat, desgleichen die Verpflichtung des Berechtigten, eine Anlage für das Mitbenutzungsrecht des Eigentümers zu unterhalten (§§ 1021, 1022 BGB), kann als Dienstbarkeitsinhalt durch Bezugnahme auf die Eintragungsbewilligung (§ 874 BGB) eingetragen werden. 710

5. Zur Bestimmung eines **Wertersatzes** nach § 882 BGB) siehe Rn. 41–46. 711

Eintragungsbeispiel:
Geh- und Fahrtrecht für den jeweiligen Eigentümer des Grundstücks FlSt Nr. … (Grundbuch von … Blatt …) BV Nr. … [bedingt – befristet], gemäß Bewilligung vom … (Notar … URNr …) eingetragen am …

X. Aktivvermerk

Nach § 9 Abs. 1 GBO ist auf Antrag die Grunddienstbarkeit auch im Bestandverzeichnis des herrschenden Grundstücks zu vermerken (s. Rn. 372 ff). Ist dies erfolgt, so ist zur Löschung der Grunddienstbarkeit im Grundbuch sowie zur Eintragung einer Inhalts- oder Rangänderung gemäß § 21 GBO auch die Bewilligung der am herrschenden Grundstück eingetragenen dinglich Berechtigten erforderlich, die hierdurch (nachteilig) berührt werden. 712

XI. Erlöschen

Ein Erlöschen einer Grunddienstbarkeit kann erfolgen 713

– mit ihrer rechtsgeschäftlicher **Aufhebung** (§ 875 BGB). Sie erfordert eine Erklärung des Berechtigten, also des Eigentümers des herrschenden Grundstücks und die Eintragung im Grundbuch. Bei Miteigentum bedarf es der Erklärungen von allen. Ferner ist, soweit zutreffend, die Zustimmung der beeinträchtigten dinglich Berechtigten des herrschenden Grundstücks nötig (§ 876 Satz 2 BGB). Soweit Unterhaltungspflichten des Eigentümers des dienenden Grundstücks zum Inhalt der Dienstbarkeit gemacht sind

[1] BayObLGZ 1980, 232 = MittBayNot 1980, 201.
[2] OLG Nürnberg NJW 1978, 706 = OLGZ 1978, 79.
[3] BGH DNotZ 1966, 486= NJW 1965, 2398.

(§§ 1021, 1022 BGB) und daher Rückstände möglich sind, darf die Löschung im Grundbuch nur unter Beachtung der §§ 23, 24 GBO erfolgen. Einer Zustimmung des Eigentümers des belasteten Grundstücks bedarf es zur Löschung nicht.

- bei **Teilung des herrschenden Grundstücks** für die Teile, denen die Grunddienstbarkeit nicht zum Vorteil gereicht (§ 1025 Satz 2 BGB), was dem Grundbuchamt durch Unrichtigkeitsnachweis in der Form des § 29 Abs. 1 GBO zu belegen ist. Ansonsten haben die berechtigten Eigentümer aller Grundstücksteile (§ 1025 Satz 1 BGB) die Löschung zu bewilligen. Im Übrigen wirkt die Dienstbarkeit auch dann zu Gunsten der Eigentümer der getrennten Teile fort, wenn sich die Teilung nicht aus den das dienende Grundstück betreffenden Grundbucheintragungen ergibt.[1]
- mit (dauerndem) **Wegfall des Vorteils** für das herrschende Grundstück (§ 1019 BGB) und auch wenn das Recht aus tatsächlichen Gründen (dauernd) nicht mehr ausgeübt werden kann.

  Beispiele: Grunddienstbarkeit auf Freihaltung eines Bahnübergangs von Sichtbehinderungen, wenn die Bundesbahn die Strecke stillgelegt und das Bahngelände an Privatleute veräußert hat[2]; Geh- und Fahrtrecht oder Weiderecht, wenn das belastete Grundstück vollständig bebaut worden ist[3], oder Brunnenbenutzungsrecht, wenn der Brunnen zugeschüttet (dauernd beseitigt) würde.

  Die Löschung ist in diesen Fällen eine Grundbuchberichtigung. Bei dauernder Gegenstandslosigkeit kann eine Löschung auch von Amts wegen erfolgen (§ 84 Abs. 2 GBO).
- mit **Teilung des dienenden Grundstücks**, wenn die Ausübung der Dienstbarkeit auf einen bestimmten Grundstücksteil beschränkt ist, für die Teile, die außerhalb des Bereichs der Ausübung liegen (§ 1026 BGB). Die Löschung im Wege der Grundbuchberichtigung setzt aber voraus, dass der Berechtigte nicht nur tatsächlich, sondern nach dem Rechtsinhalt der Dienstbarkeit oder aufgrund rechtsgeschäftlich vereinbarter Ausübungsregelung dauernd rechtlich gehindert ist, die Ausübung auf andere Teile des belasteten Grundstücks zu erstrecken.[4] Eine lastenfreie Abschreibung eines Grundstücksteils erfordert gegenüber dem Grundbuchamt auch den Nachweis in grundbuchmäßiger Form, dass die abzuschreibende Fläche außerhalb des Ausübungsbereichs etwaiger Nebenrechte liegt.[5]Ansonsten genügt als Nachweis in der Regel, wenn die Voraussetzungen für eine Beschränkung der Ausübung vorliegen, dass auf Urkunden, auch amtliche Fortführungsnachweise, Bezug genommen wird, die dem Grundbuchamt vorliegen und im Löschungsantrag ausreichend bezeichnet sind.[6]

---

[1] BGH DNotZ 2008, 528 = MittBayNot 2008, 210 = NJW-RR 2008, 827 = NotBZ 2008, 140.

[2] OLG Köln OLGZ 1981, 16 = Rpfleger 1980, 389.

[3] BayObLG 1986, 218, 221 = NJW-RR 1986, 1206.

[4] Vgl. BayObLG DNotZ 2002, 721 = NJW 2002, 3021 = Rpfleger 2002, 511 = ZfIR 2002, 545.

[5] OLG München NJW-RR 2010, 1025 = NotBZ 2010, 63.

[6] BayObLG DNotZ 2004, 388 = NotBZ 2004, 70 = Rpfleger 2004, 280.

- mit Eintritt einer **auflösenden Bedingung** (§ 158 Abs. 2 BGB) oder bei zeitlicher **Befristung** mit Zeitablauf (§ 163 BGB); Löschung: § 24 GBO (s. Rn. 402 ff).
- bei Aufhebung im Flurbereinigungsverfahren (§ 49 FlurbG).
- durch Zuschlag im Zwangsversteigerungsverfahren (§ 91 Abs. 1 ZVG), wenn das Recht nicht als bestehen bleibend im geringsten Gebot zu berücksichtigen war (§ 52 ZVG).

XII. Altrechtliche Grunddienstbarkeiten

Eine Grunddienstbarkeit, die nach Landesrecht vor Inkrafttreten des BGB 714
(hier: mit Anlegung des Grundbuchs) bereits entstanden war, besteht mit ihrem Inhalt und Rang fort (Art 184 EGBGB). Sie bedarf zur Erhaltung der Wirksamkeit gegenüber dem öffentlichen Glauben des Grundbuchs nicht der Eintragung (Art 187 Abs. 1 EGBGB). Zu erfolgen hat die Eintragung der altrechtlichen Grunddienstbarkeit in das Grundbuch jedoch, wenn sie von dem Berechtigten oder von dem Eigentümer des belasteten Grundstücks verlangt wird (Art 187 Abs. 1 Satz 2 EGBGB). Diese Eintragung ist eine Grundbuchberichtigung[1] und erfolgt auf Antrag (§ 13 Abs. 1 GBO) unter Vorlage

- entweder einer Bewilligung des Betroffenen (§ 19 GBO),
- oder aufgrund Unrichtigkeitsnachweis (§ 22 Abs. 1 Satz 1 GBO).

Die Eintragung erlangt insoweit Bedeutung als sich der Berechtigte für das Recht und seinen Inhalt[2] künftig auf die Vermutung des § 891 BGB berufen kann. Die Berichtigung des Grundbuchs über § 22 Abs. 1 Satz 1 GBO setzt jedoch regelmäßig mindestens voraus, dass der Antragsteller das Bestehen des Rechts bei Anlegung des Grundbuchs in der Form des § 29 GBO nachweist.[3] Daneben ist auch das Fortbestehen der Dienstbarkeit nachzuweisen, so insbesondere, dass das Recht nicht durch zehnjährige Nichtausübung erloschen ist (Art. 189 Abs. 3, 218 EGBGB, Art. 57 Abs. 1 56 Abs. 3 BayAGBGB). Auch dieser Nachweis ist in der Form des § 29 GBO zu erbringen, unbeschadet der Möglichkeit, dass sich der Dienstbarkeitsberechtigte eine Berichtigungsbewilligung gemäß §894 BGB vor dem Prozessgericht erstreitet.[4] Für die Aufhebung der Grunddienstbarkeit und alle anderen Erlöschensgründe ist vom Zeitpunkt ihrer Eintragung das BGB maßgebend (Art 189 Abs. 3 EGBGB). Wird sie danach zu Unrecht gelöscht, so nimmt sie am öffentlichen Glauben des Grundbuchs teil mit der Folge, dass ein gutgläubiger Erwerber das dienende Grundstück insoweit lastenfrei erwerben kann[5].

---

[1] BayObLG 1953, 80 [86]; 1967, 397 [401]; 1982, 400 [402].
[2] BayObLGZ 1972, 267, 270 mit weit Nachw. = MittBayNot 1972, 734.
[3] OLG München MittBayNot 2007 = 404 NJOZ 2007, 420 = RNotZ 2007, 487 = Rpfleger 2007, 389.
[4] Vgl. OLG München MDR 2009, 1409 = NJOZ 2009, 4559.
[5] Siehe BGHZ 104, 139 = DNotZ 1989, 146 = NJW-RR 1988, 174.

§ 30. Eintragung eines Nießbrauchs (§§ 1030–1089 BGB)

I. Rechtsnatur, Entstehung

715 Der **Nießbrauch** (§ 1030 Abs. 1 BGB) ist eine Grundstücksbelastung in der Weise, dass der Berechtigte grundsätzlich befugt ist, sämtliche **Nutzungen** des Grundstücks zu ziehen. Nutzungen sind dabei die Früchte des Grundstücks, d.h. die Erzeugnisse und die sonstige Ausbeute (§ 99 BGB) sowie die Gebrauchsvorteile (§ 100 BGB). Zulässig ist es jedoch eine Beschränkung des Nießbrauchs durch den Ausschluss einzelner Nutzungen vorzunehmen (§ 1030 Abs. 2 BGB). Jedoch darf dadurch nicht der Charakter des Nießbrauchs als umfassendes Nutzungsrecht verlorengehen.[1] Die Gewährung einzelner Nutzungen ist daher nur durch eine Dienstbarkeit sicherbar. Als Gegenstand der Einschränkung nach § 1030 Abs. 2 BGB kommt immer lediglich eine Nutzungsart, aber nicht ein realer Teil des mit dem Nießbrauch belasteten Grundstücks infrage.

716 Für die **Entstehung** eines Nießbrauchs an einem Grundstück bedarf es der formlosen Einigung zwischen dem Grundstückseigentümer und dem Nießbrauchsberechtigten sowie der Eintragung im Grundbuch (§ 873 Abs. 1 BGB). Zur Vornahme der Eintragung ist die Bewilligung des Eigentümers in der Form des § 29 GBO und ein Antrag nach § 13 Abs. 1 GBO erforderlich.

II. Berechtigung

717 Berechtigter des Nießbrauchs kann eine (bestimmte) natürliche oder juristische Person (auch eine Handelsgesellschaft, § 124 Abs. 1 und § 161 Abs. 2 HGB), eine Partnerschaft, eine EWIV sowie eine Gesellschaft des bürgerlichen Rechts sein, nicht jedoch der jeweilige Eigentümer eines anderen Grundstücks oder eines grundstücksgleichen Rechts. Zulässig ist die Bestellung eines Nießbrauchs am **eigenen Grundstück** ohne dass es den Nachweis eines berechtigten Interesses bedarf,[2] sowie ferner die Bestellung eines Nießbrauchs für **mehrere Berechtigte** nach Bruchteilen[3], als Gesamtberechtigte nach § 428 BGB[4], oder als Gesamthandsberechtigte (z.B. Ehegatten in Gütergemeinschaft). Bei mehreren Berechtigten ist aber die Angabe und Eintragung (§ 47 Abs. 1 GBO) des Gemeinschaftsverhältnisses erforderlich.[5] Hingegen wird nach ganz h.M. eine Nießbrauchsbestellung für mehrere

---

[1] Palandt/Bassenge Rn. 6 zu § 1030 BGB; ausführlich zur Abgrenzung Nießbrauch oder Dienstbarkeit, s. Schöner DNotZ 1982, 416; Ertl MittBayNot 1988, 53.

[2] BGH FGPrax 2011, 269 = NJW 2011, 3517 = NotBZ 2011, 388 = ZNotP 2011, 386.

[3] BayObLGZ 1955, 155, 158 = DNotZ 1956, 211; KG JFG 13, 447; OLG Düsseldorf Rpfleger 1975, 409.

[4] BayObLG aaO; OLG Düsseldorf MittBayNot 1967, 211 = MittRhNotK 1967, 129; KG JFG 10, 312.

[5] OLG Oldenburg DNotZ 1959, 46.

Nießbraucher als Mitberechtigte nach § 432 BGB ausgeschlossen,[1] weil dies eine unteilbare Leistung voraussetzt,[2]jedoch das Recht des Nießbrauchs grundsätzlich teilbare Leistungen beinhaltet.[3]

III. Belastungsgegenstand

Belastet werden mit einem Nießbrauch kann neben einem Grundstück auch ein grundstücksgleiches Recht (Erbbaurecht), ein Wohnungs- oder Teileigentumsrecht und ebenso ein ideeller Miteigentumsanteil. Der Alleineigentümer kann ferner einen ideellen Bruchteil mit einem Nießbrauch belasten (Quotennießbrauch),[4] weil es eine den §§ 1095, 1106, 1114, 1192, 1199 BGB entsprechende Vorschrift für den Nießbrauch nicht gibt. Des Weiteren ist die Bestellung des Nießbrauchs an einem realen Grundstücksteil ohne Abschreibung zulässig und möglich, wenn hiervon Verwirrung nicht zu besorgen ist (§ 7 Abs. 2 GBO; Grund: der Nießbrauch ist eine Form der Dienstbarkeit). Ein zu Lasten eines Anteils des Gesellschafters einer Gesellschaft des bürgerlichen Rechts bestelltes Nießbrauchsrecht ist jedoch im Grundbuch nicht (mehr) eintragbar.[5] 718

An **mehreren Grundstücken** ist die Bestellung eines **Gesamtnießbrauchs** als einheitliches Recht unzulässig.[6] Jedoch kann die Bestellung in die entsprechend vieler Einzelrechte umgedeutet werden.[7] Kein Hindernis ist die Bestellung mehrerer Nießbrauchsrechte an nur einem Grundstück, auch wenn sie Gleichrang haben und nebeneinander nicht oder nicht vollständig ausgeübt werden können (§ 1060 BGB). Bei Vereinigung zweier mit je einem inhalts- und ranggleichen Nießbrauch belastete Grundstücke können die beiden Rechte nicht als ein einheitliches Recht eingetragen werden.[8] 719

IV. Inhalt, Übertragbarkeit

Der Nießbrauch unterliegt in seiner Ausgestaltung als dingliches Recht, da es im Sachenrecht keine Vertragsfreiheit gibt, nur insoweit der **Parteidisposi-** 720

---

[1] Siehe dazu OLG München DNotZ 2010, 120 m. Anm. Kesseler, der auch die Berechtigung nach § 428 BGB ablehnt = FGPrax 2009, 207 = NJW 2009, 3310 = NotBZ 2009, 464 = Rpfleger 2009, 616.

[2] Vgl. BGHZ 46, 253, 255 = NJW 1967, 627 = Rpfleger 1967, 143; OLG Hamm Rpfleger 1980, 21.

[3] BayObLGZ 1955, 155, 158 aaO.

[4] OLG Schleswig DNotI-Report 2009, 86 = MittBayNot 2009, 376 = RNotZ 2009, 401; BayObLGZ 1930, 342; 1985, 6, 9; KG DNotZ 1936, 817; OLGZ 40, 52; LG Hamburg DNotZ 1969, 39.

[5] So OLG Celle RNotZ 2011, 489 = ZIP 2011, 1510; Lindemeier DNotZ 1999, 876; anders noch OLG Hamm DNotZ 1977, 376 = OLGZ 1977, 283 = Rpfleger 1985, 85.

[6] KG KGJ 43, A 347; Schöner/Stöber Rn. 1368; MünchKomm/Pohlmann Rn. 45 zu § 1030 BGB; Meikel/Morvilius Einl. C 353.

[7] KG KGJ 43, A 348; LG Düsseldorf MittRhNotK 1973, 658; LG Verden NdsRpfl 1965, 252.

[8] LG Köln MittRhNotK 1999, 246; LG Wuppertal MittRhNotK 1994, 317 = Rpfleger 1995, 209. AA LG Darmstadt Rpfleger 1982, 216 mit berechtigten Bedenken hiergegen von Schöner/Stöber Rn 1368 Fn. 28 und Meyer-Stolte Rpfleger 1982, 217.

tion, als das Gesetz es ausdrücklich zulässt. Dagegen können die **Bestimmungen über das gesetzliche Schuldverhältnis** zwischen Eigentümer und Nießbraucher geändert, ergänzt und aufgehoben werden, soweit hierdurch nicht die Abgrenzung zwischen Eigentum und Nießbrauch verletzt wird[1] (siehe dazu nachfolgend Rn. 724 f). Vor allem scheiden **positive Leistungspflichten** des Grundstückseigentümers als dinglicher Inhalt aus, da sie dem Wesen des Nießbrauchs als Nutzungsrecht zuwiderlaufen.[2] Im Verhältnis zwischen Nießbraucher und Eigentümer findet dabei § 748 BGB lediglich insoweit Anwendung, als Lasten und Kosten der gemeinschaftlichen Berechtigung zu Nutzungsziehungen betroffen sind.[3] Die **Beschränkung** des Nutzungsziehungsrechts des Nießbrauchers **auf einzelne Teile des Gebäudes,** z.B. auf Mietwohnungen, ist dagegen bei einem Nießbrauch an einem bebauten Grundstück **unzulässig.**[4]

721 Der Nießbrauch ist grundsätzlich **unübertragbar** (§ 1059 Satz 1 BGB) und **nicht vererblich** (§ 1061 Satz 1 BGB), ebenso der Anspruch auf seine Bestellung,[5] wenn nicht der Anspruchsberechtigte und der künftige Nießbraucher verschiedene Personen sind. Nur bei einer **Universalsukzession** oder einer **Unternehmensübertragung** nach Maßgabe des § 1059a BGB ist ein **Übergang zulässig.** Dabei ist ein Erwerbsgegenstand bereits dann Unternehmensteil entsprechend dem § 1059a Nr. 2 BGB, wenn er im Rahmen der gebotenen wirtschaftlichen Betrachtung objektiv Teil des Betriebsvermögens im Sinne einer organisatorisch-wirtschaftlichen Einheit ist. Demzufolge kann im Einzelfall auch ein einzelnes Betriebsgrundstück als Unternehmensteil zu bewerten sein. Subjektive Zielsetzungen des Übertragenden oder des Übernehmenden sind für diese Bewertung ohne tragende Bedeutung. Auf die konkrete Verwendungsabsicht des Übernehmers und deren wirtschaftliche Realisierbarkeit kommt es jedenfalls nicht an.[6] Die Ausnahmebestimmung des **§ 1059a BGB** ist nicht nur auf juristische Personen, sondern auch auf Handelsgesellschaften (OHG, KG) sowie die Partnerschaft und die EWIV anzuwenden.[7] Die gemäß § 1059a Nr. 2 BGB erforderliche Feststellung ist durch AVO des RMJ vom 8.12.1938[8] grundsätzlich den Landgerichtspräsidenten (bei verschiedentlich anderen Zuständigkeiten) übertragen worden.

722 Die **Ausübung** des Nießbrauchs kann **anderen überlassen** werden (§ 1059 Satz 2 BGB), wobei dies auch ein Mieter oder Pächter des Nießbrauchers sein

---

[1] BayObLGZ 1972, 364 = DNotZ 1973, 299 = Rpfleger 1973, 55; BayObLGZ 1977, 81 = DNotZ 1978, 99 = Rpfleger 1977, 251; Schöner/Stöber Rn 1375.

[2] Vgl dazu BayObLGZ 1985, 6 = BWNotZ 1985, 64 = MittBayNot 1985, 70 = MittRhNotK 1985, 40 = Rpfleger 1985, 285 (keine Pflicht des Eigentümers zur Darlehensaufnahme für Ausbesserungen).

[3] BGH DNotI-Report 2003, 134 =DNotZ 2004, 140 = NotBZ 2003, 31 = WM 2003, 2424 = ZfIR 2004, 20.

[4] BGH NJW 2006, 1881 = NotBZ 2006, 249 = Rpfleger 2006, 386.

[5] Allgemeine Ansicht, vgl. Staudinger-Frank § 1059 BGB Rn 4.

[6] OLG Hamm DNotZ 2007, 473 = Rpfleger 2007, 390 = ZfIR 2007, 319.

[7] BGHZ 50, 307, 310 = NJW 1968, 1964 = Rpfleger 1968, 351; OLG Düsseldorf MittBayNot 1976, 215, 216; MünchKomm/Pohlmann Rn. 5, Staudinger/Frank Rn. 3 je zu § 1059a BGB.

[8] DJ 1938, 1974.

kann.[1] Möglich ist ferner eine lediglich teilweise Nutzungsüberlassung. Die erfolgte Überlassung ist aber nicht eintragungsfähig, da sie das dingliche Recht nicht berührt.[2] Der **Ausschluss** des Rechts jedoch, die Ausübung anderen zu überlassen, ist dagegen als Inhaltsänderung des dinglichen Rechts eintragungsfähig und eintragungsbedürftig.[3]

Auch wenn der Nießbrauch in aller Regel nicht übertragbar ist, **unterliegt** er als dingliches Recht trotzdem **der Pfändung**, weil seine Ausübung einem anderen überlassen werden kann (§ 857 Abs. 3 ZPO).[4] Demzufolge ist selbst ein Nießbrauch, bei dem die Überlassung der Ausübung rechtsgeschäftlich ausgeschlossen wurde, pfändbar.[5] Dies gilt ebenso für einen Nießbrauch, der einer juristischen Person zusteht (§ 1059b BGB).[6] Die Pfändung ist auch im Wege der Grundbuchberichtigung **eintragbar.** Für die Wirksamkeit der Pfändung, die mit der Zustellung des Pfändungsbeschlusses an den Eigentümer des belasteten Grundstücks als Drittschuldner eintritt,[7] ist dies jedoch ohne Bedeutung. Die Pfändung des Ausübungsrechts kann nicht eingetragen werden.[8] Im Falle der Pfändung des Nießbrauchs bedarf es zu seiner Löschung der Zustimmung des Pfandgläubigers nach § 876 BGB.[9] 723

V. Gesetzliches Schuldverhältnis

1. Der Nießbrauch begründet zwischen dem Nießbraucher und dem Eigentümer Rechtsbeziehungen als **gesetzliches Schuldverhältnis.** Die einzelnen Rechte und Pflichten des Nießbrauchers, insbesondere seine Verpflichtung, wirtschaftlich zu verfahren, wie auch die des Eigentümers regeln die §§ 1034 ff BGB. Durch Vereinbarung der Beteiligten können diese Vorschriften abgeändert oder aufgehoben werden, soweit dadurch nicht die begriffswesentlichen Grenzen zwischen Eigentum und Nießbrauch verletzt werden[10]. Abdingbar sind z.B. § 1041 Satz 2 BGB mit der Vereinbarung, dass der Nießbraucher die Kosten auch für außerordentliche Ausbesserungen und Erneuerungen zu tragen hat[11], und § 1059 BGB mit der Vereinbarung, dass die Überlassung der Ausübung des Nießbrauchs an Dritte ausgeschlossen wird[12]. 724

Nicht abdingbar sind dagegen Vorschriften, die das Wesen des Nießbrauchs als Nutzungsrecht prägen, so dass, wie schon erwähnt, insbesondere 725

[1] BGHZ 109, 111 = DNotZ 1990, 502 = NJW 1990, 443.

[2] RGZ 159, 193; KG KGJ 48, 212; JFG 1, 411; Schöner/Stöber Rn 1387.

[3] BGHZ 95, 99 = DNotZ 1986, 23 = Rpfleger 1985, 373; LG Mönchengladbach NJW 1969, 140 = DNotZ 1969, 164; Schöner/Stöber Rn 1387.

[4] BGHZ 62, 133 = NJW 1974, 796 = DNotZ 1974, 433 = Rpfleger 1974, 186; BGHZ 166, 1, 3 = NJW 2006, 1124 = Rpfleger 2006, 331.

[5] Vgl BGHZ 95, 99 = DNotZ 1986, 23 = MDR 1986, 919 = NJW 1985, 2827.

[6] Vgl Stöber Forderungspfändung Rn 1710.

[7] RGZ 74, 78, 83; LG Bonn JurBüro 1979, 1725 = Rpfleger 1979, 349; Schöner/Stöber Rn 1389.

[8] KG JFG 16, 332; KGJ 40, 254; Staudinger/Frank § 1059 Rn 22.

[9] OLG Bremen NJW 1969, 2147; OLG Frankfurt NJW 1961, 1928.

[10] BGHZ 95, 99, 100 = DNotZ 1986, 23 = NJW 1985, 2827 = Rpfleger 1985, 373 = ZIP 1985, 1084.

[11] BayObLG DNotZ 1986, 151 = Rpfleger 1985, 285.

[12] BGHZ 95, 99 aaO.

die Vereinbarung positiver Leistungspflichten ausscheidet.[1] Ferner sind vor allem die Bestimmungen über die Substanzerhaltung unter dem vorgenannten Gesichtspunkt nicht abänderbar.[2] Als **unabänderlich** und nicht mit dinglicher Wirkung beschränkbar gelten daher folgende Regelungen:

- **§ 1036 BGB,** kein Ausschluss des Nießbrauchers von Besitz und Nutzungen;[3] sowie die Aufrechterhaltung der wirtschaftlichen Bestimmung des belasteten Grundstücks.[4]
- **§ 1037 Abs. 1 BGB,** keine Umgestaltung oder wesentliche Veränderung durch den Nießbraucher.[5]
- **§ 1039 Abs. 1 Satz 2 und 3 BGB** Fortbestehen der gesetzlichen Verpflichtungen des Nießbrauchers bei übermäßiger Fruchtziehung. Nicht mit dinglicher Wirkung abdingbar ist daher die Pflicht des Nießbrauchers, das belastete Waldgrundstück nach einem gestatteten Kahlhieb wieder aufzuforsten.[6] Überhaupt nicht mit dinglicher Wirkung vereinbart werden kann andererseits eine Pflicht des Eigentümers, das vom Nießbraucher abgeholzte Waldgrundstück aufzuforsten.[7]
- **§ 1041 Satz 1 BGB,** Erhaltung der Sache durch den Nießbraucher in ihrem wirtschaftlichen Bestand.[8]
- **§ 1050 BGB** (Abnutzung),[9]
- **§ 1053 BGB** (Unterlassungsklage bei unbefugtem Gebrauch),
- **§ 1055 Abs. 1 BGB** (Rückgabepflicht).[10]

Alle ansonsten zulässigerweise vereinbarten Abweichungen von den gesetzlichen Regelungen können durch Eintragung dingliche Wirkung erlangen[11], wobei eine Bezugnahme auf die Eintragungsbewilligung (§ 874 BGB) genügt. Zu den einzelnen zwingenden und abänderbaren Vorschriften siehe im Übrigen die BGB-Kommentare.

VI. Grundbucheintragung

726 Die Eintragung des Nießbrauchs unter Angabe des Berechtigten erfordert lediglich seine Bezeichnung als solchen, was völlig genügt, wenn der gesetzli-

[1] Vgl dazu BayObLGZ 1985, 6 = BWNotZ 1985, 64 = MittBayNot 1985, 70 = MittRhNotK 1985, 40 = Rpfleger 1985, 285 (keine Pflicht des Eigentümers zur Darlehensaufnahme für Ausbesserungen).

[2] Schöner/Stöber Rn. 1375; MünchKomm/Petzoldt Rn 15 vor § 1030 BGB; Staudinger/Frank Rn 13 zu Vorbem §§ 1030 ff BGB.

[3] Vgl OLG Hamm Rpfleger 1983, 144.

[4] KG DNotZ 2006, 470 = RNotZ 2006, 544.

[5] BayObLGZ 1977, 81 = DNotZ 1978, 99 = Rpfleger 1977, 251; KG DNotZ 2006, 470 aaO. Streitig ist, ob dem Nießbraucher im Rahmen seines Rechts die Befugnis eingeräumt werden kann ein Gebäude zu errichten; so MünchKomm/Pohlmann Rn 6 und Staudinger/Frank Rn 5 je zu § 1037 BGB. **AA** KG DNotZ 1992, 675 (Frank) = Rpfleger 1992, 14.

[6] BayObLGZ 1977, 205 = MittBayNot 1977, 189 = Rpfleger 1977, 407.

[7] BayObLGZ 1972, 364 = DNotZ 1973, 299 = MittBayNot 1973, 22 = Rpfleger 1973, 55.

[8] Vgl BayObLG DNotZ 1978, 99 = Rpfleger 1977, 251.

[9] BayObLG MittBayNot 1985, 128.

[10] Schöner/Stöber Rn. 1375.

[11] Staudinger/Frank Rn 16 Vorbem. zu §§ 1030 ff BGB.

che Inhalt des Rechts nicht eingeschränkt und nicht abbedungen wird. Eine Bezugnahme auf die Eintragungsbewilligung (§ 874 BGB) muss aber zu erfolgen, wenn einzelne Nutzungen ausgeschlossen sind (§ 1030 Abs. 2 BGB) oder der Inhalt des gesetzlichen Schuldverhältnisses des Nießbrauchs mit dinglicher Wirkung abgeändert ist. Bedingung und Befristung des Nießbrauchs sind möglich (s. Rn. 602. Das Wort „lebenslänglich" braucht bei einem Nießbrauch auf Lebenszeit des Berechtigten nicht eingetragen werden[1], weil sein Erlöschen mit dem Tod nach § 1061 Satz 1 BGB bereits gesetzlich festgelegt ist. Auch bei einem Nießbrauch kann gemäß § 882 BGB für den Fall seines Erlöschens durch Zuschlag im Zwangsversteigerungsverfahren ein zur Begrenzung nach oben maßgeblicher **Höchstbetrag für den Wertersatz** unmittelbar in das Grundbuch als Inhalt des Rechts eingetragen werden. Ansonsten s. dazu Rn. 45.

Eintragungsbeispiel:
Nießbrauch für ... [bedingt – befristet], gemäß Bewilligung vom ... (Notar ... URNr. ...) [Löschungsklausel Rn. 397] eingetragen am ...

VII. Genehmigungserfordernisse

1. Bei einem land- oder forstwirtschaftlichen Grundstück bedarf die Bestellung eines Nießbrauchs und die Verpflichtung dazu nach § 2 Abs. 1 Satz 1, Abs. 2 Nr. 3 GrdstVG der Genehmigung durch die nach Landesrecht zuständige Behörde,[2] soweit nicht entsprechend der Befugnis nach § 2 Abs. 3 Nr. 2 GrdstVG Befreiung hiervon erteilt ist. Ferner kann auch nach § 8 Nrn 2, 3 GrdstVG eine Pflicht zur Erteilung der Genehmigung für die Bestellung eines Nießbrauchs bestehen, wobei allerdings gemäß § 3 GrdstVG die Regelung des § 8 Nr. 2 GrdstVG nicht gilt für Höfe i.S. der in den Ländern Hamburg, Niedersachsen, Nordrhein-Westfalen und Schleswig-Holstein sowie nach der in Rheinland-Pfalz geltenden Höfeordnung. 727

2. Im Umlegungsverfahren ist nach § 51 BauGB sowie bei einem in einem Sanierungsgebiet oder städtebaulichen Entwicklungsgebiet liegenden Grundstück nach § 144 Abs. 2 Nr. 2, § 169 Abs. 1 Nr. 3 BauGB eine behördliche Genehmigung erforderlich. 728

3. Die Belastung eines im Eigentum eines Mündels, minderjährigen Kindes, Pfleglings oder Betreuten stehenden Grundstücks mit einem Nießbrauch bedarf der familien- oder betreuungsgerichtlichen Genehmigung nach § 1821 Abs. 1 Nr. 1 BGB (mit §§ 1643, 1915 Abs. 1, 1908i BGB). Die Bestellung eines Nießbrauchs für die Vorgenannten am Grundstück eines Dritten unterliegt dagegen keiner Genehmigung.[3] Dass das der Nießbrauchsbestellung zugrunde liegende schuldrechtliche Grundgeschäft unter Umständen einem Genehmigungserfordernis nach § 1821 Abs. 1 Nr. 5 BGB bzw. § 1822 Nr. 10 BGB unterliegt, berührt die Wirksamkeit des dinglichen Vollzugsgeschäfts nicht und ist für das Grundbuchverfahren deshalb ohne Bedeutung.[4] 729

---

[1] KGJ 26 A 273.

[2] *Vgl* Staudinger/Frank Rn 46 Vorbem. zu §§ 1030 ff BGB.

[3] Vgl. OLG München MittBayNot 2011, 238 = NJW-RR 2011, 595 = Rpfleger 2011, 374.

[4] BayObLG DNotZ 1990, 510 = NJW-RR 1990, 87.

730 4. Soll für einen beschränkt geschäftsfähigen Minderjährigen (§ 106 BGB) oder einem unter Einwilligungsvorbehalt stehenden Betreuten (§ 1903 BGB) ein Nießbrauch bestellt werden, so bedarf es regelmäßig der Einwilligung oder Genehmigung des gesetzlichen Vertreters, weil die aus dem Begleitschuldverhältnis zum Nießbrauch sich ergebenden Verpflichtungen nicht lediglich rechtlich vorteilhaft sind.[1] Dies wäre nur dann anders, wenn die gemäß den Regelungen §§ 1041 Satz 2, 1045, 1047 BGB bestehenden Verpflichtungen des Nießbrauchers vom Grundstückseigentümer mittels abweichender Vereinbarung übernommen werden.

731 5. Bei der Bestellung eines Nießbrauchs durch einen im gesetzlichen Güterstand der Zugewinngemeinschaft lebenden Ehegatten an seinem Grundbesitz ist in der Regel eine Zustimmung nach § 1365 BGB des anderen Ehegatten nicht erforderlich, es sei denn der Grundbesitz stellt sein gesamtes oder nahezu sein gesamtes Vermögen dar und dessen Wert wird durch die Bestellung völlig aufgezehrt.[2] Nach § 1424 BGB bedarf es im Falle der Gütergemeinschaft zur Begründung eines Nießbrauchs an einem zum Gesamtgut gehörenden Grundstück durch den Verwalter des Gesamtguts der Einwilligung des anderen Ehegatten.

VIII. Erlöschen

732 1. Der Nießbrauch erlischt

- mit dem **Tod des Berechtigten** (§ 1061 Satz 1 BGB). Steht der Nießbrauch einer juristischen Person oder einer rechtsfähigen Personengesellschaft zu, so erlischt er mit deren Beendigung (§ 1061 Satz 2 BGB), sofern nicht ein Übergang nach § 1059a BGB stattgefunden hat. Die Löschung im Grundbuch ist in diesen Fällen Berichtigung, die aber, weil rückständige Leistungen nicht ausgeschlossen sind, nur unter der Beachtung des § 23 GBO erfolgen kann. Verstirbt einer von mehreren Nießbrauchern, so steht das Recht im Falle des § 428 BGB den anderen Gesamtberechtigten allein zu.[3] Im Falle der Bruchteilsgemeinschaft kann von vornherein der Nießbrauch so bestellt werden, dass bei Ableben eines Berechtigten die Bruchteile der anderen sich entsprechend erhöhen.[4]
- mit seiner **Aufhebung** (§ 875 BGB), die eine Erklärung des Berechtigten und die Eintragung im Grundbuch erfordert; zur Zustimmung Dritter s. Rn. 16. Einer Zustimmung des Eigentümers des belasteten Grundstücks zur Löschung bedarf es nicht.
- mit Eintritt einer auflösenden **Bedingung** (§ 158 Abs. 2 BGB) oder im Falle einer zeitlichen Beschränkung mit Zeitablauf. Auch dann sind für die Löschung immer die §§ 23, 24 GBO zu beachten.

---

[1] BFH NJW-RR 1990, 1035; LG Kaiserslautern MittBayNot 1977, 8 = MittRhNotK 1977, 8; LG Aachen MittRhNotK 1978, 100; Palandt-Heinrichs § 107 BGB Rn 4.

[2] Vgl BGHZ 123, 93 = NJW 1993, 2441 = ZIP 1993, 1398; s. auch Schöner/Stöber Rn 1380.

[3] BayObLGZ 1955, 159; KG JFG 10, 312 OLG München JFG 18, 132; Amann MittBayNot 1990, 225, 228.

[4] BGH WM 1964, 635; RG DR 44, 774; BayObLGZ 1955, 158; KG Recht 1929 Nr. 1831; LG Aachen MittRhNotK 1970, 51.

2. Ansonsten gilt der Nießbrauch nach Maßgabe des § 5 Abs. 1 GBBerG mit Ablauf von 110 Jahren als erloschen (wie Rn. 752).

IX. Nießbrauch an einem Recht

Ein Nießbrauch kann auch an einem übertragbaren Recht (s. § 1069 Abs. 2 BGB), z.B. einer Hypothek oder Grundschuld, aber auch an einem Erbteil oder einem Gesellschaftsanteil bestellt werden (§ 1068 Abs. 1 BGB). Die Bestellung hat dabei nach den für die Übertragung des Rechts geltenden Vorschriften zu erfolgen (§ 1069 Abs. 1 BGB). Bei einem Rechtsnießbrauch an einem **Gesellschaftsanteil eines BGB-Gesellschafters** kommt, auch wenn zum Gesellschaftsvermögen Grundbesitz gehört, die Eintragung einer Verfügungsbeschränkung an dessen Gesellschaftsanteil **nicht** infrage, weil der Nießbrauch nur an diesem Anteil, nicht jedoch an den einzelnen Gegenständen lastet. Die Verfügungsbefugnis des Gesellschafters über das Grundstück wird dadurch nicht eingeschränkt und das Grundbuch hat im Übrigen nur die Rechtsverhältnisse der Gesellschaft und nicht die ihrer Gesellschafter wiederzugeben.[1] 733

§ 31. Eintragung einer beschränkten persönlichen Dienstbarkeit (§§ 1090–1092 BGB)

I. Rechtsnatur, Entstehung

Die beschränkte persönliche Dienstbarkeit (§ 1090 BGB) ist eine Grundstücksbelastung in der Weise, das der Berechtigte 734
- befugt ist, das Grundstück in einzelnen Beziehungen zu **benutzen**, oder
- sonst eine Befugnis hat, die den Inhalt einer Grunddienstbarkeit (§ 1018 BGB) bilden kann.

Sie unterscheidet sich von der Grunddienstbarkeit nur durch die Person des Berechtigten (Rn. 682).

Das Recht **entsteht** durch Einigung und Eintragung (§ 873 BGB) Mit der Bestellung der beschränkten persönlichen Dienstbarkeit entsteht wie bei der Grunddienstbarkeit nach § 1090 Abs. 2 i.V.m. §§ 1020 ff BGB zwischen dem Berechtigten und dem Eigentümer des belasteten (dienenden) Grundstücks ein **gesetzliches (Begleit-) Schuldverhältnis** (s. dazu Rn. 699 ff). 735

II. Berechtigung

Berechtigter einer beschränkten persönlichen Dienstbarkeit kann eine (bestimmte) natürliche oder juristische Person, auch eine Handelsgesellschaft, (§ 124 Abs. 1 und § 161 Abs. 2 HGB), eine Partnerschaft oder eine EWIV sein, nicht aber der jeweilige Eigentümer eines anderen Grundstücks. Dienst- 736

---

[1] OLG München FGPrax 2011, 67 = MittBayNot 2011, 221 = ZIP 2011, 276; OLG Celle RNotZ 2011, 489 = ZIP 2011, 1510. A.A. OLG Zweibrücken DNotZ 2011, 207.

barkeitsberechtigter kann ferner eine Gemeinde oder ein Landkreis sein.[1] Für **mehrere Berechtigte** wird zumeist je eine Dienstbarkeit mit je gleichem Inhalt und unter sich in gleichem Rang bestellt. Jedoch ist auch die Bestellung nur **einer** Dienstbarkeit zulässig. Möglich ist insoweit eine Gesamtberechtigung nach § 428 BGB,[2] eine Gesamthandsberechtigung bei in Gütergemeinschaft lebenden Eheleuten, wenn die Dienstbarkeit zum Gesamtgut gehört, sowie bei Rechten, die auf eine Ziehung von teilbaren Nutzungen gerichtet sind, eine **Bruchteilsgemeinschaft.**[3] Ist das Recht unteilbar wie z. B. bei einem Geh- und Fahrtrecht oder einer Unterlassungsdienstbarkeit, scheidet eine Bruchteilsberechtigung aus und es kommt dann lediglich eine Mitberechtigung nach § 432 BGB infrage.[4] Im Falle einer Gesamtberechtigung kann vereinbart werden, dass das Recht, wenn ein Berechtigter verstirbt, den anderen im vollen Umfang allein zusteht.[5]

737 Die Eintragung einer Dienstbarkeit für eine Person und ihren **Rechtsnachfolger,**[6] auch bei einer juristischen Person oder Handelsgesellschaft,[7] oder für den jeweiligen Firmeninhaber[8] ist **unzulässig.** Zulässig ist dagegen die Bestellung einer zweiten inhaltsgleichen Dienstbarkeit, aufschiebend bedingt durch den Tod oder den sonstigen Wegfall des ersten Berechtigten.[9] Das setzt jedoch voraus, dass der Berechtigte schon feststeht, weil ansonsten das Recht zugunsten eines unbestimmten Dritten (z. B. die Erben einer noch lebenden Person) mangels Einigung nicht entstehen kann, da § 328 BGB auf dingliche Rechte nicht anwendbar ist.[10] Möglich ist auch die Begründung eines schuldrechtlichen Anspruchs auf Einräumung einer Dienstbarkeit bei Erlöschen der ersten, gesichert durch eine **Vormerkung**, wobei jedoch der Vormerkungsberechtigte nach sachlichen Kriterien eindeutig bestimmbar sein muss.[11] Der Anspruch auf Bestellung einer beschränkten persönlichen Dienstbarkeit ist

---

[1] BGH DNotZ 1985, 34 = NJW 1984, 924; BayObLGZ 1965, 180 = NJW 1965, 1484.

[2] BGHZ 46, 253 = DNotZ 1967, 187 (Fassbender) = Rpfleger 1967, 143; BayObLGZ 1991, 431; BayObLGZ 1965, 267 = DNotZ 1966, 174 = NJW 1966, 56 = Rpfleger 1966, 367 (Haegele); KG DNotZ 1936, 396; Schöner/Stöber Rn. 1197, 1245.

[3] BayObLG NJW 1966, 56 = MDR 1966, 146; OLG Köln DNotZ 1965, 686; KEHE/Eickmann § 47 GBO Rn 6.

[4] KG JW 1935, 3564; Schöner/Stöber Rn. 1197.

[5] BayObLG BayZ 29, 162; KEHE-Herrmann Einl N 48.

[6] BGH NJW 1965, 393, 394 = DNotZ 1965, 473, 475 (Wehrens) = MDR 1965, 195; RGZ 119, 211; BayObLGZ 11, 573.

[7] OLG Düsseldorf Rpfleger 2001, 297; LG Bochum Rpfleger 1976, 432; Schöner/Stöber Rn. 1199. **anders noch** OLG Düsseldorf MittBayNot 1976, 215 = MittRhNotK 1976, 641 (betr OHG).

[8] BayObLG Rpfleger 1976, 250. MünchKomm/Joost § 1092 BGB Rn 2; Staudinger/Mayer § 1090 BGB Rn 3. **AA** OLG Hamburg OLGZ 1936, 164; DNotZ 1937, 330.

[9] RGZ 59, 289; 119, 214; RG JW 1928, 499.

[10] OLG München MDR 2011, 416 = RNotZ 2011, 245.; BayObLG NJW 2003, 1402 = Rpfleger 2003, 177 = ZfIR 2002, 158.

[11] Sieh dazu OLG Hamm MittBayNot 2011, 299 m. Anm. Keller = RNotZ 2011, 243 = Rpfleger 2011, 367.

im Gegensatz zum Anspruch auf Bestellung einer Grunddienstbarkeit nicht abtretbar.[1]

Für den **Eigentümer** des belasteten Grundstücks selbst kann, wie beim Nießbrauch,[2] am **eigenen Grundstück**, ohne dass es den Nachweis eines berechtigten Interesses bedarf, ebenfalls eine beschränkte persönliche Dienstbarkeit bestellt werden.[3] Die Eigentümer-Dienstbarkeit entsteht durch einseitige Erklärung und Eintragung. 738

III. Belastungsgegenstand

Hier gilt dasselbe wie bei der Grunddienstbarkeit (Rn. 684). Eine auf einem Erbbaurecht einzutragende Dienstbarkeit muss inhaltlich innerhalb des Rahmens für das Erbbaurecht liegen.[4] (Kein Tankstellenrecht bei Wohnhaus). Eine **Gesamtbelastung** mehrerer Grundstücke ist zulässig, wenn sich die Ausübung des Rechts auf alle erstreckt.[5] Ein ideeller Miteigentumsanteil (Anteil eines Bruchteilsmiteigentümers, §§ 741, 1008 BGB) kann auch mit einer beschränkten persönlichen Dienstbarkeit nicht belastet werden. 739

IV. Inhalt

1. Die beschränkte persönliche Dienstbarkeit **schränkt** die (tatsächliche) **Nutzungsrechte** des Eigentümers ein. Der Umfang der Beschränkung der Eigentümerbefugnisse und damit der Inhalt der Dienstbarkeitsberechtigung wird durch die Einigung der Beteiligten bestimmt. Eine Dienstbarkeit die dem Berechtigten das Recht einräumt, das belastet Grundstück beliebig zu nutzen, ist daher unzulässig. Auch wenn der Belastungsgegenstand der Dienstbarkeit das gesamte Grundstück ist, kann ihre **Ausübung auf einen realen Teil** des Grundstücks beschränkt werden. Eine derartige Beschränkung des Ausübungsbereichs kann durch die Bezugnahme auf bestimmte natürliche, auch in der Vergangenheit liegende Gegebenheiten beschrieben werden, ohne dass dies den sachenrechtlichen Bestimmtheitsgrundsatz verletzt.[6] Auch im Falle einer Ausübungsbeschränkung darf aber die Dienstbarkeit nur eine Nutzung in einzelnen Beziehungen beinhalten. Eine allumfassende Nutzung oder die alleinige Nutzung durch den Dienstbarkeitsberechtigten unter Ausschluss des Eigentümers ist nicht eintragungsfähig.[7] Inhaltlich unzulässig ist ferner eine beschränkte persönliche Dienstbarkeit, die sich auf die isolierte Ausübung der Nutzungsbefugnisse beschränkt, die sich aus einer zu Gunsten des belasteten Grundstücks bestehenden Grunddienstbar- 740

[1] BGH NJW 2010, 1074 = ZfIR 2010, 97 m. zust. Anm. Heinze.

[2] BGH FGPrax 2011, 269 = NJW 2011, 3517 = NotBZ 2011, 388 = ZNotP 2011, 386.

[3] Siehe OLG München DNotI-Report 2011, 172 = NotBZ 20111, 449 = RNotZ 2012, 44 (vorausgesetzt wird nur die Möglichkeit eines schutzwürdigen Interesses).

[4] BayObLG Rpfleger 1959, 17, 18.

[5] KG KGJ 44, 358 = RJA 12, 167.

[6] OLG Zweibrücken MDR 2010, 1044 = NotBZ 2010, 470 = Rpfleger 2010, 494.

[7] OLG München DNotZ 2010, 845 = RNotZ 2010, 331.

keit an dritten Grundstücken ergeben.[1] Die selbständige dingliche Überlassung der Ausübung kann insoweit nur zugleich mit der Benutzung des herrschenden Grundstücks auf einen Dritten übertragen werden.[2] Als zulässig erachtet wird die Bestellung einer Dienstbarkeit mit dem Inhalt, dass der Berechtigte hinsichtlich einer einzelnen näher bezeichneten Wohnung in einem Mehrfamilienhaus berechtigt ist, diese im eigenen Namen zu Wohnzwecken an beliebige Dritte zu vermieten und den Mietzins zu vereinnahmen.[3] Der eintragbare Inhalt einer beschränkten persönlichen Dienstbarkeit deckt sich ansonsten im vollen Umfang mit dem der Grunddienstbarkeit (§ 1090 Abs. 1 BGB). Zur Bestellung einer Benutzungs- oder Unterlassungsdienstbarkeit sowie für den Ausschluss eines Eigentümerrechts siehe dazu bereits die hier gleichermaßen geltenden Ausführungen zur Grunddienstbarkeit (Rn. 688–693).

741 2. Vielfach wird die beschränkte persönliche Dienstbarkeit zur Sicherung von **Wettbewerbs-** und **Veräußerungsbeschränkungen** verwendet. Auch dafür kann sie nur mit dem nach § 1090 i.V.m. § 1018 BGB zulässigen Inhalt bestellt werden. Der Ausschluß der rechtlichen Verfügungsbefugnis des Eigentümers kann nicht Dienstbarkeitsinhalt sein. Kein Nutzungsrecht des Grundstückseigentümers (§ 903 BGB), sondern die rechtsgeschäftliche Freiheit im Hinblick auf die wirtschaftliche Führung eines Gewerbebetriebs ist das Recht zur freien Auswahl der Warenlieferanten[4]. **Nicht Inhalt** einer Dienstbarkeit kann daher das Verbot sein, auf dem Grundstück andere Waren als die eines bestimmten Herstellers oder Lieferanten zu lagern, feilzubieten oder zu vertreiben[5]. Daher verbietet sich als Dienstbarkeitsinhalt z.B. das Verbot

- in einer Gaststätte (Bierverkaufsstelle) oder allgemein auf dem Grundstück anderes als das von einer bestimmten Brauerei gelieferte (erzeugte) Bier zu vertreiben[6],
- in einer Tankstelle andere Betriebsstoffe, Fette und Öle als die einer bestimmten Mineralölfirma zu verkaufen oder zu vertreiben[7].

742 3. **Begründet** werden kann eine

a) **Gewerbebetriebsdienstbarkeit** mit der Befugnis, das Grundstück in einzelnen Beziehungen zu benutzen.

Beispiele: Betrieb einer Gastwirtschaft und Gaststätte[8], einer Tankstelle[9], Biervertrieb[10], Verkauf von Weißbieren[11].

---

[1] OLG Hamm DNotZ 2008, 612 = NJW-RR 2008, 1609 = RNotZ 2008, 292 = Rpfleger 2008, 356.

[2] BayObLG NJW-RR 2003, 451.

[3] OLG Schleswig NJOZ 2011, 2084.

[4] BGHZ 29, 244, 249 f = DNotZ 1959, 191 = NJW 1959, 670 = Rpfleger 1959, 123; BGH NJW 1981, 343, 344; BayObLGZ 1952, 287, 288 und 1997, 129 = NJW 1997, 912 = Rpfleger 1997, 371.

[5] BayObLG DNotZ 1972, 350 = Rpfleger 1972, 18.

[6] BayObLGZ 1952, 287 und 1953, 295.

[7] BGHZ 29, 244 aaO.

[8] BGH DNotZ 1976, 97 = Rpfleger 1975, 171.

[9] BGHZ 29, 244, 246 = aaO.

[10] BGH DNotZ 1986, 618.

[11] BayObLGZ 1997, 129 = NJW 1997, 912 = Rpfleger 1997, 371.

b) **Wettbewerbsverbotsdienstbarkeit** mit (zulässiger) Einschränkung des Eigentümers in der tatsächlichen Herrschaft über sein Grundstück wie mit dem Verbot, auf dem Grundstück

- Bier (oder auch alkoholfreie Getränke) herzustellen, zu lagern, zu verkaufen oder sonst wie zu vertreiben[1],
- ein Gastwirtschafts- und/oder Flaschenbierhandelsgewerbe auszuüben oder durch Dritte ausüben zu lassen[2],
- Weißbier zu verkaufen[3],
- (sonst) ein bestimmtes Gewerbe zu betreiben[4],
- überhaupt einen Gewerbebetrieb zu errichten oder ein bestimmtes Gewerbe (Wäscherei, Schankwirtschaft, Schanklokal, öffentliche Vergnügungsstätte, Handel mit Kolonial-, Back- und Konditorwaren) zu betreiben[5],
- eine Tankstelle zu errichten und zu betreiben[6].

Dass die (zulässige) Unterlassungsdienstbarkeit als Folge der Einschrän- 743
kung der tatsächlichen Nutzung des Grundstücks dem Eigentümer Beschränkungen in seiner gewerblichen Tätigkeit bringt[7] und praktisch (wirtschaftlich) eine Bezugsverpflichtung sichert, hindert die Bestellung einer beschränkten persönlichen Dienstbarkeit nicht[8].

V. Übertragbarkeit

Übertragbar (abtretbar) ist die beschränkte persönliche Dienstbarkeit 744
grundsätzlich nicht (§ 1092 Abs. 1 Satz 1 BGB). Es kann jedoch die **Ausübung** der Dienstbarkeit einem anderen **überlassen werden**, wenn dies (ausdrücklich) gestattet ist (§ 1092 Abs. 1 Satz 2 BGB). Die Gestattung der Ausübung kann durch Einigung und Eintragung als Inhalt des Rechts vereinbart werden[9]; die Eintragung durch Bezugnahme auf die Bewilligung (§ 874 BGB) erfolgen[10]. Die erfolgte Überlassung der Ausübung ist, da sie kein dingliches Recht für den Ausübenden begründet, nicht eintragbar.[11] Besteht das Recht zur Ausübung der Dienstbarkeit durch Dritte als dinglicher Inhalt der Dienstbarkeit, so kann diese zum Zwecke der Ausübung auch **gepfändet** werden

[1] BGH DNotZ 1988, 572 und 576; BGHZ 74, 293 = DNotZ 1980, 43 = Rpfleger 1979, 375; NJW 1981, 343, 344 und DNotZ 1976, 97 = aaO.; BayObLGZ 1953, 295; OLG Karlsruhe NJW 1986, 2312.

[2] OLG München MittBayNot 1973, 206.

[3] BayObLG 1997, 129 = aaO.

[4] BayObLG 1952, 287, 288.

[5] BGHZ 29, 244, 249 = aaO; DNotZ 1963, 44; NJW 1981, 343 und NJW 1983, 115; BayObLGZ 1983, 143, 148.

[6] BGH NJW 29, 244 = aaO.

[7] BGHZ 29, 244, 249 = aaO].

[8] BGH DNotZ 1988, 572 mit Anm. *Amann* = NJW 1988, 2364 mit weit Nachw.; Zu diesen Fragen und auch zur Eintragung einer Wettbewerbsverbotsdienstbarkeit s. näher Schöner/Stöber Rn. 1221–1232.

[9] RGZ 159, 193, 204;KG DNotZ 1968, 750= NJW 1968, 1882 = OLGZ 1968, 295 = Rpfleger 1968, 329; BayObLG 1982, 246 [250].

[10] KG JW 1937, 716.

[11] RGZ 159, 193, 207.

(§ 857 Abs. 3 ZPO).[1] Eine derartige **Pfändung** ist unter Nachweis ihrer Wirksamkeit im Wege der Grundbuchberichtigung **eintragbar.** Der Pfandgläubiger kann dadurch verhindern, dass die Dienstbarkeit in Unkenntnis der Pfändung ohne seine Einwilligung gelöscht wird.[2]

745 Steht die Dienstbarkeit einer **juristischen Person oder rechtsfähigen Personengesellschaft** zu (OHG, KG Partnerschaft, EWIV BGB-Gesellschaft), ist sie **in den Grenzen des § 1059a BGB übertragbar** (§ 1092 Abs. 2 BGB). Eine Gesamtrechtsrechtsnachfolge i.S.d. § 1059a Abs. 1 Nr. 1 BGB ist dabei auf verschiedene Weise möglich. Infrage kommen kann

a) eine **Verschmelzung** des Vermögens des übertragenden Rechtsträgers, sowohl durch Aufnahme nach §§ 4 ff UmwG als auch durch Neugründung eines übernehmenden Rechtsträgers (§§ 36 ff UmwG)

b) eine **Spaltung** des Vermögens, jedenfalls soweit ein Fall der Aufspaltung (§ 123 Abs. 1 UmwG), also eine vollständige Vermögensübertragung, oder eine Totalausgliederung vorliegt, bei der sämtliche Vermögenswerte und Verbindlichkeiten auf den übernehmenden Rechtsträger übertragen werden.

c) eine teilweise oder völlige Vermögensübertragung nach §§ 174 ff UmwG, die jedoch nur für einen gesetzlich eng begrenzten Kreis von Rechtsträgern zulässig ist (s. § 175 UmwG).

Die Konsequenz einer der vorgenannten Fälle der Gesamtrechtsnachfolge ist dann der Übergang einer für den übernommenen Rechtsträger bestehenden Dienstbarkeit auf den Übernehmer kraft Gesetzes. Die Eintragung der Rechtsnachfolge ist nur mehr berichtigender Art. Die **Rechtsfolge** des § 1059a Abs. 1 Satz 1 mit § 1092 Abs. 2 BGB **kann** jedoch durch eintragungsfähige Vereinbarung **ausgeschlossen werden**, was zur Folge hat, dass mit Eintritt des auflösenden Ereignisses die Dienstbarkeit erlischt.[3]

746 Eine beschränkte persönliche Dienstbarkeit ist im Weiteren nach § 1059a Abs. 1 Nr. 2 mit § 1092 Abs. 2 BGB übertragbar, wenn der Berechtigte sein von ihm betriebenes Unternehmen ganz oder teilweise auf einen anderen **rechtsgeschäftlich überträgt** und die Dienstbarkeit den Zwecken dem übertragenen Unternehmen oder Unternehmsteil zu dienen geeignet ist. Die Übertragung des Rechts setzt eine Einigung (§ 873 Abs. 1 BGB) zwischen dem bisherigen und dem neuen Rechtsträger sowie die Eintragung im Grundbuch voraus. Einer Mitwirkung des Eigentümers des belasteten Grundstücks bedarf es nicht. Der dem Grundbuchamt gegenüber in der Form des § 29 GBO erforderliche Nachweis für das Vorliegen der Übertragungsvoraussetzungen wird durch die nach § 1059a Abs. 2 Nr. 2 Satz 2 BGB erforderliche Feststellungserklärung der Verwaltungsbehörde erbracht.

747 Dienstbarkeiten zugunsten von juristischen Personen oder rechtsfähigen Personengesellschaften für Leitungsrechte zur Ver- und Entsorgung, für Tele-

---

[1] Siehe BGH DNotI-Report 2006, 186 = Rpfleger 2007, 34 = WM 2006, 2226; KG DNotZ 1968, 750; *Rossak* MittBayNot 2000, 383, 386; **anders noch** BGH NJW 1962, 1392 und 1963, 2319, der bereits die rechtsgeschäftliche Vereinbarung der Ausübung ohne GB-Eintragung für ausreichend hält, was aber wohl nicht Gegenstand der Pfändung des dinglichen Rechts sein kann.

[2] Siehe Stöber, Forderungspfändung Rn 1524.

[3] MünchKomm/Joost Rn. 20, Staudinger/Mayer Rn 20 je zu § 1092 BGB.

kommunikationsanlagen, für Transporte von Produkten zwischen Betriebsstätten und für Straßenbahn- oder Eisenbahnanlagen sind letztlich als **weitere Ausnahme** im Rahmen des § 1092 Abs. 3 BGB **rechtsgeschäftlich** ohne Mitwirkung des Grundstückseigentümers über § 873 BGB durch Einigung und Eintragung im Grundbuch **übertragbar**.

VI. Grundbucheintragung

1. Für die Eintragung einer beschränkten persönlichen Dienstbarkeit als Grundstücksbelastung hat die Eintragungsbewilligung (§ 19 GBO) den Dienstbarkeitsinhalt klar und eindeutig festlegen (hierzu Rn. 688). Bei der Vornahme der Grundbucheintragung in Abteilung II für den Berechtigten muss die Dienstbarkeit mit ihrem **Wesenskern schlagwortartig bezeichnet** werden. Eine Bezugnahme nach § 874 BGB reicht dafür nicht aus[1] und andererseits auch nicht die alleinige Bezeichnung als „beschränkte persönliche Dienstbarkeit".[2] Ihre Rechtsnatur (§ 1090 BGB) im Gegensatz zur Grunddienstbarkeit ergibt sich aus der Bezeichnung der natürlichen oder juristischen Person bzw. Personengesellschaft als Berechtigte. Bei ungenauer Bezeichnung kann im Einzelfall ein **Klarstellungsvermerk** eintragen werden.[3] Wenn jedoch die im Grundbuch eingetragene schlagwortartige Bezeichnung einer Dienstbarkeit deren Inhalt unzutreffend wieder gibt, ist die Eintragung eines Klarstellungsvermerks abzulehnen, weil nichts klargestellt werden kann, was mangels Eintragung nicht entstanden ist.[4] Hinsichtlich der Beispiele für gebräuchliche schlagwortartige Bezeichnungen siehe Rn. 707. 748

2. Zur Bezeichnung des **näheren Inhalts** der Dienstbarkeit kann ansonsten auf die Eintragungsbewilligung Bezug genommen werden (§ 874 BGB). Eine Dienstbarkeit zur Grundstücksnutzung in mehrfacher Beziehung (Rn. 694) muss mit jedem wesentlichen Wesenskern schlagwortartig eingetragen werden. 749

Eine Bedingung oder Befristung der Dienstbarkeit ist zulässig,[5] auch nebeneinander, und bedarf der Grundbucheintragung. Fehlt eine dieser Angaben, muss die Eintragung wegen Unvollständigkeit ergänzt werden.[6] Zur Bestimmung eines Wertersatzes nach § 882 BGB s. Rn. 603 u. 41 ff. 750

Eintragungsbeispiel:
(Beschränkte persönliche Dienstbarkeit) Gaststättenbetriebsverbot für [bedingt – befristet] gemäß Bewilligung vom … (Notar … URNr. …) eingetragen am …

---

[1] BGH NJW 1980, 179; BGHZ 35, 378 = NJW 1961, 2157 = Rpfleger 1961, 394; BayObLG Rpfleger 1973, 298; KG NJW 1973, 1128.
[2] BGHZ 35, 378 aaO.
[3] Vgl LG Chemnitz MittBayNot 2006, 335 = NotBZ 2006, 217 = RNotZ 2006 =Rpfleger 2006, 319.
[4] So zu Recht Hintzen Rpfleger 2006, 406.
[5] BGH NJW 1979, 2149, 2150; RGZ 59, 289; KG OLG 10, 117; DNotZ 1942, 75; OLG Nürnberg NJW 1978, 706 = OLGZ 1978, 79.
[6] OLG Köln DNotZ 1963, 48, 49 = Rpfleger 1963, 381 *(Haegele)*.

VII. Erlöschen

751 1. Erlöschen kann die beschränkte persönliche Dienstbarkeit mit

- **Aufhebung** (§ 875 BGB); sie erfordert eine Erklärung des Berechtigten und die Eintragung im Grundbuch. U.U. kann darüber hinaus die Zustimmung Dritter erforderlich sein (s. Rn. 16). Einer Zustimmung des Eigentümers des belasteten Grundstücks bedarf es zur Löschung nicht.
- dem **Tod** des Berechtigten (§ 1090 Abs. 2 mit § 1061 Satz 1 BGB), bei einer juristischen Person mit Erlöschen dieser (§ 1061 Satz 2 BGB; Beendigung der Liquidation, nicht schon Auflösung). Die Löschung im Grundbuch ist dann lediglich Berichtigung, die aber, wenn rückständige Leistungen nicht ausgeschlossen sind, nur unter Beachtung des § 23 GBO erfolgen kann (Rn. 392 ff),
- Eintritt einer **auflösenden Bedingung** (§ 158 Abs. 2 BGB); Löschung: § 24 GBO (Rn. 402).

752 2. Nach § 5 Abs. 1 GBBerG wird das Erlöschen der beschränkten persönlichen Dienstbarkeit einer natürlichen Person mit **Ablauf von 110 Jahren** vom Geburtstag des Berechtigten an fingiert, sofern nicht innerhalb von 4 Wochen ab diesem Zeitpunkt eine Erklärung des Berechtigten beim Grundbuchamt eingegangen ist, dass er auf den Fortbestand seines Rechtes bestehe. Durch diese Regelung ist die Möglichkeit einer erleichterten Löschung geschaffen, weil nach der Lebenserfahrung davon auszugehen ist, dass der Berechtigte nicht mehr lebt.

§ 32. Eintragung eines Wohnungsrechts (§ 1093 BGB)

I. Rechtsnatur

753 Das Wohnungsrecht (§ 1093 BGB) ist als beschränkte persönliche Dienstbarkeit eine Grundstücksbelastung mit dem Recht, ein Gebäude oder einen Teil eines Gebäudes **unter Ausschluss des Eigentümers als Wohnung zu benutzen**. Auf das Wohnungsrecht finden die §§ 1090 Abs. 2 ff BGB Anwendung, soweit sich nicht aus § 1093 BGB etwas anderes ergibt. Soll der Eigentümer weiterhin zur **Mitbenutzung** berechtigt sein, kommt nur eine gewöhnliche beschränkte persönliche Dienstbarkeit nach § 1090 BGB in Frage.[1] Anders als das Dauerwohnrecht nach § 31 WEG ist das Wohnungsrecht **nicht übertragbar** und **nicht vererblich**; allein die **Ausübung** kann einem **anderen überlassen** werden, wenn dies (ausdrücklich) gestattet ist (§ 1092 Abs. 1 Satz 2 BGB

II. Berechtigung

754 Berechtigter des Wohnungsrechts kann eine natürliche Person sein, jedoch nicht der jeweilige Eigentümer eines anderen Grundstücks. Eine juristische

[1] BayObLG MDR 1981, 759 = MittBayNot 1981, 186 = MittRhNotK 1981, 188 = Rpfleger 1981, 353; OLG Hamm DNotZ 1976, 229 = Rpfleger 1975, 357, 358.

Person, auch Personenhandelsgesellschaft, Partnerschaft oder EWIV kommt dann als Berechtigte infrage, wenn die Überlassung zur Ausübung an Dritte gestattet ist[1].

Für **mehrere Berechtigte** wird zumeist je ein besonderes Wohnungsrecht an 755
denselben Räumen mit gleichem Rang bestellt. Wenn für Eheleute oder Geschwister ein Wohnungsrecht an denselben Räumen je auf Lebenszeit bestellt wird, werden in aller Regel mehrere selbständige (gleichrangige) Wohnungsrechte gemeint und somit einzutragen sein[2]. Die Bestellung **eines** Wohnungsrechts an den gleichen Räumen für mehrere Berechtigte als Gesamtberechtigte nach § 428 BGB ist auch zulässig[3] und ebenso für Eheleute in Gütergemeinschaft als Gesamthandsberechtigte (Wohnungsrecht wird Gesamtgut[4]). Erforderlich ist insoweit die Angabe und Eintragung des Gemeinschaftsverhältnisses (§ 47 Abs. 1 GBO). Einer Zustimmung des jeweils anderen Berechtigten bei gleichzeitiger Eintragung bedarf es nicht[5]. Die Bestellung eines Wohnungsrechts für mehrere Berechtigte nach Bruchteilen wird als wesenswidrig zu Recht nicht für zulässig erachtet[6].

III. Belastungsgegenstand

Für die **Belastung des Grundstücks** (das Gebäude wird nicht belastet) mit 756
dem Wohnungsrecht ist nicht erforderlich, dass das Gebäude bereits erstellt und bewohnbar ist. Ein Wohnungsrecht kann daher auch bereits an einem Baugrundstück eingetragen werden. Die Belastung eines Grundstücksmiteigentumsanteils ist wie bei einer normalen Dienstbarkeit auch hier ausgeschlossen. Im Falle der Belastung eines Wohnungseigentums kann sich das Wohnungsrecht auf alle Gegenstände des Sondereigentums erstrecken,[7] wie es bei einem Gebäude im Ganzen ausdrücklich in § 1093 Abs. 1 BGB vorgesehen ist.

Unzulässig ist dagegen die Bestellung eines Wohnungsrechts an einem Tiefgaragenstellplatz, der als selbständiges Teileigentum gebucht ist.[8] Eine **Gesamtbelastung** ist ausnahmsweise zulässig, wenn sich die Wohnung oder das Gebäude auf mehrere Grundstücke erstreckt, aber auch insoweit als sich Versorgungs- und Entsorgungsleitungen auf einem verselbständigten Grundstück befinden, auf deren Gebrauch der Berechtigte des Wohnungsrechts angewiesen ist um die Räumlichkeiten nutzen zu können.[9]Ermöglicht nur das Hausgrundstück zum Wohnen und befindet sich der mitbenutzbare Garten

[1] Allgemeiner BGHZ 46, 253, 257 = DNotZ 1967, 183 = NJW 1967, 627 = Rpfleger 1967, 143.

[2] BayObLGZ 1957, 322 = Rpfleger 1958, 88 m. zust. Anm. Haegele.

[3] BGHZ 46, 253 aaO. BGH DNotZ 1997, 401 = NJW 1996, 2153; BGH DNotZ 2007, 703 = NJW 2007, 1884 = Rpfleger 2007, 308.

[4] BayObLGZ 1967, 480 = DNotZ 1968, 493 = Rpfleger 1968, 220.

[5] BayObLG DNotZ 1980, 543.

[6] OLG Köln DNotZ 1965, 686; Schöner/Stöber Rn. 1245; dazu kritisch Soergel/Stürner Rn. 13 zu § 1093 BGB.

[7] Vgl BGH DNotZ 1978, 157, 158 = MDR 1977, 299.

[8] BayObLGZ 1986, 441 = Rpfleger 1987, 62.

[9] Vgl BayObLG DNotZ 1992, 303 = Rpfleger 1992, 57; OLG Hamm FGPrax 2000, 54 = Rpfleger 2000, 157.

oder die mitzubenutzende Anlage (z. B. eine Garage) auf einem rechtlich selbständigen Grundstück, so kann kein einheitliches Gesamtwohnungsrecht begründet werden. Eine dingliche Absicherung des Mitbenutzungsrechts ist dadurch möglich, dass die Grundstücke vereinigt werden oder das nicht zum Wohnen dienende Grundstück mit einer eigenen Benutzungsdienstbarkeit belastet wird.[1]

IV. Inhalt

757 Bestimmt wird der **Inhalt** des Nutzungsrechts durch die Einigung der Beteiligten. Anzuwenden sind, soweit § 1093 BGB keine Regelung trifft, das Recht der beschränkten persönlichen Dienstbarkeit (dazu Rn. 734 ff). Zudem finden nach § 1093 Abs. 1 Satz 2 BGB ein Teil der Nießbrauchsvorschriften entsprechende Anwendung was sich auf den Umfang des Gebrauchsrechts gründet, das zum Besitz des Wohnraums berechtigt.[2]

758 1. Für die Eintragung zur Belastung des Grundstücks muss die Bewilligung (§ 19 GBO) das Wohnungsrecht als Benutzungsdienstbarkeit klar ausgestalten. Das erfordert insbesondere die **Festlegung der Räume**, die unter Ausschluß des Eigentümers als Wohnung benutzt werden können. Sie sind, falls das Wohnungsrecht nicht an allen Räumen des auf dem Grundstück errichteten Gebäudes ausgeübt werden soll, so genau zu bezeichnen, das jeder Dritte ohne weiteres feststellen kann, auf welche Räume sich das (ausschließliche) Nutzungsrecht erstreckt[3]. Die Auswahl der Räume kann dem Berechtigten nicht vorbehalten bleiben[4].

759 2. Eine Regelung (Ausgestaltung) auch des Rechts zur **Mitbenutzung** der zum Gemeinschaftsgebrauch bestimmten **Anlagen** (§ 1093 Abs. 3 BGB) und damit auch eines auf dem Hausgrundstück befindlichen Hausgartens, kann zugleich als Inhalt des Wohnungsrechts in der Bewilligung getroffen und durch Bezugnahme (§ 874 BGB) eingetragen werden[5].

760 3. Nach § 1093 Abs. 2 BGB ist der Wohnungsberechtigte befugt seine **Familie** sowie die zur **standesmäßigen Bedienung** und zur **Pflege** erforderlichen Personen (z. B. Haushaltshilfe, Krankenschwester) in die Wohnung aufzunehmen. Diese Regelung beinhaltet aber nicht mehr das Recht auf Überlassung der Wohnung zum Zwecke der alleinigen Nutzung durch diesen Personenkreis, wenn der Berechtigte auf Dauer in ein Altenheim umzieht.[6] Der Begriff „Familie“ ist weit auszulegen und orientiert sich an dem Sprachgebrauch im täglichen Leben. Zur Familie des Wohnungsberechtigten i. S. d. § 1093 Abs. 2 BGB sind sowohl die eigenen volljährigen Kinder samt deren Ehefrauen und die Enkelkinder zu zählen, sowie auch etwaige zur Pflege aufgenommene

---

[1] BayObLG DNotZ 1976, 227 = Rpfleger 1976, 14; OLG Zweibrücken FGPrax 1998, 84 = Rpfleger 1998, 282; OLG Hamm DNotZ 1976, 229, 230.

[2] Motive III S. 570.

[3] BayObLG DNotZ 1988, 587 = NJW-RR 1988, 982; OLG Hamm DNotZ 1970, 417; OLG Köln MittRhNotK 1979, 73.

[4] BayObLGZ 1964, 1 = DNotZ 1965, 166.

[5] BayObLG DNotZ 1967, 227; OLG Frankfurt Rpfleger 1982, 465; Schöner/Stöber Rdnr. 1248 und 1255, je mit weit Nachw.

[6] Vgl OLG Oldenburg NJW-RR 1994, 467.

Kinder Dritter. Selbst der Partner oder die Partnerin einer nichtehelichen Lebensgemeinschaft ist als Familienmitglied zu betrachten und kann in die Wohnung mit aufgenommen werden, wenn die Beziehung auf Dauer angelegt ist, insbesondere wenn die Gemeinschaft schon längere Zeit besteht.[1] Die Regelungen des § 1093 BGB sind jedoch diesbezüglich mit dinglicher Wirkung und damit im Grundbuch eintragungsfähig abänderbar, als das Wesen des Rechts nicht geändert und nicht gegen als zwingend anzusehende Vorschriften, wie insbesondere die grundsätzliche Nichtübertragbarkeit des Wohnungsrechts sowie den Ausschluss des Eigentümers verstoßen wird.[2] Daher kann auch in Abweichung von § 1093 Abs. 2 BG, der Personenkreis der mit in die Wohnung aufgenommen werden darf als Inhalt des Wohnungsrechts bestimmt werden, wobei die Einschränkung in § 138 BGB ihre Grenze findet.

4. Die Bestimmung, dass der Grundstückseigentümer verpflichtet ist, die Räume in einem jederzeit **gut bewohnbaren** und beheizbaren **Zustand zu erhalten**, ist als Nebenleistungspflicht zulässig, somit als Inhalt des Wohnungsrechts durch Bezugnahme (§ 874 BGB) eintragbar[3], nicht aber die Verpflichtung des Berechtigten, die Hälfte sämtlicher Grundstückslasten zu tragen[4]. Ob als Inhalt des Wohnungsrechts auch die Verpflichtung des Grundstückseigentümers bestimmt werden kann, Kosten für Heizung und Müllabfuhr und für Strom-, Gas-, Wasser-, Warmwasserversorgung sowie für Abwasserentsorgung, Hausversicherung usw. zu tragen[5], ist streitig. Eine Verbindung solcher Leistungspflichten des Eigentümers widerspricht jedoch dem Wesen des Wohnungsrechts als Nutzungsrecht und ist abzulehnen. Eine Sicherung derartiger Leistungen hat durch eine eigenständige Reallast zu erfolgen.[6] 761

V. Grundbucheintragung

1. Eingetragen werden muss das Wohnungsrecht als solches mit seinem Berechtigten. Der Wesenskern der Dienstbarkeit ist damit schlagwortartig bezeichnet. Eine Kennzeichnung des Wohnungsrechts auch als beschränkte persönliche Dienstbarkeit ist daneben nicht notwendig. 762

2. Zur Bezeichnung des näheren Inhalts des Wohnungsrechts kann auf die **Eintragungsbewilligung Bezug** genommen werden (§ 874 BGB; Rn. 599). Eine Eintragung des Rechts unter einer Bedingung oder Befristung ist möglich (Rn. 602; Ein Wertersatz nach § 882 BGB (Rn. 603) kann vereinbart werden. 763

Eintragungsbeispiel:
Wohnungsrecht für … [bedingt – befristet] gemäß Bewilligung vom … (Notar … URNr. …) eingetragen am …

---

[1] BGHZ 84, 36 = NJW 1982, 1868 = Rpfleger 1982, 336.
[2] BayObLGZ 1980, 176 = DNotZ 1981, 124 = Rpfleger 1980, 385.
[3] BayObLGZ 1979, 372 = DNotZ 1980, 157 = Rpfleger 1980, 20.
[4] BayObLGZ 1988, 268 = DNotZ 1989, 569 = NJW-RR 1989, 14.
[5] So BayObLG 1980, 176, 179 = aaO; OLG Schleswig DNotZ 2995, 895 = NJW-RR 1994, 1359 = Rpfleger 1995, 13; LG Köln MittRhNotK 1987, 105; LG Saarbrücken RNotZ 2003, 615.
[6] hierzu mit Nachw. Schöner/Stöber Rn. 1253.

VI. Erlöschen

764 Erlöschen kann das Wohnungsrecht als beschränkte persönliche Dienstbarkeit (s. Rn. 751) mit Aufhebung (§ 875 BGB), Tod des Berechtigten (§ 1090 Abs. 2 mit § 1061 BGB; zur Löschung und zu Rückständen s. Rn. 393) und Eintritt einer auflösenden Bedingung (§ 158 Abs. 2 BGB).

Beispiel: Wohnungsrecht für die Dauer des ledigen Standes.

Vielfach endet das Wohnungsrecht infolge Befristung auch mit Zeitablauf (§ 163 BGB)

Beispiel: Wohnungsrecht bis zur Vollendung des 21. Lebensjahres.

Für den Nachweis der Löschungsreife genügt es dabei in der Regel nicht, dass sich das Geburtsdatum des Berechtigten aus dem Grundbucheintrag ergibt. Das Lebensalter des Berechtigten ist vielmehr in der Form des § 29 Abs. 1 Satz 2 GBO nachzuweisen.[1]

Zum Erlöschen nach 110 Jahren gem. § 5 GBBerG siehe Rn. 752.

765 Ist der Berechtigte wegen eines dauerhaften Umzugs in ein Pflegeheim nicht mehr in der Lage sein Wohnungsrecht auszuüben, führt dies generell nicht zum Erlöschen des Rechts, denn dem Berechtigten bleibt weiterhin nach § 1090 Abs. 1 Satz 2 BGB die Möglichkeit, mit Gestattung des Grundstückseigentümers die Ausübung des Wohnungsrechts anderen zu überlassen.[2] Auch wenn die schuldrechtliche Vereinbarung über die Bestellung des Wohnungsrechts keine Regelung enthält, wie die Wohnung bei dauerhaftem Auszug genutzt werden soll, kommt zwar eine ergänzende Vertragsauslegung in Betracht, jedoch ist der Umzug in ein Pflegeheim in aller Regel kein Grund den Kausalvertrag nach § 311b Abs. 1 BGB anzupassen[3] und es bewirkt auch generell nicht das Erlöschen des Wohnungsrechts. Ein Erlöschen kommt lediglich dann infrage, wenn die Ausübung aus tatsächlichen oder rechtlichen Gründen dauernd unmöglich wird, was u.a. nur der Fall wäre, wenn das Recht niemanden mehr einen Vorteil bietet.[4]

§ 33. Eintragung eines Vorkaufsrechts (§§ 1094–1104 BGB)

I. Rechtsnatur, Entstehung

766 Das Vorkaufsrecht (§ 1094 BGB) ist ein beschränktes dingliches Recht, das durch

Einigung und Eintragung im Grundbuch entsteht (§ 873 Abs. 1 BGB) und das den Rechtsinhaber dem Eigentümer gegenüber zum Vorkauf berechtigt. Die Einigung über die Bestellung des Vorkaufsrechts ist formfrei,[5] Der

---

[1] OLG München NJW-RR 2010, 890 = Rpfleger 2010, 366.
[2] BGH DNotZ 2008, 703 = NJW 2007, 1884 = NotBZ 2007, 133 = Rpfleger 2007, 308.
[3] BGH DNotZ 2009, 431 = NJW 2009, 1348 = Rpfleger 2009, 309.
[4] Vgl. BGHZ 41, 209 = NJW 1964, 1226 = Rpfleger 1964, 310.
[5] RGZ 110, 327, 335; 125, 261 ff.

schuldrechtliche Vertrag, der zur Bestellung berechtigt und verpflichtet, bedarf dagegen der Form des § 311b Abs. 1 Satz 1 BGB.[1] Mit der Ausübung durch einseitige Erklärung seitens des Vorkaufsberechtigten (§ 464 Abs. 1 Satz 1 mit § 1098 Abs. 1 Satz 1 BGB) kommt zwischen dem Berechtigten und dem Vorkaufsverpflichteten ein Kaufvertrag unter den Bedingungen zustande, welche der Verpflichtete zuvor rechtswirksam mit einem Dritten vereinbart hat (§ 464 Abs. 2 mit § 1098 Abs. 1 BGB). Zugunsten des Vorkaufsberechtigten wirkt das Vorkaufsrecht Dritten gegenüber wie eine Vormerkung (§ 1098 Abs. 2 i.V.m. § 883 BGB).

Die damit verbundenen **Schutzwirkungen** (s. § 883 Abs. 2 BGB) **beginnen** 767
in Ansehung der **Übertragung des Eigentums** an dem mit dem Vorkaufsrecht belasteten Grundstück auf einen Dritten bereits **mit der Grundbucheintragung** des Vorkaufsrechts, sofern eine wirksame Einigung für das dingliche Recht vorliegt, und nicht erst mit der Möglichkeit seiner Ausübung.[2] Bei Verfügungen des Eigentümers über das Grundstück durch seine **Belastung** wirkt der Vormerkungsschutz erst von dem Zeitpunkt an, ab dem das Vorkaufsrecht **ausgeübt werden kann.**[3] Demzufolge ist der Vorkaufsberechtigtes nur berechtigt die Beseitigung von Belastungen des Grundstücks verlangen, die nach dem rechtswirksame Abschluss eines Kaufvertrags mit einem Dritten vorgenommen wurden und ihm gegenüber mit der Ausübung des Vorkaufsrechts unwirksam geworden sind (§§ 1098, 883, 888 Abs. 1 BGB). Das dingliche Vorkaufsrecht führt als Grundstücksbelastung zu einer Sicherung durch Haftung des Grundstücks, wodurch die Veräußerungsfreiheit des Eigentümers einschränkt wird, ohne aber eine Grundbuchsperre zu bewirken.[4] Davon zu unterscheiden ist das **obligatorische Vorkaufsrecht** nach §§ 463 ff BGB, das nur schuldrechtliche Verpflichtungen begründet, deren Absicherung an einem Grundstück lediglich durch eine **Vormerkung** nach § 883 BGB möglich ist.

II. Berechtigung

Das Vorkaufsrecht kann bestellt werden 768

- als **subjektiv-persönliches Recht** für eine (bestimmte) natürliche oder juristische Person (auch eine Personenhandelsgesellschaft), Partnerschaft, EWIV sowie eine BGB-Gesellschaft(§ 1094 Abs. 1 BGB), oder
- als **subjektiv-dingliches Recht** zugunsten des jeweilige Eigentümers eines anderen Grundstücks, Erbbaurechts sowie Wohnungs- oder Teileigentums (§ 1094 Abs. 2 BGB).

Eine Inhaltsänderung durch Umwandlung der einen in die andere Art ist gesetzlich ausgeschlossen (§ 1103 BGB).

Für **mehrere Berechtigte** kann ein Vorkaufsrecht als **Gesamtgläubiger** 769
(§ 428 BGB) bestellt werden.[5] Für Eheleute, wenn das Vorkaufsrecht über-

---

[1] BGH DNotZ 1968, 93 = WM 1967, 935 f und NJW-RR 1991, 205; RGZ 110, 327, 333; 125, 261, 263.

[2] BGHZ 60, 275 = DNotZ 1973, 603 = NJW 1973, 1278 = Rpfleger 1973, 294.

[3] BGHZ 60, 275 aaO; RGZ 154, 366; Palandt/Bassenge Rn 5 zu § 1098 BGB.

[4] RGZ 154, 370, 377; RG JW 22, 576.

[5] OLG Stuttgart NJW-RR 2009, 952; OLG Frankfurt DNotZ 1986, 239.

tragbar ist (s. § 1417 Abs. 2 BGB) auch in Gütergemeinschaft.[1] Das Rechtsverhältnis ist insoweit jeweils nach § 47 Abs. 1 GBO im Grundbuch zu bezeichnen. Im Übrigen bestimmt sich das Rechtsverhältnis zwischen mehreren Berechtigten nach § 472 (mit § 1098 Abs. 1) BGB. In diesem Fall erübrigt sich eine Angabe des Gemeinschaftsverhältnisses in der Bewilligung und in der Eintragung in das Grundbuch[2].

Wird es von einem oder mehreren Berechtigten nicht ausgeübt, so sind die übrigen befugt, das Recht im vollen Umfang auszuüben. Das Vorkaufsrecht eines Ausgefallenen wächst den übrigen bzw. dem zuletzt allein verbleibenden Berechtigten an. Bei Ausübung des Vorkaufsrechts durch mehrere Berechtigte wird das Grundstück, falls bei der Bestellung des Rechts nichts anderes vereinbart wurde, auf sie gemäß § 741 BGB zu gleichen Bruchteilen übertragen,[3]. Die Ausübung des Vorkaufsrechts durch einen von mehreren gemeinschaftlich Vorkaufsberechtigten für sich allein ist unwirksam, steht daher einer Nichtausübung des Vorkaufsrechts gleich und führt gemäß § 472 Satz 2 BGB zu einem Anwachsen seiner Berechtigung auf die verbliebenen Vorkaufsberechtigten.[4] Streitig ist, ob das Vorkaufsrecht für mehrere Berechte in **Bruchteilsgemeinschaft** bestellt werden kann.[5] Um nicht in Widerspruch zu § 472 BGB zu geraten, wonach eine Teilausübung ausgeschlossen ist, kann eine Bruchteilsgemeinschaft nur mit der Maßgabe begründet werden, dass das Vorkaufsrecht nur gemeinschaftlich ausübbar ist und den mehreren Berechtigten der Übereignungsanspruch als Miteigentümer zu Bruchteilen zusteht.[6] Zur Ausübung s. ferner Rn. 777.

III. Belastungsgegenstand

770 **Belastet** werden mit einem Vorkaufsrecht kann neben einem Grundstück auch ein grundstücksgleiches Recht (z.B. ein Erbbaurecht, § 11 ErbbauRG), ein Wohnungs- oder Teileigentum und außerdem nach § 1095 BGB ein ideeller Miteigentumsanteil (Anteil eines Bruchteilsmiteigentümers, §§ 741, 1008 BGB). Die Belastung einer realen Grundstücksteilfläche ist erst nach dessen Eintragung als selbständiges Grundstück möglich (§ 7 Ab s. 1 GBO). Jedoch kann ein Grundstück dergestalt mit einem Vorkaufsrecht belastet werden, dass die Ausübung des Rechts sich nur auf einen Teil des Grundstücks beschränkt, vorausgesetzt die Ausübungsstelle ist zumindest bestimmbar.[7]

---

[1] LG Amberg MittBayNot 1964, 385.

[2] BayObLGZ 1958, 196, 202]; OLG Düsseldorf MittRhNotK 1983, 49.

[3] Vgl BGHZ 136, 327 = FGPrax 1998, 5 = NJW 1997, 3235 = Rpfleger 1998, 17; LG Mönchengladbach MittRhNotK 1992, 273.

[4] So zu § 57 SchuldRAnpG BGH DNotZ 2009, 625 = NJW-RR 2009, 1172 = NotBZ 2009, 274 = ZfIR 2009, 669.

[5] Dagegen OLG Frankfurt NotBZ 1999, 27; KG DNotZ 1929, 736; KEHE/Keller Einl. K 13. Dafür LG Ulm DNotI-Report 1995, 35; Schöner/Stöber Rn. 1407.

[6] So m.E. zu Recht MünchKomm/Westermann Rn. 8 zu § 1094 BGB.

[7] BayObLGZ 1997, 160 = NJW-RR 1998, 86 = Rpfleger 1997, 473 = ZfIR 1997, 603.

Die Bestellung **mehrerer gleichrangiger Vorkaufsrechte** an einem Grundstück[1] und ebenso mehrerer Vorkaufsrechte mit verschiedenem Rang[2] ist zulässig. 771

An **mehreren Grundstücken** kann ein Vorkaufsrecht nicht als einheitliches Recht (Gesamtrecht) bestellt werden[3]. Wird das herrschende Grundstück geteilt, so besteht das subjektiv-dingliche Vorkaufsrecht für die Eigentümer der verselbständigten Teile fort und zwar so, dass es nach §§ 1098 Abs. 1, 472 Satz 1 BGB nur von allen Eigentümern der neuen Grundstücke im Ganzen ausgeübt werden kann.[4] Das Grundbuchamt kann nicht angewiesen werden, die Teilung auf dem Blatt des dienenden Grundstücks zu vermerken.[5] 772

IV. Inhalt, Übertragbarkeit

1. Das Vorkaufsrecht beschränkt sich gesetzlich auf **einen Verkaufsfall**, nämlich den Fall des Verkaufs durch den Eigentümer, welchem das Grundstück zur Zeit der Bestellung gehört, oder durch dessen Erben (§ 1097 Hs. 1 BGB). Abweichend davon kann jedoch dieses Vorkaufsrecht, das im Falle einer anderweiten Veräußerung, z.B. durch Schenkung oder Zuschlag in der Zwangsversteigerung erlischt, auch mit der Maßgabe bestellt werden, dass seine Ausübung möglich ist, bis ein Verkaufsfall durch Kaufvertrag vorliegt. Soll das Vorkaufsrecht für mehrere oder alle Verkaufsfälle bestellt werden (§ 1097 Hs. 2 BGB), so bedarf das der Inhaltsbestimmung durch Einigung und Eintragung (§ 873 Abs. 1 BGB). 773

2. **Übertragbar** und **vererblich** ist das **subjektiv-persönliche Vorkaufsrecht** gesetzlich nicht (§ 473 Satz 1 mit § 1098 Abs. 1 Satz 1 BGB). Es kann jedoch etwas anderes bestimmt werden. Steht das Vorkaufsrecht einer juristischen Person oder rechtsfähigen Personengesellschaft zu, so ist, auch wenn eine Übertragbarkeit nicht vereinbart ist, eine Übertragung des Rechts in entsprechender Anwendung der §§ 1059a bis § 1059d BGB zulässig (§ 1098 Abs. 3 BGB). Die abweichende Bestimmung der Übertragung als inhaltliche Ausgestaltung erfordert Einigung und Eintragung (§ 873 Abs. 1 BGB), wobei diese durch Bezugnahme auf die Eintragungsbewilligung erfolgen kann[6]. Die Beschränkung des Rechts auf eine bestimmte Zeit begründet im Zweifel seine Vererblichkeit (§ 473 Satz 2 mit § 1098 Abs. 1 Satz 1 BGB). Das **subjektiv-dingliche Vorkaufsrecht** kann als Bestandteil des herrschenden Grundstücks (§ 96 BGB) nicht übertragen werden. Mit dem herrschenden Grundstück geht es auf dessen Erwerber über. 774

[1] OLG Hamm DNotZ 1990, 178 = Rpfleger 1989, 362.
[2] BGHZ 35, 147 = DNotZ 1961, 544 = NJW 1961, 1669.
[3] BayObLGZ 1951, 618 = DNotZ 1953, 263; BayObLGZ 1958, 196, 204 und 1974, 365 = Rpfleger 1975, 23; KG JFGErg 18, 146.
[4] OLG München FGPrax 2009, 256 = NotBZ 2010, 234 = Rpfleger 2010, 20 = ZfIR 2010, 239.
[5] BayObLGZ 1995, 152 = DNotZ 1996, 24; OLG München aaO.
[6] OLG Hamm OLGZ 1989, 9, 11 = Rpfleger 1989, 148.

V. Grundbucheintragung

775 1. Zur Eintragung des bewilligten (§ 19 GBO) Vorkaufsrechts ist dem Grundbuchamt der Verpflichtungsvertrag (notarielle Beurkundung nach § 311b Abs. 1 Satz 1 BGB) nicht vorzulegen und von ihm auch nicht zu prüfen.[1] Die Eintragung des Vorkaufsrechtes heilt im Übrigen den Formmangel des Kausalgeschäfts analog § 311b Abs. 1 Satz 2 BGB,[2] falls zum Zeitpunkt der dinglichen Einigung noch eine Willensübereinstimmung besteht.[3]

776 2. Für die Eintragung des Vorkaufsrechts mit seinem Berechtigten (Rn. 580 ff) genügt die Bezeichnung als solches, wenn der gesetzliche Inhalt des Rechts nicht abgeändert ist. Eine Bezugnahme auf die Eintragungsbewilligung (§ 874 BGB) ist zulässig, wenn als Inhaltsbestimmung eine Abänderung getroffen ist, so wenn das Vorkaufsrecht für mehrere oder alle Verkaufsfälle bestellt[4] oder die Übertragbarkeit und/oder Vererblichkeit vereinbart ist[5]. Vielfach wird auch der abgeänderte Rechtsinhalt aus Zweckmäßigkeit in das Grundbuch aufgenommen, weil dadurch der Eintragungsvermerk nahezu keine Erweiterung erfährt, die Eintragung aber ohne Einsicht der Grundakten den Rechtsinhalt voll ersichtlich macht.

Eintragungsbeispiel:

Vorkaufsrecht für ... [für den jeweiligen Eigentümer von BV Nr. ... in Blatt ...] für alle Verkaufsfälle, vererblich und übertragbar, [bedingt,] gemäß Bewilligung vom ... (Notar ... UR Nr. ...) eingetragen am ...

VI. Ausübung des Vorkaufsrechts

777 Das Recht zur Ausübung eines Vorkaufsrechts setzt das Zustandekommen eines rechtswirksamen Kaufvertrags voraus. Eine danach erfolgte Aufhebung des Vertrags beseitigt den Vorkaufsfall nicht mehr.[6] Bereits nach Abschluss eines Kaufvertrages über ein landwirtschaftliches Grundstück, der noch der Erteilung der grundstücksverkehrsrechtlichen Genehmigung bedarf, kann der Vorkaufsberechtigte schon die Ausübung seines Vorkaufsrechts mit Wirkung auf den Genehmigungszeitpunkt erklären.[7] Die Ausübung des Vorkaufsrechts (zu dieser §§ 464 ff mit § 1098 Abs. 1 BGB) bewirkt, dass das Recht Dritten gegenüber zugleich die **Wirkung einer Vormerkung** (§ 883 BGB) zur Sicherung des durch die Ausübung entstandenen Anspruchs auf Übertragung des Eigentums erlangt (§ 1098 Abs. 2 BGB; zu den Schutzwirkungen s. Rn. 767). Bringt der Verpflichtete die mit einem Vorkaufsrecht belastete Immobilie in eine von ihm beherrschte Gesellschaft ein und überträgt

---

[1] RGZ 125, 264; LG Verden NJW 1955, 1637 = Rpfleger 1956, 129; Schöner/Stöber Rn 1399. **AA** OLG Celle NJW 1949, 548.

[2] BGH DNotZ 1968, 93; WM 1967, 935 f; RGZ 125, 263; Palandt/Bassenge *Rn* 5 zu § 1094 BGB.

[3] Vgl zur Willensübereinstimmung BGH DNotZ 1980, 222.

[4] OLG Köln Rpfleger 1982, 16; LG Frankfurt Rpfleger 1979, 454.

[5] OLG Düsseldorf Rpfleger 1967, 13; OLG Hamm Rpfleger 1960, 154.

[6] BGH NJW 2010, 3774 = ZNotP 2010, 479.

[7] BGH DNotZ 1998, 895 = MittBayNot 1998, 336 = ZIP 1998, 1228.

er anschließend die Gesellschaftsanteile entgeltlich auf einen Dritten, kann insoweit eine den Vorkaufsfall auslösende kaufähnliche Vertragsgestaltung vorliegen.[1] Werden mehrere mit einem Vorkaufsrecht belastete Grundstücke zu einem Gesamtpreis verkauft, so kann der Berechtigte die Ausübung des Vorkaufsrechts auf ein Grundstück oder auch mehrere beschränken. Der Verpflichtete ist jedoch in einem solchen Fall befugt in entsprechender Anwendung des § 467 Satz 2 BGB zu verlangen, dass der Vorkauf auf alle Grundstücke erstreckt wird, die nicht ohne Nachteil für ihn ausgenommen werden können.[2] Ist das Vorkaufsrecht an einem Grundstück mehreren Berechtigten als Gesamtberechtigte nach §428 BGB eingeräumt, so kann es in der Regel von einem Berechtigten allein ausgeübt werden.[3] Ein das Vorkaufsrecht auslösender **Vorkaufsfall** ist **nicht gegeben**, wenn ein mit Vorkaufsrecht belastetes Grundstück, das mehreren Personen gemeinschaftlich gehört, an einen Miteigentümer verkauft wird, da dieser kein „Dritter" i.S. des § 464 Abs. 2 BGB ist. Hierbei ist es gleich, ob es sich um eine Bruchteilsgemeinschaft oder Erbengemeinschaft handelt. Das gilt auch bei Verkauf an einen Erbteilserwerber, soweit dieser den Erbteil nicht zwecks Vereitelung des Vorkaufsrechts erworben hatte.[4] Ein vor Eintragung des Vorkaufsrechtes geschlossener Kaufvertrag löst das Vorkaufsrecht nicht aus, da dieses erst mit Eintragung entsteht.[5]

VII. Erlöschen

1. Das Vorkaufsrecht erlischt 778

- mit **Aufhebung** (§ 875 BGB). Sie erfordert eine Erklärung des Berechtigten und die Eintragung im Grundbuch. Zur etwaigen Zustimmung Dritter s. Rn. 16. Einer Zustimmung des Eigentümers des belasteten Grundstücks zur Löschung bedarf es nicht.
- wenn es **nur für einen** (den ersten) Verkaufsfall bestellt ist und beim Vorkaufsfall **nicht fristgemäß ausgeübt** wird oder beim ersten Verkaufsfall nicht ausgeübt werden kann.
- als unvererbliches subjektiv-persönliches Vorkaufsrecht mit dem **Tod** des Berechtigten. Die Löschung ist somit Grundbuchberichtigung, die aber nur unter Beachtung des § 23 GBO erfolgen kann (s. Rn. 391 f). Ist ein subjektiv-persönliches Vorkaufsrecht für eine **juristische Person** (z.B. eine GmbH) eingetragen und soll dieses Recht im Wege der Grundbuchberichtigung gelöscht werden infolge des Nachweises dass die Berechtigte im Handelsregister gelöscht sowie dort die Beendigung der Liquidation und das Erlöschen der Firma eingetragen ist, so bedarf es zusätzlich noch eines Nachweises in der Form des § 29 GBO, dass die juristische Person das Vorkaufsrecht nicht vor Erlöschen im Rahmen einer Teilübertragung des Unternehmens nach § 1059a Nr. 2 BGB (mit-)übertragen hat. Unabhän-

---

[1] Siehe BGH NJW 2012, 1354 = ZIP 2012, 680 = ZNotP 2012, 13.
[2] BGHZ 168, 152 = DNotZ 2006, 358 = NJW-RR 2006, 1449 = Rpfleger 2006, 598 = ZfIR 2007, 61.
[3] So OLG Stuttgart NJW-RR 2009, 952.
[4] BGH DNotZ 1957, 654.
[5] BGH DNotZ 1957, 657.

gig davon, ob das Vorkaufsrecht noch einen Vermögenswert besitz und damit unverteiltes Vermögen der Gesellschaft darstellt, bedarf es allein für die erstrebte Beseitigung (Löschung) der Buchposition einer **Nachtragsliquidation.**[1]

- mit Eintritt einer **auflösenden Bedingung** (§ 158 Abs. 2 BGB); Löschung: § 24 GBO (Rn. 403).

779 2. § 5 GBBerG begründet für das Vorkaufsrecht keine Erlöschensfiktion nach 110 Jahren, auch nicht für das subjektiv-persönliche Vorkaufsrecht, das unveräußerlich bestellt ist.[2]

780 Ein Mitberechtigter eines subjektiv-dinglichen Vorkaufsrechts soll, sofern das Vorkaufsrecht mehreren Berechtigen gemeinschaftlich zusteht, nicht wirksam auf seinen Anteil verzichten können und demzufolge auch eine Löschung seines ideellen Anteils am Recht grundbuchrechtlich nicht in Betracht kommen.[3] Ein derartiger Verzicht beinhaltet jedoch keine teilweise Aufhebung des Rechts und damit auch keine Teillöschung, sondern führt nur zu einer Verringerung der vorkaufsberechtigten Personen, was durch Berichtigung im Grundbuch verlautbart werden kann.

§ 34. Eintragung einer Reallast (§§ 1105–1112 BGB)

I. Rechtsnatur, Entstehung

781 1. Die Reallast (§ 1105 BGB) ist die Belastung eines Grundstücks in der Weise, dass an den Berechtigten **wiederkehrende Leistungen** aus dem Grundstück zu entrichten sind. Ein wirtschaftlicher (sonstiger) Zusammenhang der Leistungen mit dem Grundstück braucht nicht zu bestehen[4]. Entrichtung „aus dem Grundstück" bedeutet, dass das **Grundstück** für ihre Entrichtung **haftet.** Die Reallast ist demzufolge ein Verwertungsrecht[5]; bei dem die Befriedigung des Gläubigers wegen der (fälligen) einzelnen Leistungen im Wege der Zwangsvollstreckung erfolgt (§ 1107 mit § 1147 BGB). Das erfordert, dass Leistungen, die nicht in Geld bestehen, einen Geldwert haben, was zur Folge hat, dass eine Umwandlung in eine Geldforderung möglich sein muss.[6] Die Reallast ist als subjektiv-persönliches (§ 1105 Abs. 1 BGB) wie auch als subjektiv-dingliches (§ 1105 Abs. 2 BGB) Recht bestellbar und entsteht durch Einigung und Eintragung (§ 873 BGB). Sie verleiht dem Berechtigten kein unmittelbares Nutzungsrecht am Belastungsgegenstand.

II. Berechtigung

782 **Als subjektiv-persönliches Recht** kann die Reallast einer (bestimmten) natürlichen oder juristischen Person (auch eine Personenhandelsgesellschaft),

---

[1] OLG Düsseldorf NJOZ 2011, 600 = NotBZ 2010, 411 = Rpfleger 2011, 26.
[2] Schöner/Stöber Rn. 1436 a.
[3] So OLG München FGPrax 2009, 256 aaO.
[4] OLG Celle DNotZ 1952, 429 und 1955, 316; OLG Schleswig DNotZ 1975, 270.
[5] BGH DNotZ 1978, 482 = Rpfleger 1978, 207.
[6] BayObLGZ 1959, 301 sowie Rpfleger 1981, 106, 107 und 353.

Partnerschaft oder EWIV zustehen, auch dem Eigentümer selbst.[1] Die Bestellung einer Reallast für **mehrere Berechtigte** als Gesamtgläubiger nach § 428 BGB[2] oder als Gesamthandsberechtigte (z.B. Ehegatten in Gütergemeinschaft ist zulässig,[3] und wenn die Reallast übertragbar sowie die Einzelleistungen teilbar sind, auch in Bruchteilsgemeinschaft.[4] Das erfordert jeweils die Angabe und Eintragung des Gemeinschaftsverhältnisses im Grundbuch (§ 47 Abs. 1 GBO). Bei unteilbaren Leistungen kann auch eine Mitberechtigung nach § 432 BGB in Betracht kommen[5]. Dieselbe Reallast kann auch für mehrere Personen so begründet werden, dass sie nacheinander Rechtsinhaber werden.[6] Ebenso ist die Bestellung mehrerer Reallasten für je verschiedene Berechtigte (gleichrangig oder im Range nacheinander) zulässig,[7] auch in der Weise, dass das Recht des einen durch das Erlöschen des Rechts eines anderen aufschiebend bedingt ist.[8]

Berechtiger der subjektiv-dinglichen Reallast kann der jeweilige Eigentü- 783
mer eines anderen Grundstücks, der jeweilige Erbbauberechtigte oder der jeweilige Inhaber eines Wohnungs- oder Teileigentumsrechts sein,[9] nicht dagegen ein jeweiliger Miteigentümer eines Grundstücks.[10] Für den jeweiligen Eigentümer eines realen Grundstücksteils ist die Bestellung einer Reallast nur zulässig, wenn der Grundstücksteil gemäß § 7 Abs. 1 GBO abgeschrieben wird, da § 7 Abs. 2 GBO nur für einen belasteten Teil gilt.[11] Zulässig ist ferner die einer **Mehrheit von jeweiligen Eigentümern** anderer Grundstücke zustehende subjektiv-dingliche Reallast, wie § 1109 Abs. 1 BGB beweist. Das Gemeinschaftsverhältnis ist bei teilbaren Leistungen die Bruchteilsgemeinschaft,[12] bei unteilbaren Leistungen das in § 432 BGB beschriebene (§ 1109 Abs. 1 Satz 2 BGB).[13] Eine subjektiv-dingliche Reallast kann auch für den Eigentümer des belasteten Grundstücks bestellt werden, wenn er zugleich Eigentümer des begünstigten ist.[14]

III. Belastungsgegenstand

Belastet werden mit einer Reallast kann neben einem Grundstück auch ein 784
grundstücksgleiches Recht (z.B. ein Erbbaurecht, § 11 ErbbauRG), außer-

---

[1] Vgl. Palandt/Bassenge Rn. 3 zu § 1105 BGB; Schöner/Stöber Rn 1292.

[2] Zulässig, BayObLGZ 1975, 191, 194 = DNotZ 1975, 619 = Rpfleger 1975, 300; OLG München JFG 18, 132; auch BGHZ 46, 253, 255.

[3] BayObLG DNotZ 1968, 493; BayObLGZ 1965, 267 = DNotZ 1966, 174 = NJW 1966, 56 = Rpfleger 1966, 367; OLG Oldenburg DNotZ 1969, 46.

[4] RGRK/Rothe Rn 7 zu § 1105 BGB.

[5] BGHZ 73, 211, 213 = NJW 1979, 471.

[6] Vgl BayObLGZ 1958, 161 = DNotZ 1958, 639 = NJW 1958, 1917; OLG Köln DNotZ 1966, 607 = OLGZ 1966, 231; OLG Oldenburg DNotZ 1968, 308.

[7] OLG Colmar OLGZ 18, 156; Schöner/Stöber Rn 1293; ausführlich Amann MittBayNot 1990, 225.

[8] Vgl. BGH DNotZ 1965, 612 = MDR 1965, 564 = Rpfleger 1965, 223.

[9] OLG Düsseldorf DNotZ 1977, 305.

[10] BayObLGZ 1990, 212, 215 = DNotZ 1991, 398 = Rpfleger 1990, 507.

[11] KG JFG 53, 170, 171.

[12] Schöner/Stöber Rn. 1293; RGRK/Rothe § 1105 BGB Rn 7.

[13] BGHZ 1973, 211 = DNotZ 1979, 499 = Rpfleger 1979, 56.

[14] BGH MittBayNot 1984, 126, 127.

dem ein Wohnungs- oder Teileigentumsrecht,[1] sowie nach § 1106 BGB ein ideeller Miteigentumsanteil (Anteil eines Bruchteilsmiteigentümers, §§ 741, 1108 BGB). Durch den Alleineigentümer eines Grundstücks ist ein ideeller Miteigentumsanteil jedoch nur dann belastbar, wenn er nach § 3 Abs. 6 GBO zugebucht ist.[2] Auch eine Teilbelastung einer Grundstücksfläche ohne Abschreibung des belasteten Grundstücksteils ist möglich, wenn hiervon Verwirrung nicht zu besorgen ist (§ 7 Abs. 2 GBO). Eine Zuschreibung oder Vereinigung (§ 890 BGB) führen keine Erstreckung der Reallast auf das hinzukommende Grundstücksteilflächen herbei.[3] Im Falle einer Bestandteilszuschreibung ist § 1131 BGB nicht anwendbar.[4] An einem Gesamthandsanteil (z.B. Miterbenanteil, § 2033 BGB) ist die Eintragung einer Reallast nicht möglich.

785 Eine **Gesamtbelastung** mehrerer Grundstücke mit einem Recht ist zulässig, wenn die Leistungen aus allen belasteten Grundstücken zu erbringen sind.[5]

IV. Inhalt der Reallast

786 1. Die aus dem Grundstück zu entrichtenden **wiederkehrenden Leistungen** und damit der Inhalt der Reallast werden durch Einigung der Beteiligten (§ 873 Abs. 1 BGB) bestimmt. Wiederkehrend sind die Leistungen, wenn sie sich von Zeit zu Zeit (regelmäßig oder unregelmäßig) wiederholen. Gleich groß brauchen die Einzelleistungen nicht zu sein[6]. Eine nur **einmalige Leistung**

Beispiel: Bau einer Straße, Herstellung einer Wasserleitung, Errichtung eines Zauns

kann **nicht** Inhalt einer Reallast sein[7]. **Unterlassungspflichten**

Beispiel: Verzicht auf Wildschäden, auf Schadensersatzansprüche

stellen keine (positiven) Leistungen dar, die aus dem Grundstück erbracht werden könnten und sind somit **nicht** als Inhalt einer Reallast eintragbar[8]. Für die Grundbucheintragung müssen die Leistungen als Rechtsinhalt in der Eintragungsbewilligung (§ 19 GBO) klar und bestimmt festgelegt sein. Die Leistungen können dabei bestehen in

- **Geld**, so insbesondere in Rentenzahlungen,
- **Naturalien** wie z.B. die Lieferung von Nahrungsmitteln, Grundstückserzeugnissen, Wärme und Brauchwasser[9] usw.,

---

[1] OLG Düsseldorf DNotZ 1977, 305, 307.

[2] BayObLG DNotZ 1976, 28 = Rpfleger 1975, 90; OLG Köln Rpfleger 1981, 481.

[3] OLG Königsberg OLGZ 11, 332, 333; Schöner/Stöber Rn 1311, 1312; Soergel/Stürner § 1106 BGB Rn 1; Staudinger/Amann § 1107 BGB Rn 7.

[4] OLG Königsberg aaO; KEHE/Eickmann Rn 26; Meikel/Böttcher Rn. 51 je zu § 6 GBO; Palandt/Bassenge Rn 4 zu § 1107 BGB, Staudinger/Amann Rn 4 je zu § 1106 BGB. **AA** MünchKomm/Joost § 1107 BGB Rn 16; Soergel/Stürner § 1107 BGB Rn 2.

[5] BayObLG MDR 1981, 759 = MittRhNotK 1981, 188 = Rpfleger 1981, 353; OLG Hamm DNotZ 1976, 229 (Altenteil); OLG Oldenburg Rpfleger 1978, 411.

[6] BGH DNotZ 1975, 154, 155 = MDR 1975, 217 = Rpfleger 1975, 56.

[7] BayObLGZ 1970, 100, 103 = DNotZ 1970, 415 = Rpfleger 1970, 204; BayObLGZ 1973, 21, 26 = DNotZ 1973, 415 = Rpfleger 1973, 133.

[8] BayObLGZ 1959, 301, 305.

[9] BayObLG DNotZ 1993, 595 = NJW -RR 1993, 530.

– oder **Dienstleistungen** wie Wart und Pflege im Krankheitsfall[1], Unterhaltung eines Gebäudes, eines Weges, einer Brücke, eines Zauns usw.

2. Eine **Geldleistung** muss **bestimmt** oder bestimmbar sein[2]. Nachprüfbare in der Bewilligung in Bezug genommene Umstände außerhalb der Grundbucheintragung und der Eintragungsbewilligung können dafür herangezogen werden[3]. 787

3. **Andere Leistungen** müssen einen **Geldwert** haben, somit einen Wert, der es dem Berechtigten ermöglicht, bei Nichtleistung durch Verwertung des Grundstücks den Gegenwert in Geld zu erlangen[4]. Die Leistungen müssen (gleichfalls) der Höhe nach bestimmbar, jedoch nicht betragsmäßig bestimmt sein. Das ist der Fall, wenn Art, Gegenstand und Umfang der Leistung auf Grund objektiver Umstände bestimmbar sind. Diese Umstände können auch außerhalb des Grundbuchs liegen; sie müssen jedoch nachprüfbar, damit in der Eintragungsbewilligung bezeichnet, mindestens aber angedeutet sein. Dass ein Dritter die Umstände, aus denen sich die tatsächliche Belastung in einem bestimmten Zeitpunkt ergibt, aus dem Grundbuch oder der Eintragungsbewilligung nicht feststellen kann, schadet dafür nicht. Entscheidend ist nur, dass die höchstmögliche Belastung für jeden Dritten erkennbar ist und der Umfang der Haftung auf Grund der in der Bewilligung enthaltenen Voraussetzungen (letztlich durch richterliche Entscheidung) bestimmt werden kann.[5] 788

4. Die Regelung des § 1105 Abs. 1 Satz 2 BGB, wonach die zu entrichtenden Leistungen sich ohne weiteres an veränderte Verhältnisse anpassen, wenn anhand der in der Vereinbarung festgelegten Voraussetzungen Art und Umfang der Belastung des Grundstücks bestimmt sind, ermöglicht auch eine **Wertsicherung als dinglichen Inhalt** für eine Reallast. 789

Maßgeblich für die Zulässigkeit von Wertsicherungsklauseln ist seit dem 14.9.2007 das **PreisKG.**[6] Nach § 1 Abs. 1 PreisKlG darf der Betrag von Geldschulden nicht unmittelbar durch den Preis oder Wert von anderen Gütern oder Leistungen bestimmt werden, die mit den vereinbarten Gütern oder Leistungen nicht vergleichbar sind. Dieses **Verbot gilt** jedoch überhaupt **nicht** für **Leistungsvorbehaltsklauseln, Spannungsklauseln, Kostenelementeklauseln** und Klauseln, die lediglich zu einer Ermäßigung der Geldschuld führen können (§ 1 Abs. 2 PreisKlG). Die für eine Wertsicherung zumeist verwendete **Preisklausel,** die vorliegt, wenn die Höhe der geschuldeten Geldleistung unmittelbar und selbsttätig von einer Änderung der vorgesehenen Bezugsgröße abhängt (z.B. dem Lebenshaltungskostenindex) und bei Änderung dieser Bezugsgröße automatisch ohne weiteres Zutun auch zu einer entsprechenden Änderung der Geldleistung führt, wird zwar grundsätzlich von dem 790

---

[1] BGHZ 130, 342 = DNotZ 1996, 93 = NJW 1995, 2780 = Rpfleger 1996, 61.

[2] BGHZ 22, 54, 58 = NJW 1957, 23; BayObLGZ 1953, 200, 203 = DNotZ 1954, 98; OLG Hamm OLGZ 1988, 260, 262 = Rpfleger 1988, 404.

[3] BayObLGZ 1953, 200 aaO.

[4] BGHZ 130, 342 = aaO.

[5] BGHZ 130, 342 aaO.

[6] Gesetz über das Verbot der Verwendung von Preisklauseln bei der Bestimmung von Geldschulden – Preisklauselgesetz vom 7.9.2007 BGBl. I S. 2246, 2247.

Verbot des § 1 Abs. 1 PreisKlG erfasst. Aber nach § 3 PreisKlG sind Preisklauseln für langfristige Verträge, die bestimmte, in der Vorschrift aufgezählte Anforderungen erfüllen, ausgenommen und in aller Regel liegen diese gesetzlich normierten Voraussetzungen bei den Reallastbestellungen vor.

791 Da ferner nach § 8 PreisKlG die Unwirksamkeit einer Preisklausel generell erst zum Zeitpunkt des rechtskräftig festgestellten Verstoßes gegen dieses Gesetz eintritt und diese Feststellung den ordentlichen Gericht vorbehalten ist, besteht für das Grundbuchamt im Rahmen des Eintragungsverfahrens **keine Prüfungspflicht**. Nur wenn die Beteiligten **abweichend** von der gesetzlichen Folge eine **frühere Unwirksamkeit vereinbart** und sie zum dinglichen Inhalt der Reallast gemacht haben, dann muss das Grundbuchamt die Wertsicherungsklausel prüfen.

792 5. Die Einschränkung oder der gänzliche Ausschluss der **persönlichen Haftung** des Grundstückseigentümers für die während der Dauer seines Eigentums fällig werdenden Leistungen aus der Reallast (§ 1108 Abs. 1 BGB) kann bei abweichender Vereinbarung durch Einigung und Eintragung als Inhalt des Rechts im Grundbuch durch Bezugnahme nach § 874 BGB eingetragen werden.[1]

793 6. Eine **Unterwerfung** des jeweiligen Eigentümers unter die sofortige Zwangsvollstreckung aus notarieller Urkunde ist für die Reallast nicht vorgesehen und demzufolge nicht eintragbar (vgl. § 800 ZPO, der nur für Grundpfandrechte gilt), auch nicht in Bezug auf die einzelnen Leistungen.[2]

794 7. Unterschieden wird bei der Reallast zwischen dem Recht nach § 1105 BGB als solchem (sog. Stammrecht) und den daraus folgenden Einzelleistungen (§§ 1107, 1108 Abs. 1, 1111 Abs. 2 BGB). **Das Stammrecht** bildet bei Erlöschen der Reallast im Wege der Zwangsversteigerung die Grundlage für einen Wertersatz aus dem Versteigerungserlös gemäß § 92 ZVG, während **die Einzelleistungen**, die innerhalb von drei Jahren verjähren (§§ 195, 199, 902 Abs. 1 Satz 2 BGB), die Anspruchsgrundlage für die Vollstreckung aus der Reallast in das belastete Grundstück sind (§ 1107 mit § 1147 BGB).

795 8. Entsprechend der Bildung einer Einheitshypothek ist es zulässig im Wege der Inhaltsänderung (§ 877 BGB) mehrere im Gleichrang oder im Rang unmittelbar nacheinander folgende Reallasten des gleichen Berechtigten mit einem übereinstimmenden Inhalt zu einer **einheitlichen Reallast** zusammenzufassen.[3]

V. Übertragbarkeit, Umwandlung

796 Die subjektiv-persönliche Reallast ist grundsätzlich **übertragbar**, soweit nicht der Anspruch auf die einzelnen Leistungen unübertragbar ist (§ 1111 Abs. 2 BGB), was bei Leibrenten oftmals die Regel darstellt.

---

[1] OLG Hamm DNotI-Report 1998, 26 = FGPrax 1998, 9 = ZfIR 1998, 356; LG Augsburg MittBayNot 2005, 47.

[2] BayObLGZ 1959, 83 = NJW 1959, 1876 = DNotZ 1959, 402 = Rpfleger 1960, 287; BayObLG DNotZ 1980, 94, 96; Zöller/Stöber Rn. 17 zu § 800 ZPO;. **AA** MünchKomm/Joost Rn. 58 zu § 1105 BGB.

[3] BayObLGZ 1996, 114 = DNotZ 1997, 144 = MittBayNot 1996, 370 = Rpfleger 1996, 445.

Die subjektiv-dingliche Reallast ist Bestandteil des begünstigten Grundstücks (§ 96 BGB) und nur mit dem Eigentum an diesem, aber nicht selbständig übertragbar und vererblich. Sie kann auch nicht gepfändet werden (§ 851 Abs. 1 ZPO).[1] 797

Eine **Umwandlung** einer subjektiv-persönlichen Reallast in eine subjektiv-dingliche ist **nicht möglich** (§ 1111 Abs. 1 BGB). Ebenso wenig kann eine subjektiv-dingliche Reallast in eine subjektiv-persönliche umgewandelt werden (§ 1110 BGB). 798

VI. Grundbucheintragung

1. Bei Eintragung der Reallast mit ihrem Berechtigten (Rn. 580 ff) empfiehlt sich Bezeichnung als solche; das ist üblich, notwendig ist das nicht. Eingetragen werden muss die Reallast stets mit ihrem Wesenskern schlagwortartig (Rn. 597). 799

Beispiel: Zaunhaltungspflicht[2].

Zur Bezeichnung des näheren Inhalts des Rechts kann auf die Eintragungsbewilligung Bezug genommen werden (§ 874 BGB). Das gilt auch für die Höhe der Einzelleistungen in Geld, die im Grundbuch selbst nicht eingetragen werden brauchen; § 1115 BGB findet keine Anwendung[3].

2. **Bedingung** und Befristung der Reallast ist möglich und zulässig (s. Rn. 602); Zur Vereinbarung eines Wertersatzes nach § 882 BGB und die Eintragung im Grundbuch siehe Rn. 43 ff. 800

Eintragungsbeispiel:
Reallast (Lieferung von Naturalien [oder z.B. „Geldrente"]) für ... [für den jeweiligen Eigentümer von BV Nr. ... in Blatt ...] gemäß Bewilligung vom ... (Notar ... URNr. ...) eingetragen am ...

3. Die subjektiv-dingliche Reallast ist auf entsprechenden (formlosen) Antrag nach § 9 Abs. 1 GBO auf dem Grundbuchblatt des herrschenden Grundstücks zu vermerken und diese Eintragung auf dem Blatt des belasteten Grundstücks von Amts wegen ersichtlich zu machen (§ 9 Abs. 3 GBO). 801

VII. Landesrechtliche Besonderheiten

Landesrechtliche Vorschriften können die Bestellung von Reallasten untersagen oder beschränken (Art 115 EGBGB). 802

VIII. Erlöschen

Die Reallast erlischt 803
- mit **Aufhebung** (§ 875 Abs. 1 BGB). Sie erfordert eine Erklärung des Berechtigten und die Eintragung der Löschung im Grundbuch. Zur mögli-

[1] RGZ 12, 200; Stöber Forderungspfändung Rn 1735.
[2] BayObLGZ1973, 21, 26 = DNotZ 1973, 415 = Rpfleger 1973, 133.
[3] KGJ 51 A 266, 271; OLG Düsseldorf MittRhNotK 1986, 119.

chen Zustimmung Dritter s. Rn. 16 und 366 ff. Einer Zustimmung des Eigentümers bedarf es zur Löschung nicht.[1]

- mit Eintritt einer **auflösenden Bedingung** (§ 158 Abs. 2 BGB). Als auflösend bedingtes Recht erlischt die subjektiv-persönliche Reallast auf Lebenszeit mit dem Tod des Berechtigten. Löschung ist somit Grundbuchberichtigung, die aber nur unter Beachtung des § 23 GBO erfolgen kann (Rn. 388 ff).
- durch Ablösung, wenn die Ablösbarkeit als Inhalt des Rechts vereinbart und eingetragen ist.[2]
- durch Erlöschensfiktion nach Ablauf von 110 Jahren gem. § 5 GBBerG, wenn das Recht zugunsten einer natürlichen Person (subjektiv-persönlich), unveräußerlich und nicht vererblich bestellt worden ist.

804 Wird das **herrschende Grundstück geteilt**, so bleibt eine subjektiv-dingliche Reallast grundsätzlich mit unverändertem Inhalt für die einzelnen verselbständigten Teile fortbestehen (§ 1109 Abs. 1 Satz 1 BGB). Der Eigentümer des herrschenden Grundstücks kann aber mit Zustimmung etwaiger Dritter nach § 876 BGB bestimmen, dass die Reallast nur mit einem Teil oder auch mehreren davon verbunden bleiben soll. Dann **erlischt** sie für die übrigen Teile (§ 1109 Abs. 2 Satz 1, 2 BGB). Veräußert der Eigentümer des herrschenden Grundstücks eine verselbständigte Teilfläche ohne eine Bestimmung nach § 1109 Abs. 2 Satz 1 BGB getroffen zu haben, so bleibt das Recht nur mit dem Teil verbunden, den er behält und erlischt im Übrigen kraft Gesetzes (§ 1109 Abs. 2 Satz 3 BGB). Liegt eine sog. ortsbezogene Reallast vor (z.B. die Unterhaltung einer Grenzmauer), und gereicht sie nur mehr einem der Teile des Grundstücks zum Vorteil, so bleibt sie nur mit diesem Teil allein verbunden und erlischt im Übrigen gleichfalls (§ 1109 Abs. 3 BGB).

§ 35. Eintragung eines Leibgedings (Altenteils) (§ 49 GBO)

I. Begriff, zuzuordnende Rechte

805 Das **Leibgeding** ist kein eigenständiges dingliches Recht, sondern eine **Zusammenfassung** von **beschränkten persönlichen Dienstbarkeiten und Reallasten** die vornehmlich im Rahmen der Übertragung von Grundbesitz zur Absicherung von vereinbarten Nutzungen und Leistungen dienen. Ausnahmsweise kann das Leibgeding auch einen **Nießbrauch** umfassen, diesen aber nur, wenn er sich nicht auf den gesamten (übergebenen) Grundbesitz erstreckt, da ansonsten der maßgebliche Versorgungscharakter fehlt, er also z.B. nur auf einem von mehreren Grundstücken bestellt wird.[3] Ferner können beim Leibgeding als Inhalt einer Reallast auch einzelne einmalige Verpflichtungen gesichert werden, wenn sie innerhalb eines Gesamtbereichs

[1] Demharter Rn. 4, KEHE/Munzig Rn. 4, je zu § 27 GBO; Schöner/Stöber Rn. 1314; aA aber nicht zutreffend MünchKomm/Joost Rn. 62 zu § 1105 BGB.

[2] Staudinger/Amann Vorbem. 21, 22, 31 vor § 1105 BGB; MünchKomm/Joost Rn. 12 zu § 1105 BGB.

[3] BayObLGZ 1975, 132 = DNotZ 1975, 622 = Rpfleger 1975, 314.

wiederkehrender Leistungen liegen und nur ihrer Natur nach einmalig sind (s. Rn. 812) Das Leibgeding, **auch Altenteil, Auszug, Leibzucht genannt**, erfährt keine eindeutige gesetzliche Definition, taucht aber in verschiedenen gesetzlichen Vorschriften auf.

So bezeichnet sind beispielsweise 806

- in **Art 96 EGBGB** der mit der Übertragung eines Grundstücks in Verbindung stehende Vertrag für den Vorbehalt landesgesetzlicher Vorschriften. Leibgeding sind demnach die bei einer Grundstücksübergabe (oder in Verbindung mit einer Grundstückszuwendung durch letztwillige Verfügung) zur Altersversorgung des Übergebers und/oder zur Vorsorge seiner Angehörigen zugewendeten Nutzungen und Leistungen[1]. Eine dingliche Sicherung erfordert dieser Leibgedingsvertrag nicht;
- in **§ 49 GBO** Dienstbarkeiten und Reallasten für eine zusammengefasste Grundbucheintragung zur Vereinfachung der Grundbuchführung mit erweiterter Bezugnahme auf die Eintragungsbewilligung;
- in § 9 Abs. 1 Satz 2 und Abs. 2 ZVG die als Leibgeding eingetragene Dienstbarkeit oder/und Reallast für eine Schonung bei der Zwangsversteigerung des belasteten Grundstücks nach landesrechtlicher Bestimmung.

Gemäß der Rechtsprechung ist das Leibgeding entsprechend seinem Ver- 807 sorgungs- und Fürsorgecharakter ein Rechtsverhältnis, bei dem persönliche Beziehungen zwischen den Beteiligten bestehen und das in der Regel einer längerfristigen leiblichen und persönliche Versorgung des Berechtigten dient. Es umfasst zumeist nicht nur Geldleistungen, sondern auch Sachleistungen (Naturalien) oder Dienstleistungen (Pflege) sowie Nutzungen (wohnen), wobei im Rahmen der Übertragung von Grundbesitz die gegenseitige Verknüpfung von Leistung und Gegenleistung oftmals nicht wertmäßig gegeneinander abgewogen sind, jedoch eine örtliche Bindung des Berechtigten zu dem Grundstück besteht, auf dem ihm die Leistungen zu gewähren sind.[2]

Wenn als Leibgeding (Altenteil, Leibzucht oder Auszug) Dienstbarkeiten 808 und Reallasten eingetragen werden, sind im Grundbuch die Rechte nicht einzeln zu bezeichnen, vorausgesetzt, dass auch insoweit auf die Eintragungsbewilligung Bezug genommen wird (§ 49 GBO). Durch diese Regelung wollte der Gesetzgeber die Grundbuchführung erleichtern und gleichzeitig sollte damit eine Überfüllung des Grundbuchs vermieden werden.[3]

Kein Bestandteil eines Leibgedings können Grunddienstbarkeiten, subjek- 809 tiv-dingliche Reallasten, Grundpfandrechte und Dauerwohn- oder Dauernutzungsrechte nach § 31 WEG sein, weil ihnen das für ein Leibgeding charakteristische Merkmal der höchstpersönlichen Versorgung des Berechtigten fehlt.

---

[1] RGZ 162, 52, 54; BGH NJW 1962, 2249 und NJW-RR 1989, 451 = MittBayNot 1989, 81; BayObLG 1975, 132 aaO; KG MDR 1960, 234; s. auch BGH NJW 1981, 2568.

[2] Vgl RGZ 162, 52; BGHZ 125, 69 = DNotZ 1994, 881 = Rpfleger 1994, 347; BGH NJW 1962, 2249 und DNotZ 1982, 45; OLG Hamm DNotZ 1970, 37 = OLGZ 1969, 380 = Rpfleger 1969, 396; BayObLGZ 1975, 132 = DNotZ 1975, 622 = Rpfleger 1975, 314; OLG Köln Rpfleger 1992, 431.

[3] Siehe Denkschrift S. 166.

II. Mehrere Berechtigte

810 Für mehrere Berechtigte (Eheleute) muss das für ihre Gemeinschaft maßgebliche Rechtsverhältnis in der Eintragungsbewilligung bezeichnet sein, so ist insbesondere möglich eine Gesamtberechtigung nach § 428 BGB[1] oder, soweit nach Art des Rechts zulässig, die anteilige Berechtigung in Bruchteilen. Für die einzelnen unter dem Sammelbegriff Leibgeding usw. zusammengefassten Rechte können verschiedene Gemeinschaftsverhältnisse bestimmt sein.[2] Im Grundbuch braucht dieses Rechtsverhältnis nicht unmittelbar angegeben werden. Bei der Eintragung der Rechte als Leibgeding kann nach § 49 GBO auch wegen des Gemeinschaftsverhältnisses auf die Eintragungsbewilligung Bezug genommen werden[3].

III. Inhalt der Grundbucheintragung

811 1. Für die Grundbucheintragung als Leibgeding usw. (§ 49 GBO) wird allein auf die unter diesem Begriff zusammengefassten Rechte abgestellt[4]. Der Rechtsgrund, dem die Rechte im Einzelfall ihre Entstehung verdanken, ist für die Begriffsbestimmung des Leibgedings nicht wesentlich. Weder die Überlassung eines Grundstücks (was die Regel ist), noch eine Zweckbestimmung des Grundstücks und seine Eignung zur Sicherung der (wenigstens teilweisen) wirtschaftlichen Existenz des Übernehmers sind Begriffsmerkmal des Leibgedings. Ein Leibgeding beschränkt sich nicht auf ländliche Grundstücke, auch an einem städtischen Grundstück kann es bestellt werden[5].

812 2. Die Regelung des § 49 GBO ermöglicht, wie schon erwähnt, eine **erweiterte Bezugnahme auf die Eintragungsbewilligung**. Die Bezugnahme wird insoweit auch **zur Bezeichnung der** unter dem Begriff Leibgeding zusammengefassten **Rechte** selbst zugelassen, während die Bezugnahme nach § 874 BGB nur zur näheren Bezeichnung des Inhalts eines Rechts möglich ist[6]. Dies liegt darin begründet, dass die Grundbuchklarheit wegen der durch den Versorgungszweck bedingten Zusammenfassung eine Wiedergabe der Rechte im Einzelnen als Dienstbarkeit und Reallast nicht erfordert.[7] Die Eintragungsbewilligung muss jedoch die zum Leibgeding gehörigen Rechte, d.h. die dinglichen Einzelrechte (wie Reallast, beschränkte persönliche Dienstbarkeit [insbesondere als Wohnungsrecht], Einzelnießbrauch) darstellen[8] und ihr Inhalt muss für die Grundstücksbelastung zulässig sein. Bei einer Reallast müssen daher auch die einzelnen Leistungen nach Art und Umfang bestimmbar fest-

---

[1] BayObLGZ 1975, 191= DNotZ 1975, 619 = Rpfleger 1975, 300 = MittBayNot 1975, 167.

[2] KG JW 1932, 1594.

[3] BGHZ 73, 211 = DNotZ 1979, 499 = Rpfleger 1979, 56; BayObLGZ 1975, 191, 193 aaO; OLG Frankfurt Rpfleger 1973, 394.

[4] BGHZ 125, 69, 72 = DNotZ 1994, 881 = NJW 1994, 1158 = Rpfleger 1994, 347.

[5] BGH NJW 1962, 2249; BayObLGZ 1964, 344; ist Ausnahme.

[6] BGHZ 58, 57, 58 = DNotZ 1972, 487 = NJW 1972, 540= Rpfleger 1972, 87.

[7] BGHZ 125, 69, 73 aaO.

[8] OLG Hamm DNotZ 1973, 376 = OLGZ 1973, 174 = Rpfleger 1973, 98 und OLGZ 1975, 422 = Rpfleger 1975, 357.

gelegt sein. Darüber hinaus werden als Reallastinhalt beim Leibgeding auch **einmalige Leistungen** für zulässig erachtet wenn sie innerhalb eines Gesamtbereichs wiederkehrender Leistungen liegen, das Leibgeding ergänzen und nur ihrer Natur nach einmalig sind.[1]

Beispiele: Gutabstandsgeld, Begräbniskosten.[2]

Begründen lässt sich diese Ausnahme nur damit, dass sich dies (praktisch) als Gewohnheitsrecht manifestiert hat.[3] Vererblich, damit nicht auf Lebenszeit des Berechtigten beschränkt ist eine Reallast, die auch die Verpflichtung zur Tragung der Beerdigungskosten und zur fortlaufenden Grabpflege enthält. In einem solchen Fall ist die Eintragung einer **Löschungsklausel** (s. Rn. 397) daher nicht möglich[4]. Die Eintragung eines Löschungserleichterungsvermerks i.S. der vorgenannten Bestimmungen ist insoweit ausgeschlossen, als das Leibgeding nicht mit dem Ableben des Berechtigten erlöschende Rechte enthält, z.B. eine vererbliche Reallast mit der Verpflichtung zur fortlaufenden Grabpflege.

3. Gehört zu den einzelnen Rechten ein **Wohnungsrecht** (§ 1093 BGB), so kann dieses auch im Rahmen eines Leibgedings nicht auf Grundstücken eingetragen werden, auf denen sich keine bewohnbaren Gebäude befinden und auch nicht errichtet werden sollen. Welche Grundstücke demnach mit der beschränkten persönlichen Dienstbarkeit (insbesondere dem Wohnungsrecht), der Reallast und ggfs einem Nießbrauch belastet sein sollen, muss jedoch nicht in das Grundbuch selbst eingetragen werden. Es genügt bei Eintragung des Leibgedings auf mehreren Grundstücken, wenn sich aus der in Bezug genommenen Eintragungsbewilligung (§ 874 BGB) ergibt, auf welchen Grundstücken die einzelnen Rechte lasten[5]. 813

Des Weiteren ist für die Zusammenfassung der mehreren dinglichen Rechte unter dem Sammelbegriff Leibgeding **nicht Voraussetzung**, dass sie **untereinander Gleichrang** haben.[6] Auch ist der Rang einzelner zum Leibgeding gehörender Rechte nachträglich änderbar. Der unterschiedliche Rang muss aber dann durch einen Rangvermerk im Grundbuch verlautbart werden. 814

Eintragungsbeispiel:
Leibgeding [Altenteil usw.] für … [Vorlöschklausel Rn. 375] gemäß Bewilligung vom … (Notar … URNr …) eingetragen am …

IV. Änderung, Erlöschen

Einzelne Rechte, die mit anderen in einem Leibgeding zusammengefasst sind, können im Rahmen einer Inhaltsänderung nachträglich durch ein an- 815

---

[1] BayObLGZ 1970, 100, 103 = DNotZ 1970, 415 = Rpfleger 1970, 202.
[2] KG JFG 1, 439, 442; 103; OLG Hamm DNotZ 1973, 376 aaO.
[3] Siehe Schöner/Stöber Rn. 1329.
[4] BayObLGZ 1983, 113 = DNotZ 1985, 41 = Rpfleger 1983, 308. Vgl. zur unzulässig eingetragenen Löschungserleichterung BayObLGZ 1997, 121 = DNotZ 1998, 116 = Rpfleger 1997, 343; BayObLGZ 1998, 250 = DNotZ 1999, 508 = Rpfleger 1999, 71.
[5] BGHZ 58, 57 aaO.
[6] LG Traunstein MittBayNot 1980, 65.

ders der höchstpersönlichen Versorgung des Berechtigten dienendes Recht ersetzt werden so z.B. ein Wohnungsrecht durch eine Rentenreallast. Die gemäß dem Vorbehalt des Art 96 EGBGB in den (alten) Bundesländern erlassenen landesrechtlichen Vorschriften legen im Einzelnen die Voraussetzungen für derartige Änderungen fest und bestimmen auch ansonsten mit ergänzenden Regelungen den Inhalt eines Leibgedings.[1]

816 Die in dem Leibgeding zusammengefassten Dienstbarkeiten und Reallasten erlöschen gleichsam unter den Voraussetzungen die für ihr Erlöschen erforderlich sind, wenn sie als Einzelrechte im Grundbuch eingetragen werden. Soweit bei den Rechten Rückstände möglich sind, müssen für die Löschung die **§§ 23, 24 GBO** beachtet werden.

817 Hat das Leibgeding **Gleichrang** mit oder **Rang nach** dem die Zwangsversteigerung des Grundstücks betreibenden Gläubiger oder betreibt der Leibgedingsberechtigte selbst das Versteigerungsverfahren wegen fälliger Einzelleistungen aus der zum Leibgeding gehörenden Reallast, so bleibt das Leibgeding als solches in diesen Fällen außerhalb des geringsten Gebots nach **§ 9 Abs. 1 EGZVG** i.V.m. den jeweils geltenden landesgesetzlichen Regelungen bestehen,[2] und zwar auch dann, wenn der Leibgedingsberechtigte selbst der bestrangig betreibende Gläubiger sollte.[3] Ein über die vorgenannte Regelung bestehen bleibendes Leibgeding **erlischt** jedoch, wenn ein besserrangiger oder gleichrangiger Berechtigter, der durch das Fortbestehen des Leibgedings beeinträchtigt würde, einen Antrag gemäß **§ 9 Abs. 2 EGZVG** gestellt hat und der Zuschlag auf diese abweichende Versteigerungsbedingung erteilt wird.

§ 36. Eintragung einer Hypothek (§§ 1113–1190 BGB)

A. Die Hypothek (§ 1113 BGB)

I. Gesetzlicher Inhalt, Entstehung

818 1. Die Hypothek (§ 1113 Abs. 1 BGB) ist eine Grundstücksbelastung in der Weise, dass an den Gläubiger eine bestimmte Geldsumme zur Befriedigung wegen einer ihm zustehenden Forderung, deren Schuldner der Eigentümer oder ein Dritter sein kann, aus dem Grundstück zu zahlen ist. Die Befriedigung des Gläubigers aus dem Grundstück (die „Zahlung aus dem Grundstück“) erfolgt im Wege der Zwangsvollstreckung (§ 1147 BGB), somit durch Zwangsversteigerung und Zwangsverwaltung (§§ 864, 866 Abs. 1 ZPO).

---

[1] Siehe dazu §§ 6 ff BadWürttAGBGB; Art 7 ff BayAGBGB; Art 27 BremAGBGB; Art 4 ff HessAGBGB; §§ 5 ff NiedersächsAGBGB; Art 2 ff RheinlPfälzAGBGB; §§ 1 ff SchleswHolstAGBGB; §§ 6 ff SaarlAGJusG.

[2] So z.B. § 33 BadWürttAGGVG, Art 30 BayAGGVG, § 1 HambAGZVG, Art 4 HessAGZVG, Art 6 NiedersächsAGZVG, Art 6 Nordrhein-WestfälAGZVG, § 5 RheinlPfälzAGZVG, § 43 SaarlAGJusG, Art 6 SchleswHolstAGZVG, § 3 ThürAGZVG.

[3] BGH MDR 1984, 1021 = Rpfleger 1984, 364.

2. **Gläubiger** der Hypothek kann eine (bestimmte) natürliche oder juristische Person (auch eine Personenhandelsgesellschaft, § 124 Abs. 1 und § 161 Abs. 2 HGB), Partnerschaft oder EWIV und eine BGB-Gesellschaft sein, nicht jedoch der jeweilige Eigentümer eines anderen Grundstücks.[1] Der Gläubiger der Hypothek und der Forderungsgläubiger müssen dieselbe Person sein[2]. Die Bestellung einer Hypothek für **mehrere** Forderungsgläubiger in Bruchteilsgemeinschaft (§ 420 BGB, selten), als Gesamtgläubiger (§ 428 BGB) oder als Gesamthandsberechtigte (z.B. Ehegatten in Gütergemeinschaft) erfordert die Angabe und Eintragung des Anteils- oder Gemeinschaftsverhältnisses (§ 47 Abs. 1 GBO). 819

3. An **mehreren Grundstücken** desselben Eigentümers oder verschiedener Grundstückseigentümer kann eine Hypothek als **Gesamthypothek** bestellt werden (§ 1132 Abs. 1 BGB). Bei Eintragung als Belastung mehrerer auf einem gemeinschaftlichen Grundbuchblatt (§ 4 GBO) gebuchten Grundstücke wird nur ein Eintragungsvermerk eingeschrieben und nach § 129 GBO i.V.m. § 75 Satz 1 GBV elektronisch abgespeichert bzw. nach § 44 Abs. 1 Satz 2 GBO unterzeichnet. Die Gesamtbelastung wird durch Angabe der laufenden Nummern (einzeln, nicht 1–6), unter denen die belasteten Grundstücke im Bestandsverzeichnis eingetragen sind, in Spalte 2 gekennzeichnet (§ 11 Abs. 3 GBV). Wenn die mehreren Grundstücke bei demselben Grundbuchamt auf einzelnen Grundbuchblättern (§ 3 Abs. 1 GBO) oder auf Grundstücken verschiedener Amtsgerichtsbezirke eingetragen sind, ist die Mitbelastung von Amts wegen auf dem Blatt eines jeden Grundstücks erkennbar zu machen (§ 48 Abs. 1 Satz 1 GBO; sog. **Mithaftvermerk**). Zur Gesamthypothek mit Einzelheiten siehe Schöner/Stöber Rn. 2237–2260. 820

4. **Belastet** werden mit einer Hypothek kann auch ein grundstücksgleiches Recht (Erbbaurecht). Der Bruchteil eines Grundstücks ist belastbar, wenn er in dem Anteil eines Miteigentümers (Bruchteilseigentümer, §§ 741, 1008 BGB) steht oder nach § 3 Abs. 6 GBO gebucht ist (§ 1114 BGB). 821

Eintragung in **Spalte 2** durch Bezeichnung des Miteigentumsanteils.

Beispiel:

BVNr.		BVNr.
Anteil Abt. I Nr. …	oder	nur am Hälfteanteil des …

oder in **Spalte 4** durch Kennzeichnung der Anteilsbelastung.

Beispiel:
Auf dem Hälftebruchteil des …
Auf dem 1/2-Miteigentumsanteil des …

In diesem Fall genügt es, wenn in Spalte 2 nur die laufende Nummer des Grundstücks im Bestandsverzeichnis angegeben wird.

II. Grundbucheintragung

1. Bei Eintragung der Hypothek empfiehlt sich die Bezeichnung als solche; 822
die gesicherte Forderung kann dann durch Bezugnahme auf die Eintragungs-

[1] KG HRR 1931 Nr. 1862.
[2] BGHZ 29, 363 = DNotZ 1959, 310 = NJW 1959, 984 = Rpfleger 1959, 154; BayObLGZ 1958, 164 = DNotZ 1958, 639 = NJW 1958, 1917.

bewilligung benannt werden (§ 1115 Abs. 1 Halbs. 2 BGB). Das ist üblich aber nicht zwingend. Es kann ferner die Eintragung durch Angabe der zu sichernden Forderung (Darlehen, Kaufpreisforderung) erfolgen. Auch Bezeichnung des Rechts als Hypothek und Angabe des Schuldgrundes der Forderung im Grundbuch ist üblich.

Beispiel: Hypothek ... für ein Darlehen ...

823 2. Das Grundbuch selbst hat Art und Umfang der Belastung ersichtlich zu machen. Daher müssen nach § 1115 Abs. 1 BGB **unmittelbar in das Grundbuch** eingetragen werden

a) der **Gläubiger**, der nach Maßgabe des § 15 GBV zu bezeichnen ist;

824 b) der **Geldbetrag der Forderung** mit einer bestimmten Summe in Euro (§ 28 Satz 2 GBO; zu anderen Währungen s. Rn. 279). In Spalte 4 ist der Geldbetrag in Buchstaben zu schreiben (§ 17 Abs. 1 Satz 1 mit § 11 Abs. 5 GBV). Zur Bezeichnung der Forderung (bei Eintragung des Rechts als „Hypothek") und des Forderungsschuldners kann auf die Eintragungsbewilligung Bezug genommen werden (§ 1115 Abs. 1 Halbs 2 BGB).[1]

825 c) der **Zinssatz**, der (üblicherweise) mit einem bestimmten Hundertsatz (oder sonstigen Bruchteil) des Kapitals bezeichnet wird. In Spalte 4 kann der Zinssatz in Buchstaben angegeben werden (§ 17 Abs. 1 GBV über die Eintragung in Worten bezieht sich nur auf die in Spalte 3 mit Zahlen eingetragenen Geldbeträge).[2] Für „vom Hundert" genügt die Angabe „v.H." oder auch „%". Der Angabe „jährlich" bedarf es nicht, insoweit genügt die Bezugnahme auf die Eintragungsbewilligung.[3] Einzutragen ist jedoch ein abweichender Bemessungszeitraum. Für den Anfangstermin der Verzinsung, der auch vor Eintragung liegen kann, und die Zinszahlungstermine (Zinsfälligkeiten, z.B. vierteljährlich nachträglich) erfolgt gleichermaßen Bezugnahme auf die Eintragungsbewilligung (§ 1115 Abs. 1 Halbs 2 BGB). Der Zeitpunkt des Zinsbeginns muss in der Eintragungsbewilligung in bestimmbarer Weise bezeichnet sein; die Angabe „ab Auszahlung des Darlehens" genügt nicht[4]. Bei **gleitendem** (veränderlichem) **Zinssatz** muss sich die entsprechende Bedingung zumindest aus der in Bezug genommenen Eintragungsbewilligung ergeben, die zudem eine Begrenzung des Zinssatzes nach oben hin zu enthalten hat und dessen Obergrenze in das Grundbuch einzutragen ist.

Beispiel:
... bis zu ... v.H. Zinsen.

Dies bedingt der Bestimmtheitsgrundsatz, der eine Angabe des Belastungsumfangs im Grundbuch selbst verlangt[5]. Wenn der gleitende Zins eine Mindestgrenze nicht unterschreiten soll, ist auch der Mindestzinssatz einzutragen, wofür die Bezugnahme auf die Eintragungsbewilligung genügt. Aus der

---

[1] Meikel/Morvilius Einl. C 398; Schöner/Stöber Rn. 1952; Palandt/Bassenge Rn. 7 zu § 1115 BGB.

[2] Schöner/Stöber Rn. 1955.

[3] OLG Frankfurt OLGZ 1980, 72 = Rpfleger 1980, 18; OLG Saarbrücken OLGZ 1979, 306 = Rpfleger 1979, 305.

[4] BayObLGZ 1995, 271 = DNotZ 1996, 96.

[5] BGHZ 35, 22, 24 = DNotZ 1961, 404 = NJW 1961, 1257 = Rpfleger 1961, 231.

Bewilligung muss sich der regelmäßige Zinssatz (oder der Mindestzinssatz) ergeben und sie muss auch die Voraussetzungen enthalten, unter denen eine Änderung des Zinssatzes im angegebenen Rahmen eintritt[1]. Eine Eintragung nur des Höchstzinssatzes ohne Hinweis auf einen in der Bewilligung enthaltenen Mindest- oder Normalzinssatz und ohne Bezugnahme auf die Umstände der Änderung des Zinssatzes ist unwirksam.[2] Wenn die Eintragungsbewilligung einen Zinssatz nicht nennt, ist die Forderung unverzinslich; in das Grundbuch wird das nicht eingetragen. Gesetzliche Zinsen (§ 1118 BGB), somit insbesondere Verzugs- (§ 288 BGB) und Prozesszinsen (§ 291 BGB), werden nicht eingetragen. Ein bei Verzug zu entrichtender weiterer Zins ist als „bedingter" gleichfalls bestimmt in das Grundbuch einzutragen; im Übrigen kann wegen der Bedingung auf die Bewilligung Bezug genommen werden.

Beispiel (bei Bezugnahme):
Bei Verzug 0,5 v.H. Zinserhöhung;
oder u.U. ein weiteres Prozent Zinsen.

Richtet sich der **variable Zinssatz nach** einer **gesetzlich bestimmten Bezugsgröße**, so kann bei dessen Eintragung in das Grundbuch nicht mehr die Angabe eines Höchstzinssatzes verlangt werden.[3] Dies trifft beispielsweise zu, wenn sich die rechtsgeschäftlich vereinbarten Zinsen bestimmen nach § 288 Abs. 1 BGB, § 104 Abs. 1 Satz 2 ZPO, Art. 45 Nr. 2, 46 Nr. 2 ScheckG, Art. 48 Abs. 1 Nr. 2 WechselG 826

d) **Andere Nebenleistungen**, wenn solche zu entrichten sind. Darunter zu verstehen sind außerhalb des Kapitals, jedoch abhängig von ihm zu entrichtende Beträge. 827

Beispiele: Entschädigung für höhere Auszahlung[4], Bereitstellungszinsen, Disagio (wenn es außerhalb des Kapitals geschuldet ist), Geldbeschaffungskosten[5], Säumniszuschläge, Verwaltungskostenbeitrag[6], Zinseszinsen (§ 248 Abs. 2 Satz 2 BGB)[7].

Die Nebenleistungen können einmalig in einem betragsmäßig oder nach Berechnungsmerkmalen (z.B. 2 vH des Darlehens) bestimmten Betrag, fortlaufend für die ganze Dauer des Rechts

Beispiel: Verwaltungskosten,

ab oder bis zu einem bestimmten Zeitpunkt (Anfangs- und Endtermin, § 163 BGB), aufschiebend oder auflösend bedingt (§ 158 BGB) geschuldet sein. Im Eintragungsvermerk können Nebenleistungen allgemein (zusammengefasst) als solche benannt werden, wenn ihre Art (Schuldgrund) durch

[1] Siehe BGHZ 35, 22 aaO; BGH DNotZ 1963, 436; BayObLGZ 1975, 126 = DNotZ 1975, 682 = Rpfleger 1975, 221.
[2] BGH DNotZ 1975, 680 = NJW 1975, 1314 = Rpfleger 1975, 296.
[3] Siehe hierzu BGH DNotZ 2006, 526 = NJW 2006, 1341 = Rpfleger 2006, 313 = ZIP 2006, 699 = ZNotP 2006, 184.
[4] OLG Karlsruhe Rpfleger 1968, 353.
[5] LG Düsseldorf Rpfleger 1963, 50.
[6] OLG Neustadt NJW 1961, 2260.
[7] KG JFG 1, 461, 464.

Bezugnahme auf die Bewilligung dargestellt wird[1]. Ihr Geldbetrag ist in das Grundbuch selbst einzutragen; er kann mit einer bestimmten Summe in Euro (§ 28 Satz 2 GBO) oder durch Angabe der Umstände eingetragen werden, aus denen er sich errechnen lässt.[2] Ob die Nebenleistung jährlich oder monatlich (auch in anderen Zeitabschnitten) zu zahlen ist, muss im Eintragungsvermerk angegeben werden, wenn die Höhe durch einen Hundertsatz des Betrags der Hauptforderung eingetragen wird. Dass eine Nebenleistung bedingt ist, muss ebenso im Eintragungsvermerk bezeichnet werden (s. Rn. 602); auf die Bewilligung kann wegen des näheren Bedingungsinhalts Bezug genommen werden. Auch die Befristung einer Nebenleistung und deren Zeitraum müssen im Eintragungsvermerk angegeben werden (Rn. 602).

Beispiele (bei Bezugnahme auf die Eintragungsbewilligung):
5 v.H. Nebenleistung einmalig;
0,5 v.H. fortlaufende Nebenleistung jährlich;
5 v.H. bedingte Nebenleistung einmalig;
2 v.H. bedingte Nebenleistung jährlich;
Nebenleistung jährlich 2 v.H. auf 5 Jahre.

Tilgungsbeträge sind Kapitalanteile und demzufolge keine Nebenleistungen.[3]

828 3. Zur Bezeichnung der Forderung im Übrigen kann auf die Eintragungsbewilligung **Bezug genommen** werden (§ 1115 Abs. 1 Halbs 2 BGB). Zulässig ist Bezugnahme somit insbesondere zur Bezeichnung
- des Forderungsschuldgrunds und des Forderungsschuldners (Rn. 824),
- des Zinsbeginns und der Zinsfälligkeiten (Zinstermine, Rn. 825),
- der Zahlungsbedingungen (Vereinbarungen über Kündigung und Fälligkeit des Kapitals),
- von Zeit, Ort und ggfs Art der Zahlung.

Außerdem ist der Verzicht auf das Widerrufsrecht des Eigentümers aus § 1160 BGB auf Vorlage des Hypothekenbriefs und ggfs der in § 1155 BGB bezeichneten Urkunden als Modifikation der Zahlungsbedingungen vereinbar und kann ebenso unter Bezugnahme auf die Eintragungsbewilligung eingetragen werden.[4]

III. Zwangsvollstreckungsunterwerfung

829 Die dingliche Unterwerfung des Eigentümers unter die sofortige Zwangsvollstreckung in der Weise, dass sie aus der (notariellen) Urkunde (§ 794 Abs. 1 Nr. 5 ZPO) gegen den jeweiligen Eigentümer des Grundstücks zulässig sein soll, ist in das Grundbuch durch Aufnahme in den Eintragungsvermerk einzutragen (§ 800 Abs. 1 ZPO). Eine Bezugnahme auf die Eintragungsbewilligung (§ 874 BGB) genügt nicht.[5]

[1] BGHZ 47, 41 = DNotZ 1967, 753 = NJW 1967, 925 = Rpfleger 1967, 111.
[2] BGHZ 47, 41 aaO.
[3] RGZ 104, 72; BGH 47, 41 aaO.
[4] Siehe RGZ 57, 342, 349; OLG Frankfurt DNotZ 1977, 112; OLG Köln DNotZ 1956, 667 = Rpfleger 1956, 340 mit zust. Anm Bruhn.
[5] Zöller/Stöber Rn. 11 zu § 800 ZPO.

Der Eintragungsvermerk kann lauten

Der jeweilige Eigentümer ist der sofortigen Zwangsvollstreckung unterworfen; oder: Sofort vollstreckbar gegen den jeweiligen Grundstückseigentümer, oder auch nur: Vollstreckbar nach § 800 ZPO.

Unzureichend wäre „Die sofortige Zwangsvollstreckung ist zulässig". Die Eintragung der Unterwerfungsklausel wird vielfach überschätzt. Sie begründet nicht die dingliche Vollstreckbarkeit, sondern erleichtert sie nur nach einem Eigentumswechsel. Vollstreckungstitel ist vielmehr die notarielle Urkunde (§ 794 Abs. 1 Nr. 5 ZPO). Gegen den Eigentümer, der sich wegen des dinglichen Anspruchs des Gläubigers in notarieller Urkunde der sofortigen Zwangsvollstreckung unterworfen hat, wirkt die dingliche Unterwerfung auch ohne Eintragung in das Grundbuch[1] und eine Zwangsvollstreckung gegen seinen Rechtsnachfolger ist auch dann zulässig. Im Falle des § 800 Abs. 1 ZPO ist sie aber ohne die sonst nötige Zustellung einer den Eigentumswechsel nachweisenden öffentlichen oder öffentlich beglaubigten Urkunde möglich (§ 800 Abs. 2 ZPO als Ausnahme von § 750 Abs. 2 ZPO). Stets erforderlich für Zwangsvollstreckung gegen jeden späteren (neuen) Eigentümer ist jedoch die Erteilung einer vollstreckbaren Urkundenausfertigung gegen ihn als Rechtsnachfolger und die Zustellung dieses Vollstreckungstitels mit der ihm beigefügten Vollstreckungsklausel (§§ 727, 750 Abs. 1, 2, § 798 ZPO).

Zulässig und eintragbar mit Wirkung gegen den jeweiligen Grundstückseigentümer (§ 800 Abs. 1 ZPO) ist auch die Unterwerfung nur wegen eines ziffernmäßig bezeichneten **Teilbetrages**, wobei es ferner als Verrechnungsabrede zulässig und eintragungsfähig ist, sich und den jeweiligen Grundstückseigentümer wegen eines „zuletzt zu zahlenden Teilbetrages" zu unterwerfen.[2] **Unzulässig** und nicht eintragbar ohne Teilung des Grundpfandrechts ist dagegen infolge der Rangeinheit des Rechts die Unterwerfung wegen eines **rangmäßig** abgespaltenen Betrages (z.B. letztrangigen Teilbetrag).[3] 830

Eintragungsbeispiel:
Hypothek zu fünfzigtausend Euro Darlehen für … mit acht v.H. Zinsen jährlich, bei Verzug 0,5 v.H. Zinserhöhung, sowie fünf v.H. Nebenleistung einmalig, vollstreckbar nach § 800 ZPO. Gemäß Bewilligung vom … (Notar … URNr …) eingetragen am …

B. Die Briefhypothek (§ 1116 Abs. 1 BGB)

I. Erteilung des Briefs

1. Über die Hypothek wird vom Grundbuchamt (§ 56 Satz 1 GBO) ein Brief erteilt (§ 1116 Abs. 1 BGB). Die Erteilung des Briefs ist gesetzlich die Regel und wird somit nicht in das Grundbuch eingetragen. Der Briefausschluss ist dagegen die einzutragende Ausnahme (§ 1116 Abs. 2 BGB). 831

---

[1] BGH NJW 1981, 2756 = ZIP 1981, 1074.

[2] BGHZ 108, 372 = DNotZ 1990, 586 = NJW 1990, 258 = Rpfleger 1990, 16.; BayObLGZ 1985, 141 = DNotZ 1985, 476 = Rpfleger 1985, 355.

[3] Vgl. OLG Hamm = DNotZ 1984, 489 = OLGZ 1984, 48 = Rpfleger 1984, 60 = ZIP 1984, 227; OLG Köln MittRhNotK 1985, 105.

832 2. Bezüglich des Inhalts und der Form des Hypothekenbriefs sind die Vorschriften § 56 Satz 2, §§ 57–59, 61 GBO, §§ 47, 50, 52 GBV zu beachten. Besonderheiten gelten nach Maßgabe der §§ 87, 88 GBV bei maschineller Grundbuchführung:.

Anlage 3 zu § 52 Abs. 1 GBV

Muster
(Hypothekenbrief)

Deutscher
Hypothekenbrief

Noch gültig für
60 000 Euro.

über

München, den 9. Juli 2004

100 000 Euro

(Unterschriften)

eingetragen im Grundbuch des Amtsgerichts München von
Grünwald Blatt 82 Abteilung III Nr. 1 (eins)

Inhalt der Eintragung:
100 000 (einhunderttausend Euro Darlehen der Deutschen Bank AG in München; 8% Jahreszinsen; vollstreckbar nach § 800 ZPO; gemäß Bewilligung vom 15. Januar 2002 eingetragen am 5. Februar 2002.

Belastetes Grundstück:
Das im Bestandsverzeichnis des Grundbuchs unter Nr. 1 verzeichnete Grundstück.

München, den 5. Februar 2002

Amtsgericht

(Siegel oder Stempel)

(Unterschriften)

Dem belasteten Grundstück ist am 5. Mai 2003 das im Bestandsverzeichnis unter Nr. 2 verzeichnete Grundstück als Bestandteil zugeschrieben worden. Infolge der Zuschreibung ist das belastete Grundstück unter Nr. 3 des Bestandsverzeichnisses neu eingetragen worden.

München, den 20. Mai 2003

Amtsgericht

(Siegel oder Stempel)

(Unterschriften)

Von den vorstehenden 100 000 Euro sind 40 000 (vierzigtausend) Euro nebst den Zinsen seit dem 1. Juli 2004 mit dem Vorrang vor dem Rest abgetreten an die Kreissparkasse München. Die Abtretung und die Rangänderung sind am 7. Juli 2004 im Grundbuch eingetragen worden. Für den abgetretenen Betrag ist ein Teilhypothekenbrief hergestellt.

München, den 9. Juli 2004

Amtsgericht

(Siegel oder Stempel)

(Unterschriften)

Anmerkungen:

- Wird der Brief für das im maschinell geführten Grundbuch eingetragene Recht hergestellt, so muss er abweichend von § 56 Abs. 1 Satz 2 GBO nicht unterschrieben und mit einem Siegel oder Stempel versehen werden. Er hat dann den Namen des Bediensteten zu tragen, der die Herstellung des Briefes veranlasst hat und ferner den Vermerk: „Maschinell hergestellt und ohne Unterschrift gültig". Der Brief muss aber mit dem Aufdruck des Siegels oder Stempels des Grundbuchamts versehen sein oder werden (vgl. § 87 GBV).
- Über eine Gesamthypothek wird grds. nur ein Brief erteilt, § 59 Abs. 1 Satz 1 GBO (s. aber ergänzend §§ 59 Abs. 2, 63 GBO).
- Zu dem zu verwendenden Briefvordruck s. auch Ziffer 6 BayGBGA.
- Zum Inhalt des Briefes s. §§ 56 Abs. 1 Satz 2, 57 GBO, §§ 47, 52 GBV. Nicht (mehr) anzugeben ist auf dem Brief die Bezeichnung des Grundstückseigentümers und die der Hypothek vor- oder gleichstehenden Rechte. Dies war noch erforderlich für die vor dem 1.1.1978 erstellten Briefe nach § 57 GBO a.F.
- Mit einer für die Forderung ausgestellten Schuldurkunde (s. § 58 Abs. 1 GBO, § 50 GBV) braucht der maschinell hergestellte Brief nicht verbunden werden (s. § 88 Satz 1 GBV). Er muss in diesem Fall dann den Aufdruck enthalten „Nicht ohne Vorlage der Urkunde für die Forderung gültig" (§ 88 Satz 2 GBV).
- Streitig ist, ob eine Ergänzung des Hypothekenbriefes in bezug auf nachträgliche **Rangänderungen** erforderlich ist. Nach dem Wortlaut des § 62 Abs. 1 GBO trifft dies jedenfalls zu. Da aber schon bei der Herstellung des Briefes die vorgehenden Rechte nicht angegeben werden (unstreitig), macht es wenig Sinn, spätere Rangänderungen auf dem Brief zu vermerken. Die Norm ist daher teleologisch zu reduzieren mit der Folge, dass auf dem Brief kein Rangvermerk anzubringen ist. Einer Briefergänzung bedarf es also m.E. **nicht.**[1]
- Übersendung des Briefes: § 49a GBV, § 30 GeschO, Ziffer 6.1.5.1 BayGBGA (Einschreiben gegen Rückschein).

Weitere Muster für Hypothekenbriefe (Teilhypothekenbrief, Hypothekenbrief für eine Gesamthypothek, Gemeinschaftlicher Hypothekenbrief) finden sich in den Anlagen 4–6 zu §52 Abs. 1 GBV.

II. Aushändigung des Briefs

Auszuhändigen ist der Hypothekenbrief grundsätzlich dem Grundstücks- 833
eigentümer und im Falle der nachträglichen Erteilung dem Gläubiger(§ 60 Abs. 1 GBO). Bei abweichender Bestimmung des Eigentümers oder des Gläubigers, die der Form: § 29 Abs. 1 Satz 1 GBO bedarf (§ 60 Abs. 2 GBO), wird der Brief dem bezeichneten Empfänger (Gläubiger, Notar, einem Dritten) ausgehändigt. Die Bestimmung ist unwiderruflich.[2]

---

[1] So auch Demharter, Rn. 3; KEHE/Eickmann, Rn. 2 je zu § 62 GBO; LG Krefeld Rpfleger 1979, 139; A.A.: Schöner/Stöber Rn. 2568; OLG Zweibrücken Rpfleger 1980, 109; OLG Oldenburg NdsRpfl. 1980, 264.

[2] KG JFG 8, 226, 230.

III. Bedeutung des Hypothekenbriefs

834 Bedeutung hat der Hypothekenbrief für
- den Erwerb der Hypothek durch den Gläubiger (§ 1117 BGB),
- die Übertragung (Abtretung) der Hypothek (§ 1154 Abs. 1 BGB),
- die Belastung der Hypothek mit einem Nießbrauch oder Pfandrecht (§ 1069 Abs. 1, § 1274 Abs. 1 BGB),
- die Geltendmachung der Hypothek (§§ 1144, 1160 BGB, auch § 126 ZVG),
- die Pfändung der Hypothekenforderung (§ 830 ZPO).

Der Brief kann den öffentlichen Glauben des Grundbuchs zerstören (§§ 1140, 1157 BGB). Dem Grundbuchamt ist er für spätere Eintragungen bei der Hypothek vorzulegen (§ 41 GBO). Briefeigentümer ist der Gläubiger der Hypothek (§ 952 Abs. 2 BGB).

C. Die Buchhypothek (§ 1116 Abs. 2 BGB)

835 Die Erteilung eines Hypotheken**briefs** kann **ausgeschlossen** werden (§ 1116 Abs. 2 Satz 1 BGB). Die Ausschließung erfordert eine Einigung und die Eintragung im Grundbuch(§ 1116 Abs. 2 Satz 2 BGB). Die bewilligte (§ 19 GBO) Eintragung hat im Grundbuch selbst zu erfolgen; eine Bezugnahme auf die Eintragungsbewilligung genügt nicht.

Eintragungsbeispiele:
Die Erteilung eines Briefes ist ausgeschlossen;
oder auch nur: Hypothek ohne Brief;
gelegentlich auch: Brieflose Hypothek.

D. Die Sicherungshypothek (§ 1184 BGB)

I. Wesensmerkmal

836 1. Als Sicherungshypothek kann eine Hypothek in der Weise bestellt werden, dass das Recht des Gläubigers aus der Hypothek sich nur nach der Forderung bestimmt und der Gläubiger sich zum Beweis der Forderung nicht auf die Eintragung berufen kann (§ 1184 Abs. 1 BGB). Im Grundbuch muss die Hypothek **ausdrücklich** als Sicherungshypothek bezeichnet werden (§ 1184 Abs. 2 BGB). Die Erteilung des Hypothekenbriefes ist bei ihr gesetzlich ausgeschlossen (§ 1185 Abs. 1 BGB); eine Eintragung des Briefsausschlusses erfolgt damit nicht. Auch bei der Sicherungshypothek muss der Zeitpunkt des Zinsbeginns in bestimmbarer Weise festgelegt sein. „Ab Auszahlung des Darlehens" genügt nicht[1], wenn nicht der Tag der Auszahlung kalendermäßig festgelegt ist.[2] Die (eingetragene) Forderung nimmt bei der Sicherungshypothek am öffentlichen Glauben des Grundbuchs (§§ 891, 892, 893 BGB) nicht

---

[1] BayObLGZ 1995, 271 = DNotZ 1996, 96 = NJW-RR 1996, 38.
[2] BayObLGZ 1999, 198 = DNotZ 2000, 62 = NJW 2000, 275 = Rpfleger 1999, 530 = ZfIR 2000, 229.

teil. Es finden daher auch die §§ 1138, 1139, 1141 und § 1156 BGB keine Anwendung (§ 1185 Abs. 2 BGB).

2. Für die Forderung aus einer Schuldverschreibung auf den Inhaber, aus 837
einem Wechsel oder aus einem anderen indossablen Papier ist nur eine Sicherungshypothek bestellbar (§ 1187 BGB; ohne praktische Bedeutung).

Eintragungsbeispiel:
Sicherungshypothek zu fünfzigtausend Euro Darlehen für … mit 10% Zinsen p.a., und Verzugszinsen von 2% p.a., gemäß Bewilligung vom … (Notar … URNr …) eingetragen am …

II. Höchstbetragshypothek

Als Höchstbetragshypothek kann eine Hypothek in der Weise bestellt wer- 838
den, dass nur der Höchstbetrag, bis zu dem das Grundstück haften soll, bestimmt ist, im Übrigen die Feststellung der Forderung aber vorbehalten wird (§ 1190 Abs. 1 Satz 1 BGB). Die **Hypothek** ist **stets** eine **Sicherungshypothek** (§ 1190 Abs. 3 BGB). Soweit die zu sichernde Forderung verzinslich ist, werden die Zinsen in den Höchstbetrag eingerechnet (§ 1190 Abs. 2 BGB). Sie sind daher gesondert als Zinsen der Hypothek nicht eintragungsfähig. Eine (dingliche) Unterwerfung des Eigentümers unter die sofortige Zwangsvollstreckung kann bei der Höchstbetragshypothek nur wegen eines ziffernmäßig bestimmten Teils innerhalb des Höchstbetrags eingetragen werden, für den eine gesicherte Forderung nach Betrag und Rechtsgrund bereits bestimmt feststeht,[1] nicht aber für das Recht insgesamt, weil sie eine noch unbestimmte Forderung sichert.[2]

Eintragungsbeispiel:
Sicherungshypothek bis zum Höchstbetrag von zu … Euro … für … gemäß Bewilligung vom … (Notar … URNr …) eingetragen am …

E. Die Zwangssicherungshypothek (§§ 864, 866–868 ZPO)

I. Rechtsnatur, Entstehung

Die Zwangshypothek (§ 867 Abs. 1 ZPO) ist eine Sicherungshypothek 839
i.S. der §§ 1184 ff BGB. Sie bietet gemäß § 866 Abs. 1 ZPO neben der Zwangsversteigerung und Zwangsverwaltung die Möglichkeit wegen einer Geldforderung in unbewegliches Vermögen zu vollstrecken. Die Zwangshypothek entsteht mit ihrer Eintragung in das Grundbuch (§ 867 Abs. 1 Satz 2 ZPO) und zwar auch dann, wenn diese nach § 720a Abs. 1 b) ZPO im Wege der Sicherungsvollstreckung erfolgt. Von der rechtsgeschäftlich bestellten Sicherungshypothek unterscheidet sie sich lediglich dadurch, dass die zur Entstehung des Rechts erforderliche Einigung (§ 873 Abs. 1 BGB) durch den Vollstreckungstitel ersetzt wird. Darüber hinaus besteht ferner eine zusätzli-

---

[1] Umfassend hierzu Hornung NJW 1991, 1649.

[2] RGZ 132, 6, 8; BGHZ 88, 62, 65 = DNotZ 1983, 679= NJW 1983, 2262; BayObLG DNotZ 1990, 594 = NJW-RR 1989, 1467 = Rpfleger 1989, 396.

che gesetzliche Regelung für den Übergang des Rechts auf den Eigentümer (siehe § 868 ZPO). Eingetragen werden darf die Zwangshypothek nur für einen Geldbetrag von mehr als 750 € (§ 866 Abs. 3 Satz 1 ZPO). Als Nebenforderungen geltend gemachte Zinsen („… nebst 10 v.H. Zinsen seit …“) bleiben dabei unberücksichtigt (§ 866 Abs. 3 Satz 1 Halbs 2 ZPO). Dies schließt jedoch nicht aus, betragsmäßig festgestellte **Zinsrückstände** als Hauptsache zu vollstrecken, die dann in den Mindestbetrag einzubeziehen sind.[1] Eine Regelung die verbietet, als Nebenforderung geltend gemachte Zinsen später als Hauptsache zu vollstrecken, gibt es nicht. Das Argument des OLG München, dass die Eintragung von älteren kapitalisierten Zinsen als Hauptforderung durch Zuordnung in Rangklasse 4 des § 10 Abs. 1 ZVG zu einer Rangverbesserung nach dem ZVG führen kann ist richtig, dass dies vom Gesetz nicht gewollt sei, trifft jedoch nicht zu. Denn wählt der Gläubiger, was ihm § 866 Abs. 2 ZPO freistellt, wegen der rückständigen Zinsen sogleich die Zwangsversteigerung, so ist die Forderung zwar in Rangklasse § 10 Abs. Nr. 5 ZVG einzuordnen, aber alle nach der von ihm erwirkten Beschlagnahme im Grundbuch eingetragenen Rechte haben dann Rangklasse § 10 Abs. 1 Nr. 6 ZVG und gehen diesen Ansprüchen im Range nach. Darüber hinaus ist noch anzumerken, dass kapitalisierte Zinsen durchaus auch eine Rangverschlechterung erfahren können, weil in einer Zwangsverwaltung grundsätzlich nur laufende wiederkehrende Leistungen zu berichtigen sind (§ 155 Abs. 2 Satz 2 ZVG) und bei nicht vollständiger Deckung einer Forderung, der Hauptanspruch auch in der Zwangsversteigerung Rang nach den wiederkehrenden Leistungen hat (s. § 12 Nr. 3 ZVG).

Beispiel:

700,– €	Hauptsumme nach dem Urteil
70,– €	aufgelaufene Zinsen zu 10 v.H. für die Zeit vom 1.4.2010–31.3.2011
770,– €	zusammengefasst einzutragende Hauptsacheforderung der Sicherungshypothek (Betrag des Rechts in Spalte 3 und Geldbetrag der Hypothek, der (nach § 17 Abs. 1 GBV) in Spalte 4 in Buchstaben zu schreiben ist).

Auch früher angefallene **Kosten** der Zwangsvollstreckung können, soweit sie notwendig waren (§ 788 Abs. 1 Satz 1 ZPO) und festgesetzt oder zumindest hinsichtlich Höhe und Notwendigkeit glaubhaft gemacht werden (§ 294 Abs. 1 ZPO), in den Hauptsachebetrag mit einbezogen werden. Die den Schuldner treffenden Gerichts- und Anwaltskosten für die Eintragung der Zwangshypothek sind, weil die Immobilie insoweit bereits kraft Gesetzes haftet (§ 867 Abs. 1 Satz 3 ZPO nicht eintragbar und daher auch nicht in den Mindestbetrag einrechenbar.

II. Eintragungsverfahren

840 1. Die Eintragung der Zwangshypothek ist einerseits ein **Akt der Zwangsvollstreckung** und andererseits ein **Grundbuchgeschäft.**

Auf den Eintragungsantrag des Gläubigers (§ 867 Abs. 1 Satz 1 ZPO) hin hat daher das Grundbuchamt als zuständige Vollstreckungsorgan

[1] Ebenso Schöner/Stöber Rn. 2190; aA. OLG Hamm Rpfleger 2008, 447 m- zust. Anm. Hintzen; OLG München FGPrax 2012, 11 = Rpfleger 2012, 138.

- das Vorliegen sämtlicher im Einzelfall erforderlicher Vollstreckungsvoraussetzungen, und damit Zulässigkeit der Zwangsvollstreckung zu prüfen sowie
- auf die Einhaltung der nach der Grundbuchordnung geltenden Verfahrensvorschriften zu achten.[1]

2. a) Wenn ein **Vollstreckungsmangel** den Beginn der Zwangsvollstreckung 841
nicht ermöglicht, ist eine Zwischenverfügung nach § 18 GBO unzulässig.[2]

Beispiel: Zustellung des Vollstreckungstitels fehlt, § 750 Abs. 1 ZPO.

Dies liegt darin begründet, dass das Vollstreckungsrecht keine rangwahrende Zwischenverfügung kennt. Der mit einem Vollstreckungsmangel behaftete Antrag ist daher seitens des Grundbuchamts mit einer sog. **Aufklärungsverfügung** nach § 139 ZPO zu beanstanden und dem Antragsteller Gelegenheit zur Behebung des Hindernisses zu geben. Sie ist als verfahrensleitende Maßnahme grundsätzlich nicht anfechtbar[3] und wahrt auch keinen Vollzugsrang nach § 17 GBO. Dessen ungeachtet ist jedoch der Antrag ist auch nicht sofort zurückzuweisen.

b) Eine fehlende **grundbuchrechtliche** Eintragungsvoraussetzung 842

Beispiel: Bezeichnung des Grundstücks ist nicht nach § 28 Satz 1 GBO erfolgt; der Betroffene ist nicht voreingetragen, § 39 GBO

wird dagegen mit einer rangwahrenden Zwischenverfügung (§ 18 GBO) beanstandet. Voraussetzung ist aber insoweit, dass kein vollstreckungsrechtliches Hindernis vorliegt und der Beginn der Zwangsvollstreckung somit möglich ist.

Ist als Inhalt des **Erbbaurechts** eine Belastungsbeschränkung nach § 5 Abs. 2 ErbbauRG eingetragen, so erfasst diese nach § 8 ErbbauRG auch Verfügungen im Wege der Zwangsvollstreckung oder Arrestvollziehung. Daher kann eine Zwangshypothek, selbst wenn das Erbbaurecht dem Grundstückseigentümer zusteht,[4] nur mit dessen Zustimmung oder wenn diese rechtskräftig ersetzt wurde eingetragen werden.

Das Verbot der Einzelzwangsvollstreckung wegen Eröffnung des **Insol-** 843
venzverfahrens über das Vermögen des Grundstückseigentümers (§ 89 Abs. 1 InsO) hat das Grundbuchamt mit Kenntniserlangung **von Amts wegen** zu berücksichtigen, mit der Folge, dass die Eintragung einer Zwangshypothek wegen einer Insolvenzforderung nicht mehr erfolgen kann.[5]

III. Vollstreckung öffentlich-rechtlicher Ansprüche

Auch für **Forderungen, die dem öffentlichen Recht angehören** können 844
Zwangshypotheken eingetragen werden, für die gleichermaßen die Bestim-

[1] BayObLG 1956, 218 = DNotZ 1956, 596 = Rpfleger 1957, 22; BayObLG Rpfleger 1982, 466.
[2] BGH 27, 310 = DNotZ 1958, 480 = NJW 1958, 1090 = Rpfleger 1958, 216.
[3] Siehe BayObLG DNotZ 2005, 614 = FGPrax 2005, 57 = Rpfleger 2005, 250.
[4] BayObLGZ 1996, 107 = DNotZ 1997, 142 =NJW-RR 1996, 975 = Rpfleger 1996, 447.
[5] OLG Frankfurt NJOZ 2012, 10.

mungen §§ 864 ff ZPO Anwendung finden (vgl. § 322 Abs. 1 Satz 2 AO). Soll wegen Steuerrückstände oder sonstige öffentliche Abgaben, Beiträge und Umlagen eine Zwangshypothek eingetragen werden, so genügt hierzu grundsätzlich ein **Eintragungsersuchen der** zuständigen **Vollstreckungsbehörde** (siehe § 322 Abs. 3 AO, § 5 Abs. 1 VwVG des Bundes sowie die VwVG der Länder, § 7 JBeitrO). Dabei handelt es sich um ein Ersuchen i.S. des § 38 GBO (§ 322 Abs. 3 Satz 4 AO), das von dem zuständigen Beamten unterschrieben und mit Siegel oder Stempel versehen sein muss (§ 29 Abs. 3 GBO). Die Vollstreckungsbehörde hat in dem Eintragungsersuchen zu bestätigen, dass die gesetzlichen Voraussetzungen für die Vollstreckung vorliegen (§ 322 Abs. 3 Satz 2 AO). Eine Prüfung dieser Fragen unterliegt nicht der Beurteilung des Grundbuchamts (§ 322 Abs. 3 Satz 3 AO)

845 Soweit es sich um Ansprüche aus einer **öffentlichen Grundstückslast** handelt, die in der Zwangsversteigerung das Vorrecht des § 10 Abs. 1 Nr. 3 ZVG genießt, scheidet die Eintragung einer unbedingten Zwangshypothek für derartige Ansprüche aus, weil ihre Absicherung von der Eintragung im Grundbuch grundsätzlich ausgeschlossen ist, wenn sie nicht gesetzlich besonders zugelassen oder angeordnet ist (§ 54 GBO). Zulässig ist aber die Eintragung einer **aufschiebend bedingten Sicherungshypothek**, deren Wirksamkeit erst mit dem Wegfall des Vorrechts eintritt (§ 322 Abs. 5 AO).[1]

IV. Grundbucheintragung

846 1. Im Grundbuch muss die Zwangshypothek als Sicherungshypothek bezeichnet werden (§ 1184 Abs. 2 BGB). Die Erteilung eines Hypothekenbriefes ist bei ihr gesetzlich ausgeschlossen (§ 1185 Abs. 1 BGB; wie Rn. 836). Für den Anfangszeitpunkt der als Nebenleistungen einzutragenden Zinsen kann auf den Vollstreckungstitel Bezug genommen werden. Dass die Eintragung im Wege der Zwangsvollstreckung erfolgt, ist anzugeben um damit die Besonderheiten dieser Sicherungshypothek (z.B. die Folge des § 868 ZPO) erkennbar zu machen. Üblich ist „Zwangssicherungshypothek für ...“. Als Gläubiger der Zwangshypothek ist im Grundbuch derjenige einzutragen, der im Vollstreckungstitel als Vollstreckungsgläubiger ausgewiesen ist. Lautet der ihn ausweisende Titel auf Leistung an einen Dritten, so ist auch dies einzutragen.[2] Ist der Gläubiger ein **Einzelkaufmann** hat seine Eintragung auch dann mit seinem bürgerlichen Namen zu erfolgen, wenn er im Vollstreckungstitel mit seiner Firma (§ 17 Abs. 2 HGB) bezeichnet ist.[3] Eine **Wohnungseigentümergemeinschaft** kann im Rahmen der ihr zuerkannten Teilrechtsfähigkeit[4] als Gläubigerin einer Zwangshypothek für titulierte Ansprüche auf Zahlung von fälligen Beiträgen zu den Lasten und Kosten des gemeinschaftlichen Eigentums oder des Sondereigentums eingetragen werden. Dabei genügt nach § 10 Abs. 6 Satz 4 WEG die Eintragung als „Wohnungs-

---

[1] Demharter Rn. 12, KEHE/Eickmann Rn. 6 je zu § 54 GBO.

[2] BayObLGZ 2004, 385 = FGPrax 2005, 102 = Rpfleger 2005, 309; OLG München NJOZ 2012, 50.

[3] BayObLG NJW-RR 1988, 980 = Rpfleger 1988, 309.

[4] BGHZ 163, 154 = DNotZ 2005, 776 = NJW 2005, 2061.

eigentümergemeinschaft" unter Beifügung der Bezeichnung des gemeinschaftlichen Grundstücks. Die Eintragung einer **unbedingten Zwangshypothek** ist auch zur Sicherung von titulierten **Hausgeldforderungen** eintragbar, für die in der Zwangsversteigerung ein Vorrecht gemäß § 10 Abs. 1 Nr. 2 ZVG in Betracht kommt.[1]

2. Handelt es sich um **mehrere Gläubiger** so ist die **Angabe des Gemeinschaftsverhältnisses** erforderlich (§ 47 Abs. 1 GBO). Enthält der Vollstreckungstitel keine Angabe zum Beteiligungsverhältnis, ist grundsätzlich Gesamtgläubigerschaft gemäß § 428 BGB anzunehmen, wenn Streitgenossen in einem obsiegenden Rechtsstreit denselben Anwalt hatten.[2] 847

3. Die Eintragungs**kosten** fallen als notwendige Zwangsvollstreckungskosten (§ 788 ZPO) dem Schuldner zur Last. Für sie haftet, wie schon oben erwähnt, das Grundstück gesetzlich (§ 867 Abs. 1 Satz 3 ZPO). 848

Eintragungsbeispiel:
Zwangssicherungshypothek zu ... Euro für ... (= Gläubiger; § 15 GBV) mit ... v.H. Zinsen aus ... € seit ... und 4 v.H. Zinsen aus ... seit ... auf Grund des Endurteils des Landgerichts vom ... und des Kostenfestsetzungsbeschlusses vom ... eingetragen am ...

Üblich auch:

Sicherungshypothek für ... Euro mit ... Zinsen ... für ... (= Gläubiger) auf Grund ... im Wege der Zwangsvollstreckung gemäß ... eingetragen am ...

V. Keine Gesamt-Zwangshypothek

Als Gesamthypothek an mehreren Grundstücken des Schuldners (§ 1132 Abs. 1 BGB) kann eine Zwangshypothek nicht eingetragen werden. Sollen mehrere Grundstücke des Schuldners mit der Hypothek belastet werden, so hat der Gläubiger die **Forderung** auf die einzelnen Grundstücke zu **verteilen** (§ 867 Abs. 2 ZPO), wobei auch für die einzelnen Teile § 866 Abs. 3 ZPO entsprechend gilt, die Sicherungshypotheken also nur für einen Betrag von mehr als 750 Euro eingetragen werden können. Die fehlende Verteilung ist ein vollstreckungsrechtlicher Mangel;[3] eine rangwahrende Zwischenverfügung (§ 18 GBO) ist daher nicht zulässig. Holt der Gläubiger die Verteilung nach, ist erst von da an der Vollstreckungsbeginn möglich. Der Vollzugsrang i.S.d. § 17 GBO bestimmt sich daher nach dem Zeitpunkt, in dem der die Verteilung enthaltende Antrag beim Grundbuchamt eingegangen ist. Diese nachträgliche Verteilung stellt eine Ergänzung des Vollstreckungsantrags dar und ist wie dieser daher schriftlich möglich. Er bedarf nicht der Form des § 29 GBO und beinhaltet insbesondere auch keine teilweise Antragsrücknahme i.S. von § 31 Satz 1 GBO. 849

VI. Arresthypothek

Eine Besonderheit der Zwangsvollstreckung ist die Arrestvollziehung (§§ 928 ff ZPO). Sie erfolgt in ein Grundstück nach § 932 ZPO durch **Eintra-** 850

[1] OLG Stuttgart FGPrax 2011, 117 = Rpfleger 2011, 267 = ZWE 2011, 39; LG Düsseldorf NJW 2008, 3150.
[2] BGH Rpfleger 1985, 321; LG Saarbrücken Rpfleger 2003, 498.
[3] OLG Frankfurt NJOZ 2012, 10.

gung einer Sicherungshypothek zum Höchstbetrag (vgl. § 1190 BGB), den der als Lösungssumme bestimmte Geldbetrag bildet (§ 923 ZPO). Eintragungsvoraussetzung ist das Vorliegen eines Arrestbefehls, der einer Vollstreckungsklausel nur bedarf, wenn die Vollziehung für einen anderen als den in dem Befehl bezeichneten Gläubiger oder gegen einen anderen als den dort bezeichneten Schuldner erfolgen soll (§ 929 Abs. 1 ZPO). Für die einzutragende Sicherungshypothek gelten die Vorschriften des § 866 Abs. 3 S. 1 ZPO, des § 867 Abs. 1 und 2 sowie des § 868 ZPO gleichermaßen. Die Arresthypothek ist daher nach § 932 Abs. 2 i.V.m. § 866 Abs. 3 ZPO ebenfalls nur für einen Betrag von **mehr als 750 Euro** eintragbar. Der Mindestbetrag kann sich zulässigerweise auch aus mehreren Arrestforderungen zusammensetzen, deren zusammengerechnete Lösungssummen 750 Euro übersteigen.[1] Sollen **mehrere Grundstücke** belastet werden, bedarf es in entsprechender Anwendung von § 867 Abs. 2 ZPO einer **Verteilung** der Lösungssumme auf die einzelnen Objekte, wobei auch die verteilten Beträge sich auf mehr als 750 Euro belaufen müssen.

851 Die Vollziehung des Arrestes durch Eintragung einer Sicherungshypothek erfordert nach § 932 Abs. 3 ZPO, dass der **Antrag** auf Eintragung der Hypothek innerhalb der **Monatsfrist** des § 929 Abs. 2 ZPO gestellt wird, da er ansonsten wegen eines Vollstreckungsmangels zurückzuweisen ist. Die **Vollziehungsfrist** beginnt bei Erlass des Arrestes ohne mündliche Verhandlung mit der von Amts wegen vorzunehmenden Zustellung einer Ausfertigung der Entscheidung an den Gläubiger und andernfalls bei vorheriger mündlicher Verhandlung mit der Verkündung des Arrestbefehls, wobei der Tag der Verkündung oder der Zustellung sich aus dem Vermerk des Urkundsbeamten auf der Entscheidung ergibt (§ 315 Abs. 3 ZPO). Der Eintragungsantrag ist dann fristgemäß gestellt, wenn er vor Ablauf der Monatsfrist bei dem Amtsgericht, zu dem das für die Eintragung zuständige Grundbuchamt gehört, eingeht. Dass er innerhalb der Vollziehungsfrist bereits dem Grundbuchamt vorliegt, ist nicht erforderlich[2]. Für die Erledigungsreihenfolge des § 17 GBO und demzufolge für den Rang den die Arresthypothek erlangt (vgl. § 45 GBO), ist jedoch der Zeitpunkt des Eingangs beim Grundbuchamt maßgebend. Der **Vollzug** des Arrestbefehls ist abweichend von dem Grundsatz des § 750 Abs. 1 ZPO nach § 929 Abs. 3 Satz 1 ZPO bereits **vor Zustellung** an den Schuldner **zulässig.** Die Zustellung muss aber innerhalb **einer Woche nach Vollziehung** und vor Ablauf der vorbezeichneten Monatsfrist des § 929 Abs. 2 ZPO nachgeholt werden, da ansonsten der Arrest ohne Wirkung und die **Hypothek nichtig** ist. Die Vollziehung ist grundsätzlich mit Eintragung des Rechtes bewirkt.[3] Nach § 932 Abs. 3 ZPO gilt jedoch bereits der Antrag auf Eintragung der Hypothek als Vollziehung. Die nachzuholende Zustellung ist vom Grundbuchamt nicht zu überwachen.

852 Hat der Gläubiger in der Hauptsache obsiegt, kann er unter Vorlage des vollstreckbaren, nicht zwingend bereits rechtskräftigen Urteils die **Umschrei-**

[1] Vgl. KG DNotZ 1950, 248.

[2] BGHZ 146, 361 = FGPrax 2001, 93 = NJW 2001, 1134 = Rpfleger 2001, 294 m. Anm. Alff = WM 2001, 534 = ZIP 2001, 763.

[3] OLG Frankfurt NJW-RR 1999, 1447 = Rpfleger 1999, 85.

bung der Arresthypothek in eine Zwangshypothek beantragen. Die Eintragungsgrundlage bildet insoweit der die Eintragungsbewilligung (§ 19 GBO) ersetzende, auf Zahlung eines Geldbetrages gerichtete Schuldtitel. Ist der die Eintragungsgrundlage bildenden **Arrestbefehl aufgehoben** worden, so erwirbt der Eigentümer der belasteten Immobilie die Arresthypothek als Grundschuld (§§ 932 Abs. 2, 868 ZPO).

VII. Einzelfragen

Die Eintragung der Zwangshypothek führt als Maßregel der Zwangsvollstreckung und Grundbuchgeschäft zu vielerlei weiteren Einzelfragen. Sie sind eingehend dargestellt in Schöner/Stöber, Grundbuchrecht, Rn. 2158–2223b; Stöber, ZVG-Handbuch, Rn. 14–46. 853

F. Abtretung der Hypothek (§§ 398, 873, 1154, 1155 BGB)

I. Abtretung der Hypothekenforderung

1. Zur Abtretung der **Brief**hypothek siehe Rn. 406–408. 854
2. Zur Abtretung der **Buch**hypothek und damit auch der Sicherungshypothek Rn. 409. Eintragungsgrundlage ist die Bewilligung des Gläubigers (§ 19 GBO) als Betroffener, die der Form des § 29 Abs. 1 Satz 1 GBO bedarf. Die Bewilligung muss auch die (zweifelsfreie) Bezeichnung des neuen Gläubigers und die Angabe enthalten, ob und von welchem Zeitpunkt an Zinsen mit abgetreten werden. Eine Zustimmung des neuen Gläubigers und des Eigentümers erfordert die Eintragung der Abtretung nicht.

II. Grundbucheintragung

Die Grundbucheintragung erfolgt in Abteilung III Spalte 7 mit 5 und 6 (§ 11 Abs. 6 mit 8 GBV). Der in Spalte 4 eingetragene bisherige Gläubiger wird rot unterstrichen (§ 17 Abs. 3 GBV). 855

Eintragungs**beispiel** (nur Spalte 7):
Abgetreten an … mit den Zinsen [ggfs: und Nebenleistungen] ab … Eingetragen am …

Bei einer Teilabtretung sind die Geldbeträge in Buchstaben zu bezeichnen (§ 17 Abs. 1 Satz 2 GBV) und der in Spalte 5 einzutragenden Nummer ein Buchstabe hinzuzufügen (§ 17 Abs. 4a GBV).

G. Aufhebung, Erlöschen (§§ 875, 876, 1183 BGB)

Zur **rechtsgeschäftlichen Aufhebung** einer Hypothek ist die Aufhebungserklärung des Gläubigers (§ 875 Abs. 1 BGB), eine etwaige Zustimmung Dritter, denen Rechte an der Hypothek zustehen (§ 876 Satz 1 BGB), sowie die Zustimmung des Grundstückseigentümers (§ 1183 Satz 1 BGB) und letztlich die Löschung des Rechts im Grundbuch erforderlich. Die Löschung (§ 46) erfordert einen Antrag (§ 13 Abs. 1 GBO) des Gläubigers oder des Eigentümers unter Vorlage einer Löschungsbewilligung des Gläubigers und eines etwaigen 856

Dritten (§ 19 GBO), sowie bei einem Briefrecht die Vorlage des Briefes und ferner des Nachweises der Gläubigerstellung durch öffentlich beglaubigte Abtretungserklärungen sofern sie sich nicht unmittelbar aus dem Grundbuch ergibt. Des Weiteren bedarf es der Zustimmung des Eigentümers (§ 27 GBO). Wird die Eigentümerzustimmung zur Löschung einer Hypothek durch den Betreuer des Betroffenen erklärt, so ist hierzu nach § 1812 Abs. 1 BGB die Genehmigung des Betreuungsgerichts erforderlich.[1] Die mit „Quittung und Löschungsbewilligung" überschriebene Erklärung eines Hypothekengläubigers, in der dieser sich wegen seiner Forderung für befriedigt erklärt, die jedoch die Person des Zahlenden nicht erkennen lässt, reicht zur Löschung der Hypothek nicht aus.[2] Sind mehrere Berechtigte Gesamtgläubiger eines Grundpfandrechts, so genügt zur Löschung die löschungsfähige Quittung eines der Gesamtgläubiger.[3] Soll die Löschung aufgrund einer Löschungsbewilligung vorgenommen werden, müssen dagegen sämtliche Gläubiger die Löschung bewilligen, da ansonsten der Nachweis, dass alle das Erlöschen wollen nicht erbracht ist.[4]

857 Ein **Erlöschen** der Hypothek kann auch **kraft Gesetzes eintreten**, z.B. bei Befriedigung des Gläubigers einer Gesamthypothek durch den Eigentümer eines mitbelasteten Grundstücks, an den übrigen mithaftenden Grundstücken nach § 1173 Abs. 1 Satz 1 BGB, ferner durch Befriedigung des Gläubigers aus dem Grundstück nach § 1181 BGB oder bei Versteigerung des belasteten Grundstücks mit Erteilung des Zuschlags nach § 91 Abs. 1 ZVG. **Verzichtet** der Gläubiger auf rückständige Nebenleistungen und Kosten, wofür das Grundstück der Hypothek bereits im Umfang des § 1118 BGB kraft Gesetzes haftet, so erlischt die Hypothek für diese Nebenleistungen, sofern nicht einem Dritten ein Recht an dem Anspruch auf solche Leistungen zusteht (§ 1178 Abs. 1 BGB). Eine Grundbucheintragung dieser Folge ist weder erforderlich noch zulässig.[5]

858 Wurde aufgrund eines gegen den eingetragenen Bucheigentümer gerichteten Zahlungstitels eine **Zwangshypothek** eingetragen, so kann der nach Berichtigung des Grundbuchs nunmehr eingetragene wahre Eigentümer deren Löschung im Wege der Berichtigung, **nur nach** Bewilligung des Gläubigers (§ 19 GBO) oder aufgrund einer Entscheidung gemäß § 868 Abs. 1, § 771 ZPO verlangen.[6] weil das Verfahren nach § 22 GBO nicht der Klärung der materiellen Rechtslage im Streitfalle dient. Ist eine Zwangshypothek zugunsten einer GbR eingetragen, so können im Fall einer Löschung des Rechts die Vertretungsverhältnisse mit der vollstreckbaren Ausfertigung des Urteils nachgewiesen werden, auf Grund dessen die Eintragung der Hypothek erfolgte.[7] Soll eine für einen Insolvenzgläubiger eingetragene Zwangshypothek

[1] OLG Hamm NJOZ 2011, 875,.
[2] OLG Hamm DNotZ 2005, 630 = FGPrax 2005, 58 = Rpfleger 2005, 252.
[3] KG OLGZ 1965, 92 = Rpfleger 1965, 366.
[4] Ebenso KEHE/Munzig Rn 26 zu § 27 GBO; Schöner/Stöber Rn 2734.
[5] Schöner/Stöber Rn 2714.
[6] KG Rpfleger 2006, 602.
[7] BGH FGPrax 2012, 4 mit krit. Anm. Demharter = NJW-RR 2012, 532 = Rpfleger 2012, 532 m. zu Recht abl. Anm. Bestelmeyer = ZIP 2011, 2355.

gelöscht werden, die mit der Insolvenzeröffnung aufgrund der Rückschlagsperre des § 88 InsO schwebend unwirksam geworden, so bedarf es hierzu in der Form des § 29 GBO der Bewilligung des Gläubigers gem. § 19 GBO und der Zustimmung des Eigentümers nach § 27 Satz 1 GBO durch den Verfügungsbefugten. Der Unrichtigkeitsnachweis durch den Insolvenzverwalter gem. § 22 Abs. 1 GBO genügt nicht.[1]

§ 37. Eintragung einer Grundschuld und Rentenschuld

A. Die Grundschuld (§§ 1191–1195 BGB)

I. Gesetzlicher Inhalt, Entstehung

Die Grundschuld (§ 1191 BGB) ist eine Belastung des Grundstücks in der Weise, dass aus dieser an den Gläubiger eine bestimmte Geldsumme zu zahlen ist. Wie die Hypothek ist die Grundschuld ein dingliches Verwertungsrecht, jedoch (sachenrechtlich) nicht mit einer Forderung verbunden. Sie verpflichtet im Umfang des Rechts den Eigentümer des belasteten Objekts zur Zahlung. Entstehen und Bestand der Grundschuld sind dabei nicht von einer Forderung abhängig (**abstrakter Charakter** der Grundschuld). Ein Entstehen der Grundschuld setzt eine Einigung zwischen dem Eigentümer und dem Gläubiger sowie die Eintragung im Grundbuch voraus (§ 873 Abs. 1 BGB). Eine Fälligstellung des Kapitals der Grundschuld erfordert eine vorherige Kündigung, wobei die Kündigungsfrist sechs Monate beträgt (§ 1193 Abs. 1 BGB). Eine davon abweichende Vereinbarung ist nicht zulässig, wenn die Grundschuld der Sicherung einer Geldforderung dient (§ 1193 Abs. 2 Satz 2 BGB). Auf die Grundschuld finden die Vorschriften über die Hypothek entsprechende Anwendung; ausgenommen sind jedoch die Vorschriften des Hypothekenrechts, die eine Forderung voraussetzen (§ 1192 Abs. 1 BGB). Siehe mit dieser Einschränkung daher die Ausführungen zur Hypothek Rn. 818 ff. 859

Die Grundschuld kann **verzinslich** und in der Weise bestellt werden, dass auch **andere Nebenleistungen** aus dem Grundstück zu entrichten sind (§ 1191 Abs. 2 BGB).

II. Grundbucheintragung

1. Bei Eintragung der Grundschuld ist diese als solche zu bezeichnen (s. die Probeeintragungen Anlagen 1 und 2a zur GBV). Unmittelbar in das Grundbuch müssen nach § 1115 Abs. 1 mit § 1192 Abs. 1 BGB eingetragen werden 860
- der **Gläubiger** (Bezeichnung nach § 15 GBV),
- die aus dem Grundstück zu entrichtende bestimmte **Geldsumme** in Euro (§ 28 Satz 2 GBO; zu anderen Währungen Rn. 279), die in Spalte 4 in Buchstaben zu schreiben ist (§ 17 Abs. 1 Satz 1 mit § 11 Abs. 5 GBV),

[1] So OLG Stuttgart DNotZ 2012, 199 = NotBZ 2011, 415 = ZIP 2011, 1876.

- der **Zinssatz** (s. Rn. 824), wobei im Falle eines variablen Zinssatzes, der sich an einer gesetzlich bestimmten Bezugsgröße orientiert, keine Angabe eines Höchstzinssatzes mehr erforderlich ist (siehe dazu Rn. 826).[1] Der Zinsbeginn muss in bestimmbarer Weise festgelegt sein (für die Eintragung genügt die Bezugnahme auf die Bewilligung); er kann schon vor Eintragung liegen,
- etwaige andere **Nebenleistungen**. Auch bei der Grundschuld erweitern Nebenleistungen den Anspruch auf Zahlung aus dem Grundstück in der Weise, dass eine weitere Belastung mit ihnen zu der Belastung mit der bestimmten Grundschuldhauptsumme hinzutritt.[2] In der Bewilligung und im Eintragungsvermerk hat daher eine Bezeichnung der Nebenleistungen ihrer Art nach die Abhängigkeit von der Hauptsache erkennbar zu machen (z.B. „Verwaltungskosten").[3]

861 2. Im Übrigen kann auf die **Eintragungsbewilligung Bezug genommen** werden (§ 1115 Abs. 1 Hs. 2 mit § 1192 Abs. 1 BGB), so insbesondere wegen des Zinsbeginns, der schon vor der Eintragung liegen kann, der Zinsfälligkeiten, der Fälligkeits- und Zahlungsbedingungen (s. §§ 1193, 1194 BGB) sowie zur Eintragung des Eigentümerverzichts auf Briefvorlage (s. Rn. 828).

862 Ist das Recht **bedingt** (§ 158 BGB) oder **befristet** (§ 163 BGB) bestellt, muss dies unmittelbar aus dem Eintragungsvermerk ersichtlich sein (s. Rn. 602), weil eine Bedingung oder Befristung nicht zum Inhalt des Rechts gehören. Wegen der Voraussetzungen des Bedingungseintritts und des Zeitpunkts der Befristung ist allerdings eine Bezugnahme möglich.

863 Hat sich der Eigentümer in der Weise der **sofortigen Zwangsvollstreckung** unterworfen, dass sie aus der (notariellen) Urkunde (§ 794 Abs. 1 Nr. 5 ZPO) gegen den jeweiligen Eigentümer des Grundstücks zulässig sein soll, bedarf dies auch der direkten Aufnahme in den Eintragungsvermerk (§ 800 Abs. 1 ZPO). Eine Bezugnahme auf die Eintragungsbewilligung (§ 874 BGB) genügt nicht (s. Rn. 829). Wird eine Grundschuld in eine Hypothek **umgewandelt** (oder umgekehrt), so gilt eine bestehende Unterwerfung des jeweiligen Eigentümers unter die sofortige Zwangsvollstreckung weiter.[4]

Eintragungsbeispiel:
Grundschuld zu … Euro für … mit 12 v.H. Zinsen jährlich. Vollstreckbar nach § 800 ZPO. Gemäß Bewilligung vom … (Notar … URNr …) eingetragen am …

864 Die **Pfändung** einer **Grundschuld**, auch wenn sie dem Eigentümer zusteht, hat gemäß § 857 Abs. 6 ZPO ebenso wie die einer Hypothek nach § 830 ZPO zu erfolgen. Zur wirksamen Pfändung bedarf es daher eines Pfändungs-

---

[1] BGH DNotZ 2006, 526 aaO; OLG München NJW-RR 2011, 1462.

[2] Stöber ZIP 1980, 613.

[3] So auch BGB-RGRK/Joswig Rn. 93; MünchKomm/Eickmann Rn. 5 zu § 1192; Staudinger/Wolfsteiner Rdnr. 30 je zu § 1192 BGB; Schöner/Stöber Rn. 2296. **Anders** die Sammelbezeichnung „(andere) Nebenleistungen" soll genügen: OLG Stuttgart DNotZ 1987, 230 = NJW-RR 1986, 1397 = OLGZ 1986, 426; LG Oldenburg Rpfleger 1981, 60).

[4] LG Bonn Rpfleger 1998, 34; LG Düsseldorf DNotZ 1962, 97; MünchKomm/Eickmann Rn 7, Palandt/Bassenge Rn 1 zu § 1198 BGB; Schöner/Stöber Rn 2551. **AA** MünchKomm/Wolfsteiner Rn 21 zu § 800 ZPO.

beschlusses der das dingliche Recht erfasst und ferner bei Briefgrundschulden der Übergabe des Briefes an den Gläubiger. Dass der Brief beim Grundbuchamt verwahrt wird und die Hilfspfändung und Überweisung des Herausgabeanspruchs stattgefunden hat, ändert daran nichts.[1] Bei **Buchrechten** ist die **Eintragung** der Pfändung im Grundbuch erforderlich.

III. Brieferteilung und Ausschluss

Über die Grundschuld wird vom Grundbuchamt (§ 56 Satz 1 mit § 70 Abs. 1 GBO) ein **Brief erteilt** (§ 1116 Abs. 1 mit § 1192 Abs. 1 BGB). Die Erteilung des Briefs ist (gesetzlich) die Regel und wird demzufolge nicht in das Grundbuch eingetragen. Bezüglich Inhalt, Form und Aushändigung des Grundschuldbriefs sind die Vorschriften § 56 Satz 2, §§ 57–61 mit § 70 Abs. 1 GBO und §§ 50, 52 sowie §§ 87, 88 GBV zu beachten (wie Rn. 832, 833). Zur Bedeutung des Grundschuldbriefs siehe Rn. 834. Mit der Urkunde über die Bestellung der Grundschuld wird der Grundschuldbrief nicht verbunden. Die Brieferteilung kann **ausgeschlossen** werden. Sie erfordert dann Einigung und Eintragung (§ 1116 Abs. 2 mit § 1192 Abs. 1 BGB); siehe hierzu Rn. 834. 865

Anlage 7 zu § 52 Abs. 1 GBV

Muster
(Grundschuldbrief)

Deutscher
Grundschuldbrief

über

50 000 Euro

eingetragen im Grundbuch von Grünwald (Amtsgericht München Blatt 2100 Abteilung III Nr. 3 (drei)

Inhalt der Eintragung:
Nr. 3: 50 000 (fünfzigtausend) 3000 Euro Grundschuld mit fünfzehn vom Hundert jährlich verzinslich für die Raiffeisenbank Oberhaching e.G. in Oberhaching. Unter Bezugnahme auf die Eintragsbewilligung vom 1. März 2004 eingetragen am 23. März 2004.

Belastetes Grundstück:
Das im Bestandsverzeichnis des Grundbuchs unter Nr. 1 verzeichnete Grundstück.

München, den 26. März 2004

Amtsgericht

(Siegel oder Stempel)

(Unterschriften)

IV. Der Sicherungsvertrag

Die Grundschuld ist in der Kreditpraxis, gerade wegen ihrer abstrakten Rechtsnatur, das heutzutage am weitesten verbreitete **Sicherungsmittel**. Die 866

[1] OLG München NJOZ 2012, 171.

Rechtsbeziehungen für die Verwendung der Grundschuld zum Zwecke der Absicherung von Forderungen werden durch den **schuldrechtlichen Sicherungsvertrag** hergestellt. Gesetzesgrundlage für das mit dem Sicherungsvertrag (auch Sicherungsabrede, Zweckbestimmungs- oder Zweckerklärung) entstehende Schuldverhältnis zwischen Sicherungsgeber und Sicherungsnehmer sind die §§ 305, 241 BGB. Gesetzlich ist für diesen Vertragsschluss keine Form vorgeschrieben. Vertragsinhalt ist in der Regel die

- Verpflichtung des Sicherungsgebers (= Eigentümers), eine Forderung oder auch mehrere durch Bestellung einer Grundschuld zu sichern,
- schuldrechtliche Beschränkung der Befugnisse des Sicherungsnehmers (= Gläubigers der Grundschuld) auf den Sicherungszweck (s. hierzu auch § 137 Satz 2 BGB),
- Verpflichtung des Sicherungsnehmers, die Grundschuld nach Erledigung des Sicherungszwecks dem Sicherungsgeber durch Aufhebung (§ 875 BGB), Abtretung (§§ 873, 1154 BGB) oder Verzicht (§ 1168 BGB, je mit § 1192 Abs. 1 BGB) zurückzugewähren (**Rückgewähranspruch**).

Der **Anspruch auf Rückgewähr** kann **durch** eine vom Grundschuldgläubiger bewilligte **Vormerkung** gemäß § 883 BGB **gesichert werden.**[1] Er ist schon vor seiner Entstehung abtretbar, mit der Folge, dass eine spätere Pfändung dann ins Leere geht.[2]

Die mit dem Sicherungsvertrag begründeten schuldrechtlichen Rechtsbeziehungen bringen vielfältige Fragen und Besonderheiten mit sich. Hierwegen siehe die BGB-Kommentare zu § 1191 BGB sowie Schöner/Stöber Rn. 2316–2349. In das Grundbuch kann der Sicherungszweck der Grundschuld nicht eingetragen werden, auch nicht durch Bezugnahme auf die Bewilligung. In der Urkunde müssen deshalb die schuldrechtlichen Abreden übersichtlich abgetrennt sein, so dass sie von der Bezugnahme auf die Eintragungsbewilligung ausgenommen bleiben können.

Ist die Grundschuld zur Sicherung eines Anspruchs bestellt worden, können **Einreden**, die dem Eigentümer auf Grund des Sicherungsvertrags mit dem bisherigen Gläubiger gegen die Grundschuld zustehen oder sich aus dem Sicherungsvertrag ergeben, auch jedem **Erwerber** der Grundschuld entgegengesetzt werden. Ein gutgläubig einredefreier Erwerb der Grundschuld durch den Zessionar scheidet insoweit aus (§ 1192 Abs. 1a BGB).

867 Die Bestellung einer **Gesamtgrundschuld** ist zulässig (§§ 1132, 1192 BGB). Sie setzt jedoch voraus, dass sie insgesamt nur einem Gläubiger zusteht. Aus diesem Grund ist bei der Belastung mehrerer Miteigentumsanteile mit einer Grundschuld die (Teil-)Abtretung der Grundschuld, soweit sie auf einem Miteigentumsanteil ruht, inhaltlich unzulässig und damit nicht in das Grundbuch eintragbar.[3] Eine Gesamtgrundschuld kann an den einzelnen Grundstücken mit **unterschiedlichen Fälligkeitsbedingungen** bestehen. Soweit eine vor dem 20.8.2008 bestellte Sicherungsgrundschuld auf ein weiteres Grundstück

---

[1] Vgl. Schöner/Stöber Rn 2345; Staudinger/Wolfsteiner § 1191 Rn 63.

[2] BGH Rpfleger 1985, 104; BGH DNotZ 1977, 542 = NJW 1977, 247 = Rpfleger 1977, 56; BGH DNotZ 1958, 383 (Hoche) = Rpfleger 1958, 53 (Bruhn); Schöner/Stöber Rn 2342; Staudinger/Wolfsteiner Rn 238 Vorbem §§ 1191 ff BGB.

[3] LG Berlin Rpfleger 2008, 359.

erstreckt wird, gilt die durch das Risikobegrenzungsgesetz eingeführte zwingende Fälligkeitsbestimmung des § 1193 BGB nur für die Belastung des nachverpfändeten Grundstücks.[1]

V. Aufhebung, Erlöschen

Für die rechtsgeschäftliche Aufhebung und die Löschung einer Grundschuld finden über § 1192 Abs. 1 BGB gleichermaßen die Vorschriften über die Aufhebung und Löschung einer Hypothek Anwendung (siehe Rn. 856, 857). Ist eine Grundschuld mit Ausnahme von rückständigen Zinsen abgetreten worden, bedarf die Löschung der Grundschuld nicht der Zustimmung des ursprünglichen Eigentümers, weil rückständige Zinsen als Prozentsatz der Hauptforderung nicht eintragungsfähig sind und daher auch keine selbständige dingliche Rechtsposition i.S. von § 875 BGB vermitteln, es somit eine Zustimmung seitens des Gläubigers rückständiger Zinsen nicht erfordert.[2] **868**

B. Die Eigentümergrundschuld (§§ 1196, 1197 BGB)

Eine Grundschuld (§ 1191 BGB) kann als Brief- oder Buchrecht auch sogleich für den Eigentümer selbst bestellt werden (§ 1196 Abs. 1 BGB). Als beschränktes dingliches Recht gibt sie dem Eigentümer alle Rechte eines Grundschuldgläubigers. Er kann jedoch nicht selbst die Zwangsvollstreckung betreiben (§ 1197 Abs. 1 BGB) und keine Zinsen erhalten, außer bei Zwangsverwaltung des belasteten Grundstücks (§ 1197 Abs. 2 BGB). Die Grundschuld verbleibt dem Eigentümer, wenn er das Grundstück veräußert; er kann auch die Eigentümergrundschuld allein abtreten. Damit wird sie jeweils Fremdrecht und unterliegt von da an nicht mehr den Beschränkungen des § 1197 BGB. Ferner steht der Abtretung des Eigentümerrechts mit **rückwirkendem Zinsbeginn**, d.h. auch mit Zinsen ab Eintragung der Grundschuld, nichts entgegen.[3] Zulässig ist auch eine Gesamtgrundschuld, die darüber hinaus zugleich Eigentümer- und Fremdgrundschuld ist.[4] **869**

Eintragungsbeispiel:
Grundschuld zu ... Euro für den Eigentümer ... mit 16 vH Zinsen jährlich. Vollstreckbar nach § 800 ZPO. Gemäß Bewilligung vom ... (Notar ... URNr ...) eingetragen am ...

C. Die Rentenschuld (§§ 1199–1203 BGB)

I. Gesetzlicher Inhalt, Entstehung

Als Rentenschuld (§ 1199 Abs. 1 BGB) kann eine Grundschuld in der Weise bestellt werden, dass in regelmäßig wiederkehrenden Terminen eine be- **870**

---

[1] BGH DNotZ 2010, 683 = NJW 2010, 3300 = Rpfleger 2010, 485 u. Anm. Bestelmeyer Rpfleger 2010, 576.
[2] OLG Nürnberg NJW-RR 2011, 1310.
[3] BayObLGZ 1987, 241 = DNotZ 1988, 116 = Rpfleger 1987, 364; OLG Celle NJW-RR 1989, 1244 = Rpfleger 1989, 323; OLG Düsseldorf DNotZ 1990, 747 = NJW-RR 1990, 22 = OLGZ 1989, 395 = Rpfleger 1989, 498.
[4] BayObLGZ 1962, 184 = NJW 1962, 1725.

stimmte Geldsumme aus dem Grundstück zu zahlen ist. Dazu muss ein Ablösungsbetrag festgesetzt werden (§ 1199 Abs. 2 BGB). Zulässig sind verschieden hohe Ablösungsbeträge je nach dem Zeitpunkt der Zahlung.[1] Die Ablösungssumme kann ohne Rücksicht auf die Höhe der wiederkehrenden Leistungen frei vereinbart werden.[2]

871 Die **Entstehung** der Rentenschuld erfordert materiell eine Einigung zwischen dem Gläubiger und dem Grundstückseigentümer sowie die Eintragung des Rechts im GB (§ 873 BGB). Für den Erwerb eines Briefrechts durch den Gläubiger ist, wenn nicht eine Vereinbarung nach § 1117 Abs. 2 BGB vorliegt, noch die Übergabe des Briefes erforderlich (§§ 1117 Abs. 1, 1192 Abs. 1, 1199 Abs. 1 BGB). Die formelle Eintragungsgrundlage bildet die Bewilligung (§ 19 GBO) des Eigentümers.

II. Ablösung

872 Die Rentenschuld kann der Eigentümer (nach Kündigung, § 1202 BGB) ablösen. Es muss daher die Ablösungssumme bestimmt und in das Grundbuch eingetragen werden (§ 1199 Abs. 2 Satz 2 BGB), wobei eine Bezugnahme auf die Eintragungsbewilligung nicht genügt.[3] Briefbildung: § 70 GBO.

Eintragungsbeispiel:
Rentenschuld zu … Euro jährlich für …, fällig nachträglich, ablösbar mit … Euro. Gemäß Bewilligung vom … (Notar … URNr …) eingetragen am …

§ 38. Eintragung und Vorbehalt von Änderungen

A. Inhaltsänderungen (§ 877 BGB)

I. Begriff, Voraussetzungen

873 1. Zur Änderung des Rechtsinhalts siehe Rn. 18. Unter dem **Inhalt** eines Rechts ist die Gesamtheit der dem Rechtsinhaber aus dem das Grundstück bereits belastenden Recht zustehenden Befugnisse zu verstehen.[4] Eine Inhaltsänderung ist somit eine Verfügung, welche die (= einzelne) Befugnisse des Berechtigten im Rahmen des bereits bestehenden Rechts abweichend gestaltet, somit beschränkt, erweitert oder sonst anders ausgestaltet[5].

II. Beispielhafte Aufzählung

874 In Betracht kommen z.B.
- eine Änderung der Grundstücksfläche, die als Ausübungsbereich für den Rechtsinhalt einer Grunddienstbarkeit (Geh- und Fahrtrecht, Rohrverle-

[1] Vgl MünchKomm/Eickmann Rn 4, Palandt/Bassenge Rn 3 je zu § 1199 BGB.
[2] Vgl RGZ 86, 260; OLG Bremen OLGZ 1965, 74; Staudinger/Wolfsteiner Rn 7 zu § 1199 BGB.
[3] Vgl Staudinger/Wolfsteiner Rn 8 zu § 1199 BGB.
[4] OLG Hamm NJW 1968, 1289 = OLGZ 1968, 209.
[5] BayObLGZ 1959, 520, 526 = NJW 1960, 1155; 1974, 217 = DNotZ 1975, 31.

gungsrecht usw., § 1018 BGB) bestimmt ist (s. Rn. 687).[1] Eine Verlegung der Ausübungsstelle auf ein bisher nicht belastetes (anderes) Grundstück ist dagegen Aufhebung (§ 875 Abs. 1 BGB) und Neubelastung (§ 873 Abs. 1 BGB);
- der Ausschluß einzelner Nutzungen beim Nießbrauch (§ 1030 Abs. 2 BGB) oder die Aufhebung einer solchen Beschränkung;
- die Beschränkung oder Erweiterung der Befugnisse des Dienstbarkeitsberechtigten (§ 1090 BGB) zur Ausübung eines Geh- und Fahrtrechts (z.B. Einräumung der Berechtigung, das Grundstück auch mit Lastkraftwagen zu befahren) oder des Umfangs eines Gewerbebetriebsverbots;
- die Änderung der Vereinbarung über den Mitgebrauch gemeinschaftlicher Räume beim Wohnungsrecht (§ 1093 Abs. 3 BGB);
- eine Erstreckung des Vorkaufsrechts auf mehrere Verkaufsfälle (§ 1097 BGB),
- die Änderung der Fälligkeitszeitpunkte der wiederkehrenden Leistungen einer Reallast (§ 1105 BGB);
- eine Änderung der Kündigungsbestimmungen bei einer Hypothek oder die Umwandlung eines gleitenden in einen festen Zins bei einer Grundschuld sowie die Änderung der Bedingungen für Verzugszinsen bei einem Grundpfandrecht;
- die Umwandlung eines bedingten Grundstücksrechts in ein unbedingtes,
- die Änderung einer Bedingung (§ 158 BGB) oder Befristung (§ 163 BGB).

2. Eine Umgestaltung des Rechtsinhalts dahingehend, dass sämtliche Be- 875
fugnisse des Rechtsinhabers eines dinglichen Rechts durch neue ersetzt werden sollen, führt zur Beseitigung des alten Rechts und der Schaffung eines neuen, was demzufolge nicht als Inhaltsänderung eintragbar ist. Ebenso ist die Erweiterung des dinglichen Zahlungsanspruchs bei Grundpfandrechten durch Erhöhung des Kapitalbetrags eine Neubestellung und als solche einzutragen.[2] Soll der Kapitalbetrag herabgesetzt werden so handelt es sich um eine Teilaufhebung (§ 875 Abs. 1 BGB) die als Löschung einzutragen ist.

III. Eintragungsgrundlage

Die Eintragung einer Inhaltsänderung auf Antrag (§ 13 Abs. 1 GBO) er- 876
fordert eine Bewilligung des Betroffenen (§ 19 GBO), somit in aller Regel des Berechtigten und des Eigentümers (s. Rn. 273). Nur der Bewilligung eines Teils bedarf es, wenn die Rechtsstellung des anderen Beteiligten durch die Inhaltsänderung nicht berührt wird, d.h. wenn jede rechtliche Beeinträchtigung (Verschlechterung) ausgeschlossen ist.

Beispiel: Nur der Eigentümer hat zu bewilligen, wenn der Ausschluß einzelner Nutzungen beim Nießbrauch (§ 1030 Abs. 2 BGB) aufgehoben werden soll.

Die **Zustimmung Dritter** und damit deren Bewilligung bestimmt sich nach den Erfordernissen des § 877 i.V.m. § 876 BGB. Im Rang gleich- oder

---

[1] BGH LM BGB § 1023 Nr. 1 = MDR 1976, 479 = Rpfleger 1976, 126; BGHZ 90, 181, 186 = DNotZ 1985, 37 = NJW 1984, 2210 = Rpfleger 1984, 229.
[2] RGZ 143, 426; KG JFG 14, 378, 381; 16, 248.

nachstehende Berechtigte müssen grundsätzlich zustimmen, wenn bei vorgehenden Rechten eine Erweiterung ihres Umfangs erfolgen soll (s. Rn. 275).

IV. Grundbucheintragung

877 Einzutragen sind Inhaltsänderungen in
- Abteilung II Spalte 5 (mit Spalte 4) nach § 10 Abs. 5a und 7 GBV,
- Abteilung III Spalte 7 (mit Spalten 5 und 6) nach § 11 Abs. 6 und 8 GBV.

Die Grundbucheintragung erfordert eine **Bezeichnung der Rechtsänderung** als Inhaltsänderung im Eintragungsvermerk.

Beispiel: Bestimmung des Wertersatzbetrags, § 882 BGB

Eine Inhaltsänderung eines eintragungspflichtigen Gegenstands erfordert die **Angabe** auch des durch die Änderung neu bestimmten Inhalts des Rechts **im Vermerk.** Eine Änderung des durch Bezugnahme auf die Eintragungsbewilligung eintragbaren wie auch eingetragenen Rechtsinhalts (§§ 874, 1115 Abs. 1 BGB), kann im Eintragungsvermerk über die Inhaltsänderung durch Bezugnahme auf die Eintragungsbewilligung zur näheren Bezeichnung des geänderten Inhalts des Rechts eingetragen werden (§§ 877, 874 BGB). Üblich ist auch in solchen Fällen eine schlagwortartige Bezeichnung der Inhaltsänderung im Eintragungsvermerk mit Bezugnahme auf die Bewilligung zur näheren Bezeichnung des Inhalts des Rechts.

Eintragungsbeispiele:

Die Kündigungsfrist der Hypothek beträgt sechs – statt, wie bisher, drei – Monate. Eingetragen am …

Inhalt der Grunddienstbarkeit geändert; gemäß Bewilligung vom … (Notar … URNr …) eingetragen am …

Inhalt des Rechts dahin geändert, dass …; gemäß Bewilligung vom … (Notar … URNr …) eingetragen am …

B. Rangänderung (§ 880 BGB)

I. Eintragungsgrundlagen für nachträgliche Änderung der Rangverhältnisse

878 1. Zu den materiellrechtlichen Voraussetzungen einer Rangänderung s. Rn. 38.

879 2. Eintragungsgrundlage für eine Rangänderung ist regelmäßig die **Bewilligung des Betroffenen** (§ 19 GBO), d.h. von dem Berechtigten (Gläubiger) des im Rang zurücktretenden Rechts. Ist das zurücktretende Recht mit dem Recht eines Dritten belastet, so bedarf es auch dessen Bewilligung (Zustimmungspflicht nach § 880 Abs. 3 BGB). Soll eine Grunddienstbarkeit (§ 1018 BGB), ein subjektiv-dingliches Vorkaufsrecht (§ 1094 Abs. 2 BGB) oder eine subjektiv-dingliche Reallast (§ 1105 Abs. 2 BGB, auch Erbbauzinsreallast) im Rang zurücktreten, so ist, wenn das herrschende Grundstück mit dem Recht eines Dritten belastet ist und dessen Recht durch die Rangänderung beeinträchtigt wird, auch dessen Bewilligung erforderlich, sofern das Recht auf dem Blatt des Grundstücks vermerkt ist (§ 880 Abs. 3 mit § 876 BGB; § 21 GBO, Rn. 368). Die Bewilligung des Eigentümers, nicht jedoch dessen

materiell-rechtliche Zustimmung[1], ist stets erforderlich, wenn eine Hypothek, Grundschuld oder Rentenschuld im Rang zurücktreten soll (zustimmungspflichtig ist er nach § 880 Abs. 2 Satz 2 BGB). Etwaige Zwischenberechtigte brauchen bei der Rangänderung nicht mitwirken (s. § 880 Abs. 5 BGB); ihre Zustimmung ist daher nicht erforderlich.

3. Die **Grundpfandrechtsbriefe** für diejenigen Rechte, die an der Rangänderung beteiligt sind, müssen vorgelegt werden (§ 41 Abs. 1 Satz 1, § 42 GBO). Die Briefvorlage ist für das Grundbuchamt formell zwingendes Gebot. Eine ohne Briefvorlage vorgenommene Eintragung macht jedoch das Grundbuch nicht unrichtig, vorausgesetzt die Rücktrittserklärung ist vom wahren Rechtsinhaber abgegeben. 880

II. Grundbucheintragung

1. Einzutragen ist die Rangänderung **bei allen beteiligten Rechten** (§ 18 GBV). Wird die Rangänderung erst nach Eintragung der beteiligten Rechte vorgenommen, so erfolgt sie 881
- in Abteilung II Spalte 5 (mit 4) nach § 10 Abs. 5 (mit 7) GBV,
- in Abteilung III Spalte 7 (mit 5 und 6) nach § 11 Abs. 6 (mit 8) GBV.

Eintragungs**beispiel:**

5	6	7
1, 2	10 000 € 20 000 €	Abt. III Nr. 2 hat Vorrang vor Abt. III Nr. 1, eingetragen am …

2. Wenn ein **neu einzutragendes Recht** einem bereits eingetragenen Recht im Rang vorgehen oder mit ihm Gleichrang erhalten soll, erfolgt die Eintragung des Vorrangs bzw. Gleichrangs bei dem neu einzutragenden vortretenden Recht sogleich in der Hauptspalte und nicht in der Veränderungsspalte. 882

Beispiel:
… gemäß Bewilligung vom … (Notar … URNr …) mit Vorrang vor der Abt. III Nr. … eingetragen am …

Der Nachrang des bereits eingetragenen zurücktretenden Rechts ist jedoch in der Veränderungsspalte zu vermerken.

Beispiel:

5	6	7
… 5, 6	50 000 € 60 000 €	Abt. III Nr. 6 ist der Vorrang vor Abt. III Nr. 5 eingeräumt. Eingetragen am …

3. Rangänderungen sind nach §§ 62 Abs. 1, 70 Abs. 1 GBO auch auf den nach dem 31.12.1977 hergestellten **Grundpfandrechtsbriefen** zu **vermerken.** 883

[1] BayObLG DNotZ 1986, 585.

III. Aufhebung der Rangänderung

884 Rückgängig gemacht (aufgehoben) werden kann eine Rangänderung nur durch eine nochmalige Rangänderung, nicht aber durch Löschung der Rangvermerke.[1]

C. Rangvorbehalt (§ 881 BGB)

I. Rangvorbehalt für noch einzutragende Rechte

885 1. Zu den materiellrechtlichen Voraussetzungen des Rangvorbehalt s. Rn. 39. Ein Rangvorbehalt ist bei jedem rangfähigen Recht eintragbar. Ausgenommen davon ist das Erbbaurecht wegen § 10 Abs. 1 ErbbauRG. Auch bei einer Vormerkung für ein beschränktes dingliches Recht sowie bei einer Eigentumsvormerkung kann ein Rangvorbehalt eingetragen werden.

886 2. Als **Gegenstand des Vorbehalts** kommt jedes beschränkte dingliche Recht infrage, mit dem das Grundstück (rechtsgeschäftlich) belastet werden kann, aber auch ein Erbbaurecht und ebenso eine Vormerkung (s. § 883 Abs. 3 BGB). Vorbehalten werden kann auch der **Gleichrang** eines Rechts mit dem vorbehaltsbelasteten Recht[2]. Der Rangvorbehalt ist grundsätzlich mehrfach ausübbar, falls dies nicht ausdrücklich ausgeschlossen ist. Ebenso ist eine teilweise oder stufenweise Ausübung zulässig. Der Gläubiger einer Zwangshypothek kann jedoch den untrennbar mit dem Grundstückseigentum verbundenen Rangvorbehalt nicht ausüben.[3]

II. Eintragungsgrundlagen

887 1. Wenn der Rangvorbehalt **gleichzeitig** mit dem bei seiner Ausnutzung später im Rang zurücktretenden Recht eingetragen wird sowie für die Eintragung eines Rangvorbehalts bei einer bereits eingetragenen Eigentümergrundschuld, genügt die Bewilligung des Grundstückseigentümers (§ 19 GBO). Zur **nachträglichen** Eintragung des Rangvorbehalts bedarf es ansonsten der Bewilligung des Berechtigten (Gläubigers) des bereits eingetragenen Rechts, das später im Rang zurücktreten soll, sowie der Bewilligung (§ 19 GBO) der mittelbar Betroffenen (§ 880 Abs. 3 mit § 876 BGB) und bei Grundpfandrechten außerdem der Bewilligung des Eigentümers (§ 19 GBO; Zustimmung = § 880 Abs. 2 Satz 2 BGB)[4].

888 2. Die **Bewilligung** muss das vorbehaltene Recht nach Rechtsnatur und Inhalt (z.B. Grunddienstbarkeit als Geh- und Fahrtrecht) oder mit seinem Umfang (z.B. Grundschuldhauptsachebetrag, Zinsen und andere Nebenleistungen, s. §§ 1115 mit 1192 Abs. 1 BGB) bestimmt (§ 881 Abs. 1 BGB) bezeichnen. Das erfordert auch Festlegung des (bestimmten) Anfangszeitpunkts

---

[1] KG JFG 12, 290, 293.
[2] BayObLGZ 1956, 462.
[3] Siehe BGHZ 12, 238 = DNotZ 1954, 378 = NJW 1954, 954.
[4] Ebenso Schöner/Stöber Rn. 2131; Meikel/Böttcher Rn. 189 zu § 45; **aA** keine Eigentümerzustimmung KG JFG 12, 285, 289.

der Verzinsung[1], nicht aber bereits Festlegung der Zinstermine und der Zahlungsbedingungen (gehört nicht zum Umfang des Rechts). Der Berechtigte braucht nicht bezeichnet (damit auch nicht eingetragen) werden. Zulässig ist jedoch eine Beschränkung dahingehend, dass die Ausübung nur zugunsten bestimmter Berechtigter (z.B. einer Sparkasse oder Bank) erfolgen darf.[2] Auch andere inhaltliche Einschränkungen können festgelegt werden (z.B. nur für Grundpfandrechte, die zur Sicherung einer Darlehenforderung der Sparkasse dienen oder deren Eintragungsbewilligung von einem bestimmten Notar beglaubigt wurde.[3] Bestimmt werden kann auch eine Beschränkung auf nur einmalige Ausübung an Stelle der sonst grundsätzlich zulässigen wiederholten Ausübung.

III. Grundbucheintragung

1. Die Eintragung des Rangvorbehalts(§ 881 Abs. 2 BGB) erfolgt bei dem 889
Recht, das im Rang zurücktreten soll, in Abteilung II oder III
- bei **gleichzeitiger** Eintragung mit dem später zurücktretenden Recht in der Hauptspalte 3 bzw. 4,
- bei **nachträglicher** Eintragung mit Eintragungsvermerk in der Veränderungsspalte 5 (mit 4) bzw. 7 (mit 5 und 6).

2. In den **Eintragungsvermerk** aufzunehmen sind die Art des vorbehalte- 890
nen Rechts (mit seinem Wesenskern schlagwortartig) und der Umfang eines vorbehaltenen Grundpfandrechts (Höchstbeträge an Hauptsache, Zinsen und anderen Nebenleistungen). Im Übrigen kann zur näheren Bezeichnung des Inhalts des Rechts, das mit Vorrang eingetragen werden soll, auf die Eintragungsbewilligung Bezug genommen werden (§ 874 BGB; für Grundpfandrechte nach Maßgabe von § 1115 BGB).

3. Der Eigentümer als Berechtigter des Vorbehalts (s. § 881 Abs. 1 BGB) 891
wird im Eintragungsvermerk nicht bezeichnet. Auch eine Angabe des Berechtigten (Gläubigers) des später mit Vorbehalt einzutragenden Rechts erfolgt nicht.

Eintragungsbeispiele (Hauptspalte im Eintragungsvermerk für das Recht):

Vorbehalten wird der Vorrang für eine Hypothek oder Grundschuld zu … Euro mit Zinsen und sonstigen Nebenleistungen bis zu … v.H. jährlich. Gemäß Bewilligung vom … (Notar … URNr …) eingetragen am …

oder

Vorrangvorbehalt für eine Hypothek oder Grundschuld [Grunddienstbarkeit als Geh- und Fahrtrecht] zu … Euro mit bis zu … v.H. Zinsen und andere Nebenleistungen jährlich. Gemäß Bewilligung vom … (Notar … URNr …) eingetragen am …

IV. Eintragung des vorbehaltenen Rechts

1. Die Eintragung des vorbehaltenen Rechts, dem der Vorrang durch ent- 892
sprechende Erklärung beigelegt wird, erfordert eine dahingehende Eintra-

---

[1] BGHZ 129, 1 = DNotZ 1996, 84 = NJW 1995, 1081 = Rpfleger 1995, 343.
[2] KG HRR 1931 Nr. 288; LG Düsseldorf MittRhNotK 1985, 15 = Rpfleger 1985, 100.
[3] LG Düsseldorf aaO; Schöner/Stöber Rn. 2134.

gungsbewilligung (§ 19 GBO) des Grundstückseigentümers. Wird das Grundstück veräußert, bedarf es der Bewilligung des Erwerbers (s. § 881 Abs. 3 BGB). Eine Bewilligung des Berechtigten (Gläubigers) des zurücktretenden Rechts wie auch Bewilligungen Dritter sind nicht erforderlich. Bewirkt die Ausnutzung des Rangvorbehalts den Rangrücktritt eines Briefrechts kann der Vollzug nicht von der Vorlage des Briefes abhängig gemacht werden[1].

893 2. Die Eintragung hat mit **Rangvermerk** (§ 879 Abs. 3 BGB) bei **beiden Rechten** (§ 18 GBV) zu erfolgen. Eingetragen wird der Rangvermerk

– bei dem in den Rangvorbehalt **einrückenden Recht** in der Hauptspalte 3 (Abteilung II) bzw. 4 (Abteilung III) zugleich mit Eintragung des Rechts.

Beispiel:

Unter Ausnutzung des Vorbehalts mit Vorrang vor dem Recht Abt III Nr. … eingetragen am …

– bei dem **zurücktretenden Recht** in der Veränderungsspalte 5 (mit 4) der Abteilung II bzw. 7 (mit 5, 6) der Abteilung III.

Beispiel:

Der vorbehaltene Vorrang vor diesem Recht ist dem Recht Abt III Nr. … eingeräumt. Eingetragen am …

894 Sind bei einem Rangvorbehalt für ein Grundpfandrecht keine Zinsen vorbehalten worden, so können bei Ausübung des Vorbehalts auch nicht vorrangige Zinsen bis zu 5 % nach § 1119 BGB eingetragen werden.[2] Ist das mit dem Rangvorbehalt belastete Recht ein Briefgrundpfandrecht, so kann die Ausnutzung des Rangvorbehalts durch den Eigentümer nicht von der Briefvorlage abhängig gemacht werden.[3]

D. Vormerkung (§ 883 BGB)

I. Sicherung von Rechtsänderungen

895 Zur Sicherung von schuldrechtlichen Ansprüchen durch Vormerkung (§ 883 BGB) s. Rn. 47 ff.

II. Eintragungsgrundlage

896 1. Die Vornahme der Grundbucheintragung erfordert eine Eintragungsbewilligung (§ 19 GBO) des Betroffenen oder eine einstweilige Verfügung gegen ihn (§ 885 Abs. 1 BGB). Die Auflassungserklärung des Eigentümers enthält nicht schon zugleich die Bewilligung einer Eigentumsvormerkung oder die Einwilligung in eine solche.[4]

---

[1] KGJ 40 A 236; BayObLG MittBayNot 1979, 113 = MittRhNotK 1979, 193.
[2] RGZ 135, 193, 196 = DNotZ 1932, 587; Palandt/Bassenge § 881 BGB Rn. 6.
[3] BayObLG MittBayNot 1979, 113.
[4] BayObLGZ 1979, 12 = DNotZ 1979, 426 = MittBayNot 1979, 16 = OLGZ 1980, 72.

2. Es muss der zu sichernde **schuldrechtliche Anspruch** (Rn. 49 ff) auf Einräumung, Änderung des Inhalts oder Rangs, Übertragung oder Aufhebung eines Rechts an einem Grundstück oder an einem das Grundstück belastenden Recht (§ 883 Abs. 1 Satz 1 BGB) bereits bestehen. Der Anspruch kann aber auch ein künftiger oder bedingter (§ 158 BGB) sein (§ 883 Abs. 1 Satz 2 BGB; Rn. 50). 897

3. Die Eintragungs**bewilligung** muss den **Anspruch ausweisen**; dass er besteht, also wirksam ist, braucht dem Grundbuchamt nicht nachgewiesen zu werden.[1] Für die Prüfung durch das Grundbuchamt gelten ansonsten die allgemeinen Verfahrensgrundsätze (Rn. 531 ff). Eintragungsgrundlage ist in aller Regel die Bewilligung (§ 19 GBO). Die Eintragung kann sie nur dann nicht rechtfertigen, wenn ihre Unrichtigkeit dem Grundbuchamt bekannt ist (näher Rn. 534), feststehende Tatsachen somit ergeben, dass der Anspruch nicht besteht und auch künftig nicht entstehen kann.[2] Da ein unwirksamer Anspruch aber auch noch nachträglich durch einen wirksamen ersetzt werden kann, erlangt insbesondere der zuletzt genannte Punkt zunehmend an Bedeutung. Für die Begründung des vorzumerkenden Anspruchs durch Beurkundung (§ 311b Abs. 1 BGB; praktisch bedeutsam vor allem bei einer Eigentumsvormerkung) genügt in der Bewilligung die Bezeichnung der Urkunde (Datum, Name und URNr. des Notars) Eine Einreichung der Urkunde abschriftlich oder als Auszug zu den Grundakten bedarf es nicht.[3] 898

III. Genehmigungen

1. a) Im Falle einer **Vertretung des Erwerbers** kann zur Eintragung der Vormerkung aufgrund einer Bewilligung des Veräußerers ein Nachweis der Vollmacht, Genehmigung oder Vollmachtsbestätigung nicht verlangt werden, weil allein entscheidend ist, dass ein sicherbarer künftiger Anspruch besteht[4]. 899

b) Ein nicht genehmigter Vertragsschluss durch einen **Vertreter ohne Vertretungsmacht** (§ 177 BGB) für den Anspruchs**schuldner** begründet dagegen keine Bindung des Vertretenen. Bis zur Erteilung der Genehmigung besteht ein durch Vormerkung sicherbarer Anspruch nicht. Die Eintragung erfordert daher einen Nachweis der Genehmigung in der Form des § 29 Abs. 1 GBO.

2. Eine **gerichtliche oder behördliche Genehmigung** oder die Genehmigung sonst eines Dritten 900
- muss nicht erteilt sein und dem Grundbuchamt somit auch nicht vorgelegt werden, wenn für den Verpflichteten (Betroffenen) bereits vor Erteilung

---

[1] BayObLG DNotZ 1995, 63; KG Rpfleger 1989, 49; KEHE/Erber-Faller Einl. G 33.

[2] BayObLG DNotZ 1997, 727, 728 m. Anm. Eickmann = NJW-RR 1997, 590 = Rpfleger 1997, 151.

[3] KG DNotZ 1972, 173 = Rpfleger 1972, 94; KG NJW 1969, 138 = OLGZ 1969, 202 = Rpfleger 1969, 49 m. Anm. Haegele; Schöner/Stöber Rn. 1514; Amann MittBayNot 2000, 197, 200; streitig teilw. a.A. KEHE/Erber-Faller Einl. G 35; Ertl Rpfleger 1979, 361, 362; Böttcher Rpfleger 1990, 486, 496 f je mit weit Nachw.

[4] BayObLG DNotZ 1990, 297 = MittRhNotK 1990, 51; KG DNotZ 1971, 418 = Rpfleger 1971, 312.

der Genehmigung eine rechtliche Bindung besteht, d.h. die (künftige) Entstehung des Anspruchs demzufolge nur noch vom Willen des Berechtigten (Begünstigten) abhängt (Rn. 51) und die Genehmigung als Wirksamkeitserfordernis daher nachgebracht werden kann;

- hat vorzuliegen und ist dem Grundbuchamt somit nachzuweisen, wenn eine rechtliche Bindung des Verpflichteten (Betroffenen) erst mit Erteilung bzw. Rechtskraft der Genehmigung eintritt, weil eben bis zur Erteilung der Genehmigung bzw. dessen Rechtskraft kein vormerkungsfähiger (künftiger) Anspruch besteht.

901 3. a) Eine noch erforderliche Genehmigung des **Familien- oder Vormundschaftsgerichts** für den entgeltlichen Rechtserwerb (§ 1821 Abs. 1 Nr. 5 BGB) ermöglicht dann eine Sicherung durch Vormerkung wenn bereits mit Vertragsabschluss eine rechtliche Bindung des Veräußerers an den Vertrag besteht,[1] und er alles zu unterlassen hat, was die Genehmigung gefährden oder vereiteln könnte.[2]

902 b) Bedarf es dagegen einer familien- oder vormundschaftsgerichtlichen Genehmigung für die Begründung eines schuldrechtlichen Anspruchs über ein Grundstück oder ein Grundstückrecht nach § 1821 Abs. 1 Nr. 1 BGB sowie zur Eingehung einer Verpflichtung zu einer solchen Verfügung nach § 1821 Abs. 1 Nr. 4 BGB muss die Genehmigung rechtskräftig (§ 40 Abs. 2 FamFG) erteilt[3] und wirksam sein (§ 1828 BGB; Mitteilung an Vertragspartner: § 1829 BGB), da sonst kein schuldrechtlicher Anspruch besteht. Die dementsprechenden Nachweise müssen daher zur Eintragung der Vormerkung vorgelegt werden (Rn. 508 ff).

903 4. Bei **öffentlich-rechtlichen Genehmigungserfordernissen** zur Wahrung öffentlicher Interessen (z.B. nach § 2 GrdstVG,[4] § 51 BauGB,[5] GVO [jetzt § 2 Abs. 1 Satz 2 Nr. 4 GVO; vordem dazu KG DNotZ 1992, 234 = Rpfleger 1992, 243] besteht eine Bindung des Veräußerers bereits vor der Genehmigung. Einen Nachweis der Genehmigung kann das Grundbuchamt zur Vormerkungseintragung daher nicht verlangen.

904 5. Vor Zustimmung zur Veräußerung eines **Wohnungseigentums** nach § 12 WEG[6] sowie zur Veräußerung oder Belastung des **Erbbaurechts** nach § 5 ErbbauRG besteht ebenfalls bereits eine Bindung des Erwerbers. Auch insoweit kann ein Nachweis der Zustimmung durch das Grundbuchamt nicht verlangt werden.

905 6. Die Bewilligung der Vormerkung (§ 19 GBO) bedarf darüber hinaus keiner (eigenen) Genehmigung.

906 7. Ein in Zugewinngemeinschaft lebender **Ehegatte** bedarf zur Bewilligung der Eintragung einer Vormerkung (Auflassungsvormerkung) der Zustimmung des anderen Ehegatten auch dann nicht, wenn das Grundstück

---

[1] BayObLG DNotZ 1994, 182 = MittRhNotK 1993, 371.

[2] BGH DNotZ 1966, 739, 742.

[3] BayObLG DNotZ 1994, 182, 185; OLG Oldenburg DNotZ 1971, 484.

[4] S. RGZ 108, 91, 94.

[5] S. BayObLGZ 1969, 303 = Rpfleger 1970, 25 für Grundstück im Umlegungsgebiet.

[6] BayObLGZ 1964, 238 = NJW 1964, 1962.

sein ganzes oder nahezu sein ganzes Vermögen ausmacht (s. § 1365 BGB), weil allein durch die Vormerkung das Vermögen nicht gemindert wird[1].

IV. Vollziehungsfrist bei einstweiliger Verfügung

Die Eintragung einer Vormerkung auf Grund einstweiliger Verfügung 907 (§ 885 Abs. 1 BGB) erfordert die Wahrung und damit auch die Prüfung der einmonatigen Vollziehungsfrist (§ 936 mit § 929 Abs. 2 ZPO). Die Vollziehung kann bereits vor Zustellung erfolgen (§ 936 mit § 929 Abs. 3 Satz 1 ZPO), die Wirksamkeit erfordert dann aber die rechtzeitige Nachholung der Zustellung binnen Wochenfrist und vor Ablauf der Monatsfrist (§ 936 mit § 929 Abs. 3 Satz 2 ZPO).

V. Noch nicht vermessene Grundstücksfläche

Zur Sicherung des Anspruchs auf Übertragung des Eigentums an einer 908 noch nicht vermessenen Grundstücksteilfläche kann die Eigentumsvormerkung am **ganzen Grundstück** eingetragen werden, da die Vormerkung kein Recht i S von § 7 Abs. 1 GBO ist.[2] Lage und Größe der Teilfläche müssen in der Bewilligung jedoch in einer dem Verkehrsbedürfnis entsprechenden Weise zweifelsfrei (bestimmt) beschrieben sein, was auch durch Bezugnahme auf einen Lageplan [Planskizze] nach § 9 Satz 3 BeurkG, aber auch in Worten, geschehen kann. An die Bestimmtheit der Vormerkung sind jedoch keine höheren Anforderungen zu stellen als an den zu sichernden schuldrechtlichen Anspruch.[3]

VI. Grundbucheintragung

1. Die Eintragung der Vormerkung erfolgt nach § 12 GBV 909
- wenn sie den Anspruch auf Übertragung des Eigentums sichert in Spalten 1 bis 3 der zweiten Abteilung,
- wenn sie den Anspruch auf Einräumung eines anderen Rechts an dem Grundstück oder an einem das Grundstück belastenden Recht sichert, in der für die endgültige Eintragung bestimmten Abteilung und Spalte,
- in allen übrigen Fällen in der für Veränderungen bestimmten Spalte der Abteilung, in welcher das von der Vormerkung betroffene Recht eingetragen ist.

Die rechte Hälfte der Spalte ist bei Eintragung der Vormerkung für die endgültige Eintragung freizulassen. Davon ausgenommen und demzufolge ganzspaltig einzutragen ist die Vormerkung zur Sicherung des Anspruchs auf Übertragung des Eigentums sowie die Vormerkung, die einen Anspruch auf Aufhebung eines Rechts (= Löschung) sichert (§ 19 Abs. 1 GBV).

2. Im **Eintragungsvermerk** ist die Vormerkung als solche zu bezeichnen 910 und der Berechtigte anzugeben (§ 15 GBV). Für mehrere Berechtigte bedarf

[1] BayObLG 1976, 15 = DNotZ 1976, 421 = Rpfleger 1976, 129.
[2] BGH DNotZ 1973, 96 MittBayNot 1972, 297 = NJW 1972, 2270.
[3] Hierzu mit Einzelheiten und Nachweis der Rechtsprechung Schöner/Stöber Rn. 1503; Demharter Rn. 25 zu § 7; KEHE/Erber-Faller Einl Rn. G 29.

es der Angabe der Anteile oder des Gemeinschaftsverhältnisses (§ 47 Abs. 1 GBO). Ferner ist der zu sichernde Anspruch mit dem Leistungsgegenstand zu benennen. Zur näheren Bezeichnung des zu sichernden Anspruchs kann auf die Eintragungsbewilligung oder einstweilige Verfügung Bezug genommen werden (§ 885 Abs. 2 BGB). Eine Bedingung oder Befristung der Vormerkung muss unmittelbar im Eintragungsvermerk angegeben werden (Rn. 602). Bei Eintragung einer unbedingten Vormerkung genügt zur Bezeichnung einer Bedingung oder Befristung des zu sichernden Anspruchs die Bezugnahme auf die Bewilligung.

Eintragungsbeispiele:
Eigentumsvormerkung [auch Auflassungsvormerkung"] für ... gemäß Bewilligung vom ... (Notar ... URNr ...) eingetragen am ...

Vormerkung für ... zur Sicherung des Anspruchs auf Übertragung des Eigentums an einer Teilfläche von etwa ... m² gemäß Bewilligung vom ... (Notar ... URNr ...) eingetragen am ...

Nur linke Spaltenhälfte: Vormerkung für ... zur Sicherung des Anspruchs auf Eintragung einer Grundschuld ohne Brief zu ... Euro mit ... v.H. Jahreszinsen, gemäß Bewilligung vom ... (Notar ... URNr ...) eingetragen am ...

Nur linke Spaltenhälfte: Vorgemerkt nach § 883 BGB: Anspruch des jeweiligen Eigentümers des Grundstücks ... auf Einräumung einer Grunddienstbarkeit (Geh- und Fahrtrecht) gemäß Bewilligung vom ... (Notar ... URNr ...) eingetragen am ...

Nur linke Spaltenhälfte: Vormerkung für ... zur Sicherung des Anspruchs auf Übertragung der Grundschuld Abt. III Nr. ... zu ... Euro, gemäß Bewilligung vom ... (Notar ... URNr ...) eingetragen am ...

E. Pfandunterstellung (Nachbelastung)

I. Pfandunterstellung dinglicher Rechte

911 1. a) Auf ein **weiteres Grundstück** desselben oder eines anderen Eigentümers kann eine bereits im Grundbuch eingetragene Hypothek, Grundschuld oder Rentenschuld nachträglich erstreckt werden. Damit entsteht ein Gesamtrecht (§ 1132 mit §§ 1192 Abs. 1, 1200 Abs. 1 BGB).[1] Der Vorgang wird als Pfandunterstellung, Mitbelastung, Nachverpfändung, Nachbelastung und Hafterstreckung bezeichnet. Die Pfandunterstellung des Grundstücks unter ein schon auf einem anderen Grundstück oder auch bereits auf mehreren anderen Grundstücken lastendes Grundpfandrecht stellt insoweit eine **„Neubestellung“** des Grundpfandrechts dar.[2]

912 b) Mitbelastet werden kann das weitere Grundstück nur mit einem **Recht derselben Art** und mit gleichem Inhalt

Beispiel: Nur gleichfalls mit einer Briefhypothek; somit keine Pfandunterstellung derart, dass die Hypothek auf dem einen Grundstück als Briefrecht, auf dem anderen als Buchrecht oder als Sicherungshypothek bestehen soll.[3]

---

[1] RGZ 146, 363, 365.

[2] BGHZ 80, 119, 123 = DNotZ 1981, 385 = NJW 1981, 1503 = Rpfleger 1981, 228.

[3] RGZ 77, 175.

Jedoch kann ein Grundpfandrecht als Gesamtrecht an den einzelnen Grundstücken mit unterschiedlichen Fälligkeitsbedingungen bestehen.[1] Zulässig ist es auch die Mitbelastung nur wegen eines **Teilbetrags** des eingetragenen Grundpfandrechts vorzunehmen. Das Recht wird dann insoweit Gesamtrecht und bleibt hinsichtlich des darüber hinausgehenden Betrages Einzelrecht.

2. Eine Nachbelastung kann ferner durch die Erstreckung des bisher nur 913 an einem **Miteigentumsanteil** lastenden Grundpfandrechts (§ 1114 BGB) auf den (hierfür fiktiv fortbestehenden) anderen Miteigentumsanteil erfolgen, nach dem er durch den Miteigentümer und nunmehrigen Alleineigentümer hinzu erworben wurde. Erwirbt ein Miteigentümer, auf dessen Bruchteil eine Hypothek lastet, das ganze Grundstück, so kann er die Hypothek mithin auf das ganze Grundstück erstrecken.[2]

Eintragung in diesem Fall:

Die zweite Miteigentumshälfte haftet mit; das Recht lastet nunmehr am ganzen Grundstück.

3. Eine Nachbelastung kann außerdem bei **Vereinigung** (§ 890 Abs. 1 914 BGB) durch Ausdehnung einer Hypothek, Grundschuld oder Rentenschuld auf die neue Bodenfläche des nunmehr einheitlichen Grundstücks erfolgen. Gleiches gilt für die **Bestandteilszuschreibung** (§ 890 Abs. 2 BGB), hier aber mit der Einschränkung, soweit nicht bereits nach § 1131 BGB gesetzlich eine Erstreckung auf das zugeschriebene Grundstück erfolgt ist. Bei Eintragung der Mitbelastung ist auf die insoweit entstehenden Rangverhältnisse achten. Zur Abwendung der Besorgnis von Verwirrung (§§ 5, 6 GBO) kann eine Rangbereinigung geboten sein.

4. Als **Lastenunterstellung** ist bei Vereinigung und Bestandteilszuschrei- 915 bung (§ 890 Abs. 2 BGB) auch eine Nachbelastung durch Erstreckung (Ausdehnung) einer Dienstbarkeit und eines Nießbrauchs (§§ 1018–1093 BGB), eines Vorkaufsrechts (§ 1094 BGB) sowie einer Reallast (§ 1105 BGB, wie auch eines Erbbaurechts[3] auf die neue Bodenfläche des nunmehr einheitlichen Grundstücks zulässig. Dabei muss gleichfalls auf die sich ergebenden bzw. mit einzutragenden Rangverhältnisse geachtet werden.

II. Eintragungsgrundlage

Zur Vornahme der Eintragung einer Nachbelastung bedarf es der Eintra- 916 gungsbewilligung (§ 19 GBO) des Eigentümers des mitzubelastenden Grundstücks. Die Bewilligung hat das als Neubelastung auch an dem weiteren Grundstück einzutragende Recht bestimmt zu bezeichnen, braucht aber den Inhalt des Rechts wie z.B. Zinsen und andere Nebenleistungen sowie insbesondere die Zahlungs- und Kündigungsbestimmungen nicht im einzelnen zu wiederholen. Ebenso muss ein Briefausschluss, weil als selbstverständlich gewollt, nicht ausdrücklich neuerlich angegeben sein. Es kann in der Nachbe-

[1] BGH DNotZ 2010, 683 = Rpfleger 2010, 485 dazu Anm. Bestelmeyer Rpfleger 2010, 576.
[2] BayObLG DNotZ 1971, 659.
[3] OLG Hamm OLGZ 1973, 416, 417 = NJW 1974, 280.

lastungsbewilligung wegen des näheren Umfangs und Inhalts des einzutragenden Rechts auf die frühere Eintragungsbewilligung, die sich bereits bei den Grundakten befindet und den Erfordernissen des § 29 Abs. 1 GBO entspricht, Bezug genommen werden.[1] Einer Zustimmung des Gläubigers bedarf es wie bei der Erstbelastung des Grundstücks nicht. Hat sich der Grundstückseigentümer bei dem eingetragenen Grundpfandrecht der sofortigen **Zwangsvollstreckung unterworfen** (§ 800 ZPO) und soll die Vollstreckbarkeit auch in Ansehung des der Mithaft unterstellten Grundstücks bestehen, dann muss sich der Eigentümer auch insoweit in öffentlicher Urkunde der dinglichen Zwangsvollstreckung unterwerfen (§ 794 Abs. 1 Nr. 5 ZPO). Dabei reicht es aus, wenn er erklärt, dass er das Grundpfandrecht samt Unterwerfungsklausel auf den Grundbesitz als weiteres Pfand erstrecke.[2]

III. Grundbucheintragung

917 1. Die Eintragung erfolgt, wenn das bereits belastete Grundstück und das neu mitzubelastende Grundstück **auf demselben Grundbuchblatt** eingetragen sind (gemeinschaftliches Grundbuchblatt, § 4 Abs. 1 GBO) in den Veränderungsspalten (Spalte 5 mit 4) der Abteilung II bzw. Spalte 7 (mit 5 und 6) der Abteilung III (§ 10 Abs. 5a mit 7, § 11 Abs. 6 mit 8 GBV).

Eintragungsbeispiel:

5	6	7
1	10 000 €	Das Grundstück Nr. 2 des Bestandverzeichnisses haftet mit. Eingetragen am … *Auch:* Mithaft BVNr. 2. Eingetragen am …

In Spalte 2 der Abt III das neu belastete Grundstück nachzutragen ist zwar nicht vorgeschrieben aber empfehlenswert.[3]

918 2. Der Vermerk in der **Veränderungsspalte** ist mit der Eintragung in der **Hauptspalte**, auf die er sich bezieht, als **einheitliche Eintragung** anzusehen.[4] In die Veränderungsspalte wird das Recht daher nicht neuerlich eingeschrieben. Der Mitbelastungsvermerk kann nur im Zusammenhang mit der Haupteintragung, als deren wesentlicher Bestandteil er sich darstellt, gelesen werden[5]. Durch den Mithaftvermerk wird das Recht daher auf dem neu zu belastenden Grundstück mit seinem im Haupteintrag dargestellten gesamten Inhalt eingetragen.

919 3. Der Mithaftvermerk bezieht sich auch auf die in der Haupteintragung der Belastung eingetragene **Zwangsvollstreckungsunterwerfung**. Dafür muss

[1] RG HRR 1933 Nr. 1643.
[2] BayObLG DNotZ 1992, 309 = MittBayNot 1992, 197 = Rpfleger 1992, 196.
[3] Demharter Rn. 19, KEHE/Eickmann Rn. 12, je zu § 48 GBO; Schöner/Stöber Rn. 2655.
[4] RGZ 132, 106, 111 f; OLG Hamm OLGZ 1985, 23 = Rpfleger 1985, 17; OLG Köln MittRhNotK 1982, 177.
[5] BGHZ 26, 344 = DNotZ 1958, 252 = NJW 1958, 630.

sich aber der Grundstückseigentümer nachträglich in öffentlicher Urkunde besonders der dinglichen Zwangsvollstreckung in das mitbelastete Grundstück (die mitbelastete Bodenfläche) unterworfen haben. Ist das nicht geschehen und kann daher das nachträglich mitbelastete Grundstück nicht der bei der Haupteintragung eingeschriebenen Unterwerfungsklausel unterliegen, so muss dies im Mithaftvermerk ausdrücklich angegeben werden[1].

4. Die Einheit der Eintragungen in der Veränderungsspalte und in der 920
Hauptspalte hat auch zur Folge, dass der **Rang** des Rechts (§ 879 BGB) gegenüber anderen Rechten an dem neu belasteten Grundstück sich **nach** seiner Eintragung in der **Hauptspalte bestimmt,** somit nach der Reihenfolge seiner Eintragung in der Hauptspalte derselben Abteilung oder nach der Zeitfolge seiner Eintragung gegenüber solchen in der Hauptspalte einer anderen Abteilung. Ein abweichendes Rangverhältnis nur für das nachzubelastende Grundstück muss daher durch Rangvermerk (§ 45 GBO) eingetragen werden.[2]

Beispiel:
Das Grundstück Bestandsverzeichnis lfd. Nr. 1 ist belastet mit
Abt III Nr. 1 10 000 Euro Hypothek ohne Brief für A
Abt III Nr. 2 20 000 Euro Grundschuld für B

Das Grundstück Bestandsverzeichnis lfd. Nr. 2 ist belastet mit
Abt III Nr. 3 30 000 Euro Grundschuld ohne Brief für C.

a) Es wird in die Veränderungsspalte eingetragen, dass die Grundschuld für C zu 30 000 Euro **auch an** dem Grundstück **Nr. 1** lastet (Mithaftvermerk).

Rang der Rechte an dem Grundstück Nr. 1 damit:
1. Rang: Hypothek ohne Brief für A zu 10 000 Euro
2. Rang: Hypothek für B zu 20 000 Euro
3. Rang: Grundschuld für C zu 30 000 Euro.

Das entspricht der Reihenfolge der Eintragungen in der Hauptspalte derselben Abteilung (§ 879 Abs. 1 Satz 1 BGB).

b) Die unter a) dargestellte Veränderung ist nicht erfolgt Es wird in die Veränderungsspalte eingetragen, dass die Hypothek für B zu 20 000 Euro auch an dem Grundstück Nr. 2 lastet (Mithaftvermerk).

Rang der Rechte an dem Grundstück Nr. 2 somit:
1. Rang: Hypothek Nr. 2 für B zu 20 000 Euro (= in derselben Abteilung in der Reihenfolge der Eintragungen an erster Stelle)
2. Rang: Grundschuld Nr. 3 für C zu 30 000 Euro (= in derselben Abteilung in der Reihenfolge der Eintragungen an zweiter Stelle).

Die Eintragung eines Grundpfandrechts wie auch eines anderen Rechts auf 921
dem neu zu belastenden Grundstück durch einen **Mitbelastungsvermerk** mit dem durch die Reihen- oder Zeitfolge der Eintragungen in der **Hauptspalte dargestellten Rang** kann nur erfolgen, wenn

---

[1] BGHZ 26, 344 = aaO; OLG Köln MittRhNotK 1982, 177; Schöner/Stöber Rn. 2656.

[2] KG JFG 22, 284 = DNotZ 1941, 349; Schöner/Stöber Rn. 2659 ff; Anders Meikel/Böttcher Rn. 103 zu § 48 GBO.

- andere in Abteilung II und III vorrangig eingetragene Rechte an dem nachzubelastenden Grundstück (auch an der Bodenfläche bei Vereinigung oder Bestandteilszuschreibung) nicht lasten, also durch die Rangänderung nicht betroffen werden (vorstehender Beispielsfall zu a) oder
- zugleich alle Voraussetzungen für Eintragung der Rangänderung zur Herstellung des durch Eintragung des Mithaftvermerks nach der Eintragung in der Hauptspalte bestimmten Rang erfüllt sind (vorstehender Beispielsfall zu b). Die dann zur Rangänderung erforderliche Eintragung (§ 880 Abs. 2 BGB) für den Rangrücktritt der an dem nachzubelastenden Grundstück (der Bodenfläche) bereits eingetragenen Rechte erfolgt in diesem Fall nicht durch einen gesonderten Rangvermerk, sondern nur durch Eintragung des Mitbelastungsvermerks[1].

922 Dass der Mitbelastungsvermerk auch für Eintragung des Rangs nur im Zusammenhang mit der Eintragung in der Hauptspalte, als deren wesentlicher Inhalt er sich darstellt, gelesen werden kann, wird entgegen der h. M teilweise bestritten.[2] Ungeachtet der unterschiedlichen Auffassungen ist es stets zulässig (und ratsam) zur Klarstellung einen Rangvermerk bei den beteiligten Rechten (§ 18 GBV) zur Darstellung des Rangs an dem nachverpfändeten Grundstück einzutragen, wobei dieser Klarstellungsvermerk auch noch nachträglich vermerkt werden kann.[3]

923 5. Die Eintragung erfolgt als **Neubelastung** (neue Eintragung des belastenden Rechts), wenn das nachträglich mitbelastete Grundstück auf einem **anderen Grundbuchblatt** des gleichen Grundbuchamts eingetragen ist, ebenso, wenn es auf dem Grundbuchblatt eines anderen Grundbuchamts eingetragen ist (zum Verfahren dann § 55a GBO, § 30 GeschO). Auf dem Grundbuchblatt eines jeden der Grundstücke ist dann die Mitbelastung der übrigen von Amts wegen erkennbar zu machen (§ 48 Abs. 1 Satz 2 GBO).

Beispiel für Mitbelastungsvermerk:
Das Grundstück … haftet mit.

Eingetragen wird der Mitbelastungsvermerk
- auf dem Grundbuchblatt des neu zu belastenden Grundstücks im Eintragungsvermerk in der Hauptspalte,
- auf dem Grundbuchblatt des bereits belasteten Grundstücks in der Veränderungsspalte.

F. Zinserhöhung, Erweiterung anderer Nebenleistungen

I. Zinserhöhung als Inhaltsänderung

924 Die Erhöhung des Zinssatzes (der Verzinslichkeit) einer Hypothek oder Grundschuld sowie die Erhöhung (Erweiterung) anderer Nebenleistungen ist eine Änderung des Inhalts des Grundpfandrechts (§ 877 BGB).[4]

---

[1] OLG Hamm OLGZ 1985, 23, 32 f = Rpfleger 1985, 17; Schöner/Stöber Rdnr. 2662.

[2] So Schmid Rpfleger 1982, 251 und 1984, 130.

[3] RGZ 132, 106, 112 f; OLG Hamm aaO.

[4] Allgemeine. Ansicht z.B. RGZ 132, 106, 110; BayObLGZ 1959, 520 = DNotZ 1960, 540 = NJW 1959, 1155; KG JFG 11, 234.

II. Eintragungsgrundlage

Die Vornahme der Eintragung in das Grundbuch erfordert einen Antrag (§ 13 Abs. 1 GBO) und als Grundlage eine Eintragungsbewilligung (§ 19 GBO) des Grundstückseigentümers. Sie muss den geänderten Zinssatz oder die höheren (erweiterten) anderen Nebenleistungen je mit dem Anfangszeitpunkt so bestimmt bezeichnen, wie das für Eintragung der Zinsen oder Nebenleistungen bei einem Grundpfandrecht nötig ist. Handelt es sich um ein Briefrecht, so bedarf es der Vorlage des Briefes (§ 41 Abs. 1 Satz 1, § 42 GBO). 925

III. Grundbucheintragung

Die Grundbucheintragung erfolgt in Abteilung III Spalte 7 (mit Spalten 5 und 6) nach § 11 Abs. 6 und 8 GBV. Der Eintragungsvermerk muss wie bei der Ersteintragung gem. § 1115 Abs. 1 BGB die erhöhten Zinsen ebenso wie die höheren (erweiterten) anderen Nebenleistungen bezeichnen. Im Übrigen ist eine Bezugnahme auf die Eintragungsbewilligung ebenso zulässig, wie bei Ersteintragung des Grundpfandrechts (§§ 877, 874 mit § 1115 Abs. 1 BGB). so insbesondere wegen des Anfangszeitpunkts, von dem an die höheren Leistungen zu erbringen sind. Der gegenstandslos gewordene frühere Eintragungsvermerk über die bisherigen Zinsen oder anderen Nebenleistungen ist rot zu unterstreichen (§ 17 Abs. 3 GBV). 926

Eintragungsbeispiel (nur Spalte 7):

Die Zinsen sind seit dem … erhöht auf zehn vom Hundert. Eingetragen am …

Auch:

Zinssatz ab … geändert in … v.H. Zinsen jährlich. Eingetragen am …

IV. Zwangsvollstreckungsunterwerfung

Eine Zwangsvollstreckungsunterwerfung wegen des weiteren Zinsanspruchs oder höherer Nebenleistungen erfordert eine gesonderte Erklärung des Eigentümers in öffentlicher Urkunde und bedarf der (unmittelbaren) Eintragung in das Grundbuch (§ 800 Abs. 1 Satz 2 ZPO). Sie ist zusammen mit der Inhaltsänderung in der Veränderungsspalte vorzunehmen. 927

V. Rang

1. Ist die Hypothekenforderung oder die Grundschuld unverzinslich oder ist der Zinssatz niedriger als fünf vom Hundert, so kann das Grundpfandrecht ohne Zustimmung der im Rang gleich- oder nachstehenden Berechtigten dahin erweitert werden, dass das Grundstück für **Zinsen bis zu fünf vom Hundert** haftet (§ 1119 Abs. 1 BGB), und dies auch rückwirkend ab Eintragung des Grundpfandrechts oder auf einen anderen zurückliegenden Anfangstermin.[1] Die Haftungserweiterung für andere gleich- oder nachrangige Gläubiger hält sich insoweit in Grenzen, als im Falle einer zwangsweisen Ver- 928

[1] Schöner/Stöber Rn. 2500.

wertung des Grundstücks in der Zwangsversteigerung nur die laufenden Zinsen und die Rückstände der letzten zwei Jahre in der Rangklasse 4 des § 10 Abs. 1 ZVG Befriedigung erlangen können. Die Eintragung der Zinsen erfolgt in diesem Fall ohne Rangvermerk (s. aber Rn. 929). Ebenso wird eine über 5 v.H. hinausgehende Zinserhöhung ohne Rangvermerk eingetragen, wenn dem Grundpfandrecht in Abt II und III keine Rechte im Rang gleichstehen oder nachgehen. Andere Nebenleistungen als Zinsen können ohne Zustimmung der gleich- oder nachstehenden Berechtigten nicht im Rang des Grundpfandrechts erhöht werden.

929 2. Der **Rang** (§ 879 BGB) der erhöhten Leistungen erlangt wegen der Einheitlichkeit der Eintragungen in der Veränderungsspalte und in der Hauptspalte (s. Rn. 918, 920) bei Eintragung einer Zinsänderung **über 5 v.H. hinaus** und bei Erhöhung (Erweiterung) anderer Nebenleistungen Bedeutung. Die dem Grundpfandrecht mit seinen bisherigen Zinsen und anderen Nebenleistungen im Rang gleich- oder nachstehenden Rechte (in Abteilung II und III) behalten diesen ihnen zukommenden Rang auch gegenüber jeder Erweiterung des Grundpfandrechts. Der Rang eines dem zu ändernden Grundpfandrecht gleich- oder nachstehenden Rechts darf daher nicht verschlechtert werden. Die Eintragung der über 5 vH erhöhten Zinsen und der anderen Nebenleistungen erfordert bei Vorhandensein von Zwischenrechten, also Rechten, die vor Inhaltsänderung [-erweiterung] am Grundstück im Gleichrang oder im Rang nach dem zu ändernden Grundpfandrecht bereits eingetragen sind,

- entweder eine Eintragung nur **an letzter** (nächstoffener) **Rangstelle**. Das Rangverhältnis muss daher bei Vorhandensein von Zwischenrechten für die höheren Zinsen und für weitere (neue) Nebenleistungen durch Eintragung eines **Rangvermerks** zum Ausdruck gebracht werden (§ 45 GBO),
- oder zugleich den Nachweis aller Voraussetzungen für Eintragung einer **Rangänderung** zur Herstellung eines einheitlichen Ranges von Hauptsache und allen Nebenleistungen, der sich nach dem durch die Eintragung des Rechts in der Hauptspalte bestimmten Rang richtet. Die zur Rangänderung erforderliche Eintragung (§ 880 Abs. 2 BGB) für den Rangrücktritt der Zwischenrechte hinter die erhöhten Zinsen oder erhöhten (erweiterten) anderen Nebenleistungen erfolgt dann nicht durch einen gesonderten Rangvermerk, sondern lediglich durch Eintragung der Zinserhöhung bzw. Erhöhung (Erweiterung) der Nebenleistungen in der Veränderungsspalte (wie Rn. 921).

930 **Beispiel:**

Das Grundstück ist belastet mit

Abt III Nr. 1 10 000 Euro Hypothek ohne Brief für A
Abt III Nr. 2 20 000 DM Grundschuld für B.

a) Es wird in die Veränderungsspalte eingetragen, dass die Zinsen der Grundschuld Abt III Nr. 2 von 8 auf 12 v.H. erhöht sind. Keine Zwischenrechte. Rang daher nach dem Recht Abt III Nr. 1, wie für das (nachrangige) Recht Abt III Nr. 2 durch die Reihenfolge der Eintragungen in der Hauptspalte ausgewiesen.

b) Es wird in die Veränderungsspalte eingetragen, dass die Zinsen der Hypothek ohne Brief Abt III Nr. 1 von 10 auf 15 v.H. erhöht sind. Wenn kein Rangvermerk eingetragen wird, haben auch diese Zinsen mit dem Recht Abt III Nr. 1 nach der Reihenfolge der Eintragungen in der Hauptspalte Rang vor der Grundschuld Abt III Nr. 2. Die für Eintragung der Rangänderung nötigen Voraussetzungen müssen daher erfüllt sein (und geprüft werden). Wenn die erhöhten Zinsen Rang nach dem Recht Abt III Nr. 2 erhalten sollen, also keine Rangänderung vorliegt, ist das durch die Eintragung eines Rangvermerks darzustellen.

Auch das wird bestritten.[1] Wenn eine Zinserhöhung oder erhöhte (erweiterte) Ne- 931
benleistungen Vorrang erhalten sollen, wird (ausdrückliche) Eintragung der Rangänderung für jedes im Rang zurücktretende Recht verlangt. Wenn bei Zinserhöhung (Erweiterung der Nebenleistungen) keine Rangänderung stattfindet, soll deshalb der Nachrang auch im Grundbuch nicht zu vermerken sein. Klarstellung ist auch hier zulässig (und ratsam) durch Eintragung eines Rangvermerks bei allen beteiligten Rechten (§ 18 GBV). Siehe dazu bereits Rn. 922).

G. Zinsherabsetzung

I. Zinsermäßigung als Teilaufhebung

Eine Zinsermäßigung wird als Teilaufhebung (§ 875 BGB),[2] damit als Lö- 932
schung behandelt.

II. Eintragungsgrundlage

Die Eintragung erfordert einen Antrag (§ 13 Abs. 1 GBO. Zudem bedarf 933
es einer Eintragungs- (somit Löschungs-) Bewilligung des Gläubigers (§ 19 GBO) sowie der Zustimmung des Eigentümers (§ 27 GBO) und etwaiger mittelbar Betroffener (§ 876 BGB). Die Bewilligungs- und Zustimmungserklärungen müssen der Form des § 29 Abs. 1 GBO entsprechen. Bei einem Briefrecht ist die Briefvorlage durch den Gläubiger erforderlich (§ 41 Abs. 1 Satz 1, § 42 GBO), um einen entsprechenden Vermerk darauf anzubringen.

III. Grundbucheintragung

Die Eintragung erfolgt hier nicht in der Form des § 46 GBO, sondern in 934
der Veränderungsspalte.

Beispiel:
Die Zinsen sind seit dem … ermäßigt auf … vom Hundert. Eingetragen am …
Auch: Zinssatz ab … geändert in … v.H. Zinsen jährlich. Eingetragen am …

Der gegenstandslos gewordene frühere Eintragungsvermerk über die bisherigen Zinsen oder anderen Nebenleistungen ist röten (§ 17 Abs. 3 GBV; wie Rn. 926).

---

[1] Schmid Rpfleger 1982, 251 sowie 1984, 130; Böttcher BWNotZ 1988, 73; dazu aber ausführlich Schöner/Stöber Rn. 2497, 2498.
[2] RGZ 72, 362 367; Schöner/Stöber Rn. 2506; Demharter Rn. 7 zu § 27 GBO.

§ 39. Vor- und Nacherbschaft, Testamentsvollstreckung

A. Vorerbenverfügungen (§ 51 GBO, §§ 2112–2115 BGB)

I. Beschränkung des Vorerben

935 Der Vorerbe (§ 2100 BGB) ist Erbe nur bis zum Eintritt der Nacherbfolge, damit lediglich auf Zeit. Dann fällt die Erbschaft dem Nacherben an (§ 2139 BGB). In der **Verfügung über die Erbschaftsgegenstände** (§ 2112 BGB), insbesondere Grundstücke und Grundstücksrechte ist daher der Vorerbe im Interesse des Nacherben nach Maßgabe der §§ 2113 bis 2115 BGB **beschränkt.** Zu unterscheiden ist zwischen entgeltlichen und unentgeltlichen Verfügungen.

936 a) **Entgeltliche Verfügungen,** die von einem **nicht befreiten Vorerben** vorgenommen werden, sind bei Eintritt der Nacherbfolge insoweit unwirksam, als sie das Recht des Nacherben vereiteln oder beeinträchtigen würden (§ 2113 Abs. 1, § 2114 Satz 3 BGB). Bis dahin aber bleiben sie wirksam (§ 2112 BGB). Hat der Erblasser den **Vorerben** nach Maßgabe des § 2136 BGB **befreit,** sind dagegen seine Verfügungen auch gegenüber dem Nacherben wirksam.

937 b) **Unentgeltliche Verfügungen** (§ 2113 Abs. 2, § 2114 Satz 3 BGB) sind, gleichgültig, ob der Vorerbe befreit oder nicht befreit ist, im Falle des Eintritts der Nacherbfolge stets **unwirksam. Unentgeltlich** ist eine Verfügung dann, wenn der Vorerbe

- **objektiv** betrachtet eine Verfügung trifft, bei der keine gleichwertige Gegenleistung in den Nachlass fließt, und
- **subjektiv** gesehen weiß, dass diesem Opfer keine gleichwertige Leistung an die Nachlassmasse gegenübersteht oder er doch bei ordnungsmäßiger Verwaltung und Beachtung seiner künftigen Pflicht, die Erbschaft an den Nacherben herauszugeben, das Fehlen oder die Unzulänglichkeit der Gegenleistung hätte erkennen müssen.[1]

938 Stets wirksam ist eine entgeltliche oder unentgeltliche Verfügung des Vorerben über ein zum Nachlass gehörendes Grundstück oder Recht aber dann, wenn sie mit Zustimmung des Nacherben (Einwilligung, § 185 Abs. 1 BGB, oder Genehmigung, § 185 Abs. 2 BGB) vorgenommen wird[2]. Einer Zustimmung des Ersatznacherben bedarf es nicht.[3]

---

[1] Siehe BGHZ 7, 274 = DNotZ 1953, 97 = NJW 1953, 219; BGH DNotZ 1977, 745 = NJW 1977, 1631 und 2075 m. Anm. Peters; BGH NJW 1999, 2037 = Rpfleger 1999, 331;.

[2] BGHZ 40, 115, 119 = NJW 1963, 2320; BayObLGZ 1995, 55 [56] = DNotZ 1996, 50 = NJW-RR 1995, 1032; BayObLG DNotZ 2005, 790 = MittBayNot 2005, 508 = NJW-RR 2005, 956 = Rpfleger 2005, 421.

[3] Siehe BayObLG DNotZ 1993, 404 = MittBayNot 1993, 28 = Rpfleger 1993, 148.

II. Nacherbenvermerk

1. Der Nacherbenvermerk (§ 51 GBO) hat den Zweck die Beschränkungen, denen der Vorerbe nach materiellem Recht in der Verfügung über ein zur Erbschaft gehörendes Grundstück oder über ein Recht an einem Grundstück unterliegt im Grundbuch für Dritte erkennbar zu machen und dadurch den Nacherben gegen die aus dem öffentlichen Glauben des Grundbuchs sich ergebenden Gefahren (§ 2113 Abs. 3, § 892 Abs. 1 Satz 2 BGB) zu schützen,[1] auch bei nur bedingt angeordneter Nacherbfolge. 939

2. Die **Eintragung** des Nacherbenvermerks erfolgt von Amts wegen (§ 51 GBO), setzt aber voraus, dass **zugleich** auf entsprechenden Antrag der **Vorerbe** als Rechtsinhaber eingetragen wird. Bei Angabe der Nacherbschaft im Erbschein für den Vorerben (§ 2363 Abs. 1 BGB) oder im Falle der Anordnung der Nacherbfolge in öffentlicher Urkunde über die Verfügung von Todes wegen (§ 35 Abs. 1 Satz 2 GBO), ist die Nacherbfolge im Grundbuch einzutragen, wenn zur Erbschaft 940

- ein Grundstück oder ein grundstücksgleiches Recht gehört, in Abteilung II in den Spalten 1–3 (§ 10 Abs. 1b, Abs. 2–4 GBV),
- ein Recht an einem Grundstück oder ein Recht an einem Grundstücksrecht gehört in der Spalte „Veränderungen" der Abteilung II oder III (§ 10 Abs. 5a, § 11 Abs. 6 GBV).

3. Im **Eintragungsvermerk** sind 941

- die Tatsache der Nacherbfolge sowie die Voraussetzungen, unter denen sie eintritt (Tod oder Wiederverheiratung des Vorerben usw.) anzugeben,
- sämtliche Nacherben zu bezeichnen, auch im Fall einer mehrfachen Nacherbfolge.[2] Und ebenso sind etwaige Ersatznacherben einzutragen (§ 15 GBV).[3]) Soweit eine namentliche Feststellung eines Ersatznacherben derzeit noch nicht möglich ist, sind die für seine Bestimmung maßgeblichen Merkmale anzugeben,[4]
- etwaige Befreiung des Vorerben von den Beschränkungen seines Verfügungsrechts (§ 2136 BGB) zu nennen.

Eintragungsbeispiel (s. auch Anlage 2a zur GBV Abt III Nr. 3 Spalten 5–7

Nacherben des ... sind bei Eintritt durch Tod des Vorerben ... Der Vorerbe ist befreit. Eingetragen am ...

auch:

Nacherbfolge ist angeordnet. Nacherbe des ... ist beim Tod des Vorerben der ... Der Nacherbe ist auf dasjenige eingesetzt, was von der Erbschaft bei dem Eintritt der Nacherbfolge übrig sein wird. Eingetragen am ...

---

[1] BGHZ 1984, 196 =DNotZ 1983, 315 = NJW 1982, 2499; BGHZ 171, 350 = DNotZ 2007, 700 = NJW 2007, 2114 = Rpfleger 2007, 383.

[2] OLG Hamm Rpfleger 1975, 134; OLG Zweibrücken Rpfleger 1977, 305.

[3] S. BayObLGZ 1960, 407, 410; OLG Frankfurt DNotZ 1970, 691 mit weit Nachw.

[4] BayObLGZ 1982, 449, 454 = DNotZ 1984, 502.

942 4. Eine **Eintragung** des Nacherbenvermerks **unterbleibt**, wenn sämtliche Nacherben darauf verzichten[1]. Sind Ersatznacherben benannt müssen auch sie verzichten.[2] Der Verzicht ist in der Form des § 29 Abs. 1 Satz 1 GBO nachzuweisen und wird mit dem Eingang beim Grundbuchamt wirksam. Er hat zur Folge, dass das fortbestehende Nacherbenrecht im Grundbuchverkehr nicht mehr beachtet wird und der Gefahr eines Untergangs durch einen gutgläubigen Erwerb Dritter infolge Verfügung des Vorerben ausgesetzt ist.[3]

943 **Keine Eintragung eines Nacherbenvermerks** ist ferner erforderlich, bei
- wirksamer Verfügung des Vorerben mit **Einwilligung** des Nacherben ohne Voreintragung des Vorerben (§ 40 GBO);
- wirksamer (nachgewiesener) **entgeltlicher Verfügung des befreiten Vorerben** ohne dessen Voreintragung § 40 GBO);
- Verfügung des Vorerben ohne seine Voreintragung (§ 40 GBO), die das Nacherbenrecht nachgewiesenermaßen **nicht** beeinträchtigt oder vereitelt (z.B. Erfüllung eines Vermächtnisses);
- Ausscheiden des Gegenstandes aus dem Nachlass aufgrund Verfügung eines vom Erblasser über den Tod hinaus Bevollmächtigten;
- Zuwendung einer derartigen Rechtsposition an den Vorerben als **Vorausvermächtnis**, da sich das Recht des Nacherben im Zweifel nicht hierauf erstreckt (§ 2110 Abs. 2 BGB);
- Gesamthandsberechtigung des Erblassers und seines nunmehr alleinigen Vorerben (z.B. bei Erbengemeinschaft zwischen 2 Miterben[4], auch Gütergemeinschaft), **aber nicht**, wenn mehrere Miterben in Erbengemeinschaft eingetragen sind und einer von ihnen durch einen Vorerben mit Nacherbfolge beerbt wird.

III. Verfügungen des Vorerben bei eingetragenem Nacherbenvermerk

944 1. Der Nacherbenvermerk bewirkt **keine Sperre** des Grundbuchs gegenüber Verfügungen des Vorerben über das zur Vorerbschaft gehörige Grundstück oder Grundstücksrecht.[5] Der Nacherbe ist gegen einen Rechtsverlust durch den eingetragenen Nacherbenvermerk ausreichend geschützt. Anträge einer vom Vorerben bewilligten Eintragung, einschließlich einer Auflassung, (§ 20 GBO) sind unabhängig davon, ob es sich um entgeltliche oder unentgeltliche Verfügungen handelt, zu vollziehen.[6]

---

[1] RGZ 151, 395, 397; OLG Hamm DNotZ 1955, 538 und 1969, 1490 sowie NJW-RR 1995, 1289 = MittBayNot 1995, 404 = Rpfleger 1995, 209.

[2] KGJ 21 A 251, 254; OLG Köln NJW 1955, 633.

[3] Vgl. BayObLGZ 1989, 183, 186 = DNotZ 1990, 56 = NJW-RR 1989, 1096.

[4] BayObLGZ 2002, 148 = FGPrax 2002, 153 = NJW-RR 2002, 1237 = Rpfleger 2002, 565. BayObLGZ 1994, 177 = NJW-RR 1994, 1360 = Rpfleger 1995, 105.

[5] RGZ 148, 385, 392; BayObLGZ 1968, 104, 110 = NJW 168, 1431 = Rpfleger 1968, 221.

[6] BayObLGZ aaO; OLG München JFG 14, 340; OLG Düsseldorf Rpfleger 1957, 413.

2. Nicht möglich ist die **Löschung** eines Rechts, weil damit der Nacherbenvermerk untergeht und seine Schutzwirkung entfallen würde.[1] Eingetragen werden darf die vom Vorerben bewilligte Löschung eines Rechts daher nur 945
- mit Zustimmung des (= aller) Nacherben[2] in der Form des § 29 Abs. 1 Satz 1 GBO. Einer Zustimmung der Ersatznacherben bedarf es darüber hinaus nicht (s. Rn. 947),
- wenn er befreiter Vorerbe ist und es sich um ein entgeltliches Geschäft handelt (§ 2113 Abs. 1, § 2136 BGB). Das muss aber nachgewiesen oder offenkundig sein (§ 29 Abs. 1 GBO). Eine beglaubigte Quittung des Vorerben genügt nicht.[3]

Ist durch Zahlung aus Nachlassmitteln eine **Eigentümergrundschuld** entstanden, so ist auch ihre Löschung ohne Zustimmung des Nacherben grundsätzlich nicht möglich, weil dadurch unentgeltlich eine Rangposition aufgegeben wird. Die Zustimmung ist jedoch entbehrlich, wenn 946
- gleich- oder nachrangige Rechte nicht vorhanden sind, da dann der Wertzuwachs dem Grundstück zufällt;
- ein gegen die Eigentümergrundschuld gerichteter vormerkungsgesicherter Löschungsanspruch nach § 1179 BGB oder § 1179a BGB besteht;
- die Bestellung eines neuen Grundpfandrechts durch den **befreiten** Vorerben zur Sicherung eines Darlehensanspruchs erfolgt, bei dem der Gläubiger auf der vorherigen Löschung der Eigentümergrundschuld besteht, wobei dann das Entgelt für die Löschung in diesem Fall der Gegenwert der neuen Belastung ist;
- das zur Eigentümergrundschuld gewordene ursprüngliche Fremdrecht nicht aus Mitteln des Nachlasses, sondern aus eigenen Mitteln des Vorerben getilgt wurde.

IV. Verfügung des Vorerben bei nicht eingetragenem Nacherbenvermerk

Ist der Nacherbenvermerk nicht eingetragen, so kann die Übertragung oder Aufhebung eines zur Erbschaft gehörenden Rechts, auch bei nicht erforderlicher Voreintragung des Vorerben wegen § 40 GBO, nur eingetragen werden, wenn 947
- sämtliche Nacherben einschließlich der unter einer Bedingung eingesetzten Nacherben der Form des § 29 Abs. 1 Satz 1 GBO entsprechend zugestimmt haben. Die Ersatznacherben müssen darüber hinaus nicht zustimmen,[4] weil sie vor Wegfall des erstberufenen Nacherben vom Erbfall an nicht dessen Rechtsstellung haben, sondern erst mit dem Ersatzfall in diese einrücken.
- der befreite Vorerbe **entgeltlich verfügt** (§§ 2112, 2113 Abs. 1, § 2136 BGB). Das muss dem Grundbuchamt nachgewiesen werden oder offenkundig sein; eine Glaubhaftmachung genügt nicht. Das Grundbuchamt

---

[1] RGZ 102, 332; KG JFG 15, 187, 188; OLG München JFG 21, 81. 84; OLG Düsseldorf aaO.

[2] RGZ 102, 332, 334.

[3] S. Schöner/Stöber Rn. 3493, 3494; Demharter Rn. 32–35, KEHE/Eickmann Rn. 21–25, je zu § 51 GBO.

[4] RG 145, 316; BGHZ 40, 115 [119] = DNotZ 1964, 623.

hat Nachweise keinesfalls selbst zu beschaffen und kann auch demzufolge nicht von Amts wegen Beweise erheben.[1] Für den Entgeltlichkeitsnachweis gilt jedoch die Beweismittelbeschränkung des § 29 GBO nicht. Ist dem Grundbuchamt eine Prüfung nicht möglich, weil ausreichende Nachweise dahingehend nicht erbracht sind, ob die Vorerbenverfügung bei Eintritt der Nacherbfolge wirksam bleibt, so muss auch in den Fällen des § 40 GBO vorweg die Vorerbeneintragung, verbunden mit der dann von Amts wegen zu erfolgenden Eintragung des Nacherbenvermerks bewirkt werden.[2]

Ist auf die Eintragung des Nacherbenvermerks verzichtet worden (Rn. 942) oder ist auf Bewilligung des Nacherben die Löschung erfolgt (Rn. 948), wird das (fortbestehende) Nacherbenrecht im Grundbuchverfahren nicht mehr weiter beachtet.

V. Löschung des Nacherbenvermerks

948 1. **Vor Eintritt der Nacherbfolge** erfolgt eine Löschung des Nacherbenvermerks auf Antrag (§ 13 Abs. 1 GBO), wenn

- der **Nacherbe** (und alle etwaigen Ersatznacherben) sie **bewilligt** (§ 19 GBO) oder wenn er auf den Nacherbenvermerk **verzichtet;**
- die **Grundbuchunrichtigkeit** (§ 22 Abs. 1 GBO) **nachgewiesen** oder offenkundig (§ 29 Abs. 1 Satz 2 GBO) ist. Unrichtig ist insoweit das Grundbuch, wenn
  - feststeht, dass Nacherbfolge nicht mehr eintreten kann,
  - das Grundstück oder das Recht an einem Grundstück mit Wirkung gegenüber dem Nacherben aus dem Nachlass (endgültig) ausgeschieden ist[3], wie dann, wenn es der Vorerbe mit **Zustimmung des Nacherben** veräußert hat oder es vom befreiten Vorerben entgeltlich (damit wirksam) veräußert wurde[4].

949 2. Nach **Eintritt der Nacherbfolge** erfolgt die Löschung des Nacherbenvermerks auf Antrag (§ 13 Abs. 1 GBO),

- wenn sie vom Nacherben bewilligt ist (§ 19 GBO). Eltern, Vormund Pfleger und Betreuer bedürfen als gesetzliche Vertreter zur Bewilligung der Löschung eines Nacherbevermerks i.d. Fällen des § 1821 Abs. 1 Nr. 1 BGB (mit §§ 1643, 1908i, 1915 BGB) einer familien- oder betreuungsgerichtlichen Genehmigung. Bei Ersatznacherbfolge (vgl. § 2102 BGB) bedarf es zur Löschung des Nacherbenvermerks stets der Einwilligung der Ersatznacherben. Für unbekannte Ersatznacherben kann ein nach § 1913 BGB bestellter Pfleger mit Genehmigung des Familiengerichts (§§ 1915, 1821 Abs. 1 Nr. 1 BGB) die Löschung bewilligen.
- wegen Grundbuchunrichtigkeit, wenn der Vorerbe keine Verfügung getroffen hat, somit bis zur Eintragung des Nacherben keine Vorerbenverfügung eingetragen oder bewilligt worden ist. In diesem Fall kann dann auch

[1] KG OLGZ 1968, 337.

[2] Haegele Rpfleger 1971, 121, 127; Schöner/Stöber Rn. 3491.

[3] BayObLG DNotZ 1993, 404 = MittBayNot 1993, 28 = MittRhNotK 1992, 314 = Rpfleger 1993, 148.

[4] OLG Hamm Rpfleger 1996, 504. Näher zur Löschung des Nacherbenvermerks s. Schöner/Stöber Rn. 3510–3524; Demharter Rn. 37–45 zu § 51 GBO.

die Löschung von Amts wegen nach § 84 GBO wegen Gegenstandslosigkeit erfolgen. Die Wirkungslosigkeit des Vermerks ergibt sich daraus, dass zwischenzeitliche Grundbucheintragungen nicht erfolgt sind.

Keine Löschung im Wege der Grundbuchberichtigung ist somit möglich, 950
wenn der Vorerbe eine Verfügung vorgenommen hat wie z.B. die Veräußerung des Nachlassgrundstücks, eine Belastung des Grundstücks oder eine Verfügung über ein Nachlassrecht an einem Grundstück. Der Nacherbenvermerk ist dann nicht wirkungslos, er sichert vielmehr die Ansprüche des Nacherben gegenüber Dritten aus § 894 BGB auf Berichtigung des Grundbuchs.

Mit Ablauf von 30 Jahren nach dem Erbfall wird die Einsetzung eines 951
Nacherben und damit auch die Eintragung eines Nacherbenvermerks **unwirksam** (§ 2109 Abs. 1 Satz 1 BGB). Das gilt jedoch nicht für die Nacherbfolge gemäß § 2109 Abs. 1 Satz 2 Nr. 1 und Nr. 2 BGB.

B. Grundbucheintragungen bei Testamentsvollstreckung (§ 52 GBO, §§ 2197 ff BGB)

I. Testamentsvollstreckung

Der Testamentsvollstrecker hat die letztwilligen Verfügungen des Erblas- 952
sers zur Ausführung zu bringen (§ 2203 BGB). Er hat den Nachlass zu verwalten und er ist insbesondere berechtigt den Nachlass in Besitz zu nehmen sowie über Nachlassgegenstände zu verfügen (§ 2205 Satz 1, 2 BGB). Zu unentgeltlichen Verfügungen ist er jedoch nicht befugt mit Ausnahme von Pflicht- und Anstandsschenkungen (§ 2205 Satz 3 BGB). Eine Befreiung des Testamentsvollstreckers hiervon durch den Erblasser ist nicht möglich (§§ 2207 Satz 2, 2220 BGB). Eine **unentgeltliche Verfügung des Testamentsvollstreckers liegt vor,** wenn

- **objektiv** eine gleichwertige Gegenleistung nicht gegenübersteht, der Nachlass also ein Opfer gebracht hat und
- **subjektiv** der Testamentsvollstrecker nach eigener Anschauung das geleistete Entgelt nicht als voll betrachtet oder er das von der anderen Seite zu Leistende nach dem Gesichtspunkt einer ordnungsmäßigen Verwaltung nicht als Gegenwert ansehen darf.

Wenn mehrere Miterben vorhanden sind, hat der Testamentsvollstrecker unter ihnen die Auseinandersetzung zu bewirken (§ 2204 Abs. 1 BGB). Der Erblasser kann durch letztwillige Verfügung den Wirkungskreis des Testamentsvollstreckers beschränken (§ 2208 BGB). Der Erbe ist nicht befugt über einen der Verwaltung des Testamentsvollstreckers unterliegenden Nachlassgegenstand zu verfügen (§ 2211 Abs. 1 BGB). Die Verfügungsbeschränkung des Erben besteht vom Erbfall an, nicht erst ab Annahme des Amtes (§ 2202 Abs. 1 BGB) durch den Testamentsvollstrecker.[1] Auch dem Insolvenzverwalter des sich in der Insolvenz befindlichen Erben steht, trotzdem der Nachlass in die Insolvenzmasse fällt, keine Verfügungsbefugnis über einen der Verwal-

[1] BayObLGZ 1982, 59, 68 = Rpfleger 1982, 226.

tung des Testamentsvollstreckers unterliegenden Nachlassgegenstand zu.[1] Das Recht eines Miterben, über seinen Anteil am Nachlass als Ganzes (§ 2033 Abs. 1 BGB) zu verfügen, wird jedoch durch die Testamentsvollstreckung nicht berührt.[2]

II. Testamentsvollstreckervermerk

953 1. Die Eintragung des Testamentsvollstreckervermerks (§ 52 GBO) macht für Dritte grundbuchersichtlich, dass der Erbe insoweit nicht verfügungsbefugt ist. Der Vermerk schützt den Testamentsvollstrecker gegen die aus dem öffentlichen Glauben des Grundbuchs sich ergebenden Gefahren (§ 2211 Abs. 2, § 892 Abs. 1 Satz 2 BGB).

954 2. Ist ein Testamentsvollstrecker ernannt, so ist dies **zugleich bei Eintragung der Erben** von Amts wegen an allen seiner Verwaltung unterliegenden Nachlassgegenständen im Grundbuch mit einzutragen. Ohne Eintragung der Erbfolge darf der Testamentsvollstreckervermerk nicht eingetragen werden.[3] Den Antrag auf Berichtigung des Grundbuchs bezüglich der Erbfolge kann neben dem Testamentsvollstrecker auch jeder (Mit-)Erbe stellen, weil der Antrag keine Verfügung i.S.d. § 2211 BGB ist.[4] Die Ernennung des Testamentsvollstreckers ergibt sich aus der Angabe im Erbschein (§ 2364 Abs. 1 BGB) oder im Falle des Erbnachweises durch die Verfügung von Todes wegen in der öffentlichen Urkunde nebst Eröffnungsniederschrift (§ 35 Abs. 1 GBO). Eingetragen wird nur die Tatsache der Testamentsvollstreckung, nicht sein Name und nicht der Umfang seiner Vertretungsmacht. Etwaige Beschränkungen seiner Befugnisse werden nicht eingetragen; sie weist lediglich das **Testamentsvollstreckerzeugnis** aus (§ 2368 Abs. 1 BGB). Dieses Zeugnis bildet daher die Grundlage für die Nichteintragung des Testamentsvollstreckervermerks bei einzelnen Nachlassgegenständen. Ist der Testamentsvollstrecker zur Wahrung der Rechte des Nacherben ernannt (§ 2222 BGB), so ist auch dies anzugeben.

955 3. Auf **Eintragung** des Vermerks kann der Testamentsvollstrecker kann **nicht verzichten**[5] und der Erblasser sie nicht untersagen.

956 **Eingetragen wird** in den Veränderungsspalten der Abteilung II oder III (wie Rn. 940).

4. **Eintragungsbeispiel:**

Testamentsvollstreckung ist angeordnet. Eingetragen am …

---

[1] BGHZ 167, 352, 356 = DNotZ 2006, 865 = NJW 2006 2698 = Rpfleger 2006, 469.

[2] BGH NJW 1984, 2462 = Rpfleger 1984, 357; LG Essen Rpfleger 1960, 57 m. Anm. Haegele.

[3] BayObLGZ 1995, 363 = DNotZ 1996, 99 = NJW-RR 1996, 1167 = Rpfleger 1996, 148.

[4] LG Stuttgart Rpfleger 198, 243; Schöner/Stöber Rn. 803; A.A. Demharter Rn. 50 zu § 13 GBO.

[5] OLG München JFG 20, 294.

III. Ausschluß der Verfügungsbefugnis des Erben

Der Testamentsvollstreckervermerk **sperrt** das Grundbuch für die Eintragung von **Verfügungen des Erben** über die der Testamentsvollstreckung unterliegenden Nachlassgegenständen und schließt somit die Eintragung einer Verfügung des Erben als Folge von § 2211 Abs. 1 BGB aus. Den Ausschluss der Verfügungsbefugnis des Erben hat das Grundbuchamt aber auch dann zu beachten, wenn der Erbe und somit auch der Testamentsvollstreckervermerk (nach § 40 GBO) nicht eingetragen ist. 957

IV. Verfügungen des Testamentsvollstreckers

1. Bei **Verfügungen des Testamentsvollstreckers** über Grundstücke und dingliche Rechte sind die in § 35 Abs. 2 GBO erwähnten **Nachweise** dem Grundbuchamt vorzulegen (s. dazu Rn. 463) 958

2. Die **Entgeltlichkeit** einer Verfügung des Testamentsvollstreckers hat das Grundbuchamt zur Feststellung seiner Verfügungsbefugnis für die Antrags- und Bewilligungsberechtigung sowie zur Auflassung (§ 20 GBO) im Hinblick auf § 2205 Satz 3 BGB zu prüfen.[1] Der Nachweis bedarf nicht der Form des § 29 GBO. 959

3. Testamentsvollstrecker und Erbe **gemeinsam** können über einen Nachlassgegenstand stets verfügen[2], somit auch dann, wenn der Erblasser durch Verfügung von Todes wegen eine Verfügung verboten hat[3]. Unentgeltliche Verfügungen über einen Nachlassgegenstand durch den Testamentsvollstrecker erfordern die Zustimmung aller Erben wie auch etwaiger Nacherben und evtl. vorhandener Vermächtnisnehmer[4]. 960

V. Löschung des Testamentsvollstreckervermerks

1. Gelöscht wird der Testamentsvollstreckervermerk auf Antrag (§ 13 Abs. 1 GBO), bei Gegenstandslosigkeit u.U. auch von Amts wegen (§ 84 GBO), wenn mit Beendigung der Testamentsvollstreckung durch Einziehung des Erbscheins mit Testamentsvollstreckungsvermerk[5], die Grundbuchunrichtigkeit nachgewiesen (§ 22 Abs. 1 GBO) oder offenkundig ist (§ 29 Abs. 1 Satz 2 GBO). Desgleichen auch bei Grundbuchunrichtigkeit, wenn ein neuer Erbschein ohne Testamentsvollstreckervermerk erteilt ist. Eine Berichtigungsbewilligung des Testamentsvollstreckers genügt nicht[6]. Zu löschen ist der Testamentsvollstreckervermerk außerdem, wenn das Grundstück oder das Recht an einem Grundstück durch den Testamentsvollstrecker wirksam veräußert oder sonst nicht mehr Nachlassgegenstand ist, weil es nicht mehr der Verwaltung des Testamentsvollstreckers unterliegt. 961

---

[1] OLG Frankfurt NJOZ 2012, 536.
[2] BGHZ 40, 115, 118 = NJW 1963, 2320.
[3] BGHZ 56, 275 = DNotZ 1972, 86 = Rpfleger 1971, 349.
[4] BGHZ 57, 84 = DNotZ 1972, 90 = NJW 1971, 2264 = Rpfleger 1972, 49.
[5] OLG Hamm DNotZ 1984, 52 = OLGZ 1983, 59 = Rpfleger 1983, 71.
[6] BayObLG 1990, 51 = DNotZ 1991, 546 = Rpfleger 1990, 363.

962 2. Der Testamentsvollstrecker kann Nachlassgegenstände (auch Grundstücke und Grundstücksrechte) dem (oder den) Erben zur **freien Verfügung überlassen.** Dazu ist er nach § 2217 BGB grundsätzlich verpflichtet, soweit ihn der Erblasser nicht hiervon befreit hat (vgl. § 2220 BGB). Darüber hinaus kann er auch aus freien Stücken Nachlassgegenstände an den Erben herausgeben. Mit der Überlassung eines Nachlassgegenstandes an den Erben erlischt daran das Verwaltungs- und Verfügungsrecht des Testamentsvollstreckers[1]. Über den Nachlassgegenstand kann nun der Erbe allein verfügen[2], mit der Folge, dass der Testamentsvollstreckervermerk an diesem Gegenstand nicht (mehr) einzutragen, ansonsten auf Antrag (§ 13 Abs. 1 GBO) zu löschen ist. Der Nachweis der Freigabeerklärung hat in der Form des § 29 Abs. 1 Satz 1 GBO zu erfolgen.

§ 40. Amtswiderspruch, Amtslöschung

A. Der Amtswiderspruch (§ 53 Abs. 1 Satz 1, Abs. 2 GBO)

I. Widerspruch infolge Grundbuchunrichtigkeit

963 1. Bei einer Unrichtigkeit des Grundbuchs dient die Eintragung eines Widerspruchs der Erhaltung des bestehenden Rechts und der Wahrung des Anspruchs, die Berichtigung des unrichtigen Grundbuchs zu verlangen. Den Beteiligten ist es überlassen, die Eintragung des Widerspruchs selbst herbeizuführen (Rn. 111–114), wenn die vom Grundbuchamt vorgenommene unrichtige Eintragung nicht auf der Verletzung gesetzlicher Vorschriften beruht.

Beispiel: Eintragung aufgrund ordnungsgemäßer Bewilligung des Betroffenen, aber die Einigung ist nicht erfolgt.

Von Amts wegen ist jedoch ein Widerspruch einzutragen, wenn das Grundbuchamt die unrichtige Eintragung unter Verstoß gesetzlicher Vorschriften vorgenommen hat (§ 53 Abs. 1 Satz 1 GBO), weil das Versehen Schadensersatzansprüche der Beteiligten begründen kann. Deshalb hat das Grundbuchamt in solchen Fällen zur Abwendung oder Begrenzung von Schaden und zur Wahrung der Rechte des gefährdeten Beteiligten von Amts wegen tätig zu werden.[3] Der Amtswiderspruch hat dieselbe Wirkung wie der Widerspruch nach § 899 BGB,[4] nämlich die Verhinderung eines gutgläubigen Erwerbs über §§ 892, 893 und § 899a Satz 2 BGB.

964 2. Ein Tätigwerden **von Amts wegen** durch das Grundbuchamt ist dann veranlasst, wenn ihm zur Kenntnis gelangt, dass die Voraussetzungen für die Eintragung eines Widerspruchs nach § 53 Abs. 1 GBO vorliegen. Ohne besonderen Anlass braucht das Grundbuchamt aber bestehende Eintragungen auf ihre Richtigkeit nicht nachzuprüfen.[5] Anregungen von Beteiligten, wobei

[1] BGHZ 56, 275, 285 aaO.
[2] BGHZ 57, 84, 87 aaO.
[3] BGH Rpfleger 1985, 189.
[4] BGHZ 25, 16, 25 = NJW 1957, 1229 = Rpfleger 1958, 310.
[5] RG JW 1936, 1211.

ein Antrag stets die Bedeutung einer Anregung hat, muss das Grundbuchamt jedoch nachgehen.

II. Voraussetzungen des Amtswiderspruchs

1. Die Eintragung eines Amtswiderspruchs setzt nach § 53 Abs. 1 Satz 1 GBO voraus, dass 965

- das **Grundbuch** durch eine Eintragung, wozu auch eine Löschung nach § 46 Abs. 2 GBO zählt, **unrichtig** geworden ist (§ 894 BGB, siehe Rn. 102),
- das Grundbuchamt die unrichtige Grundbucheintragung unter **Verletzung gesetzlicher Vorschriften** vorgenommen hat,
- die unrichtige Eintragung unter dem Schutz des **öffentlichen Glaubens** des Grundbuchs steht,
- die **Gesetzesverletzung** objektiv **feststeht**, somit erwiesen,[1] und die **Unrichtigkeit** des Grundbuchs mindestens **glaubhaft** ist.[2] Zur Feststellung der Grundbuchunrichtigkeit sind erforderlichenfalls Ermittlungen von Amts wegen anzustellen (§ 26 FamFG).[3]

Fehlt nur eine der vorgenannten Voraussetzungen ist die Eintragung eines Amtswiderspruchs ausgeschlossen.

2. a) Für die Grundbuchunrichtigkeit muss die Eintragung **ursächlich** gewesen sein,[4] was nicht bedeutet, dass die Verletzung einer gesetzlichen Vorschrift die Unrichtigkeit verursacht haben muss. 966

Beispiel: Eingetragen wird eine Hypothek mit privatschriftlicher Eintragungsbewilligung. Verletzt ist die Formvorschrift des § 29 Abs. 1 Satz 1 GBO. Eine Grundbuchunrichtigkeit besteht aber, weil die Einigung (§ 873 Abs. 1 BGB) für die Belastung des Grundstücks nicht erfolgt oder die Forderung nicht entstanden ist (§ 1163 Abs. 1 Satz 1 BGB). Ein Amtswiderspruch ist daher einzutragen.

b) Zwingendes Gebot ist weiter, dass bei Eintragung des Widerspruchs die **Unrichtigkeit noch besteht.**[5] Die Eintragung eines Widerspruchs verbietet sich daher, wenn das durch die Eintragung zunächst unrichtig gewordene Grundbuch in der Zwischenzeit wieder richtig geworden ist. 967

Beispiel: Es ist (in vorstehendem Fall) die Einigung nachträglich erfolgt und die gesicherte Forderung zur Entstehung gelangt oder ein Dritter hat die ihm abgetretene Buchhypothek gutgläubig erworben (§§ 892, 1138 BGB) und ist damit (eingetragener) Gläubiger geworden.

3. Unter **Verletzung gesetzlicher Vorschriften** ist eine Eintragung dann erfolgt, wenn das Grundbuchamt materielles Recht oder Verfahrensrecht nicht oder nicht richtig angewendet hat. 968

Beispiele: Die Eintragung hat die Rechtsänderung nicht bewirkt, weil Einigung (§ 873 Abs. 1 BGB) oder Aufhebungserklärung (§ 875 Abs. 1 BGB) fehlen; die Lö-

[1] S. BayObLG 1952, 24, 27 und ständig, z.B. BayObLG 1985, 401, 402 = DNotZ 1986, 357. OLG Naumburg NJW 2003, 3209.

[2] BayObLG aaO und MittRhNotK 2000, 72 = Rpfleger 2000, 266; OLG Hamm OLGZ 1980, 186 [189]; KG JFG 7, 250 [253]).

[3] OLG Oldenburg Rpfleger 1966, 174 m. Anm. Riedel.

[4] KG DNotZ 1956, 195.

[5] BayObLG 1987, 231 = DNotZ 1988, 157 = Rpfleger 1987, 450.

schung – auch durch Nichtmitübertragung – wurde ohne Bewilligung (§ 19 GBO) vorgenommen; die Eintragung einer unentgeltlichen Verfügung des Testamentsvollstreckers erfolgt ohne die erforderliche Prüfung[1]; eine Zwangshypothek wurde trotz Kenntnis von Insolvenzeröffnung entgegen § 89 Abs. 1 InsO eingetragen.

969 4. Es muss ferner die Möglichkeit bestehen, dass sich an das unrichtige Grundbuch ein **gutgläubiger Erwerb** anschließt. Sinn und Zweck des Amtswiderspruchs ist es den öffentlichen Glauben des Grundbuchs zu zerstören und damit Schadensersatzansprüchen gegen den Staat vorzubeugen. Bei Eintragungen, an die sich kein gutgläubiger Erwerb anschließen kann, ist daher für die Eintragung eines Amtswiderspruchs kein Raum.[2]

Beispiele: Kein Amtswiderspruch bei unrichtiger Eintragung rein tatsächlicher Verhältnisse des Grundstücks im Bestandsverzeichnis (wie Lage, Wirtschaftsart, Bezeichnung der Bebauung) und auch nicht gegen die Eintragung eines Widerspruchs sowie einer Verfügungsbeschränkung wie z.B. gegen einen Nacherben-, Testamentsvollstrecker- oder Zwangsversteigerungsvermerk.

Die Eintragung eines Amtswiderspruchs bei einer Vormerkung ist nur dann zulässig, wenn sich an die Vormerkung ein gutgläubiger Rechtserweb anschließen kann, was voraussetzt, dass der vorgemerkte Anspruch besteht und das Grundbuch aus einem anderen Grund (z.B. fehlende Bewilligung des Berechtigten) unrichtig ist.[3] Wird eine Vormerkung zu Unrecht gelöscht, ist ein Widerspruch stets eintragbar.[4]

970 5. Soll der **Widerspruch bei einem Briefrecht** eingetragen werden, muss grundsätzlich der Brief vorliegen (§§ 41 Abs. 1 Satz 1, 42 GBO). Das Grundbuchamt hat insoweit den Besitzer des Briefes zur Vorlegung anzuhalten (§ 62 Abs. 3 GBO), notfalls durch Zwang (siehe dazu § 35 FamFG). Die Eintragung kann aber zunächst ohne Briefvorlage erfolgen, wenn der Amtswiderspruch sich darauf gründet, dass

- das Grundpfandrecht oder bei der Hypothek auch die Forderung, für welche sie bestellt ist, nicht bestehe,
- das Recht einer Einrede unterliege (z.B. §§ 1137, 1157 BGB),
- oder dieses unrichtig eingetragen sei (§ 53 Abs. 2 Satz 1 i.V.m. § 41 Abs. 1 Satz 2 GBO).

In diesen Ausnahmefällen ist der Brief aber nach Eintragung des Widerspruchs von Amts wegen anzufordern. Sofern der Grundschuld- oder Rentenschuldbrief auf den Inhaber ausgestellt ist, bedarf es ausnahmslos vor Widerspruchseintragung der Briefvorlag (§ 53 Abs. 2 Satz 2 GBO).

971 Ausnahmsweise kann die Eintragung eines Widerspruchs unterbleiben und eine Eintragung vervollständigt, werden, wenn eine Unvollständigkeit im Umfang vorliegt (z.B. fehlende Zinseintragung bei einem Grundpfandrecht soweit keine weiteren dadurch zu beeinträchtigenden Eintragungen erfolgt sind; Nachholung des Nacherben- oder TV-Vermerks, solange das Recht noch nicht auf einen Dritten übergegangen ist).

[1] OLG Zweibrücken Rpfleger 1968, 88.
[2] BGHZ 25, 16 aaO; BayObLG 1987, 231 [232, 233].
[3] BayObLG NJW-RR 1999, 1689 = Rpfleger 2000, 9 = ZfIR 1999, 678.
[4] BGHZ 60, 46 = DNotZ 1973, 367 = MittBayNot 1973, 87 = NJW 1973, 323.

Kein Amtswiderspruch ist einzutragen, wenn 972
- das Grundbuchamt bei der Vornahme der Eintragung Ermittlungen unterlassen hat, für die nach Sachlage keine Veranlassung bestand;

Beispiel: Eintragung der Erbfolge aufgrund Erbscheins, der später als unrichtig eingezogen wurde.

- die Eintragung aufgrund unrichtigen oder unvollständigen Sachverhalts erfolgte, dieser jedoch dem Grundbuchamt nicht bekannt war;

Beispiel: Eintragung einer Zwangssicherungshypothek infolge Unkenntnis von der Insolvenzeröffnung über das Vermögen des Grundstückseigentümers.

- eine Eintragung aufgrund einer nicht bedenkenfreien Urkunde erfolgte und die insoweit vom Grundbuchamt vorgenommene Auslegung rechtlich vertretbar ist.

III. Grundbucheintragung

Die Eintragung des Widerspruchs erfolgt nach § 12 Abs. 2 mit Abs. 1 973
GBV, wenn er
- den Anspruch auf Grundbuchberichtigung infolge unrichtiger Eintragung des Eigentums sichert in den Spalten 1 bis 3 der zweiten Abteilung,
- gegen die Löschung eines Rechts den Berichtigungsanspruch auf Wiedereintragung sichert in der Hauptspalte der Abteilung II oder III (mit Spalten 1–2 bzw. 3) halbspaltig (§ 19 GBV),
- einen sonstigen Berichtigungsanspruch sichert in Abteilung II oder III bei dem betroffenen Recht in der Veränderungsspalte, und zwar
- über die ganze Spalte, wenn Berichtigung durch Löschung in der Löschungsspalte zu erfolgen hat,
- halbspaltig in den übrigen Fällen (§ 19 Abs. 1, 3 GBV).

Eintragungsbeispiele:

Widerspruch nach § 53 GBO für … gegen die Eintragung des Eigentums des …, von Amts wegen eingetragen am …

Widerspruch nach § 53 GBO für … gegen die Löschung der Grundschuld Abt III Nr. … Von Amts wegen eingetragen am …

IV. Löschung

1. Die Löschung oder sonstige Beseitigung der unrichtigen Eintragung haben die Beteiligten selbst zu veranlassen. Die Eintragung im Wege der Grundbuchberichtigung, auch wenn sie auf einem Gesetzesverstoß des Grundbuchamts beruht, erfolgt nur auf Antrag (§ 13 Abs. 1 GBO), wobei entweder die Löschung zu bewilligen (§ 19 GBO) oder der Nachweis der Unrichtigkeit (§ 22 GBO) zu führen ist. 974

2. Auch die Löschung des Amtswiderspruchs ist, ausgenommen der Widerspruch ist inhaltlich unzulässig, gleichfalls von den Beteiligten selbst herbeizuführen. 975

B. Amtslöschung (§ 53 Abs. 1 Satz 2 GBO)

I. Löschung einer Eintragung von Amts wegen

976 Aus einer **Eintragung, die ihrem Inhalt nach unzulässig ist,** kann zwar kein Nachteil erwachsen, weil der öffentliche Glaube des Grundbuchs sich nicht auf sie erstreckt. Die bedeutungslose Eintragung ist aber durch das Grundbuchamt selbst zu beseitigen.[1] Die Eintragung ist daher von Amts wegen zu löschen (§ 53 Abs. 1 Satz 2 GBO), wobei Voraussetzung ferner ist, dass die Eintragung nach dem zur Zeit ihrer Vornahme geltenden Recht inhaltlich unzulässig sein muss.[2]

II. Die inhaltlich unzulässige Eintragung

977 1. Inhaltlich unzulässig ist eine Eintragung, wenn sie nach dem Gesetz überhaupt nicht eintragbar war,[3] somit einen Rechtszustand verlautbart, den es nicht geben kann,[4] demzufolge das eingetragene Recht mit dem eingetragenen Inhalt aus Rechtsgründen nicht bestehen kann[5]. Inhaltliche Unzulässigkeit liegt vor, wenn

- das eingetragene Recht überhaupt nicht begründbar ist, z. B. ein Mietrecht oder eine von der Eintragung ausgeschlossene öffentliche Last (siehe § 54 GBO)[6];
- das eingetragene Recht nicht den gesetzlich gebotenen Inhalt hat, z. B. keine wiederkehrende Leistungen bei einer Reallast oder positives Tun als Hauptinhalt bei einer Dienstbarkeit, eine Zwangshypothek unter 750 € (§ 866 Abs. 3 ZPO) oder als Gesamtrecht (§ 867 Abs. 2 ZPO)
- ein wesentlicher Bestandteil des eingetragenen Rechts fehlt, z. B. die Angabe des Berechtigten[7];
- eine unzulässige Bezugnahme auf die Eintragungsbewilligung vorliegt, z. B. die schlagwortartige Angabe des Wesenskerns der eingetragenen Dienstbarkeit im Grundbuch fehlt.

978 2. Die inhaltliche Unzulässigkeit muss sich aus dem Eintragungs**vermerk** und den dort in zulässiger Weise in Bezug genommenen Eintragungsunterlagen selbst ergeben[8]. Kann sie erst durch Heranziehung von Tatsachen und Beweisen festgestellt werden, die außerhalb des Grundbuchs liegen, so erfolgt eine Amtslöschung nicht.[9]

---

[1] Denkschrift 167.
[2] Siehe OLG Hamm NJW-RR 1995, 914; BayObLG Rpfleger 1953, 450.
[3] RGZ 88, 83, 86.
[4] Kein durch Vormerkung sicherbarer künftiger Auflassungsanspruch BayObLGZ 1977, 103 = MittBayNot 1977, 113 = NJW 1977, 1781; nichtige Unterteilung von Wohnungseigentum BayObLGZ 1987, 390 = DNotZ 1988, 316 = MittBayNot 1988, 35.
[5] BayObLG Rpfleger 1986, 371.
[6] KG JFG 15, 95.
[7] BGH DNotZ 1962, 399; BayObLGZ 1953, 80.
[8] BayObLG Rpfleger 1986, 372 mit weit Nachw.; BayObLGZ 1987, 390, 393 = DNotZ 1988, 316 = MittBayNot 1988, 35.
[9] RGZ 88, 83, 86.

3. Die inhaltliche Unzulässigkeit muss **feststehen**; bloße Zweifel an der Zulässigkeit der Eintragung (oder an deren Klarheit) ermöglichen eine Amtslöschung nicht[1]. 979

4. Zur Amtslöschung eines Brief-Grundpfandrechts muss stets der **Brief** vorliegen (§§ 41, 42 GBO), andernfalls ist er gemäß § 62 Abs. 3 Satz 1 GBO einzufordern, notfalls unter Anordnung von Zwangsmittel (§ 33 FamFG). 980

5. Dem unzulässig Eingetragenen und dem Grundstückseigentümer ist vor Löschung **Gelegenheit zur Äußerung** zu gewähren (rechtliches Gehör, Art 103 Abs. 1 GG).[2] 981

Ist nur ein Teil einer Grundbucheintragung inhaltlich unzulässig, so kann im Falle der Löschung dieses Teils auch die restliche Eintragung möglicherweise unrichtig werden und die Eintragung eines Amtswiderspruchs erfordern oder zur gänzlichen Unzulässigkeit führen. Die Zulässigkeit und Wirksamkeit der restlichen Eintragung wird aber nicht berührt, wenn diese für sich den wesentlichen Erfordernissen genügt.[3] 982

III. Wirkungen der Amtslöschung

Der ursprüngliche Eintragungsantrag ist damit in aller Regel noch immer unerledigt.[4] Inwieweit er dann noch ordnungsgemäß vollzogen werden kann, hängt davon ab, ob nach dem jetzigen Grundbuchstand alle Eintragungsvoraussetzungen vorliegen. 983

IV. Grundbucheintragung

Die Löschung erfolgt durch Eintragung eines Löschungsvermerks. 984

Beispiel: Von Amts wegen als inhaltlich unzulässig gelöscht am …

§ 41. Erbbaurecht

A. Begründung eines Erbbaurechts

I. Begriff

1. Das Erbbaurecht ist die **Belastung eines Grundstücks** in der Weise, dass dem Berechtigten das veräußerliche und vererbliche Recht zusteht, auf oder unter der Oberfläche des Grundstücks ein Bauwerk zu haben (§ 1 Abs. 1 ErbbauRG). Der **Begriff des Bauwerks** ist gesetzlich nicht definiert. Nach dem allgemeinen Sprachgebrauch versteht man darunter **eine durch Verwendung von Arbeit und Material in Verbindung mit dem Erdboden hergestellte** 985

---

[1] BayObLG NJW-RR 2002, 885 = Rpfleger 2002, 140; OLG Frankfurt OLGZ 1983, 165, 166.

[2] BayObLGZ 1961, 23 = DNotZ 1961, 317; BayObLG MittBayNot 1998, 257 = NJW-RR 1998, 879 = Rpfleger 1998, 334.

[3] BGH NJW 1966, 1656.

[4] BayObLG DNotZ 1998, 295 = NJW-RR 1997, 1511.

Sache.[1] Außer von Gebäuden aller Art kommen als Bauwerk eines Erbbaurechts u.a. infrage: Brücke; ausgemauerter Brunnen[2]; Bunker; Denkmal[3]; Flusswehr[4], Golfplatz mit Clubhaus[5]; größerer Gastank[6]; Gleis- und Hafenanlagen[7]; Leitungsmasten; festgemauerter Schießstand; massiv gebautes Schwimmbecken; Tankstelle[8]; Träger einer Drahtseilbahn[9]; Wasserkanäle mit eingemauerten Schächten[10]; Zuschauertribüne.

986 2. Ein auf Grund des Erbbaurechts errichtetes Bauwerk, wie auch ein bei Bestellung des Rechts schon vorhandenes Bauwerk, gilt abweichend von §§ 93, 94 BGB als wesentlicher Bestandteil des Erbbaurechts (§ 12 Abs. 1 Satz 1 und 2 ErbbauRG) und nicht bzw. nicht mehr des Grundstücks. Der Erbbauberechtigte ist somit auch Eigentümer des Bauwerks. Rechtlich wird das entstandene Erbbaurecht wie ein Grundstück behandelt, d.h. es finden die sich auf Grundstücke beziehenden Vorschriften des Bürgerlichen Gesetzbuchs, mit Ausnahme der §§ 925, 927 und 928 BGB, entsprechende Anwendung (§ 11 Abs. 1 Satz 1 ErbbauRG). Als **grundstücksgleiches Recht** ist daher das Erbbaurecht wie ein Grundstück übertragbar und belastbar.

II. Entstehen des Erbbaurechts

987 1. Die Belastung eines Grundstücks mit einem Erbbaurecht erfordert eine **Einigung** und die **Eintragung** im Grundbuch (§ 873 Abs. 1 BGB; Rn. 4). Für die Einigung sieht das materielle Recht keine Form vor (Rn. 15), da § 925 BGB keine Anwendung findet (§ 11 Abs. 1 Satz 1 ErbbauRG). Zur Vornahme der Grundbucheintragung muss jedoch die Einigung dem Grundbuchamt in der Form des § 29 GBO nachgewiesen werden (§ 20 GBO). Die Bestellung eines **Eigentümer-Erbbaurechts**, was zulässig ist[11], erfordert dagegen lediglich eine einseitige, der Form des § 29 GBO entsprechende Erklärung des Grundstückseigentümers, die dem Grundbuchamt gegenüber abzugeben ist, sowie die Eintragung im Grundbuch.

988 2. Die Bestellung eines Erbbaurechts kann **behördliche Genehmigungen** erfordern. Nach § 51 Abs. 1, § 144 Abs. 2 Nr. 1, § 169 Abs. 1 Nr. 5 BauGB bedarf es einer Genehmigung für ein in ein Umlegungsverfahren einbezogenes Gebiet, für förmlich festgelegte Sanierungsgebiete und für Gebiete des städtebaulichen Entwicklungsbereichs. Bei der Bestellung eines Erbbaurechts durch einen im gesetzlichen Güterstand Lebenden, kann nach § 1365 BGB die Zustimmung des anderen Ehegatten erforderlich sein, wenn es sich um

---

[1] RGZ 56, 41, 43; BGHZ 57, 60 = NJW 1971, 2219.
[2] Vgl RGZ 30, 153.
[3] OLG Stuttgart OLGZ 8, 123.
[4] BayObLGZ 14, 254.
[5] BGHZ 117, 19 = DNotZ 1992, 566 = NJW 1992, 1681 = Rpfleger 1992, 286.
[6] LG Oldenburg Rpfleger 1983, 105.
[7] KGJ 29, 130; OLGZ 10, 412.
[8] BayObLGZ 1958, 691.
[9] Vgl OLG Kiel OLGZ 26, 126.
[10] RG JW 1910, 148.
[11] BGH DNotZ 1982, 616 = Rpfleger 1982, 143; BayObLG 1996, 107 = DNotZ 1997, 142 = NJW-RR 1996, 975 = Rpfleger 1996, 447.

ein Erbbaurecht auf längere Dauer handelt und dieses praktisch den wirtschaftlichen Wert des Grundstücks ausschöpft. Voraussetzung ist aber, dass es sich bei dem belasteten Grundstück um nahezu das gesamte Vermögen des Ehegatten handelt und der Erbbauberechtigte dies weiß.

Für die Entstehung des Erbbaurechts ist die in Abteilung II des belasteten 989
Grundstücks vorzunehmende Grundbucheintragung **rechtsbegründend** und maßgeblich (vgl. § 10 GBV). Die **Eintragung auf dem Grundstücksblatt** ist ferner entscheidend für Dauer, Rang, Fortbestehen und Erlöschen des Erbbaurechts.

III. Berechtigter

Ein Erbbaurecht kann zugunsten einer (bestimmten) natürlichen oder ju- 990
ristischen Person, auch einer Personenhandelsgesellschaft (§ 124 Abs. 1 und § 161 Abs. 2 HGB), einer Partnerschaft (§ 7 Abs. 2 PartGG) sowie einer EWIV und einer BGB-Gesellschaft bestellt werden, nicht jedoch für den jeweiligen Eigentümer eines anderen Grundstücks oder Erbbaurechts. Für **mehrere** Berechtigte ist das Erbbaurecht (als Belastung des Grundstücks) nach Bruchteilen oder zur gesamten Hand (Gütergemeinschaft) bestellbar. Die Grundbucheintragung hat dann gemäß § 47 GBO das Berechtigungsverhältnis auszuweisen. Eine Gesamtberechtigung nach § 428 BGB scheidet beim Erbbaurecht aus, da auf dieses die Vorschriften über Grundstücke Anwendung finden (§ 11 Abs. 1 ErbbauRG), der Erbbauberechtigte als Eigentümer des Gebäudes gilt (§ 12 Abs. 1 ErbbauRG) und eine Gesamtberechtigung für das Eigentum aber nicht zulässig ist[1].

IV. Belastungsgegenstand

Nur ein **Grundstück im Ganzen**, nicht aber ein ideeller Miteigentumsanteil 991
kann mit einem Erbbaurecht belastet werden. Soll lediglich eine Grundstücksteilfläche belastet werden, ist eine Verselbständigung der Teilfläche erforderlich (§ 7 Abs. 1 GBO). Unabhängig von der Belastung des ganzen Grundstücks kann jedoch die tatsächliche **Ausübung** des Erbbaurechts auf einen realen Teil des belasteten gesamten Grundstücks **beschränkt** werden (§ 1 Abs. 2 ErbbauRG). Zulässig ist es auch das Erbbaurecht auf eines von mehreren Gebäuden, die sich auf dem belasteten Grundstück befinden, zu beschränken[2]. Selbst ein in Wohnungseigentum aufgeteiltes Grundstück ist mit einem Erbbaurecht belastbar, wenn das Grundstück als solches Belastungsgegenstand ist und nicht die einzelnen Wohnungseigentumsrechte. Darüber hinaus muss es sich um unterschiedliche Gebäude handeln und es dürfen wegen § 10 ErbbauRG an der Grundstücksfläche auf die sich das Erbbaurecht er-

[1] Ablehnend auch Schöner/Stöber Rn 1685; MünchKomm/vOefele § 1 ErbbauRG Rn. 64; Kehrer BWNotZ 1957, 54; Woelki Rpfleger 1968, 208; Schiffhauer Rpfleger 1985, 248; Winkler NJW 1992, 2514. A.A. LG Hagen DNotZ 1950, 381 = Rpfleger 1950, 181; LG Bielefeld Rpfleger 1985, 248; Ingenstau/Hustedt Rn. 40 Staudinger/Rapp Rn 4 je zu § 1 ErbbauRG.

[2] BayObLGZ 1957, 217 = DNotZ 1957, 709 = Rpfleger 1957, 383.

streckt, weder Sondereigentum noch Sondernutzungsrechte von Wohnungseigentümern bestehen[1]

992 Eine Beschränkung des Erbbaurechts auf einen Teil des Gebäudes, insbesondere ein Stockwerk, scheitert dagegen an § 1 Abs. 3 ErbbauRG. Sofern jedoch ein einheitliches Bauwerk auf den Gründstücken verschiedener Eigentümer steht, wird die Bestellung von selbständigen Einzelerbbaurechten hinsichtlich der grenzüberschreitenden Bauwerksteile für zulässig und wirksam erachtet (sog. **Nachbarerbbaurecht**).[2]

993 Ein **Gesamterbbaurecht** kann an mehreren Grundstücken bestellt werden, wenn es hinsichtlich aller belasteten Grundstücke einen einheitlichen gesetzlichen wie auch vertraglichen Inhalt aufweist[3]. Dass die Grundstücke im Eigentum verschiedener Personen stehen ist insoweit ohne Belang. Ein Gesamterbbaurecht kann auch dadurch entstehen, dass das belastete Grundstück nachträglich geteilt oder mindestens zwei eigenständige Erbbaurechte mit einander vereinigt oder eines dem anderen als Bestandteil zugeschrieben wird. Ferner ist die Bildung eines Gesamterbbaurechts durch Erstreckung des bestehenden Erbbaurechts auf eines oder mehrere weitere Grundstücke möglich, sofern die neu hingekommenen Flächen für das Bauwerk nach § 1 Abs. 1 ErbbauRG erforderlich sind oder nach § 1 Abs. 2 ErbbauRG als Nebenflächen dienen[4]. Grundsatz für die Zulässigkeit eines Gesamterbbaurechts ist jedoch nach § 6a Abs. 1 Satz 1 ErbbauRG stets das unmittelbare Aneinandergrenzen der belasteten Grundstücke. Davon kann nach § 6a Abs. 1 Satz 2 GBO nur abgesehen werden, wenn die zu belastenden Grundstücke nahe beieinander liegen und entweder das Erbbaurecht in Wohnungs- oder Teilerbbaurechte aufgeteilt werden soll oder Gegenstand des Erbbaurechts ein einheitliches Bauwerk oder ein Bauwerk mit dazugehörigen Nebenanlagen auf den zu belastenden Grundstücken ist.

994 Ein **Grundstück** ist als Folge von § 10 Abs. 1 Satz 1 ErbbauRG **nicht mit mehreren Erbbaurechten belastbar**, auch wenn jedes der Erbbaurechte in seiner Ausübung auf einen anderen Teil des Grundstücks beschränkt wird.[5] Auch kann ein Grundstück nicht dem Erbbaurecht, das auf ihm lastet gemäß § 890 Abs. 2 BGB als Bestandteil zugeschrieben werden, weil es sich um eine zweckwidrige Konstruktion handelt, da sich der Bestand des Erbbaurechts allein auf die Belastung des Grundstücks gründet und damit der Behandlung als eine Sache entgegensteht. Auch müsste das Erbbaurecht bei einer Veräußerung entgegen § 11 ErbbauRG doch gemäß § 925 BGB als Grundstück behandelt werden und im Falle seiner Aufhebung könnte es nicht mehr, wie in § 890 Abs. 1 BGB und § 1 Abs. 2 ErbbauRG vorausgesetzt, wirtschaftlicher Hauptbestandteil einer einheitlichen Sache sein.[6] Des

[1] OLG Hamm NJW-RR 1999, 234 = MittBayNot 1998, 347 = Rpfleger 1998, 335.

[2] OLG Düsseldorf DNotZ 1974, 698; OLG Stuttgart DNotZ 1975, 491 = NJW 1975, 786 = Rpfleger 1975, 131; Schöner/Stöber Rn. 1694 m. w. Nachw.

[3] BGHZ 65, 345 = DNotZ 1976, 369 = NJW 1976, 519 = Rpfleger 1976, 126;s. dazu § 6a GBO.

[4] BayObLG DNotZ 1985, 375 = Rpfleger 1984, 313.

[5] OLG Frankfurt DNotZ 1967, 688.

[6] So zu Recht KG DNotZ 2011, 283.

Weiteren kann ein Wohnungseigentum nicht mit einem Erbbaurecht belastet werden, wogegen andererseits der Aufteilung eines Erbbaurechts, auch eines Gesamterbbaurechts in Wohnungseigentumserbbaurechte (§ 30 WEG) nichts entgegensteht.

Als **Untererbbaurecht** wird ein weiteres Erbbaurecht an einem Erbbaurecht für zulässig erachtet[1], was infolge der durch das RegVBG in die GBO auf genommene Bestimmung des § 6a GBO nicht mehr streitig ist. Da aber auch insoweit § 10 Abs. 1 Satz 1 ErbbauRG zu beachten ist, setzt seine Eintragung voraus, dass der Grundstückseigentümer mit seinen am Obererbbaurecht eingetragenen Rechten (z.B. Erbbauzins, Vorkaufsrecht) im Rang hinter das Untererbbaurecht zurücktritt. 995

Ein Zustimmungserfordernis des Grundstückseigentümers über § 5 ErbbauRG als dinglicher Inhalt des Obererbbaurechts hinsichtlich der Belastung mit einem Untererbbaurecht kann nicht vereinbart werden, weil es sich weder um eine Veräußerung noch um eine Belastung i.S. dieser Vorschrift handelt[2]. Für das Untererbbaurecht ist ein **eigenes Grundbuchblatt** anzulegen. Kommt es zum Heimfall des Obererbbaurechts, erlischt gemäß § 33 ErbbauRG das Untererbbaurecht und sämtliche an ihm lastenden dinglichen Rechte, also auch alle Grundpfandrechte. Darüber hinaus besteht beim Erlöschen des Obererbbaurechts kein Vergütungsanspruch für das Untererbbaurecht nach § 32 ErbbauRG.[3] 996

V. Rang

Das Erbbaurecht kann nur zur ausschließlich **ersten Rangstelle** bestellt und sein Rang auch nachträglich nicht geändert werden (§ 10 Abs. 1 Satz 1 ErbbauRG). Im Rang vor dem Erbbaurecht oder im Gleichrang mit ihm dürfen daher keine anderen beschränkten dinglichen Rechte eingetragen sein, auch nicht Vormerkungen auf Einräumung solcher Rechte.[4] Nicht relevant ist es, ob vorgehende Belastungen lediglich von geringer Bedeutung sind, sich nicht wertmindernd auswirken oder nicht mehr ausgeübt werden können.[5] Auch nicht eintragen werden kann ein Rangvorbehalt nach § 881 BGB bei dem Erbbaurecht. 997

Kein Hindernis i.S. des § 10 ErbbauRG sind **Verfügungsbeschränkungen** des Grundstückseigentümers, **die in keinem Rangverhältnis** zu den Belastungen des Grundstücks **stehen**. Hierzu zählen der Zwangsversteigerungsmerk, (§ 19 Abs. 1 ZVG), der Nacherbenvermerk (§ 51 GBO),[6] der Umlegungsvermerk (§ 54 Abs. 1 BauGB), die Sanierungs- und Entwicklungsbereichsvermerke (§ 143 Abs. 4, § 170 Satz 4 BauGB). Jedoch scheitert die Eintragung 998

[1] BGHZ 62, 179 = DNotZ 1974, 694 = NJW 1974, 1137 = Rpfleger 1974, 219; s. auch § 6a GBO.

[2] Vgl Habel MittBayNot 1998, 315, 319.

[3] Habel MittBayNot 1998, 315, 320.

[4] KGJ 39 A 198 (für Eigentumsvormerkung).

[5] OLG Frankfurt Rpfleger 1973, 400; Schöner/Stöber Rn 1732.

[6] OLG Hamburg DNotZ 1967, 373; OLG Hamm DNotZ 1990, 46 = NJW-RR 1989, 717 = OLGZ 1989, 156 = Rpfleger 1989, 232.

des Erbbaurechts dann an § 1 Abs. 4 ErbbauRG, wenn beispielsweise bei angeordneter Zwangsversteigerung der betreibende Gläubiger nicht zustimmt, weil infolge der Beschlagnahmewirkungen nach § 23 Abs. 1 Satz 1 ZVG diesem gegenüber die Eintragung des Erbbaurechts (relativ) unwirksam ist und mit Erteilung des Zuschlags nach § 91 Abs. 1 ZVG erlöschen würde, nachdem insoweit die Regelung des § 25 ErbbauRG nicht greift.[1] Gleichermaßen ist auch die Bestellung eines Erbbaurechts durch einen nicht befreiten Vorerben ohne Zustimmung des Nacherben unwirksam (§ 2113 Abs. 1 BGB).[2]

999 Vorrangige **Rechte, die** zur Erhaltung der Wirksamkeit gegenüber dem öffentlichen Glauben des Grundbuchs **der Eintragung nicht bedürfen**, hindern nach § 10 Abs. 1 Satz 2 ErbbauRG die Erbbaurechtseintragung nicht. Darunter fallen u.a. Überbau- und Notwegrenten (§§ 914 Abs. 2, 917 Abs. 2 BGB), öffentlich-rechtliche Vorkaufsrechte (§§ 24 ff BauGB, § 3 BauGBMaßnG), öffentliche Lasten (s. § 54 GBO), wie z.B. Erschließungsbeiträge nach §§ 127, 134 Abs. 2 BauGB)[3] sowie altrechtliche Dienstbarkeiten (Art 184, 187 EGBGB), soweit deren Eintragung nicht landesrechtlich vorgeschrieben ist.[4] **Nicht unter die Ausnahme des § 10 Abs. 1 Satz 2 ErbbauRG fallen** die außerhalb des Grundbuchs über § 848 Abs. 2 ZPO oder § 1287 Satz2 BGB kraft Gesetzes entstehenden **Sicherungshypotheken.**

1000 Ferner lässt § 10 Abs. 2 ErbbauRG zu, dass durch landesrechtliche Verordnung vom Erfordernis der ersten Rangstelle abgewichen wird, wenn dies für die vorrangigen Berechtigten und den Bestand des Erbbaurechts unschädlich ist.[5]

1001 Als Ausnahme wird es für **zulässig** erachtet, dass ein subjektiv-dingliches **Vorkaufsrecht** zugunsten des jeweiligen Erbbauberechtigten für die Dauer des Erbbaurechts[6] oder ein subjektiv-persönliches Vorkaufsrecht für den Erbbauberechtigten mit einem dem subjektiv-dinglichen Recht gleichgestellten Inhalt[7] als Ausnahmen vom Grundsatz der ersten Rangstelle im **Gleichrang** mit dem Erbbaurecht eingetragen werden können.

1002 Wird **gegen § 10 ErbbauRG verstoßen** ist das eingetragene **Erbbaurecht inhaltlich unzulässig** und von Amts wegen nach § 53 Abs. 1 Satz 2 GBO zu löschen. Nicht möglich ist es, den Mangel der fehlenden ersten Rangstelle

---

[1] Vgl Schöner/Stöber Rn. 1737.

[2] Palandt/Bassenge § 10 ErbbauRG Rn 1; Schöner/Stöber Rn 1737.

[3] Vgl BGH NJW 1981, 2127.

[4] BayObLGZ 1982, 210 = MittBayNot 1982, 129 = MittRhNotK 1982, 215 = Rpfleger 1982, 339.

[5] S hierzu Preußische VO v 30.4.1919 (GS 88), aufgehoben in Niedersachsen (VO v 26.3.1971 GVBl 135), Saarland (Art 2 Abs. 16 Nr. 22 des V. RBerG, Abl 1997, 258, 276) und Schleswig-Holstein (Art 25 Abs. 1 Nr. 11 AGBGB); ferner: Baden-Württemberg VO v 17.1.1994 (GBl 49); Brandenburg Art 24 AGBGB; Hamburg Art 42a AGBGB; Sachsen § 50 JustG (GVBl 2000, 482). In Baden-Württemberg, Brandenburg und Sachsen wird jeweils die Vorlage eines Unschädlichkeitszeugnisses verlangt (Panz, BWNotZ 1998, 16 und Wudy, NotBZ 1998, 132). Die für Bayern maßgebliche VO vom 7.10.1919 ist mit Wirkung vom 1. 1 1982 aufgehoben worden (GVBl 1981, S. 504).

[6] BGH DNotZ 1954, 469 = NJW 1954, 1443 = Rpfleger 1954, 514; BGH Rpfleger 1973, 355.

[7] OLG Düsseldorf NJW 1956, 875.

durch nachträgliche Eintragung rangändernder Vermerke oder die Löschung bisher vorgehender Rechte zu heilen. Dies kann nur durch ranggemäße Neueintragung des Erbbaurechts geschehen.[1]

Der Wiedereintragung eines zu Unrecht gelöschten Erbbaurechts auch an rangschlechterer Rangstelle infolge zwischenzeitlich eingetragener Rechte, die gutgläubig den Vorrang erworben haben, steht die Regelung des § 10 Abs. 1 Satz 1 ErbbauRG nicht entgegen.[2] Eine Vormerkung zur Sicherung des Anspruchs auf Einräumung eines Erbbaurechts unterliegt nicht dem Erfordernis der ersten Rangstelle.[3] 1003

VI. Inhalt des Erbbaurechts

Der **Inhalt der Einigung** hat dem grundbuchrechtlichen Bestimmtheitsgrundsatz zu genügen und alle gesetzlichen Erfordernisse für eine Erbbaurechtsbestellung zu enthalten (vgl. § 1 ErbbauRG) sowie alle sonstigen Abreden, welche die Beteiligten nach §§ 2–8, 27, 32 ErbbauRG zum vertragsmäßigen Inhalt des Erbbaurechts machen wollen und die über die schuldrechtliche Wirkung hinaus durch Eintragung im Grundbuch auch gegenüber Sonderrechtsnachfolgern gelten sollen. 1004

1. Gesetzliche Erfordernisse

a) Bauwerk

Das Erbbaurecht kann sich auf bereits vorhandene oder erst künftig zu errichtende Bauwerke, also nicht nur auf eines beziehen[4]. Soweit der Erbbauberechtigte das Bauwerk noch zu erstellen hat, beinhaltet das Recht zum Haben nach § 1 Abs. 1 ErbbauRG die Berechtigung zur Errichtung, den Besitz, die Benutzung sowie das Recht auf Abbruch und Wiederherstellung des Bauwerks, nicht jedoch die Verpflichtung gegenüber dem Grundstückseigentümer, dies wirklich zu tun. Eine derartige Verpflichtung des Erbbauberechtigten zur Wiedererrichtung, **nicht** jedoch zum Gebäudeabriss, kann aber gemäß § 2 Nr. 1 ErbbauRG zum vertraglichen Inhalt des Erbbaurechts gemacht werden (s. dazu Rn. 1012 f). 1005

b) Erbbaurechtsdauer

Das ErbbauRG trifft keine Regelung hinsichtlich der Dauer eines Erbbaurechts. Daher wäre auch ein unbefristetes Erbbaurecht zulässig. In aller Regel ist es jedoch üblich, die Dauer des Erbbaurechts zeitlich zu beschränken, um dem Eigentümer des Grundstücks nach Ablauf des vereinbarten Zeitraums wieder die Möglichkeit der freien Verfügung hierüber zu geben. Die Beschränkung der Laufzeit darf aber nicht der Beleihungsfähigkeit des Erbbaurechts zuwider laufen. Daher kann **weder** die **Veräußerlichkeit noch** die **Vererblichkeit** auf Zeit oder auf Dauer **ausgeschlossen werden**. 1006

---

[1] Einhellige Auffassung vgl. OLG Hamm DNotZ 1977, 613 = NJW 1976, 2023 = Rpfleger 1976, 131 und Gutachten DNotI-Report 1999, 150, 151.

[2] BGHZ 51, 50 = DNotZ 1969, 289 = NJW 1969, 93 = Rpfleger 1969, 13.

[3] Vgl Palandt/Bassenge Rn. 1 zu § 10 ErbbauRG.

[4] BayObLGZ 1957, 217.

1007 Ferner darf das Erbbaurecht nach § 1 Abs. 4 ErbbauRG **nicht** durch eine **auflösende Bedingung** beschränkt werden. Ein Verstoß dagegen bewirkt seine Nichtigkeit[1]. Das **Fristende** für ein grundsätzlich zeitlich befristetes Erbbaurecht muss in jedem Fall bestimmt sein. Ein Ereignis, bei dem ungewiss ist, ob oder wann es eintritt, ist kein zulässiger Endtermin, sondern eine unzulässige auflösende Bedingung. Deshalb ist es beispielsweise nicht möglich, ein Erbbaurecht auf Lebenszeit des Erbbauberechtigten oder des Grundstückseigentümers zu bestellen oder zu vereinbaren, dass es mit der Zerstörung des Gebäudes erlischt.

1008 Entsprechend § 1 Abs. 4 ErbbauRG ist auch die Bestellung eines Erbbaurechts durch den nicht befreiten Vorerben ohne Zustimmung des Nacherben unwirksam, da es mit dem i.d.R. zeitlich ungewissen Eintritt des Nacherbfalls erlöschen würde.[2] Steht dagegen der Zeitpunkt des Nacherbfalls fest, entfällt dieses Hindernis.[3] Bei Bestellung eines Erbbaurechts durch den befreiten Vorerben muss im Hinblick auf §§ 2113 Abs. 2, 2136 BGB der Nachweis der Entgeltlichkeit erbracht werden.

1009 Als **Beginn eines Erbbaurechts** kann frühestens der Zeitpunkt der Eintragung im Grundbuch festgelegt werden.[4] Unabhängig davon ist es jedoch zulässig zu bestimmen, dass das Fristende für das Erbbaurecht schon von einem vor der Eintragung des Erbbaurechts liegenden Zeitpunkt an zu berechnen ist, z.B. auf die Dauer von 99 Jahren ab Beurkundung des Bestellungsvertrages.[5] Der **Endzeitpunkt** des Erbbaurechts bedarf im Übrigen formellrechtlich der unmittelbaren Grundbucheintragung (vgl. § 56 Abs. 2 GBV).

1010 **Kein Hindernis** stellt die Bestellung eines Erbbaurechts unter einer **aufschiebenden Bedingung** dar. Auch die Vereinbarung einer **automatischen Verlängerung** eines Erbbaurechts für eine genau bestimmte Zeit ist zulässig, so beispielsweise dann, wenn nicht ein halbes Jahr vor der Beendigung der Grundstückseigentümer oder der Erbbauberechtigte einer Verlängerung widerspricht.[6]

2. Vertragliche Vereinbarungen

1011 Als **vertraglicher Inhalt** des Erbbaurechts können Vereinbarungen des Grundstückseigentümers und des Berechtigten über die Gegenstände des § 2 ErbbauRG getroffen und **zum dinglichen Inhalt** des Erbbaurechts **gemacht werden.** Die Folge davon ist, dass diese Vereinbarungen auch gegenüber jedem Sonderrechtsnachfolger wirken. Voraussetzung ist insoweit eine Einigung (§ 873 BGB) zwischen den Beteiligten und die Eintragung im Grundbuch, die grundsätzlich durch eine Bezugnahme auf die Eintragungsbewilligung erfolgen kann (§ 14 Abs. 1 Satz 3 ErbbauRG).

---

[1] BGHZ 52, 269, 271 = DNotZ 1970, 32 = NJW 1969, 2043 = Rpfleger 1969, 346.

[2] BGHZ 52, 269, 271 aaO; OLG Hamm DNotZ 1966, 102 = NJW 1965, 1489 = Rpfleger 1966, 48; Schöner/Stöber Rn 1683; KEHE/Eickmann Einl. F 9; MünchKomm/vOefele Rn. 80, zu § 1 ErbbauRG.

[3] MünchKomm/vOefele § 1 ErbbauRG Rn. 81.

[4] BGH DNotZ 1974, 90 = Rpfleger 1973, 355.

[5] Vgl BayObLGZ 1991, 97 = MittBayNot 1992, 45 = NJW-RR 1991, 718 = Rpfleger 1991, 303; Promberger Rpfleger 1975, 233; LG Würzburg Rpfleger 1975, 249.

[6] BGH NJW 1969, 2043, 2046.

a) Errichtung, Instandhaltung, Verwendung des Bauwerks (§ 2 Nr. 1 ErbbauRG)

Insoweit können u.a. Vereinbarungen getroffen werden über die Pflicht des Erbbauberechtigten, das **Bauwerk zu errichten**, über die Art und den Umfang der Bebauung, auch in Anlehnung an den maßgeblichen Bebauungsplan.[1] Des weiteren Vereinbarungen über **Instandhaltungspflichten** des Erbbauberechtigten, samt der Verpflichtung zur Übernahme der laufenden wie auch der außergewöhnlichen Kosten für substanzerhaltende Reparaturen und Erneuerungen,[2] sowie das Recht des Grundstückseigentümers auf Besichtigung und Untersuchung der Baulichkeiten.[3] Ferner Vereinbarungen über die **Verwendung des Bauwerks** und der unbebauten Teile des Grundstücks sowie über die tatsächliche Nutzungsart[4], insbesondere ob eine Nutzung zu Wohnzwecken oder eine gewerbliche Nutzung gestattet wird, letztere ggf. mit dem Verbot, keinen Lärm verursachenden oder unsittlichen Betrieb dort auszuüben.[5] Ferner können Bestimmungen über den Mietpreis sowie den Personenkreis der Mietberechtigten (z.B. kinderreiche Familien, sozial Minderbemittelte, Flüchtlinge, Einheimischenmodell) aufgenommen werden. Zulässig ist auch die Festlegung eines Zustimmungserfordernisses des Grundstückseigentümers zu baulichen Veränderungen.[6] Eine Verpflichtung des Erbbauberechtigten zum **Abriss des Bauwerks** ist **nicht mit dinglicher Wirkung** vereinbar[7], insbesondere scheitert die Einordnung einer Abrissverpflichtung unter den Begriff „Verwendung des Bauwerks“, weil dieser bereits den weiteren Bestand des Bauwerks als zu verwendenden Gegenstand voraussetzt[8] 1012

b) Versicherung des Bauwerks, Wiederaufbau (§ 2 Nr. 2 ErbbauRG)

Darunter fallen Vereinbarungen über den Abschluss einer Versicherung des Bauwerks gegen Feuer, Blitzschlag, Sturm und andere Gefahren sowie ob das Objekt zum Neuwert oder zum Zeitwert versichert sein soll. Ferner sind Vereinbarungen über die Pflicht zum Wiederaufbau des Bauwerks im Falle der Zerstörung möglich, die uneingeschränkt oder beschränkt, z.B. darauf ob der Schaden durch eine Versicherung gedeckt ist, festgelegt werden kann. Nicht mit dinglicher Wirkung absicherbar aber mit der Sanktion des Heimfalls bewehrt, kann vereinbart werden, dass der Erbbauberechtigte eine Haftpflichtversicherung zur Abdeckung der den Grundstückseigentümer treffenden Verkehrssicherungspflicht abzuschließen hat. 1013

[1] BGH MittBayNot 1984, 252 = NJW 1985, 1464 = Rpfleger 1985, 60.

[2] Vgl. Winkler NJW 1992, 2514, 2519.

[3] LG Regensburg Rpfleger 1991, 363; LG Lüneburg MDR 1955, 36.

[4] BayObLGZ 2001, 301 = DNotZ 2002, 294 = NJW-RR 2002, 885 = Rpfleger 2002, 140.

[5] Vgl BGH DNotZ 1985, 370 = NJW 1984, 2213.

[6] BayObLGZ 1986, 501 = NJW-RR 1987, 459.

[7] LG Düsseldorf MittRhNotK 1987, 129; Gutachten DNotI-Report 1993, Heft 6 S. 2.

[8] Vgl LG Wuppertal Rpfleger 2006, 540.

c) Tragung öffentlicher sowie privatrechtlicher Lasten und Abgaben (§ 2 Nr. 3 ErbbauRG)

1014 Ist keine Vereinbarung getroffen, haben der Grundstückseigentümer die auf das Grundstück entfallenden Lasten und der Erbbauberechtigte die auf das Gebäude entfallenden Lasten zu tragen. Zu den **öffentlichen Grundstücks- und Gebäudelasten**, deren Tragung in Abänderung der gesetzlichen Folge dem Erbbauberechtigten auferlegt werden können, zählen vor allem Grundsteuern, Erschließungsbeiträge und Beiträge nach den Kommunalabgabengesetzen der Länder wie z.B. Kanal-, Abwasser- sowie Müllabfuhrgebühren und dergleichen. An **privatrechtlichen Lasten** kommen insbesondere infrage wiederkehrende Leistungen aus Reallasten und die Zinsen von Grundpfandrechten, nicht dagegen Tilgungsleistungen auf das Kapital (vgl. § 1047 BGB).[1] Die dem Grundstückseigentümer obliegende Verkehrssicherungspflicht ist keine öffentliche Last und kann daher auch nicht über § 2 Nr. 3 ErbbauRG vom Erbbauberechtigten mit dinglicher Wirkung übernommen werden.[2]

d) Heimfall (§ 2 Nr. 4 ErbbauRG)

1015 Vereinbar als dinglicher Inhalt des Erbbaurecht ist, dass der Grundstückseigentümer beim Vorliegen bestimmter Voraussetzungen die Übertragung des Erbbaurechts auf sich oder auf einen von ihm zu bezeichnenden Dritten (§ 3 ErbbauRG) verlangen kann.[3] Der **Heimfallanspruch** ist als wesentlicher Bestandteil des belasteten Grundstücks nicht von dessen Eigentum trennbar (§ 96 BGB, § 3 ErbbauRG) und deshalb nicht gesondert veräußer- oder belastbar.[4] Da die Voraussetzungen für die Ausübung des Heimfallanspruchs gesetzlich nicht geregelt sind, steht es im Ermessen der Beteiligten diese vertraglich zu bestimmen. Der Grundsatz der Vertragsfreiheit ist insoweit nur durch § 6 Abs. 2 ErbbauRG (kein Heimfall bei Verstoß des Erbbauberechtigten gegen das Zustimmungserfordernis des § 5 ErbbauRG) und § 9 Abs. 4 ErbbauRG (Heimfall wegen Zahlungsverzug nur, wenn ein Erbbauzinsrückstand von mindestens 2 Jahren besteht) eingeschränkt. Als Heimfallgründe können zulässigerweise vereinbart sein, Unvermögen des Erbbauberechtigten, das Bauwerk fristgemäß zu erstellen,[5] Verletzung vertraglicher Pflichten durch zweckwidrige Nutzung,[6] Insolvenz des Erbbauberechtigten, Zwangsversteigerung oder Zwangsverwaltung des Erbbaurechts, Tod des Erbbauberechtigten[7] oder des Grundstückseigentümers sowie der Eintritt sonstiger Ereignisse, die mit dem Erbbaurecht zusammenhängen,[8] wie z.B. das Erlöschen der Erbbauzinsreallast im Falle der Zwangsversteigerung des Erbbaurechts, weil ein vorrangiger Gläubiger das Verfahren betreibt oder weil der Ersteher

[1] MünchKomm/vOefele Rn. 23, Staudinger/Rapp Rn 17 je zu § 2 ErbbauRG.
[2] BayObLGZ 1999, 252 = FGPrax 1999, 211 = Rpfleger 2000, 61; LG Mannheim BWNotZ 1983, 146.
[3] BGH DNotZ 1991, 395 = NJW-RR 1990, 1095 = Rpfleger 1990, 412.
[4] BGH ZIP 1980, 652.
[5] BGH WM 1973, 1074.
[6] BGH DNotZ 1985, 370 = NJW 1984, 2213 = Rpfleger 1984, 352.
[7] OLG Hamm DNotZ 1966, 41 = NJW 1965, 1488 = OLGZ 1965, 72 = Rpfleger 1966, 47.
[8] Ingenstau Rn. 44, MünchKomm/vOefele Rn. 27 je zu § 2 ErbbauRG.

eines Erbbaurechts nicht in schuldrechtliche Bedingungen des Bestellungsvertrages eintritt.[1] **Unzulässig** ist es, einen Heimfallanspruch für den Fall der Veräußerung des Erbbaurechts zu vereinbaren, da die Veräußerlichkeit zum unabdingbaren gesetzlichen Inhalt des Erbbaurechts nach § 1 Abs. 1 ErbbauRG gehört.[2] Als **zulässig** wird jedoch erachtet einen Heimfallanspruch darauf zu stützen, dass die Fortsetzung des Erbbaurechtsverhältnisses aus einem in der Person des Erbbauberechtigten liegenden Grund, z.B. durch grob verunglimpfendes oder feindliches Verhalten, eine unbillige Härte für den Grundstückseigentümer bilden würde.[3] **Nicht möglich** ist es ferner, mit dinglicher Wirkung festzulegen, dass der Grundstückseigentümer beim Heimfall das Erbbaurecht nur auf eine von einem Realgläubiger vorgeschlagene Person übertragen lassen darf.[4]

Bei **wirksamer Ausübung des Heimfallrechts** hat der Grundstückseigentümer dem Erbbauberechtigten grundsätzlich eine **angemessene Vergütung** für das Erbbaurecht zu gewähren (§ 32 Abs. 1 Satz 1 ErbbauRG). Dazu können die Beteiligten als Inhalt des Erbbaurechts Vereinbarungen über die Höhe der Vergütung und die Art ihrer Zahlung treffen. Es ist aber auch der **gänzliche oder teilweise Ausschluss einer Vergütung vereinbar**, außer bei Erbbaurechten zur Befriedigung des Wohnbedürfnisses minderbemittelter Bevölkerungskreise,[5] wo zur Vermeidung der Unwirksamkeit eine Vergütung von mindestens zwei Drittel des Verkehrswerts des Erbbaurechts gezahlt werden muss (§ 32 Abs. 1 Satz 2, Abs. 2 ErbbauRG). Der Vergütungsanspruch entsteht erst mit der Erfüllung des Heimfallanspruchs gemäß § 873 Abs. 1 BGB durch Einigung und Eintragung, nicht schon mit der Geltendmachung,[6] wobei der Zeitpunkt der Erfüllung auch maßgeblich ist für die Wertbestimmung der geschuldeten Vergütung, wenn nichts anders vereinbart wurde.[7] 1016

e) Zahlung von Vertragsstrafen (§ 2 Nr. 5 ErbbauRG)

Als Maßnahme für geringere Vertragsverletzungen, bei denen die Festlegung eines Heimfallanspruchs eine zu weitgehende Folge wäre, ist die Vereinbarung von Vertragsstrafen möglich. Jedoch können Heimfall und Vertragsstrafe auch nebeneinander für die gleichen Voraussetzungen vereinbart werden.[8] Außer den Voraussetzungen für eine Vertragsstrafe ist natürlich ihre Höhe regelbar, die nur auf Zahlung eines bestimmten Geldbetrages gerichtet sein kann. Verzugs- oder Strafzinsen in Bezug auf den dinglichen Erbbauzins sind mangels Anwendbarkeit der §§ 289, 1107 BGB nicht zu entrichten.[9] Für den Zahlungsanspruch einer verwirkten Vertragsstrafe haftet nicht das Erbbaurecht, sondern der pflichtwidrig handelnde Erbbauberechtigte. Ein 1017

[1] OLG Oldenburg DNotZ 1988, 591.
[2] RGRK/Räfle § 2 ErbbauRG RdNr 25.
[3] LG Oldenburg Rpfleger 1979, 383; LG Düsseldorf MittRhNotK 1989, 218.
[4] LG Münster NJW 1954, 1246.
[5] Zum Begriff s. auch KG OLGZ 1981, 265 = Rpfleger 1981, 108.
[6] BGHZ 111, 154 = DNotZ 1991, 393 = NJW 1990, 2067 = Rpfleger 1990, 350.
[7] BGHZ 116, 161 = BB 1992, 599 = DNotZ 1992, 361 = NJW 1992, 1454.
[8] MünchKomm/vOefele § 2 ErbbauRG Rn. 31; Schöner/Stöber Rn. 1764. **AA** Ingenstau/Hustedt Rn 58, RGRK/Räfle Rn. 39 je zu § 2 ErbbauRG.
[9] BGH NJW 1970, 243.

Rechtsnachfolger des Erbbauberechtigten kann regelmäßig nur für die während seiner Berechtigung vorgefallenen Verstöße zahlungspflichtig werden oder wenn die strafbewehrte Hauptverpflichtung dem jeweiligen Erbbauberechtigten obliegt.[1] Keine Anwendung findet § 2 Nr. 5 ErbbauRG für Vertragsstrafen des Grundstückseigentümers zugunsten des Erbbauberechtigten.

f) Vorrecht auf Erneuerung des Erbbaurechts (§ 2 Nr. 6 ErbbauRG)

1018 Ist dem Erbbauberechtigten ein Vorrecht auf Erneuerung des Erbbaurechts eingeräumt, so kann er nach Erlöschen seines Erbbaurechts das Vorrecht ausüben, sobald der Eigentümer mit einem Dritten einen Vertrag über die Bestellung eines Erbbaurechts an dem Grundstück geschlossen hat und dieses nicht einem anderen wirtschaftlichen Zweck als das vormalige Erbbaurecht zu dienen bestimmt ist (§ 31 Abs. 1 ErbbauRG). Das **Vorrecht erlischt** drei Jahre nach Ablauf der Zeit, für die das Erbbaurecht bestellt war (§ 31 Abs. 2 ErbbauRG). Die Ausübung des Vorrechts erfolgt durch einseitige formlose Erklärung des Erbbauberechtigten gegenüber dem Eigentümer, wodurch dann ein neuer Erbbaurechtsvertrag unter den Bestimmungen zustande kommt, welche der Eigentümer mit dem Dritten vereinbart hat (§ 31 Abs. 3 i.V.m. § 464 BGB).

g) Verkaufsverpflichtung des Grundstückseigentümers (§ 2 Nr. 7 ErbbauRG)

1019 Zum vertragsmäßigen Inhalt kann auch eine Verpflichtung des Eigentümers gemacht werden, das Grundstück unter gewissen festzulegenden Voraussetzungen an den jeweiligen Erbbauberechtigten zu verkaufen. Die Ausübung dieses **Ankaufsrechts** erfolgt durch einseitige, formlose und empfangsbedürftige Willenserklärung gegenüber dem Eigentümer und bewirkt das Zustandekommen eines Kaufvertrages zu den in der Vereinbarung getroffenen Bedingungen sowie das Entstehen eines Anspruchs auf Übereignung des Grundstücks durch Auflassung (§§ 873, 925 BGB).[2] Die Vereinbarung kann bereits alle Modalitäten für die Ausübung, einschließlich der Zahlungsmodalitäten für den Kaufpreis festlegen. Eine Ausübung des Ankaufsrechts für eine Zeit nach Beendigung des Erbbaurechts ist nicht vereinbar.[3]

1020 **Dingliche Wirkung entfaltet das Ankaufsrecht** insofern, als es für und gegen den jeweiligen Erbbauberechtigten und Grundstückseigentümer besteht, auch im Falle der Insolvenz oder bei Zwangsversteigerung des Grundstücks gegen den Ersteher,[4] jedoch nicht die Schutzwirkungen einer Vormerkung besitzt (vgl. § 883 Abs. 2 BGB). Da es sich aber um einen bedingten Übereignungsanspruch handelt, der vom Grundstückseigentümer nicht mehr einseitig zerstört werden kann, muss zur Anspruchssicherung die Eintragung einer **Vormerkung** bereits **mit Eintragung des Erbbaurechts** zulässig sein.[5] Eine **Erwerbspflicht** des Erbbauberechtigten (sog Kaufzwangsklausel) ist nur schuld-

---

[1] BGHZ 109, 230 = DNotZ 1991, 391 = NJW 1990, 832 = Rpfleger 1990, 110.

[2] BGH DB 1973, 1594.

[3] OLG Hamm DNotZ 1974, 178 = NJW 1974, 863 = Rpfleger 1974, 68; BGH NJW 1972, 2265.

[4] BGH NJW 1954, 1444.

[5] So zu Recht Schöner/Stöber Rn. 1769; Staudinger/Rapp Rn. 32 zu § 2 ErbbauRG.

rechtlich vereinbar (Form: § 311b Abs. 1 BGB) aber **nicht** als dinglicher Inhalt des Erbbaurechts.[1] Mit Ausübung des Ankaufsrechts durch den Erbbauberechtigten und Vollzug der Auflassung im Grundbuch besteht ein Eigentümererbbaurecht.

3. Verfügungsbeschränkungen (§§ 5–8 ErbbauRG)

Als Inhalt des Erbbaurechts kann außerdem nach § 5 ErbbauRG verein- **1021**
bart werden, dass der Erbbauberechtigte zur Veräußerung sowie zur Belastung mit bestimmten Rechten der **Zustimmung des Grundstückseigentümers** bedarf. Über § 8 ErbbauRG erfasst das Zustimmungserfordernis auch Verfügungen, die im Wege der Zwangsvollstreckung, der Arrestvollziehung oder durch den Insolvenzverwalter erfolgen. Der Grundstückseigentümer ist aber nicht berechtigt, seine nach dem Inhalt des Erbbaurechts erforderliche Zustimmung zur Veräußerung des Erbbaurechts davon abhängig zu machen, dass der Erwerber rechtsgeschäftliche Erklärungen abgibt, die zu einer Veränderung der dinglichen oder schuldrechtlichen Rechtsverhältnisse führen sollen.[2] Das Zustimmungserfordernis kann ferner auch nicht dazu dienen, etwaige Ansprüche des Grundstückseigentümers auf eine Erbbauzinserhöhung durchzusetzen, mögen sie begründet sein oder nicht.[3] Bei einer bestehenden Verfügungsbeschränkung darf der Rechtsübergang oder die Belastung erst im Grundbuch eingetragen werden, wenn dem Grundbuchamt die erforderliche Zustimmung des Grundstückseigentümers nachgewiesen ist (§ 15 ErbbauRG).

a) Veräußerungsbeschränkung

Die Beschränkung nach § 5 Abs. 1 ErbbauRG erfasst grundsätzlich alle **1022**
Veräußerungsvorgänge. Darunter fallen auch die Erfüllung eines Vermächtnisses,[4] die Auseinandersetzung einer Erbengemeinschaft oder einer sonstigen Gesamthandsgemeinschaft sowie Übertragungen im Weg der vorweggenommenen Erbfolge.[5] Ebenso ist nach § 8 i.V.m. § 5 Abs. 1 ErbbauRG zur Erteilung des Zuschlags im Zwangsversteigerungsverfahren über das Erbbaurecht die Zustimmung des Grundstückseigentümers oder die gerichtliche Ersetzung der Zustimmung erforderlich.[6] Das Zustimmungserfordernis entfällt nicht schon deshalb, weil der Grundstückseigentümer selbst die Versteigerung betreibt[7] oder weil ein Gläubiger diese aus einem eingetragenen Recht betreibt, zu dem der Eigentümer seine uneingeschränkte Zustimmung nach § 5 Abs. 2 ErbbauRG bei Eintragung der Belastung erteilt hat.[8]

---

[1] Zur Zulässigkeit solcher Kaufzwangsklauseln s. BGHZ 68, 1 = DNotZ 1977, 629 = Rpfleger 1977, 163; BGH DNotZ 1981, 261 = Rpfleger 1980, 269; BGH BB 1989, 318 = NJW 1989, 2129; OLG Hamm NJW 1977, 203.

[2] OLG Hamm Rpfleger 2006, 259.

[3] Vgl. BayObLG NJW-RR 1987, 459, 462; OLG Hamm NJW-RR 1993, 1106.

[4] Vgl BayObLGZ 1982, 46 = Rpfleger 1982, 177 = MittBayNot 1982, 71.

[5] LG Münster MDR 1968, 585 = MittBayNot 1968, 245 = MittRhNotK 1969, 19.

[6] BGHZ 33, 76 = DNotZ 1961, 32 = NJW 1960, 2093 = Rpfleger 1961, 193; BayObLGZ 1960, 467 = DNotZ 1961, 266.

[7] BayObLGZ 1960, 467 aaO.

[8] BGHZ 33, 76 aaO.

1023 **Keine Veräußerung** i.S. des § 5 ErbbauRG ist die **Übertragung eines Erbteils**, auch dann nicht, wenn das Erbbaurecht den einzigen Nachlassgegenstand darstellt.[1] Ferner unterliegt ein **Gesellschafterwechsel** bei einer Gesellschaft die Erbbauberechtigte ist, nicht der Beschränkung nach § 5 ErbbauRG, da keine Veräußerung des Erbbaurechts vorliegt.[2] Gleiches gilt im Falle einer **Gesellschaftsumwandlung** durch Verschmelzung, Spaltung oder Vermögensübertragung nach dem UmwG, weil es sich insoweit um eine vollständige oder zumindest partielle Gesamtrechtsnachfolge handelt sowie im Falle einer Umwandlung durch Formwechsel der bisherige Rechtsträger mit dem neuen Rechtsträger identisch ist. Ebenfalls keine Veräußerung ist die **reale Teilung** des Erbbaurechts[3] oder die **Aufteilung in Wohnungserbbaurechte** gemäß § 30 i.V.m. §§ 3, 8 WEG.[4]

1024 Zulässig ist es die Veräußerungsbeschränkung bereits von Anfang so einschränkend zu vereinbaren, dass das **Zustimmungserfordernis** des Grundstückseigentümers lediglich **bestimmte Veräußerungsfälle erfasst** (z.B. die Veräußerung an bestimmte Personen oder innerhalb einer bestimmten Frist) bzw., dass gewisse Veräußerungen zustimmungsfrei sind (z.B. die Veräußerung an Verwandte in gerader Linie oder Erwerb im Wege der Zwangsversteigerung). Ein **über § 5 Abs. 1 ErbbauRG hinausgehendes Veräußerungsverbot** kann **nicht dinglicher Inhalt** des Erbbaurechts sein.

b) Belastungsbeschränkung

1025 Nach § 5 Abs. 2 ErbbauRG kann die Belastung eines Erbbaurechts mit **Grundpfandrechten** und **Reallasten** der Zustimmung des Grundstückseigentümers unterstellt werden. Über den Wortlaut des § 5 Abs. 2 ErbbauRG hinaus wird es im Weiteren für zulässig erachtet, auch die Bestellung eines **Dauerwohnrechts** von der Zustimmung des Eigentümers abhängig zu machen, weil es ebenso wie die Grundpfandrechte und Reallasten (siehe § 33 Abs. 1 ErbbauRG) gemäß § 42 Abs. 2 WEG beim Heimfall nicht erlischt.[5] Soll eine **Zwangssicherungshypothek** eingetragen werden, unterliegt sie einem vereinbarten Zustimmungserfordernis.[6] Dies gilt auch für die Eintragung einer Zwangssicherungshypothek an einem Eigentümererbbaurecht.[7] Für **Sicherungshypotheken nach § 128 ZVG** zur Absicherung von gegen den Ersteher übertragenen Forderungen findet das Belastungsverbot aus § 5 Abs. 2 ErbbauRG **keine Anwendung**, weil ihre Eintragung gesetzliche Folge eines zulässigerweise durchgeführten Zwangsversteigerungsverfahrens ist.[8]

---

[1] BayObLGZ 1967, 408 = MittBayNot 1968, 161 = Rpfleger 1968, 188.

[2] So richtig Schöner/Stöber Rn. 1775. **AA** OLG Köln MittRhNotK 1991, 114 mit abl. Anm Tönnies.

[3] LG Bochum NJW 1969, 1673.

[4] OLG Celle Rpfleger 1981, 22 = MittBayNot 1981, 131; BayObLGZ 1978, 157 = DNotZ 1978, 626 = Rpfleger 1978, 375; LG Augsburg MittBayNot 1979, 68.

[5] OLG Stuttgart NJW 1952, 979; LG Osnabrück JurBüro 1971, 455; MünchKomm/vOefele Rn. 11, Palandt/Bassenge Rn. 3, Staudinger/Rapp Rn. 4 je zu § 5 ErbbauRG. **AA.** Bärmann/Pick/Merle Rn. 10, Weitnauer/Mansel Rn. 4 je zu § 42 WEG.

[6] OLG Hamm OLGZ 1985, 159 = Rpfleger 1985, 23.

[7] BayObLGZ 1996, 107 = DNotZ 1997, 142 = Rpfleger 1996, 447.

[8] Pöschl BWNotZ 1956, 41; Stöber § 128 ZVG Anm 2.23.

Werden **Inhaltsänderungen** an den am Erbbaurecht eingetragenen Grundpfandrechten oder Reallasten vorgenommen, die eine weitergehende Belastung des Erbbaurechts beinhalten (z. B. die Erhöhung des Zinssatzes bei einer Hypothek oder die Verlängerung der Laufzeit bei einer Reallast), so bedarf es auch insoweit der Zustimmung des Grundstückseigentümers (§ 5 Abs. 2 Satz 2 ErbbauRG).[1] 1026

Zulässig ist es von vorneherein, das **Zustimmungserfordernis** auf bestimmte Fälle von Belastungen zu **beschränken** bzw. die Belastung des Erbbaurechts mit bestimmten Rechten von dem Zustimmungserfordernis des § 5 Abs. 2 ErbbauRG auszunehmen.[2] 1027

Keiner Zustimmungspflicht mit dinglicher Wirkung können Belastungen des Erbbaurechts mit Dienstbarkeiten, Vorkaufsrechten,[3] Vormerkungen,[4] und Nießbrauchsrechten oder die Bestellung eines Untererbbaurechts unterstellt werden. Möglich ist es jedoch zu vereinbaren, dass die Belastung des Erbbaurechts mit derartigen Rechten ohne Zustimmung des Grundstückseigentümers einen Anspruch auf Heimfall nach § 2 Nr. 4 ErbbauRG auslösen.[5] **Nicht zustimmungspflichtig** ist ferner die Eintragung einer nachträglichen Zwangsvollstreckungsunterwerfung nach § 800 ZPO, weil es sich dabei um keine Verfügung über das Erbbaurecht, sondern nur um eine Prozesserklärung handelt.[6] 1028

VII. Grundbucheintragung

Infolge der Doppelnatur des Erbbaurechts als Grundstücksbelastung einerseits und als grundstücksgleiches Recht andererseits ist die Eintragung vorzunehmen 1029

- in Abteilung II des **Grundstücks-Grundbuchs** als Belastung des Grundstücks (§ 10 GBV). Damit entsteht das Erbbaurecht. Die Eintragung erfordert die Bezeichnung der Rechtsnatur „Erbbaurecht" im Grundbuch, desgleichen die Angabe eines Endtermins (Dauer des Erbbaurechts) und einer etwaigen aufschiebenden Bedingung. Zur näheren Bezeichnung des Inhalts des Erbbaurechts und damit auch des vertragsgemäßen Inhalts nach § 2 ErbbauRG kann auf das Erbbaugrundbuch Bezug genommen werden (§ 14 Abs. 2 ErbbauRG; daher keine Bezugnahme auf die Eintragungsbewilligung).
- in einem (besonderen) **Erbbaugrundbuch**, das von Amts wegen angelegt wird (§ 14 Abs. 1 ErbbauRG; zu diesem Erbbaugrundbuch s. §§ 54–60 GBV). Im Erbbaugrundbuch soll auch der Eigentümer (und jeder spätere Erwerber) des Grundstücks vermerkt werden (§ 14 Abs. 1 Satz 2 ErbbauRG). Auf die Eintragungsbewilligung kann zur näheren Bezeichnung

---

[1] Schöner-Stöber Rn 1780; Staudinger-Rapp §§ 5–7 ErbbauRG Rn 6.
[2] BayObLGZ 1979, 227 = DNotZ 1980, 50 = Rpfleger 1979, 384; BayObLGZ 1959, 325.
[3] OLG Braunschweig OLGZ 1992, 263 = Rpfleger 1992, 1993 (weil keine Veräußerung, auch nicht nach § 5 Abs. 1 ErbbauRG).
[4] OLG Hamm MDR 1952, 756 = Rpfleger 1953, 520; OLG Nürnberg DNotZ 1967, 684 = MDR 1967, 213; Schöner/Stöber Rn 1786.
[5] BayObLG MittBayNot 1992, 197; OLG Hamm OLGZ 1986, 14 = Rpfleger 1986, 51.
[6] KG HRR 1931 N 1705; BayObLGZ 14, 499.

des Inhalts des Erbbaurechts und damit auch des vertragsgemäßen Inhalts nach § 2 ErbbauRG Bezug genommen werden (§ 14 Abs. 1 Satz 3 ErbbauRG). **Verfügungsbeschränkungen** nach § 5 ErbbauRG sind jedoch, ebenso wie Beschränkungen durch Befristung oder aufschiebende Bedingung, **ausdrücklich einzutragen** (§ 56 Abs. 2 GBV als Sollvorschrift des Verfahrensrechts).

1030 Das **Erbbaugrundbuch** ist für das Erbbaurecht das Grundbuch (§ 14 Abs. 3 Satz 1 ErbbauRG). Die Eintragungen dort sind **rechtsbegründend** für den Inhalt des Erbbaurechts sowie dessen nachträgliche Änderung, die Übertragung des Eigentums am Erbbaurecht auf einen anderen Berechtigten und das Entstehen der das Erbbaurecht belastenden dinglichen Rechte und Vormerkungen.

Eintragungsbeispiel:

1031 a) Abteilung II des Grundstücks-Grundbuchs (s. auch Anlage 2a zur GBV lfd. Nr. 5)

Erbbaurecht bis zum 31. Dezember 2111 für Meier Franz, geb. …, wohnhaft in …, unter Bezugnahme auf Nr. 1 des Bestandsverzeichnisses des Erbbaugrundbuchs vom … Blatt … eingetragen am …

b) Bestandsverzeichnis des Erbbaugrundbuchs (Muster s. auch Anlage 9 GBV):

Lfd. Nr. der Grundstücke	Bisherige lfd. Nr. der Grundstücke	Bezeichnung der Grundstücke und der mit dem Eigentum verbundenen Rechte		Größe		
		Gemarkung (nur bei Abweichung vom Grundbuchbezirk angeben) Flurstück	Wirtschaftsart und Lage	ha	a	m²
		a/b	c			
1	2	3		4		
1	–	Erbbaurecht am Grundstück von … Blatt … Bestandsverzeichnis Nr. 1 Fl.Nr. 300	Bauplatz an der Parkstrasse eingetragen in Abt. II Nr. 1 bis zum 31. Dezember 2011. Zustimmung der Grundstückseigentümerin ist erforderlich zur Veräußerung und Belastung mit Grundpfandrechten, Reallasten sowie Dauerwohn- und Dauernutzungsrechten; auch zur Inhaltsänderung der Rechte als weitere Belastung. Grundstückseigentümerin: Gemeinde G-Dorf. Unter Bezugnahme auf die Eintragungsbewilligung vom … (URNr. …/Notar …) bei Anlegung dieses Blattes hier vermerkt am …		30	25

c) Abteilung I des Erbbaugrundbuchs (Muster Anlage 9 GBV)

1	2	3	4
1	Meier Franz, geb. … wohnhaft in …	1	Bei Bestellung des Erbbaurechts in Band 370 Blatt 11180 eingetragen und hier vermerkt am …

B. Verfügungen über das Erbbaurecht

I. Veräußerung

Die wirksame Übertragung des Erbbaurechts auf einen anderen Berechtigten erfordert lediglich eine formlose Einigung (§ 873 Abs. 1 BGB) zwischen dem Veräußerer und dem Erwerber sowie die Eintragung des neuen Erbbauberechtigten in Abteilung 1 des Erbbaugrundbuchs (vgl. § 14 Abs. 3 Satz 1 ErbbauRG). Einer **Auflassung** bedarf es **nicht** (§ 11 Abs. 1 ErbbauRG), jedoch ist dem Grundbuchamt die Einigung nach § 20 GBO nachzuweisen. Die Übertragung darf nicht unter einer Bedingung oder Befristung erfolgen (§ 11 Abs. 1 Satz 2 ErbbauRG). Die Eintragung des neuen Erbbauberechtigten ist zugleich auf dem Grundstücksblatt zu vermerken, wobei der Vermerk durch Bezugnahme auf das Erbbaugrundbuch ersetzt werden kann (vgl. § 14 Abs. 3 Satz 2 und 3 ErbbauRG). 1032

II. Belastung des Erbbaurechts

Als grundstücksgleiches Recht (§ 11 Abs. 1 Satz 1 ErbbauRG) kann das Erbbaurecht mit allen dinglichen Rechten des Sachenrechts belastet werden, die an einem Grundstück eintragbar sind. Der Erwerb eines Grundstücksrechts als Belastung des Erbbaurechts erfordert eine Einigung und die Eintragung in das Erbbaugrundbuch (§ 873 Abs. 1 Satz 1 BGB mit § 11 Abs. 1 Satz 1 und § 14 Abs. 3 Satz 1 ErbbauRG). Eine Belastung des Erbbaurechts mit einer Dienstbarkeit ist allerdings nur möglich, soweit hierdurch Nutzungsrechte des Erbbauberechtigten, aber nicht des Grundstückseigentümers eingeschränkt werden. Das Erbbaurecht für ein Wohngebäude kann daher beispielsweise nicht mit einer Tankstellendienstbarkeit belastet werden[1].Erstreckt sich aber das Erbbaurecht auch auf den für das Bauwerk nicht erforderlichen Teil des Grundstücks (§ 1 Abs. 2 ErbbauRG), steht der Eintragung einer Dienstbarkeit am Erbbaurecht, die zur Einrichtung und Betreibung einer Netzstation außerhalb des Bauwerks berechtigt, nichts entgegen.[2] Zulässig ist in solchen Fällen auch beispielsweise ein Geh- und Fahrtrecht als inhaltsgleiche Grunddienstbarkeit sowohl im Grundbuch für das Grundstück als auch für das Erbbaurecht einzutragen. Als Belastung des Grundstücks kann das Recht jedoch erst nach Erlöschen des Erbbaurechts wirksam werden.[3] 1033

III. Inhaltsänderungen

Eine wirksame Inhaltsänderung des Erbbaurechts, die sowohl den gesetzlichen als auch den vertraglichen Inhalt betreffen kann, erfordert materiell nur eine formlose Einigung zwischen dem Erbbauberechtigten und dem Grundstückseigentümer, ist aber dem Grundbuchamt wegen § 20 GBO in der Form des § 29 GBO nachzuweisen. Dazu bedarf es noch der Eintragung im Grundbuch. Inwieweit der vorzunehmenden Eintragung im Grundbuch 1034

---

[1] BayObLG 1958, 105 = DNotZ 1958, 542 = Rpfleger 1959, 17.
[2] KG DNotZ 1992, 312 = NJW-RR 1992, 214 = Rpfleger 1991, 496.
[3] BayObLGZ 1959, 365 = DNotZ 1960, 105.

des Grundstücks oder des Erbbaurechts rechtsbegründende Eigenschaft zukommt, hängt von der jeweiligen Inhaltsänderung ab. Betrifft sie den Bestand des Erbbaurechts, wie etwa die Änderung der Erbbaurechtsdauer oder die teilweise Aufhebung bzw. Neubegründung, so ist die Eintragung im Grundbuch des Grundstücks maßgeblich. Geht es dagegen um Inhaltsänderungen im Rahmen des § 2 ErbbauRG, entscheidet dagegen die Eintragung im Erbbaugrundbuch. Welche **dinglich Berechtigten** einer Inhaltsänderung **zustimmen müssen** (§§ 876, 877 BGB; § 19 GBO), hängt davon ab, ob sie dadurch eine Beeinträchtigung erfahren. **Negative Bestandsänderungen** des Erbbaurechts, wie z.B. die nachträgliche Vereinbarung einer Verfügungsbeschränkung nach § 5 ErbbauRG, eine teilweise Aufhebung oder die Verkürzung seiner Laufzeit, erfordern die Zustimmung der am Erbbaurecht eingetragenen Drittberechtigten. **Positive Bestandsänderungen**, wie z.B. eine teilweise Neubestellung oder die Verlängerung der Laufzeit berühren sehr wohl die Rechte dinglich Berechtigter am Grundstück, stellen aber keine Beeinträchtigung der am Erbbaurecht eingetragenen dinglichen Berechtigten dar, so dass es deren Zustimmung nicht bedarf. Daher ist für die Begründung eines Gesamterbbaurechts durch Erstreckung des Erbbaurechts auf ein weiteres eigenständiges Grundstück auch keine Zustimmung der am Erbbaurecht eingetragenen dinglichen Berechtigten nötig.[1] Steht nicht eindeutig fest, welcher dinglich Berechtigte durch eine beabsichtigte Inhaltsänderung nachteilig berührt wird, ist im Zweifel stets die Zustimmung sämtlicher infrage kommender Beteiligter einzufordern.[2]

IV. Beendigung des Erbbaurechts

1035 Die Beendigung eines Erbbaurechts kann durch seine Aufhebung oder durch Zeitablauf eintreten.

1. Zeitablauf

1036 Im Regelfall endet ein zeitlich begrenztes Erbbaurecht durch Zeitablauf. Auch wenn dann das Bauwerk automatisch Bestandteil des Grundstücks (vgl. § 12 Abs. 3 ErbbauRG) und damit das Grundbuch unrichtig wird, hängt die Löschung des Erbbaurechts von gewissen Voraussetzungen ab. Hat der Eigentümer des Grundstücks dem Erbbauberechtigten eine **Entschädigung** für das Bauwerk zu leisten, den es bei Ablauf des Erbbaurechts besitzt (§ 27 Abs. 1 ErbbauRG), dann haftet für die Entschädigungsforderung neben dem Grundstückseigentümer persönlich auch das Grundstück an Stelle des Erbbaurechts und mit dessen Rang (§ 28 ErbbauRG).

1037 Diese kraft Gesetzes entstehende reallastähnliche Belastung kann auf Antrag des Erbbauberechtigten im Wege der Grundbuchberichtigung in Abteilung II im Grundbuch des Grundstücks **eingetragen** werden. Ohne Eintragung der Entschädigungsforderung des Erbbauberechtigten, wobei für die Eintragung deren Bestimmbarkeit genügt, wenn der genaue Betrag noch

[1] BayObLG DNotZ 1960, 540; OLG Neustadt DNotZ 1960, 386; Weber MittRhNotK 1965, 370.

[2] Vgl. Schöner/Stöber Rn. 1870.

nicht beziffert werden kann,[1] scheidet eine Löschung des Erbbaurechts nur auf Antrag des Grundstückseigentümers aus. Die **Entschädigungsforderung** des Erbbauberechtigten ist **kein Rückstand i.S. des § 23 Abs. 1 Satz 1 i.V.m. § 24 GBO**, weil sie allein den schuldrechtlichen Anspruch betrifft, der durch das Erlöschen des Erbbaurechts und damit auch des Erbbauzinses nicht mehr gesichert ist,[2] so dass auch keine Löschungsklausel eingetragen werden kann. Lasten bei Zeitablauf noch Grundpfandrechte oder Reallasten auf dem Erbbaurecht, denen gemäß § 29 ErbbauRG an der Entschädigungsforderung des Erbbauberechtigten ein Recht auf Befriedung entsprechend einem Pfandgläubiger zusteht,[3] so ist zur Löschung des Erbbaurechts auch deren Zustimmung erforderlich, da sie jedenfalls Betroffene i.S. des § 19 GBO sind.

Ist bei dem durch Zeitablauf erloschenen Erbbaurecht ein **Entschädigungs-** 1038
anspruch durch Vereinbarung **ausgeschlossen**, so kann es allein auf Antrag des Grundstückseigentümers oder des Erbbauberechtigten (§ 13 GBO) gelöscht werden, da das Erlöschen und damit die Unrichtigkeit sich zweifelsfrei aus dem im Grundbuch eingetragenen Endtermin des Erbbaurechts ergibt (§ 56 Abs. 2 GBV, § 22 Abs. 1 Satz 1 GBO). **Dingliche Berechtigte**, deren Rechte noch am Erbbaurecht eingetragen sind, **müssen nicht zustimmen**, weil diese Rechte mit Zeitablauf des Erbbaurechts gleichfalls erlöschen und ihnen mangels Entschädigung auch keine Ansprüche aus § 29 ErbbauRG erwachsen sein können. Ist jedoch die Bestellung des Erbbaurechts zur Befriedigung des Wohnbedürfnisses minderbemittelter Bevölkerungskreise erfolgt, kann der Entschädigungsanspruch nicht ausgeschlossen werden und muss mindestens zwei Drittel des gemeinen Werts betragen (§ 27 Abs. 2 ErbbauRG).

War dem Erbbauberechtigten ein **Vorrecht auf Erneuerung des Erbbau-** 1039
rechts eingeräumt (§ 2 Nr. 6 ErbbauRG) und wird das erloschene Erbbaurecht vor dem Ablauf von drei Jahren im Grundbuch gelöscht, so ist zur Sicherung des Vorrechts nach § 31 Abs. 4 Satz 3 ErbbauRG von Amts wegen am Grundstück im bisherigen Range des Erbbaurechts eine **Vormerkung** halbspaltig (§ 12 Abs. 1b, § 19 Abs. 1 GBV) einzutragen. Mit Erlöschen des Vorrechts nach Ablauf der Drei-Jahresfrist (§ 31 Abs. 2 ErbbauRG) wird die Vormerkung gegenstandslos und kann gelöscht werden.

2. Aufhebung

Eine Aufhebung des Erbbaurechts ist nur mit **Zustimmung des Grund-** 1040
stückseigentümers möglich, die dieser dem Grundbuchamt oder dem Erbbauberechtigten gegenüber zu erklären hat und nicht widerrufen werden kann (§ 26 ErbbauRG). Steht das Erbbaurecht dem Grundstückseigentümer zu, genügt dessen einseitige Aufgabeerklärung gegenüber dem Grundbuchamt (§ 875 Abs. 1 BGB). Ist das Erbbaurechts mit **Rechten Dritter** belastet, so bedarf es zur Aufhebung auch der **Zustimmung** dieser Berechtigten (§ 11

[1] OLG Hamm FGPrax 2007, 209 = DNotZ 2007, 750 m. Anm. Maaß = Rpfleger 2007, 541; Maaß NotBZ 2002, 389, 392 ff; Schöner/Stöber Rn. 1874. Anders noch BGB-RGRK/Räfle Rn. 1; Ingenstau/Hustedt Rn. 7 je zu § 28 ErbbauRG.

[2] Vgl. dazu die Ausführungen des BGH zu Vormerkung BGHZ 117, 390 = DNotZ 1992, 569 = NJW 1992, 1683 = Rpfleger 1992, 287; Anders OLG Celle NJW-RR 1995, 1420.

[3] Palandt/Bassenge Rn. 1 zu § 29 ErbbauRG; Schöner/Stöber Rn. 1882.

Abs. 1 Satz 1 ErbbauRG i.V.m. § 876 BGB), weil deren Rechte bei Aufhebung erlöschen. Gleichzeitig mit der Löschung des Erbbaurechts am belasteten Grundstück ist von Amts wegen das Erbbaugrundbuch zu schließen (§ 16 ErbbauRG, §§ 54, 36 GBV).

C. Erbbauzins (§§ 9, 9a ErbbauRG)

I. Begriff

1041 Der Erbbauzins ist eine **besondere Art der Reallast** und stellt eine im Regelfall vereinbarte, aber nicht zwingend vorgeschriebene Gegenleistung für die Bestellung eines Erbbaurechts dar.[1] Es handelt sich dabei um ein eigenständiges am Erbbaurecht einzutragendes subjektiv-dingliches Recht, das nur in wiederkehrenden Leistungen für die Bestellung des Erbbaurechts ausbedungen werden kann. Auf den dinglichen Erbbauzins finden nach § 9 Abs. 1 Satz 1 ErbbauRG die Vorschriften über die Reallast entsprechende Anwendung, jedoch nur insoweit, als die zwingend geltenden Vorschriften §§ 9, 9a ErbbauRG nicht eigene Regelungen treffen.

II. Berechtigung

1042 Berechtigter der Erbbauzinsreallast kann nur der **jeweilige Eigentümer des Erbbaurechts-Grundstücks** sein (§ 9 Abs. 2 Satz 4 ErbbauRG), nicht aber z.B. der jeweilige Inhaber einer bestimmten Miteigentumsanteils[2]. Auch der Anspruch des Grundstückseigentümers auf die Entrichtung der noch nicht fälliger Erbbauzinsleistungen ist wie der Erbbauzins als Stammrecht untrennbar mit dem Eigentum an dem mit dem Erbbaurecht belasteten Grundstück verbunden und nicht vom Eigentum trennbar (vgl. § 9 Abs. 2 ErbbauRG). Daher sind diese Leistungen auch nicht übertragbar, verpfändbar oder pfändbar.

III. Inhalt

1043 Die als Erbbauzins zu entrichtenden wiederkehrenden Leistungen, die sowohl Geld- (= Regel) als auch Sachleistungen sein können, werden durch **Einigung der Beteiligten** bestimmt (§ 873 Abs. 1 BGB). Mit Rückwirkung vor seiner Entstehung durch Grundbucheintragung ist der Erbbauzins als dingliches Recht nicht bestellbar.

1044 Aufgrund der nach § 9 Abs. 1 Satz 1 ErbbauRG entsprechend anwendbaren Regelung des § 1105 Abs. 1 Satz 2 BGB kann über den Erbbauzins eine **Vereinbarung** zum Zwecke seiner **Anpassung an veränderte Verhältnisse** getroffen werden, wenn die Belastung aufgrund objektiver Maßstäbe nach Zeit und Wertmaßstab bestimmbar ist. Die Bestimmung einer **Anpassungsklausel** ermöglicht insbesondere die Festlegung einer echten, automatisch wirkenden Gleitklausel[3] aber auch eine Anpassung der Erbbauzinsleistungen auf Verlan-

---

[1] BGH DNotZ 1970, 352 = NJW 1970, 944.

[2] BayObLGZ 1990, 212 = DNotZ 1991, 398 = MittBayNot 1990, 308 = Rpfleger 1990, 507.

[3] BayObLGZ 1996, 159 = DNotZ 1997, 147 = NJW 1997, 468 = Rpfleger 1996, 506.

gen des Berechtigten oder ansonsten mit Eintritt einer Bedingung. Einer (gesonderten) Erfüllung durch Inhaltsänderung mit Einigung und Eintragung (§§ 873, 877 BGB) bedarf der mit einer Anpassungsklausel vereinbarte Erbbauzins nicht.[1]

Maßgeblich für die Zulässigkeit von **Wertsicherungsklauseln** ist seit dem 14.9.2007 das Gesetz über das Verbot der Verwendung von Preisklauseln bei der Bestimmung von Geldschulden.[2] Für echte Preisklauseln (Gleitklauseln), bei denen der Geldbetrag unmittelbar und selbsttätig durch den Preis oder Wert von anderen Gütern oder Leistungen bestimmt wird, besteht zwar gemäß § 1 Abs. 1 Satz 1 PrKG ein grundsätzliches Verbot, jedoch können nach § 2 Abs. 1 i.V.m. § 4 PrKG Preisklauseln in Erbbaurechtsverträgen für Erbbauzinsreallasten mit einer Laufzeit von mindestens 30 Jahren ohne weiteres vereinbart werden. Die Vorschriften § 9a ErbbauRG, § 46 SaBerG, § 4 ErholungsnutzungsrechtsG bleiben unberührt. Liegt eine kürzere Laufzeit zugrunde, bemisst sich die Zulässigkeit einer Preisklausel (Gleitklausel) nach §§ 2, 3 PrKG. Für Leistungsvorbehaltsklauseln, Spannungsklauseln, Kostenelementeklauseln und für Klauseln, die lediglich zu einer Ermäßigung der Geldschuld führen, gilt das Verbot überhaupt nicht (§ 1 Abs. 2 PrKG). 1045

Eine **inhaltliche Prüfung** einer Preisklausel im Rahmen der Eintragung einer Erbbauzinsreallast durch das Grundbuchamt ist in der Regel **nicht** veranlasst, da nach § 8 PrKG die Unwirksamkeit einer Preisklausel grds. erst in dem Zeitpunkt eintritt, in dem gerichtlich ein Gesetzesverstoß rechtskräftig festgestellt worden ist. Nur im Falle der Vereinbarung einer früheren Unwirksamkeit ist das Grundbuchamt verpflichtet die Zulässigkeit zu prüfen, weil es das Grundbuch nach dem Legalitätsprinzip nicht bewusst unrichtig machen darf. Die Anpassung des Erbbauzinses, gleichgültig ob es sich um eine Gleitklausel handelt, die zur automatischen Erhöhung des Erbbauzinses führt oder eine sonstige Preisklausel, bei der die Erhöhung vom Verlangen des Berechtigten oder von einer sonstigen Bedingung abhängt, bedarf bei Vorliegen der vereinbarten Voraussetzungen keines weiteren Erfüllungsgeschäfts in Form einer Einigung (§§ 873, 877 BGB) und auch keiner Eintragung mehr in das Grundbuch.[3] Die eingetragene Erbbauzinsreallast wahrt insoweit den Rang für alle später stattfindenden Erhöhungen. 1046

Trotz der Möglichkeit der Vereinbarung einer Anpassungsklausel kann aber stattdessen der **Erbbauzins** auch nach Zeit und Höhe für die gesamte Erbbaurechtszeit im Voraus **fest bestimmt** werden. Die Vereinbarung einer Anpassungsverpflichtung für die Änderung des fest bestimmten Erbbauzinses durch Einigung und Eintragung (Erfüllungsgeschäft) schließt § 9 Abs. 2 ErbbauRG nicht aus, erlangt jedoch in der Praxis wenig Bedeutung. 1047

Dient das auf Grund des Erbbaurechts errichtete Bauwerk zu **Wohnzwecken** gilt auch bezüglich eines wertgesicherten Erbbauzinses weiterhin die in § 9a ErbbauRG geregelte zeitliche und betragsmäßige **Begrenzung der Anpassung.** Danach kann eine Erhöhung des Erbbauzinses nur verlangt werden, 1048

[1] BayObLG aaO.
[2] Preisklauselgesetz v 7.9.2007, – PrKG –, BGBl I S. 2246, 2247.
[3] BayObLGZ 1996, 159 = DNotZ 1997, 147(v Oefele) = Rpfleger 1996, 506; Schöner/Stöber Rn 1811; v Oefele DNotZ 1995, 643; Wilke DNotZ 1995, 654.

wenn und soweit sie nicht über die Änderung der allgemeinen wirtschaftlichen Verhältnisse hinausgeht und mindestens ein Zeitraum von drei Jahren seit Vertragsabschluss oder der jeweils letzten Erhöhung verstrichen ist. Die Änderung der allgemeinen wirtschaftlichen Verhältnisse richtet sich insoweit nach dem Durchschnittswert, der zum einen aus der prozentualen Änderung der Lebenshaltungskosten, ausgedrückt durch den Verbraucherpreisindex für Deutschland und zum anderen aus den Einkommensverhältnissen, anknüpfend an den Durchschnitt der Bruttoverdienste der männlichen und weiblichen Arbeiter und Angestellten in Industrie und Handel in der gesamten Bundesrepublik gebildet wird.

1049 Änderungen der Grundstückswertverhältnisse bleiben dagegen grundsätzlich außer Betracht mit Ausnahme in den in § 9a Abs. 1 Satz 4 ErbbauRG genannten Fällen. Demzufolge kann lediglich im Einzelfall unter Berücksichtigung aller Umstände

- eine Änderung des Grundstückswerts durch zulässigerweise bewirkte Aufwendungen des Grundstückseigentümers oder
- infolge der Vorteile, welche eine Änderung des Grundstückswertes oder die ihr zugrunde liegenden Umstände für den Erbbauberechtigten mit sich bringen,

ausnahmsweise ein über die oben genannte Grenze hinausgehender Erhöhungsanspruch zuzubilligen sein.

IV. Weitergehender Inhalt

1050 Als Inhalt des Erbbauzinses kann ferner vereinbart werden, dass

- die Erbbauzins-Reallast bei Zwangsversteigerung des Erbbaurechts, abweichend von § 52 Abs. 1 ZVG mit ihrem Hauptanspruch **bestehen bleibt,** wenn der Grundstückseigentümer aus dem Recht selbst oder der Inhaber eines im Range vorgehenden oder gleichstehenden dinglichen Rechtes die Zwangsversteigerung betreibt (§ 9 Abs. 3 Nr. 1 ErbbauRG). Auch für den Fall, dass der Inhaber von in § 10 Abs. 1 Nr. 2 ZVG bevorrechtigt genannten Ansprüchen auf Zahlung des **Wohngeldes** die Zwangsversteigerung des dafür haftenden Wohnungs- oder Teilerbbaurechts betreibt, kann das Fortbestehen des Rechtes vereinbart werden. Die Bestimmung des § 52 Abs. 2 Satz 2 Ziff. a) ZVG stellt im Übrigen das der Vereinbarung entsprechende Bestehenbleiben des Erbbauzinses für die vorgenannten Fälle sicher.[1] **Keinen Schutz** gewährt jedoch die Regelung des § 9 Abs. 3 Nr. 1 ErbbauRG, wenn die Zwangsversteigerung aus einem nicht im Grundbuch eingetragenen Anspruch der Rangklassen des § 10 Abs. 1 Nr. 1 oder 3 ZVG betrieben wird. Ebenfalls kein Schutz besteht bei einer **Zwangsversteigerung auf Antrag des Insolvenzverwalters,** wenn diesem Ansprüche auf Kostenersatz für die Feststellung beweglicher Gegenstände nach § 10 Abs. 1 Nr. 1a ZVG zustehen, weil in einem solchen Fall der Insolvenzverwalter nach § 174a ZVG ein abweichendes geringstes Gebot verlangen kann, in dem nur die der Rangklasse Nr. 1a vorgehenden Ansprüche zu berücksichtigen sind.

---

[1] Zur Behandlung dieser Erbbauzinsreallast in der Zwangsversteigerung s. Stöber Rpfleger 1996, 136.

- der jeweilige Erbbauberechtigte dem jeweiligen Inhaber der Erbbauzins-Reallast gegenüber berechtigt ist, das Erbbaurecht in einem bestimmten Umfang mit einer der Reallast im Rang vorgehenden Grundschuld, Hypothek oder Rentenschuld im Erbbaugrundbuch zu belasten (§ 9 Abs. 3 Nr. 2 ErbbauRG). Auf diese Weise ist es möglich dem Erbbauberechtigten den Platz für eine vorrangige Finanzierung vorzubehalten. Zudem soll der Grundstückseigentümer bei Erlöschen eines seinem Erbbauzins vorgehenden Rechts im Falle der Zwangsversteigerung keine bessere Rangstelle erlangen als vor der Zwangsversteigerung. Für diesen zum Inhalt der Erbbauzinsreallast gehörenden **Rangvorbehalt** gilt das für den (eigenständigen) Rangvorbehalt des § 881 BGB Gesagte entsprechend (s. Rn. 885 ff).

Die Inhaltsvereinbarungen für die Wertsicherung sowie das Bestehenbleiben 1051
und der Rangvorbehalt bei der Erstbestellung des Erbbauzinses bedürfen keiner Gläubigerzustimmung, da bei der Neubegründung des Erbbaurechts Rechte „betroffener“ Gläubiger noch nicht vorhanden sein können.

V. Abänderungen

Wird nachträglich die Anpassung des Erbbauzinses vereinbart und soll 1052
dies in Grundbuch eingetragen werden, so erfordert dies die Zustimmung der Inhaber gleich- oder nachrangigen Rechte am Erbbaurecht (§ 9 Abs. 2 Satz 3 ErbbauRG).[1] Eine nachträgliche Inhaltsvereinbarung nach § 9 Abs. 3 ErbbauRG (Bestehenbleiben bei Zwangsversteigerung, Rangvorbehalt) bedarf dagegen der Zustimmung der Inhaber aller der Erbbauzinsreallast im Rang vorgehenden oder gleichstehenden, nicht aber auch der nachrangigen Rechte (§ 9 Abs. 3 Satz 2 ErbbauRG).

VI. Grundbucheintragung

Eingetragen wird der Erbbauzins auf Antrag (§ 13 Abs. 1 GBO) unter Vor- 1053
lage einer der Form des § 29 GBO entsprechenden Bewilligung des Erbbauberechtigten in Abt. II des Erbbaugrundbuchs (§ 14 Abs. 3 Satz 1 ErbbauRG; § 57 Abs. 2 mit § 10 GBV). Bezeichnet wird das Recht bei Eintragung als „Erbbauzins“. Hinsichtlich des näheren Inhalts des Rechts kann auf die Eintragungsbewilligung Bezug genommen werden. Das gilt wohl auch für den nach § 9 Abs. 3 ErbbauRG vereinbarten Inhalt. Gleichwohl empfiehlt es sich aus Gründen der Rechtssicherheit eine Inhaltskennzeichnung wie nachfolgend dargestellt unmittelbar im Grundbuch vorzunehmen.

Eintragungsbeispiel:

Erbbauzins von sechsunddreißigtausend Euro jährlich, wertgesichert, für den jeweiligen Eigentümer des Grundstücks von BVNr. 1 in … Blatt … Das Recht bleibt mit seinem Hauptanspruch bestehen, wenn der Grundstückseigentümer oder der Gläubiger eines im Range vorgehenden oder gleichrangigen Rechts die Zwangsversteigerung betreibt. Vorbehalten ist ferner der Vorrang vor dem Recht für Grundschulden oder Hypotheken bis zur Höhe von … Euro nebst Zinsen bis … % jährlich und einer einmaligen Nebenleistung bis zu … %. Gemäß Bewilligung vom … (URNr …/Notar …)eingetragen am …

---

[1] BayObLGZ 1996, 159, 164 = aaO.

1054 Eine Unterwerfung unter die Zwangsvollstreckung mit Wirkung gegen den jeweiligen Erbbauberechtigten (§ 800 ZPO) ist beim Erbbauzins (wie bei der Reallast, Rn. 793) nicht möglich und nicht eintragbar.[1]

D. Vormerkung auf Erbbauzinserhöhung

I. Voraussetzung

1055 Ist der **Erbbauzins** im Voraus **fest bestimmt**, können ungeachtet dessen schuldrechtliche Vereinbarungen dahingehend getroffen werden, dass unter gewissen Voraussetzungen der Erbbauberechtigte zu weiteren Zahlungen und der diesbezüglichen dinglichen Sicherung verpflichtet ist. Derartige **künftige Ansprüche** sind, wie sich aus § 9a Abs. 3 ErbbauRG entnehmen lässt, **vormerkungsfähig**, wenn sie nach Inhalt und Gegenstand genügend bestimmt oder zumindest bestimmbar sind. Eine dementsprechend eingetragene Vormerkung sichert alle künftig eintretenden Erhöhungen des Erbbauzinses und kann jeweils mit deren Eintritt **stufenweise** in eine Erbbauzinsreallast **umgeschrieben** werden, wobei der erhöhte Erbbauzins den Rang der Vormerkung erhält (§ 883 Abs. 3 BGB). Ein Rangrücktritt der nachrangig eingetragenen Rechte ist dazu nicht erforderlich. Durch die Vormerkung sind auch versteigerungsfeste Vereinbarungen nach § 9 Abs. 3 Satz 1 ErbbauRG sicherbar. Bei Bestellung eines Eigentümer-Erbbaurechts kann eine schuldrechtliche Verpflichtung auf Anpassung des Erbbauzinses infolge Personengleichheit, weil es an einem Gläubiger- Schuldnerverhältnis mangelt, nicht rechtswirksam begründet[2] und darum auch nicht dinglich abgesichert werden.

II. Grundbucheintragung

1056 Die Eintragung der Vormerkung erfordert neben einem Antrag nach § 13 Abs. 1 GBO eine Bewilligung des Erbbauberechtigten (§ 19 GBO) in der Form des § 29 GBO. Einzutragen ist die Vormerkung in Abt. II des Erbbaugrundbuchs und zwar nach § 12 Abs. 1 b) i.V.m. § 19 Abs. 1 GBV in der **linken Hälfte** der Hauptspalte. Die rechte Hälfte ist für die (stufenweise) Umschreibung in eine Erbbauzinsreallast freizulassen.

Eintragungsbeispiel

Vormerkung zur Sicherung des Anspruchs auf Eintragung eines erhöhten Erbbauzinses für den jeweiligen Eigentümer von BVNr. 1 in Blatt … Unter Bezugnahme auf die Eintragungsbewilligung vom … (URNr. …/Notar …) eingetragen am …

E. Bekanntmachungen

1057 **Besondere Bekanntmachungspflichten** des Grundbuchamts ergeben sich aus § 17 ErbbauRG für im Grundbuch vorzunehmende Eintragungen. So soll jede Eintragung in das Erbbaugrundbuch auch dem Grundstückeigentümer

[1] BayObLGZ 1959, 83 = DNotZ 1959, 402 = Rpfleger 1960, 287 (Haegele); Schöner/Stöber Rn 1807.

[2] BGH MittBayNot 1982, 127 = NJW 1982, 2381 = Rpfleger 1982, 143.

und die Eintragung von Verfügungsbeschränkungen des Erbbauberechtigten den im Erbbaugrundbuch eingetragenen (dinglichen) Berechtigten bekanntgemacht werden (§ 17 Abs. 1 Satz 1 ErbbauRG). Des Weiteren soll dem Erbbauberechtigten die Eintragung eines Grundstückseigentümers, die Eintragung von Verfügungsbeschränkungen des Grundstückseigentümers sowie die Eintragung eines Widerspruchs gegen die Eintragung des Eigentümers in das Grundbuch des Grundstücks mitgeteilt werden (§ 17 Abs. 2 ErbbauRG).

§ 42. Wohnungs- und Teileigentum

A. Begründung von Wohnungs- und Teileigentum

I. Rechtsnatur, Begriffsbestimmungen

1. Das Wohnungs- wie auch das Teileigentum (§ 1 Abs. 2 WEG) sind 1058 (echtes) Eigentum i.S.d. § 903 BGB[1] mit der Besonderheit, dass das ausschließliche Eigentum an bestimmten Räumen mit einem Miteigentumsanteil am Grundstück und dem als wesentlichen Bestandteil dazugehörigen Gebäude verbunden ist.[2]

Insoweit handelt es sich um zusammengesetztes Eigentum, dessen notwendige und untrennbare Komponenten (vgl. § 6 WEG),
- der aus einem bestimmten Bruchteil bestehende **Miteigentumsanteil an dem gemeinschaftlichen Eigentum** (§§ 1008 ff BGB) und
- dem **Sondereigentum** (= Alleineigentum) an einer Wohnung oder an sonstigen Räumlichkeiten (Büro, Laden, Garage, Werkstatt usw.) sind.

Wohnungs- und Teileigentum unterscheiden sich nur in der Ausgestaltung und Zweckbestimmung der im Sondereigentum stehenden Räume,[3] die beim Teileigentum nicht zum Wohnen dienen sollen (§ 1 Abs. 3 WEG). Für das Teileigentum gelten die Vorschriften über das Wohnungseigentum entsprechend (§ 1 Abs. 6 WEG). Es wird daher nachfolgend, sofern nicht ausnahmsweise etwas anderes gilt, nicht mehr gesondert bezeichnet. Zulässig ist jedoch auch eine **Mischform**, dergestalt, dass mit einem Miteigentumsanteil zugleich das Sondereigentum an einer Wohnung und an nicht zu Wohnzwecken dienenden Räumen verbunden wird.[4]

2. Als Eigentumsform weist das Wohnungseigentum mit dem Bereich des 1059 Sondereigentums an Räumen eines Gebäudes eine Besonderheit gegenüber §§ 93 und 94 BGB auf, wonach Grundstück und Gebäude eine rechtliche Einheit bilden (s. auch § 946 BGB). Als (echtes) Eigentum ist ein Wohnungseigentum wie ein Grundstück veräußerlich, belastbar (siehe jedoch Rn. 1087 ff) und vererblich.

---

[1] BGHZ 49, 250, 251 = DNotZ 1968, 417 = Rpfleger 1968, 114.

[2] BGHZ 49, 250 aaO; BGHZ 91, 343 = DNotZ 1984, 694 = NJW 1984, 2409 = Rpfleger 1984, 409; OLG Köln OLGZ 1984, 294, 295 = Rpfleger 1984, 268.

[3] BayObLGZ 1973, 1, 8 = Rpfleger 1973, 139; OLG Düsseldorf Rpfleger 1976, 215.

[4] BayObLGZ 1960, 231 = DNotZ 1960, 596 = Rpfleger 1961, 400.

1060 3. Der Wohnungseigentümer ist **Miteigentümer** zu einem ideellen Anteil an den im gemeinschaftlichen Eigentum stehenden Gegenständen (§ 1 Abs. 5 WEG) und **Alleineigentümer** seines Sondereigentums. Gleichzeitig mit dem dinglich wirksamen Erwerb eines Wohnungseigentums erlangt der Wohnungseigentümer die Mitgliedschaft an der Wohnungseigentümergemeinschaft, die er automatisch mit der wirksamen Veräußerung wieder verliert. Das Gemeinschaftsverhältnis der Wohnungseigentümer untereinander ist eigenständig geregelt in den §§ 10 ff WEG. Die **Gemeinschaft** der Wohnungseigentümer ist als Personenverband **rechtsfähig**, soweit sie bei der Verwaltung des gemeinschaftlichen Eigentums am Rechtsverkehr teilnimmt.[1] Sie hat als Bezeichnung den Namen „Wohnungseigentümergemeinschaft" gefolgt von der bestimmten Angabe des gemeinschaftlichen Grundstücks zu führen (§ 10 Abs. 6 Satz 4 WEG). Die Wohnungseigentümergemeinschaft kann gegenüber Dritten und den Wohnungseigentümern selbst Rechte erwerben und Pflichten eingehen und ist selbst Inhaberin der als Gemeinschaft gesetzliche begründeten und rechtsgeschäftlich erworbenen Rechte und Pflichten (§ 10 Abs. 6 Satz 1 WEG). Auch gehört ihr und nicht den einzelnen Wohnungseigentümern das Verwaltungsvermögen (§ 10 Abs. 7 WEG).

1061 4. Als Sonderform des Eigentums kann das Wohnungseigentum, d.h. jede einzelne WE-Einheit – wie ein Grundstück – auch **mehreren Personen** als gemeinschaftliches Eigentum zustehen

- nach Bruchteilen (§ 1008 BGB); das Rechtsverhältnis dieser Gemeinschafter regeln §§ 741–758 BGB,
- zur gesamten Hand, so in Güter- oder Erbengemeinschaft.

Die Anteile der Miteigentümer in Bruchteilen oder das für die Gemeinschaft maßgebende Rechtsverhältnis sind nach § 47 Abs. 1 GBO im Grundbuch (in Abt I Spalte 2, § 9 Buchst b GBV mit § 1 WGV) zu bezeichnen.

II. Abgrenzungskriterien für Gemeinschafts- und Sondereigentum

1062 1. **Gemeinschaftliches Eigentum** sind das Grundstück sowie die Teile, Anlagen und Einrichtungen des Gebäudes, die nicht im Sondereigentum und auch nicht im Eigentum eines Dritten stehen (§ 1 Abs. 5 WEG).

Beispiele: Hausmeisterwohnung, Bodenräume, Fahrradkeller, Waschküche.

Ferner Gebäudeteile, die für dessen Bestand oder Sicherheit erforderlich sind.

Beispiele: Außenmauern, tragende Mauern, Dach, Haustüre, Schornstein,

sowie Anlagen und Einrichtungen, die dem gemeinschaftlichen Gebrauch der Wohnungseigentümer dienen.

Beispiele: Treppen im Treppenhaus, Aufzug, Heizungsanlage nur zur Versorgung der Raumeinheiten des Gebäudes,[2] Trockenraum, Fahrradabstellraum.

Gegenstand eines Sondereigentums können sie nicht sein (§ 5 Abs. 2 WEG).

---

[1] BGHZ 163, 154 = DNotZ 2005, 776 = NJW 2005, 2061 = Rpfleger 2005, 521–.
[2] BGHZ 73, 302 = NJW 1979, 2391= Rpfleger 1979, 255.

Darüber hinaus können die Wohnungseigentümer vereinbaren und der teilende Eigentümer kann demgemäß bestimmen (§ 8 Abs. 2 WEG), dass Gebäudebestandteile, die Gegenstand des Sondereigentums sein können, zum gemeinschaftlichen Eigentum gehören (§ 5 Abs. 3 WEG).

Beispiele: Keller- oder Speicherräume, nichttragende Zwischenwände innerhalb einer zu Sondereigentum erklärten Wohnung.

2. Als **Gegenstand dem Sondereigentum zugehörig** sind die nach § 3 Abs. 1 oder § 8 WEG dazu bestimmten in sich abgeschlossenen Räumlichkeiten sowie die dazu gehörenden Gebäudebestandteile, die verändert, beseitigt oder eingefügt werden können, ohne dass dadurch das gemeinschaftliche Eigentum oder ein auf Sondereigentum beruhendes Recht eines anderen Wohnungseigentümers beeinträchtigt (zulässiges Maß einer Beeinträchtigung jedoch im Rahmen des § 14 WEG) oder die äußere Gestaltung des Gebäudes verändert wird (§ 5 Abs. 1 WEG). **1063**

Beispiele: Nichttragende Zwischenwände, Innentüren, Bodenbelag in den Zimmern, Einbauschränke, Badeeinrichtung.

Abgeschlossene **Keller- und Speicherräume** können trotz räumlicher Trennung zum Sondereigentum einer Wohnung gehören, wenn sie nicht ein selbständiges Teileigentum bilden, also mit einem eigenen Miteigentumsanteil am Grundstück nebst Gebäude verbunden sind.[1] Zulässig ist es auch, mehrere zum Sondereigentum erklärten Wohnungen oder nicht zu Wohnzwecken dienende Räumlichkeiten mit einem Miteigentumsanteil zu verbinden. Dies setzt voraus, dass die mehreren Wohnungen oder sonstigen Räumlichkeiten gegenüber dem Gemeinschaftseigentum und dem Sondereigentum der anderen Wohnungseigentümer abgegrenzt und jeweils vom gemeinschaftlichen Eigentum aus zugänglich sind. Nicht erforderlich ist dagegen, dass die mehreren Wohnungen oder sonstigen Räumlichkeiten auch insgesamt in sich abgeschlossen sind.[2] **1064**

Garagenstellplätze in Gebäuden sind sondereigentumsfähig, wenn sie durch dauerhafte Markierung vom Gemeinschaftseigentum und anderem Sondereigentum abgegrenzt sind (§ 3 Abs. 2 Satz 2, § 8 Abs. 2 WEG). Zum Sondereigentum erklärt werden können auch dauerhaft markierte Kfz-Stellplätze, die sich auf dem nicht überdachten Oberdeck eines Gebäudes befinden,[3] **Nicht** sondereigentumsfähig sind dagegen **Abstellplätze im Freien**, denen die für die Bildung von Sondereigentum zwingend gebotene Raumeigenschaft fehlt.[4] Daran ändert sich auch nichts, wenn die Abstellplätze mit vier Eckpfosten und einer Überdachung versehen sind.[5] **1065**

---

[1] BayObLG DNotZ 1981, 123; 1981, 565; MDR 1981, 145; KEHE/Herrmann Einl. E 30.

[2] BayObLGZ 1971, 102 = DNotZ 1971, 473; LG Aachen MittRhNotK 1983, 156.

[3] OLG Frankfurt DNotZ 1977, 635 = Rpfleger 1977, 312; OLG Hamm DNotZ 1999, 216 = Rpfleger 1998, 241; OLG Köln DNotZ 1984, 700 = Rpfleger 1984, 464; Schöner/Stöber Rn 2835.

[4] OLG Hamm DNotZ 1975, 108 = NJW 1975, 60 = Rpfleger 1975, 27; OLG Frankfurt Rpfleger 1978, 380.

[5] BayObLGZ 1986, 29 = NJW-RR 1986, 761 = Rpfleger 1986, 217.

III. Inhalt des Sondereigentums

1066 Zum **Inhalt des Sondereigentums** können die Wohnungseigentümer bzw. der teilende Eigentümer, § 8 Abs. 2 WEG) überdies **Vereinbarungen** über ihr **Verhältnis untereinander** (zu diesem §§ 10–19 WEG) bestimmen (§ 5 Abs. 4 WEG). Solche Vereinbarungen wirken gegen den Sondernachfolger eines Wohnungseigentümers nur, wenn sie als Inhalt des Sondereigentums im Grundbuch eingetragen, damit verdinglicht sind (§ 10 Abs. 3 WEG). Möglich sind z.B. Vereinbarungen einer Veräußerungsbeschränkung (§ 12 WEG), Regelung des Gebrauchs des gemeinschaftlichen Eigentums und auch des Sondereigentums (§ 15 Abs. 1 WEG) sowie eine Vereinbarung über die Verpflichtung, anteilig Lasten des gemeinschaftlichen Eigentums sowie die Kosten der Instandhaltung, Instandsetzung, Verwaltung und eines gemeinschaftlichen Gebrauchs des gemeinschaftlichen Eigentums zu tragen (§ 16 Abs. 2 WEG als dispositive Vorschrift).

1067 1. Die **Veräußerung** eines Wohnungseigentums kann von der Zustimmung anderer Wohnungseigentümer oder eines Dritten (z.B. Verwalter) abhängig gemacht werden. Das Zustimmungserfordernis gemäß § 12 WEG erfasst dabei, falls es ohne nähere Einschränkung vereinbart ist, auch die nur teilweise Veräußerung des Wohnungseigentums in Form eines ideellen Miteigentumsanteils und die Veräußerung an einen Erwerber, der bereits Mitglied der Wohnungseigentümergemeinschaft ist.[1] Von der grundsätzlich umfassenden Veräußerungsbeschränkung können jedoch **Einzelfälle** wieder **ausgenommen** werden wie z.B. die Erstveräußerung,[2] die Veräußerung an Verwandte in gerader Linie, durch den Insolvenzverwalter oder im Wege der Zwangsvollstreckung[3]. **Nicht erfasst** von einer Veräußerungsbeschränkung werden alle Fälle der Gesamtrechtsnachfolge durch Erbfolge, Anwachsung bei Gesamthandsgemeinschaften, Verschmelzung, Vereinbarung von Gütergemeinschaft sowie der Gesellschafterwechsel bei einer GbR[4] und die Verfügung eines Miterben über seinen Erbanteil, selbst wenn dieser nur aus einem Wohnungseigentum bestehen sollte.[5] Auch formwechselnde Umwandlungen von Personengesellschaft oder Umwandlungen nach dem UmwG unterliegen nicht der Veräußerungsbeschränkung. Ist eine nach dem Inhalt des Sondereigentums erforderliche Verwalterzustimmung zur Veräußerung des Wohnungseigentums erteilt und diese im Grundbuch vollzogen worden, so bedarf die Eigentumsübertragung zur Rückabwicklung des Kaufvertrags nach wirksamer Anfechtung bzw. auf Grund Rücktritts oder Geltendmachung des großen Schadenersatzes keiner erneuten Zustimmung.[6] **Ausgeschlossen** ist die Vereinbarung einer **Belastungsbeschränkung**. Jedoch wird es als zulässig erachtet, die Belastung eines Wohnungseigentums mit einem Dauerwohnrecht (§ 31 WEG) oder ei-

---

[1] KG MDR 2011, 718 = ZWE 2011, 220.

[2] Vgl BGHZ 113, 374 = DNotZ 1991, 888 = NJW 1991, 1613 = Rpfleger 1991, 246; BayObLG NJW-RR 1987, 270.

[3] Vgl Schöner/Stöber Rn 2896; KEHE/Herrmann Einl. E 68.

[4] OLG Celle NJW-RR 2011, 166 = NotBZ 2011, 294 = ZfIR 2011, 341.

[5] OLG Hamm DNotZ 1980, 29 = Rpfleger 1979, 461.

[6] OLG Hamm DNotZ 2011, 129 = NJW-RR 2011, 232 = RNotZ 2010, 580.

nem Wohnungsrecht nach § 1093 BGB über § 12 WEG einzuschränken, weil die Berechtigten eine eigentümerähnliche Stellung erlangen.[1] Gleiches gilt bei Belastung des Wohnungseigentums mit einem Nießbrauch.[2] Nicht möglich ist es, die Veräußerung eines Wohnungseigentums von der Zustimmung eines Grundpfandrechtsgläubigers abhängig zu machen, weil insoweit § 1036 BGB entgegensteht.[3]

2. Sowohl über den **Gebrauch** des **Gemeinschaftseigentum** als auch den des **Sondereigentums** können Vereinbarungen getroffen und als Inhalt des Sondereigentums verdinglicht werden (§ 10 Abs. 3, § 15 Abs. 1 WEG). Was den **Gebrauch des gemeinschaftlichen Eigentums** anbelangt, können z.B. Regelungen über die Benutzung eines Fahrradabstellraumes, eines Trockenraumes oder sonstiger Räume und Freiflächen getroffen werden. Auch die Festlegung einer turnusmäßigen Nutzung, wie die Belegung der Waschküche, ist zulässig. Ferner können **Sondernutzungsrechte** für einzelne Wohnungseigentümer unter Ausschluss der übrigen begründet werden (zu diesen s. Rn. 1085 f). Zulässige **Vereinbarungen über den Gebrauch des Sondereigentums** sind z.B die Bindung der Vermietung an die Zustimmung des Verwalters oder anderer Eigentümer,[4] der teilweise Ausschluss oder das gänzliche Verbot gewerblicher Nutzung, die Einschränkung wie auch ein generelles Verbot der Haustierhaltung[5] und die Erlaubnis nur zu bestimmter Zeiten zu musizieren.[6] **1068**

3. Grundsätzlich haben die Wohnungseigentümer die **Kosten und Lasten des gemeinschaftlichen Eigentums** nach dem Verhältnis ihrer Miteigentumsbruchteile zu tragen (§ 16 Abs. 2 WEG). **Abweichend** davon kann jedoch vereinbart werden, dass diese **nach Kopfteilen** oder entsprechend der **Größe der Wohnungen aufzuteilen** sind.[7] Bestimmt werden kann ferner, dass gewisse Kosten, wie z.B. die für die Instandhaltung, Reinigung und Beleuchtung einer Tiefgarage, die nur von einem Teil der Wohnungseigentümer genutzt wird, auch nur von diesen Eigentümern zu tragen sind. In Abweichung von der gesetzlichen Folge ist im Weiteren vereinbar und als Inhalt des Sondereigentums eintragbar, dass der Sonderrechtsnachfolger eines Wohnungseigentümers für rückständige Zahlungsverpflichtungen, insbesondere Wohngeldrückstände, die im Eigentum seines Vorgängers entstanden sind, haftet,[8] selbst dann, wenn der Vorgänger der nach § 8 WEG teilende Eigentümer **1069**

---

[1] BGHZ 37, 206 = DNotZ 1963, 180 = NJW 1962, 1613 = Rpfleger 1962, 373; BGHZ 49, 250 = NJW 1968, 499 = Rpfleger 1968.

[2] LG Augsburg MittBayNot 1999, 381 = Rpfleger 1999, 125.

[3] Vgl. Schöner/Stöber Rn 2898.

[4] BGHZ 37, 203 = DNotZ 1963, 180 = NJW 1962, 1613 = Rpfleger 1962, 373; BayObLGZ 1962, 16 = DNotZ 1962, 314 = Rpfleger 1962, 137.

[5] Vgl. BGHZ 129, 329 = FGPrax 1995, 147 = NJW 1995, 2036; KG NJW 1956, 1679; BayObLGZ 1972, 90; OLG Frankfurt Rpfleger 1978, 414; OLG Stuttgart Rpfleger 1982, 220; BayObLGZ 1995, 42 = FGPrax 1995, 18.

[6] OLG Hamm NJW 1981, 465 = Rpfleger 1981, 149.

[7] Zur Berücksichtigung der Flächen von Balkonen, Loggien und Dachterrassen in diesen Fällen vgl. BayObLGZ 1996, 58 = DNotZ 1996, 669 = NJW 1996, 2106.

[8] BGH DNotZ 1995, 42 = NJW 1994, 2950 = Rpfleger 1994, 498; OLG Braunschweig MDR 1977, 230; OLG Köln MittBayNot 1979, 19 = MittRhNotK 1978, 154 = OLGZ 1978, 151; OLG Düsseldorf DNotZ 1973, 552; KG OLGZ 1977, 166.

ist.[1] Nicht eintragungsfähig, da § 56 Abs. 2 ZVG entgegen steht, ist die Bestimmung, dass auch der Ersteher eines im Wege der Zwangsversteigerung erworbenen Wohnungseigentums für Zahlungsrückstände des vormaligen Eigentümers und Vollstreckungsschuldners haften soll.[2]

IV. Begründungsvoraussetzungen

1070 1. Wohnungseigentum kann begründet werden (§ 2 WEG)

- durch **vertragliche Einräumung** von Sondereigentum durch die Miteigentümer eines Grundstücks (§ 1008 BGB) nach § 3 WEG. Das Miteigentum an einem Grundstück kann danach durch Vertrag der Miteigentümer in der Weise beschränkt werden, dass jedem Miteigentümer abweichend von § 93 BGB das Sondereigentum an einer Wohnung oder an nicht zu Wohnzwecken dienenden bestimmten Räumen in einem auf dem Grundstück bereits errichteten Altbau oder erst noch zu errichtenden Gebäude eingeräumt wird (§ 3 Abs. 1 WEG). Die Einräumung durch Vertrag setzt aber voraus, dass an dem Grundstück bereits Miteigentum nach Bruchteilen besteht oder gleichzeitig geschaffen wird.
- durch **Teilung** (§ 8 WEG). Das Eigentum an einem Grundstück, auch Gesamthandseigentum (z.B. einer Erbengemeinschaft oder ehelichen Gütergemeinschaft) Bruchteilsgemeinschaft,[3]) kann danach durch Erklärung des einzelnen Eigentümers oder der mehreren Eigentümer gegenüber dem Grundbuchamt in Miteigentumsanteile in der Weise geteilt werden, dass mit jedem Anteil das Sondereigentum an einer bestimmten Wohnung oder an nicht zu Wohnzwecken dienenden bestimmten Räumen in einem auf dem Grundstück bereits errichteten oder erst noch zu errichtenden Gebäude verbunden wird (§ 8 Abs. 1 WEG). Insoweit handelt es sich um eine sog. Vorratsteilung; sie ist der typische Fall bei Teilung durch einen Bauträger. Das bisherige Grundstückseigentum, mithin auch das Eigentum mehrerer Personen (Gesamthandseigentum, Eigentum der Bruchteilsgemeinschaft) setzt sich an den mit Teilung geschaffenen einzelnen Wohnungseigentumseinheiten fort.[4]

1071 Ein bestimmtes **Größenverhältnis** zwischen Miteigentumsanteil und dem damit verbundenen Sondereigentum ist gesetzlich **nicht vorgeschrieben.** Sie müssen sich daher nicht wertmäßig entsprechen,[5] obwohl dies durchaus sinnvoll und zweckmäßig sein dürfte, weil sich die Lastentragungspflicht eines Wohnungseigentümers bezüglich des gemeinschaftlichen Eigentums im Regelfall nach den Miteigentumsanteilen richtet (§ 16 Abs. 2 WEG), sofern nicht eine abweichende Vereinbarung getroffen wird.

---

[1] OLG Düsseldorf NJW-RR 1997, 906; OLG Frankfurt Rpfleger 1980, 349.

[2] BGHZ 99, 358 = DNotZ 1988, 27 = NJW 1987, 1638 = Rpfleger 1987, 208; OLG Hamm NJW-RR 1996, 911.

[3] BayObLGZ 1969, 82 = DNotZ 1969, 292 = Rpfleger 1969, 165.

[4] BayObLG 1969, 82 aaO.

[5] BGH DNotZ 1976, 741 = NJW 1976, 1976 = Rpfleger 1976, 352; BGH DNotZ 1987, 208 = NJW 1986, 2759 = Rpfleger 1986, 430; BGH NJW 1995, 2851; BayObLG Rpfleger 1982, 418; BayObLGZ 1985, 47, 50; OLG Frankfurt Rpfleger 1976, 741.

Ein **Gebäude** i.S. von § 3 Abs. 1 und § 8 Abs. 1 WEG ist jede Baulichkeit, die einer Nutzung zugängliche Räumlichkeiten enthält. Das kann auch sein eine sog. Mehrhaus-Wohnanlage,[1] ein Doppelhaus oder eine Reihenhausanlage,[2] sowie eine Garagenanlage oder ein Fabrikhalle u. dergleichen. Zwingende Voraussetzung für die Begründung von Wohnungseigentum ist zudem, dass das Gebäude wesentlicher Bestandteil des aufzuteilenden Grundstücks ist (§ 94 BGB). Im Falle eines **Überbaus** muss die Duldungspflicht des Nachbarn (§ 912 Abs. 1 BGB) durch Erklärung in der Form des § 29 GBO nachgewiesen werden. Diese entfällt, wenn der Bestand des Überbaus durch eine Grunddienstbarkeit (§ 95 Abs. 1 Satz 2 BGB) abgesichert ist,[3] die zum Schutz gegen ein Erlöschen als Folge des § 44 Abs. 1 ZVG für den Fall einer Zwangsversteigerung grundsätzlich an erster Rangstelle im Grundbuch eingetragen sein sollte.[4] 1072

2. **Sondereigentum** soll (= kann) stets nur gebildet werden, wenn die Wohnungen oder sonstigen Räume in sich **abgeschlossen** sind (§ 3 Abs. 2 Satz 1 mit § 8 Abs. 2 WEG). Der zu einer Wohnung gehörende Balkon (eine Loggia), der (verschließbare) Keller und ebenso eine Dachterrasse sind mit dieser Maßgabe sondereigentumsfähig. Für **Garagenstellplätze** in einem Gebäude gilt als Besonderheit (damit nicht für Stellplätze im Freien, da eine Raumeigenschaft nach § 1 Abs. 1 und 3 WEG nicht fingiert wird), dass sie als geschlossene Räume gelten, wenn ihre Flächen durch dauerhafte Markierungen ersichtlich sind (§ 3 Abs. 2 Satz 2 WEG). 1073

3. Wohnungseigentum kann nur an **einem Grundstück** in Rechtssinn (Rn. 184) gebildet werden (§ 1 Abs. 4 WEG). Aus mehreren Grundstücken muss daher zunächst durch Vereinigung (§ 890 Abs. 1 BGB) oder Bestandteilszuschreibung (§ 890 Abs. 2 BGB) ein Grundstück gebildet werden. Eine Buchung auf einem gemeinschaftlichen Grundbuchblatt (§ 4 Abs. 1 GBO) allein genügt nicht. 1074

4. Die **Vertragliche Einräumung** von Sondereigentum (§ 3 WEG) erfordert eine Einigung aller Miteigentümer des Grundstücks über den Eintritt der Rechtsänderung und die Eintragung in das Grundbuch (§ 4 Abs. 1 WEG). Diese Einigung bedarf der für die Auflassung vorgeschriebenen Form (§ 4 Abs. 2 Satz 1 WEG), muss somit bei gleichzeitiger Anwesenheit aller Grundstückseigentümer vor einem Notar erklärt werden (§ 925 BGB). Die **Teilung** des Eigentums nach § 8 WEG erfordert dagegen nur eine an das Grundbuchamt gerichteten Erklärung welche die Eintragungsbewilligung (§ 19 GBO) enthält und der Form des § 29 Abs. 1 GBO entspricht. 1075

5. Die **Zustimmung Dritter** ist bei vertraglicher Einräumung (§ 3 mit § 4 Abs. 1 WEG) nach **§ 877 mit § 876 BGB** erforderlich, wenn ein Miteigentumsanteil einzeln (selbständig) belastet ist (Inhaltsänderung infolge Änderung des belasteten Gegenstands). Eine Belastung des gesamten Grundstücks 1076

[1] BayObLGZ 1961, 322 = Rpfleger 1962, 61.

[2] BGHZ 50, 56 = DNotZ 1968, 420 = Rpfleger 1968, 181.

[3] OLG Stuttgart DNotZ 1983, 444 = Rpfleger, 1982, 375; OLG Hamm MittRhNotK 1984, 14 = OLGZ 1984, 54 = Rpfleger 1984, 98; *Schöner/Stöber* Rn 2817.

[4] Vgl zum Grenzüberbau im Einzelnen: Demharter Rpfleger 1983, 133 und Ludwig DNotZ 1983, 411.

setzt sich dagegen an den WE-Einheiten fort mit der Folge, dass ein Grundpfandrecht zum Gesamtrecht nach § 1132 Abs. 1 BGB wird. Daran ändert sich auch nichts, wenn zugleich mit der Begründung eine Veräußerungsbeschränkung nach § 12 WEG getroffen wird, da der Gläubiger hierdurch nicht gehindert ist weiterhin das gesamte Grundstück versteigern zu lassen (vgl. § 63 ZVG), und deshalb keine Beeinträchtigung erfährt.[1]

1077 Für die Aufteilung nach § 8 WEG ist eine Zustimmung Dritter an und für sich nicht erforderlich, weil sich die Belastungen des Grundstücks an den WE-Einheiten fortsetzen (ein Grundpfandrecht oder eine Reallast als Gesamtrecht). Streitig ist jedoch, ob im Hinblick auf die Rangklassenprivilegierung von **Wohngeldansprüchen** gemäß § 10 Abs. 1 Nr. 2 ZVG nicht doch ein Zustimmungserfordernis seitens der Grundpfandrechtsgläubiger wie auch von Berechtigten eines Nießbrauchs, eines Vorkaufsrechts oder einer Reallast bei der Wohnungseigentumsbegründung nach §§ 877, 876 BGB besteht, da bei einer Zwangsversteigerung wegen dieser vorrangigen Ansprüche die Rechte insoweit eine Beeinträchtigung erfahren können, als sie durch den Zuschlag erlöschen (s. § 44 Abs. 1, § 91 Abs. 1 ZVG).[2] Die überwiegende Ansicht lehnt aber das Zustimmungserfordernis ab, da mit der Aufteilung nach § 8 WEG noch keine Wohnungseigentümergemeinschaft entsteht und demzufolge (noch) keine Zwangsversteigerung wegen Ansprüche aus § 10 Abs. 1 Nr. 2 ZVG erfolgen könne.[3] Nachdem jedoch mit der Begründung bereits der Grundstein für mögliche negative Folgen gelegt ist und dies schon mit der ersten Veräußerung eines Wohnungseigentums relevant werden kann, erscheint mir die ablehnende Argumentation nicht zutreffend. Für Grunddienstbarkeiten und beschränkte persönliche Dienstbarkeiten entfällt das Zustimmungserfordernis, da sie nach § 52 Abs. 2 Satz 2 Nr. b) ZVG auch bei der Vollstreckung wegen Ansprüche der Rangklasse § 10 Abs. Nr. 2 ZVG bestehen bleiben.

1078 6. Sofern unter elterlicher Sorge, Vormundschaft, Pflegschaft oder Betreuung stehende Personen an der Begründung von Wohnungseigentum beteiligt sind, benötigen die gesetzlichen Vertreter nach §§ 1821 Abs. 1 Nr. 1, 1643 Abs. 1, 1908i, 1915 Abs. 1 BGB eine **familien- oder betreuungsgerichtliche Genehmigung.**[4]

1079 7. In einer **Fremdenverkehrsgemeinde** kann die Bildung von Wohnungseigentum nach § 22 BauGB genehmigungspflichtig sein. Ferner ist es nach § 172 Abs. 1 Satz 1 Nr. 2 und Satz 4 BauGB möglich, dass seitens einzelner Gemeinden zum Zwecke der Erhaltung der Zusammensetzung der Wohnbevölkerung möglich, für die Begründung von Wohnungs- oder Teileigentum an Gebäuden, die ganz oder teilweise Wohnzwecken dienen, eine Genehmigungspflicht besteht. Eine **Unbedenklichkeitsbescheinigung** des Finanzamts

---

[1] OLG Frankfurt NJW-RR 1996, 918 = Rpfleger 1996, 340.

[2] So insbes. Kesseler NJOZ 2010, 1466; NJW 2010, 2317 auch OLG Frankfurt ZfIR 2010, 387.

[3] KG MittBayNot 2011, 301 = Rpfleger 2011, 202; OLG Oldenburg Rpfleger 2011, 318 = ZfIR 2011, 254; OLG München NJW 2011, 3588; Schneider ZNotP 2010, 299 u. 387;.

[4] Vgl Bärmann/Pick/Merle Rn 29 f zu § 4 WEG; Schöner/Stöber Rn 2850.

hat bei vertraglicher Einräumung von Sondereigentum nach § 3 WEG vorzuliegen,[1] nicht aber bei Teilung nach § 8 WEG, da dies kein grunderwerbsteuerbarer Vorgang ist.

V. Prüfung durch das Grundbuchamt

Die Grundbucheintragung erfolgt auf Antrag (§ 13 Abs. 1 GBO). Das 1080
Grundbuchamt prüft auch hier die gesetzlichen Voraussetzungen der beantragten Eintragung (wie Rn. 529, 530) und damit insbesondere

- die vertragliche Einräumung des Sondereigentums (§§ 3, 4 WEG). Streitig ist, ob für den Grundbuchvollzug entsprechend dem formellen Konsensprinzip die Eintragungsbewilligung (§ 19 GBO) sämtlicher Miteigentümer genügt.[2] Richtigerweise ist wohl über § 4 Abs. 2 Satz 1 WEG in analoger Anwendung von § 20 GBO auch der Nachweis der Einigung zu fordern.[3] oder
- die Teilungserklärung (Eintragungsbewilligung, § 19 GBO) des Eigentümers (§ 8 WEG). Die Teilungserklärung ist zwar materiell formlos wirksam; für die zur Entstehung des Wohnungseigentums erforderliche Eintragung im Grundbuch muss sie aber verfahrensrechtlich in der Form des § 29 GBO vorgelegt werden.[4]

Außerdem unterliegen einer Prüfung die Urkunden, welche der Eintragungsbewilligung als Anlage beizufügen sind, somit

- der **Aufteilungsplan** (§ 7 Abs. 4 Nr. 1 mit § 8 Abs. 2 WEG). Er verdeutlicht die Abgrenzung von Sondereigentum und gemeinschaftlichem Eigentum[5] und stellt als Bauzeichnung der Baubehörde die Aufteilung des Gebäudes sowie die Lage und Größe der in Sondereigentum und der im gemeinschaftlichen Eigentum stehenden Gebäudeteile dar;[6]
- die sog. **Abgeschlossenheitsbescheinigung** (§ 7 Abs. 4 Nr. 2 mit § 8 Abs. 2 WEG) zum Nachweis, dass die Wohnungen in sich abgeschlossen sind (§ 3 Abs. 2 WEG). Nähere Regelung über Abgeschlossenheit und Bescheinigung durch die Baubehörde trifft (als Verwaltungsvorschrift) die Allgemeine Verwaltungsvorschrift für die Ausstellung von Bescheinigungen gemäß § 7 Abs. 4 Nr. 2 und § 32 Abs. 2 Nr. 2 des Wohnungseigentumsgesetzes (vom 19. März 1974, BAnz 1974 Nr. 58);

Landesrechtlich kann bestimmt werden, dass der Aufteilungsplan und die Abgeschlossenheitsbescheinigung auch von einem öffentlich bestellten oder anerkannten **Sachverständigen** für das Bauwesen ausgefertigt und bescheinigt sein kann (§ 7 Abs. 4 Satz 3 WEG). Der Nachweis von Aufteilungsplan

[1] Vgl. Schöner/Stöber Rn. 2859.

[2] Vgl OLG Zweibrücken OLGZ 1982, 263, 265; Weitnauer/Briesemeister § 7 WEG Rn 10; Demharter Anhang zu § 3 GBO Rn 41.

[3] KEHE/Munzig Rn 14 zu § 20 GBO; Meikel/Morvilius Einl. C 111; Schöner/Stöber Rn 2842.

[4] Schöner/Stöber Rn 2846; KEHE/Herrmann Einl. E 46.

[5] BGHZ 130, 159, 166 = DNotZ 1966, 289 = NJW 1995, 2851 = Rpfleger 1996, 19.

[6] Zu dessen Prüfung s. BayObLGZ 1980, 226, 231 = DNotZ 1980, 747 = Rpfleger 1980, 435.

und Abgeschlossenheitsbescheinigung ist durch öffentliche Urkunden zu führen (§ 29 Abs. 1 Satz 2 GBO), nicht aber wenn sie von einem Sachverständigen stammen (§ 7 Abs. 4 Satz 5 WEG). Eine Vorlage von beglaubigten Abschriften genügt.[1]

1081 Die Prüfung, ob **Vereinbarungen** der Miteigentümer oder Bestimmungen des teilenden Eigentümers als Inhalt des Sondereigentums über das Verhältnis der Wohnungseigentümer untereinander (§ 5 Abs. 4 mit § 8 Abs. 2 WEG) eintragungsfähig sind, ist im Rahmen der Prüfung der Eintragungsbewilligung bei vertraglicher Einräumung von Wohnungseigentum wie auch durch Vorratsteilung anhand der Vorschriften §§ 134, 138, 242, 315 BGB zu bestimmen.[2]

Beispiele: Verstoß gegen zwingende Vorschriften des WEG wie § 11 WEG (Unauflöslichkeit der Gemeinschaft), § 12 Abs. 2 Satz 1 WEG (Versagung der Veräußerungszustimmung nur aus wichtigem Grund),

Für eine Inhaltskontrolle der Gemeinschaftsordnung durch das Grundbuchamt nach dem **AGB-Recht** (§§ 305 ff BGB) besteht grundsätzlich kein Raum.[3] Für die von der überwiegenden AGB-Literatur vertretene Auffassung, die Gemeinschaftsordnung in einer einseitigen Teilungserklärung gemäß § 8 WEG enthaltene Gemeinschaftsordnung sei in analoger Anwendung der §§ 305 ff BGB einer Prüfung zu unterziehen,[4] ist schon deshalb abzulehnen, weil es an der von § 305 BGB vorausgesetzten Konfliktsituation zwischen Verwender und Benachteiligten fehlt und etwaige Begünstigungen oder Benachteiligungen sich zwischen den Wohnungseigentümern nicht einseitig, sondern wechselseitig auswirken.

VI. Grundbucheintragung

1082 1. Das Wohnungseigentum ist wie schon erwähnt, (echtes) Eigentum (Rn. 1059). Daher wird auch für jeden mit Sondereigentum verbundenen Miteigentumsanteil von Amts wegen ein **besonderes Grundbuchblatt** (Wohnungsgrundbuch) angelegt (§ 7 Abs. 1 Satz 1 und § 8 Abs. 2 WEG). Gebucht wird im Bestandsverzeichnis als Gegenstand der Rechtsverhältnisse der Miteigentumsanteil (dessen Größe, ausgedrückt in einem zahlenmäßigen Bruchteil) an dem (zu bezeichnenden) Grundstück mit dem zugehörigen Sondereigentum und als Beschränkung des Miteigentums die Einräumung der zu den anderen Miteigentumsanteilen gehörenden Sondereigentumsrechte (§ 7

---

[1] Meikel/Hertel Rn. 400 zu § 29 GBO; Schöner/Stöber Rn. 2851. Anders OLG Düsseldorf Rpfleger 2010, 656.

[2] Vgl BayObLG DNotZ 1989, 428 (Weitnauer); OLG Köln Rpfleger 1989, 405; OLG Karlsruhe NJW-RR 1987, 651 = Rpfleger 1987, 412.

[3] HM; BayObLG NJW-RR 1992, 83; OLG Frankfurt FGPrax 1998, 85 = Rpfleger 1998, 336; OLG Hamburg FGPrax 1996, 132; Demharter Anhang zu § 3 GBO Rn 26;; KEHE/Herrmann Einl. E 88; Schöner/Stöber Rn 2815 Kesseler ZNotP 2005, 20; Staudinger/Rapp Rn 35 zu § 7 WEG; offen gelassen, aber mit Zweifel an der Anwendbarkeit der für AGB geltenden Vorschriften BGHZ 99, 90 = Rpfleger 1987, 106, BGHZ 151, 164, 173 = NJW 2002, 3240; ebenso BGH NJW 2012, 676.

[4] So MünchKomm/Basedow Rn. 10 zu §305 BGB; Soergel/Stein Rn. 8 zu § 1 AGBG; Böttcher Einl. H Rn. 137.

Abs. 1 Satz 2 mit § 8 Abs. 2 WEG). Zur näheren Bezeichnung des Gegenstandes und des Inhalts des Sondereigentums kann auf die Eintragungsbewilligung (schließt den zugehörigen Aufteilungsplan ein) Bezug genommen werden (§ 7 Abs. 3 mit § 8 Abs. 2 WEG). Eine **Veräußerungsbeschränkung** nach § 12 WEG ist jedoch **ausdrücklich einzutragen** (§ 3 Abs. 2 WGV als Sollvorschrift des Verfahrensrechts). Das Grundbuchblatt des Grundstücks (§ 3 Abs. 1 GBO) wird von Amts wegen geschlossen (§ 7 Abs. 1 Satz 3 mit § 8 Abs. 2 WEG); von einem gemeinschaftlichen Grundbuchblatt (§ 4 Abs. 1 GBO) wird das Grundstück demgemäß abgeschrieben (§ 6 WGV). Im Fall der vertraglichen Einräumung (§ 3 WEG; nicht damit bei Teilung nach § 8 WEG) kann, wenn Verwirrung nicht zu besorgen ist, von der Anlegung besonderer Grundbuchblätter abgesehen werden; das Grundstücks-Grundbuchblatt wird dann als gemeinschaftliches Wohnungsgrundbuch geführt (§ 7 Abs. 2 mit § 8 Abs. 2 WEG).

2. Für das Wohnungsgrundbuchblatt gelten die Vorschriften der GBV ent- 1083
sprechend (§ 1 WGV). Besonderheiten regelt zusätzlich die Verordnung über die Anlegung und Führung der Wohnungs- und Teileigentumsgrundbücher (**Wohnungsgrundbuchverfügung**[1]). Sie betreffen insbesondere die Buchung des Miteigentumsanteils am Grundstück in Verbindung mit dem Sondereigentum an einer Wohnung (an sonstigen Räumen) und der Beschränkung des Wohnungseigentums durch die Einräumung der zu den anderen Miteigentumsanteilen gehörenden Sondereigentumsrechte (§ 3 WGV).

Eintragungsbeispiel (Bestandsverzeichnis Anlage zur WGV):

Grundbuch von Putzbrunn Blatt 1271 Bestandsverzeichnis

Lfd. Nr. der Grundstücke	Bisherige lfd. Nr. der Grundstücke	Bezeichnung der Grundstücke und der mit dem Eigentum verbundenen Rechte		Größe
		Gemarkung Flur Flurstück	Wirtschaftsart und Lage	m²
		a/b/c	d	
1	2	3		4
1	–	42/100 (zweiundvierzig Hundertstel) Miteigentumsanteil an dem Grundstück Putzbrunn 112	Gebäude und Freifläche, Waldstraße 16	468
		verbunden mit dem Sondereigentum an der lt. Aufteilungsplan mit Nr. 1 bezeichneten Wohnung samt Kellerabteil. Für jeden Miteigentumsanteil ist ein Grundbuchblatt angelegt Blätter 1271 bis 1280. Der hier eingetragene Miteigentumsanteil ist durch die Einräumung der zu den anderen Miteigentumsanteilen gehörenden Sondereigentumsrechte beschränkt. Veräußerungsbeschränkung: Zustimmung durch den Verwalter.		

[1] WGV idF vom 24. Jan 1995 BGBl. I S. 134.

		Ausnahme: Veräußerung an Ehegatten, Verwandte in gerader Linie, durch Zwangsvollstreckung oder Insolvenzverwalter. Im Übrigen wird wegen des Gegenstands und des Inhalts des Sondereigentums auf die Bewilligung vom ... (Notar ... URNr ...) Bezug genommen. Übertragen aus Blatt 803; eingetragen am ...		

VII. Sondernutzungsrecht

1084 Ein Sondernutzungsrecht mit der Befugnis zum alleinigen Gebrauch in Abweichung von § 13 Abs. 2 Satz 1 WEG eines bestimmten Teils des **gemeinschaftlichen** Eigentums

Beispiele: Kraftfahrzeugabstellplatz, Terrasse, Hausgarten,

kann durch Vereinbarung der Wohnungseigentümer nach § 5 Abs. 4 WEG oder Regelung in der Teilungserklärung (§ 8 Abs. 2 WEG), später durch Änderungsvereinbarung der Wohnungseigentümer (§ 10 Abs. 3 sowie insbesondere § 15 Abs. 1 WEG) begründet werden[1] Eine Begründung durch gewöhnlichen Mehrheitsbeschluss ist nicht möglich,[2] es sei denn es wird aufgrund einer vereinbarten **Öffnungsklausel** ein gesetzes- oder vereinbarungsändernder Beschluss gefasst (siehe dazu Rn. 1130). Die Folge dieser durch ein Sondernutzungsrecht getroffene Gebrauchsregelung ist, dass damit zugleich die anderen Wohnungseigentümer das Recht zum Mitgebrauch (vgl. § 13 Abs. 2 WEG) verlieren. Zur Wirkung gegen die Sondernachfolger der Wohnungseigentümer bedarf das Sondernutzungsrecht der Eintragung in das Grundbuch als Inhalt des Sondereigentums (§ 10 Abs. 3 WEG), damit in sämtlichen Wohnungsgrundbüchern.

Eintragungsbeispiel:

- **am begünstigten** Wohnungseigentum – BV Spalten 5/6:
  1 Die Benutzung der Kfz.-Stellplätze ist geregelt; Sondernutzungsrecht an Stellplatz Nr. 1 ist zugeordnet. Gemäß Bewilligung vom ... (Notar ... URNr ...) eingetragen am ...
- **an einem ausgeschlossenen** Wohnungseigentum – BV Spalten 5/6:
  1 Die Benutzung der Kfz.-Stellplätze ist geregelt; kein Stellplatz zugeordnet. Gemäß Bewilligung vom ... (Notar ... URNr ...) eingetragen am ...

1085 Zulässig ist es, dass der teilende Eigentümer zunächst nur die Sondernutzungsflächen festlegt und sich vorbehält die Sondernutzungsechte zugunsten einzelner Wohnungseigentumsrechte nachträglich zuzuordnen, wozu dann die Mitwirkung der übrigen Wohnungseigentümer und der sonstigen dinglich Berechtigten nicht mehr erforderlich ist.[3] Als Gebrauchsregelung ist das mit Grundbucheintragung verdinglichte Sondernutzungsrecht kein dingli-

[1] BGHZ 109, 396, 398 = NJW 1990, 1112.
[2] Siehe BGHZ 145, 158 = DNotZ 2000, 854 = NJW 2000, 3500.
[3] OLG München BeckRS 2011, 16190 = ZWE 2011, 264.

ches Recht (keine dienstbarkeitsartige Belastung). Zugunsten eines Dritten kann ein Sondernutzungsrecht nicht begründet werden (kein Recht eines Dritten zum Gebrauch gemeinschaftlichen Eigentums, das einer Vereinbarung nach § 15 Abs. 1 WEG unterliegen könnte).

VIII. Belastung des Wohnungseigentums

1. **Wohnungseigentum** kann als Eigentum wie ein Grundstück mit Hypo- **1086** theken, Grundschulden und Rentenschulden, ebenso mit einer Reallast, einem Nießbrauch und einem Vorkaufsrecht belastet werden. Auch der Anteil eines Bruchteilseigentümers an einem Wohnungseigentum ist wie der ideelle Anteil eines Miteigentümers an einem Grundstück mit den eingangs aufgezählten Rechten belastbar. Mit einer Grunddienstbarkeit, auch zugunsten des jeweiligen Inhabers eines anderen Wohnungseigentums, oder einer beschränkten persönlichen Dienstbarkeit ist ein einzelnes Wohnungseigentum nur belastbar, soweit die Nutzungsrechte der (belasteten einzelnen) Wohnungseigentumseinheit eingeschränkt werden.[1] Unschädlich ist insoweit, wenn dabei die dem Wohnungseigentümer zustehenden Rechte am gemeinschaftlichen Eigentum berührt werden,[2]

Beispiele: Wohnungsrecht (§ 1093 BGB), Unterlassungsdienstbarkeit.

Unzulässig ist dagegen die Belastung eines Wohnungseigentums mit einer Dienstbarkeit, deren Ausübungsbereich ausschließlich das Sondernutzungsrecht am gemeinschaftlichen Eigentum beinhaltet.[3]

Eine Grundstücksbelastung am einzelnen Wohnungseigentum entsteht **1087** (wie sonst) mit Einigung und Eintragung (§ 873 Abs. 1 BGB). Die Eintragungsbewilligung (§ 19 GBO) des betroffenen Wohnungseigentümers hierzu bedarf der Form des § 29 GBO. Die **Eintragung** der Belastung hat entsprechend dem bestellten Recht in der zweiten oder dritten Abteilung des Wohnungsgrundbuchs zu erfolgen (§§ 10, 11 GBV mit § 1 WGV).

2. Auch nach der Aufteilung in Wohnungseigentum kann das **Grundstück** **1088** **als Ganzes** noch belastet werden. Eine Belastung des Grundstücks insgesamt mit einer Dienstbarkeit ist erforderlich, wenn das Recht nur auf dem Grundstück und nicht auf dem Wohnungseigentum ausgeübt werden kann oder ansonsten nur Nutzungsrechte des Gesamtgrundstücks einschränkt.

Beispiele: Wegerecht, Zaunrecht, Baubeschränkung, Kfz.-Abstellplatz auf einer (freien) Grundstücksfläche.

Die **Eintragung** als Belastung des Gesamtgrundstücks hat auf sämtlichen **1089** Grundbuchblättern der für die Miteigentumsanteile angelegten Wohnungsgrundbücher zu erfolgen. Dabei ist mit der Eintragung in Abteilung II (wie

---

[1] BGHZ 107, 289 = DNotZ 1990, 493 = Rpfleger 1989, 452.

[2] Vgl. dazu BGHZ 107, 289 = DNotZ 1990, 493 = NJW 1989, 2391 = Rpfleger 1989, 452.

[3] BayObLG DNotZ 1998, 125 *(Ott)* = Rpfleger 1997, 431; BayObLG DNotZ 1990, 496 = MittBayNot 1990, 110; OLG Zweibrücken FGPrax 1999, 44 = NJW-RR 1999, 1389; s. auch Gutachten DNotI-Report 1999, 165.

im Falle von § 3 Abs. 9 GBO) in allen beteiligten Grundbuchblättern kenntlich zu machen, dass das Grundstück als Ganzes belastet ist. § 4 Abs. 1 WGV sieht das ausdrücklich vor.

Beispiel:
Geh- und Fahrtrecht an dem Grundstück FlSt. Nr. ... für den jeweiligen Eigentümer des Grundstücks FlSt. Nr. ... (Grundbuch von ... Blatt ...). Gemäß Bewilligung vom ... (Notar ... URNr. ...) hier sowie auf den für die anderen Miteigentumsanteile angelegten Grundbuchblättern (Blätter ... bis ...) eingetragen am ...

Wird die Eintragung in nur einem Wohnungsgrundbuch unterlassen, ist die Belastung des Grundstücks nicht erfolgt und das Recht somit nicht entstanden, weil noch keine Eintragung in das Grundbuch i.S.v. § 873 Abs. 1 BGB vorliegt. Eine Eintragung in allen Grundbuchblättern ohne oder mit nur unzureichendem Gesamtvermerk berührt entgegen der Ansicht des BayObLG[1] die Wirksamkeit der Eintragung nicht und kann nachträglich ergänzt werden.[2]

1090 Auch der **Anspruch auf** Übertragung des Eigentums an einer **Teilfläche** des gemeinschaftlichen Grundstücks kann nur an sämtlichen Wohnungseigentumseinheiten und nicht an einem einzelnen Wohnungseigentum **vorgemerkt** werden.[3]

1091 Die das Grundstück bereits belastenden Grundpfandrechte werden mit seiner Aufteilung in Wohnungseigentum **Gesamtrechte** (§ 1132 BGB). Die Mitbelastung ist von Amts wegen nach **§ 48 GBO** auf allen Wohnungsgrundbuchblättern zu vermerken. Bei nachträglicher Belastung mehrerer oder aller Wohnungseigentumseinheiten mit einem Gesamtrecht ist entsprechend zu verfahren. Wird ein mit einem **Wohnungsrecht** (§ 1093 BGB) belastetes Grundstück in Wohnungseigentum aufgeteilt, so kann eine Beschränkung des Rechts nach § 1090 Abs. 2 i.V.m. § 1026 BGB auf ein (oder mehrere) Wohnungseigentumsrechte nur dann eintreten, wenn der Ausübungsbereich der Dienstbarkeit mit der Nutzungsbefugnis eines oder mehrerer Sondereigentümer deckungsgleich ist. Erfasst der Ausübungsbereich jedoch auch gemeinschaftliches Eigentum, dann muss notwendigerweise das gesamte Grundstück belastet bleiben.[4]

IX. Veräußerung, Erwerb

1092 Zur **Übertragung** (Veräußerung) des Wohnungseigentums ist eine Einigung in Form der Auflassung (§ 925 BGB) und die Eintragung in das Grundbuch erforderlich (§ 873 Abs. 1 BGB). Dem Grundbuchamt ist für die Vornahme der Grundbucheintragung die Einigung nachzuweisen (§ 20 GBO). Ein Ausschluss der Veräußerlichkeit eines Wohnungseigentums durch Verein-

[1] BayObLG MittBayNot 1995, 288 = Rpfleger 1995, 455.
[2] Keine inhaltlich unzulässige Eintragung i.S. v § 53 Abs. 1 Satz 2 GBO Meikel/Morvilius Einl. C Rn. 164; Amann MittBayNot 1995, 267; Bestelmeyer Rpfleger 1997, 7, 11; Böttcher ZfIR 1997, 321, 323.
[3] Vgl BayObLGZ 1974, 118 = DNotZ 1975, 36 = Rpfleger 1974, 261.
[4] OLG Hamm DNotZ 2001, 216 = NJW-RR 2000, 1403 = ZfIR 2001, 293.

barung der Wohnungseigentümer ist nicht möglich, aber die Wirksamkeit des Veräußerungsvertrags (nicht aber zur Eintragung einer Eigentumsvormerkung) kann von der Zustimmung der anderen Wohnungseigentümer oder eines Dritten, insbesondere des Verwalters, abhängig gemacht werden (§ 12 WEG). Die Grundbucheintragung darf in einem solchen Fall erst nach Zustimmung erfolgen, die dem Grundbuchamt in der Form des § 29 GBO nachzuweisen ist. Der Nachweis eines Mehrheitsbeschlusses der Wohnungseigentümer kann insoweit durch Vorlage der Niederschrift über die Versammlung (§ 24 Abs. 6 WEG) geführt werden, bei der die Unterschriften öffentlich beglaubigt sind.[1] Der Nachweis der Verwaltereigenschaft bei Verwalterzustimmung erfolgt in gleicher Weise durch Vorlage der Versammlungsniederschrift mit dem Bestellungsbeschluss (§ 26 Abs. 3 WEG).

An einem Wohnungseigentum ist jedes an Grundstücken mögliche Anteils- 1093
verhältnis begründbar. Es kann daher auch auf mehrere Personen in Bruchteilsgemeinschaft übertragen werden, die dann eine besondere Gemeinschaft nach §§ 741 ff BGB bilden.[2] Ferner kann ein Alleineigentümer eines Wohnungseigentums einen Miteigentumsbruchteil beliebiger Größe an einen Dritten veräußern.[3]**Nicht möglich** ist die Auflassung eines Wohnungseigentums, bei dem ein isolierter Teil des Sondereigentums von der Übertragung ausgeschlossen wurde und dem Veräußerer ohne Miteigentumsanteil verbleibt. Ebenso wenig kann wirksam die Auflassung von Sondereigentum allein ohne den mit diesem verbundenen Miteigentumsanteil erklärt werden,[4] sofern nicht der verbleibende Miteigentumsanteil (wieder) mit Sondereigentum und das isolierte Sondereigentum mit einem Miteigentumsanteil eines anderen Wohnungseigentümers derselben Gemeinschaft jeweils verbunden wird.

Der **Erwerb** eines Wohnungseigentums durch einen **Minderjährigen**, selbst 1094
wenn er schenkungsweise erfolgt, ist stets nicht lediglich rechtlich vorteilhaft und bedarf daher der **Genehmigung** des gesetzlichen Vertreters nach § 107 BGB. Dabei kommt es weder auf die Ausgestaltung der Teilungserklärung noch darauf an, ob bei Vollzug des Erwerbs ein Verwaltervertrag besteht oder ob das Wohnungseigentum vermietet ist.[5] Soweit die Voraussetzungen des § 1795 Abs. 1 Nr. 1 BGB vorliegen, sind auch die Eltern des Minderjährigen nach § 1629 Abs. 2 Satz 1 BGB von der Vertretung ihres Kindes ausgeschlossen, so dass es der Genehmigung eines nach § 1909 BGB zu bestellenden **Ergänzungspflegers** bedarf. Eine familiengerichtliche Genehmigung der Auflassung ist dagegen nicht erforderlich.[6]

Form des schuldrechtlichen Verpflichtungsgeschäfts: § 311b Abs. 1 BGB.

---

[1] BayObLGZ 1961, 392 = NJW 1962, 494 = Rpfleger 1962, 107.
[2] BGHZ 1986, 393 = DNotZ 1983, 487 = NJW 1983, 1762 = Rpfleger 1983, 270.
[3] BGHZ 49, 250 = DNotZ 1968, 417 = Rpfleger 1968, 114.
[4] Vgl. BayObLG DNotZ 1986, 86.
[5] BGHZ 187, 119 = DNotZ 2011, 346 = NJW 2010, 3643 = Rpfleger 2011, 203.
[6] BGHZ 187, 119 aaO.

B. Veränderungen am Wohnungseigentum

1095 Als besondere Eigentumsform bringt das Wohnungseigentum durch Verbindung von Sondereigentum an einer Wohnung mit dem Miteigentum an dem gemeinschaftlichen Grundstück die Möglichkeit und Notwendigkeit für vielfache weitere Verfügungen mit sich, die besondere Anforderungen stellen und für die Grundbucheintragung Eigenarten bedingen. Die Zulässigkeit und Erfordernisse solcher Verfügungen sowie das dazu gehörige Eintragungsverfahren werden nachfolgend schwerpunktartig erörtert.

I. Umwandlung von Gemeinschaftseigentum in Sondereigentum und umgekehrt

1096 Räume, die im Sondereigentum stehen, können in Gemeinschaftseigentum,[1] gemeinschaftlich abgeschlossene Räume in Sondereigentum überführt werden.[2] Die **Umwandlung** von Gemeinschaftseigentum in Sondereigentum und umgekehrt **betrifft** das **sachenrechtliche Grundverhältnis** und fällt nicht in den Regelungsbereich des § 10 Abs. 2 Satz 2, Abs. 3 WEG.[3] Eine vorweggenommene Zustimmung oder die Ermächtigung Sondereigentum in gemeinschaftliches Eigentum umzuwandeln oder umgekehrt, kann nicht mit einer die Sondernachfolger bindenden Wirkung als „Inhalt des Sondereigentums" vereinbart[4] und daher auch nicht in das Grundbuch eingetragen werden.

1097 **Materiell erforderlich** ist zur Umwandlung
- die Mitwirkung aller Wohnungseigentümer in Auflassungsform (§§ 877, 873 Abs. 1, 925 BGB, § 4 Abs. 1, 2 WEG).[5] Dies gilt auch dann, wenn einem Wohnungseigentümer an den gemeinschaftlichen Räumen, die in sein Sondereigentum überführt werden sollen, ein Sondernutzungsrecht zusteht.[6]
- die Zustimmung all derjenigen **dinglich Berechtigten**, deren Haftungsobjekt eine Schmälerung durch Verringerung des Gemeinschafts- oder Sondereigentums erfährt (§§ 877, 876 BGB bzw. § 875 BGB).[7]
- die Eintragung in allen Wohnungsgrundbüchern (§ 4 Abs. 1 WEG). Die Änderung im Bestand der zum Sondereigentum gehörenden Räume muss auf dem Grundbuchblatt selbst vermerkt werden. Eine Eintragung nur

---

[1] BayObLGZ 1997, 233 = Rpfleger 1998, 19; BayObLGZ 1995, 402 = Rpfleger 1996, 240.

[2] BayObLGZ 1973, 267 = Rpfleger 1974, 111; BayObLG DNotZ 1982, 244.

[3] BayObLGZ 1997, 233 aaO; KG FGPrax 1998, 94 = DNotI-Report 1998, 162.

[4] BGH DNotZ 2003, 536 = NJW 2003, 2165 = NotBZ 2003, 473 = ZfIR 2003, 518; BayObLGZ 1997, 233 aaO, und 2000, 1 = DNotZ 2000, 466.

[5] BGHZ 139, 352 = DNotZ 1999, 661 = NJW 1998, 3711 = Rpfleger 1999, 66; BayObLGZ 1991, 316 = MittBayNot 1992, 20 = MittRhNotK 1991, 228 = NJW-RR 1992, 208 = Rpfleger 1992, 20; OLG Frankfurt Rpfleger 1997, 374.

[6] BayObLGZ 1991, 313 = NJW-RR 1992, 208= Rpfleger 1992, 20; BayObLG Rpfleger 1993, 488.

[7] BGH Rpfleger 1984, 408; BayObLGZ 1991, 313 aaO; BayObLGZ 1974, 217 = DNotZ 1975, 32 = Rpfleger 1974, 314.

durch Bezugnahme auf die Eintragungsbewilligung ist (auch) nach § 7 Abs. 3 WEG nicht zulässig.[1]

Eintragungsvoraussetzungen sind 1098

- ein Antrag (§ 13 Abs. 1 GBO) von mindestens einem Wohnungseigentümer.
- die Bewilligung(en) der (des) betroffenen Wohnungseigentümer(s) (§ 19 GBO) in der Form des § 29 GBO-.
- Pfandfreigabeerklärungen (§§ 19, 29 GBO) der Drittberechtigten nach §§ 877, 876 BGB bzw. § 875 BGB. Die erforderliche Lastenfreistellung bei Umwandlung von Räumen in Gemeinschafts- bzw. Sondereigentum kann bei geringem Wertverlust auch mittels **Unschädlichkeitszeugnis** gem. Art. 120 EGBGB i.V.m. der jeweils landesgesetzlichen Regelungen erfolgen, so z.B. nach dem Bay. Unschädlichkeitszeugnisgesetz.[2] Das Unschädlichkeitszeugnis gilt vornehmlich für die Freistellung von Grundpfandrechten, Reallasten, Dienstbarkeiten und Vorkaufsrechten. Durch die beispielhafte Aufzählung in den einzelnen gesetzlichen Bestimmungen (s. Art. 1 Satz 1, Art. 2a, 13 BayUnschZG) ist auch im Einzelfall eine Freistellung von Auflassungsvormerkungen, Verfügungsbeschränkungen oder Erbbaurechten nicht mehr ausgeschlossen.[3]
- ein berichtigter Aufteilungsplan und eine Abgeschlossenheitsbescheinigung bei Begründung von Sondereigentum (§ 7 Abs. 4 WEG). Diese Unterlagen sind auch vorzulegen, wenn Sondereigentum an baulich selbständigen Garagen begründet wird.[4] Beide Voraussetzungen erübrigen sich dann, wenn die von der Änderung betroffenen Räumlichkeiten in dem schon vorliegenden Plan bereits gesondert und als abgeschlossen ausgewiesen sind.[5]
- Sofern eine Neubegründung von Sondereigentum als selbständiges Wohnungseigentum in Verbindung mit einem Miteigentumsanteil erfolgt, ist die Anlegung eines besonderen Grundbuchblattes erforderlich.

Eine **Nachverpfändung** bezüglich derjenigen Rechte, die an dem Miteigentumsanteil lasten, mit dem neu begründetes Sondereigentum verbunden wird bedarf es **nicht**, weil das hinzugekommene Sondereigentum Bestandteil des gewinnenden Wohnungseigentums wird und die am Miteigentumsanteil eingetragenen Belastungen sich kraft Gesetzes hierauf erstrecken (§ 6 Abs. 2 WEG).[6] Auch eine finanzamtliche **Unbedenklichkeitsbescheinigung** ist **nicht** erforderlich, sofern sich nicht gleichzeitig der Miteigentumsanteil des erwer-

---

[1] BGHZ 174, 61 = DNotZ 2008, 441 = NJW 2007, 3777 = Rpfleger 2008, 60 = ZfIR 2008, 574.

[2] UnschZG v. 15.6.1898 (GVBl. S. 301, BayRS 403-2 J); zuletzt geändert durch § 1 ÄndG vom 7.8.2003 (GVBl. S. 512); zur Anwendung auch auf WE/TE siehe LG München I MittBayNot 1967, 365; 1983, 174; BayObLGZ 1991, 313 = NJW-RR 1992, 208.

[3] Siehe Kirchmayer Rpfleger 2004, 203.

[4] OLG Düsseldorf FGPrax 2000, 131.

[5] Vgl. OLG Celle DNotZ 1975, 42 = OLGZ 1974, 351 = Rpfleger 1974, 267.

[6] LG Düsseldorf MittRhNotK 1986, 78; Schöner/Stöber Rn 2967; Streuer Rpfleger 1992, 181.

benden Wohnungseigentümers und damit die wertmäßige Beteiligung am gemeinschaftlichen Grundstück ändert (§ 7 Abs. 1 GrEStG).

Eintragungsbeispiel -BV Spalten 5/6 an sämtlichen WE-Einheiten:

1 Der Gegenstand des Sondereigentums ist hinsichtlich eines Raumes geändert. Gemäß Eintragungsbewilligung vom … (Notar … URNr …), eingetragen am …

Die Bezeichnung des in Sondereigentum überführten Raums ist bei dem gewinnenden Wohnungseigentum in Spalte 3 des BV zu berichtigen bzw. im Falle der Zurückführung eines Raumes zum Gemeinschaftseigentum, soweit die Eintragung an Bedeutung verloren hat, zu röten (§ 3 Abs. 6 WGV).

II. Veräußerung von Sondereigentum an einen anderen Wohnungseigentümer

1099 Wohnungseigentümer können untereinander den Gegenstand ihres Sondereigentums ohne eine Änderung der Miteigentumsanteile verändern.[1] Dabei ist auch ein vollständiger Austausch des Sondereigentums zulässig.[2]

1100 **Materiell erforderlich** hierzu ist

- die **Einigung** zwischen Veräußerer und Erwerber **in Auflassungsform** (§ 4 Abs. 2 WEG analog, §§ 873, 925 BGB).
- die Zustimmung der dinglich Berechtigten von Einzelbelastungen deren Rechte am „verlierenden" WE lasten (§§ 877, 876 BGB bzw. § 875 BGB).
- eine Eintragung im Grundbuch des veräußernden und des erwerbenden Wohnungseigentümers (4 WEG). Dies folgt daraus, dass die Übertragung von Sondereigentum, die nur zwischen Eigentümern derselben Wohnanlage erfolgen kann, nach zutreffender Auffassung **als Inhaltsänderung** zu vollziehen[3] und lediglich auf den beiden Grundbuchblättern im Bestandsverzeichnis einzutragen ist (§ 3 Abs. 5 WGV). Einer Zustimmung der übrigen Wohnungseigentümer oder des Verwalters bedarf es grundsätzlich nicht, außer es wurde eine entsprechende Regelung nach § 12 WEG getroffen.

1101 Erfordert die Übertragung von Sondereigentum **bauliche Veränderungen** am gemeinschaftlichen Eigentum, z. B. den Durchbruch einer tragenden Mauer, so ist grundsätzlich die **Zustimmung** aller Wohnungseigentümer erforderlich. Soweit jedoch der einzelne Wohnungseigentümer nicht über das in § 14 Nr. 1 WEG bestimmte Maß hinaus beeinträchtigt wird, ist nach § 22 Abs. 1 Satz 2 WEG seine Zustimmung entbehrlich. Ein Nachteil der anderen Wohnungseigentümer in diesem Sinne ist aber erst dann ausgeschlossen, wenn kein vernünftiger Zweifel daran besteht, dass ein wesentlicher Eingriff in die Substanz des Gemeinschaftseigentums unterblieben ist, insbesondere zum Nachteil der übrigen Eigentümer keine Gefahr für die konstruktive Stabilität des Gebäudes und dessen Brandsicherheit geschaffen wurde.[4] Ledig-

[1] Vgl. BGH NJW 1986, 2759.
[2] BayObLGZ 1984, 10 = DNotZ 1984, 381 = Rpfleger 1984, 268.
[3] OLG Celle DNotZ 1975, 42 = MDR 1974, 669 = OLGZ 1974, 351 = Rpfleger 1974, 267; *Bärmann-Pick-Merle* § 6 WEG Rn 4; Schöner/Stöber Rn 2969.
[4] Vgl. BGHZ 116, 392, 396= NJW 1992, 978.

lich die Tatsache, dass etwa ein Wanddurchbruch zwischen zwei Wohnungen zum Verlust der Abgeschlossenheit (§ 3 Abs. 2 WEG) oder einem der Teilungserklärung widersprechenden Zustand führt, stellt nicht schon deshalb einen für andere Wohnungseigentümer nicht hinnehmbaren Nachteil dar.[1] Veränderungen am Sondereigentum, z.B durch Schließung einer Öffnung in einer nichttragenden Mauer oder durch die Beseitigung einer solchen Mauer, bedürfen gemäß § 13 Abs. 1 WEG grundsätzlich keiner Zustimmung anderer Wohnungseigentümer, falls nicht in der Gemeinschaftsordnung ausdrücklich etwas anderes bestimmt wurde.

Eintragungsvoraussetzungen sind 1102

- ein Antrag 13 Abs. 1 GBO) des betroffenen oder des begünstigten Wohnungseigentümers.
- die formgerechte Bewilligung des betroffenen Wohnungseigentümers (§§ 19, 29 GBO). Die **Zustimmung zu baulichen Veränderungen** am Gemeinschaftseigentum durch betroffene Wohnungseigentümer braucht dem **Grundbuchamt nicht nachgewiesen werden,** da dieses weder in der Lage ist zu prüfen, inwieweit eine Zustimmungsbedürftigkeit vorliegt, noch welche Wohnungseigentümer „betroffen" sind. Davon abgesehen sind Baumaßnahmen tatsächliche Handlungen welche die übrigen Wohnungseigentümer nicht i.S.d. § 19 GBO in ihrer dinglichen Rechtsstellung berühren.[2]
- Freigabeerklärungen (§§ 19, 29 GBO) etwaiger Drittberechtigter nach §§ 877, 876 BGB bzw. § 875 BGB.
- ein berichtigter Aufteilungsplan nebst Abgeschlossenheitsbescheinigung (§ 7 Abs. 4 WEG), sofern nicht die zu übertragende Räumlichkeit bereits getrennt und als abgeschlossen ausgewiesen ist. Jedoch reicht die frühere Abgeschlossenheitsbescheinigung bezüglich der verbleibenden Restwohnung dann nicht aus, wenn Änderungen eingetreten sind, so dass die infolge Übertragung von Räumlichkeiten verkleinerte Wohnung nicht mehr in sich abgeschlossen gelten kann, weil sich z.B. kein WC mehr innerhalb der Wohnung befindet.[3]

Einer **Pfandunterstellungserklärung** des erwerbenden Wohnungseigentümers bedarf es **nicht,** wenn der Miteigentumsanteil unverändert bleibt, weil alle Rechte der Abteilungen II und III- ohne dass hierzu eine weitere Eintragung erforderlich ist – sich kraft Gesetzes auf die Bestandteile des Miteigentumsanteils erstrecken und damit auch auf das gemäß der Eintragung im Bestandsverzeichnis geänderte Wohnungseigentum.[4]

Eintragungsbeispiel – BV Spalten 5/6 der beteiligten WE-Einheiten:

1 Der Gegenstand des Sondereigentums ist hinsichtlich eines Raums geändert. Gemäß Bewilligung vom … (Notar … URNr …), eingetragen am …

---

[1] BGHZ 146, 241 = DNotZ 2002, 127 =NJW 2001, 1212 = ZfIR 2001, 209.

[2] Vgl. LG Augsburg Rpfleger 1999, 72; Im Ergebnis ebenso BayObLGZ 1998, 2 = DNotZ 1999, 210; Schöner/Stöber Rn 2977a.

[3] Vgl OLG Zweibrücken FGPrax 2001, 105 = MittBayNot 2001, 318 = ZWE 2001, 395.

[4] LG Düsseldorf MittRhNotK 1986, 78; Streuer Rpfleger 1992, 181; Schöner/Stöber Rn 2970.

Oder am gewinnenden WE im BV Spalten 5/6:

1 Der Gegenstand des Sondereigentums ist geändert. Dem .../1000 Miteigentumsanteil ist nunmehr auch der im Aufteilungsplan mit Nr. ... bezeichnete Hobbyraum im Keller zugeordnet. Gemäß Bewilligung vom ... (Notar ... URNr ...), eingetragen am ...

Beim verlierenden WE ist dementsprechend der Verlust zu bezeichnen. Ein Neuvortrag des jeweiligen Miteigentumsanteils unter einer neue BVNr. ist nicht erforderlich. Rötungen sind nach Maßgabe des § 3 Abs. 6 WGV vorzunehmen.

III. Änderung der Miteigentumsbruchteile (Quotenänderung)

1103 Einzelne Wohnungseigentümer derselben Wohnanlage können ihre Miteigentumsanteile ohne Änderung des zugehörigen Sondereigentums verkleinern oder vergrößern.[1] Diese **sog Quotenänderung** dient dann oftmals dazu eine ungleiche gesetzliche Lastenverteilung (vgl. § 16 Abs. 2 WEG) zu korrigieren, die sich nicht nur aus der unverhältnismäßigen Größe eines Miteigentumsanteils sondern z.B. auch aus einer nachträglichen baulichen Veränderung eines Wohnungseigentums ergeben kann.

1104 **Materiell erforderlich** ist

- eine **Änderungsvereinbarung** der unmittelbar beteiligten Wohnungseigentümer in der **Form der Auflassung** und die Eintragung in den einzelnen Wohnungseigentumsgrundbüchern (§§ 873, 925 BGB, § 4 WEG).[2] Befinden sich die von der Änderung betroffenen Wohnungseigentumseinheiten in einer Hand, genügt in Anlehnung an § 8 Abs. 1 WEG eine einseitige Erklärung.
- Ferner ist die **Zustimmung** der dinglich Berechtigten **von Einzelbelastungen** an dem Wohnungseigentum erforderlich, dessen Miteigentumsanteil verkleinert wird (§§ 877, 876 BGB), weil der Teilmiteigentumsanteil insoweit lastenfrei übertragen werden muss.[3] Daher bedarf es keiner Zustimmung von Gesamtrechtsgläubigern. Ebenso wenig ist eine Mitwirkung der an der Änderung nicht beteiligten Wohnungseigentümer oder des Verwalters nötig, mit Ausnahme für den Fall einer nach § 12 WEG getroffenen Regelung.[4]

Da der hinzuerworbene Miteigentumsanteil ohne Sondereigentum nicht selbständig buchungsfähig ist und daher gleichzeitig mit dem bestehenden Sondereigentum samt dem bereits vorhandenen Miteigentumsanteil zu verbinden ist, scheidet eine Anwendung von § 890 BGB in bezug auf den zusätzlich erworbenen Miteigentumsanteil aus. Mit der durch Einigung

---

[1] BGH DNotZ 1976, 741 = NJW 1976, 1976 = Rpfleger 1976, 352; NJW 1986, 2759; BayObLGZ 1958, 263 = DNotZ 1959, 40 = Rpfleger 1959, 277.

[2] BayObLGZ 1984, 10 aaO; zur Veränderung sämtlicher Miteigentumsanteile s. BayObLGZ 1993, 166 = NJW-RR 1993, 1043= Rpfleger 1993, 444.

[3] BayObLGZ 1993, 166 aaO.

[4] Vgl. OLG Celle Rpfleger 1974, 438 = MittBayNot 1974, 218; LG Nürnberg-Fürth MittBayNot 1980, 75.

und Eintragung vollzogenen **Inhaltsänderung** entsteht vielmehr ohne weiteres Erfordernis ein **neuer einheitlicher Miteigentumsanteil**, verbunden mit dem bereits vorhandenen Sondereigentum.[1] Dies begründet zugleich auch kraft Gesetzes eine Pfanderstreckung der vorhandenen Rechte auf die hinzugekommenen Miteigentumsanteile. Eine rechtsgeschäftliche Nachverpfändung ist daher nicht erforderlich; ebenso scheidet eine Zuschreibung aus.[2]

Zum **Grundbuchvollzug** der Quotenänderung bedarf es **1105**

- eines Antrag (13 Abs. 1 GBO) des betroffenen oder des begünstigten Wohnungseigentümers.
- der **Teilauflassung** (§ 20 GBO) zwischen dem betroffenem und dem begünstigtem Wohnungseigentümer samt formgerechter Bewilligung des Betroffenen (§§ 19, 29 GBO).
- der Freigabeerklärungen (§§ 19, 29 GBO) der dinglich Berechtigten des verlierenden Wohnungseigentums (§§ 877, 876 BGB bzw. § 875 BGB).
- Der Vorlage einer finanzamtlichen Unbedenklichkeitsbescheinigung, weil es sich bei der Vergrößerung des Miteigentumsanteils um einen grunderwerbsteuerlich zu beachtenden Vorgang handelt.

Eine Pfanderstreckungserklärung, damit sich wegen § 6 WEG die am bisherigen Miteigentumsanteil bestehenden Belastungen auf den neuen erweiterten Bestand erstrecken, erübrigt sich.[3] Dessen ungeachtet wird regelmäßig in der Zustimmung von Grundpfandrechtsgläubigern zur Vereinbarung über die Veränderung der Größe der Miteigentumsanteile, soweit sie sich verkleinert haben, bereits eine **Pfandfreigabe** und in der Zustimmung eines Wohnungseigentümers zu der Vergrößerung seines Miteigentums die Pfandunterstellung der an seinem Wohnungsgrundbuchs eingetragenen Grundpfandrechte und Reallasten zu sehen sein.[4]

Bei **gleichzeitiger Änderung des Sondereigentums** sind auch die zu Rn. 1099 genannten Eintragungsvoraussetzungen zu beachten.

Eintragungsbeispiel:

BV des zu verkleinernden WE, Spalten 1–4: Neuvortrag unter neuer laufender Nummer mit verkleinertem Miteigentumsanteil unter Angabe der bisherigen laufenden Nummer in Spalte 2.

Spalte 7/8: Miteigentumsanteil von .../1000 übertragen nach Blatt ... am ... Rest Nr. ...

Im BV des zu vergrößernden WE ist unter Angabe des vergrößerten Miteigentumsanteils entsprechend zu verfahren.

Spalte 7/8: Miteigentumsanteil von .../1000 aus Blatt ... hierher übertragen und zusammen mit Nr. ... unter Nr. ... eingetragen am ...

---

[1] Schöner/Stöber Rn 2971 und Streuer Rpfleger 1992, 183.

[2] LG Wiesbaden Rpfleger 2004, 350, Streuer Rpfleger 1992, 181, 183; Böttcher BWNotZ 1996, 80, 83; **A.A.** BayObLG Rpfleger 1959, 277; OLG Hamm Rpfleger 1986, 374, 375.

[3] So aber BayObLGZ 1993, 166 aaO; OLG Hamm FGPrax 1998, 206 = MittBayNot 1999, 291 = Rpfleger 1998, 514.

[4] Siehe dazu OLG Hamm FGPrax 1998, 206 aaO.

Möglich auch:

BV des zu verkleinernden WE Spalten 5/6:
Miteigentumsanteil von .../1000 übertragen nach Blatt ...; der Anteil beträgt nunmehr .../1000, eingetragen am ...

BV des zu vergrößernden WE Spalten 5/6:
Miteigentumsanteil von .../1000 aus Blatt ... hierher übertragen; der Anteil beträgt nunmehr .../1000, eingetragen am ...

In Abt. I Spalten 3/4 des zu vergrößernden WE ist die Erwerbsgrundlage einzutragen.

IV. Unterteilung von Wohnungseigentum ohne und mit Veräußerung

1106 Ein Wohnungseigentümer kann sein bestehendes Wohnungseigentum **in mehrere** selbständige Wohnungseigentumsrechte **unterteilen.** Von der Unterteilung eines Wohnungseigentums dürfen nur Räume erfasst werden, die **Sondereigentum** dieses Wohnungseigentums sind. Weist der Unterteilungsplan Räume als Sondereigentum einer neu zu bildenden Einheit aus, die nach dem ursprünglichen Aufteilungsplan **gemeinschaftliches Eigentum** sind, so wäre dies eine ihrem Inhalt nach unzulässige Eintragung, die nicht vorgenommen werden darf.[1]

1107 **Materiell erforderlich** zur Unterteilung von Wohnungseigentum ist

- die ideelle Unterteilung des Miteigentumsanteils entsprechend der Zahl der zu schaffenden Einheiten durch einseitige formlose Erklärung des teilenden Eigentümers entsprechend § 8 Abs. 1 WEG und die Verbindung der Miteigentumsanteile je mit dem Sondereigentum an den einzelnen bereits vorhandenen und in sich abgeschlossenen Wohnungen oder mit dem Sondereigentum an den durch Aufteilung der bisherigen Raumeinheit in mehrere in sich wiederum abgeschlossene Raumeinheiten neu gebildeten Eigentumswohnungen[2] sowie die Eintragung im Grundbuch.
- in Gebieten mit Fremdenverkehrsfunktionen kann die Teilung von Wohnungseigentum einer **Genehmigung** nach Maßgabe des § 22 BauGB unterliegen. Ferner kann zur Erhaltung der Zusammensetzung der Wohnbevölkerung, weil neues Wohnungseigentum gegründet wird, eine Genehmigung nach § 172 Abs. 1 Satz 4 BauGB erforderlich sein, wenn das Gebäude ganz oder teilweise Wohnzwecken dient. Ein Genehmigungsbescheid bzw. ein Negativattest ist jedoch nur dann vorzulegen, wenn ein Land eine entsprechende Rechtsverordnung gemäß § 172 Abs. 1 Satz 1 BauGB erlassen hat, was das Grundbuchamt selbständig und eigenverantwortlich zu prüfen hat.[3]

1108 Eine Zustimmung der anderen Wohnungseigentümer und des Verwalters ist grundsätzlich nicht erforderlich.[4] Die Unterteilung eines Wohnungseigen-

---

[1] Vgl. BayObLGZ 1998, 70 = FGPrax 1998, 88 = NJW-RR 1999, 8.

[2] BGHZ 49, 250 = DNotZ 1968, 417 = NJW 1968, 499 = Rpfleger 1968, 114; BGHZ 73, 150 = DNotZ 1979, 483 = NJW 1979, 870 = Rpfleger 1979, 96.

[3] Siehe OLG Zweibrücken Rpfleger 1999, 44 und OLG Hamm DNotI-Report 1999, 122 = Rpfleger 1999, 487 = ZNotP 1999, 361.

[4] BGHZ 49, 250 aaO; BayObLGZ 1977, 1 = DNotZ 1977, 546 = Rpfleger 1977, 140; BayObLGZ 1983, 79 = DNotZ 1984, 104; BayObLG Rpfleger 1991, 455; OLG Saarbrücken Rpfleger 1978, 165.

tums bedarf jedoch dann der Zustimmung der anderen Wohnungseigentümer oder des Verwalters, wenn dies in der Gemeinschaftsordnung nach § 12 WEG davon abhängig gemacht wurde.

Kann die Unterteilung der zum Sondereigentum gehörenden Räumlichkeiten, um in sich wieder abgeschlossene Einheiten entstehen zu lassen, nur dergestalt erfolgen, dass ein Teil der **Räume** und Gebäudeteile **in gemeinschaftliches Eigentum überführt** werden, ist der unterteilenden Wohnungseigentümer hierzu nicht allein verfügungsbefugt. Es müssen vielmehr auch alle übrigen Wohnungseigentümer gemäß § 4 WEG mitwirken, d.h. es bedarf der Einigung aller in Auflassungsform.[1] 1109

Eine Zustimmungspflicht aus der Unterteilung ergibt sich im Hinblick auf die **Stimmrechtsverhältnisse** bei Abstimmungen in den Wohnungseigentümerversammlungen, selbst dann nicht, wenn abweichend in der Gemeinschaftsordnung vereinbart wurde, dass auf jede Eigentumswohnung eine Stimme entfällt (sog. **Objektprinzip**). Da sich aus der Summe der durch Teilung entstandenen Wohnungseigentumsrechte grundsätzlich nicht mehr Befugnisse ergeben können, als aus dem ungeteilten Wohnungseigentum, kann der teilende Wohnungseigentümer auch im Falle des vereinbarten Objektprinzips keine zusätzliche Stimme erwerben.[2] Einer Erhöhung der Zahl der Stimmen entsprechend der Anzahl der neugebildeten Wohnungseigentumseinheiten ist aber dann möglich, wenn die Gemeinschaftsordnung dies vorsieht.[3] Soweit das gesetzlich bestimmte **Kopfteilsprinzip** des § 25 Abs. 2 Satz 1 WEG gilt, wonach jedem Wohnungseigentümer unabhängig von der Zahl der ihm gehörenden Objekte nur eine Stimme zusteht, ändert sich allein durch die Unterteilung an den Stimmrechtsverhältnissen nichts. Bezüglich der Auswirkungen, wenn die neu geschaffenen Wohnungseigentumsrechte an Dritte veräußert werden siehe Rn. 1113, 1114). Eine abweichende Bestimmung des Stimmrechts nach der Größe der Miteigentumsanteile ändert ebenfalls nichts an den Stimmrechtsverhältnissen. 1110

Zur Vornahme der **Eintragung einer Unterteilung** im Grundbuch bedarf es 1111
- eines Antrags (§ 13 Abs. 1 GBO) seitens des teilenden Wohnungseigentümers.
- der formgerechten Bewilligung (§§ 19, 29 GBO) des teilenden Eigentümers. Eine Bewilligung Dritter ist in aller Regel nicht erforderlich.
- der Vorlage eines geänderten Aufteilungsplans nebst Abgeschlossenheitsbescheinigung für die neu entstandenen Einheiten (§§ 7 Abs. 4, 8 Abs. 2 WEG).

Für den verbleibenden Miteigentumsanteil samt Sondereigentum kann das bisherige Wohnungsgrundbuch fortgeführt werden;[4] für die neu gebildeten Wohnungseigentumsrechte sind gesonderte Grundbuchblätter anzulegen (§§ 7 Abs. 1, 8 Abs. 2 WEG).

Erfordert die Unterteilung **bauliche Veränderungen** am gemeinschaftlichen Eigentum, z.B. den Durchbruch einer tragenden Mauer, um einen Zugang

---

[1] BGHZ 139, 352 = DNotZ 1999, 661 = NJW 1998, 3711 = Rpfleger 1999 66.
[2] Vgl. BGHZ 73, 150 = MittBayNot 1979, 66 = Rpfleger 1979, 96.
[3] Vgl. BayObLG NJW-RR 1991, 910; OLG Köln WE 1992, 259.
[4] BayObLG MittBayNot 1988, 126 = Rpfleger 1988, 256.

zum Treppenhaus für das unterteilte Wohnungseigentum zu schaffen, so ist zwar gemäß § 22 Abs. 1 Satz 2 WEG die Zustimmung der beeinträchtigten Wohnungseigentümer erforderlich. Eine **Überprüfung** der Zustimmung der von den Baumaßnahmen berührten Wohnungseigentümer **durch das Grundbuchamt** hat im Zuge des Eintragungsverfahrens jedoch **nicht** zu erfolgen, da es im Hinblick auf die Formulierung im § 3 Abs. 1 am Ende i.V.m. § 8 Abs. 2 WEG für die Grundbucheintragung nicht erforderlich ist, dass die bauliche Veränderung bereits vorgenommen wurde. Im Übrigen handelt es sich insoweit um tatsächliche Maßnahmen und nicht um Rechtsänderungen (s. dazu auch Rn 1102, 1103).

Eintragungsbeispiel:
BV des zu unterteilenden WE Spalten 5/6:

1 .../1000 Miteigentumsanteil verbunden mit dem Sondereigentum an der Wohnung Nr. ... des Aufteilungsplans übertragen nach Blatt ... Der verbleibende Miteigentumsanteil beträgt nunmehr .../1000 und ist verbunden mit dem Sondereigentum an der Wohnung Nr. ... des Aufteilungsplans. Er ist auch durch das mit dem nach Blatt ... übertragenen Miteigentumsanteil verbundene Sondereigentum beschränkt. Wegen Gegenstand und Inhalt des Sondereigentums wird auf die Bewilligung vom ... (Notar .../URNr. ...) Bezug genommen. Eingetragen am ...

Die Neuanlegung des Grundbuchblattes für den abgetrennten Miteigentumsanteil samt Sondereigentum hat entsprechend dem Muster zu Rn. 1084 zu erfolgen.

Auf den übrigen Grundbuchblättern der WE-Gemeinschaft ist in den Spalten 5/6 einzutragen:

1 Der hier eingetragene Miteigentumsanteil ist auch durch die Eintragung des mit Sondereigentum verbundenen Miteigentumsanteils in Blatt ... beschränkt. Eingetragen am ...

1112 Bei **Unterteilung mit gleichzeitiger Veräußerung** eines der Teilrechte oder sämtlicher von ihnen, ist neben der Teilungserklärung die **Auflassung** zwischen Veräußerer und Erwerber sowie die Eintragung im Grundbuch erforderlich. Auch die Veräußerung bedarf in diesem Fall keiner Zustimmung der übrigen Wohnungseigentümer oder des Verwalters, es sei denn, es liegt eine Regelung nach § 12 WEG vor.[1] Ein Zustimmungserfordernis ergibt sich ferner nicht aus den Stimmrechtsverhältnissen. Nach dem gesetzlichen **Kopfteilsprinzip** des § 25 Abs. 2 Satz 1 WEG gilt in der Regel, dass im Falle einer Unterteilung mit anschließender Veräußerung, sofern nicht etwas anderes in der Gemeinschaftsordnung bestimmt wurde, den neuen Wohnungseigentumseinheiten, die nunmehr im Eigentum verschiedener Personen stehen, insgesamt nicht mehr als eine Stimme zukommt, weil die Mitgliedschaftsrechte der übrigen Wohnungseigentümer innerhalb der Gemeinschaft nicht beeinträchtigt werden dürfen.[2] Dem ist aber entgegenzuhalten dass als Ausnahme insoweit eine **Vermehrung der Stimmrechte** doch möglich sein muss, weil eine solche

[1] BGHZ 73, 150 aaO.
[2] So BayObLG NJW-RR 1991, 910.

Vermehrung auch dann eintritt, wenn einem Wohnungseigentümer mehrere Sondereigentumseinheiten gehören, die er später an mehrere Erwerber veräußert. Es ist daher nicht zu rechtfertigen, die Erwerber rechtlich selbständiger WE-Rechte durch die Quotierung ihres Stimmrechts oder durch das Gebot einheitlicher Stimmabgabe nach § 25 Abs. 2 Satz 2 WEG zu beschränken. Die Beeinträchtigung der Stimmkraft der ursprünglichen Wohnungseigentümer infolge Stimmenmehrung, muss vorbehaltlich eines Rechtsmissbrauchs, deshalb hingenommen werden.[1]

Ist in der Teilungserklärung das **Objektprinzip** vereinbart, so stünde dies 1113
aus den gleichen Gründen ebenfalls einer generellen Vermehrung des Stimmrechts entgegen. Die Frage ist dann wiederum, ob die verselbständigten Teilrechte entsprechend § 25 Abs. 2 Satz 2 WEG nur zusammen eine Stimme haben, die sie lediglich einheitlich ausüben können,[2] oder ob bei Unterteilung beispielsweise in zwei Einheiten deren Erwerber je eine halbe Stimme zuzubilligen ist, die sie jeweils selbständig abgeben können.[3] Entsprechend der vom Gesetz vorgesehenen Selbständigkeit einzelner Wohnungseigentumsrechte ist, wenn man sich, was m.E. richtig ist, nicht bereits für eine uneingeschränkte Stimmenmehrung entscheidet, zumindest der letztgenannten Ansicht zuzustimmen.[4]

V. Bildung neuer Wohnungseigentumseinheiten

Werden nach der Aufteilung **weitere Räume geschaffen**, etwa durch den 1114
Ausbau des Dachgeschosses, so sind sie zunächst Gemeinschaftseigentum.[5] Bei Abgeschlossenheit der Räumlichkeiten ist jedoch eine Umwandlung in Sondereigentum möglich, wobei durch die Verbindung mit einem Miteigentumsanteil selbständiges Wohnungseigentum geschaffen werden kann. Dies ist dadurch machbar, dass der hierzu erforderliche Miteigentumsanteil von einem, gegebenenfalls zur Herstellung ausgeglichener Miteigentumsquoten im Hinblick auf § 16 Abs. 2 WEG auch von mehreren oder allen Wohnungseigentumseinheiten abgespalten und mit dem neugeschaffenen Sondereigentum verbunden wird.[6]

Materiell erfordert dies 1115

- eine Einigung aller Wohnungseigentümer in Auflassungsform (§§ 877, 873 Abs. 1, 925 BGB, § 4 WEG) über die Umwandlung des zunächst bestehenden Gemeinschaftseigentum in Sondereigentum und dessen Verbindung mit einem Miteigentumsanteil zum Zwecke der Bildung eines neuen selbständigen Wohnungseigentums. Im Rahmen einer Vereinbarung wäre es auch zulässig, das Verhältnis der bisherigen Miteigentums-

---

[1] Vgl. KG DNotI-Report 2000, 114 = FGPrax 2000, 9 = ZWE 2000, 313.

[2] So OLG Braunschweig MDR 1976, 1023; erwogen, aber offengelassen durch BGHZ 73, 150 aaO; Schöne NJW 1981, 435.

[3] So OLG Düsseldorf NJW-RR 1990, 521 = OLGZ 1990, 152 und KG FGPrax 1999, 90 = ZfIR 1999, 457.

[4] Vgl BGHZ 160, 354 = DNotZ 2005, 218 = NJW 2004, 3413 = NotBZ 2005, 390 = ZfIR 2004, 946; ebenso OLG Hamm RNotZ 2002, 575.

[5] BayObLGZ 1973, 267 = Rpfleger 1974, 111.

[6] BayObLGZ 1976, 227 = DNotZ 1976, 743 = Rpfleger 1976, 403.

anteile ohne Aufzählung der einzelnen Veränderungen umfassend neu zu bestimmen.[1]
- die Zustimmung derjenigen Gläubiger, die durch die Umwandlung von Gemeinschaftseigentum in Sondereigentum und die Abspaltung von Teilen des Miteigentumsanteils nachteilig betroffen sind (§§ 877, 876 BGB).
- die Eintragung der Veränderung in allen Wohnungsgrundbuchblättern und die Anlegung eines gesonderten Grundbuchblattes für das neugeschaffene Wohnungseigentum (§ 7 Abs. 1 i.V.m. § 8 Abs. 2 WEG).

1116 Zur **Eintragung** der Rechtsänderung **im Grundbuch** bedarf es
- eines Antrags (§ 13 Abs. 1 GBO) von mindestens einem Wohnungseigentümer.
- der formgerechten Bewilligungen der betroffenen Wohnungseigentümer nach §§ 19, 29 GBO sowie der Teilauflassung (§ 20 GBO) hinsichtlich der abgespaltenen Miteigentumsanteile.
- der Pfandfreigaben (§§ 19, 29 GBO) der nachteilig betroffenen Drittberechtigten oder der Vorlage eines Unschädlichkeitszeugnisses (s. Rn. 1099).
- eines berichtigten Aufteilungsplans und der Abgeschlossenheitsbescheinigung hinsichtlich der zum Sondereigentum erklärten Räumlichkeiten (§ 7 Abs. 4 WEG).
- Einer finanzamtlichen Unbedenklichkeitsbescheinigung seitens des Erwerbers des neugebildeten Wohnungseigentums.

VI. Vereinigung und Bestandteilszuschreibung bei mehreren Einheiten

1117 Ein Wohnungseigentümer kann zwei oder mehrere Wohnungseigentumseinheiten an **demselben Grundstück** miteinander vereinigen (§ 890 Abs. 1 BGB, § 5 GBO) oder sie im Wege der Bestandteilszuschreibung (§ 890 Abs. 2 BGB, § 6 GBO) miteinander verbinden.[2] Nicht erforderlich ist, dass das Sondereigentum insgesamt in sich abgeschlossen ist. Es genügt, wenn die zum Sondereigentum gehörenden Räumlichkeiten gegenüber dem Sondereigentum anderer Wohnungseigentümer sowie gegenüber dem Gemeinschaftseigentum abgegrenzt sind.[3] Die Vereinigung oder Bestandteilszuschreibung auch mehrerer **Wohnungseigentumsrechte** desselben Berechtigten **an verschiedenen Grundstücken**, ist dagegen abzulehnen, weil dies einer Verbindung von Sondereigentum mit Miteigentumsbruchteilen an mehreren Grundstücken gleichkäme.[4]

---

[1] Vgl. OLG Hamm DNotZ 1987, 225 =MittRhNotK 1987, 50 = OLGZ 1986, 415.

[2] BayObLG DNotZ 1999, 674; KG NJW-RR 1989, 1360 = OLGZ 1989, 385 = Rpfleger 1989, 500; OLG Hamburg DNotZ 1966, 176 = NJW 1965, 1765 = Rpfleger 1966, 79; LG Ravensburg BWNotZ 1976, 126 = MittBayNot 1976, 173 = Rpfleger 1976, 303.

[3] BayObLG MittBayNot 2000, 319 = MittRhNotK 2000, 210 = ZfIR 2001, 142; BayObLGZ 1981, 332; KG NJW-RR 1989, 1360 aaO.

[4] BayObLG DNotZ 1999, 674; BayObLG MittBayNot 2000, 319 aaO; KG NJW-RR 1989, 1360; OLG Stuttgart OLGZ 1977, 431; OLG Hamburg DNotZ 1966, 176 = NJW 1965, 1765 = Rpfleger 1966, 79; Demharter Rn 5 zu § 5 GBO; Schöner/Stöber Rn. 2979, 2980.

Materiellrechtlich erfordert die Rechtsänderung 1118

- eine einseitige formfreie Vereinigungs- bzw. Zuschreibungserklärung des Eigentümers und die Eintragung im Grundbuch.
- Einer Zustimmung der anderen Wohnungseigentümer oder der Gläubiger der zusammenzuführenden Objekte bedarf es in aller Regel nicht.[1] Soweit jedoch im Zuge der Vereinigung oder Bestandteilszuschreibung von nebeneinanderliegenden Wohnungseigentumseinheiten bauliche Veränderungen an tragenden Teilen, die im Gemeinschaftseigentum stehen (§ 5 Abs. 2 WEG), vorzunehmen sind, bedarf es der Zustimmung der nach § 22 Abs. 1 S 2 WEG beeinträchtigten Wohnungseigentümer.

Die **Vornahme der Grundbucheintragung** setzt voraus 1119

- einen Antrag (§ 13 Abs. 1 GBO) des vereinigenden oder zuschreibenden Wohnungseigentümers in der Form des § 29 GBO (§ 30 GBO).
- wegen §§ 5, 6 GBO ggfs. eine Pfandunterstellungserklärung sowie eine Vereinheitlichung der Rangverhältnisse. Kein (echtes) Hindernis kann im Regelfall das unmittelbaren Aneinandergrenzens der Objekte nach § 5 Abs. 2 bzw. § 6 Abs. 2 WEG sein, weil bereits bei der Begründung von Wohnungseigentum oftmals nicht alle zum Sondereigentum gehörenden Räumlichkeiten auf einer Ebene liegen (z.B. Wohnung und Keller)
- einen berichtigten Aufteilungsplan (§ 7 Abs. 4 Nr. 1 WEG), wenn durch bauliche Veränderungen das Gemeinschaftseigentum oder das Sondereigentum anderer Wohnungseigentümer berührt werden. Einer neuen Abgeschlossenheitsbescheinigung selbst für die Vereinigung von baulich zusammengelegten Wohnungseigentumsrechten bedarf es nicht.[2]

Besteht ein **Sondernutzungsrecht** nur für eines der vereinigten Wohnungs- 1120
eigentumsrechte, so tritt in entsprechender Anwendung der Grundsätze für die Grunddienstbarkeit keine automatische Erstreckung der Berechtigung auf das andere, nicht begünstigte Wohnungseigentum ein.[3]

Eintragungsbeispiel:

BV Spalten 7/8 des abgebenden WE-Grundbuchblattes:

1 Übertragen nach Blatt ... am ...

BV Spalten 1 bis 4 des aufnehmenden WE-Grundbuchblattes, auf dem bereits unter Nr. 1 ein Miteigentumsanteil von beispielsweise 60/1000 an dem Grundstück ... zu 500 qm

verbunden mit dem Sondereigentum ... vorgetragen ist:

2	–	30/1000 Miteigentumsanteil an dem Grundstück ... zu 500 qm verbunden mit dem Sondereigentum an ...
3	1, 2	90/1000 Miteigentumsanteil an dem Grundstück ... zu 500 qm verbunden mit dem Sondereigentum an ... (wie bisher lfd. Nr. 1) und dem Sondereigentum an ... (wie bisher lfd. Nr. 2); ...

[1] BayObLG DNotZ 1999, 674; OLG Hamm MittRhNotK 1999, 344.
[2] OLG Hamburg NotBZ 2004, 240 = Rpfleger 2004, 620 = WM 2004, 355.
[3] Vgl. Palandt/Bassenge Rn. 3 zu § 1018 BGB.

BV Spalten 5/6:

1, 2, 3, Nr. 2 hierher übertragen aus Blatt … und mit Nr. 1 vereinigt zu Nr. 3 am …

Die laufenden Nrn. 1 und 2 in den Spalten 1 bis 4 sind zu röten.

VII. Zuerwerb und Veräußerung einer Grundstücksfläche

1121 Der **Zuerwerb** einer weiteren Grundstücksfläche zum Wohnungseigentumsgrundstück ist zulässig. **Materiell erforderlich** hierzu ist

- eine **Auflassung** (§§ 873, 925 BGB) **an alle** Wohnungseigentümer **gleichzeitig, entsprechend** dem Bruchteil **ihrer Miteigentumsanteile.**[1] Ferner wegen § 1 Abs. 4 WEG die Erklärung der erwerbenden Wohnungseigentümer dass die hinzuerworbene Fläche mit dem Wohnungseigentumsgrundstück vereinigt (§ 890 Abs. 1 BGB) oder als Bestandteil (§ 890 Abs. 2 BGB) zugeschrieben und die Fläche der für das Wohnungseigentum geltenden Gemeinschaftsordnung unterstellt wird.[2]
- die Eintragung in allen Wohnungseigentumsgrundbüchern (vgl. § 3 Abs. 5 WGV).

Eine Zustimmung der dinglich Berechtigten an den einzelnen Wohnungseigentumseinheiten ist nicht nötig, da sich der Belastungsgegenstand nur vergrößert, sie also keine Beeinträchtigung erfahren. Grundsätzlich besteht für den einzelnen Wohnungseigentümer keine Verpflichtung zum Zuerwerb, auch nicht zu einem unentgeltlichen Erwerb, es sei denn dies wurde nach § 10 Abs. 3 WEG von den Eigentümern ausdrücklich vereinbart.[3]

1122 **Eintragungsvoraussetzungen** sind

- ein Antrag (§ 13 Abs. 1 GBO) von mindestens einem Wohnungseigentümer oder seitens des Veräußerers.
- der Nachweis der Auflassung (§ 20 GBO) samt den sonstigen formbedürftigen Erklärungen (§§ 19, 29 GBO) entsprechend. den mat. Erfordernissen (Verbindung der Miteigentumsanteile an hinzuerworbener Fläche mit Sondereigentum usw.; §§ 5, 6 GBO).
- Pfandunterstellungserklärungen (§§ 19, 29 GBO) der einzelnen Wohnungseigentümer für die an ihren Einheiten lastenden Rechte. Bei Bestandteilszuschreibung der hinzuerworbenen Fläche erübrigt sich dies hinsichtlich der am jeweiligen Wohnungseigentum eingetragenen Grundpfandrechte (§ 1131 BGB).
- Auszug aus dem Fortführungsnachweis (Veränderungsnachweis) nebst Karte.
- finanzamtliche Unbedenklichkeitsbescheinigung.

1123 Die **Veräußerung** einer (wegzumessenden) realen Teilfläche aus dem gemeinschaftlichen Wohnungseigentumsgrundstück kann nur von allen Woh-

---

[1] BayObLG Rpfleger 1976, 13; OLG Frankfurt DNotZ 1974, 94 = Rpfleger 1973, 394; OLG Oldenburg Rpfleger 1977, 23.

[2] OLG Saarbrücken DWE 1989, 143 = Rpfleger 1988, 478; OLG Zweibrücken DNotZ 1991, 605 = NJW-RR 1991, 782; OLG Frankfurt DNotZ 1993, 612 = Rpfleger 1993, 396; *Schöner/Stöber* Rn 2891.

[3] BayObLGZ 1973, 30 = NJW 1973, 1378 = Rpfleger 1973, 140.

nungseigentümern insgesamt vorgenommen werden (§ 10 Abs. 2 Satz 1 WEG, § 747 Satz 2 BGB). Dies erfordert **materiell**

- eine **gleichzeitige Einigung aller** Wohnungseigentümer mit dem Erwerber **in Auflassungsform** (§§ 877, 873 Abs. 1, 925 BGB; § 4 WEG). Getrennte Verfügungen der einzelnen Wohnungseigentümer über ihre Miteigentumsanteile sind nicht ausreichend,[1] da durch die Veräußerung einer zum gemeinschaftlichen Eigentum gehörenden Fläche zugleich die Verbindung mit dem Sondereigentum insoweit aufgehoben werden muss.[2]
- die Zustimmung aller dinglich Berechtigten an sämtlichen Wohnungseigentumseinheiten, soweit sie eine Beeinträchtigung erfahren können (§§ 876, 877 BGB bzw. § 875 BGB). Die Zustimmung zur Lastenfreistellung ist insoweit u.U. durch Unschädlichkeitszeugnis ersetzbar (s. dazu Rn. 1099). Die Eintragung der Abschreibung einer Teilfläche erfolgt wie auch die Zuschreibung im Bestandsverzeichnis aller Wohnungsgrundbücher (§ 3 Abs. 5 WGV).
- Eine Erklärung des erwerbenden Grundstückseigentümers, dass die Teilfläche nach § 890 BGB mit seinem Grundstück vereinigt oder diesem als Bestandteil zugeschrieben wird.
- Eintragung der Abschreibung vom Grundstücksbestand in allen Wohnungseigentumsgrundbüchern und Buchung des Zugangs der Teilfläche beim „gewinnenden“ Grundstück wie üblich.

Zur Eintragung im Grundbuch bedarf es 1124

- eines Antrags (§ 13 Abs. 1 GBO) von mindestens einem der betroffenen Wohnungseigentümer oder seitens des begünstigten Erwerbers der Teilfläche.
- die formgerechte Bewilligung aller Wohnungseigentümer (§§ 19, 29 GBO) und den Nachweis der Einigung (§ 20 GBO).
- die Freigabeerklärungen (§§ 19, 29 GBO) der an den einzelnen Wohnungseigentumseinheiten eingetragenen dinglich Berechtigten.
- die Bewilligung des erwerbenden Grundstückseigentümers gem. den materiellen Erfordernissen, einschließlich etwa notwendig werdender Pfandunterstellungserklärungen (s. §§ 5, 6 GBO).
- der Vorlage eines Auszugs aus dem (Veränderungs-)Fortführungsnachweis nebst Karte.
- die finanzamtliche Unbedenklichkeitsbescheinigung für den erwerbenden Grundstückseigentümer.

Eine **Vormerkung** zur Sicherung des Anspruchs auf Übertragung einer 1125
Teilfläche aus dem Wohnungseigentumsgrundstück kann nur **an allen Wohnungseigentumseinheiten** (s. § 4 WGV) **gleichzeitig** eingetragen werden.[3]

VIII. Nachträgliche Vereinbarungen über das Verhältnis der Wohnungseigentümer (§ 10 Abs. 3 WEG)

Vereinbarungen über das Verhältnis der Wohnungseigentümer untereinan- 1126
der **können auch nachträglich getroffen werden.** Ebenso ist die Abänderung

---

[1] OLG Schleswig SchlHA 1974, 85.
[2] OLG Frankfurt DNotZ 1991, 605 = OLGZ 1990, 253 = Rpfleger 1990, 292.
[3] BayObLGZ 1974, 125 = Rpfleger 1974, 261.

oder Aufhebung bestehender Vereinbarungen möglich. Wirkungen gegenüber einem Sondernachfolger entfalten derartige Änderungen aber nur, wenn sie als Inhalt des Sondereigentums im Grundbuch **eingetragen** werden (§ 10 Abs. 3 i.V.m § 5 Abs. 4 Satz 1 WEG). Infrage kommen dabei insbesondere die nachträgliche **Begründung, Änderung oder Aufhebung** von Veräußerungsbeschränkungen nach § 12 WEG, von Gebrauchsregelungen für Sondereigentum oder gemeinschaftliches Eigentum nach § 15 Abs. 1 WEG sowie die Änderung des Nutzen-, Lasten-, Kostenverteilerschlüssels nach § 16 WEG. Erforderlich hierfür ist grundsätzlich die **Zustimmung** (Einigung §§ 873, 877 BGB) **aller Wohnungseigentümer,**[1] für die es der Form der Auflassung nicht bedarf. Die Einigung aller Wohnungseigentümer ist auch dann nötig, wenn es um die Verlegung eines Stellplatzes geht, an dem ein Sondernutzungsrecht besteht.[2]

1127 Einer **Zustimmung** zu Änderungen der Gemeinschaftsordnung **durch Grundpfandrechtsgläubiger oder Reallastberechtigte** deren Rechte am Wohnungseigentum eingetragen sind, bedarf es nach der Neuregelung des Wohnungseigentumsgesetzes nur mehr, **wenn** ein **Sondernutzungsrecht begründet** oder ein mit dem Wohnungseigentum verbundenes Sondernutzungsrecht **aufgehoben, geändert oder übertragen** wird (§ 5 Abs. 4 Satz 2 WEG). Demzufolge ist eine Zustimmung von Realberechtigten zur nachträglichen Begründung oder Abänderung einer Veräußerungsbeschränkung (§ 12 WEG), zu Änderungen der Zweckbestimmung (§ 13 WEG) oder der Kostenverteilung (§ 16 Abs. 2 WEG),wie auch zu Änderungen bezüglich der Verwaltung des gemeinschaftlichen Eigentums (§ 21 WEG) nicht erforderlich. **Zustimmen** müssen aber zu Änderungen der Gemeinschaftsordnung weiterhin die dinglichen Berechtigten von Eigentumsvormerkungen, Dienstbarkeiten, Nießbrauchs- und Vorkaufsrechten sowie von Dauerwohn- oder Dauernutzungsrechten, sofern deren Rechte durch die Rechtsänderung beeinträchtigt werden (§§ 876, 877 BGB).[3]

1128 Die ansonsten bei der nachträglicher Begründung von Gebrauchsregelungen nach § 15 Abs. 1 WEG auch erforderliche **Zustimmung von Realberechtigten** des schlechter gestellten Wohnungseigentums **entfällt** dann, **wenn** durch die Vereinbarung eines Sondernutzungsrechts **gleichzeitig** das zu ihren Gunsten **belastete Wohnungseigentum mit einem Sondernutzungsrecht verbunden wird** (§ 5 Abs. 4 Satz 3 WEG). Obwohl für einen derartigen Fall von wechselseitig begründeten Sondernutzungsrechten weder die Gleichwertigkeit noch die Gleichartigkeit dieser Rechte bestimmt ist, sah der Gesetzgeber die Zustimmung für Realberechtigte deshalb für entbehrlich an, weil der Gebrauchsentzug gewisser Flächen oder Räumlichkeiten durch das Erlangen eines eigenen Sondernutzungsrechts kompensiert werde. Ein Zustimmungserfordernis von Dienstbarkeits- Dauerwohn-, Dauernutzungs- oder Nießbrauchsberechtigten kann nur gegeben sein, wenn und soweit in ihre Nut-

---

[1] Vgl. BayObLGZ 1978, 377 = Rpfleger 1979, 108, BayObLG Rpfleger 1980, 111; BayObLGZ 1974, 217 = DNotZ 1975, 31 = Rpfleger 1974, 314.

[2] BayObLG FGPrax 2001, 145 = Rpfleger 2001, 404.

[3] Vgl. BGHZ 91, 343 = DNotZ 1984, 695 = NJW 1984, 2409 = Rpfleger 1984, 408; OLG Frankfurt Rpfleger 1975, 309.

zungsrechte eingegriffen wird. Dies ist dann der Fall wenn z.B. einem Wohnungseigentümer eine bestimmte Grundstücksfläche zur Sondernutzung (Kfz-Stellplatz) zugewiesen wird und diese Fläche in den Ausübungsbereich des Berechtigten einer Benutzungsdienstbarkeit fällt. Zur Eintragung des Sondernutzungsrechts im Grundbuch ist dann die Bewilligung des Dienstbarkeitsberechtigten erforderlich.[1]

Werden aufgrund einer **Öffnungsklausel** Vereinbarungen und damit auch 1129
Sondernutzungsrechte durch Mehrheitsbeschlüsse nach § 23 Abs. 1 WEG abgeändert oder auch neu begründet, so sind die gefassten Beschlüsse im Hinblick auf § 10 Abs. 4 WEG weder eintragungsbedürftig noch eintragungsfähig.[2] Der Gesetzgeber nimmt insoweit bewusst einen Wertungswiderspruch zu § 10 Abs. 3 WEG in Kauf, wonach bei identischem Inhalt, die Abänderung einer Vereinbarung durch eine Vereinbarung gegen den Sondernachfolger eines Wohnungseigentümers nur wirkt, wenn sie im Grundbuch eingetragen ist.[3] Sie bedürfen auch nicht der Zustimmung dinglich Berechtigter, weil die Neuregelung von § 5 Abs. 4 Satz 2 und 3 WEG keine Anwendung findet, da sie nur für **vereinbarte** Sondernutzungsrechte gilt und Dritte nicht mehr Rechte haben können als der Eigentümer, der auch hinnehmen muss, dass er bei der Beschlussfassung überstimmt wird.

IX. Übertragung und Aufhebung eines Sondernutzungsrechts

Eine **Übertragung** des Sondernutzungsrechts kann wegen § 6 Abs. 1 WEG, 1130
§ 399 BGB nur auf einen Wohnungseigentümer aus derselben Wohnungseigentumsanlage erfolgen, **nicht** jedoch auf einen **Dritten.**[4] Da Gegenstand des Sondernutzungsrechts gemeinschaftliches Eigentum ist, kann das Wohnungseigentum, dem das Sondernutzungsrecht zugeordnet ist, auch nicht mit einer Dienstbarkeit des Inhalts belastet werden, dass ein Dritter das Sondernutzungsrecht ausüben darf, weil demzufolge nur eine Belastung des ganzen Grundstücks infrage kommt. Eine schuldrechtliche Gestattung der Ausübung durch Dritte, z.B. durch Vermietung, ist jedoch zulässig.[5]

Materiell erforderlich ist 1131

- eine formfreie Einigung zwischen dem betroffenen und dem begünstigten Wohnungseigentümer (§§ 873, 877 BGB). Eine einseitige Erklärung des Wohnungseigentümers reicht aus, wenn ihm sowohl das bisher, als auch das neubegünstigte Wohnungseigentum gehören.[6]
- die Zustimmung von beeinträchtigten Dritten, das sind die Berechtigten von Einzelbelastungen, die lediglich am Wohnungseigentum des Veräußerers lasten (§§ 877, 876 BGB).
- die Eintragung, die nur im Grundbuch des von der Übertragung des Sondernutzungsrechts betroffenen und des begünstigten Wohnungseigentums

[1] Vgl. BayObLG FGPrax 2002, 149.
[2] OLG München DNotZ 2010, 196 = NJW 2010, 450 = Rpfleger 2010, 210; ebenso bereits Meikel/Morvilius Einl. C Rn. 182; Schöner/Stöber Rn. 2887.
[3] S. BT-Drucks. 16/887 S. 20.
[4] BGHZ 73, 145 = MittBayNot 1978, 206 = Rpfleger 1979, 57.
[5] BayObLGZ 1974, 396 = Rpfleger 1975, 22.
[6] OLG Düsseldorf MittRhNotK 1981, 196.

zu erfolgen hat, nicht jedoch bei den übrigen Wohnungseigentumseinheiten.[1] Einer Zustimmung der übrigen Wohnungseigentümer, die in ihren Rechten nicht berührt werden, bedarf es nicht.[2] Etwas anderes gilt nur dann, wenn in entsprechender Anwendung von § 12 WEG die Übertragung des Sondernutzungsrechts von der Zustimmung der übrigen Wohnungseigentümer oder des Verwalters abhängig gemacht ist.[3]

1132 An **Eintragungsvoraussetzungen** bedarf es

- eines Antrags (§ 13 Abs. 1 Satz 2 GBO) des betroffenen oder des begünstigten Wohnungseigentümers.
- einer Eintragungsbewilligung (§ 19 GBO) des Veräußerers in der Form des § 29 GBO.
- Freigabeerklärungen (§§ 19, 29 GBO) von den dinglich Berechtigten am „verlierenden“ Wohnungseigentum.

Eintragungsbeispiel – BV Spalten 5/6 beim betroffenen und begünstigen WE:

1 Der Inhalt des Sondereigentums ist hinsichtlich des Sondernutzungsrechts am Kfz-Stellplatz Nr. … des Aufteilungsplans geändert. Gemäß Bewilligung vom … (Notar …/URNr. …), eingetragen am…

Oder:

BV Spalten 7/8 beim betroffenen WE:
1 … Sondernutzungsrecht am Kfz-Stellplatz Nr. … des Aufteilungsplans auf Wohnungseigentum Bl. … übertragen am …

BV Spalten 5/6 beim begünstigen WE:

1 Zugeordnet als Sondernutzungsrecht ist der laut Aufteilungsplan mit Nr. … bezeichnete Kfz-Stellplatz. Gemäß Bewilligung vom … (Notar …/URNr. …), eingetragen am …

1133 **Die Aufhebung** eines Sondernutzungsrechts bedarf schuldrechtlich der Zustimmung aller Wohnungseigentümer durch eine entsprechende Vereinbarung (§ 10 Abs. 3 WEG). Eine einseitige Aufgabeerklärung entsprechend § 875 Abs. 1 BGB des Wohnungseigentümers, dem das Sondernutzungsrecht eingeräumt ist, genügt nicht. Die Eintragung eines **Löschungsvermerks** (§ 46 Abs. 1 GBO) erfordert dagegen außer der Bewilligung (§ 19 GBO) der davon Betroffenen, wozu neben dem Eigentümer des verlierenden Wohnungseigentum auch die Berechtigten von an diesem lastenden dinglichen Rechte zählen, keine Mitwirkung der übrigen Wohnungseigentümer. Dies liegt darin begründet, dass das eingetragene Sondernutzungsrecht weder ein dingliches noch gar ein grundstücksgleiches Recht ist, sondern lediglich ein schuldrechtliches Gebrauchsrecht[4]

---

[1] BayObLG Rpfleger 1990, 63.

[2] BGHZ 73, 145 = DNotZ 1979, 168 = NJW 1979, 548 = Rpfleger 1979, 57; BayObLG DNotZ 1979, 307 = Rpfleger 1979, 217.

[3] Vgl. Schöner/Stöber Rn 2963.

[4] Siehe BGHZ 145, 133 = DNotZ 2001, 381 = NJW 2000, 3643 = Rpfleger 2001, 69 = ZfIR 2000, 884.

C. Aufhebung des Sondereigentums

Die Gemeinschaft der Wohnungseigentümer wird beendet, wenn unter **Mitwirkung aller Wohnungseigentümer** durch Vertrag, welcher der Auflassungsform zu entsprechen hat (§ 4 WEG, §§ 873, 925 BGB), die Aufhebung sämtlicher Sondereigentumsrechte erklärt wird **und alle dinglich Berechtigten**, denen Rechte an den Miteigentumsanteilen zustehen, **zustimmen** (§§ 876, 877 BGB, § 9 Abs. 2 WEG). Das Grundbuchamt schließt auf Vorlage des entsprechenden Nachweises von Amts wegen die Wohnungsgrundbücher (§ 9 Abs. 1 Nr. 1 WEG) und legt für das Grundstück ein Grundbuchblatt an (§ 9 Abs. 3 WEG). Die Belastungen an den Wohnungseigentumseinheiten sind soweit sie nicht zur Aufhebung und Löschung gelangen, als Belastungen des entsprechenden Miteigentumsbruchteils[1] in die Abteilungen 2 und 3 des Grundstücksblattes zu übertragen.[2] Falls Belastungen ihrer Art nach nicht an einem gewöhnlichen Miteigentumsanteil fortbestehen können (z.B. Dienstbarkeiten), gehen sie mit Aufhebung des Sondereigentums unter und sind wegen Gegenstandslosigkeit durch Nichtmitübertragung von Amts wegen zu löschen. (§§ 84, 46 Abs. 2 GBO).[3] 1134

In Einschränkung von § 749 Abs. 1 BGB kann einseitig kein Wohnungseigentümer, Pfändungsgläubiger (§ 751 BGB) oder Insolvenzverwalter (§ 84 Abs. 2 InsO) die Aufhebung der Wohnungseigentümergemeinschaft verlangen, auch nicht aus wichtigem Grund (§ 11 Abs. 2 WEG). Eine abweichende Vereinbarung der Wohnungseigentümer ist aber für den Fall möglich, dass das Gebäude ganz oder teilweise zerstört wird und eine Verpflichtung zum Wiederaufbau nicht besteht (§ 11 Abs. 1 Satz 3 WEG). Wenn die **Zerstörung** des Gebäudes mehr als die Hälfte seines Wertes ausmacht und der Schaden nicht durch eine Versicherung oder anderweitig gedeckt ist, kann der Wiederaufbau von keinem Wohnungseigentümer verlangt oder durch die Mehrheit der Wohnungseigentümer beschlossen werden (§ 22 Abs. 4 WEG). Wird dem Grundbuchamt durch eine Bescheinigung der Baubehörde die völlige Zerstörung des Gebäudes nachgewiesen, so sind auf Antrag sämtlicher Wohnungseigentümer in der Form des § 29 GBO und nach Zustimmung der nach §§ 876, 877 BGB beeinträchtigten Dritten die Wohnungsgrundbücher von Amts wegen zu schließen (§ 9 Abs. 1 Nr. 2 WEG) unter gleichzeitiger Anlegung eines Grundbuchblattes für das Grundstück. 1135

Sind **sämtliche Wohnungseigentumsrechte in einer Person vereinigt**, so genügt zur Aufhebung des Sondereigentums der Antrag des Eigentümers (§ 9 Abs. 1 Nr. 3 WEG) unter Berücksichtigung des etwaigen Zustimmungserfordernisses Dritter, deren Rechte an den Wohnungseigentumseinheiten lasten. 1136

Eine **teilweise Aufhebung des Sondereigentums** ist auch dadurch möglich, dass das in Wohnungseigentum aufgeteilte Grundstück ohne Veräußerung, d.h. im Eigenbesitz geteilt wird und der abgetrennte unbebaute Teil in ge- 1137

---

[1] Zur Bestimmung der Anteile nach ihrem Wert s. § 17 WEG.

[2] OLG Schleswig NJW-RR 1991, 848 = Rpfleger 1991, 150 *(Meyer-Stolte)*.

[3] Demharter Anhang Rn 103 zu § 3 GBO; Schöner/Stöber Rn 2996; Riedel MDR 1952, 405.

wöhnliches Bruchteilseigentum umgewandelt wird. Das restliche Grundstück auf dem sich das Gebäude mit den zum Sondereigentum erklärten Räumlichkeiten befindet, bleibt dagegen unberührt. In diesem Fall bedarf es neben der Eintragung im Grundbuch gleichfalls der Einigung aller Wohnungseigentümer in Auflassungsform (§ 9 Abs. 1 Nr. 1 i.V.m § 4 WEG) sowie der Zustimmung der dinglich Berechtigten, deren Rechte nicht am ganzen Grundstück oder auf allen Wohnungseigentumseinheiten lasten.[1]

1138 Eine **Aufgabe des Wohnungseigentums** entsprechend § 928 Abs. 1 BGB **durch Verzicht** gegenüber dem Grundbuchamt ist **nicht möglich**[2] und eine dementsprechende Eintragung daher unzulässig. Insoweit stehen die Vorschriften des Wohnungseigentumsgesetzes einer anderen Wertung entgegen, welche die Rechte und Pflichten der Wohnungs- und Teileigentümer regeln und zur Folge haben, dass kein Eigentümer außer durch Übertragung seines Eigentums einseitig aus der Eigentümergemeinschaft ausscheiden kann.[3]

§ 43. Wohnungs- und Teilerbbaurecht (§ 31 WEG)

I. Begründung

1139 An einem Erbbaurecht kann in analoger Anwendung von § 8 WEG **durch einseitige Teilungserklärung** des Erbbauberechtigten eine Begründung von Wohnungs- und Teilerbbaurechten dergestalt erfolgen (§ 30 Abs. 2 WEG), dass der Erbbauberechtigte seine Berechtigung am Erbbaurecht in entsprechend viele Bruchteile aufteilt und mit jedem Bruchteil das **Sondereigentum** an einer bestimmten in sich abgeschlossenen Wohnung (Wohnungserbbaurecht) oder an abgeschlossenen nicht zu Wohnzwecken bestimmten Räumen (Teilerbbaurecht) in einem auf Grund des Erbbaurechts zu errichtenden oder bereits errichteten Gebäude verbindet. Steht das Erbbaurecht bereits mehreren Berechtigten gemeinschaftlich nach Bruchteilen zu, dann kann **durch Vertrag** eine Beschränkung dahingehend vereinbart werden, dass mit jedem Anteil der Mitberechtigten das Sondereigentum an bestimmten in sich abgeschlossenen Räumlichkeiten eingeräumt wird (§ 30 Abs. 1 WEG). Auf Wohnungs- und Teilerbbaurechte finden die Vorschriften für das Wohnungs- und Teilungseigentum entsprechende Anwendung (§ 30 Abs. 3 Satz 2 WEG).

1140 Die für die vertragliche Einräumung von Sondereigentum erforderliche Einigung an den im Erbbaurechtsgebäude befindlichen Räumlichkeiten bedarf der Auflassungsform (§ 4 Abs. 1, 2 WEG analog).[4] § 11 Abs. 1 ErbbauRG ist insoweit nicht anwendbar.[5] Für die Vorratsteilung entsprechend § 8 WEG genügt eine an das Grundbuchamt gerichtete Erklärung; welche die Eintragungsbewilligung enthält (§ 19 GBO) und demzufolge der Form des § 29

---

[1] OLG Frankfurt DNotZ 1991, 604 = Rpfleger 1990, 292.

[2] So schon OLG Celle ZfIR 2003, 1040; OLG Zweibrücken FGPrax 2002, 200 = ZfIR 2002, 830; BayObLGZ 1991, 90 = NJW 1991, 1962 = Rpfleger 1991, 247.

[3] BGH Rpfleger 2007, 537.

[4] Schöner/Stöber Rn 2998; Palandt/Bassenge Rn 1 zu § 30 WEG.

[5] Schöner/Stöber Rn 2998. **AA** Rethmeier MittRhNotK 1993, 145, Weitnauer/Mansel Rn. 21 zu § 30 WEG.

Abs. 1 GBO entsprechen muss. Eine Zustimmung des Grundstückseigentümers oder des Erbbauzinsberechtigten ist weder für die vertragliche Einräumung noch für die Vorratsteilung entsprechend § 8 WEG erforderlich.[1] Ein derartiges Zustimmungserfordernis kann auch nicht als Inhalt des Erbbaurechts mit dinglicher Wirkung vereinbart werden.[2] Aufgrund der entsprechenden Anwendbarkeit von § 1 Abs. 4 WEG ist die Begründung eines Wohnungserbbaurechts **nur an einem**, nicht jedoch an mehreren selbständigen Erbbaurechten möglich. Zulässig ist jedoch die Begründung an einem **Gesamterbbaurecht.**[3] Zulässig ist ferner, ein **Untererbbaurecht,** d.h. ein Erbbaurecht an einem Erbbaurecht in Wohnungserbbaurechte aufzuteilen.[4] Die Begründung und Teilung von Wohnungserbbaurechten in Gebieten mit Fremdenverkehrsfunktionen kann nach Maßgabe des § 22 BauGB einer Genehmigung unterliegen. Kein Genehmigungserfordernis besteht in Bezug auf § 172 BauGB i.V.m einer etwa ergangenen Milieuschutzsatzung.[5] Der Eintragung einer **Vereinigung von Wohnungserbbaurechten** entsprechend § 890 Abs. 1 BGB steht eine unterschiedliche Belastung von Rechten der Abteilung II auch im Hinblick auf eine auf die jeweiligen Wohnungserbbaurechte aufgeteilte Erbbauzinsreallast nicht entgegen.[6]

II. Inhalt

Ist als Inhalt des Erbbaurechts eine **Veräußerungs- und Belastungsbeschränkung (§ 5 ErbbauRG)** eingetragen, so wird sie mit der Begründung von 1141
Wohnungserbbaurechten Inhalt eines jeden dieser Rechte.[7] Durch Einigung zwischen dem Wohnungserbbauberechtigten und dem Grundstückseigentümer kann jedoch eine derartige Verfügungsbeschränkung lediglich für ein einzelnes Wohnungserbbaurecht aufgehoben werden. Einer Zustimmung der übrigen Wohnungserbbauberechtigten und der an den Wohnungserbbaurechten oder am Grundstück dinglich Berechtigten bedarf es hierzu nicht.[8] Neben einer Verfügungsbeschränkung nach § 5 ErbbauRG kann auch eine **Veräußerungsbeschränkung nach § 12 WEG** in entsprechender Anwendung bestellt werden. Soll an einem Wohnungserbbaurecht eine als Eigentümer eingetragenen Erbengemeinschaft in eine Bruchteilsgemeinschaft aller Miterben umgewandelt werden, ist weder eine Zustimmung nach § 5 ErbbauRG noch nach § 12 WEG erforderlich.[9]

---

[1] BayObLGZ 1978, 157 = DNotZ 1978, 626 = Rpfleger 1978, 375; LG Augsburg MittBayNot 1979, 68.

[2] OLG Celle Rpfleger 1981, 22.

[3] BayObLGZ 1989, 354 = MittBayNot 1986, 28 = MittRhNotK 1989, 268 = Rpfleger 1989, 503; LG Wiesbaden MittBayNot 1989, 315 = MittRhNotK 1986, 24; Demharter DNotZ 1986, 457 und Anhang § 3 GBO Rn 108; Schöner/Stöber Rn 2998; **ablehnend** Weitnauer/Mansel Rn 21 zu § 30 WEG.

[4] Vgl Weitnauer § 30 WEG Rn 20.

[5] Vgl Langhein ZNotP 1998, 346, 348.

[6] So OLG Hamm DNotZ 2007, 225 = FGPrax 2007, 62 = MittBayNot 2007, 490 m. Anm. Morvilius.

[7] LG Itzehoe Rpfleger 2000, 495.

[8] BayObLGZ 1989, 354 aaO.

[9] LG Lübeck Rpfleger 1991, 201.

III. Grundbucheintragung

1142 Die Eintragung der Wohnungserbbaurechte erfolgt dadurch, dass für jeden Anteil verbunden mit Sondereigentum, von Amts wegen ein besonderes Grundbuchblatt angelegt (§ 30 Abs. 3 Satz 1 WEG, s. dazu auch § 8 WGV sowie Anlage 3 zur WGV) und das Erbbaugrundbuch (§ 14 ErbbauRG) geschlossen wird (§ 30 Abs. 3 Satz 2 i.V.m. § 7 Abs. 1 Satz 3 WEG). Ein nicht aufgeteilter Erbbauzins ist als Gesamtbelastung auf sämtliche Grundbuchblätter der Wohnungserbbaurechte zu übertragen.

IV. Aufhebung, Erlöschen

1143 Wird durch Vertrag, welcher der Auflassungsform zu entsprechen hat (§ 30 Abs. 3 i.V. m. § 4 WEG), unter Mitwirkung sämtlicher Wohnungserbbauberechtigter und aller dinglich Berechtigten, denen Rechte an den Wohnungserbbaurechten zustehen (§ 30 Abs. 3 mit § 9 Abs. 2 WEG, §§ 876, 877 BGB), das **Sondereigentum aufgehoben**, sind die Wohnungserbbaugrundbücher von Amts wegen zu schließen und für das Erbbaurecht wieder ein Grundbuchblatt anzulegen (§ 30 Abs. 3 mit § 9 Abs. 1 Nr. 1, Abs. 3 WEG). Nicht aufgehobene Belastungen an den Wohnungserbbaurechten sind als Belastungen der entsprechenden Bruchteile der Mitberechtigten in das Erbbaugrundbuch zu übernehmen.[1]

1144 Erfolgt eine **Aufhebung des Erbbaurechts** durch Erklärung der Berechtigten (§ 875 Abs. 1 BGB) mit Zustimmung des Grundstückseigentümers (§ 26 ErbbauRG) und unter Mitwirkung etwaiger Berechtigter von dinglichen Rechten, die am Erbbaurecht lasten (§ 876 BGB), erlöschen die Mitberechtigungen der einzelnen Wohnungserbbauberechtigten an dem Erbbaurecht und damit auch das mit diesen verbundene Sondereigentum, das nicht ohne eine solche Mitberechtigung bestehen kann (vgl. § 6 Abs. 1 WEG). Die Aufhebung des Erbbaurechts führt nicht dazu, dass sich die aus der Aufteilung des Erbbaurecht entstandenen Wohnungserbbaurechte in Wohnungseigentumsrechte umwandeln. Hierzu bedarf es vielmehr eines Vertrags der Miteigentümer in Auflassungsform (§§ 3, 4 WEG) über die Aufteilung des Grundstücks in Wohnungseigentum.[2]

1145 Ist das **Erbbaurecht durch Zeitablauf erloschen**, geht das gesamte Bauwerk, das bisher wesentlicher Bestandteil des Erbbaurechts war (§ 12 ErbbauRG) in das Eigentum des Grundstückseigentümers über und die bestehenden Wohnungserbbaurechte erlöschen. Die Folge ist dann, dass nach § 30 Abs. 3 WEG in analoger Anwendung von § 9 Abs. 1 Nr. 1 WEG die Wohnungserbbaugrundbücher von Amts wegen zu schließen sind.

---

[1] Vgl. OLG Schleswig NJW-RR 1991, 848 = Rpfleger 1991, 150 m. Anm. Meyer-Stolte.

[2] BayObLGZ 1999, 63 = FGPrax 1999, 88 = Rpfleger 1999, 327 m. Anm. Rapp.

§ 44. Eintragung eines Dauerwohn- und Dauernutzungsrechts (§§ 31–42 WEG)

I. Rechtsnatur und Entstehung

Bei dem Dauerwohn- oder Dauernutzungsrecht gemäß §§ 31 ff WEG handelt es sich um ein beschränktes dingliches Recht, ähnlich dem Wohnungsrecht nach § 1093 BGB, aufgrund dessen der Berechtigte die von dem Recht umfassten Räumlichkeiten unter Ausschluss des Grundstückseigentümers nutzen darf. Das Dauerwohn- oder Dauernutzungsrecht kann sich auf das gesamte Gebäude erstrecken,[1] sich aber auch nur auf die Nutzung lediglich eines Raumes beschränken.[2] Als Grundstückbelastung kann es zulässigerweise auf **unbestimmte Zeit oder befristet** bestellt werden (arg § 41 WEG) und ist im Unterschied zum Wohnungsrecht **übertragbar, vererblich** (§ 33 Abs. 1 Satz 1 WEG) und **bedingungsfeindlich** (§ 33 Abs. 1 Satz 2 WEG). Nach überwiegender Rechtsansicht kann das Dauerwohnrecht auf Lebenszeit des Berechtigten, wie auch des Grundstückseigentümers beschränkt werden.[3] Unzulässig ist dagegen, die Befristung eines Dauerwohnrechts auf die Laufzeit eines von den Beteiligten abgeschlossenen Mietvertrages abzustellen.[4] Dauerwohnrecht und Dauernutzungsrecht unterscheiden sich nur in der bei Begründung des Rechts zu treffenden Zweckbestimmung über die Nutzung der von dem Recht erfassten Räumlichkeiten, wobei jedoch auch eine Vermischung von Dauerwohn- und Dauernutzungsrecht als Einheit zulässig ist.[5] Da in der rechtlichen Behandlung zwischen dem Dauerwohn- und Dauernutzungsrecht kein Unterschied besteht, wird im Weiteren nur vom Dauerwohnrecht zu sprechen sein. **1146**

Zur **Entstehung** gelangt das Dauerwohnrecht vertraglich gemäß § 873 Abs. 1 BGB durch formlose Einigung zwischen dem Grundstückseigentümer und dem Berechtigten sowie der Eintragung im Grundbuch. Im Falle der nach h. M. zulässigen Bestellung des Rechts für den Grundstückseigentümer selbst,[6] genügt an Stelle der Einigung dessen einseitige Erklärung. **1147**

II. Berechtigung

Berechtigte eines Dauerwohnrechts können natürliche oder juristische Personen sein. Bei der Bestellung eines Dauerwohnrechts für mehrere Beteiligte **1148**

[1] BGHZ 27, 158 = NJW 1958, 1289.

[2] LG Münster DNotZ 1953, 148 = MDR 1953, 175.

[3] OLG Celle Rpfleger 1964, 213; Palandt/Bassenge Rn 2 zu § 33 WEG; Diester NJW 1963, 183 und Rpfleger 1965, 216; Klingenstein BWNotZ 1965, 228; Marshall DNotZ 1962, 361, **aA** OLG Neustadt DNotZ 1962, 221 = NJW 1961, 1974 = Rpfleger 1962, 22; Soergel/Stürner Rn 5, zu § 33 WEG; Böttcher MittRhNotK 1987, 219.

[4] Hoche DNotZ 1953, 154.

[5] BayObLGZ 1960, 231 = NJW 1960, 2100 = DNotZ 1960, 596 = Rpfleger 1961, 400.

[6] BayObLGZ 1997, 164 = DNotZ 1998, 374 = NJW-RR 1997, 1233 = ZNotP 1997, 33; OLG Düsseldorf DNotZ 1958, 423 = NJW 1957, 1194; Palandt/Bassenge Rn 5 zu § 31 WEG.

ist sowohl eine Mitberechtigung zu Bruchteilen,[1] als auch eine Gesamtberechtigung möglich.[2] Stattdessen kann aber auch für mehrere Berechtigte jeweils ein besonderes Recht an denselben Räumen im gleichen Rang bestellt werden. **Nicht zulässig** ist die Bestellung eines Dauerwohnrechts **zugunsten des jeweiligen Eigentümers** eines anderen Grundstücks.

III. Belastungsgegenstand

1149 Mit einem Dauerwohnrecht belastbar ist ein Grundstück im Rechtssinne, und ebenso ein realer Teil eines Grundstücks, unter den Voraussetzungen des § 7 Abs. 2 GBO. Als Belastungsgegenstand kommen ferner infrage ein Erbbaurecht (§ 42 Abs. 1 WEG), ein Wohnungs- oder Teileigentum[3] sowie ein Wohnungs- oder Teilerbbaurecht. Ausgeschlossen ist dagegen die Belastung eines ideellen Miteigentumsbruchteils.[4] Sofern sich die einem Dauerwohnrecht zugehörigen Räume über mehrere Grundstücke erstrecken und eine Einheit bilden, ist auch die Bestellung eines Gesamtdauerwohnrechts zulässig.[5]Als zulässig anzusehen ist ferner die Bestellung mehrerer befristeter Dauerwohnrechte an ein und demselben Belastungsgegenstand, die in ihrer Ausübung jeweils auf einen bestimmten Zeitraum eines jeden Kalenderjahres beschränkt sind.[6]

IV. Inhalt

1150 Gesetzlich bestimmte Befugnis des Berechtigten eines Dauerwohnrecht ist es, wie schon eingangs erwähnt, die von dem Recht erfassten Räume unter Ausschluss des Eigentümers zu nutzen (§ 31 Abs. 1 WEG) und die zum gemeinschaftlichem Gebrauch bestimmten Teile, Anlagen und Einrichtungen des Gebäudes und Grundstücks mitzubenutzen (§ 33 Abs. 3 WEG), soweit nichts abweichendes vereinbart ist. Zum dinglichen Inhalt durch Eintragung in das Grundbuch können darüber hinaus Vereinbarungen zwischen dem Grundstückseigentümer und dem Berechtigten gemacht werden über

- die Art und den Umfang der Nutzungen, wie z.B. die Vermietung nur mit Zustimmung des Eigentümers vorzunehmen[7];
- den Ausschluss einer bestimmten Nutzungsart oder die Einschränkung des gemeinschaftlichen Mitgebrauchs;

---

[1] BGHZ 130, 150 = DNotZ 1996, 88 = NJW 1995, 2637 = WM 1995, 1632.

[2] Vgl Bärmann/Pick § 31 WEG Rn. 15; Palandt/Bassenge § 31 WEG Rn. 4.

[3] BGH DB 1979, 545; Palandt/Bassenge Rn 4 zu § 31 WEG.

[4] BayObLGZ 1957, 102, 110 = NJW 1957, 1840.

[5] LG Hildesheim NJW 1960, 49; Hampel Rpfleger 1961, 129; LG München I DNotZ 1973, 417 m Anm Walberer = MittBayNot 1973, 97 = Rpfleger 1973, 141; Schöner/Stöber Rn. 3003; Palandt/Bassenge Rn. 4 zu § 31 WEG; Böttcher MittBayNot 1993, 129 zu IV 5.

[6] Zum sog „Timesharing" s. Hoffmann MittBayNot 1987, 177; Gralka NJW 1987, 1997; Schmidt WEG 1987, 119; Hildenbrand NJW 1995, 2967 und 1996, 3249; Mäsch DNotZ 1997, 180. **AA** OLG Stuttgart DNotZ 1987, 631 = NJW 1987, 2032 = Rpfleger 1987, 107 mit unzutreffenden Auslegungsargumenten.

[7] BayObLGZ 1959, 520 = DNotZ 1960, 540 = NJW 1960, 1155.

- die Instandhaltung und Instandsetzung von Gebäudeteilen mit möglichen Verpflichtungen zur Unterhaltung des dem gemeinschaftlichen Gebrauchs unterliegenden Eigentums und der Vornahme außergewöhnlicher Ausbesserungen und Erneuerungen[1];
- die Tragung von Grundstückslasten, wie Grundsteuern oder Zinsleistungen für Grundpfandrechte;
- die Versicherung des Gebäudes und seinen Wiederaufbau im Falle der Zerstörung sowie
- das Recht des Eigentümers, bei Vorliegen bestimmter Voraussetzungen Sicherheitsleistung zu verlangen (§ 33 Abs. 4 Ziffer 1–5 WEG).

Als dinglicher Inhalt des Dauerwohnrechts kann auch bestimmt werden, 1151 dass der Berechtigte zur **Veräußerung** des Rechts der **Zustimmung** des Eigentümers oder eines Dritten bedarf (§ 35 WEG). Dabei ist es zulässig durch die entsprechende Anwendung von § 12 WEG das Zustimmungserfordernis lediglich auf bestimmte Veräußerungsfälle zu beschränken. Ein völliges Verbot der Veräußerung ist ausgeschlossen.[2]

Weiter ist als Inhalt vereinbar, die Verpflichtung des Berechtigten, das 1152 Dauerwohnrecht beim Eintritt bestimmter Voraussetzungen, wie z.B. der Pfändung des Rechts, der Insolvenz oder bei groben Pflichtverletzungen des Dauerwohnberechtigten, auf den Eigentümer oder einen von ihm bezeichneten Dritten zu übertragen (**Heimfall**, § 36 Abs. 1 WEG). Dazu können, wenn vom Heimfallanspruch Gebrauch gemacht wird, Vereinbarungen über die Gewährung einer Entschädigung, ihre Berechnung, Höhe und Art der Zahlung getroffen werden (§ 36 Abs. 4 WEG). Für ein langfristiges Dauerwohnrecht, also ein zeitlich unbegrenztes oder für ein über einen Zeitraum von mehr als 10 Jahren eingeräumtes Recht, ist die **Entschädigungspflicht** bei Geltendmachung des Heimfallanspruchs nach § 41 Abs. 3 WEG nicht abdingbar.[3]

Als Inhalt kann ferner festgelegt werden, dass das Dauerwohnrecht im 1153 Falle der Zwangsversteigerung des Grundstücks abweichend vom Deckungsgrundsatz des § 44 ZVG auch dann bestehen bleiben soll, wenn der Gläubiger eines dem Dauerwohnrecht im Rang vorgehenden oder gleichstehenden Grundpfandrechts oder einer Reallast die Zwangsversteigerung betreibt (§ 39 Abs. 1 WEG). Eine diesbezügliche Vereinbarung bedarf aber zu ihrer Wirksamkeit gemäß § 39 Abs. 2 WEG der Zustimmung dieser Gläubiger.

Letztlich ist als Inhalt vereinbar, dass (Voraus-) Verfügungen (z.B. Zahlung, 1154 Abtretung, Pfändung) über den Anspruch auf das Entgelt für das Dauerwohnrecht, wenn es in wiederkehrenden Leistungen bedungen ist, gegenüber einem dem Dauerwohnrecht vorgehenden oder gleichstehenden Grundpfandrechts- oder Reallastgläubiger wirksam sind, auch wenn es sich dabei um über den Rahmen des ansonsten für Mietzinsforderungen geltenden § 1124 BGB hinausgehende Verfügungen handelt (§ 40 Abs. 2 Satz 1 WEG).[4] Jedoch bedarf

[1] Bärmann/Pick/Merle § 33 WEG Rn 133.

[2] Soergel/Stürner § 35 WEG Rn 1.

[3] BGHZ 27, 158; Dammertz MittRhNotK 1970, 124; Diester Rpfleger 1967, 278. **AA** OLG Celle NJW 1960, 2293.

[4] Vgl Soergel/Stürner § 40 WEG Rn 3.

es auch hier zur Wirksamkeit der Zustimmung dieser Gläubiger (§ 40 Abs. 2 Satz 2 WEG i.V.m. § 39 Abs. 2 WEG). Nicht Rechtsinhalt eines Dauerwohnrechts kann die Verpflichtung zur Bezahlung eines Entgelts für seine Bestellung sein.[1]

V. Grundbucheintragung und ihre Voraussetzungen

1155 Einzutragen ist das Dauerwohnrecht in Abteilung II des Grundbuchs. Neben dem Antrag (§ 13 Abs. 1 GBO) bedarf es einer Eintragungsbewilligung des betroffenen Grundstückeigentümers (§ 19 BGO), die der Form des § 29 GBO zu entsprechen hat. Der Eintragungsbewilligung sind gemäß § 32 Abs. 2 Satz 2 WEG als Anlagen beizufügen ein **Aufteilungsplan**[2] und eine **Abgeschlossenheitsbescheinigung**[3] der Baubehörde. Soweit die Landesregierungen entsprechende Rechtsverordnungen erlassen bzw. ihre Ermächtigung auf die Landesbauverwaltungen übertragen, kann statt der Baubehörde der Aufteilungsplan und die Abgeschlossenheit von einem öffentliche bestellten oder anerkannten Sachverständigen für das Bauwesen ausgefertigt und bescheinigt werden (s. § 32 Abs. 2 Nr. 2 Satz 4–7 WEG). Keine Eintragungsvoraussetzung ist, dass das Gebäude mit den Räumlichkeiten bereits errichtet ist (vgl. § 31 Abs. 1 Satz 1, Abs. 2 WEG jeweils am Ende). Im Falle der **Befristung** des Dauerwohnrechts (eine Bedingung scheidet aus, § 33 Abs. 1 Satz 2 WEG), muss diese unmittelbar aus dem Eintragungsvermerk ersichtlich sein. Zur näheren Bestimmung der Befristung genügt jedoch eine Bezugnahme auf die Eintragungsbewilligung.[4] In Erweiterung des § 874 BGB ist nach § 32 Abs. 2 Satz 1 WEG neben dem Inhalt auch zur näheren Bezeichnung des Gegenstandes des Dauerwohnrechts die Eintragung unter Bezugnahme auf die Eintragungsbewilligung zulässig. Vereinbarte **Veräußerungsbeschränkungen** nach § 35 WEG sind jedoch ausdrücklich einzutragen (§ 3 Abs. 2 letzter Hs. WGV). Nach § 32 Abs. 3 WEG soll das Grundbuchamt die Eintragung des Dauerwohnrechts ablehnen, wenn zu den in § 33 Abs. 4 Nrn. 1 bis 4 WEG bezeichneten Angelegenheiten, über die Voraussetzungen des Heimfalls (§ 36 Abs. 1 WEG) und über die Entschädigung beim Heimfall (§ 36 Abs. 4 WEG) keine Vereinbarungen getroffen sind. Aus diesem Grund muss wohl, ungeachtet des ansonsten geltenden formellen Konsensprinzips, dem Grundbuchamt das Zustandekommen dieser Vereinbarungen in der Form des § 29 GBO nachgewiesen werden.[5] Kein Ablehnungsgrund besteht jedoch, wenn über den Heimfallanspruch nichts gesagt ist. Nur wenn ein solcher nach § 36 Abs. 1 WEG begründet wurde, besteht für das Grundbuchamt eine Prüfungspflicht gemäß § 32 Abs. 3 WEG.[6] Ist bei einem langfristigen

---

[1] Palandt/Bassenge § 31 WEG Rn 8; Schöner/Stöber Rn 3004.

[2] Siehe BayObLGZ 1997, 163 = DNotZ 1997, 374 zu den Anforderungen, wenn das Dauerwohnrecht an einer bestimmten Wohnung bestellt wird, mit dem Ziel der Mitbenutzung gemeinschaftlicher Einrichtungen und Anlagen.

[3] Siehe dazu Lotter MittBayNot 1999, 354.

[4] KG DNotZ 1956, 556.

[5] OLG Düsseldorf DNotZ 1978, 354 = Rpfleger 1977, 446.

[6] BayObLGZ 1954, 67 = DNotZ 1954, 391 = NJW 1954, 959 = Rpfleger 1954, 407; ausführlich Riedel Rpfleger 1966, 226.

Dauerwohnrecht ein Heimfallanspruch vereinbart, muss der nicht abdingbare Entschädigungsanspruch (§ 41 Abs. 3 WEG) geregelt sein.[1]

Das **Fortbestehen** des Dauerwohnrechts **gemäß § 39 WEG** im Falle der Zwangsversteigerung des Grundstücks außerhalb der gesetzlichen Folge des § 44 ZVG ist als Inhalt des Rechts grundsätzlich durch Bezugnahme auf die Eintragungsbewilligung eintragbar, sollte jedoch zur Vorsicht unmittelbar im Grundbuch vermerkt werden. Die Zustimmung eines dem Dauerwohnrecht **vorgehenden oder gleichstehenden** Gläubigers eines Grundpfandrechts oder einer Reallast zum Fortbestand des Dauerwohnrechts ist außerdem bei dem **Recht** dieses Gläubiger **zu vermerken.**[2] Für Vereinbarungen nach § 40 Abs. 2 WEG, wonach Vorausverfügungen über das Entgelt für das Dauerwohnrecht, soweit es in wiederkehrenden Leistungen ausbedungen ist gegenüber vor- oder gleichstehenden Grundpfandrechts- und Reallastgläubigern wirksam sein sollen, gelten die zur Eintragung einer Vereinbarung nach § 39 WEG dargelegten Grundsätze entsprechend. 1156

Ist nichts anderes vereinbart, so besteht bei einem **langfristigen Dauerwohnrecht** nach § 41 Abs. 2 WEG kraft Gesetzes ein schuldrechtlicher **Löschungsanspruch** auf Löschung vorgehender und gleichstehender Grundpfandrechte. Zur Wirksamkeit gegenüber Dritten ist die Eintragung einer **Löschungsvormerkung** im Grundbuch erforderlich (§ 1179 BGB).[3] Wurde der Löschungsanspruchs durch Vereinbarung ausgeschlossen, kann auch ohne Grundbucheintragung ein Rechtsnachfolger des Dauerwohnrechts keine Rechte mehr herleiten, weil es keinen gutgläubiger Erwerb über §§ 892, 893 BGB eines nicht mehr bestehender Anspruchs gibt.[4] 1157

Zur Sicherung der Zweckbestimmung von Gebieten mit Fremdenverkehrsfunktion kann für die Begründung eines Dauerwohnrechts eine **Genehmigung nach § 22 BauGB** erforderlich sein.

Eintragungsbeispiel:
Dauerwohnrecht für Josef Huber, geb. am ..., an der Wohnung im Parterre (Nr. 1 des Aufteilungsplans). Zur Veräußerung ist die Zustimmung des Grundstückseigentümers erforderlich. Eine Vereinbarung über das Bestehenbleiben des Rechts nach § 39 WEG ist getroffen. Unter Bezugnahme auf die Eintragungsbewilligung vom ... (Notar .../URNr ...) eingetragen am ...

VI. Erlöschen

Das Dauerwohnrecht erlischt durch Aufhebungserklärung des Berechtigten und Löschung des Rechts im Grundbuch (§ 875 Abs. 1 BGB). Einer Zustimmung des Grundstückseigentümers bedarf es nur, wenn als Inhalt des Rechts ein Heimfallanspruch vereinbart wurde. Ist das Recht befristet, erlischt es mit Zeitablauf sowie im Falle der Zwangsversteigerung des belasteten Grundstücks, wenn es dem betreibenden Gläubiger im Range nachgeht 1158

---

[1] BGHZ 27, 158.
[2] LG Hildesheim Rpfleger 1966, 116 mit zust. Anm *Diester.*
[3] Vgl. Palandt/Bassenge Rn 2, Soergel/Stürner Rn 2 je zu § 41 WEG.
[4] **AA** Bärmann/Pick § 41 WEG Rn 5, der für die dingliche Wirkung Grundbuchersichtlichkeit verlangt.

und keine abweichende Regelung gemäß § 39 WEG vorliegt (§ 91 Abs. 1 ZVG). Bei Teilung des belasteten Grundstücks erlischt das Dauerwohnrecht an der verselbständigten Teilfläche in analoger Anwendung von § 1026 BGB, sofern die weggemessene unbebaute Fläche nicht der Mitbenutzung des Berechtigten unterliegt.[1] Die Zerstörung des Gebäudes führt nicht zum Erlöschen.[2] Ebenso wenig erlischt das Dauerwohnrecht mit seinem Heimfall (vgl. § 36 Abs. 1 WEG) oder im Falle der Vereinigung von Dauerwohnrecht und Eigentum in einer Person (§ 889 BGB).

---

[1] BayObLG NJW-RR 1996, 39.

[2] Palandt/Bassenge Rn 6, Soergel/Stürner Rn 8 je zu § 31 WEG.

Anhang

1. Grundbuchordnung[1]

In der Fassung der Bekanntmachung vom 26. Mai 1994[2]
(BGBl. I S. 1114)

FNA 315–11

zuletzt geänd. durch Art. 4 G zur Verbesserung des Austauschs von strafregisterrechtl. Daten zwischen den Mitgliedstaaten der EU und zur Änderung registerrechtl. Vorschriften v. 15.12.2011 (BGBl. I S. 2714)

Der Wortlaut der Grundbuchordnung ist abgedruckt im Schönfelder unter Nr. 114.

2. Verordnung zur Durchführung der Grundbuchordnung (Grundbuchverfügung – GBV)

In der Fassung der Bekanntmachung vom 24. Januar 1995[3]
(BGBl.I S. 114)

FNA 315-11-8[4]

zuletzt geänd. durch Art. 2 G zur Einführung des elektronischen Rechtsverkehrs und der elektronischen Akte im Grundbuchverfahren sowie zur Änd. weiterer grundbuch-, register- und kostenrechtl. Vorschriften v. 11.8.2009 (BGBl. I S. 2713)

Abschnitt I. Das Grundbuch

Unterabschnitt 1. Grundbuchbezirke

§ 1 [Gemeindebezirke]. (1) [1]Grundbuchbezirke sind die Gemeindebezirke.[5] [2]Soweit mehrere Gemeinden zu einem Verwaltungsbezirk zusammengefaßt sind (Gesamtgemeinden; zusammengesetzte Gemeinden), bilden sie einen Grundbuchbezirk. [3]Jedoch kann ein Gemeindebezirk durch Anordnung der Landesjustizverwaltung oder der von ihr bestimmten Stelle in mehrere Grundbuchbezirke geteilt werden.

(2) Wird ein Gemeindebezirk mit einem anderen Gemeindebezirk vereinigt oder wird ein Gemeindebezirk oder ein Verwaltungsbezirk der im Abs. 1 Satz 3 genannten Art in mehrere selbständige Verwaltungsbezirke zerlegt, so können die bisherigen Grundbuchbezirke beibehalten werden.

---

[1] Die Änderungen durch das G v. 15.7.2009 (BGBl. I S. 1798) treten erst mWv 1.1.2018 in Kraft und sind im Text noch nicht berücksichtigt.

[2] Neubekanntmachung der GBO v. 24.3.1897 (RGBl. S. 139) in der ab 25.12.1993 an geltenden Fassung.

[3] Neubekanntmachung der GBV v. 8.8.1935 (RGBl. S. 1089) in der ab 10.12.1994 geltenden Fassung.

[4] Die Vorschrift unterlag nicht der Bereinigung nach dem SammlungsG 114–2.

[5] Über die Gestaltung der GBBezirke bei Vereinigung von Gemeindebezirken siehe AV, in **Hessen** RdErl.; über die grundbuchliche Behandlung von gemeindefreien Grundstücken oder Gutsbezirken siehe AV; über die Änderung von GBBezirken siehe in **Bayern** die GBGA, in **Hamburg** AV, in **Hessen** RdErl., in **Nordrhein-Westfalen** AV.

Unterabschnitt 2. Die äußere Form des Grundbuchs

§ 2 [Grundbuchbände]. [1]Die Grundbücher werden in festen Bänden oder nach näherer Anordnung der Landesjustizverwaltungen in Bänden oder Einzelheften mit herausnehmbaren Einlegebogen geführt. [2]Die Bände sollen regelmäßig mehrere Grundbuchblätter umfassen; mehrere Bände desselben Grundbuchbezirks erhalten fortlaufende Nummern. [3]Soweit die Grundbücher in Einzelheften mit herausnehmbaren Einlegebogen geführt werden, sind die Vorschriften, die Grundbuchbände voraussetzen, nicht anzuwenden.

§ 3 [Nummernfolge]. (1) [1]Sämtliche Grundbuchblätter desselben Grundbuchbezirks erhalten fortlaufende Nummern. [2]Besteht das Grundbuch aus mehreren Bänden, so schließen sich die Blattnummern jedes weiteren Bandes an die des vorhergehenden an.

(2) Von der fortlaufenden Nummernfolge der Grundbuchblätter kann abgewichen werden, wenn das anzulegende Grundbuchblatt einem Band zugeteilt werden soll, in dem der Umfang der Grundbuchblätter von dem des sonst nach Abs. 1 zu verwendenden Grundbuchblatts verschieden ist.

(3) Wird das Grundbuch in Einzelheften mit herausnehmbaren Einlegebogen geführt, so kann nach Anordnung der Landesjustizverwaltung bei der Numerierung der in Einzelheften anzulegenden Grundbuchblätter eines Grundbuchbezirks neu mit der Nummer 1 oder mit der auf den nächsten freien Tausender folgenden Nummer begonnen werden.

Abschnitt II. Das Grundbuchblatt

§ 4 [Einteilung des Grundbuchblatts]. Jedes Grundbuchblatt besteht aus der Aufschrift, dem Bestandsverzeichnis und drei Abteilungen.

§ 5 [Aufschrift]. [1]In der Aufschrift sind das Amtsgericht, der Grundbuchbezirk und die Nummer des Bandes und des Blattes anzugeben. [2]In den Fällen des § 1 Abs. 2 ist durch einen Zusatz auf die Vereinigung oder Teilung des Bezirks hinzuweisen.

§ 6 [Bestandsverzeichnis]. (1) In dem Bestandsverzeichnis ist die Spalte 1 für die Angabe der laufenden Nummer des Grundstücks bestimmt.

(2) In der Spalte 2 sind die bisherigen laufenden Nummern der Grundstücke anzugeben, aus denen das Grundstück durch Vereinigung, Zuschreibung oder Teilung entstanden ist.

(3a) [1]Die Spalte 3 dient zur Bezeichnung der Grundstücke gemäß dem amtlichen Verzeichnis im Sinne des § 2 Abs. 2 der Grundbuchordnung. [2]Hier sind einzutragen:

1. In Unterspalte a: die Bezeichnung der Gemarkung oder des sonstigen vermessungstechnischen Bezirks, in dem das Grundstück liegt;
2. in Unterspalte b: die vermessungstechnische Bezeichnung des Grundstücks innerhalb des in Nummer 1 genannten Bezirks nach den Buchstaben oder Nummern der Karte;
3. in Unterspalte c und d: die Bezeichnung des Grundstücks nach den Artikeln oder Nummern der Steuerbücher (Grundsteuermutterrolle, Gebäudesteuerrolle oder ähnliches), sofern solche Bezeichnungen vorhanden sind;
4. in Unterspalte e: die Wirtschaftsart des Grundstücks (z.B. Acker, Wiese, Garten, Wohnhaus mit Hofraum, Wohnhaus mit Garten, unbebauter Hofraum) und die Lage (Straße, Hausnummer oder die sonstige ortsübliche Bezeichnung).

[3]Die für die Bezeichnung des Grundstücks nach der Gebäudesteuerrolle oder einem ähnlichen Buch bestimmte Unterspalte d kann nach näherer Anordnung der Landesjustizverwaltung mit der Maßgabe weggelassen werden, daß die Unterspalte c durch die Buchstaben c/d bezeichnet wird; im Rahmen dieser Änderung kann von den Mustern in der Anlage zu dieser Verfügung abgewichen werden. [4]Ferner kann die Landesjustizverwaltung anordnen, daß die in Nummer 3 bezeichneten Eintragungen und die Angabe der Wirtschaftsart in Unterspalte e unterbleiben.

(3b) Soweit das Grundbuch in Loseblattform mit einer Vordruckgröße von 210 × 297 mm (DIN A 4) geführt wird, kann die Landesjustizverwaltung abweichend von den Bestimmungen des Absatzes 3a und von den Mustern in der Anlage zu dieser Verfügung anordnen, daß

1. die Unterspalten a und b der Spalte 3 in der Weise zusammengelegt werden, daß die vermessungstechnische Bezeichnung des Grundstücks unterhalb der Bezeichnung der Gemarkung oder des sonstigen vermessungstechnischen Bezirks einzutragen ist; die Eintragung der Bezeichnung der Gemarkung oder des sonstigen vermessungstechnischen Bezirks kann nach näherer Anordnung der Landesjustizverwaltung unterbleiben, wenn sie mit der des Grundbuchbezirks übereinstimmt;
2. die Unterspalten c und d der Spalte 3 weggelassen werden und die für die Eintragung der Wirtschaftsart des Grundstücks und der Lage bestimmte Unterspalte e der Spalte 3 durch den Buchstaben c bezeichnet wird.

(3c) Soweit in besonderen Fällen nach den bestehenden gesetzlichen Vorschriften ein Grundstück, das nicht im amtlichen Verzeichnis aufgeführt ist, im Grundbuch eingetragen werden kann, behält es hierbei sein Bewenden.

(4) [1]Besteht ein Grundstück aus mehreren Teilen, die in dem maßgebenden amtlichen Verzeichnis als selbständige Teile aufgeführt sind (z. B. Katasterparzellen), so kann die in Absatz 3a Nr. 2 und 3 vorgeschriebene Angabe unterbleiben, soweit dadurch das Grundbuch nach dem Ermessen des Grundbuchamts unübersichtlich werden würde. [2]In diesem Fall müssen jedoch die fehlenden Angaben in einem bei den Grundakten aufzubewahrenden beglaubigten Auszug aus dem maßgebenden amtlichen Verzeichnis der Grundstücke nachgewiesen werden. [3]Das Grundbuchamt berichtigt den beglaubigten Auszug auf Grund der Mitteilung der das amtliche Verzeichnis führenden Behörde, sofern der bisherige Auszug nicht durch einen neuen ersetzt wird. [4]Sofern das Verzeichnis vom Grundbuchamt selbst geführt wird, hat dieses das Verzeichnis auf dem laufenden zu halten. [5]Statt der in Absatz 3a Nr. 4 vorgeschriebenen Angabe genügt alsdann die Angabe einer Gesamtbezeichnung (z. B. Landgut).

(5) [1]Die Spalte 4 enthält die Angaben über die Größe des Grundstücks nach dem maßgebenden amtlichen Verzeichnis. [2]Besteht ein Grundstück aus mehreren Teilen, die in diesem Verzeichnis als selbständige Teile aufgeführt sind (z. B. Katasterparzellen), so ist entweder die Gesamtgröße oder die Größe getrennt nach den aus dem Grundbuch ersichtlichen selbständigen Teilen anzugeben; ist das Grundstück nach Maßgabe des Absatzes 4 bezeichnet, so ist die Gesamtgröße anzugeben.

(6) In der Spalte 6 sind einzutragen:

a) Der Vermerk über die Eintragung des Bestandes des Blattes bei der Anlegung (Zeit der Eintragung, Nummer des bisherigen Blattes usw.);
b) die Übertragung eines Grundstücks auf das Blatt; soll das Grundstück mit einem auf dem Blatt bereits eingetragenen Grundstück vereinigt oder einem solchen Grundstück als Bestandteil zugeschrieben werden, so ist auch dies anzugeben;
c) die Vereinigung mehrerer auf dem Blatt eingetragener Grundstücke zu einem Grundstück sowie die Zuschreibung eines solchen Grundstücks zu einem anderen als Bestandteil;
d) die Vermerke, durch welche bisherige Grundstücksteile als selbständige Grundstücke eingetragen werden, insbesondere im Falle des § 7 Abs. 1 der Grundbuchordnung, sofern nicht der Teil auf ein anderes Blatt übertragen wird;
e) die Vermerke über Berichtigungen der Bestandsangaben; eines Vermerks in Spalte 6 bedarf es jedoch nicht, wenn lediglich die in Absatz 3a Nr. 3 für die Unterspalte c vorgeschriebene Angabe nachgetragen oder berichtigt wird.

(7) Die Spalte 8 ist bestimmt für die Abschreibungen, bei denen das Grundstück aus dem Grundbuchblatt ausscheidet.

(8) Bei Eintragungen in den Spalten 6 und 8 ist in den Spalten 5 und 7 auf die laufende Nummer des von der Eintragung betroffenen Grundstücks zu verweisen.

§ 7 [Subjektiv-dingliche Rechte]. (1) Vermerke über Rechte, die dem jeweiligen Eigentümer eines auf dem Blatt verzeichneten Grundstücks zustehen, sind in den Spalten 1, 3 und 4 des Bestandsverzeichnisses einzutragen.

(2) [1]In Spalte 1 ist die laufende Nummer der Eintragung zu vermerken. [2]Dieser ist, durch einen Bruchstrich getrennt, die laufende Nummer des herrschenden Grundstücks mit dem Zusatz „zu" beizufügen (z.B. 7/zu 3).

(3) [1]In dem durch die Spalten 3 und 4 gebildeten Raum sind das Recht nach seinem Inhalt sowie Veränderungen des Rechts wiederzugeben. [2]Im Falle der Veränderung ist in der Spalte 2 die bisherige laufende Nummer der Eintragung zu vermerken.

(4) In Spalte 6 ist der Zeitpunkt der Eintragung des Rechts zu vermerken.

(5) In Spalte 8 ist die Abschreibung des Rechts zu vermerken.

(6) Bei Eintragungen in den Spalten 6 und 8 ist in den Spalten 5 und 7 auf die laufende Nummer des von der Eintragung betroffenen Rechts zu verweisen.

§ 8 [Miteigentumsanteile]. Für die Eintragung eines Miteigentumsanteils nach § 3 Abs. 5 der Grundbuchordnung gilt folgendes:

a) In Spalte 1 ist die laufende Nummer der Eintragung zu vermerken. Dieser ist, durch einen Bruchstrich getrennt, die laufende Nummer des herrschenden Grundstücks mit dem Zusatz „zu" beizufügen;
b) in dem durch die Spalten 3 und 4 gebildeten Raum ist der Anteil der Höhe nach zu bezeichnen. Hierbei ist das gemeinschaftliche Grundstück zu beschreiben;
c) für die Ausfüllung der Spalten 5 bis 8 gilt § 6 Abs. 6 bis 8 entsprechend.

§ 9 [Abteilung I]. In der ersten Abteilung sind einzutragen:

a) In Spalte 1: die laufende Nummer der unter Buchstabe b vorgesehenen Eintragung. Mehrere Eigentümer, die in einem Verhältnis der im § 47 der Grundbuchordnung genannten Art stehen, werden unter einer laufenden Nummer eingetragen; jeder Eigentümer ist in diesem Fall unter einem besonderen Buchstaben oder in vergleichbarer Weise aufzuführen;
b) in Spalte 2: der Eigentümer, bei mehreren gemeinschaftlichen Eigentümern auch die im § 47 der Grundbuchordnung vorgeschriebene Angabe; besteht zwischen mehreren Eigentümern kein Rechtsverhältnis der in § 47 der Grundbuchordnung genannten Art, so ist bei den Namen der Eigentümer der Inhalt ihres Rechts anzugeben;
c) in Spalte 3: die laufende Nummer der Grundstücke, auf die sich die in Spalte 4 enthaltenen Eintragungen beziehen;
d) in Spalte 4: der Tag der Auflassung oder die anderweitige Grundlage der Eintragung (Erbschein, Testament, Zuschlagsbeschluß, Bewilligung der Berichtigung des Grundbuchs, Ersuchen der zuständigen Behörde, Enteignungsbeschluß usw.), der Verzicht auf das Eigentum an einem Grundstück (§ 928 Abs. 1 BGB)[1] und der Tag der Eintragung.

§ 10 [Abteilung II]. (1) In der zweiten Abteilung werden eingetragen:

a) Alle Belastungen des Grundstücks oder eines Anteils am Grundstück, mit Ausnahme von Hypotheken, Grundschulden und Rentenschulden, einschließlich der sich auf diese Belastungen beziehenden Vormerkungen und Widersprüche;
b) die Beschränkung des Verfügungsrechts des Eigentümers sowie die das Eigentum betreffenden Vormerkungen und Widersprüche;
c) die im Enteignungsverfahren, im Verfahren zur Klarstellung der Rangverhältnisse (§§ 90 bis 115 der Grundbuchordnung) und in ähnlichen Fällen vorgesehenen, auf diese Verfahren hinweisenden Grundbuchvermerke.

---

[1] **§ 928 Abs. 1 BGB:** „(1) Das Eigentum an einem Grundstücke kann dadurch aufgegeben werden, daß der Eigentümer den Verzicht dem Grundbuchamte gegenüber erklärt und der Verzicht in das Grundbuch eingetragen wird.".

(2) In der Spalte 1 ist die laufende Nummer der in dieser Abteilung erfolgenden Eintragungen anzugeben.

(3) Die Spalte 2 dient zur Angabe der laufenden Nummer, unter der das betroffene Grundstück im Bestandsverzeichnis eingetragen ist.

(4) [1]In der Spalte 3 ist die Belastung, die Verfügungsbeschränkung, auch in Ansehung der in Absatz 1 bezeichneten beschränkten dinglichen Rechte, oder der sonstige Vermerk einzutragen. [2]Dort ist auch die Eintragung des in § 9 Abs. 1 der Grundbuchordnung vorgesehenen Vermerks ersichtlich zu machen.

(5) Die Spalte 5 ist zur Eintragung von Veränderungen der in den Spalten 1 bis 3 eingetragenen Vermerke bestimmt einschließlich der Beschränkungen des Berechtigten in der Verfügung über ein in den Spalten 1 bis 3 eingetragenes Recht und des Vermerks nach § 9 Abs. 3 der Grundbuchordnung, wenn die Beschränkung oder der Vermerk nach § 9 Abs. 3 der Grundbuchordnung nachträglich einzutragen ist.

(6) In der Spalte 7 erfolgt die Löschung der in den Spalten 3 und 5 eingetragenen Vermerke.

(7) Bei Eintragungen in den Spalten 5 und 7 ist in den Spalten 4 und 6 die laufende Nummer anzugeben, unter der die betroffene Eintragung in der Spalte 1 vermerkt ist.

§ 11 [Abteilung III]. (1) In der dritten Abteilung werden Hypotheken, Grundschulden und Rentenschulden einschließlich der sich auf diese Rechte beziehenden Vormerkungen und Widersprüche eingetragen.

(2) Die Spalte 1 ist für die laufende Nummer der in dieser Abteilung erfolgenden Eintragungen bestimmt.

(3) In der Spalte 2 ist die laufende Nummer anzugeben, unter der das belastete Grundstück im Bestandsverzeichnis eingetragen ist.

(4) Die Spalte 3 dient zur Angabe des Betrags des Rechts, bei den Rentenschulden der Ablösungssumme.

(5) In der Spalte 4 wird das Recht inhaltlich eingetragen, einschließlich der Beschränkungen des Berechtigten in der Verfügung über ein solches Recht.

(6) In der Spalte 7 erfolgt die Eintragung von Veränderungen der in den Spalten 1 bis 4 vermerkten Rechte, einschließlich der Beschränkungen des Berechtigten in der Verfügung über ein solches Recht, wenn die Beschränkung erst nachträglich eintritt.

(7) In der Spalte 10 werden die in den Spalten 3, 4 und 6, 7 eingetragenen Vermerke gelöscht.

(8) Bei Eintragungen in den Spalten 7 und 10 ist in den Spalten 5 und 8 die laufende Nummer, unter der die betroffene Eintragung in der Spalte 1 eingetragen ist, und in den Spalten 6 und 9 der von der Veränderung oder Löschung betroffene Betrag des Rechts anzugeben.

§ 12 [Vormerkung]. (1) Eine Vormerkung wird eingetragen:

a) wenn die Vormerkung den Anspruch auf Übertragung des Eigentums sichert, in den Spalten 1 bis 3 der zweiten Abteilung;
b) wenn die Vormerkung den Anspruch auf Einräumung eines anderen Rechts an dem Grundstück oder an einem das Grundstück belastenden Recht sichert, in der für die endgültige Eintragung bestimmten Abteilung und Spalte;
c) in allen übrigen Fällen in der für Veränderungen bestimmten Spalte der Abteilung, in welcher das von der Vormerkung betroffene Recht eingetragen ist.

(2) Diese Vorschriften sind bei der Eintragung eines Widerspruchs entsprechend anzuwenden.

Abschnitt III. Die Eintragungen

§ 13 [Vereinigung; Zuschreibung; Abschreibung]. (1) [1]Bei der Vereinigung und der Zuschreibung von Grundstücken (§ 6 Abs. 6 Buchstaben b und c) sind die sich auf die beteiligten Grundstücke beziehenden Eintragungen in den Spalten 1 bis 4 rot zu unterstreichen. [2]Das durch die Vereinigung oder Zuschreibung entstehende Grundstück ist unter einer neuen laufenden Nummer einzutragen; neben dieser Nummer ist in der Spalte 2 auf die bisherigen laufenden Nummern der beteiligten Grundstücke zu verweisen, sofern sie schon auf demselben Grundbuchblatt eingetragen waren.

(2) [1]Bisherige Grundstücksteile (§ 6 Abs. 6 Buchstabe d) werden unter neuen laufenden Nummern eingetragen; neben diesen Nummern ist in der Spalte 2 auf die bisherige laufende Nummer des Grundstücks zu verweisen. [2]Die Eintragungen, die sich auf das ursprüngliche Grundstück beziehen, sind in den Spalten 1 bis 4 rot zu unterstreichen.

(3) [1]Wird ein Grundstück ganz abgeschrieben, so sind die Eintragungen in den Spalten 1 bis 6, die sich auf dieses Grundstück beziehen, sowie die Vermerke in den drei Abteilungen, die ausschließlich das abgeschriebene Grundstück betreffen, rot zu unterstreichen. [2]Dasselbe gilt für die nach § 3 Abs. 5 der Grundbuchordnung eingetragenen Miteigentumsanteile, wenn nach § 3 Abs. 8 und 9 der Grundbuchordnung für das ganze gemeinschaftliche Grundstück ein Blatt angelegt wird.

(4) [1]Wird ein Grundstücksteil abgeschrieben, so ist Absatz 2 entsprechend anzuwenden. [2]Besteht das Grundstück aus mehreren Teilen, die in dem amtlichen Verzeichnis im Sinne des § 2 Abs. 2 der Grundbuchordnung als selbständige Teile aufgeführt sind, und wird ein solcher Teil abgeschrieben, so kann das Grundbuchamt von der Eintragung der bei dem Grundstück verbleibenden Teile unter neuer laufender Nummer absehen; in diesem Fall sind lediglich die Angaben zu dem abgeschriebenen Teil rot zu unterstreichen; ist die Gesamtgröße angegeben, so ist auch diese rot zu unterstreichen und die neue Gesamtgröße in Spalte 4 des Bestandsverzeichnisses anzugeben. [3]Ist das Grundstück nach Maßgabe des § 6 Abs. 4 bezeichnet, so ist auch in dem bei den Grundakten aufzubewahrenden beglaubigten Auszug aus dem maßgebenden amtlichen Verzeichnis der Grundstücke die Abschreibung zu vermerken; eine ganz oder teilweise abgeschriebene Parzelle ist rot zu unterstreichen; eine bei dem Grundstück verbleibende Restparzelle ist am Schluß neu einzutragen.

(5) Die Vorschriften der Absätze 3 und 4 gelten auch für den Fall des Ausscheidens eines Grundstücks oder Grundstücksteils aus dem Grundbuch (§ 3 Abs. 3 der Grundbuchordnung).

§ 14 [Veränderung bei subjektiv-dinglichen Rechten; Rötung]. (1) [1]Wird ein Vermerk über eine Veränderung eines Rechts, das dem jeweiligen Eigentümer eines auf dem Blatt verzeichneten Grundstücks zusteht, eingetragen, so ist der frühere Vermerk in den Spalten 3 und 4 insoweit rot zu unterstreichen, als er durch den Inhalt des Veränderungsvermerks gegenstandslos wird. [2]Ferner ist bei der bisherigen Eintragung in Spalte 1 ein Hinweis auf die laufende Nummer des Veränderungsvermerks einzutragen.

(2) Im Falle der Abschreibung eines solchen Rechts sind in den Spalten 1 bis 6 des Bestandsverzeichnisses die Eintragungen, die sich auf dieses Recht beziehen, rot zu unterstreichen.

§ 15 [Bezeichnung des Berechtigten]. (1) Zur Bezeichnung des Berechtigten sind im Grundbuch anzugeben:

a) bei natürlichen Personen der Name (Vorname und Familienname), der Beruf, der Wohnort sowie nötigenfalls andere die Berechtigten deutlich kennzeichnende Merkmale (zum Beispiel das Geburtsdatum); das Geburtsdatum ist stets anzugeben, wenn es sich aus den Eintragungsunterlagen ergibt; wird das Geburtsdatum angegeben, so bedarf es nicht der Angabe des Berufs und des Wohnorts;[1]

[1] Die Angabe des Wohnorts gem. § 15 Abs. 1 Buchst. a u. § 15 Abs. 2 Satz 2 sind gem. Art. 3 Abs. 1 Gebäudegrundbuchverfügung nur auf nach dem 1.10.1994 vorzunehmenden Eintragungen anzuwenden.

b) bei juristischen Personen-, Handels- und Partnerschaftsgesellschaften der Name oder die Firma und der Sitz;
c) bei der Eintragung einer Gesellschaft bürgerlichen Rechts nach § 47 Absatz 2 der Grundbuchordnung zur Bezeichnung der Gesellschafter die Merkmale gemäß Buchstabe a oder Buchstabe b; zur Bezeichnung der Gesellschaft können zusätzlich deren Name und Sitz angegeben werden.

(2) [1]Bei Eintragungen für den Fiskus, eine Gemeinde oder eine sonstige juristische Person des öffentlichen Rechts kann auf Antrag des Berechtigten der Teil seines Vermögens, zu dem das eingetragene Grundstück oder Recht gehört, oder die Zweckbestimmung des Grundstücks oder des Rechts durch einen dem Namen des Berechtigten in Klammern beizufügenden Zusatz bezeichnet werden. [2]Auf Antrag kann auch angegeben werden, durch welche Behörde der Fiskus vertreten wird.[1]

§ 16 [Rötung bei Eigentumswechsel]. Bei der Eintragung eines neuen Eigentümers sind die Vermerke in den Spalten 1 bis 4 der ersten Abteilung, die sich auf den bisher eingetragenen Eigentümer beziehen, rot zu unterstreichen.

§ 17 [Geldbeträge in Buchstaben; Rötung in Abteilung II und III]. (1) [1]Bei Reallasten, Hypotheken, Grundschulden und Rentenschulden sind die in das Grundbuch einzutragenden Geldbeträge (§ 1107, § 1115 Abs. 1, § 1190 Abs. 1, §§ 1192, 1199 des bürgerlichen Gesetzbuchs) in den Vermerken über die Eintragung des Rechts mit Buchstaben zu schreiben. [2]Das gleiche gilt für die Eintragung einer Veränderung oder einer Löschung bezüglich eines Teilbetrags eines Rechts sowie im Falle des § 882 des Bürgerlichen Gesetzbuchs[2] für die Eintragung des Höchstbetrags des Wertersatzes.

(2) [1]Wird in der zweiten oder dritten Abteilung eine Eintragung ganz gelöscht, so ist sie rot zu unterstreichen. [2]Dasselbe gilt für Vermerke, die ausschließlich die gelöschte Eintragung betreffen. [3]Die rote Unterstreichung kann dadurch ersetzt werden, daß über der ersten und unter der letzten Zeile der Eintragung oder des Vermerks ein waagerechter roter Strich gezogen wird und beide Striche durch einen von oben links nach unten rechts verlaufenden roten Schrägstrich verbunden werden; erstreckt sich eine Eintragung oder ein Vermerk auf mehr als eine Seite, so ist auf jeder Seite entsprechend zu verfahren. [4]Im Falle der Löschung eines Erbbaurechts unter gleichzeitiger Eintragung der im § 31 Abs. 4 Satz 3 des Erbbaurechtsgesetzes bezeichneten Vormerkung ist auf diese im Löschungsvermerk hinzuweisen.

(3) [1]Wird in der zweiten oder dritten Abteilung ein Vermerk über eine Veränderung eingetragen, nach dessen aus dem Grundbuch ersichtlichen Inhalt ein früher eingetragener Vermerk ganz oder teilweise gegenstandslos wird, so ist der frühere Vermerk insoweit rot zu unterstreichen. [2]Wird der früher eingetragene Vermerk ganz gegenstandslos, so gilt Absatz 2 Satz 3 entsprechend.

(4a) Bei Teilabtretungen der in der dritten Abteilung eingetragenen Rechte ist der in Spalte 5 einzutragenden Nummer ein Buchstabe hinzuzufügen.

(4b) Werden von einem Teilbetrag weitere Teilbeträge abgetreten, so ist der in Spalte 5 einzutragenden Nummer außerdem nach Absatz 4a vorgesehenen Buchstaben eine römische Zahl beizufügen.

---

[1] **§ 882 BGB:** „1Wird ein Grundstück mit einem Recht belastet, für welches nach den für die Zwangsversteigerung geltenden Vorschriften dem Berechtigten im Falle des Erlöschens durch den Zuschlag der Wert aus dem Erlös zu ersetzen ist, so kann der Höchstbetrag des Ersatzes bestimmt werden. 2Die Bestimmung bedarf der Eintragung in das Grundbuch.“.

[2] **§ 882 BGB:** „1Wird ein Grundstück mit einem Recht belastet, für welches nach den für die Zwangsversteigerung geltenden Vorschriften dem Berechtigten im Falle des Erlöschens durch den Zuschlag der Wert aus dem Erlös zu ersetzen ist, so kann der Höchstbetrag des Ersatzes bestimmt werden. 2Die Bestimmung bedarf der Eintragung in das Grundbuch.“.

(5) [1]Wird eine Hypothek, Grundschuld oder Rentenschuld teilweise gelöscht, so ist in der Spalte 3 der dritten Abteilung der gelöschte Teil von dem Betrag abzuschreiben. [2]Bezieht sich diese Löschung auf einen Teilbetrag (Absätze 4a, 4b), so ist der gelöschte Teil auch in Spalte 6 von dem Teilbetrag abzuschreiben.

§ 17a [Ersatz der Rötung]. § 17 Abs. 2 Satz 3 ist auch bei Löschungen in dem Bestandsverzeichnis oder in der ersten Abteilung sinngemäß anzuwenden.

§ 18 [Rangvermerke]. Angaben über den Rang eines eingetragenen Rechts sind bei allen beteiligten Rechten zu vermerken.

§ 19 [Vormerkung und Widerspruch in Halbspalte]. (1) [1]In den Fällen des § 12 Abs. 1 Buchstabe b und Buchstabe c ist bei Eintragung der Vormerkung die rechte Hälfte der Spalte für die endgültige Eintragung freizulassen. [2]Das gilt jedoch nicht, wenn es sich um eine Vormerkung handelt, die einen Anspruch auf Aufhebung eines Rechts sichert.

(2) Soweit die Eintragung der Vormerkung durch die endgültige Eintragung ihre Bedeutung verliert, ist sie rot zu unterstreichen.

(3) Diese Vorschriften sind bei der Eintragung eines Widerspruchs entsprechend anzuwenden.

§ 20 [Eintragung in mehreren Spalten]. Sind bei einer Eintragung mehrere Spalten desselben Abschnitts oder derselben Abteilung auszufüllen, so gelten die sämtlichen Vermerke im Sinne des § 44 der Grundbuchordnung nur als eine Eintragung.

§ 21 [Äußere Form der Eintragung]. (1) [1]Eintragungen sind deutlich und ohne Abkürzungen herzustellen. [2]In dem Grundbuch darf nichts radiert und nichts unleserlich gemacht werden.

(2) Für Eintragungen, die mit gleichlautendem Text in einer größeren Zahl von Grundbuchblättern vorzunehmen sind, ist die Verwendung von Stempeln mit Genehmigung der Landesjustizverwaltung oder der von ihr bestimmten Stelle zulässig.

(3) Die sämtlichen Eintragungen in das Bestandsverzeichnis und in der zweiten und dritten Abteilung sind an der zunächst freien Stelle in unmittelbarem Anschluß an die vorhergehende Eintragung derselben Spalte und ohne Rücksicht darauf, zu welcher Eintragung einer anderen Spalte sie gehören, vorzunehmen.

(4) [1]Sollen bei einem in Loseblattform geführten Grundbuch Eintragungen gedruckt werden, so kann abweichend von Absatz 3 der vor ihnen noch vorhandene freie Eintragungsraum in den Spalten, auf die sich die zu druckende Eintragung erstreckt, nach Maßgabe der folgenden Vorschriften gesperrt werden. [2]Unmittelbar im Anschluß an die letzte Eintragung wird der nicht zu unterzeichnende Hinweis angebracht: „Anschließender Eintragungsraum gesperrt im Hinblick auf nachfolgende Eintragung.“ Für den Hinweis können Stempel verwendet werden, ohne daß es der Genehmigung nach Absatz 2 bedarf. [3]Sodann werden auf jeder Seite in dem freien Eintragungsraum oben und unten über die ganze Breite der betroffenen Spalten waagerechte Striche gezogen und diese durch einen von oben links nach unten rechts verlaufenden Schrägstrich verbunden. [4]Der obere waagerechte Strich ist unmittelbar im Anschluß an den in Satz 2 genannten Hinweis und, wenn dieser bei einer sich über mehrere Seiten erstreckenden Sperrung auf einer vorhergehenden Seite angebracht ist, außerdem auf jeder folgenden Seite unmittelbar unter der oberen Begrenzung des Eintragungsraumes, der untere waagerechte Strich unmittelbar über der unteren Begrenzung des zu sperrenden Raumes jeder Seite zu ziehen. [5]Liegen nicht sämtliche betroffenen Spalten auf einer Seite nebeneinander, so ist die Sperrung nach den vorstehenden Vorschriften für die Spalten, die nebeneinanderliegen, jeweils gesondert vorzunehmen.

§ 22 [Eintragungsmuster]. [1]Die nähere Einrichtung und die Ausfüllung des Grundbuchblatts ergibt sich aus dem in Anlage 1 beigefügten Muster. [2]Die darin befindlichen Probeeintragungen sind als Beispiele nicht Teil dieser Verfügung.

§ 23 [Umschreibung bei Raummangel]. (1) Bietet ein Grundbuchblatt für Neueintragungen keinen Raum mehr, so ist es umzuschreiben.

(2) Eine Fortsetzung eines Grundbuchblatts auf einem anderen, auch auf einem geschlossenen Blatt desselben oder eines anderen Bandes ist unzulässig.

Abschnitt IV. Die Grundakten

§ 24 [Inhalt der Grundakten; Handblatt]. (1) Die Urkunden und Abschriften, die nach § 10 der Grundbuchordnung von dem Grundbuchamt aufzubewahren sind, werden zu den Grundakten genommen, und zwar die Bewilligung der Eintragung eines Erbbaurechts zu den Grundakten des Erbbaugrundbuchs.

(2) Betrifft ein Schriftstück der im Absatz 1 bezeichneten Art Eintragungen auf verschiedenen Grundbuchblättern desselben Grundbuchamts, so ist es zu den Grundakten eines der beteiligten Blätter zu nehmen; in den Grundakten der anderen Blätter ist auf diese Grundakten zu verweisen.

(3) Ist ein Schriftstück der in Absatz 1 bezeichneten Art in anderen der Vernichtung nicht unterliegenden Akten des Amtsgerichts enthalten, welches das Grundbuch führt, so genügt eine Verweisung auf die anderen Akten.

(4) [1]Bei den Grundakten ist ein in seiner Einrichtung dem Grundbuchblatt entsprechender Vordruck (Handblatt) zu verwahren, welcher eine wörtliche Wiedergabe des gesamten Inhalts des Grundbuchblatts enthält. [2]Die mit der Führung des Grundbuchs beauftragten Beamten haben für die Übereinstimmung des Handblatts mit dem Grundbuchblatt zu sorgen.

§ 24a [Art der Aufbewahrung von Grundakten]. [1]Urkunden oder Abschriften, die nach § 10 der Grundbuchordnung bei den Grundakten aufzubewahren sind, sollen tunlichst doppelseitig beschrieben sein, nur die Eintragungsunterlagen enthalten und nur einmal zu der betreffenden Grundakte eingereicht werden. [2]§ 18 der Grundbuchordnung findet insoweit keine Anwendung. [3]Das Bundesministerium der Justiz gibt hierzu im Einvernehmen mit den Landesjustizverwaltungen und der Bundesnotarkammer Empfehlungen heraus.

Abschnitt V. Der Zuständigkeitswechsel

§ 25 [Schließung und Neuanlegung des Grundbuchblatts]. (1) Geht die Zuständigkeit für die Führung eines Grundbuchblatts auf ein anderes Grundbuchamt über, so ist das bisherige Blatt zu schließen; dem anderen Grundbuchamt sind die Grundakten zu übersenden, nachdem die wörtliche Übereinstimmung des Handblatts mit dem Grundbuchblatt von dem Richter und dem Urkundsbeamten der Geschäftsstelle bescheinigt ist.

(2a) In der Aufschrift des neuen Blattes ist auf das bisherige Blatt zu verweisen.

(2b) [1]Gelöschte Eintragungen werden in das neue Blatt insoweit übernommen, als dies zum Verständnis der noch gültigen Eintragungen erforderlich ist. [2]Im übrigen sind nur die laufenden Nummern der Eintragungen mit dem Vermerk „Gelöscht" zu übernehmen. [3]Die Übernahme der Nummern der Eintragungen mit dem Vermerk „Gelöscht" kann unterbleiben und der Bestand an Eintragungen unter neuen laufenden Nummern übernommen werden, wenn Unklarheiten nicht zu besorgen sind.

(2c) [1]Die Übereinstimmung des Inhalts des neuen Blattes mit dem Inhalt des bisherigen Blattes ist im Bestandsverzeichnis und jeder Abteilung von dem Richter und dem Urkundsbeamten der Geschäftsstelle zu bescheinigen. [2]Die Bescheinigung kann im Bestandsverzeichnis oder einer Abteilung mehrfach erfolgen, wenn die Spalten nicht gleich weit ausgefüllt sind. [3]Befinden sich vor einer Bescheinigung leergebliebene Stellen, so sind sie zu durchkreuzen.

(2d) [1]Das Grundbuchamt, welches das neue Blatt anlegt, hat dem früher zuständigen Grundbuchamt die Bezeichnung des neuen Blattes mitzuteilen. [2]Diese wird dem Schließungsvermerk (§ 36 Buchstabe b) auf dem alten Blatt hinzugefügt.

(3a) [1]Geht die Zuständigkeit für die Führung des Grundbuchs über eines von mehreren, auf einem gemeinschaftlichen Blatt eingetragenen Grundstücken oder über einen Grundstücksteil auf ein anderes Grundbuchamt über, so ist das Grundstück oder der Grundstücksteil abzuschreiben. [2]Dem anderen Grundbuchamt sind ein beglaubigter Auszug aus dem Handblatt sowie die Grundakten zwecks Anfertigung von Abschriften und Auszügen der das abgeschriebene Grundstück betreffenden Urkunden zu übersenden.

(3b) [1]Ist der Übergang der Zuständigkeit von einem vorherigen, die Eintragung des neuen Eigentümers erfordernden Wechsel des Eigentums abhängig, so hat das bisher zuständige Grundbuchamt den neuen Eigentümer auf einem neu anzulegenden Blatt einzutragen; sodann ist nach den Absätzen 1 und 2 zu verfahren. [2]Das bisher zuständige Grundbuchamt kann jedoch auch, wenn der Übergang der Zuständigkeit auf das andere Grundbuchamt durch Verständigung mit diesem gesichert ist, die Eintragung des neuen Eigentümers mit dem Abschreibungsvermerk verbinden und sodann nach Absatz 3a verfahren, falls durch die Verbindung Verwirrung nicht zu besorgen ist und andere gemäß § 16 Abs. 2 der Grundbuchordnung zu berücksichtigende Eintragungsanträge nicht vorliegen. [3]Tritt in diesem Falle der Zuständigkeitswechsel infolge nachträglicher Ablehnung der Übernahme durch das andere Grundbuchamt nicht ein, so hat das Grundbuchamt ein neues Grundbuchblatt anzulegen.

(4) [1]Im Abschreibungsvermerk (Absätze 3a und 3b Satz 2) ist die Bezeichnung des Blattes, auf das das Grundstück oder der Grundstücksteil übertragen wird, zunächst offenzulassen. [2]Sie wird auf Grund einer von dem nunmehr zuständigen Grundbuchamt dem früher zuständigen Grundbuchamt zu machenden Mitteilung nachgetragen. [3]Im Falle des Absatzes 3b Satz 3 ist der Abschreibungsvermerk durch Nachtragen des neu angelegten Blattes zu ergänzen.

§ 26 [Abgabe des Grundbuchbandes]. (1) [1]Geht bei einer Bezirksänderung die Führung des Grundbuchs in Ansehung aller Blätter eines Grundbuchbandes auf ein anderes Grundbuchamt über, so ist der Band an das andere Grundbuchamt abzugeben. [2]Dasselbe gilt, wenn von der Bezirksänderung nicht alle, aber die meisten Blätter eines Bandes betroffen werden und die Abgabe den Umständen nach zweckmäßig ist.

(2a) Der abzugebende Band ist an das andere Grundbuchamt zu übersenden.

(2b) [1]Die von der Bezirksänderung nicht betroffenen Grundbuchblätter sind zu schließen. [2]Ihr Inhalt ist auf ein neues Grundbuchblatt zu übertragen. [3]§ 25 Abs. 2a bis 2c findet entsprechende Anwendung. [4]In dem Schließungsvermerk (§ 36 Buchstabe b) ist die Bezeichnung des neuen Blattes anzugeben.

(3) [1]Die abgegebenen Grundbuchbände und Blätter erhalten nach Maßgabe des § 2 Satz 2 und des § 3 neue Bezeichnungen. [2]In der neuen Aufschrift (§ 5) sind in Klammern mit dem Zusatz „früher" auch der bisherige Bezirk und die bisherigen Band- und Blattnummern anzugeben.

(4) Mit den Grundbuchbänden sind die Grundakten sowie die sonstigen sich auf die darin enthaltenen Grundbuchblätter beziehenden und in Verwahrung des Gerichts befindlichen Schriftstücke abzugeben.

(5) Bei Grundstücken, die kein Grundbuchblatt haben, sind die sich auf sie beziehenden Schriftstücke gleichfalls abzugeben.

(6) Geht die Führung der Grundbuchblätter eines ganzen Grundbuchbezirks auf ein anderes Grundbuchamt über, so sind auch die Sammelakten und Verzeichnisse (z.B. Katasterurkunden) abzugeben, soweit sie sich auf diesen Bezirk beziehen.

(7) In den Fällen der Absätze 4, 5 und 6 ist über die Abgabe ein Vermerk zurückzubehalten.

§ 27 [Wechsel des Grundbuchbezirks]. Die Vorschriften des § 25 und des § 26 Abs. 1, 2, 3 sind entsprechend anzuwenden, wenn ein Grundstück in einen anderen Grundbuchbezirk desselben Grundbuchamts übergeht.

§ 27a [Abgabe von Grundbuchblättern]. (1) [1]Geht die Zuständigkeit für die Führung eines oder mehrerer Grundbuchblätter auf ein anderes Grundbuchamt über und wird bei beiden beteiligten Grundbuchämtern für die in Frage kommenden Bezirke das Grundbuch in Einzelheften mit herausnehmbaren Einlegebogen geführt, so sind die betroffenen Blätter nicht zu schließen, sondern an das nunmehr zuständige Grundbuchamt abzugeben. [2]§ 26 Abs. 3, 4, 6 und 7 ist entsprechend anzuwenden. [3]Im Falle des § 27 ist nach Satz 1 und § 26 Abs. 3 zu verfahren.

(2) [1]Wird das Grundbuch in Einzelheften mit herausnehmbaren Einlegebogen nur bei einem der beteiligten Grundbuchämter für den in Frage kommenden Bezirk geführt, so ist nach § 25 Abs. 1 und 2, § 26 Abs. 3, 4, 6 und 7 zu verfahren. [2]Im Falle des § 27 ist nach § 25 Abs. 1 und 2 und § 26 Abs. 3 zu verfahren.

Abschnitt VI. Die Umschreibung von Grundbüchern

§ 28 [Fälle der Umschreibung]. (1) Ein Grundbuchblatt ist, außer im Falle des § 23 Abs. 1, umzuschreiben, wenn es unübersichtlich geworden ist.

(2) Ein Grundbuchblatt kann umgeschrieben werden:
a) wenn es durch Umschreibung wesentlich vereinfacht wird;
b) wenn außer ihm in demselben Grundbuchband keine oder nur wenige in Gebrauch befindliche Blätter enthalten sind und die Ausscheidung des Bandes angezeigt ist.

§ 29 [Verfahren vor Umschreibung]. [1]Vor der Umschreibung hat der Grundbuchrichter Eintragungen, die von Amts wegen vorzunehmen sind, zu bewirken (z.B. §§ 4, 53 der Grundbuchordnung). [2]Er hat über die Einleitung eines Löschungsverfahrens (§§ 84 bis 89 der Grundbuchordnung) oder eines Verfahrens zur Klarstellung der Rangverhältnisse (§§ 90 bis 115 der Grundbuchordnung) zu beschließen und das Verfahren vor der Umschreibung durchzuführen; auch hat er gegebenenfalls die Beteiligten über die Beseitigung unrichtiger Eintragungen sowie über die Vereinigung oder Zuschreibung von Grundstücken zu belehren.

§ 30 [Gestaltung des neuen Blattes]. (1) Für das neue Blatt gelten die folgenden Bestimmungen:
a) Das Blatt erhält die nächste fortlaufende Nummer; § 3 Abs. 2 ist anzuwenden.
b) In der Aufschrift des neuen Blattes ist auf das bisherige Blatt zu verweisen.
c) Gelöschte Eintragungen werden unter ihrer bisherigen laufenden Nummer in das neue Blatt insoweit übernommen, als dies zum Verständnis der noch gültigen Eintragungen erforderlich ist. Im übrigen sind nur die laufenden Nummern der Eintragungen mit dem Vermerk „Gelöscht" zu übernehmen. Die Übernahme der Nummern der Eintragungen mit dem Vermerk „Gelöscht" kann unterbleiben und der Bestand an Eintragungen unter neuen laufenden Nummern übernommen werden, wenn Unklarheiten nicht zu besorgen sind.
d) Die Eintragungsvermerke sind tunlichst so zusammenzufassen und zu ändern, daß nur ihr gegenwärtiger Inhalt in das neue Blatt übernommen wird.
e) Veränderungen eines Rechts sind tunlichst in den für die Eintragung des Rechts selbst bestimmten Spalten einzutragen; jedoch sind besondere Rechte (z.B. Pfandrechte), Löschungsvormerkungen sowie Vermerke, die sich auf mehrere Rechte gemeinsam beziehen, wieder in den für Veränderungen bestimmten Spalten einzutragen.
f) *(weggefallen)*
g) In der zweiten und dritten Abteilung ist der Tag der ersten Eintragung eines Rechts mit zu übertragen.
h)
   1. Jeder übertragene Vermerk, dessen Unterzeichnung erforderlich ist, ist mit dem Zusatz „Umgeschrieben" zu versehen und von dem Richter und dem Urkundsbeamten der Geschäftsstelle zu unterzeichnen.

2. In Spalte 6 des Bestandsverzeichnisses genügt der Vermerk: „Bei Umschreibung des unübersichtlich gewordenen Blattes ... als Bestand eingetragen am ...“; der Vermerk in Spalte 4 der ersten Abteilung hat zu lauten: „Das auf dem unübersichtlich gewordenen Blatt ... eingetragene Eigentum bei Umschreibung des Blattes hier eingetragen am ...“.

i) In den Fällen des § 30 (§§ 31, 32) des Reichsgesetzes über die Bereinigung der Grundbücher vom 18. Juli 1930 (Reichsgesetzbl. I S. 305)[1] ist nach Möglichkeit an Stelle der Bezugnahme auf das Aufwertungsgesetz ein Widerspruch mit dem im § 30 des Gesetzes über die Bereinigung der Grundbücher bezeichneten Inhalt einzutragen, sofern eine endgültige Klarstellung in einem Verfahren zur Klarstellung der Rangverhältnisse (§§ 90 bis 115 der Grundbuchordnung) oder auf andere Weise nicht erreichbar ist.

(2) [1]Das umgeschriebene Blatt ist zu schließen. [2]In dem Schließungsvermerk (§ 36 Buchstabe b) ist die Bezeichnung des neuen Blattes anzugeben.

§ 31 [Muster für Umschreibung]. [1]Die Durchführung der Umschreibung im einzelnen ergibt sich aus den in den Anlagen 2a und 2b beigefügten Mustern. [2]§ 22 Satz 2 gilt entsprechend.

§ 32 [Neues Handblatt]. (1) [1]Die für das geschlossene Grundbuchblatt gehaltenen Grundakten werden unter entsprechender Änderung ihrer Bezeichnung für das neue Blatt weitergeführt. [2]Nach dem umgeschriebenen Blatt ist ein neues Handblatt herzustellen. [3]Das alte Handblatt ist bei den Grundakten zu verwahren; es ist deutlich als Handblatt des wegen Umschreibung geschlossenen Blattes zu kennzeichnen.

(2) [1]Mit Genehmigung der Landesjustizverwaltung oder der von ihr bestimmten Stelle können auch die für das geschlossene Grundbuchblatt gehaltenen Akten geschlossen werden. [2]Das alte Handblatt und Urkunden, auf die eine Eintragung in dem neuen Grundbuchblatt sich gründet oder Bezug nimmt, können zu den Grundakten des neuen Blattes genommen werden; in diesem Fall ist Absatz 1 Satz 3

---

[1] Die §§ 30 bis 32 dieses Gesetzes lauten:

§ 30

(1) Ist der Rang einer aufgewerteten Hypothek lediglich durch Bezugnahme auf das Aufwertungsgesetz bezeichnet und stimmt der Rang, den die Hypothek nach dem Aufwertungsgesetze hat, nicht mit dem Range überein, der sich aus dem Grundbuch ohne Berücksichtigung der Bezugnahme ergeben würde, so hat die Bezugnahme auf das Gesetz die Wirkung eines Widerspruchs gegen die Richtigkeit der sich aus dem Grundbuch ergebenden Rangfolge zugunsten desjenigen, der durch die Unrichtigkeit dieser Rangfolge betroffen würde.

(2) Die Vorschrift des Abs. 1 gilt entsprechend, wenn hinsichtlich des Umfanges eines Rechtes, auf den sich eine Rangeintragung bezieht, lediglich auf das Aufwertungsgesetz Bezug genommen ist.

§ 31

(1) Die Vorschriften über die Eintragung der gesetzlichen Aufwertung (§§ 6, 14 bis 21, 78 des Aufwertungsgesetzes) finden auf die Eintragung einer den gesetzlichen Aufwertungsbetrag übersteigenden Hypothek (§ 67 des Aufwertungsgesetzes) Anwendung.

(2) Die Eintragung ist nicht deshalb unzulässig, weil der gesetzliche Aufwertungsbetrag mit der vereinbarten Mehraufwertung zu einer Eintragung zusammengefaßt ist. Die Vorschriften des § 67 Abs. 1 Satz 2, 3 des Aufwertungsgesetzes bleiben unberührt.

§ 32

Die Vorschriften der §§ 28, 29, 30, 31 finden entsprechende Anwendung auf Grundschulden, Rentenschulden und Reallasten.

Halbsatz 2 entsprechend anzuwenden. [3]Die Übernahme ist in den geschlossenen Grundakten zu vermerken.

§ 33 [Teilweise Unübersichtlichkeit]. (1) Sind nur das Bestandsverzeichnis oder einzelne Abteilungen des Grundbuchblatts unübersichtlich geworden, so können sie für sich allein neu gefaßt werden, falls dieser Teil des Grundbuchblatts hierfür genügend Raum bietet.

(2a) § 29 ist entsprechend anzuwenden.

(2b) [1]Der neu zu fassende Teil des Grundbuchblatts ist durch einen quer über beide Seiten zu ziehenden rot-schwarzen Doppelstrich abzuschließen und darunter der Vermerk zu setzen: „Wegen Unübersichtlichkeit neu gefaßt.“ [2]Die über dem Doppelstrich stehenden Eintragungen sind rot zu durchkreuzen.

(2c) § 30 Abs. 1 Buchstabe c, d, e, g und i ist entsprechend anzuwenden, Buchstabe c jedoch mit Ausnahme seines Satzes 3.

(2d)

1. Jeder übertragene Vermerk, dessen Unterzeichnung erforderlich ist, ist mit dem Zusatz: „Bei Neufassung übertragen“ zu versehen und von dem Richter und dem Urkundsbeamten der Geschäftsstelle zu unterzeichnen.
2. In Spalte 6 des Bestandsverzeichnisses genügt der Vermerk: „Bei Neufassung des unübersichtlich gewordenen Bestandsverzeichnisses als Bestand eingetragen am ...“.

(2e) Die nicht neu gefaßten Teile des Grundbuchblatts bleiben unverändert.

Abschnitt VII. Die Schließung des Grundbuchblatts

§ 34 [Weitere Fälle der Schließung]. Außer den Fällen des § 25 Abs. 1, § 26 Abs. 2, § 27, § 27a Abs. 2 und § 30 Abs. 2 wird das Grundbuchblatt geschlossen, wenn:

a) alle auf einem Blatt eingetragenen Grundstücke aus dem Grundbuchblatt ausgeschieden sind;
b) an Stelle des Grundstücks die Miteigentumsanteile der Miteigentümer nach § 3 Abs. 4 und 5 der Grundbuchordnung im Grundbuch eingetragen werden und weitere Grundstücke nicht eingetragen sind;
c) das Grundstück untergegangen ist.

§ 35 [Nicht nachweisbares Grundstück]. (1) Das Grundbuchblatt wird ferner geschlossen, wenn das Grundstück sich in der Örtlichkeit nicht nachweisen läßt.

(2) [1]Vor der Schließung sind alle, denen ein im Grundbuch eingetragenes Recht an dem Grundstück oder an einem solchen Recht zusteht, aufzufordern, binnen einer vom Grundbuchamt zu bestimmenden angemessenen Frist das Grundstück in der Örtlichkeit nachzuweisen, mit dem Hinweis, daß nach fruchtlosem Ablauf der Frist das Blatt geschlossen werde. [2]Die Aufforderung ist den Berechtigten, soweit ihre Person und ihr Aufenthalt dem Grundbuchamt bekannt ist, zuzustellen. [3]Sie kann nach Ermessen des Grundbuchamts außerdem öffentlich bekanntgemacht werden; dies hat zu geschehen, wenn Person oder Aufenthalt eines Berechtigten dem Grundbuchamt nicht bekannt ist. [4]Die Art der Bekanntmachung bestimmt das Grundbuchamt.

§ 36 [Form der Schließung]. Das Grundbuchblatt wird geschlossen, indem

a) sämtliche Seiten des Blattes, soweit sie Eintragungen enthalten, rot durchkreuzt werden;
b) ein Schließungsvermerk, in dem der Grund der Schließung anzugeben ist, in der Aufschrift eingetragen wird.

§ 37 [Wiederverwendung geschlossener Blätter]. (1) Geschlossene Grundbuchblätter dürfen zur Anlegung eines neuen Blattes nicht wieder verwendet werden.

(2a) Jedoch kann der zuständige Oberlandesgerichtspräsident unter Berücksichtigung der besonderen örtlichen Verhältnisse bei allen oder einzelnen Grundbuchämtern seines Bezirks die Wiederverwendung geschlossener Grundbuchblätter zur Einrichtung eines neuen Blattes desselben Grundbuchbezirks gestatten, sofern dadurch eine nennenswerte Ersparnis erzielt und die Übersichtlichkeit des Grundbuchs nicht beeinträchtigt wird.

(2b) Das neue Blatt erhält die Nummer des alten Blattes unter Hinzufügung des Buchstabens „A".

(2c) [1]Das alte Blatt ist in der Aufschrift, im Bestandsverzeichnis und in den drei Abteilungen, soweit sich darin Eintragungen befinden, durch einen quer über beide Seiten zu ziehenden rot-schwarzen Doppelstrich abzuschließen und darunter mit dem Vermerk zu versehen: „Wieder benutzt als Blatt Nr. ... A". [2]In der Aufschrift ist dieser Vermerk durch Angabe des Amtsgerichts und des Bezirks zu ergänzen. [3]Die neuen Eintragungen haben unter neuen laufenden Nummern zu erfolgen.

(3) [1]Die Absätze 2a bis 2c sind nicht anzuwenden, wenn das Grundbuch in Einzelheften mit herausnehmbaren Einlegebogen geführt wird. [2]In diesem Fall kann jedoch nach Anordnung der Landesjustizverwaltung die Nummer eines geschlossenen Grundbuchblatts im Einzelheft für ein neues Blatt desselben Grundbuchbezirks unter Hinzufügung des Buchstabens A (B, C usw.) wiederverwendet werden.

Abschnitt VIII. Die Beseitigung einer Doppelbuchung

§ 38 [Doppelbuchung]. (1) Ist ein Grundstück für sich allein auf mehreren Grundbuchblättern eingetragen, so gilt folgendes:

a) [1]Stimmen die Eintragungen auf den Blättern überein, so sind die Blätter bis auf eins zu schließen. [2]Im Schließungsvermerk (§ 36 Buchstabe b) ist die Nummer des nicht geschlossenen Blattes anzugeben.

b)
   1. Stimmen die Eintragungen auf den Blättern nicht überein, so sind alle Blätter zu schließen.Für das Grundstück ist ein neues Blatt anzulegen.Im Schließungsvermerk (§ 36 Buchstabe b) ist die Nummer des neuen Blattes anzugeben.
   2. Das Grundbuchamt entscheidet darüber, welche Eintragungen aus den geschlossenen Blättern auf das neue Blatt zu übernehmen sind.Nicht übernommene Eintragungen sind durch Eintragung von Widersprüchen zu sichern.Das Grundbuchamt hat vor der Entscheidung, soweit erforderlich und tunlich, die Beteiligten zu hören und eine gütliche Einigung zu versuchen.

c) Die wirkliche Rechtslage bleibt durch die nach den Buchstaben a und b vorgenommenen Maßnahmen unberührt.

(2a) [1]Ist ein Grundstück oder Grundstücksteil auf mehreren Grundbuchblättern eingetragen, und zwar wenigstens auf einem der Grundbuchblätter zusammen mit anderen Grundstücken oder Grundstücksteilen (§§ 4, 5, 6, 6a der Grundbuchordnung), so ist das Grundstück oder der Grundstücksteil von allen Blättern abzuschreiben. [2]Für das Grundstück oder den Grundstücksteil ist ein neues Blatt anzulegen.

(2b) Für die Anlegung des neuen Blattes gilt Absatz 1 Buchstabe b Nr. 2 entsprechend.

(2c) Würde das nach den Absätzen 2a und 2b anzulegende neue Blatt mit einem der alten Blätter übereinstimmen, so wird dieses fortgeführt und das Grundstück oder der Grundstücksteil nur von den anderen alten Blättern abgeschrieben.

(2d) Die wirkliche Rechtslage bleibt von den nach den Absätzen 2a bis 2c vorgenommenen Maßnahmen unberührt.

Abschnitt IX. Die Bekanntmachung der Eintragungen

§ 39 [Bekanntmachung an Behörden]. (1) *(weggefallen)*

(2) *(weggefallen)*

(3) [1]Die Umschreibung eines Grundbuchblatts ist dem Eigentümer, den eingetragenen dinglich Berechtigten und der Katasterbehörde (Flurbuchbehörde, Vermessungsbehörde) bekanntzugeben. [2]Inwieweit hiermit eine Mitteilung von etwaigen Änderungen der Eintragungsvermerke zu verbinden ist, bleibt, unbeschadet der Vorschrift des § 55 der Grundbuchordnung, dem Ermessen des Grundbuchrichters überlassen. [3]Die Änderung der laufenden Nummern von Eintragungen (§ 30 Abs. 1 Buchstabe c Satz 3) ist dem Eigentümer stets, einem eingetragenen dinglich Berechtigten, wenn sich die laufende Nummer seines Rechts ändert oder die Änderung für ihn sonst von Bedeutung ist, bekanntzugeben. [4]Ist über eine Hypothek, Grundschuld oder Rentenschuld ein Brief erteilt, so ist bei der Bekanntgabe der Gläubiger aufzufordern, den Brief zwecks Berichtigung, insbesondere der Nummer des Grundbuchblatts, dem Grundbuchamt alsbald einzureichen.

(4) *(weggefallen)*

§ 40 [Bekanntmachungen bei Zuständigkeitswechsel]. (1) [1]Geht die Zuständigkeit für die Führung des Grundbuchblatts infolge einer Bezirksänderung oder auf sonstige Weise auf ein anderes Grundbuchamt über (§§ 25, 26), so hat dieses hiervon den eingetragenen Eigentümer und die aus dem Grundbuch ersichtlichen dinglich Berechtigten unter Mitteilung der künftigen Aufschrift des Grundbuchblatts zu benachrichtigen. [2]Die Vorschriften des § 39 Abs. 3 Satz 3 und 4 sind entsprechend anzuwenden. [3]Die vorstehenden Bestimmungen gelten nicht, wenn die Änderung der Zuständigkeit sich auf sämtliche Grundstücke eines Grundbuchbezirks erstreckt und die Bezeichnung des Grundbuchbezirks sowie die Band- und Blattnummern unverändert bleiben.

(2) Die Vorschriften des Absatzes 1 Satz 1 und des § 39 Abs. 3 Satz 3 und 4 sind entsprechend anzuwenden, wenn ein Grundstück in einen anderen Grundbuchbezirk desselben Grundbuchamts übergeht (§ 27).

§ 41 *(weggefallen)*

§ 42 [Form von Zwischenverfügungen und Mitteilungen]. [1]Erforderliche maschinell erstellte Zwischenverfügungen und die nach den §§ 55 bis 55b der Grundbuchordnung vorzunehmenden Mitteilungen müssen nicht unterschrieben werden. [2]In diesem Fall soll auf dem Schreiben der Vermerk „Dieses Schreiben ist maschinell erstellt und auch ohne Unterschrift wirksam." angebracht sein.

Abschnitt X. Grundbucheinsicht und -abschriften

§ 43 [Einsicht durch Notare und Behörden]. (1) Beauftragte inländischer öffentlicher Behörden sind befugt, das Grundbuch einzusehen und eine Abschrift zu verlangen, ohne daß es der Darlegung eines berechtigten Interesses bedarf.

(2) [1]Dasselbe gilt für Notare sowie für Rechtsanwälte, die im nachgewiesenen Auftrag eines Notars das Grundbuch einsehen wollen, für öffentlich bestellte Vermessungsingenieure und dinglich Berechtigte, soweit Gegenstand der Einsicht das betreffende Grundstück ist. [2]Unbeschadet dessen ist die Einsicht in das Grundbuch und die Erteilung von Abschriften hieraus zulässig, wenn die für den Einzelfall erklärte Zustimmung des eingetragenen Eigentümers dargelegt wird.

§ 44 [Grundbuchabschriften]. (1) Grundbuchabschriften sind auf Antrag zu beglaubigen.

(2) [1]Die Bestätigung oder Ergänzung früher gefertigter Abschriften ist zulässig. [2]Eine Ergänzung einer früher erteilten Abschrift soll unterbleiben, wenn die Ergänzung gegenüber der Erteilung einer Abschrift durch Ablichtung einen unverhältnismäßigen

Arbeitsaufwand, insbesondere erhebliche oder zeitraubende Schreibarbeiten erfordern würde; andere Versagungsgründe bleiben unberührt.

(3) [1]Auf einfachen Abschriften ist der Tag anzugeben, an dem sie gefertigt sind. [2]Der Vermerk ist jedoch nicht zu unterzeichnen.

(4) [1]Von gelöschten Eintragungen wird lediglich die laufende Nummer der Eintragung mit dem Vermerk „Gelöscht" in die Abschrift aufgenommen. [2]Dies gilt nicht, wenn ihre Aufnahme in vollem Wortlaut beantragt ist oder soweit die Abschrift durch Ablichtung hergestellt wird.

§ 45 [Beglaubigte Abschrift von Blatteilen]. (1) Die Erteilung einer beglaubigten Abschrift eines Teils des Grundbuchblatts ist zulässig.

(2) [1]In diesem Fall sind in die Abschrift die Eintragungen aufzunehmen, welche den Gegenstand betreffen, auf den sich die Abschrift beziehen soll. [2]In dem Beglaubigungsvermerk ist der Gegenstand anzugeben und zu bezeugen, daß weitere ihn betreffende Eintragungen in dem Grundbuch nicht enthalten sind.

(3) [1]Im übrigen ist das Grundbuchamt den Beteiligten gegenüber zur Auskunftserteilung nur auf Grund besonderer gesetzlicher Vorschrift verpflichtet. [2]Die Erteilung eines abgekürzten Auszugs aus dem Inhalt des Grundbuchs ist nicht zulässig.

§ 46 [Einsicht in die Grundakten]. (1) Die Einsicht von Grundakten ist jedem gestattet, der ein berechtigtes Interesse darlegt, auch soweit es sich nicht um die im § 12 Abs. 1 Satz 2 der Grundbuchordnung bezeichneten Urkunden handelt.

(2) Die Vorschrift des § 43 ist auf die Einsicht von Grundakten entsprechend anzuwenden.

(3) Soweit die Einsicht gestattet ist, kann eine Abschrift verlangt werden, die auf Antrag auch zu beglaubigen ist.

Abschnitt XI. Hypotheken-, Grundschuld- und Rentenschuldbriefe

§ 47 [Überschrift des Briefes]. [1]Die Hypothekenbriefe sind mit einer Überschrift zu versehen, welche die Worte „Deutscher Hypothekenbrief" und die Bezeichnung der Hypothek (§ 56 Abs. 1 der Grundbuchordnung) enthält, über die der Brief erteilt wird. [2]Die laufende Nummer, unter der die Hypothek in der dritten Abteilung des Grundbuchs eingetragen ist, ist dabei in Buchstaben zu wiederholen.

§ 48 [Kennzeichnung bei Teillöschungen und Teilbriefen]. (1) [1]Wird eine Hypothek im Grundbuch teilweise gelöscht, so ist auf dem Brief der Betrag, für den die Hypothek noch besteht, neben der in der Überschrift enthaltenen Bezeichnung des Rechts durch den Vermerk ersichtlich zu machen: „Noch gültig für (Angabe des Betrags)." [2]Der alte Betrag ist rot zu unterstreichen.

(2) In derselben Weise ist bei der Herstellung von Teilhypothekenbriefen auf dem bisherigen Brief der Betrag ersichtlich zu machen, auf den sich der Brief noch bezieht.

§ 49 [Nachtragsvermerke]. Vermerke über Eintragungen, die nachträglich bei der Hypothek erfolgen, sowie Vermerke über Änderungen der in § 57 der Grundbuchordnung genannten Angaben werden auf dem Brief im Anschluß an den letzten vorhandenen Vermerk oder, wenn hierfür auf dem Brief kein Raum mehr vorhanden ist, auf einen mit dem Brief zu verbindenden besonderen Bogen gesetzt.

§ 49a [Versendungsverfahren]. [1]Wird der Grundpfandrechtsbrief nicht ausgehändigt, soll er durch die Post mit Zustellungsurkunde oder durch Einschreiben versandt werden. [2]Die Landesjustizverwaltungen können durch Geschäftsanweisung oder Erlaß ein anderes Versendungsverfahren bestimmen. [3]Bestehende Anweisungen oder Erlasse bleiben unberührt.

§ 50 [Verbindung durch Schnur und Siegel]. Die im § 58 Abs. 1 und § 59 Abs. 2 der Grundbuchordnung sowie im § 49 dieser Verfügung vorgeschriebene Verbindung erfolgt durch Schnur und Siegel.

§ 51 [Grundschuld- und Rentenschuldbriefe]. [1]Die Vorschriften der §§ 47 bis 50 sind auf Grundschuld- und Rentenschuldbriefe entsprechend anzuwenden. [2]In der Überschrift eines Rentenschuldbriefes ist der Betrag der einzelnen Jahresleistung, nicht der Betrag der Ablösungssumme, anzugeben.

§ 52 [Muster und Vordrucke für Briefe]. (1) Für die Hypotheken-, Grundschuld- und Rentenschuldbriefe dienen die Anlagen 3 bis 8 als Muster.

(2) Für die Ausfertigung der Hypotheken-, Grundschuld- und Rentenschuldbriefe sind die amtlich ausgegebenen, mit laufenden Nummern versehenen Vordrucke nach näherer Anweisung der Landesjustizverwaltung zu verwenden.[1]

§ 53 [Unbrauchbarmachung]. (1) Ist nach dem Gesetz ein Hypotheken-, Grundschuld- oder Rentenschuldbrief unbrauchbar zu machen, so wird, nachdem die bei dem Recht bewirkte Grundbucheintragung auf dem Brief vermerkt ist, der Vermerk über die erste Eintragung des Rechts durchstrichen und der Brief mit Einschnitten versehen.

(2) [1]Ist verfügt worden, daß der Brief unbrauchbar zu machen ist, und ist in den Grundakten ersichtlich gemacht, daß die Verfügung ausgeführt ist, so ist der Brief mit anderen unbrauchbar gemachten Briefen zu Sammelakten zu nehmen. [2]Die Sammelakten sind für das Kalenderjahr anzulegen und am Schluß des folgenden Kalenderjahres zu vernichten. [3]In der Verfügung kann angeordnet werden, daß ein unbrauchbar gemachter Brief während bestimmter Zeit bei den Grundakten aufzubewahren ist.

Abschnitt XII. Das Erbbaugrundbuch

§ 54 [Entsprechende Anwendung der allgemeinen Vorschriften]. Auf das für ein Erbbaurecht anzulegende besondere Grundbuchblatt (§ 14 Abs. 1 des Erbbaurechtsgesetzes) sind die vorstehenden Vorschriften entsprechend anzuwenden, soweit sich nicht aus den §§ 55 bis 59 Abweichendes ergibt.

§ 55 [Nummernfolge; Aufschrift]. (1) Das Erbbaugrundbuchblatt erhält die nächste fortlaufende Nummer des Grundbuchs, in dem das belastete Grundstück verzeichnet ist.

(2) In der Aufschrift ist unter die Blattnummer in Klammern das Wort „Erbbaugrundbuch" zu setzen.

§ 56 [Bestandsverzeichnis beim Erbbaugrundbuch]. (1) Im Bestandsverzeichnis sind in dem durch die Spalten 2 bis 4 gebildeten Raum einzutragen:

a) die Bezeichnung „Erbbaurecht" sowie die Bezeichnung des belasteten Grundstücks, wobei der Inhalt der Spalten 3 und 4 des Bestandsverzeichnisses des belasteten Grundstücks in die Spalten 3 und 4 des Erbbaugrundbuchs zu übernehmen ist;
b) der Inhalt des Erbbaurechts;
c) im unmittelbaren Anschluß an die Eintragung unter Buchstabe b der Eigentümer des belasteten Grundstücks;
d) Veränderungen der unter den Buchstaben a bis c genannten Vermerke.

(2) Bei Eintragung des Inhalts des Erbbaurechts (Absatz 1 Buchstabe b) ist die Bezugnahme auf die Eintragungsbewilligung zulässig; jedoch sind Beschränkungen des

---

[1] Über die für die Ausfertigung der Hypotheken-, Grundschuld- und Rentenschuldbriefe zu verwendenden Vordrucke haben die Landesjustizverwaltungen übereinstimmende Vorschriften erlassen.

Erbbaurechts durch Bedingungen, Befristungen oder Verfügungsbeschränkungen (§ 5 des Erbbaurechtsgesetzes) ausdrücklich einzutragen.

(3) In der Spalte 1 ist die laufende Nummer der Eintragung anzugeben.

(4) [1]In der Spalte 6 sind die Vermerke über die Berichtigungen des Bestandes des belasteten Grundstücks, die auf dem Blatt dieses Grundstücks zur Eintragung gelangen (§ 6 Abs. 6 Buchstabe e), einzutragen. [2]In der Spalte 5 ist hierbei auf die laufende Nummer hinzuweisen, unter der die Berichtigung in den Spalten 3 und 4 eingetragen wird.

(5) Verliert durch die Eintragung einer Veränderung nach ihrem aus dem Grundbuch ersichtlichen Inhalt ein früherer Vermerk ganz oder teilweise seine Bedeutung, so ist er insoweit rot zu unterstreichen.

(6) Die Löschung des Erbbaurechts ist in der Spalte 8 zu vermerken.

§ 57 [Eintragungen in den Abteilungen des Erbbaugrundbuchs]. (1) Die erste Abteilung dient zur Eintragung des Erbbauberechtigten.

(2) Im übrigen sind auf die Eintragungen im Bestandsverzeichnis sowie in den drei Abteilungen die für die Grundbuchblätter über Grundstücke geltenden Vorschriften (Abschnitte II, III) entsprechend anzuwenden.

§ 58 [Muster für Erbbaugrundbuch]. [1]Die nähere Einrichtung und die Ausfüllung des für ein Erbbaurecht anzulegenden besonderen Grundbuchblatts ergibt sich aus dem in der Anlage 9 beigefügten Muster. [2]§ 22 Satz 2 ist entsprechend anzuwenden.

§ 59 [Hypothekenbriefe bei Erbbaurechten]. Bei der Bildung von Hypotheken-, Grundschuld- und Rentenschuldbriefen ist kenntlich zu machen, daß der belastete Gegenstand ein Erbbaurecht ist.

§ 60 [Grundbuchblatt für bis 21.1.1919 begründete Erbbaurechte]. Die vorstehenden Vorschriften sind auf die nach § 8 der Grundbuchordnung anzulegenden Grundbuchblätter mit folgenden Maßgaben entsprechend anzuwenden:

a) In der Aufschrift ist an Stelle des Wortes „Erbbaugrundbuch" (§ 55 Abs. 2) das Wort „Erbbaurecht" zu setzen;

b) bei der Eintragung des Inhalts des Erbbaurechts ist die Bezugnahme auf die Eintragungsbewilligung (§ 56 Abs. 2) unzulässig.

Abschnitt XIII. Vorschriften über das maschinell geführte Grundbuch

Unterabschnitt 1. Das maschinell geführte Grundbuch

§ 61 [Grundsatz]. Für das maschinell geführte Grundbuch und das maschinell geführte Erbbaugrundbuch gelten die Bestimmungen dieser Verordnung und, wenn es sich um Wohnungsgrundbuchblätter handelt, auch die Wohnungsgrundbuchverfügung und die sonstigen allgemeinen Ausführungsvorschriften, soweit im folgenden nichts abweichendes bestimmt wird.

§ 62 [Begriff des maschinell geführten Grundbuchs]. [1]Bei dem maschinell geführten Grundbuch ist der in den dafür bestimmten Datenspeicher aufgenommene und auf Dauer unverändert in lesbarer Form wiedergabefähige Inhalt des Grundbuchblattes (§ 3 Abs. 1 Satz 1 der Grundbuchordnung) das Grundbuch. [2]Die Bestimmung des Datenspeichers nach Satz 1 kann durch Verfügung der zuständigen Stelle geändert werden, wenn dies dazu dient, die Erhaltung und die Abrufbarkeit der Daten sicherzustellen oder zu verbessern, und die Daten dabei nicht verändert werden. [3]Die Verfügung kann auch in allgemeiner Form und vor Eintritt eines Änderungsfalls getroffen werden.

§ 63 [Gestaltung des maschinell geführten Grundbuchs]. [1]Der Inhalt des maschinell geführten Grundbuchs muß auf dem Bildschirm und in Ausdrucken so sichtbar gemacht werden können, wie es den durch diese Verordnung und die Wohnungsgrundbuchverfügung vorgeschriebenen Vordrucken entspricht. [2]Die Vorschriften, die Grundbuchbände voraussetzen, sind nicht anzuwenden.

§ 64 [Anforderungen an Anlagen und Programme]. (1) [1]Für das maschinell geführte Grundbuch dürfen nur Anlagen und Programme verwendet werden, die den bestehenden inländischen oder international anerkannten technischen Anforderungen an die maschinell geführte Verarbeitung geschützter Daten entsprechen. [2]Sie sollen über die in Absatz 2 bezeichneten Grundfunktionen verfügen. [3]Das Vorliegen dieser Voraussetzungen ist, soweit es nicht durch ein inländisches oder ausländisches Prüfzeugnis bescheinigt wird, durch die zuständige Landesjustizverwaltung in geeigneter Weise festzustellen.

(2) [1]Das eingesetzte Datenverarbeitungssystem soll gewährleisten, daß

1. seine Funktionen nur genutzt werden können, wenn sich der Benutzer dem System gegenüber identifiziert und authentisiert (Identifikation und Authentisierung),
2. die eingeräumten Benutzungsrechte im System verwaltet werden (Berechtigungsverwaltung),
3. die eingeräumten Benutzungsrechte von dem System geprüft werden (Berechtigungsprüfung),
4. die Vornahme von Veränderungen und Ergänzungen des maschinell geführten Grundbuchs im System protokolliert wird (Beweissicherung),
5. eingesetzte Subsysteme ohne Sicherheitsrisiken wiederhergestellt werden können (Wiederaufbereitung),
6. etwaige Verfälschungen der gespeicherten Daten durch Fehlfunktionen des Systems durch geeignete technische Prüfmechanismen rechtzeitig bemerkt werden können (Unverfälschtheit),
7. die Funktionen des Systems fehlerfrei ablaufen und auftretende Fehlfunktionen unverzüglich gemeldet werden (Verläßlichkeit der Dienstleistung),
8. der Austausch von Daten aus dem oder für das Grundbuch im System und bei Einsatz öffentlicher Netze sicher erfolgen kann (Übertragungssicherheit).

[2]Das System soll nach Möglichkeit Grundbuchdaten übernehmen können, die in Systemen gespeichert sind, die die Führung des Grundbuchs in Papierform unterstützen.

§ 65 [Sicherung der Anlagen und Programme]. (1) [1]Die Datenverarbeitungsanlage ist so aufzustellen, daß sie keinen schädlichen Witterungseinwirkungen ausgesetzt ist, kein Unbefugter Zugang zu ihr hat und ein Datenverlust bei Stromausfall vermieden wird. [2]In dem Verfahren ist durch geeignete systemtechnische Vorkehrungen sicherzustellen, daß nur die hierzu ermächtigten Personen Zugriff auf die Programme und den Inhalt der maschinell geführten Grundbuchblätter haben. [3]Die Anwendung der Zugangssicherungen und Datensicherungsverfahren ist durch Dienstanweisungen sicherzustellen.

(2) Ist die Datenverarbeitungsanlage an ein öffentliches Telekommunikationsnetz angeschlossen, müssen Sicherungen gegen ein Eindringen unbefugter Personen oder Stellen in das Verarbeitungssystem (Hacking) getroffen werden.

§ 66 [Sicherung der Daten]. (1) Das Datenverarbeitungssystem soll so angelegt werden, daß die eingegebenen Eintragungen auch dann gesichert sind, wenn sie noch nicht auf Dauer unverändert in lesbarer Form wiedergegeben werden können.

(2) [1]Das Grundbuchamt bewahrt mindestens eine vollständige Sicherungskopie aller bei ihm maschinell geführten Grundbuchblätter auf. [2]Sie ist mindestens am Ende eines jeden Arbeitstages auf den Stand zu bringen, den die Daten der maschinell geführten Grundbuchblätter (§ 62) dann erreicht haben.

(3) [1]Die Kopie ist so aufzubewahren, daß sie bei einer Beschädigung der maschinell geführten Grundbuchblätter nicht in Mitleidenschaft gezogen und unverzüglich zugänglich gemacht werden kann. [2]Im übrigen gilt § 65 Abs. 1 sinngemäß.

Unterabschnitt 2. Anlegung des maschinell geführten Grundbuchs

§ 67 [Festlegung der Anlegungsverfahren]. [1]Das Grundbuchamt entscheidet nach pflichtgemäßem Ermessen, ob es das maschinell geführte Grundbuch durch Umschreibung nach § 68, durch Neufassung nach § 69 oder durch Umstellung nach § 70 anlegt. [2]Die Landesregierungen oder die von diesen ermächtigten Landesjustizverwaltungen können in der Verordnung nach § 126 Abs. 1 Satz 1 der Grundbuchordnung die Anwendung eines der genannten Verfahren ganz oder teilweise vorschreiben. [3]Sie können hierbei auch unterschiedliche Bestimmungen treffen. [4]Der in dem Muster der Anlage 2b zu dieser Verordnung vorgesehene Vermerk in der Aufschrift des neu anzulegenden Blattes wird durch den Freigabevermerk, der in dem Muster der Anlage 2a zu dieser Verordnung vorgesehene Vermerk in der Aufschrift des abgeschriebenen Blattes wird durch den Abschreibevermerk nach § 71 ersetzt.

§ 68 [Anlegung des maschinell geführten Grundbuchs durch Umschreibung]. (1) [1]Ein bisher in Papierform geführtes Grundbuchblatt kann auch umgeschrieben werden, wenn es maschinell geführt werden soll. [2]Die Umschreibung setzt nicht voraus, daß für neue Eintragungen in dem bisherigen Grundbuchblatt kein Raum mehr ist oder daß dieses unübersichtlich geworden ist.

(2) [1]Für die Durchführung der Umschreibung nach Absatz 1 gelten § 44 Abs. 3 der Grundbuchordnung und im übrigen die Vorschriften des Abschnitts VI sowie § 39 Abs. 3 mit der Maßgabe, daß die zu übernehmenden Angaben des umzuschreibenden Grundbuchblatts in den für das neue Grundbuchblatt bestimmten Datenspeicher durch Übertragung dieser Angaben in elektronische Zeichen aufzunehmen sind. [2]§ 32 Abs. 1 Satz 2 und 3 und § 33 finden keine Anwendung.

(3) *(weggefallen)*

§ 69 [Anlegung des maschinell geführten Grundbuchs durch Neufassung]. (1) [1]Das maschinell geführte Grundbuch kann durch Neufassung angelegt werden. [2]Für die Neufassung gilt § 68, soweit hier nicht etwas Abweichendes bestimmt wird.

(2) [1]Das neugefaßte Grundbuchblatt erhält keine neue Nummer. [2]Im Bestandsverzeichnis soll, soweit zweckmäßig, nur der aktuelle Bestand, in den einzelnen Abteilungen nur der aktuelle Stand der eingetragenen Rechtsverhältnisse dargestellt werden. [3]Soweit Belastungen des Grundstücks in einer einheitlichen Abteilung eingetragen sind, sollen sie, soweit tunlich, getrennt in einer zweiten und dritten Abteilung dargestellt werden. [4]§ 39 Abs. 3 gilt nicht.

(3) [1]In Spalte 6 des Bestandsverzeichnisses ist der Vermerk „Bei Neufassung der Abteilung O/des Bestandsverzeichnisses als Bestand eingetragen am ..." und in Spalte 4 der ersten Abteilung der Vermerk „Bei Neufassung der Abteilung ohne Eigentumswechsel eingetragen am ..." einzutragen. [2]Wird eine andere Abteilung neu gefaßt, so ist in dem neu gefaßten Blatt der Vermerk „bei Neufassung der Abteilung eingetragen am ..." einzutragen. [3]In den Fällen der Sätze 1 und 2 ist der entsprechende Teil des bisherigen Grundbuchblatts durch einen Vermerk „Neu gefaßt am ..." abzuschließen. [4]Die für Eintragungen in die neugefaßten Abteilungen bestimmten Seiten oder Bögen sind deutlich sichtbar als geschlossen kenntlich zu machen. [5]Der übrige Teil des Grundbuchblattes ist nach § 68 oder § 70 zu übernehmen. [6]§ 30 Abs. 1 Buchstabe h Nr. 1 ist nicht anzuwenden.

(4) [1]Die Durchführung der Neufassung im einzelnen ergibt sich aus den in den Anlagen 10a und 10b beigefügten Mustern. [2]Die darin enthaltenen Probeeintragungen sind als Beispiele nicht Teil dieser Verordnung.

§ 70 [Anlegung des maschinell geführten Grundbuchs durch Umstellung]. (1) [1]Die Anlegung eines maschinell geführten Grundbuchs kann auch durch Umstellung erfolgen. [2]Dazu ist der Inhalt des bisherigen Blattes elektronisch in den für das maschinell geführte Grundbuch bestimmten Datenspeicher aufzunehmen. [3]Die Umstellung kann auch dadurch erfolgen, daß ein Datenspeicher mit dem Grundbuchinhalt zum Datenspeicher des maschinell geführten Grundbuchs bestimmt wird (§ 62). [4]Die Speicherung des Schriftzugs von Unterschriften ist dabei nicht notwendig.

(2) [1]§ 108 Abs. 2 Satz 1, Abs. 4, Abs. 5 Satz 1, Abs. 7 und § 36 Buchstabe b gelten entsprechend. [2]Das geschlossene Grundbuch muß deutlich sichtbar als geschlossen kenntlich gemacht werden. [3]Sämtliche Grundbuchblätter eines Grundbuchbandes oder eines Grundbuchamtes können durch einen gemeinsamen Schließungsvermerk geschlossen werden, wenn die Blätter eines jeden Bandes in mißbrauchssicherer Weise verbunden werden. [4]Der Schließungsvermerk oder eine Abschrift des Schließungsvermerks ist in diesem Fall auf der vorderen Außenseite eines jeden Bandes oder an vergleichbarer Stelle anzubringen. [5]Die Schließung muß nicht in unmittelbarem zeitlichen Zusammenhang mit der Freigabe erfolgen; das Grundbuchamt stellt in diesem Fall sicher, daß in das bisherige Grundbuchblatt keine Eintragungen vorgenommen werden und bei der Gewährung von Einsicht und der Erteilung von Abschriften aus dem bisherigen Grundbuchblatt in geeigneter Weise auf die Schließung hingewiesen wird.

§ 71 [Freigabe des maschinell geführten Grundbuchs]. [1]Das nach den §§ 68 bis 70 angelegte maschinell geführte Grundbuch tritt mit seiner Freigabe an die Stelle des bisherigen Grundbuchblatts. [2]Die Freigabe erfolgt, wenn die Vollständigkeit und Richtigkeit des angelegten maschinell geführten Grundbuchs und seine Abrufbarkeit aus dem Datenspeicher gesichert sind. [3]In der Wiedergabe des Grundbuchs auf dem Bildschirm oder bei Ausdrucken soll in der Aufschrift anstelle des in Anlage 2b vorgesehenen Vermerks der Freigabevermerk erscheinen. [4]Der Freigabevermerk lautet:

1. in den Fällen der §§ 69 und 70:
   „Dieses Blatt ist zur Fortführung auf EDV umgestellt/neu gefaßt worden und dabei an die Stelle des bisherigen Blattes getreten. In dem Blatt enthaltene Rötungen sind schwarz sichtbar.
   Freigegeben am/zum …
   Name(n)“,
2. in den Fällen des § 68:
   „Dieses Blatt ist zur Fortführung auf EDV umgeschrieben worden und an die Stelle des Blattes (nähere Bezeichnung) getreten. In dem Blatt enthaltene Rötungen sind schwarz sichtbar.
   Freigegeben am/zum …
   Name(n)“.

[5]In der Aufschrift des bisherigen Blattes ist anstelle des in Anlage 2a zu dieser Verordnung vorgesehenen Vermerks folgender Abschreibevermerk einzutragen:

1. in den Fällen der §§ 69 und 70:
   „Zur Fortführung auf EDV umgestellt/neu gefaßt und geschlossen am/zum …
   Unterschrift(en)“,
2. in den Fällen des § 68:
   „Zur Fortführung auf EDV auf das Blatt … umgeschrieben und geschlossen am/zum …
   Unterschrift(en)“.

§ 72 [Umschreibung, Neufassung und Schließung des maschinell geführten Grundbuchs]. (1) Für die Umschreibung, Neufassung und Schließung des maschinell geführten Grundbuchs gelten die Vorschriften der Abschnitte VI und VII sowie, außer im Fall der Neufassung, § 39 Abs. 3 sinngemäß, soweit in diesem Abschnitt nichts Abweichendes bestimmt ist.

(2) Der Inhalt der geschlossenen maschinell geführten Grundbuchblätter soll weiterhin wiedergabefähig oder lesbar bleiben.

§ 73 [Grundakten]. [1]Auch nach Anlegung des maschinell geführten Grundbuchs sind die Grundakten gemäß § 24 Abs. 1 bis 3 zu führen. [2]Das bisher geführte Handblatt kann gesondert und auch vernichtet werden; dies ist in den Grundakten zu vermerken. [3]Wird das bisher geführte Handblatt bei den Grundakten verwahrt, gilt § 32 Abs. 1 Satz 3 Halbsatz 2 entsprechend.

Unterabschnitt 3. Eintragungen in das maschinell geführte Grundbuch

§ 74 [Veranlassung der Eintragung]. (1) [1]Die Eintragung in das maschinell geführte Grundbuch wird, vorbehaltlich der Fälle des § 127 der Grundbuchordnung, von der für die Führung des maschinell geführten Grundbuchs zuständigen Person veranlaßt. [2]Einer besonderen Verfügung hierzu bedarf es in diesem Fall nicht. [3]Die Landesregierung oder die von ihr ermächtigte Landesjustizverwaltung kann in der Rechtsverordnung nach § 126 der Grundbuchordnung oder durch gesonderte Rechtsverordnung bestimmen, daß auch bei dem maschinell geführten Grundbuch die Eintragung von dem Urkundsbeamten der Geschäftsstelle auf Verfügung der für die Führung des Grundbuchs zuständigen Person veranlaßt wird.

(2) Die veranlassende Person soll die Eintragung auf ihre Richtigkeit und Vollständigkeit prüfen; die Aufnahme in den Datenspeicher (§ 62) ist zu verifizieren.

§ 75 [Elektronische Unterschrift]. [1]Bei dem maschinell geführten Grundbuch soll eine Eintragung nur möglich sein, wenn die für die Führung des Grundbuchs zuständige Person oder, in den Fällen des § 74 Abs. 1 Satz 3, der Urkundsbeamte der Geschäftsstelle der Eintragung ihren oder seinen Nachnamen hinzusetzt und beides elektronisch unterschreibt. [2]Die elektronische Unterschrift soll in einem allgemein als sicher anerkannten automatisierten kryptographischen Verfahren textabhängig und unterzeichnerabhängig hergestellt werden. [3]Die unterschriebene Eintragung und die elektronische Unterschrift werden Bestandteil des maschinell geführten Grundbuchs. [4]Die elektronische Unterschrift soll durch die zuständige Stelle überprüft werden können.

§ 76 [Äußere Form der Eintragung]. Die äußere Form der Wiedergabe einer Eintragung bestimmt sich nach dem Abschnitt III.

Unterabschnitt 4. Einsicht in das maschinell geführte Grundbuch und Abschriften hieraus

§ 77 [Grundsatz]. Für die Einsicht in das maschinell geführte Grundbuch und die Erteilung von Abschriften hieraus gelten die Vorschriften des Abschnitts X entsprechend, soweit im folgenden nichts Abweichendes bestimmt ist.

§ 78 [Ausdrucke aus dem maschinell geführten Grundbuch]. (1) [1]Der Ausdruck aus dem maschinell geführten Grundbuch ist mit der Aufschrift „Ausdruck" und dem Hinweis auf das Datum des Abrufs der Grundbuchdaten zu versehen. [2]Der Ausdruck kann dem Antragsteller auch elektronisch übermittelt werden.

(2) [1]Der Ausdruck gilt als beglaubigte Abschrift, wenn er gesiegelt ist und die Kennzeichnung „Amtlicher Ausdruck" sowie den Vermerk „beglaubigt" mit dem Namen der Person trägt, die den Ausdruck veranlaßt oder die ordnungsgemäße drucktechnische Herstellung des Ausdrucks allgemein zu überwachen hat. [2]Anstelle der Siegelung kann in dem Vordruck maschinell ein Abdruck des Dienstsiegels eingedruckt sein oder aufgedruckt werden; in beiden Fällen muß auf dem Ausdruck „Amtlicher Ausdruck" und der Vermerk „Dieser Ausdruck wird nicht unterschrieben und gilt als beglaubigte Abschrift" aufgedruckt sein oder werden. [3]Absatz 1 Satz 2 gilt nicht.

(3) Auf dem Ausdruck oder dem amtlichen Ausdruck kann angegeben werden, welchen Eintragungsstand er wiedergibt.

§ 79 [Einsicht]. (1) [1]Die Einsicht erfolgt durch Wiedergabe des betreffenden Grundbuchblatts auf einem Bildschirm. [2]Der Einsicht nehmenden Person kann gestattet werdenden, das Grundbuchblatt selbst auf dem Bildschirm aufzurufen, wenn technisch sichergestellt ist, daß der Umfang der nach § 12 oder § 12b der Grundbuchordnung oder den Vorschriften dieser Verordnung zulässigen Einsicht nicht überschritten wird und Veränderungen des Grundbuchinhalts nicht vorgenommen werden können.

(2) Anstelle der Wiedergabe auf einem Bildschirm kann auch die Einsicht in einen Ausdruck gewährt werden.

(3) [1]Die Einsicht nach Absatz 1 oder 2 kann auch durch ein anderes als das Grundbuchamt bewilligt und gewährt werden, das das Grundbuchblatt führt. [2]Die für diese Aufgabe zuständigen Bediensteten sind besonders zu bestimmen. [3]Sie dürfen Zugang zu den maschinell geführten Grundbuchblättern des anderen Grundbuchamts nur haben, wenn sie eine Kennung verwenden, die ihnen von der Leitung des Amtsgerichts zugeteilt wird. [4]Diese Form der Einsichtnahme ist auch über die Grenzen des betreffenden Landes hinweg zulässig, wenn die Landesjustizverwaltungen dies vereinbaren.

(4) Die Gewährung der Einsicht schließt die Erteilung von Abschriften mit ein.

Unterabschnitt 5. Automatisierter Abruf von Daten

§ 80 [Abruf von Daten]. [1]Die Gewährung des Abrufs von Daten im automatisierten Verfahren nach § 133 der Grundbuchordnung berechtigt insbesondere zur Einsichtnahme in das Grundbuch in dem durch die §§ 12 und 12b der Grundbuchordnung und in dieser Verordnung bestimmten Umfang sowie zur Fertigung von Abdrucken des Grundbuchblatts. [2]Abdrucke stehen den Ausdrucken nicht gleich. [3]Wird die Abrufberechtigung einer nicht-öffentlichen Stelle gewährt, ist diese in der Genehmigung oder dem Vertrag (§ 133 der Grundbuchordnung) darauf hinzuweisen, daß sie die abgerufenen Daten nach § 133 Abs. 6 der Grundbuchordnung nur zu dem Zweck verwenden darf, für den sie ihr übermittelt worden sind.

§ 81 [Genehmigungsverfahren, Einrichtungsvertrag]. (1) Die Einrichtung eines automatisierten Abrufverfahrens bedarf bei Gerichten, Behörden und der Staatsbank Berlin einer Verwaltungsvereinbarung, im übrigen, soweit nicht ein öffentlich-rechtlicher Vertrag geschlossen wird, einer Genehmigung durch die dazu bestimmte Behörde der Landesjustizverwaltung.

(2) [1]Eine Genehmigung wird nur auf Antrag erteilt. [2]Zuständig ist die Behörde, in deren Bezirk das betreffende Grundbuchamt liegt. [3]In der Rechtsverordnung nach § 93 kann die Zuständigkeit abweichend geregelt werden. [4]Für das Verfahren gelten im übrigen das Verwaltungsverfahrens- und das Verwaltungszustellungsgesetz des betreffenden Landes entsprechend.

(3) [1]Die Genehmigung kann auf entsprechenden Antrag hin auch für die Grundbuchämter des Landes erteilt werden, bei denen die gesetzlichen Voraussetzungen dafür gegeben sind. [2]In der Genehmigung ist in jedem Fall das Vorliegen der Voraussetzungen nach § 133 Abs. 2 Satz 2 und 3 Nr. 1 und 2 der Grundbuchordnung besonders festzustellen.

(4) [1]Der Widerruf einer Genehmigung erfolgt durch die genehmigende Stelle. [2]Ist eine Gefährdung von Grundbüchern zu befürchten, kann in den Fällen des Absatzes 3 Satz 1 die Genehmigung für einzelne Grundbuchämter auch durch die für diese jeweils zuständige Stelle ausgesetzt werden. [3]Der Widerruf und die Aussetzung einer Genehmigung sind den übrigen Landesjustizverwaltungen unverzüglich mitzuteilen.

§ 82 [Einrichtung der Verfahren]. (1) [1]Wird ein Abrufverfahren eingerichtet, so ist systemtechnisch sicherzustellen, daß Abrufe nur unter Verwendung eines geeigneten Codezeichens erfolgen können. [2]Der berechtigten Stelle ist in der Genehmigung zur Auflage zu machen, dafür zu sorgen, daß das Codezeichen nur durch deren Leitung und berechtigte Mitarbeiter verwendet und mißbrauchssicher verwahrt wird. [3]Die Genehmigungsbehörde kann geeignete Maßnahmen anordnen, wenn dies notwendig erscheint, um einen unbefugten Zugriff auf die Grundbuchdaten zu verhindern.

(2) [1]Wird ein Abrufverfahren für den Fall eigener Berechtigung an einem Grundstück, einem grundstücksgleichen Recht oder einem Recht an einem solchen Recht, für den Fall der Zustimmung des Eigentümers oder für Maßnahmen der Zwangsvollstreckung eingerichtet (eingeschränktes Abrufverfahren), so ist der berechtigten Stelle in der Genehmigung zusätzlich zur Auflage zu machen, daß der einzelne Abruf nur unter Verwendung eines Codezeichens erfolgen darf, das die Art des Abrufs bezeichnet. [2]Das zusätzliche Codezeichen kann mit dem Codezeichen für die Abrufberechtigung verbunden werden.

§ 83 [Abrufprotokollierung]. (1) [1]Die Rechtmäßigkeit der Abrufe durch einzelne Abrufberechtigte prüft das Grundbuchamt nur, wenn es dazu nach den konkreten Umständen Anlaß hat. [2]Für die Kontrolle der Rechtmäßigkeit der Abrufe, für die Sicherstellung der ordnungsgemäßen Datenverarbeitung und für die Erhebung der Kosten durch die Justizverwaltung protokolliert das Grundbuchamt alle Abrufe. [3]Das Grundbuchamt hält das Protokoll für Stichprobenverfahren durch die aufsichtsführenden Stellen bereit. [4]Das Protokoll muß jeweils das Grundbuchamt, die Bezeichnung des Grundbuchblatts, die abrufende Person oder Stelle, deren Geschäfts- oder Aktenzeichen, den Zeitpunkt des Abrufs, die für die Durchführung des Abrufs verwendeten Daten sowie bei eingeschränktem Abrufverfahren auch eine Angabe über die Art der Abrufe ausweisen.

(2) [1]Die protokollierten Daten dürfen nur für die in Absatz 1 Satz 2 genannten Zwecke verwendet werden. [2]Ferner kann der Eigentümer des jeweils betroffenen Grundstücks oder der Inhaber des grundstücksgleichen Rechts auf der Grundlage der Protokolldaten Auskunft darüber verlangen, wer Daten abgerufen hat; bei eingeschränktem Abruf auch über die Art des Abrufs. [3]Der Abruf durch eine Strafverfolgungsbehörde ist im Rahmen einer solchen Auskunft nicht mitzuteilen, wenn

1. der Abruf zum Zeitpunkt der Auskunftserteilung weniger als sechs Monate zurückliegt und
2. die Strafverfolgungsbehörde erklärt, dass die Bekanntgabe des Abrufs den Erfolg strafrechtlicher Ermittlungen gefährden würde; die Landesjustizverwaltungen können bestimmen, dass die Erklärung durch die Verwendung eines Codezeichens abzugeben ist.

[4]Durch die Abgabe einer erneuten Erklärung nach Satz 3 Nummer 2 verlängert sich die Sperrfrist um sechs Monate; mehrmalige Fristverlängerung ist zulässig. [5]Wurde dem Grundstückseigentümer oder dem Inhaber eines grundstücksgleichen Rechts nach den Sätzen 3 und 4 ein Abruf nicht mitgeteilt und wird der Abruf nach Ablauf der Sperrfrist auf Grund eines neuerlichen Auskunftsbegehrens bekannt gegeben, so sind die Gründe für die abweichende Auskunft mitzuteilen. [6]Die protokollierten Daten sind durch geeignete Vorkehrungen gegen zweckfremde Nutzung und gegen sonstigen Mißbrauch zu schützen.

(3) [1]Nach Ablauf des auf die Erstellung der Protokolle nächstfolgenden Kalenderjahres werden die nach Absatz 1 Satz 2 gefertigten Protokolle vernichtet. [2]Die Protokolldaten zu Abrufen nach Absatz 2 Satz 3 werden für die Dauer eines Jahres nach Ablauf der Frist, in der eine Bekanntgabe nicht erfolgen darf, für Auskünfte an den Grundstückseigentümer oder den Inhaber eines grundstücksgleichen Rechts aufbewahrt; danach werden sie gelöscht. [3]Protokolle, die im Rahmen eines Stichprobenverfahrens den aufsichtsführenden Stellen zur Verfügung gestellt wurden, sind dort spätestens ein Jahr nach ihrem Eingang zu vernichten, sofern sie nicht für weitere bereits eingeleitete Prüfungen benötigt werden.

§ 84 [Kontrolle]. [1]Die berechtigte Person oder Stelle, die einer allgemeinen Aufsicht nicht unterliegt oder die zum eingeschränkten Abrufverfahren berechtigt ist, muß sich schriftlich bereit erklären, eine Kontrolle der Anlage und ihrer Benutzung durch die genehmigende Stelle zu dulden, auch wenn diese keinen konkreten Anlaß dafür hat. [2]§ 133 Abs. 5 der Grundbuchordnung bleibt unberührt.

§ 85 *(aufgehoben)*

Unterabschnitt 6. Zusammenarbeit mit den katasterführenden Stellen und Versorgungsunternehmen

§ 86 [Zusammenarbeit mit den katasterführenden Stellen]. (1) Soweit das amtliche Verzeichnis (§ 2 Abs. 2 der Grundbuchordnung) maschinell geführt wird und durch Rechtsverordnung nach § 127 der Grundbuchordnung nichts anderes bestimmt ist, kann das Grundbuchamt die aus dem amtlichen Verzeichnis für die Führung des Grundbuchs benötigten Daten aus dem Liegenschaftskataster anfordern, soweit dies nach den katasterrechtlichen Vorschriften zulässig ist.

(2) Soweit das Grundbuch maschinell geführt wird, dürfen die für die Führung des amtlichen Verzeichnisses zuständigen Behörden die für die Führung des automatisierten amtlichen Verzeichnisses benötigten Angaben aus dem Bestandsverzeichnis und der ersten Abteilung anfordern.

(3) [1]Die Anforderung nach den Absätzen 1 und 2 bedarf keiner besonderen Genehmigung oder Vereinbarung. [2]Auf Ersuchen der Flurbereinigungsbehörde, der Umlegungsstelle, der Bodensonderungsbehörde, der nach § 53 Abs. 3 und 4 des Landwirtschaftsanpassungsgesetzes zuständigen Stelle oder des Amtes oder Landesamtes zur Regelung offener Vermögensfragen übermittelt das Grundbuchamt diesen Behörden die für die Durchführung eines Bodenordnungsverfahrens erforderlichen Daten aus dem Grundbuch der im Plangebiet belegenen Grundstücke, Erbbaurechte und dinglichen Nutzungsrechte. [3]Bei Fortführungen der Pläne durch diese Behörden gelten Absatz 1 und Satz 1 entsprechend.

(4) Die Übermittlung der Daten kann in den Fällen der vorstehenden Absätze auch im automatisierten Verfahren erfolgen.

§ 86a [Zusammenarbeit mit Versorgungsunternehmen]. (1) Unternehmen, die Anlagen zur Fortleitung von Elektrizität, Gas, Fernwärme, Wasser oder Abwasser oder Telekommunikationsanlagen betreiben (Versorgungsunternehmen), kann die Einsicht in das Grundbuch in allgemeiner Form auch für sämtliche Grundstücke eines Grundbuchamtsbezirks durch das Grundbuchamt gestattet werden, wenn sie ein berechtigtes Interesse an der Einsicht darlegen.

(2) [1]Soweit die Grundbuchblätter, in die ein Versorgungsunternehmen auf Grund einer Genehmigung nach Absatz 1 Einsicht nehmen darf, maschinell geführt werden, darf das Unternehmen die benötigten Angaben aus dem Grundbuch anfordern. [2]Die Übermittlung kann auch im automatisierten Verfahren erfolgen. [3]Die Einzelheiten dieses Verfahrens legt die in § 81 Abs. 2 bestimmte Stelle fest.

Unterabschnitt 7. Hypotheken-, Grundschuld- und Rentenschuldbriefe

§ 87 [Erteilung von Briefen]. [1]Hypotheken-, Grundschuld- und Rentenschuldbriefe für in dem maschinell geführten Grundbuch eingetragene Rechte müssen abweichend von § 56 Abs. 1 Satz 2 der Grundbuchordnung nicht unterschrieben und mit einem Siegel oder Stempel versehen werden, wenn sie maschinell hergestellt werden. [2]Sie tragen dann anstelle der Unterschrift den Namen des Bediensteten, der die Herstellung des Briefes veranlaßt hat, und den Vermerk „Maschinell hergestellt und ohne Unterschrift gültig." [3]Der Brief muß mit dem Aufdruck des Siegels oder Stempels des Grundbuchamts versehen sein oder werden. [4]§ 50 ist nicht anzuwenden; die Zusammengehörigkeit der Blätter des Briefs oder der Briefe ist in geeigneter Weise sichtbar zu machen.

§ 88 [Verfahren bei Schuldurkunden]. [1]Abweichend von § 58 und § 61 Abs. 2 Satz 3 der Grundbuchordnung muß ein Brief nicht mit einer für die Forderung ausgestellten

Urkunde, Ausfertigung oder einem Auszug der Urkunde verbunden werden, wenn er maschinell hergestellt wird. [2]In diesem Fall muß er den Aufdruck „Nicht ohne Vorlage der Urkunde für die Forderung gültig." enthalten.

§ 89 **[Ergänzungen des Briefes].** [1]Bei einem maschinell hergestellten Brief für ein im maschinell geführten Grundbuch eingetragenes Recht können die in den §§ 48 und 49 vorgesehenen Ergänzungen auch in der Weise erfolgen, daß ein entsprechend ergänzter neuer Brief erteilt wird. [2]Dies gilt auch, wenn der zu ergänzende Brief nicht nach den Vorschriften dieses Abschnitts hergestellt worden ist. [3]Der bisherige Brief ist einzuziehen und unbrauchbar zu machen. [4]Sofern mit dem Brief eine Urkunde verbunden ist, ist diese zu lösen und dem Antragsteller zurückzugeben.

Unterabschnitt 8. Schlußbestimmungen

§ 90 **[Datenverarbeitung im Auftrag].** [1]Die Bestimmungen dieser Verordnung gelten für die Verarbeitung von Grundbuchdaten durch eine andere Stelle im Auftrag des Grundbuchamts sinngemäß. [2]Hierbei soll sichergestellt sein, daß die Eintragung in das maschinell geführte Grundbuch und die Auskunft hieraus nur erfolgt, wenn sie von dem zuständigen Grundbuchamt verfügt wurde oder nach § 133 der Grundbuchordnung oder den Unterabschnitten 5 und 6 zulässig ist.

§ 91 **[Behandlung von Verweisungen, Löschungen].** [1]Sonderregelungen in den §§ 54 bis 60 dieser Verordnung, in der Wohnungsgrundbuchverfügung und in der Gebäudegrundbuchverfügung gehen auch dann den allgemeinen Regelungen vor, wenn auf die §§ 1 bis 53 in den §§ 61 bis 89 verwiesen wird. [2]Soweit nach den in Satz 1 genannten Vorschriften Unterstreichungen, Durchkreuzungen oder ähnliche Kennzeichnungen in rot vorzunehmen sind, können sie in dem maschinell geführten Grundbuch schwarz dargestellt werden.

§ 92 **[Ersetzung von Grundbuchdaten, Ersatzgrundbuch].** (1) [1]Kann das maschinell geführte Grundbuch (§ 62 Satz 1) ganz oder teilweise auf Dauer nicht mehr in lesbarer Form wiedergegeben werden, so ist es wiederherzustellen. [2]Sein Inhalt kann unter Zuhilfenahme aller geeigneten Unterlagen ermittelt werden. [3]Für das Verfahren gilt im übrigen in allen Ländern die Verordnung über die Wiederherstellung zerstörter oder abhanden gekommener Grundbücher und Urkunden in ihrer im Bundesgesetzblatt Teil III, Gliederungsnummer 315-11-4, veröffentlichten bereinigten Fassung.

(2) [1]Für die Anlegung und Führung des Ersatzgrundbuchs (§ 148 Abs. 2 Satz 1 der Grundbuchordnung) gelten die Bestimmungen dieser Verordnung, die Wohnungsgrundbuchverfügung und die in § 150 Abs. 1 Nr. 4 der Grundbuchordnung bezeichneten Vorschriften sinngemäß. [2]Das Ersatzgrundbuch entspricht dem Muster der Anlage 2b dieser Verordnung, jedoch lautet der in der Aufschrift anzubringende Vermerk „Dieses Blatt ist als Ersatzgrundbuch an die Stelle des maschinell geführten Blattes von ... Band ... Blatt ... getreten. Eingetragen am ...". [3]Dies gilt für Erbbaugrundbücher, Wohnungs- und Teileigentumsgrundbücher sowie Gebäudegrundbücher entsprechend.

§ 93 **[Ausführungsvorschriften].** [1]Die Landesregierungen werden ermächtigt, durch Rechtsverordnung die Anlegung des maschinell geführten Grundbuchs einschließlich seiner Freigabe ganz oder teilweise dem Urkundsbeamten der Geschäftsstelle zu übertragen und in der Grundbuchordnung oder in dieser Verordnung nicht geregelte weitere Einzelheiten des Verfahrens nach diesem Abschnitt zu regeln. [2]Sie können diese Ermächtigung durch Rechtsverordnung auf die Landesjustizverwaltungen übertragen.

Abschnitt XIV. Vermerke über öffentliche Lasten

§ 93a [Eintragung öffentlicher Lasten]. Öffentliche Lasten auf einem Grundstück, die im Grundbuch einzutragen sind oder eingetragen werden können, werden nach Maßgabe des § 10 in der zweiten Abteilung eingetragen.

§ 93b [Eintragung des Bodenschutzlastvermerks]. (1) [1]Auf den Ausgleichsbetrag nach § 25 des Bundes-Bodenschutzgesetzes wird durch einen Vermerk über die Bodenschutzlast hingewiesen. [2]Der Bodenschutzlastvermerk lautet wie folgt: „Bodenschutzlast. Auf dem Grundstück ruht ein Ausgleichsbetrag nach § 25 des Bundes-Bodenschutzgesetzes als öffentliche Last."

(2) [1]Der Bodenschutzlastvermerk wird auf Ersuchen der für die Festsetzung des Ausgleichsbetrags zuständigen Behörde eingetragen und gelöscht. [2]Die zuständige Behörde stellt das Ersuchen auf Eintragung des Bodenschutzlastvermerks, sobald der Ausgleichsbetrag als öffentliche Last entstanden ist. [3]Sie hat um Löschung des Vermerks zu ersuchen, sobald die Last erloschen ist. [4]Die Einhaltung der in den Sätzen 2 und 3 bestimmten Zeitpunkte ist vom Grundbuchamt nicht zu prüfen. [5]Eine Zustimmung des Grundstückseigentümers ist für die Eintragung und die Löschung des Vermerks nicht erforderlich.

Abschnitt XV. Vorschriften über den elektronischen Rechtsverkehr und die elektronische Grundakte

§ 94 [Grundsatz]. Die Vorschriften dieser Verordnung über die Grundakten gelten auch für die elektronischen Grundakten, soweit nachfolgend nichts anderes bestimmt ist.

§ 95 [Allgemeine technische und organisatorische Maßgaben]. Für die Bestimmung des Datenspeichers für die elektronischen Grundakten, die Anforderungen an technische Anlagen und Programme, die Sicherung der Anlagen, Programme und Daten sowie die Datenverarbeitung im Auftrag gelten § 62 Satz 2 und 3, § 64 Absatz 1 und 2 Satz 1 sowie die §§ 65, 66 und 90 sinngemäß.

§ 96 [Anlegung und Führung der elektronischen Grundakte]. (1) [1]Die Grundakte kann vollständig oder teilweise elektronisch geführt werden. [2]Bei teilweiser elektronischer Führung sind in die beiden Teile der Grundakte Hinweise auf den jeweils anderen Teil aufzunehmen.

(2) [1]Mit dem elektronischen Dokument ist in die Grundakte ein Protokoll darüber aufzunehmen,
1. welches Ergebnis die Integritätsprüfung des Dokuments ausweist,
2. wen die Signaturprüfung als Inhaber der Signatur ausweist,
3. welchen Zeitpunkt die Signaturprüfung für die Anbringung der Signatur ausweist,
4. welche Zertifikate mit welchen Daten dieser Signatur zugrunde lagen und
5. wann die Feststellungen nach den Nummern 1 bis 4 getroffen wurden.

[2]Dies gilt nicht für elektronische Dokumente des Grundbuchamts.

(3) [1]Das Grundbuchamt entscheidet vorbehaltlich des Satzes 3 nach pflichtgemäßem Ermessen, ob und in welchem Umfang der in Papierform vorliegende Inhalt der Grundakte in elektronische Dokumente übertragen und in dieser Form zur Grundakte genommen wird. [2]Das Gleiche gilt für Dokumente, die nach der Anlegung der elektronischen Grundakte in Papierform eingereicht werden. [3]Die Landesregierungen oder die von diesen ermächtigten Landesjustizverwaltungen können in der Rechtsverordnung nach § 101 diesbezügliche Verfahrensweisen ganz oder teilweise vorschreiben.

(4) [1]Abweichend von § 24 Absatz 1 bis 3 sind elektronische Dokumente, die nach § 10 der Grundbuchordnung vom Grundbuchamt aufzubewahren sind, so zu speichern, dass sie über die Grundakten aller beteiligten Grundbuchblätter eingesehen werden können. [2]Satz 1 gilt nicht für Dokumente, die bereits in Papierform zu den Grundakten genommen wurden.

§ 97 [Übertragung von Papierdokumenten in die elektronische Form]. (1) [1]Wird ein in Papierform vorliegendes Schriftstück in ein elektronisches Dokument übertragen und in dieser Form anstelle der Papierurkunde in die Grundakte übernommen, ist vorbehaltlich des Absatzes 2 durch geeignete Vorkehrungen sicherzustellen, dass die Wiedergabe auf dem Bildschirm mit dem Schriftstück inhaltlich und bildlich übereinstimmt. [2]Bei dem elektronischen Dokument ist zu vermerken, wann und durch wen die Übertragung vorgenommen wurde; zuständig ist der Urkundsbeamte der Geschäftsstelle.

(2) [1]Bei der Übertragung einer in Papierform eingereichten Urkunde, auf die eine aktuelle Grundbucheintragung Bezug nimmt, hat der Urkundsbeamte der Geschäftsstelle bei dem elektronischen Dokument zu vermerken, dass die Wiedergabe auf dem Bildschirm mit dem Schriftstück inhaltlich und bildlich übereinstimmt. [2]Durchstreichungen, Änderungen, Einschaltungen, Radierungen oder andere Mängel des Schriftstücks sollen in dem Vermerk angegeben werden. [3]Das elektronische Dokument ist von dem Urkundsbeamten der Geschäftsstelle mit seinem Namen und einer qualifizierten elektronischen Signatur nach dem Signaturgesetz zu versehen. [4]Ein Vermerk kann unterbleiben, soweit die in Satz 2 genannten Tatsachen aus dem elektronischen Dokument eindeutig ersichtlich sind.

§ 98 [Übertragung elektronischer Dokumente in die Papierform oder in andere Dateiformate]. (1) [1]Wird ein elektronisches Dokument zur Übernahme in die Grundakte in die Papierform übertragen, ist durch geeignete Vorkehrungen sicherzustellen, dass der Ausdruck inhaltlich und bildlich mit der Wiedergabe des elektronischen Dokuments auf dem Bildschirm übereinstimmt. [2]Bei dem Ausdruck sind die in § 96 Absatz 2 Satz 1 genannten Feststellungen zu vermerken.

(2) [1]Wird ein elektronisches Dokument zur Erhaltung der Lesbarkeit in ein anderes Dateiformat übertragen, ist durch geeignete Vorkehrungen sicherzustellen, dass die Wiedergabe der Zieldatei auf dem Bildschirm inhaltlich und bildlich mit der Wiedergabe der Ausgangsdatei übereinstimmt. [2]Protokolle nach § 96 Absatz 2, Vermerke nach § 97 sowie Eingangsvermerke nach § 136 Absatz 1 und 2 der Grundbuchordnung sind ebenfalls in lesbarer Form zu erhalten; für sie gilt Satz 1 entsprechend mit der Maßgabe, dass die inhaltliche Übereinstimmung sicherzustellen ist.

(3) [1]Im Fall einer Beschwerde hat das Grundbuchamt von den in der elektronischen Grundakte gespeicherten Dokumenten Ausdrucke gemäß Absatz 1 für das Beschwerdegericht zu fertigen, soweit dies zur Durchführung des Beschwerdeverfahrens notwendig ist. [2]Die Ausdrucke sind mindestens bis zum rechtskräftigen Abschluss des Beschwerdeverfahrens aufzubewahren.

§ 99 [Aktenausdruck, Akteneinsicht und Datenabruf]. (1) [1]Für die Erteilung von Ausdrucken aus der elektronischen Grundakte gilt § 78 Absatz 1 und 2 entsprechend. [2]In den amtlichen Ausdruck sind auch die zugehörigen Protokolle nach § 96 Absatz 2 und Vermerke nach § 97 aufzunehmen.

(2) Für die Einsicht in die elektronischen Grundakten gilt § 79 entsprechend.

(3) Für den Abruf von Daten aus der elektronischen Grundakte im automatisierten Verfahren nach § 139 Absatz 3 der Grundbuchordnung gelten die §§ 80 bis 84 entsprechend.

§ 100 [Wiederherstellung des Grundakteninhalts]. [1]Kann der Inhalt der elektronischen Grundakte ganz oder teilweise auf Dauer nicht mehr in lesbarer Form wiedergegeben werden, so ist er wiederherzustellen. [2]Für die Wiederherstellung gilt § 92 Absatz 1 Satz 2 und 3 entsprechend.

§ 101 [Ausführungsvorschriften]. [1]Die Landesregierungen werden ermächtigt, in der Grundbuchordnung oder in dieser Verordnung nicht geregelte weitere Einzelheiten der Verfahren nach diesem Abschnitt durch Rechtsverordnung zu regeln. [2]Sie können diese Ermächtigung durch Rechtsverordnung auf die Landesjustizverwaltungen übertragen.

Abschnitt XVI. Übergangs- und Schlußvorschriften

§ 102 [Frühere Grundbuchbezirke]. Soweit die Grundbücher bisher für andere Bezirke als die im § 1 Abs. 1 Satz 1 und 2 genannten angelegt sind, behält es bis zur Auflösung dieser Bezirke bei dieser Einrichtung sein Bewenden; jedoch bedarf es zur Änderung dieser Bezirke einer Anordnung der Landesjustizverwaltung.

§ 103 [Fortführung bisheriger Grundbuchhefte]. Soweit bisher jedes Grundbuchblatt in einem besonderen Grundbuchheft geführt worden ist, bedarf es der Zusammenfassung zu festen, mehrere Blätter umfassenden Bänden (§ 2) nicht, solange die bisherigen Blätter fortgeführt werden (§§ 104–106).

§ 104 [Umschreibung auf den neuen Vordruck]. (1) Vom Zeitpunkt des Inkrafttretens dieser Verfügung an sind neue Grundbuchblätter nur unter Verwendung des hier vorgeschriebenen Vordrucks (§§ 4 bis 12, 22) anzulegen, soweit nicht für eine Übergangszeit die Weiterverwendung des alten Vordrucks besonders zugelassen wird.

(2) Sämtliche Grundbuchblätter sind nach näherer Anordnung der Landesjustizverwaltung unter Verwendung des neuen Vordrucks umzuschreiben, sofern nicht ihre Weiterführung besonders zugelassen wird.

§ 105 [Frühere Vorschriften bei Benutzung alter Vordrucke]. [1]Die bestehenden Vorschriften über die Nummernbezeichnung und die Eintragung im Grundbuch bleiben unberührt, solange die alten Vordrucke weder umgeschrieben sind, noch ihre Weiterführung nach § 104 Abs. 2 besonders zugelassen ist. [2]Jedoch ist ein Grundbuchblatt, das für Neueintragungen keinen Raum mehr bietet, in jedem Fall unter Verwendung des neuen Vordrucks umzuschreiben.

§ 106 [Verfahren bei Umschreibung auf neuen Vordruck]. [1]Bei der Umschreibung der bereits angelegten Grundbuchblätter auf den neuen Vordruck sind die §§ 29, 30 sinngemäß anzuwenden. [2]Weitere Anordnungen zur Behebung von hierbei etwa entstehenden Zweifeln bleiben vorbehalten.

§ 107 [Weiterführung und Neuanlegung von Grundakten]. (1) Die bisher für jedes Grundbuchblatt geführten Grundakten können weitergeführt werden.

(2) [1]Sofern bisher Grundakten nicht geführt sind, sind sie für jedes Grundbuchblatt spätestens bei der Neuanlegung (§ 104 Absatz 1) oder bei der Umschreibung des bisherigen Blattes (§ 104 Absatz 2, § 105 Satz 2) anzulegen, und zwar aus sämtlichen das Grundbuchblatt betreffenden Schriftstücken, die nach den für die Führung von Grundakten geltenden allgemeinen Vorschriften zu diesen gehören, auch sofern sie schon vor der Anlegung der Grundakten bei dem Grundbuchamt eingegangen sind. [2]Das gleiche gilt für das Handblatt (§ 24 Absatz. 4).

§ 108 [Umstellung auf das Loseblattgrundbuch]. (1) Grundbuchblätter in festen Bänden können nach näherer Anordnung der Landesjustizverwaltung durch die Verwendung von Ablichtungen der bisherigen Blätter auf Bände mit herausnehmbaren Einlegebogen umgestellt werden.

(2) [1]Das neue Blatt behält seine bisherige Bezeichnung; ein Zusatz unterbleibt. [2]In der Aufschrift ist zu vermerken, daß das Blatt bei der Umstellung an die Stelle des bisherigen Blattes getreten ist und daß im bisherigen Blatt enthaltene Rötungen schwarz sichtbar sind.

(3) [1]Die Übereinstimmung des Inhalts des neuen Blattes mit dem bisherigen Blatt ist im Bestandsverzeichnis und in jeder Abteilung zu bescheinigen. [2]§ 25 Abs. 2 Buchstabe c gilt entsprechend.

(4) [1]Enthält die zweite oder dritte Abteilung nur gelöschte Eintragungen, kann von der Ablichtung der betreffenden Abteilung abgesehen werden, wenn nicht die Übernahme zum Verständnis noch gültiger Eintragungen erforderlich ist. [2]Auf dem für die jeweilige Abteilung einzufügenden Einlegebogen sind die laufenden Nummern der

nicht übernommenen Eintragungen mit dem Vermerk „Gelöscht" anzugeben. [3]Die Bescheinigung nach Absatz 3 lautet in diesem Falle inhaltlich: „Bei Umstellung des Blattes neu gefaßt." [4]Enthält die zweite oder dritte Abteilung keine Eintragungen, so braucht für die betreffende Abteilung lediglich ein neuer Einlegebogen eingefügt zu werden; Absatz 3 ist anzuwenden.

(5) [1]Das bisherige Blatt ist zu schließen. [2]§ 30 Abs. 2 Satz 2 und § 36 gelten entsprechend.

(6) [1]Für Grundbuchblätter in einem festen Band, die vor der Umstellung geschlossen wurden, können in den Band mit herausnehmbaren Einlegebogen neue Blätter zur Wiederverwendung eingefügt werden. [2]Das neue Blatt erhält die Nummer des alten Blattes unter Hinzufügung des Buchstabens A. [3]Tritt das neue Blatt an die Stelle eines Blattes, das bereits mit einem solchen Zusatz versehen ist, ist an Stelle dieses Zusatzes der Buchstabe B hinzuzufügen.

(7) Die Umstellung braucht dem Eigentümer, den eingetragenen dinglich Berechtigten und der Katasterbehörde nicht mitgeteilt zu werden.

§ 109 [Alte Vordrucke]. [1]Die noch vorhandenen Vordrucke für Hypotheken-, Grundschuld- und Rentenschuldbriefe können nach näherer Anordnung der Landesjustizverwaltung oder der von ihr bestimmten Stelle weiterverwendet werden. [2]Jedoch ist die etwa am Kopfe des Briefes befindliche Angabe des Landes, in dem der Brief ausgegeben wird, zu durchstreichen und durch die Überschrift „Deutscher Hypothekenbrief" („Grundschuldbrief" o.ä.) zu ersetzen.

§ 110 [Landesrecht]. In den Fällen des § 143 der Grundbuchordnung behält es bei den landesrechtlichen Vorschriften über Einrichtung und Führung von Grundbüchern sein Bewenden.

§ 111 [Erbpacht-, Büdner-, Häusler- und Abbaurechte]. Soweit auf die in den Artikeln 63 und 68 des Einführungsgesetzes zum Bürgerlichen Gesetzbuche bezeichneten Rechte nach den Landesgesetzen die §§ 14 bis 17 des Erbbaurechtsgesetzes für entsprechend anwendbar erklärt worden sind (§ 144 Abs. 3 der Grundbuchordnung), sind die Vorschriften über das Erbbaugrundbuch (Abschnitt XII) entsprechend anzuwenden.

§ 112 [Nachweis der Rechtsinhaberschaft ausländischer Stellen]. [1]Zum Nachweis der Rechtsinhaberschaft ausländischer staatlicher oder öffentlicher Stellen genügt gegenüber dem Grundbuchamt eine mit dem Dienstsiegel oder Dienststempel versehene und unterschriebene Bestätigung des Auswärtigen Amtes. [2]§ 39 der Grundbuchordnung findet in diesem Fall keine Anwendung.

§ 113 [Maßgaben für das Beitrittsgebiet]. (1) In dem in Artikel 3 des Einigungsvertrages genannten Gebiet gilt diese Verordnung mit folgenden Maßgaben:

1. Die §§ 43 bis 53 sind stets anzuwenden.
2. [1]Die Einrichtung der Grundbücher richtet sich bis auf weiteres nach den am Tag vor dem Wirksamwerden des Beitritts bestehenden oder von dem jeweiligen Lande erlassenen späteren Bestimmungen. [2]Im übrigen ist für die Führung der Grundbücher diese Verordnung entsprechend anzuwenden, soweit sich nicht aus einer abweichenden Einrichtung des Grundbuchs etwas anderes ergibt oder aus besonderen Gründen Abweichungen erforderlich sind; solche Abweichungen sind insbesondere dann als erforderlich anzusehen, wenn sonst die Rechtsverhältnisse nicht zutreffend dargestellt werden können oder Verwirrung zu besorgen ist.
3. [1]Soweit nach Nummer 2 Bestimmungen dieser Verordnung nicht herangezogen werden können, sind stattdessen die am Tag vor dem Wirksamwerden des Beitritts geltenden oder von dem jeweiligen Lande erlassenen späteren Bestimmungen anzuwenden. [2]Jedoch sind Regelungen, die mit dem in Kraft tretenden Bundesrecht nicht vereinbar sind, nicht mehr anzuwenden. [3]Dies gilt insbesondere auch für der-

artige Regelungen über die Voraussetzungen und den Inhalt von Eintragungen. [4]Am Tag vor dem Wirksamwerden des Beitritts nicht vorgesehene Rechte oder Vermerke sind in entsprechender Anwendung dieser Verordnung einzutragen.

4. [1]Im Falle der Nummer 3 sind auf die Einrichtung und Führung der Erbbaugrundbücher sowie auf die Bildung von Hypotheken-, Grundschuld- und Rentenschuldbriefen bei Erbbaurechten die §§ 56, 57 und 59 mit der Maßgabe entsprechend anzuwenden, daß die in § 56 vorgesehenen Angaben in die entsprechenden Spalten für den Bestand einzutragen sind. [2]Ist eine Aufschrift mit Blattnummer nicht vorhanden, ist die in § 55 Abs. 2 vorgesehene Bezeichnung „Erbbaugrundbuch" an vergleichbarer Stelle im Kopf der ersten Seite des Grundbuchblatts anzubringen. [3]Soweit in den oben bezeichneten Vorschriften auf andere Vorschriften dieser Verordnung verwiesen wird, deren Bestimmungen nicht anzuwenden sind, treten an die Stelle der in Bezug genommenen Vorschriften dieser Verordnung die entsprechend anzuwendenden Regelungen über die Einrichtung und Führung der Grundbücher.
5. Für die Anlegung von Grundbuchblättern für ehemals volkseigene Grundstücke ist ein Verfahren nach dem Sechsten Abschnitt der Grundbuchordnung nicht erforderlich, soweit für solche Grundstücke Bestandsblätter im Sinne der Nummer 160 Abs. 1 der Anweisung Nr. 4/87 des Ministers des Innern und Chefs der Deutschen Volkspolizei über Grundbuch und Grundbuchverfahren unter Colidobedingungen – Colido-Grundbuchanweisung – vom 27. Oktober 1987 vorhanden sind oder das Grundstück bereits gebucht war und sich nach der Schließung des Grundbuchs seine Bezeichnung nicht verändert hat.
6. Gegenüber dem Grundbuchamt genügt es zum Nachweis der Befugnis, über beschränkte dingliche Rechte an einem Grundstück, Gebäude oder sonstigen grundstücksgleichen Rechten oder über Vormerkungen zu verfügen, deren Eintragung vor dem 1. Juli 1990 beantragt worden ist und als deren Gläubiger oder sonstiger Berechtigter im Grundbuch
   a) eine Sparkasse oder Volkseigentum in Rechtsträgerschaft einer Sparkasse,
   b) ein anderes Kreditinstitut, Volkseigentum in Rechtsträgerschaft eines Kreditinstituts, eine Versicherung oder eine bergrechtliche Gewerkschaft,
   c) Volkseigentum in Rechtsträgerschaft des Staatshaushalts oder eines zentralen Organs der Deutschen Demokratischen Republik, des Magistrats von Berlin, des Rates eines Bezirks, Kreises oder Stadtbezirks, des Rates einer Stadt oder sonstiger Verwaltungsstellen oder staatlicher Einrichtungen,
   d) eine juristische Person des öffentlichen Rechts oder ein Sondervermögen einer solchen Person, mit Ausnahme jedoch des Reichseisenbahnvermögens und des Sondervermögens Deutsche Post,

   eingetragen ist, wenn die grundbuchmäßigen Erklärungen von der Bewilligungsstelle abgegeben werden; § 27 der Grundbuchordnung bleibt unberührt. Bewilligungsstelle ist in den Fällen des Satzes 1 Buchstabe a die Sparkasse, in deren Geschäftsgebiet das Grundstück, Gebäude oder sonstige grundstücksgleiche Recht liegt, und in Berlin die Landesbank, in den übrigen Fällen des Satzes 1 jede Dienststelle des Bundes oder einer bundesunmittelbaren Körperschaft oder Anstalt des öffentlichen Rechts. Für die Löschung
   a) von Vermerken über die Entschuldung der Klein- und Mittelbauern beim Eintritt in Landwirtschaftliche Produktionsgenossenschaften auf Grund des Gesetzes vom 17. Februar 1954 (GBl. Nr. 23 S. 224),
   b) von Verfügungsbeschränkungen zugunsten juristischer Personen des öffentlichen Rechts, ihrer Behörden oder von Rechtsträgern sowie
   c) von Schürf- und Abbauberechtigungen

   gilt Satz 1 entsprechend; Bewilligungsstelle ist in den Fällen des Buchstabens a die Staatsbank Berlin, im übrigen jede Dienststelle des Bundes. Die Bewilligungsstellen können durch dem Grundbuchamt nachzuweisende Erklärung sich wechselseitig oder andere öffentliche Stellen zur Abgabe von Erklärungen nach Satz 1 ermächtigen. In den vorgenannten Fällen findet § 39 der Grundbuchordnung keine Anwendung. Der Vorlage eines Hypotheken-, Grundschuld- oder Rentenschuldbriefes bedarf es nicht; dies gilt auch bei Eintragung eines Zustimmungsvorbehalts nach § 11c des Vermögensgesetzes.

In den Fällen des Satzes 1 Buchstabe c und d soll der Bund oder die von ihm ermächtigte Stelle die Bewilligung im Benehmen mit der obersten Finanzbehörde des Landes erteilen, in dem das Grundstück, Gebäude oder sonstige grundstücksgleiche Recht belegen ist; dies ist vom Grundbuchamt nicht zu prüfen.

(2) Als Grundbuch im Sinne der Grundbuchordnung gilt ein Grundbuchblatt, das unter den in Absatz 1 Nr. 5 genannten Voraussetzungen vor Inkrafttreten dieser Verordnung ohne ein Verfahren nach dem Sechsten Abschnitt der Grundbuchordnung oder den §§ 7 bis 17 der Verordnung zur Ausführung der Grundbuchordnung in ihrer im Bundesgesetzblatt Teil III, Gliederungsnummer 315-11-2, veröffentlichten bereinigten Fassung vom 8. August 1935 (RGBl. I S. 1089), die durch Artikel 4 Abs. 1 Nr. 1 des Gesetzes vom 20. Dezember 1993 (BGBl. I S. 2182) aufgehoben worden ist, angelegt worden ist.

(3) [1]Bei Eintragungen, die in den Fällen des Absatzes 1 Nr. 6 vor dessen Inkrafttreten erfolgt oder beantragt worden sind, gilt für das Grundbuchamt der Nachweis der Verfügungsbefugnis als erbracht, wenn die Bewilligung von einer der in Absatz 1 Nr. 6 genannten Bewilligungsstellen oder von der Staatsbank Berlin erklärt worden ist. [2]Auf die in Absatz 1 Nr. 6 Satz 2 und 3 bestimmten Zuständigkeiten kommt es hierfür nicht an. [3]Absatz 1 Nummer 6 tritt mit Ablauf des 31. Dezember 2020 außer Kraft.

§ 114 [Anwendung der §§ 10 und 11]. [1]Die §§ 10 und 11 in der seit dem 24. Februar 1999 geltenden Fassung sind auch auf Eintragungen anzuwenden, die vor diesem Zeitpunkt beantragt, aber zu diesem Zeitpunkt noch nicht vorgenommen worden sind. [2]§ 83 in der seit dem 24. Februar 1999 geltenden Fassung ist auch auf Kopien und Ausdrucke von Protokollen anzuwenden, die vor diesem Zeitpunkt hergestellt worden sind.

Anlagen 1–10b *(hier nicht wiedergegeben)*[1]

3. Verordnung über die Anlegung und Führung der Wohnungs- und Teileigentumsgrundbücher (Wohnungsgrundbuchverfügung – WGV)

vom 24. Januar 1995 (BGBl I 135)

§ 1 Für die gemäß § 7 Abs. 1, § 8 Abs. 2 des Wohnungseigentumsgesetzes vom 15. März 1951 (Bundesgesetzbl. I S. 175) für jeden Miteigentumsanteil anzulegenden besonderen Grundbuchblätter (Wohnungs- und Teileigentumsgrundbücher) sowie für die gemäß § 30 Abs. 3 des Wohnungseigentumsgesetzes anzulegenden Wohnungs- und Teilerbbaugrundbücher gelten die Vorschriften der Grundbuchverfügung entsprechend, soweit sich nicht aus den §§ 2 bis 5, 8 und 9 etwas anderes ergibt.

§ 2 In der Aufschrift ist unter die Blattnummer in Klammern das Wort „Wohnungsgrundbuch" oder „Teileigentumsgrundbuch" zu setzen, je nachdem, ob sich das Sondereigentum auf eine Wohnung oder auf nicht zu Wohnzwecken dienende Räume bezieht. Ist mit dem Miteigentumsanteil Sondereigentum sowohl an einer Wohnung als auch an nicht zu Wohnzwecken dienenden Räumen verbunden und überwiegt

[1] Veröffentlicht als Anlageband zum Bundesgesetzblatt Nr. 6 v. 10.2.1995.

nicht einer dieser Zwecke offensichtlich, so ist das Grundbuchblatt als „Wohnungs- und Teileigentumsgrundbuch" zu bezeichnen.

§ 3 (1) Im Bestandsverzeichnis sind in dem durch die Spalte 3 gebildeten Raum einzutragen:

a) der in einem zahlenmäßigen Bruchteil ausgedrückte Miteigentumsanteil an dem Grundstück;

b) die Bezeichnung des Grundstücks nach den allgemeinen Vorschriften; besteht das Grundstück aus mehreren Teilen, die in dem maßgebenden amtlichen Verzeichnis (§ 2 Abs. 2 der Grundbuchordnung) als selbständige Teile eingetragen sind, so ist bei der Bezeichnung des Grundstücks in geeigneter Weise zum Ausdruck zu bringen, daß die Teile ein Grundstück bilden;

c) das mit dem Miteigentumsanteil verbundene Sondereigentum an bestimmten Räumen und die Beschränkung des Miteigentums durch die Einräumung der zu den anderen Miteigentumsanteilen gehörenden Sondereigentumsrechte; dabei sind die Grundbuchblätter der übrigen Miteigentumsanteile anzugeben.

(2) Wegen des Gegenstandes und des Inhalts des Sondereigentums kann auf die Eintragungsbewilligung Bezug genommen werden (§ 7 Abs. 3 des Wohnungseigentumsgesetzes); vereinbarte Veräußerungsbeschränkungen (§ 12 des Wohnungseigentumsgesetzes) sind jedoch ausdrücklich einzutragen.

(3) In Spalte 1 ist die laufende Nummer der Eintragung einzutragen. In Spalte 2 ist die bisherige laufende Nummer des Miteigentumsanteils anzugeben, aus dem der Miteigentumsanteil durch Vereinigung oder Teilung entstanden ist.

(4) In Spalte 4 ist die Größe des im Miteigentum stehenden Grundstücks nach den allgemeinen Vorschriften einzutragen.

(5) In den Spalten 6 und 8 sind die Übertragung des Miteigentumsanteils auf das Blatt sowie die Veränderungen, die sich auf den Bestand des Grundstücks, die Größe des Miteigentumsanteils oder den Gegenstand oder den Inhalt des Sondereigentums beziehen, einzutragen. Der Vermerk über die Übertragung des Miteigentumsanteils auf das Blatt kann jedoch statt in Spalte 6 auch in die Eintragung in Spalte 3 aufgenommen werden.

(6) Verliert durch die Eintragung einer Veränderung nach ihrem aus dem Grundbuch ersichtlichen Inhalt eine frühere Eintragung ganz oder teilweise ihre Bedeutung, so ist sie insoweit rot zu unterstreichen.

(7) Vermerke über Rechte, die dem jeweiligen Eigentümer des Grundstücks zustehen, sind in den Spalten 1, 3 und 4 des Bestandsverzeichnisses sämtlicher für Miteigentumsanteile an dem herrschenden Grundstück angelegten Wohnungs- und Teileigentumsgrundbücher einzutragen. Hierauf ist in dem in Spalte 6 einzutragenden Vermerk hinzuweisen.

§ 4 (1) Rechte, die ihrer Natur nach nicht an dem Wohnungseigentum als solchem bestehen können (wie z.B. Wegerechte), sind in Spalte 3 der zweiten Abteilung in der Weise einzutragen, daß die Belastung des ganzen Grundstücks erkennbar ist. Die Belastung ist in sämtlichen für Miteigentumsanteile an dem belasteten Grundstück angelegten Wohnungs- und Teileigentumsgrundbüchern einzutragen, wobei jeweils auf die übrigen Eintragungen zu verweisen ist.

(2) Absatz 1 gilt entsprechend für Verfügungsbeschränkungen, die sich auf das Grundstück als Ganzes beziehen.

§ 5 Bei der Bildung von Hypotheken-, Grundschuld- und Rentenschuldbriefen ist kenntlich zu machen, daß der belastete Gegenstand ein Wohnungseigentum (Teileigentum) ist.

§ 6 Sind gemäß § 7 Abs. 1 oder § 8 Abs. 2 des Wohnungseigentumsgesetzes für die Miteigentumsanteile besondere Grundbuchblätter anzulegen, so werden die Miteigentumsanteile in den Spalten 7 und 8 des Bestandsverzeichnisses des Grundbuchblattes des Grundstücks abgeschrieben. Die Schließung des Grundbuchblatts gemäß § 7 Abs. 1 Satz 3 des Wohnungseigentumsgesetzes unterbleibt, wenn auf dem Grundbuchblatt von der Abschreibung nicht betroffene Grundstücke eingetragen sind.

§ 7 Wird von der Anlegung besonderer Grundbuchblätter gemäß § 7 Abs. 2 des Wohnungseigentumsgesetzes abgesehen, so sind in der Aufschrift unter die Blattnummer in Klammern die Worte „Gemeinschaftliches Wohnungsgrundbuch“ oder „Gemeinschaftliches Teileigentumsgrundbuch“ (im Falle des § 2 Satz 2 dieser Verfügung „Gemeinschaftliches Wohnungs- und Teileigentumsgrundbuch“) zu setzen; die Angaben über die Einräumung von Sondereigentum sowie über den Gegenstand und Inhalt des Sondereigentums sind als Bezeichnung des Gemeinschaftsverhältnisses im Sinne des § 47 der Grundbuchordnung gemäß § 9 Buchstabe b der Grundbuchverfügung in den Spalten 2 und 4 der ersten Abteilung einzutragen. § 8 Die Vorschriften der §§ 2 bis 7 gelten für Wohnungs- und Teilerbbaugrundbücher entsprechend.

§ 9 Die nähere Einrichtung der Wohnungs- und Teileigentumsgrundbücher sowie der Wohnungs- und Teilerbbaugrundbücher ergibt sich aus den als Anlagen 1 bis 3 beigefügten Mustern. Für den Inhalt eines Hypothekenbriefs bei der Aufteilung des Eigentums am belasteten Grundstück in Wohnungseigentumsrechte nach § 8 des Wohnungseigentumsgesetzes dient die Anlage 4 als Muster. Die in den Anlagen befindlichen Probeeintragungen sind als Beispiele nicht Teil dieser Verfügung.

§ 10 (1) Die Befugnis der zuständigen Landesbehörden, zur Anpassung an landesrechtliche Besonderheiten ergänzende Vorschriften zu treffen, wird durch diese Verfügung nicht berührt.

(2) Soweit auf die Vorschriften der Grundbuchverfügung verwiesen wird und deren Bestimmungen nach den für die Überleitung der Grundbuchverfügung bestimmten Maßgaben nicht anzuwenden sind, treten an die Stelle der in Bezug genommenen Vorschriften der Grundbuchverfügung die entsprechenden anzuwendenden Regelungen über die Einrichtung und Führung der Grundbücher. Die in § 3 vorgesehenen Angaben sind in diesem Falle in die entsprechenden Spalten für den Bestand einzutragen.

(3) Ist eine Aufschrift mit Blattnummer nicht vorhanden, ist die in § 2 erwähnte Bezeichnung an vergleichbarer Stelle im Kopf der ersten Seite des Grundbuchblatts anzubringen.

§ 11 (Inkrafttreten) ...

Die Anlagen zur WGV sind hier nicht abgedruckt.

Sachverzeichnis

Die Zahlen verweisen auf die Randnummern.